독자의 1초를 아껴주는 정성을 만나보세요!

세상이 아무리 바쁘게 돌아가더라도 책까지 아무렇게나 빨리 만들 수는 없습니다.
인스턴트 식품 같은 책보다 오래 익힌 술이나 장맛이 밴 책을 만들고 싶습니다.
땀 흘리며 일하는 당신을 위해 한 권 한 권 마음을 다해 만들겠습니다.
마지막 페이지에서 만날 새로운 당신을 위해 더 나은 길을 준비하겠습니다.

컨테이너 인프라 환경 구축을 위한 쿠버네티스/도커

CONTAINER INFRASTRUCTURE

초판 발행 • 2021년 6월 7일

지은이 • 조훈, 심근우, 문성주
발행인 • 이종원
발행처 • (주)도서출판 길벗
출판사 등록일 • 1990년 12월 24일
주소 • 서울시 마포구 월드컵로 10길 56(서교동)
대표 전화 • 02)332-0931 | **팩스** • 02)323-0586
홈페이지 • www.gilbut.co.kr | **이메일** • gilbut@gilbut.co.kr

기획 및 책임편집 • 이다빈(dabinlee@gilbut.co.kr) | **디자인** • 장기춘 | **제작** • 이준호, 손일순, 이진혁
영업마케팅 • 임태호, 전선하, 차명환, 지운집, 박성용 | **영업관리** • 김명자 | **독자지원** • 송혜란, 윤정아

교정교열 • 정재은 | **전산편집** • 박진희 | **출력 · 인쇄 · 제본** • 금강인쇄

ISBN 979-11-6521-574-3 93000
(길벗 도서번호 080241)

정가 34,000원

예제소스 • https://github.com/sysnet4admin/_Book_k8sInfra

조훈, 심근우,
문성주 지음

컨테이너 인프라 환경 구축을 위한 쿠버네티스/도커

CONTAINER
INFRASTRUCTURE

길벗

Q: 쿠버네티스를 꼭 알아야 할까요?

제가 가장 많이 받는 질문 중 하나입니다. 우선 현재 일하는 데 불편함이 없고, 기술적으로 매우 어려워 보이기 때문일 것입니다. 이 질문에는 이렇게 답할 수 있습니다.

A: 네, 꼭 알아야 합니다.

지금 당장 필요가 없는 환경은 분명히 있습니다. 하지만 IT는 언제나 경제적으로 이로운 방향으로 발전해 왔습니다. 컨테이너는 무엇보다도 IT 자원을 효율적이고도 빠르게 사용할 수 있는 방법이었으나, 관리의 어려움 및 복잡도 증가가 매우 큰 단점이었습니다. 하지만 쿠버네티스를 활용하면 복잡도를 최소한으로 줄일 수 있습니다. 따라서 이러한 복잡도를 관리하면서 비용을 절약하고, 생산성을 높일 수 있는 쿠버네티스는 모든 IT 인프라 관련 직종의 필수 스킬이 될 것입니다.

그렇다면 이런 질문이 나올 수 있습니다.

Q: 개발자도 알아야 하나요?

개발자분이 알아야 하는 것은 정말 많습니다. 따라서 무언가를 또 배워야 하는 것은 부담일 수밖에 없습니다. 그럼에도 불구하고 다음과 같이 대답해야 할 것 같습니다.

A: 네, 꼭 알아야 합니다.

간단한 비유를 해 보겠습니다. 개발자가 클라우드 인프라를 사용할 때 클라우드에 대한 이해가 없어도 될까요? 쿠버네티스를 사용하려면 쿠버네티스를 이해해야 하므로 꼭 알아야 하는 주요 스킬입니다.

흐름상 이런 질문도 예상해 볼 수 있습니다.

Q: 현업 엔지니어/개발자가 아닌 대학생 및 취업 준비생도 쿠버네티스를 이해해야 할까요?

A: 추천하고 싶습니다.

이 책은 대학생도 모든 장을 유기적으로 연결해 직접 따라 하면서 실습할 수 있고 바로바로 결과를 확인할 수 있습니다. 그리고 현업에서 가장 많이 사용되는 표준 구성으로 제작했습니다. 따라서 이 책에 나오는 모든 과정을 여러 차례 또는 그 이상 실습하고 이해한다면 현업에서 이루어지는 일을 매우 높은 수준으로 간접 체험할 수 있습니다. 그렇게 한다면 이력서 작성 및 면접 시에 본인의 생각을 풀어내는 데 큰 도움이 될 것이라고 확신합니다.

제가 다뤘던 그 어떤 도구보다도 쿠버네티스는 IT 전반적으로 파급 효과가 클 것이며, 그 영향은 리눅스에 비견할 만큼 커질 것으로 예상합니다. 그 시작에 어려움을 이 책과 함께 풀어 모두 함께 즐거운 쿠버네티스 환경에서 볼 수 있기를 희망합니다.

2021년 5월

조훈

저자로서 그리고 업무에서 쿠버네티스를 사용하는 실무자로서 독자 여러분께 쿠버네티스의 세계로 과감하게 뛰어들라는 말씀을 드리고 싶습니다. 쿠버네티스는 현재 시점에서 경쟁자를 찾을 수 없을 정도로 컨테이너 오케스트레이션 분야에서 강력한 입지를 구축하고 있으며 당분간 이 추세가 계속될 것입니다.

이미 쿠버네티스와 관련된 학습 자료와 좋은 책이 많이 있습니다. 그럼에도 이 책을 선택해야 하는 이유는 다음과 같습니다. 쿠버네티스를 활용하는 것은 쿠버네티스의 내부 구조와 명령어를 암기하는 것으로 끝나지 않습니다. 쿠버네티스를 활용해 시스템을 자연스럽게 구축하고 운영하는 것 또한 중요합니다. 이 책은 이러한 부분에 중점을 두고 구성했습니다. 저자들의 설명을 따라가다 보면 기본적인 쿠버네티스의 개념과 환경 구축부터 개발자에게 필요한 배포, 안정적인 쿠버네티스 클러스터 운영을 위한 모니터링까지 쿠버네티스를 기반으로 시스템을 구축하고 운영하는 데 필요한 기초를 탄탄하게 다질 수 있을 것입니다.

쿠버네티스 기반의 시스템을 전반적으로 다루고 있지만, 쿠버네티스의 방대한 생태계에 비하면 이 책의 내용은 작은 부분일 수 있습니다. 그러나 쿠버네티스가 이끄는 긴 항해의 여정에서 여러분의 좋은 길잡이로 함께할 수 있다면 저자로서 매우 기쁠 것 같습니다. 저자들이 쿠버네티스의 세계에서 경험을 쌓으면서 느꼈던 경이로움과 성취감이 여러분께도 전달되기를 바랍니다.

2021년 5월

심근우

IT 환경은 끊임없이 변화하고 있으며, 이러한 수많은 변화 속에서 새로운 것을 탐색하고 기존의 알고 있는 정보를 활용해 당면한 여러 문제를 해결하는 것이 엔지니어의 역량이라고 생각합니다. 그중 주목받고 있는 AI, 빅데이터, 웹 등 여러 분야의 서비스가 탄력적인 인프라 환경을 제공하는 클라우드를 통해 제공되고 있습니다.

이러한 패러다임 변화에 맞춰 나타난 클라우드 네이티브에는 클라우드를 잘 활용하기 위한 방법론 중 하나인 불변적인 인프라 환경에 초점을 맞춘 여러 기술이 존재합니다. 이 가운데서도 컨테이너를 잘 활용할 수 있도록 엮어주는 오케스트레이션 도구인 쿠버네티스는 컨테이너 인프라 환경에서 리눅스 커널이 하는 역할을 수행하며, 어느 클라우드 제공자에게도 종속되지 않고 서비스를 구축하고 운영하는 데 도움을 줍니다.

그래서 여러분이 클라우드 네이티브 환경을 구축하고 운영할 수 있는 쿠버네티스 개념과 컨테이너, 오픈 소스 도구를 활용한 CI/CD 구성, 구성한 시스템을 모니터링하는 전반적인 과정을 실습하는 데 초점을 두고 이 책을 집필했습니다. 이 책이 클라우드 네이티브 환경을 구축하는 모든 것이라고는 말씀드릴 수 없습니다. 지금도 클라우드 네이티브 환경에 사용되는 여러 도구와 방법론이 나타나고 있기 때문입니다. 하지만 이 책이 방대한 쿠버네티스 생태계로 뛰어드는 여러분에게 도움이 된다면 매우 보람을 느낄 것 같습니다.

2021년 5월

문성주

책을 집필하는 동안 다양한 조언을 주시고 독자를 위한 책으로 방향성을 잡아주셨던 길벗출판사 정지연 · 이다빈 편집자님께 감사 인사를 드립니다. 그리고 좋은 의견을 아낌없이 제공해 주셨던 메가존의 장지황 대표 이사님, 정진일 상무님, 공동배 이사님, 윤종민 팀장님 그리고 황학범 팀장님께도 감사 인사드립니다.

그 외에 컨테이너/쿠버네티스 관련 지식을 얻고 나누는 즐거움을 함께한 쿠버네티스 유저 그룹, 오픈스택 유저 그룹, 젠킨스 유저 그룹, IT 인프라 엔지니어 유저 그룹 분들에게도 무한한 감사 인사를 드리고 싶습니다. 완성도 있는 책을 위해 꼼꼼하게 리뷰해주시고 베타테스터로 참여해 주신 조준희 님, 김지원 님, 김예림 님, 김호영 님, 이수진 님에게도 이 자리를 빌려 감사를 전합니다. 이분들이 아니었다면 독자의 감성을 잡을 수 있는 책이 출간되기 어려웠을 것입니다.

또한, 넘어야 할 산이 많았음에도 끝까지 함께 책을 완성해 주신 심근우 작가님과 문성주 작가님에게도 감사드리며, IT에 입문하게 가장 큰 영향을 주었던 김세희 님께도 감사 인사를 드립니다. 마지막으로 책 집필에 집중할 수 있도록 많은 도움을 주신 사랑하는 어머니, 문현자 여사님께도 감사의 마음을 전하고 싶습니다.

조훈

먼저 이 책의 집필 과정을 함께한 두 분께 감사드리고 싶습니다. 첫 책의 집필 과정은 시작부터 쉽지 않았지만, 시작부터 끝까지 조언과 격려를 아끼지 않은 조훈 님이 계셨기에 이 책을 마무리할 수 있었습니다. 또한 부족한 부분을 채워 주신 문성주 작가님이 있어 어려운 고비를 잘 넘길 수 있었습니다. 감사합니다. 두 분께는 지면으로 다 표현할 수 없는 신세를 졌습니다.

또한 원고가 독자가 원하는 방향의 책이 될 수 있도록 아낌없이 노력해 주신 길벗출판사 정지연 편집자님과 이다빈 편집자님께 깊은 감사 인사를 올립니다. 그리고 이 책의 높은 완성도를 위해서 힘써 주신 리뷰어 김지원 님, 김예림 님, 김호영 님, 이수진 님, 조준희 님 감사합니다.

업무와 학습, 집필을 병행할 수 있게 늘 배려하고 응원해 주셨던 이제웅 그룹장님, 김달현 파트장님 그리고 장현태 프로님과 우리 자동화 플랫폼 파트원 여러분 감사합니다. 덕분에 든든했습니다.

또한 저에게 쿠버네티스를 공부해 볼 것을 처음 권해주신 조상진 그룹장님과 지속적으로 기술 학습에 대한 욕구를 불어넣어 주신 김종일 선배님이 있어 여기까지 올 수 있었습니다. 그리고 지난 3년 동안 쿠버네티스 운영의 동반자였던 삼성SDS 입사 동기, 우아한 형제들의 노동환 님, 이 책을 쓰는 동안에도 많은 힘이 되었습니다.

이 책이 나오기까지 오랫동안 기다려주시고 격려해 주신 유쾌한 스프링방 멤버분들께도 이 자리를 빌려 감사 인사를 드립니다.

끝으로 언제나 저에게 무한한 사랑을 주신 부모님과 이 책이 만들어지는 동안 묵묵히 저를 응원하고 기다려 준 평생의 동반자 송이에게도 사랑한다는 말을 전하고 싶습니다.

심근우

먼저 이 책을 집필하면서 독자의 이해를 돕기 위해 여러 방면으로 도움을 주신 정지연 편집자님, 이다빈 편집자님을 비롯한 길벗출판사 편집팀 분들에게 감사 인사를 전합니다. 또한 이 책을 완성하기 위해 같이 달려온 조훈 작가님, 심근우 작가님에게도 감사 인사를 전합니다. 두 분의 지속적인 의견 교환과 여러 방면의 지도를 통해 완성도 있는 결과를 낼 수 있었습니다. 또한 업무와 학업, 집필을 병행할 수 있도록 도와주신 클라우드메이트 윤주현 대표님, 고창규 이사님, 김세준 매니저님, 배준현 매니저님, 김정우 매니저님, 클라우드메이트 공동체 여러분에게 감사 인사를 전합니다. 덕분에 집필에 더욱 집중할 수 있었습니다. 아울러 책의 완성도를 높이기 위해 리뷰 및 테스트를 도와주신 김예림 님, 조준희 님, 김호영 님, 김지원 님, 이수진 님에게 감사의 인사를 전합니다. 덕분에 미처 확인하지 못한 부분을 수정하고 모호한 설명을 개선할 수 있었습니다. 또한 지금의 제가 있기까지 여러 도움과 조언을 주신 선배님과 동료 여러분, 커뮤니티 공동체 여러분께 감사드립니다. 여러분의 경험과 수많은 조언을 통해 지금의 제가 있다고 생각합니다. 끝으로 책을 쓰는 과정 동안 볼멘 소리와 어리광을 부려도 너그럽게 이해해 주신 사랑하는 어머님과 가족들, 좋은 책을 기대한다고 힘내라고 응원해 주신 '프론트 개발자방', 'IT 엔지니어 그룹방' 멤버들을 비롯한 모든 분에게 이 지면을 통해 감사 인사를 드립니다.

문성주

시스템 엔지니어로서 그리고 취미 개발자로서 쿠버네티스는 더는 미룰 수 없는 기술 스택입니다. 운 좋게 베타테스터에 참여하게 되면서 쿠버네티스를 공부할 수 있는 기회가 생겼습니다. 자세한 설명과 풍부한 그림으로 어려운 개념도 쉽게 이해할 수 있었고, 하나하나 직접 실습하면서 쿠버네티스로 이렇게까지 시스템을 관리할 수 있는지 깨닫는 짜릿한 경험을 할 수 있었습니다. 부디 다른 독자분들도 이러한 경험을 함께하고, 앞으로 펼쳐질 쿠버네티스 생태계에 동참하기를 바라는 마음입니다.

김호영_고등과학원 HPC Architect

이제 IT 인프라 분야에서 쿠버네티스를 모르면 대화에 끼어들지 못할 정도로 핵심적인 기술이 되었으며, 여러 구직사이트에 쿠버네티스를 검색해 보면 현실을 체감할 수 있습니다. 트렌드를 따라가야지 하면서도 업무만 하기에도 머리가 아픈 까닭에 여러 강의나 책을 봐도 항상 초반부를 벗어나지 못해 쿠버네티스를 거의 포기하다시피 했습니다. 다행히 베타테스터라는 기회를 통해 이해하기 쉬운 설명과 그림, 특히 눈과 머리에 쏙쏙 박히는 예제들을 실행해 보며 쿠버네티스에 대해 단순한 흥미가 아닌 재미를 느끼게 되었습니다. 저처럼 쿠버네티스가 뭔데? 그거 꼭 해야 해? 라는 생각이 들며 첫 걸음을 떼기 어려운 분들, '쿠포자'의 늪에서 빠져나오고 싶은 분들께 강력하게 추천하고 싶습니다.

김지원_에스넷 시스템 DevOps 엔지니어

엔지니어라면 기술의 흐름을 알아야 한다고 생각하는 사람으로서 쿠버네티스는 현재 그 흐름의 중심에 있으며, 컨테이너 환경이 점점 더 복잡해지고 커질수록 쿠버네티스의 중요성도 커지고 있습니다. 저는 도커 관련 지식이 없고 클라우드 경험도 없지만, 직관적인 설명과 그림, 직접 따라 하는 예제와 실습 덕분에 쿠버네티스의 큰 흐름을 쉽게 이해할 수 있었습니다. 여러분이 엔지니어가 되고 싶은 학생이거나 미래를 준비하는 엔지니어라면 이 책은 여러분을 그 목표로 인도하는 훌륭한 항해사가 될 것입니다.

조준희_시스코 시스템즈 네트워크 엔지니어

신입 클라우드 엔지니어로서 느끼는 쿠버네티스는 '분명 세계적인 흐름이자 기회인데 공부를 시작하면 진도를 못 나가는' 막막한 기술이었습니다. 비싼 요금이 무서워 관리형 쿠버네티스 서비스로 연습하는 것도 엄두가 안 나던 와중에, 감사히도 베타테스터에 참여하게 되었습니다. 과정 하나하나를 보여주는 그림과 이해하기 쉬운 설명, 실습하기 쉽게 사전에 세팅된 예제들로 알차게 학습하다 보니 쿠버네티스에 대한 부담이 줄게 되었습니다.

쿠버네티스 첫걸음 이상을 떼고 싶으신 분들이나 쿠버네티스 공식 홈페이지에 들어갔다가 Docs에서 막막한 심정을 느껴본 분들, 쿠버네티스를 직접 다루진 않지만 업무상 쿠버네티스와 관련된 소통을 해야 하는 분들에게 이 책은 든든한 길잡이가 될 것입니다.

이수진_메가존 클라우드 엔지니어

클라우드 엔지니어로 커리어를 시작한 지 한 달도 안된 시점에 베타테스터를 제안받았습니다. 당시 저에게 쿠버네티스란 '언젠가는 들춰봐야 하는 미지의 세계'처럼 느껴졌고, 책이 출간될 때쯤이면 쿠버네티스의 'ㅋ' 자라도 알게 되지 않을까 하는 기대감에 시작했습니다. 환경을 구성하고 실습하는 과정이 매우 자세히 기술되어 있어서 부담 없이 따라 하며 익힐 수 있었고, 책의 흐름상 차근차근 기초부터 쌓아 간다는 느낌을 받았습니다. 리뷰 분량이 저자들의 열정에 비례해 당황스러울 때도 있었지만, 그만큼 쿠버네티스뿐만 아니라 실무자들에게 꼭 필요한 정보가 알차게 담겨 있었습니다. 저의 첫 쿠버네티스 여정을 보람차게 시작할 기회를 주신 저자분들께 감사의 말씀을 드립니다.

김예림_클라우드메이트 클라우드 엔지니어

이 책은 쿠버네티스, 도커, 젠킨스, 프로메테우스, 그라파나 다섯 가지 도구로 실제 컨테이너 인프라 환경을 구성해 보면서 새로운 인프라 환경을 학습하고 실무에서 응용할 수 있도록 구성했습니다.

1장~2장 **가상화 인프라 환경 구성하기**	인프라를 생성하는 데 기반이 되는 환경을 제공하는 버추얼박스와 베이그런트를 설치합니다. 게스트 운영 체제(CentOS)를 설치해 가상화 인프라 환경을 구성하고 이후 테스트할 환경을 만듭니다.

3장 **쿠버네티스로 컨테이너 인프라 환경 이해하기**	쿠버네티스의 개념과 여러 기능을 살펴보고 실제로 어떻게 구현하는지 알아봅니다. 직접 실습해 보면서 컨테이너 인프라 환경을 전반적으로 이해하고 쿠버네티스가 컨테이너 인프라 관리 솔루션의 표준으로 자리 잡을 수 있었던 이유를 들여다봅니다.

4장 **도커로 컨테이너 다루기**	쿠버네티스가 관리하는 컨테이너를 집중적으로 살펴보고 컨테이너를 다루는 도구인 도커의 개념과 사용법을 배웁니다.

5장 **젠킨스로 지속적 통합과 배포 자동화 실현하기**	앞서 구성한 컨테이너 인프라 환경에서 지속적 통합과 지속적 배포를 실습하며 컨테이너 환경이 얼마나 빠른 개발 배포 환경을 제공하는지 확인해 봅니다.

6장 **프로메테우스와 그라파나로 컨테이너 인프라 환경 관리하기**	지금까지 구축한 컨테이너 인프라 환경을 안정적으로 관리하고 운영하는 모니터링을 살펴봅니다. 복잡한 컨테이너 인프라 환경을 효율적으로 관리하는 모니터링 방법을 제시합니다.

인프런 동영상 강의 안내

'인프런'에서 〈쉽게 시작하는 쿠버네티스〉라는 저자 강의 영상을 시청할 수 있습니다(유료). 동영상과 함께 책을 더 효과적으로 공부해 보세요.

인프런 동영상 강의: https://www.inflearn.com/course/쿠버네티스-쉽게시작(또는 https://url.kr/k8s)

활용법

이 책에 실린 모든 실습은 독자의 편의를 위해 저자의 깃허브(https://github.com/sysnet4admin/_Book_k8sInfra)에서 실습 파일을 내려받아 진행합니다. _Book_k8sInfra 디렉터리 아래 각 장별로 실습 파일을 저장해 두었으므로 해당 디렉터리에서 필요한 실습 파일을 찾아 실행하면 됩니다. 이 과정은 2장과 3장에서 실습할 때 다시 언급하니 잘 따라서 진행해 주세요.

이 책의 버전

각 프로그램을 설치할 때는 최신 버전이 소개되므로 이 책과는 버전이 다를 수도 있습니다.

다른 도구와 호환성을 위해 이 책에서는 다음과 같은 버전을 사용합니다.

- VirtualBox 6.1.12
- Vagrant 2.2.9
- Kubernetes 1.18.4
- Docker 1.13.1, Docker-ce 18.09.9
- Jenkins 2.249.3
- Prometheus 2.19.0
- Grafana 7.0.3

3장 컨테이너를 다루는 표준 아키텍처, 쿠버네티스 ····· 77

1장

새로운 인프라 환경이 온다

IT만큼 빠르게 변화하는 분야가 없습니다. 엔지니어가 개발 환경을 만들어 제공하면 사용자(주로 개발자)는 그에 맞는 도구를 모두 설치해야 했던 온프레미스(on-premises) 환경은 이제 고전적인 인프라 환경이 됐습니다. 이제는 돈을 넣으면 자판기에서 미리 준비된 상품이 나오듯 이미 구성된 환경을 사용자가 필요에 따라 선택하고 조합해서 사용할 수 있게 제공되는 **서비스로서의 인프라 환경**(IaaS, Infrastructure as a Service)이 됐습니다.

인프라 환경이 빠르게 갖춰지는 만큼 소프트웨어도 빠르게 개발하고 적용되길 고대했습니다. 그래서 대두된 개발 방법론이 **애자일**(agile)입니다. 기존 개발 방법론인 폭포수(waterfall) 방법론은 계획 단계에서 설계와 환경을 완전히 구비한 후 예정된 목표를 달성해 나가지만, 애자일은 일정 주기를 정한 다음에 해당 주기에 맞춰 요구 사항을 만족하는 프로토타입을 만들고 이를 개선해 나가며 최종 목표에 점진적으로 접근합니다.

이런 애자일 방법론의 시대에 맞춰 인프라는 또 한 번 변화하고 있습니다. 사용자가 요구하는 인프라를 즉각 제공하는 주요 기능은 유지하면서, 사용자마다 독립적인 환경에서 개발해도 모두 동일한 결과를 얻을 수 있고 개발된 소프트웨어의 성능을 보장하며 인프라의 가용 리소스를 최대한 확보할 수 있는 그런 인프라 환경으로 말입니다.

환영합니다! 지금부터 이런 요구 사항을 만족하는 새로운 **컨테이너 인프라 환경**을 알아보겠습니다.

1.1 컨테이너 인프라 환경이란

컨테이너 인프라 환경은 컨테이너를 중심으로 구성된 인프라 환경입니다. 여기서 **컨테이너**(container)는 하나의 운영 체제 커널에서 다른 프로세스에 영향을 받지 않고 독립적으로 실행되는 프로세스 상태를 의미합니다. 이렇게 구현된 컨테이너는 가상화 상태에서 동작하는 프로세스보다 가볍고 빠르게 동작합니다(컨테이너 인프라 환경은 3장과 4장에서 직접 구현해 보며 동작 과정을 좀 더 자세히 살펴봅니다).

컨테이너 인프라 환경의 장점을 충분히 이해하려면 우선 개발자가 인프라를 이용해 개발하는 서비스의 설계 부분을 살펴봐야 합니다.

1.1.1 모놀리식 아키텍처

모놀리식 아키텍처(monolithic architecture)는 하나의 큰 목적이 있는 서비스 또는 애플리케이션에 여러 기능이 통합돼 있는 구조를 의미합니다. 모놀리식 아키텍처에서는 소프트웨어가 하나의 결합된 코드로 구성되기 때문에 초기 단계에서 설계하기 용이하며 개발이 좀 더 단순하고 코드 관리가 간편합니다. 그러나 서비스를 운영하는 과정에서 수정이 많을 경우, 어떤 서비스에서 이뤄진 수정이 연관된 다른 서비스에 영향을 미칠 가능성이 커집니다. 또한 서비스가 점점 성장해 기능이 추가될수록 처음에는 단순했던 서비스 간의 관계가 매우 복잡해질 수 있습니다.

모놀리식 아키텍처는 대부분 다음과 같이 구성됩니다.

▼ 그림 1-1 모놀리식 아키텍처의 구성 예시

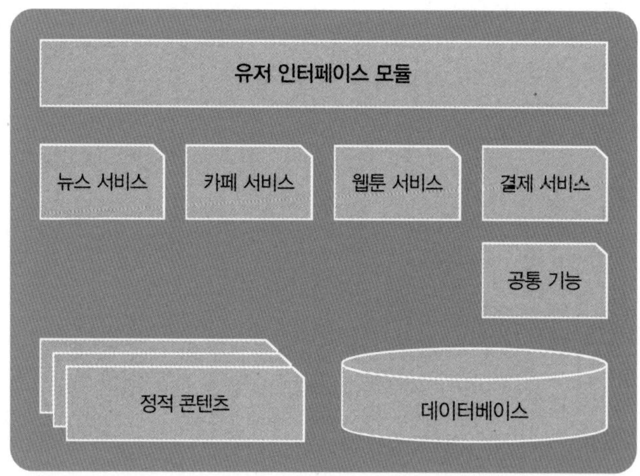

그림처럼 뉴스, 카페, 웹툰, 결제 등의 서비스가 하나의 애플리케이션 안에 포함된 경우를 생각해 봅시다. 보안이나 데이터베이스 접속과 같은 설정을 공통으로 사용하면서 서비스를 구현한다면 개발 속도는 매우 빠를 것입니다. 하지만 웹툰 서비스의 사용량이 폭발적으로 증가해 서버를 증설해야 한다고 가정해 봅시다. IaaS 덕분에 사용량 증가에 따라 인프라를 증설하는 것은 어렵지 않습니다. 그렇지만 웹툰 서비스의 사용량이 늘었다고 해서 뉴스, 블로그 등의 다른 서비스가 포함된 애플리케이션까지 확장하는 것은 상당히 비효율적입니다. 게다가 특정 서비스를 수정하는 과정에서 예기치 못한 에러가 발생한다면 해당 서비스 외에 전체 서비스를 이용할 수 없는 상황이 생길 수도 있습니다. 그래서 이러한 문제를 해결하는 방안으로 마이크로서비스 아키텍처가 등장했습니다.

1.1.2 마이크로서비스 아키텍처

마이크로서비스 아키텍처(MSA, Microservices Architecture)는 시스템 전체가 하나의 목적을 지향하는 바는 모놀리식 아키텍처와 동일합니다. 하지만 개별 기능을 하는 작은 서비스를 각각 개발해 연결하는 데서 그 차이를 보입니다. 보안, 인증 등과 관련된 기능이 독립된 서비스를 구성하고 있으며 다른 서비스들도 독립적으로 동작할 수 있는 완결된 구조입니다.

이런 구조는 개발된 서비스를 재사용하기 쉽고, 향후 서비스가 변경됐을 때 다른 서비스에 영향을 미칠 가능성이 줄어들며 사용량의 변화에 따라 특정 서비스만 확장할 수 있습니다. 따라서 사용자의 요구 사항에 따라 가용성을 즉각적으로 확보해야 하는 IaaS 환경에 적합합니다. 하지만 마이크로서비스 아키텍처는 모놀리식 아키텍처보다 복잡도가 높으며 각 서비스가 서로 유기적으로 통신하는 구조로 설계되기 때문에 네트워크를 통한 호출 횟수가 증가해 성능에 영향을 줄 수 있습니다.

마이크로서비스 아키텍처는 다음과 같이 구성합니다.

❤ 그림 1-2 마이크로서비스 아키텍처의 구성 예시

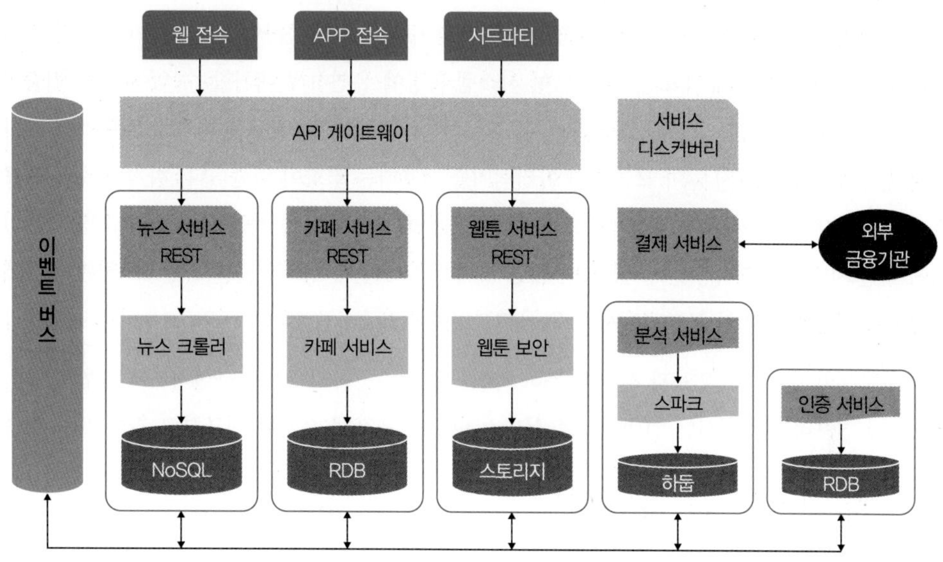

하나의 애플리케이션 안에 포함돼 있던 뉴스, 블로그, 웹툰 서비스가 각 서비스와 관련된 기능과 데이터베이스를 독립적으로 가지는 구조로 표현됐습니다. 각 서비스는 API 게이트웨이와 REST(REpresentational State Transfer) API를 이용한 통신 방식으로 사용자(외부)의 요청을 전달합니다. 서비스 개수는 고정된 것이 아니기 때문에 어떤 서비스가 등록돼 있는지 파악하기 위해 서비스 디스커버리를 사용합니다. 또한 수많은 서비스의 내부 통신을 이벤트로 일원화하고 이를 효과적으로 관리하기 위해 별도로 이벤트 버스를 서비스로 구성합니다.

이런 구조 덕분에 각 서비스는 필요한 기능이 특화된 데이터베이스를 선택해 개별 서비스에 할당할 수 있습니다. 고객의 요구 사항에 따라 분석 서비스를 새로 추가해야 할 때도 기존에 있는 이벤트 버스에 바로 연결하면 되므로 매우 유연하게 대응할 수 있습니다. 각 서비스는 독립적으로 동작할 수 있는 완결된 구조라서 이미 개발된 기능이 다른 서비스에 필요하다면 바로 재사용할 수 있습니다.

1.1.3 컨테이너 인프라 환경에 적합한 아키텍처

그러면 컨테이너 인프라 환경에서는 어떤 아키텍처를 사용해야 좋을까요? IT 세계에서는 대부분 정해진 답이 없습니다. 주어진 상황에 적합한 기술이 있을 뿐입니다. 모놀리식 아키텍처로 구현을 시작했지만, 시스템이 성장하고 기능이 늘어나면 마이크로서비스 아키텍처로 전환할 수도 있습니다.

예전에는 기존 시스템을 확장하는 것은 시간과 비용이 많이 들어가는 복잡한 작업이자 변경된 시스템을 잘못 배포했을 때 전체 시스템 중단을 초래할 수 있는 위험한 작업이었습니다. 그러나 현재는 작은 단위로 빠르게 배포할 수 있으며 시스템 확장에 유연하게 대처할 수 있는 기반 기술이 충분히 마련돼 있습니다. 보통 중소기업에서 진행하는 소규모 프로젝트는 구현할 서비스 종류가 많지 않거나 규모가 크지 않아 모놀리식 아키텍처를 선호하는 경향이 있습니다. 하지만 소규모 프로젝트라도 마이크로서비스 아키텍처로 설계하면 기능에 집중한 안정적인 서비스를 구현할 수 있고 구현된 서비스를 재사용할 수 있으며, 해당 서비스를 다른 서비스와 연결해 구조화하기 때문에 장기적으로 볼 때 유지보수 측면에서 매우 유리합니다.

우리가 공부할 컨테이너 인프라 환경은 특히 마이크로서비스 아키텍처로 구현하기에 적합합니다. 컨테이너 인프라 환경에서는 컨테이너를 서비스 단위로 포장해 손쉽게 배포하고 확장할 수 있습니다. 컨테이너 인프라 환경에서 제공하는 컨테이너는 마이크로서비스 아키텍처의 서비스와 1:1로 완벽하게 대응하며, 이후 소개할 도구들을 이용하면 도입, 설계, 운용 비용이 감소하고 생산성이 향상됩니다.

▼ 그림 1-3 서비스와 1:1로 결합되는 컨테이너

그렇다면 컨테이너 인프라 환경을 지원하는 도구 중 현업에서 자주 사용하는 몇 가지를 간략하게 살펴보겠습니다.

1.2 컨테이너 인프라 환경을 지원하는 도구

CONTAINER INFRASTRUCTURE

컨테이너 인프라 환경은 크게 **컨테이너**, **컨테이너 관리**, **개발 환경 구성 및 배포 자동화**, **모니터링**으로 구성됩니다. 이를 지원하는 도구 가운데 업계에서 가장 많이 사용하는 도구 몇 가지를 알아보겠습니다.

1.2.1 도커

도커(Docker)는 컨테이너 환경에서 독립적으로 애플리케이션을 실행할 수 있도록 컨테이너를 만들고 관리하는 것을 도와주는 컨테이너 도구입니다. 도커로 애플리케이션을 실행하면 운영 체제 환경에 관계없이 독립적인 환경에서 일관된 결과를 보장합니다. 컨테이너 도구는 도커 외에도 컨테이너디(Containerd), 크라이오(CRI-O), 파드맨(Podman) 등이 있지만, 현업에서 가장 많이 사용하는 소프트웨어는 도커입니다. 도커는 4장에서 자세히 알아보겠습니다.

▼ 그림 1-4 도커 로고

1.2.2 쿠버네티스

쿠버네티스(Kubernetes)는 다수의 컨테이너(이 책에서는 도커를 사용)를 관리하는 데 사용합니다. 컨테이너의 자동 배포와 배포된 컨테이너에 대한 동작 보증, 부하에 따른 동적 확장 등의 기능을 제공합니다. 처음에는 다수의 컨테이너만 관리하는 도구였지만, 지금은 컨테이너 인프라 필요한 기능을 통합하고 관리하는 솔루션으로 발전했습니다. 쿠버네티스는 컨테이너 인프라를 기반으로 '1.1.2 마이크로서비스 아키텍처'에서 설명한 API 게이트웨이, 서비스 디스커버리, 이벤트 버스, 인증 및 결제 등의 다양한 서비스를 효율적으로 관리할 수 있는 환경을 제공하고 이를 내외부와 유연하게 연결해 줍니다. 컨테이너 관리 도구는 도커 스웜(Docker Swarm), 메소스(Mesos), 노마드(Nomad) 등도 있지만, 오직 쿠버네티스만이 급격한 상승세를 보이고 있습니다.

▼ 그림 1-5 쿠버네티스 로고

컨테이너 인프라 환경의 중심으로 떠오른 쿠버네티스는 3장에서 자세히 알아보겠습니다.

1.2.3 젠킨스

젠킨스(Jenkins)는 지속적 통합(CI, Continuous Integration)과 지속적 배포(CD, Continuous Deployment)를 지원합니다. 지속적 통합과 지속적 배포는 개발한 프로그램의 빌드, 테스트, 패키지화, 배포 단계를 모두 자동화해 개발 단계를 표준화합니다. 아울러 개발된 코드의 빠른 적용과 효과적인 관리를 통해 개발 생산성을 높이는 데 초점이 맞춰져 있습니다. 즉 컨테이너 인프라 환경처럼 단일 기능을 빠르게 개발해 적용해야 하는 환경에 매우 적합한 도구입니다. 지속적 통합과 배포를 위한 도구는 뱀부(Bamboo), 깃허브 액션(Github Action), 팀시티(Teamcity) 등도 있지만, 젠킨스가 가장 유명하고 대표적입니다.

▼ 그림 1-6 젠킨스 한국 선비 로고

1.2.4 프로메테우스와 그라파나

프로메테우스(Prometheus)와 그라파나(Grafana)는 모니터링을 위한 도구입니다. 프로메테우스는 상태 데이터를 수집하고, 그라파나는 프로메테우스로 수집한 데이터를 관리자가 보기 좋게 시각화합니다. 컨테이너 인프라 환경에서는 많은 종류의 소규모 기능이 각각 나누어 개발되기 때문에 중앙 모니터링이 필요합니다. 이때 효율적으로 모니터링하는 방법 중 하나가 프로메테우스와 그라파나의 조합입니다. 프로메테우스와 그라파나는 컨테이너로 패키징돼 동작하며 최소한의 자원으로 쿠버네티스 클러스터의 상태를 시각적으로 표현합니다.

▼ 그림 1-7 프로메테우스와 그라파나 로고

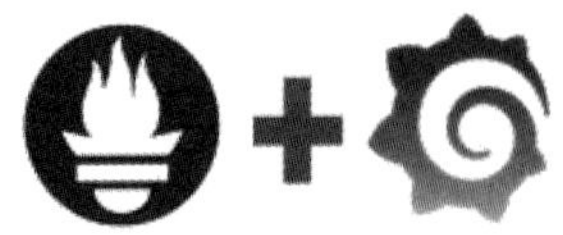

모니터링 데이터 수집 도구는 프로메테우스 외에도 데이터독(DataDog), 인플럭스DB(InfluxDB), 뉴 렐릭(New Relic) 등이 있지만, 오픈 소스를 활용하는 기업은 프로메테우스 외에 다른 선택지가 없을 정도로 가장 탁월한 효율을 자랑합니다.

데이터를 시각화하는 도구는 그라파나 외에도 키바나(Kibana), 크로노그래프(Chronograf) 등이 있으나 업계에서는 그라파나와 키바나가 시장을 양분한 상태입니다. 하지만 키바나는 프로메테우스와 연결 구성이 복잡하므로 프로메테우스를 사용할 때는 간결하게 구성할 수 있는 그라파나를 더 선호합니다.

모니터링 데이터 수집과 시각화를 효과적으로 다루는 방법은 6장에서 자세히 알아보겠습니다.

1.3 새로운 인프라 환경의 시작

CONTAINER INFRASTRUCTURE

소규모로 빠르게 각 기능을 개발하는 마이크로서비스 아키텍처의 의미와 이를 효과적으로 지원하는 컨테이너 인프라 환경이 어떤 것인지 살펴봤습니다. 그리고 컨테이너 인프라 환경을 지원하는 도커, 쿠버네티스, 젠킨스, 프로메테우스, 그라파나 등의 도구도 소개했습니다.

이 책은 앞서 소개한 다섯 가지 도구로 실제 컨테이너 인프라 환경을 구성해 보면서 새로운 인프라 환경을 이해하고 실무에서 응용할 수 있도록 구성했습니다. 2장에서는 버추얼박스와 게스트 운영 체제(CentOS)로 가상화 인프라 환경을 구성하고, 3장에서는 쿠버네티스의 개념과 여러 기능을 알아보고 실제로 어떻게 구현하는지 알아봅니다. 4장에서는 쿠버네티스가 관리하는 컨테이너를 집중적으로 살펴보고, 5장에서는 앞서 구성한 컨테이너 인프라 환경에서 지속적 통합과 지속적 개발을 실습하며 컨테이너 인프라 환경이 얼마나 빠른 개발 환경을 제공하는지 확인해 봅니다. 마지막으로 6장에서는 복잡한 컨테이너 인프라 환경을 효율적으로 관리하는 모니터링 방법을 제시합니다.

이 책에서 구성할 컨테이너 인프라 환경은 다음과 같습니다.

✔ 그림 1-8 실습용 컨테이너 인프라 환경 구성

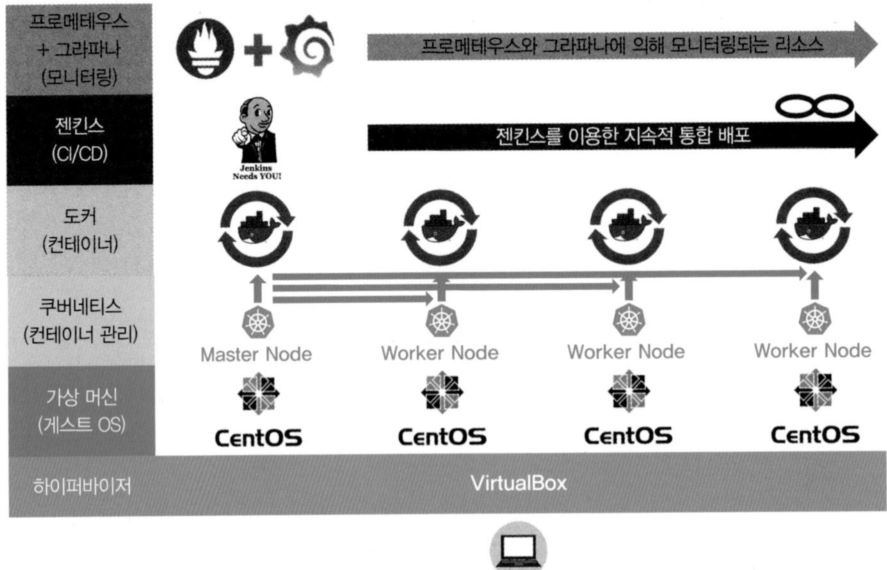

이제부터 열심히 따라오기만 한다면, 컨테이너 인프라 환경을 충분히 이해하고 응용할 수 있습니다. 이 책은 코드와 명령을 직접 손으로 따라 입력하면서 익히는 방식으로 구성돼 있어서 빠르고 효과적으로 학습할 수 있습니다.

그러면 실습에 필요한 가상 환경을 구축하는 것부터 시작해 보겠습니다.

2장

테스트 환경 구성하기

1장에 설명한 대로 이 책은 각각의 컨테이너 도구로 컨테이너 인프라 환경을 직접 구축해 보며 전반적인 흐름을 파악할 수 있게 구성돼 있습니다. 개인 노트북이나 PC에 가상 환경을 구축하고 그 안에 인프라 환경을 구성하는 순서로 진행됩니다. 먼저 2장에서는 가상 환경을 구성하는 데 사용하는 도구를 살펴본 다음, 직접 가상 환경을 구축하겠습니다. 이때 일관성 있는 결과를 얻으려면 프로젝트 환경이 가능한 한 일정하게 생성되고 유지돼야 합니다. 그래서 여기서는 코드형 인프라로 인프라 환경을 일정하게 유지하고 구성합니다. **코드형 인프라**(IaC, Infrastructure as Code)란 쉽게 말해 코드로 하드웨어를 설정하고, 운영 체제를 설치하고, 네트워크를 구성하고, 개발 환경을 구축하는 것입니다. 즉, 코드로 인프라를 소프트웨어처럼 다룰 수 있습니다.

이렇게 설치된 환경은 사용자가 모두 동일한 환경에서 테스트할 수 있고, 문제가 발생했을 때 몇 번의 명령 실행만으로 환경을 다시 새것처럼 구성할 수 있다는 장점이 있습니다. 그러면 본격적으로 시작해 볼까요?

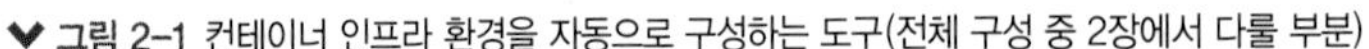

그림 2-1 컨테이너 인프라 환경을 자동으로 구성하는 도구(전체 구성 중 2장에서 다룰 부분)

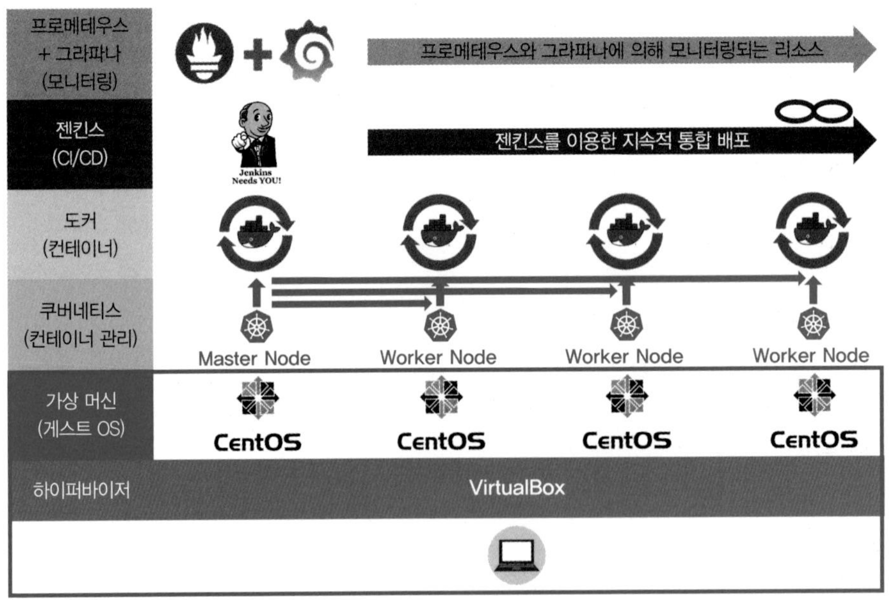

2.1 테스트 환경을 자동으로 구성하는 도구

코드로 인프라를 생성할 수 있게 지원하는 소프트웨어는 여러 개이지만, 교육용 및 소규모 환경에서는 베이그런트(Vagrant)가 가장 배우기 쉽고 사용 방법도 간단합니다. 베이그런트는 가상화 소프트웨어인 버추얼박스(VirtualBox)와도 호환성이 매우 좋습니다.

그럼 베이그런트가 인프라를 생성하는 데 기반이 되는 환경을 제공하는 버추얼박스에 관해 먼저 알아보겠습니다.

2.1.1 버추얼박스 설치하기

버추얼박스는 이노테크(InnoTek)에서 개발한 가상화 소프트웨어로 오라클에서 배포합니다. 버추얼박스는 현존하는 대부분의 운영 체제를 게스트 운영 체제로 사용할 수 있으며, 확장팩을 제외하면 아무런 제한 없이 소프트웨어의 모든 기능을 무료로 이용할 수 있습니다. 또한 다른 가상화 소프트웨어보다 기능이 강력하고 안정적입니다.

비추얼박스를 설치해 봅시다.

Tip **버추얼박스의 기존 설정을 완전히 삭제하고 싶다면?**

버추얼박스는 삭제하더라도 기존 설정을 보존하려는 특성이 있습니다. 따라서 기존 설정이 남아 있으면 테스트하는 데 방해가 될 수 있습니다. 이미 버추얼박스를 쓰고 있는 독자라면 다음과 같이 기존 설정을 제거하기를 추천합니다.

1. 프로그램 추가/삭제에서 버추얼박스 삭제하기

▼ 그림 2-2 버추얼박스 제거

계속

2. 디렉터리 내용 삭제하기(C:\Users\〈사용자이름〉\VirtualBox 또는 C:\Users\〈사용자이름〉\AppData\Local\.VirtualBox)

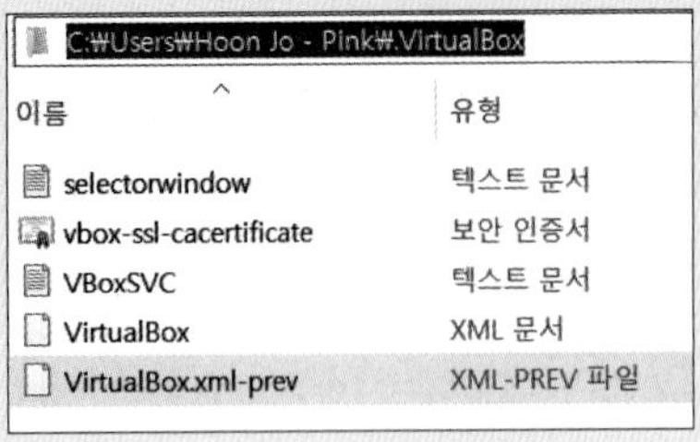

▼ 그림 2-3 버추얼박스와 관련된 디렉터리 삭제

C:\Users\Hoon Jo - Pink\.VirtualBox

이름	유형
selectorwindow	텍스트 문서
vbox-ssl-cacertificate	보안 인증서
VBoxSVC	텍스트 문서
VirtualBox	XML 문서
VirtualBox.xml-prev	XML-PREV 파일

1. 웹 브라우저를 열고 버추얼박스 다운로드 페이지(https://www.virtualbox.org/wiki/Downloads)에 접속합니다. 사용하는 운영 체제에 맞는 버전을 내려받습니다.

▼ 그림 2-4 버추얼박스 다운로드 페이지

Note 버추얼박스 다운로드 페이지에는 최신 버전이 소개되므로 이 책과는 버전이 다를 수도 있습니다. 다른 도구와 호환성을 위해 이 책에서는 6.1.12 버전을 설치합니다. 만약 설치 시점에서 책과 버전이 다르다면 이전 버전을 내려받을 수 있는 페이지(https://www.virtualbox.org/wiki/Download_Old_Builds_6_1)로 갑니다. 화면 스크롤을 내려 VirtualBox 6.1.12 항목을 찾고 사용하는 운영 체제에 맞는 버전을 내려받습니다.

2. 윈도용 버추얼박스 설치 파일에는 설치 마법사가 포함돼 있어 쉽게 설치할 수 있습니다. 내려받은 버추얼박스 설치 파일을 찾아 실행하고 다음과 같이 설치 환영 메시지가 나오면 Next 버튼을 클릭합니다.

▼ 그림 2-5 설치 환영 메시지

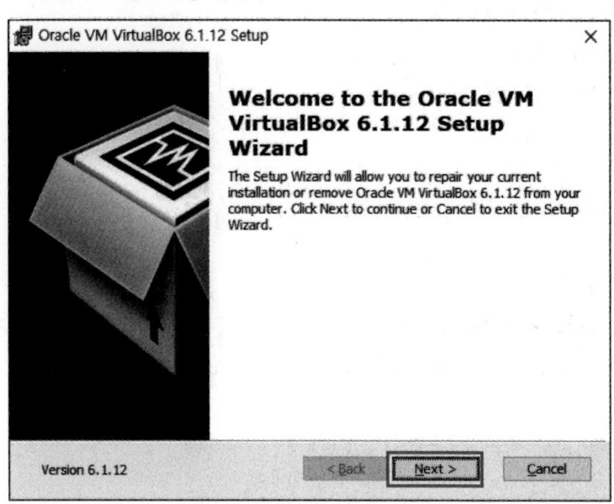

3. 설치 경로를 포함한 여러 옵션이 나옵니다. 기본으로 설치하는 것이 가장 무난하므로 기본 상태 그대로 두고 Next 버튼을 클릭합니다.

▼ 그림 2-6 설치 옵션 선택

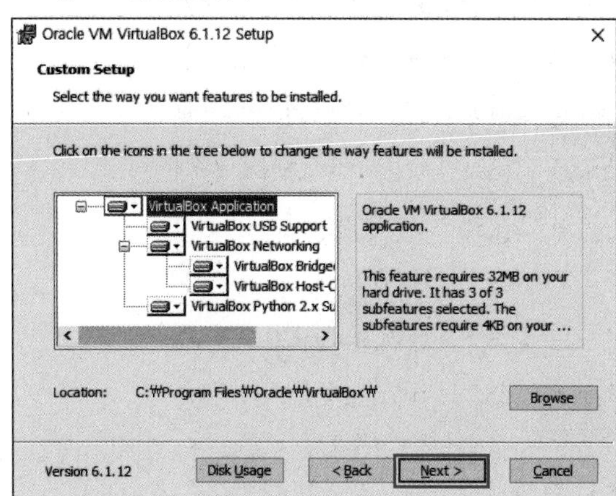

4. 버추얼박스를 바탕 화면에서 바로 실행할 수 있는 바로가기 아이콘을 만드는 화면이 나옵니다. 기본 옵션으로 진행하므로 마찬가지로 Next 버튼을 클릭합니다.

▼ 그림 2-7 바로가기 생성

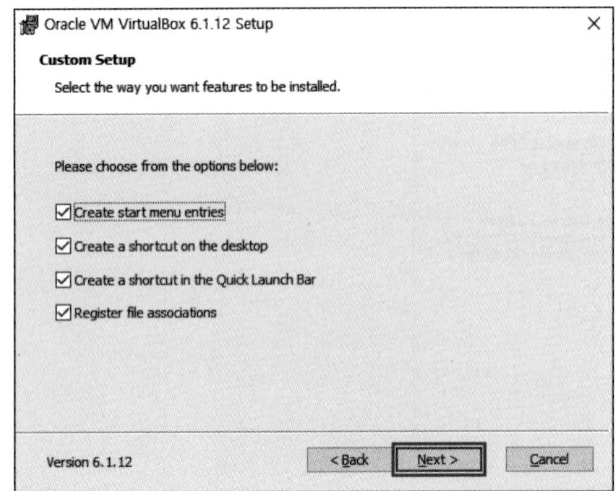

5. 버추얼박스에서 사용할 네트워크 인터페이스를 위해 잠시 네트워크가 중단된다는 경고문입니다. 다른 중요한 파일을 내려받고 있지 않다면 신경 쓰지 말고 Yes 버튼을 클릭합니다.

▼ 그림 2-8 네트워크 인터페이스 중단 경고

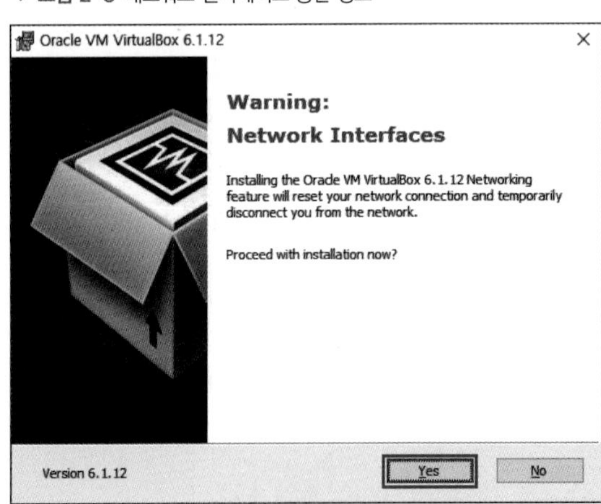

6. 이제 설치할 준비가 다 됐으니 Install 버튼을 클릭합니다. 시스템에 따라 설치 허용 여부를 묻는 경우가 있는데, 이런 경우 **예** 버튼을 클릭합니다. 설치 도중에 시스템에 따라 추가 드라이버가 설치될 수도 있습니다.

▼ 그림 2-9 설치하기

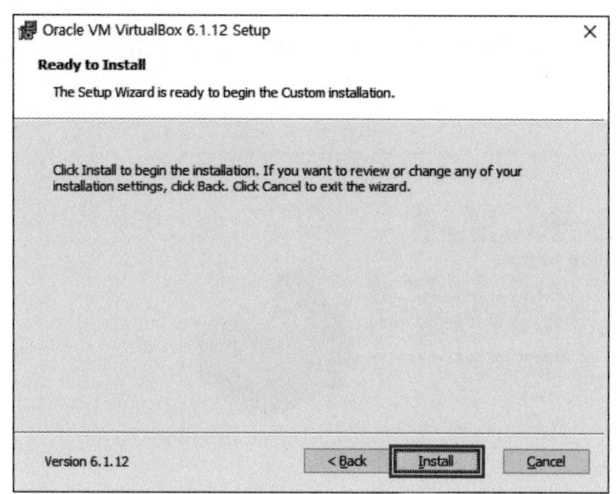

7. 설치가 완료되면 화면에 체크 상태를 그대로 두고 Finish 버튼을 클릭해 설치 프로그램을 종료하고 버추얼박스를 실행합니다.

▼ 그림 2-10 버추얼박스 설치 종료 및 실행

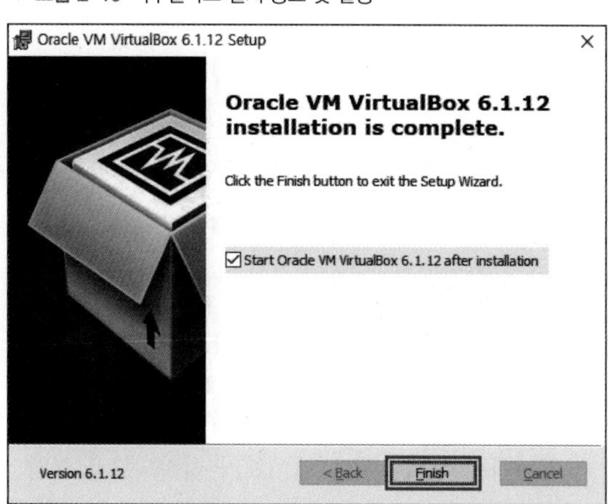

Note ≡ 최신 버전을 받지 않으면 처음 실행했을 때 최신 버전을 받으라는 팝업 창이 뜹니다. 무시하고 넘어가면 됩니다.

8. 실행된 버추얼박스는 어떤 가상 머신도 없이 깨끗한 상태입니다. 이제 베이그런트로 가상 머신을 생성해 보겠습니다.

▼ 그림 2-11 처음 실행된 버추얼박스

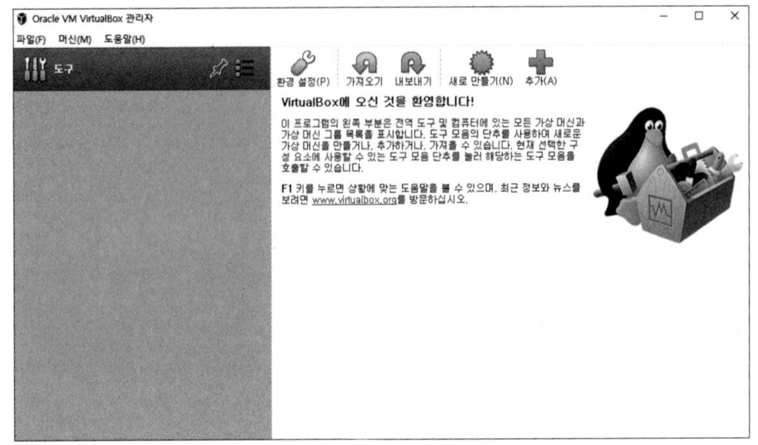

2.1.2 베이그런트 설치하기

베이그런트는 사용자의 요구에 맞게 시스템 자원을 할당, 배치, 배포해 두었다가 필요할 때 시스템을 사용할 수 있는 상태로 만들어 줍니다. 이를 **프로비저닝**(provisioning)이라고 하는데, 프로비저닝을 하면 필요할 때 환경을 매우 쉽고 간단하게 구현할 수 있습니다. 베이그런트를 설치하는 방법은 다음과 같습니다.

1. 웹 브라우저를 열고 베이그런트 다운로드 페이지(https://www.vagrantup.com/downloads.html)에 접속합니다. 사용자 환경에 따라 자동으로 다운로드 페이지가 설정되므로 각자의 운영 체제에 맞는 설치 파일이 표시됩니다. 바로 **내려받기**(Download) 버튼을 눌러 베이그런트 설치 파일을 내려받습니다. 윈도용 베이그런트 설치 파일에는 설치 마법사가 포함돼 있어 쉽게 설치할 수 있습니다.

✔ 그림 2-12 베이그런트 다운로드 페이지

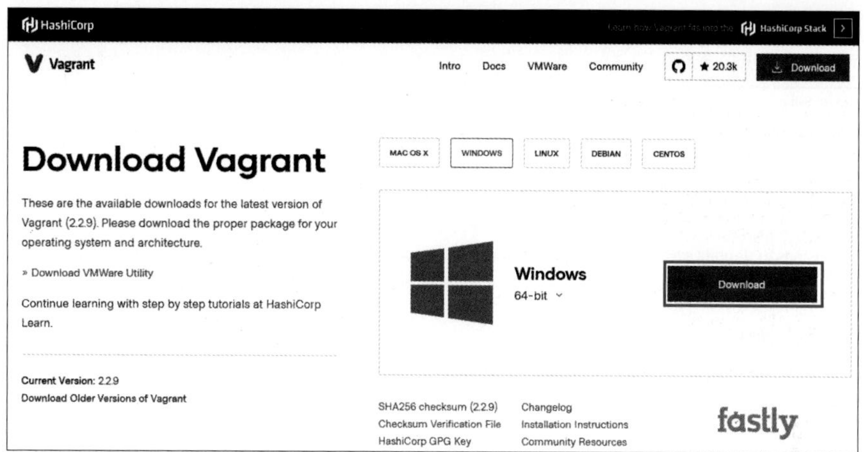

2. 내려받은 베이그런트 설치 파일을 찾아 실행하고 다음과 같이 설치 환영 메시지가 나오면 Next 버튼을 클릭합니다.

✔ 그림 2-13 설치 환영 메시지

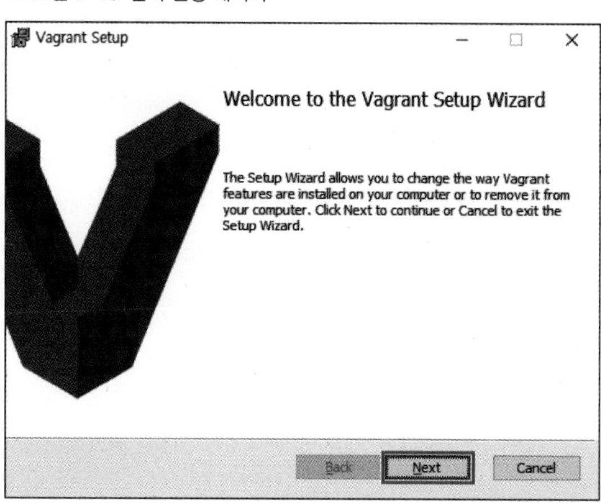

3. 라이선스 동의에 체크하고, Next 버튼을 클릭합니다.

▼ 그림 2-14 라이선스 동의

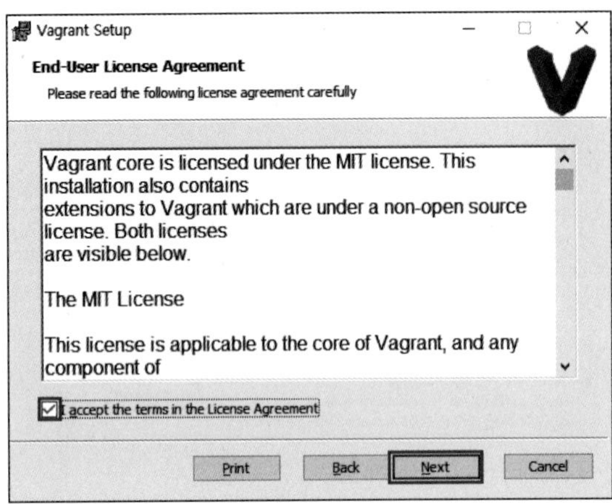

4. 베이그런트의 설치 경로가 나옵니다. Change... 버튼을 눌러 원하는 폴더로 변경할 수 있지만, 여기서는 기본 설정 값 그대로 설치하므로 Next 버튼을 클릭합니다.

▼ 그림 2-15 베이그런트 설치 경로

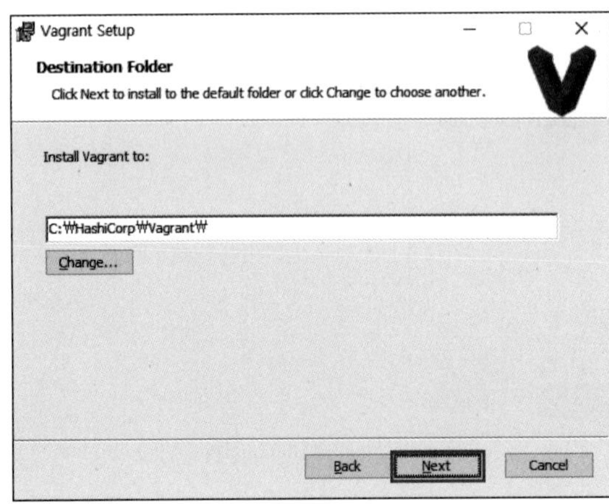

5. 설치할 준비가 끝났으니 Install 버튼을 클릭해 설치를 시작합니다. 시스템에 따라 설치 허용 여부를 묻는 경우가 있는데, 이런 경우 **예** 버튼을 클릭합니다.

▼ 그림 2-16 설치 시작

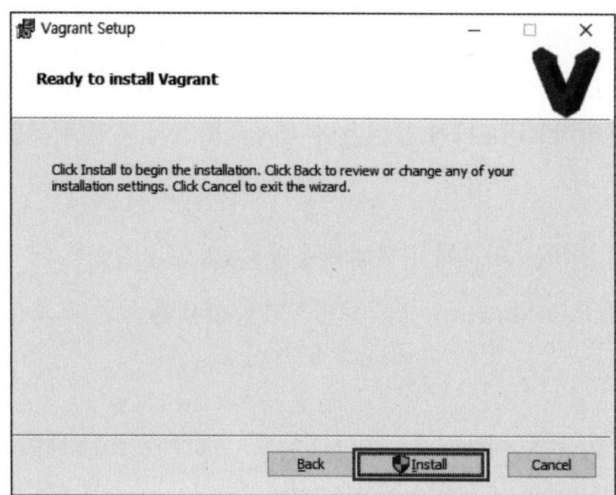

6. 설치가 완료되면 Finish 버튼을 클릭해 설치 프로그램을 종료합니다.

▼ 그림 2-17 설치 종료

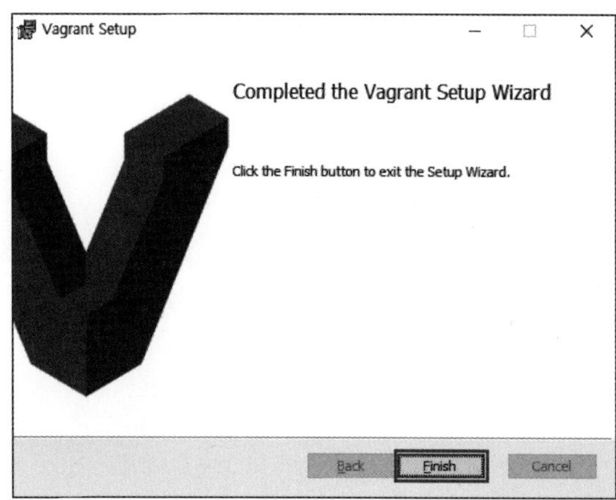

7. 다음 팝업 창이 뜨면 Yes 버튼을 눌러 시스템을 다시 시작해 변경 사항을 적용합니다.

▼ 그림 2-18 시스템 다시 시작하기

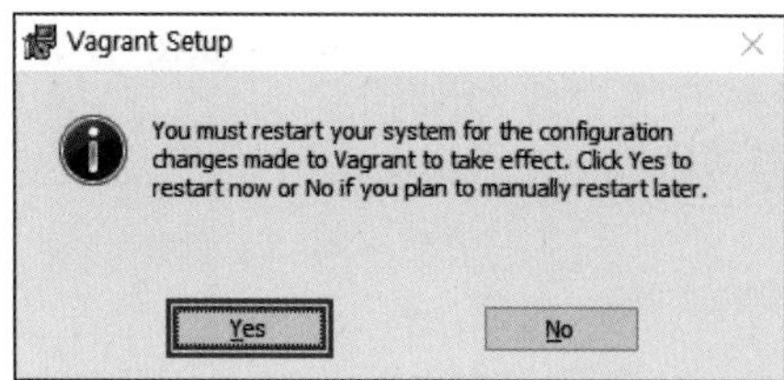

2.1.3 베이그런트 구성하고 테스트하기

테스트 환경을 구성하기 전에 설치된 도구가 정상적으로 작동하는지 확인해 보겠습니다. 먼저 프로비저닝을 위한 코드를 작성하고, 이를 베이그런트에서 불러온 후 버추얼박스에 운영 체제를 설치합니다.

베이그런트의 프로비저닝 코드를 개인이 원하는 위치에 구현해 사용할 수 있으나 실습할 때 혼동하지 않도록 베이그런트 설치 디렉터리(c:\HashiCorp)에 프로비저닝에 필요한 모든 코드를 작성하겠습니다.

1. 명령 프롬프트를 실행하고 베이그런트 설치 디렉터리로 이동합니다. `vagrant init`(베이그런트 초기화) 명령을 실행해 프로비저닝에 필요한 기본 코드를 생성합니다.

```
C:\Users\Hoon Jo - Pink>cd c:\HashiCorp
c:\HashiCorp>vagrant init
A `Vagrantfile` has been placed in this directory. You are now
ready to `vagrant up` your first virtual environment! Please read
the comments in the Vagrantfile as well as documentation on
`vagrantup.com` for more information on using Vagrant.
```

Tip 자주 사용하는 베이그런트 명령

베이그런트에는 프로비저닝에 필요한 다양한 명령이 있습니다. 뒤에서 자세히 다루지만 자주 사용하는 명령들만 먼저 간단히 정리하겠습니다.

▼ 표 2-1 자주 쓰이는 베이그런트 명령

베이그런트 명령	설명
vagrant init	프로비저닝을 위한 기초 파일을 생성합니다.
vagrant up	Vagrantfile을 읽어 들여 프로비저닝을 진행합니다.
vagrant halt	베이그런트에서 다루는 가상 머신을 종료합니다.
vagrant destroy	베이그런트에서 관리하는 가상 머신을 삭제합니다.
vagrant ssh	베이그런트에서 관리하는 가상 머신에 ssh로 접속합니다.
vagrant provision	베이그런트에서 관리하는 가상 머신에 변경된 설정을 적용합니다.

2. 베이그런트 초기화 명령으로 생성된 c:\HashiCorp 폴더의 Vagrantfile(베이그런트 스크립트 파일)을 에디터 프로그램(메모장 같은 문서 에디터, notepad++, VS Code 같은 코드 에디터 등 아무거나 상관없습니다)으로 열고 파일에서 `config.vm.box = "base"`라는 내용이 있는지 확인합니다. 확인하는 이유는 나중에 설명합니다.

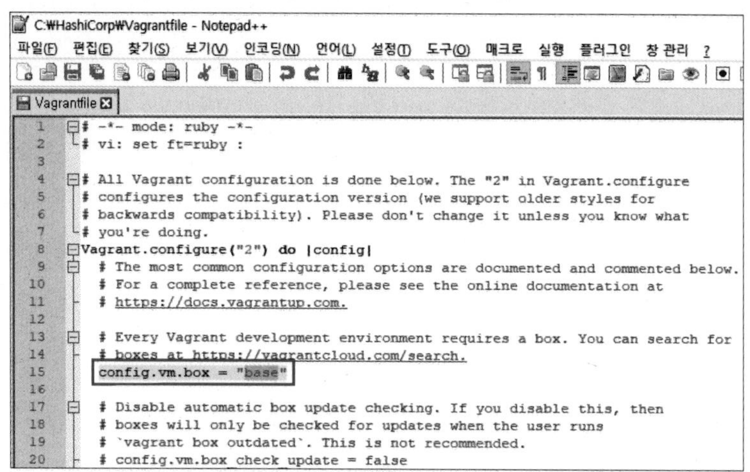

▼ 그림 2-19 Vagrantfile에서 config.vm.box = "base" 코드 확인하기

Tip **코드 에디터**

Vagrantfile을 수정하는 데 단순히 윈도에서 제공하는 메모장을 사용해도 무방하나 더욱 효율적으로 수정하려면 코드 에디터(editor) 프로그램을 사용합니다. 그중에서 엔지니어가 선호하는 프로그램은 VS Code입니다. 그 외에 코드 에디터 프로그램은 vi, notepad++, Sublime Text4, Atom등이 있습니다. 가상 머신에서 코드를 작성할 때는 vi를 사용하고, 가상 머신 외부에서 수정할 때는 notepad++를 사용해 표현하겠습니다. 이는 취향이므로 각자 편한 방식을 택하면 됩니다.

3. 아무것도 변경하지 않은 채 파일을 닫고 명령 프롬프트에서 `vagrant up`을 바로 실행합니다. 그러면 다음과 같은 에러가 발생합니다. 설치하려는 이미지가 'base'로 명시돼 있으나 베이그런트가 해당 이미지를 찾지 못해 발생하는 에러입니다.

```
c:\HashiCorp>vagrant up
Bringing machine 'default' up with 'virtualbox' provider...
==> default: Box 'base' could not be found. Attempting to find and install...
[중략]
An error occurred while downloading the remote file. The error
```

```
message, if any, is reproduced below. Please fix this error and try
again.

Couldn't open file /c:/HashiCorp/base
```

4. 에러가 발생하지 않게 설치할 운영 체제 이미지를 선택해 보겠습니다. 먼저 사용할 가상 머신의 이미지를 선택하고 필요에 맞게 이미지를 수정하는 과정이 필요한데, 이 과정이 복잡하고 험난합니다. 그래서 여기서는 필자가 목적에 맞게 제작해 둔 가상 이미지를 사용하겠습니다.[1]

   가상 이미지는 베이그런트 클라우드(https://app.vagrantup.com/boxes/search)에 접속해 내려받습니다. 검색창에 **sysnet4admin**을 입력하면 필자가 올려 둔 파일들이 보입니다. 이 가운데 **sysnet4admin/CentOS-k8s**를 확인합니다. 참고로 CetnOS-k8s에는 쿠버네티스 실습에 필요한 설정 변경 사항이 포함돼 있습니다. 자세한 내용은 https://app.vagrantup.com/sysnet4admin/boxes/CentOS-k8s를 참고하기 바랍니다.

▼ 그림 2-20 베이그런트 클라우드에서 sysnet4admin/CentOS-k8s 이미지 찾기

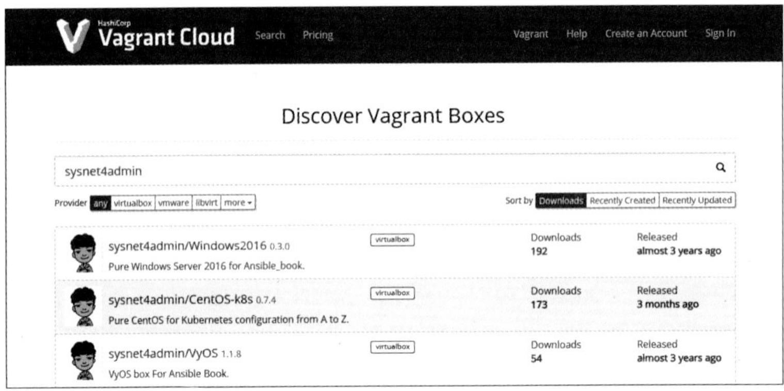

5. 앞에서 확인한 Vagrantfile을 다시 열어 `config.vm.box = "base"`를 `config.vm.box = "sysnet4admin/CentOS-k8s"`로 변경하고 저장합니다.

---

1 직접 설정하는 방법은 여기서는 자세히 다루지 않습니다. 만약 직접 설정하기를 원한다면 베이그런트 이미지를 생성하는 문서(https://www.vagrantup.com/docs/boxes/base.html)를 참조해 설정할 수 있습니다.

✔ 그림 2-21 Vagrantfile 파일의 이미지 설정 값 변경하기

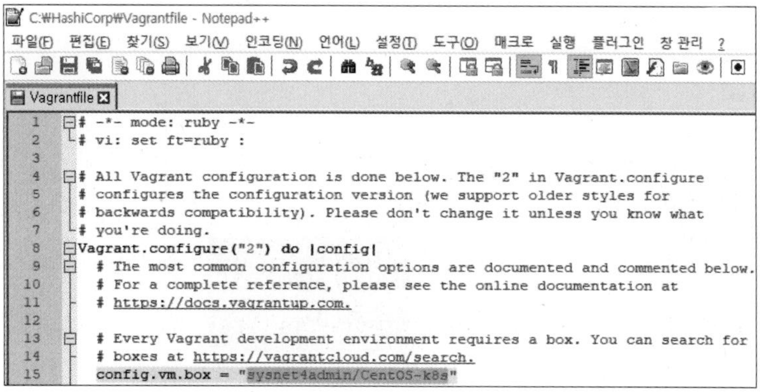

```
# -*- mode: ruby -*-
# vi: set ft=ruby :

# All Vagrant configuration is done below. The "2" in Vagrant.configure
# configures the configuration version (we support older styles for
# backwards compatibility). Please don't change it unless you know what
# you're doing.
Vagrant.configure("2") do |config|
  # The most common configuration options are documented and commented below.
  # For a complete reference, please see the online documentation at
  # https://docs.vagrantup.com.

  # Every Vagrant development environment requires a box. You can search for
  # boxes at https://vagrantcloud.com/search.
  config.vm.box = "sysnet4admin/CentOS-k8s"
```

6. 다시 한 번 vagrant up을 실행하고 해당 가상 머신 이미지를 내려받는지 확인합니다.

```
c:\HashiCorp>vagrant up
Bringing machine 'm-k8s' up with 'virtualbox' provider...
==> default: Box 'sysnet4admin/CentOS-k8s' could not be found. Attempting to find and
install...
    default: Box Provider: virtualbox
    default: Box Version: >= 0
==> default: Loading metadata for box 'sysnet4admin/CentOS-k8s'
    default: URL: https://vagrantcloud.com/sysnet4admin/CentOS-k8s
==> default: Adding box 'sysnet4admin/CentOS-k8s' (v0.7.0) for provider: virtualbox
    default: Downloading: https://vagrantcloud.com/sysnet4admin/boxes/CentOS-k8s/
versions/0.7.0/providers/virtualbox.box
    default: Download redirected to host: vagrantcloud-files-production.s3.amazonaws.
com
==> default: Successfully added box 'sysnet4admin/CentOS-k8s' (v0.7.0) for
'virtualbox'!
==> default: Importing base box 'sysnet4admin/CentOS-k8s'...

[중략]
    default: VirtualBox Version: 6.1
==> default: Mounting shared folders...
    default: /vagrant => C:/HashiCorp
```

Note ≡ 참고로 진행 마지막 단계에서 발생하는 에러(Vagrant was unable to mount VirtualBox shared folders)는 버추얼박스의 게스트 에디션이 설치되지 않아서 발생합니다. 이 책에서는 필요하지 않아 설치하지 않았습니다.

7. 설치가 끝나면 버추얼박스를 실행해 가상 머신이 제대로 생성됐는지 확인합니다.

▼ 그림 2-22 베이그런트로 추가된 CentOS

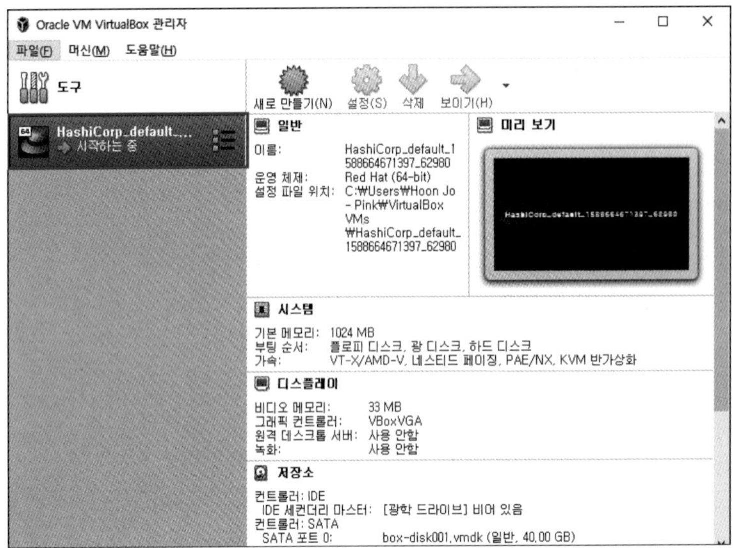

8. 명령 프롬프트로 돌아와 vagrant ssh 명령을 실행해 설치된 CentOS에 접속합니다.

```
c:\HashiCorp>vagrant ssh
[vagrant@k8s ~]$
```

9. 설치가 정상적으로 이루어졌는지 CentOS의 실행 시간(uptime)과 운영 체제의 종류(cat /etc/redhat-release)를 확인합니다.

```
[vagrant@k8s ~]$ uptime
 10:01:39 up 11 min,  1 user,  load average: 0.00, 0.01, 0.02

[vagrant@k8s ~]$ cat /etc/redhat-release
CentOS Linux release 7.7.1908 (Core)
```

> **Note ≡** 출간 후에도 이미지는 계속 업데이트될 수 있으므로 책과는 버전이 다를 수 있습니다.

10. CentOS가 베이그런트로 버추얼박스에 아주 간단하게 설치됐습니다. 설치 테스트를 해봤으니 본격적으로 실습하기 위해 설치한 가상 머신을 삭제합니다. 먼저 접속한 가상 머신을 exit로 빠져나온 다음 명령 프롬프트에서 vagrant destroy -f를 실행합니다. 설치된 가상 머신이 삭제되는데, 여기서 -f는 가상 머신을 강제 종료하는 옵션입니다.

```
[vagrant@k8s ~]$ exit
logout
Connection to 127.0.0.1 closed.
c:\HashiCorp>vagrant destroy -f
==> default: Forcing shutdown of VM...
==> default: Destroying VM and associated drives...
```


Tip **베이그런트로 생성한 가상 머신을 삭제할 때 꼭 vagrant destroy를 써야 하나요?**

꼭 그렇지 않습니다. 다음 방법으로도 가상 머신을 삭제할 수 있습니다. 하지만 베이그런트 명령이 익숙해질 때까지는 vagrant destroy를 사용하길 권장합니다.

1. 삭제하기를 원하는 가상 머신을 선택하고 마우스 오른쪽 버튼을 누릅니다. 메뉴에서 **닫기 > 전원 끄기**를 클릭해 가상 머신을 종료합니다.

▼ 그림 2-23 버추얼박스에서 전원 끄기 선택

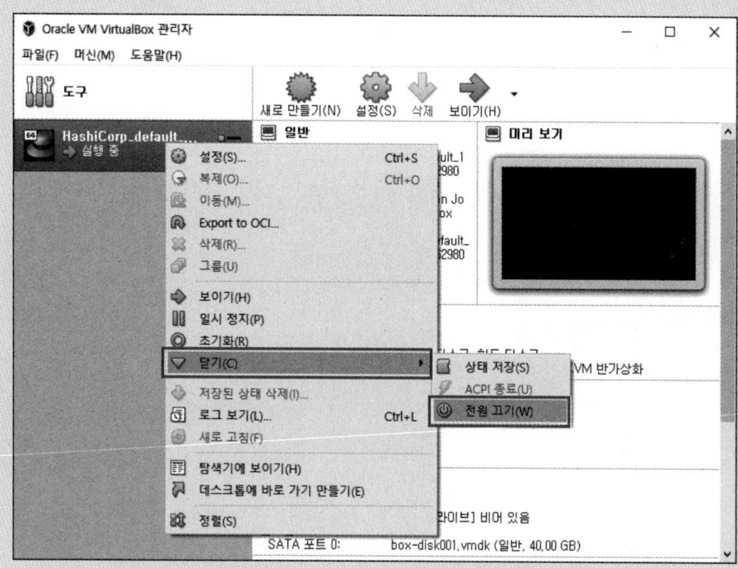

2. 다음 창이 뜨면 **이 메시지를 다시 표시하지 않기**를 체크하고 **전원 끄기** 버튼을 클릭합니다.

▼ 그림 2-24 전원 끄기 버튼 클릭

계속

3. 다시 삭제하려는 가상 머신을 선택하고 마우스 오른쪽 버튼을 누릅니다. 메뉴에서 **삭제**를 클릭합니다.

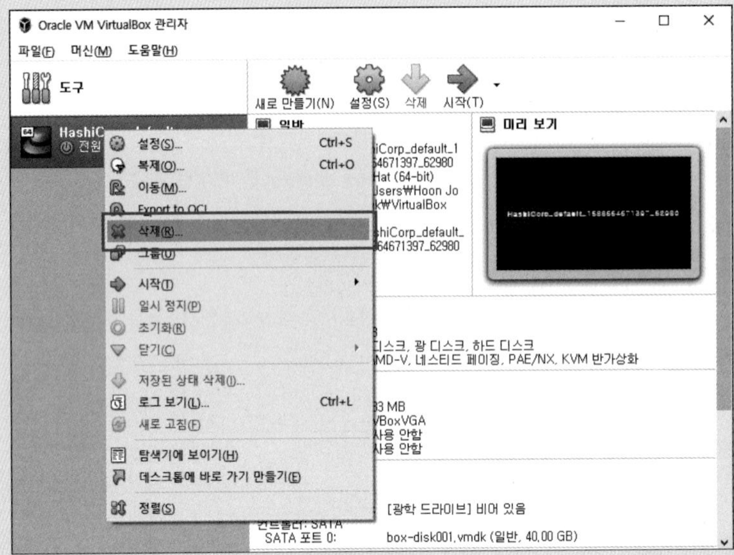

▼ 그림 2-25 가상 머신 삭제

4. 다음 창이 뜨면 **모든 파일 지우기** 버튼을 클릭해 가상 머신이 더 이상 디스크 공간을 점유하지 않게 합니다.

▼ 그림 2-26 모든 파일 지우기 버튼 클릭

5. 잘못 선택해 지우기만 하기를 클릭했다면 C:\Users\〈사용자이름〉\VirtualBox VMs에서 해당 파일을 모두 삭제합니다. 또한 시스템의 비정상적인 작동으로 삭제되지 않은 경우에도 같은 경로에서 완전히 삭제할 수 있습니다.

▼ 그림 2-27 오류 발생 시 디렉터리에서 직접 파일 삭제하기

2.2 베이그런트로 테스트 환경 구축하기

베이그런트로 버추얼박스에 가상 머신을 설치하는 방법을 알아봤습니다. 이번에는 Vagrantfile을 수정해 원하는 구성이 자동으로 CentOS에 입력되도록 해 보겠습니다.

2.2.1 가상 머신에 필요한 설정 자동으로 구성하기

앞에서는 Vagrantfile에 기존에 있던 이미지 파일을 추가해 가상 머신을 생성했습니다. 이번에는 원하는 구성을 자동으로 생성할 수 있도록 Vagrantfile을 새롭게 작성해 보겠습니다. 베이그런트 코드는 루비(Ruby)라는 언어로 작성합니다. 루비 언어를 모른다고 해도 책을 덮어버릴 만큼 어렵지 않으니 부담 없이 봐도 됩니다.

▼ 그림 2-28 베이그런트로 구성되는 테스트 환경 구성도

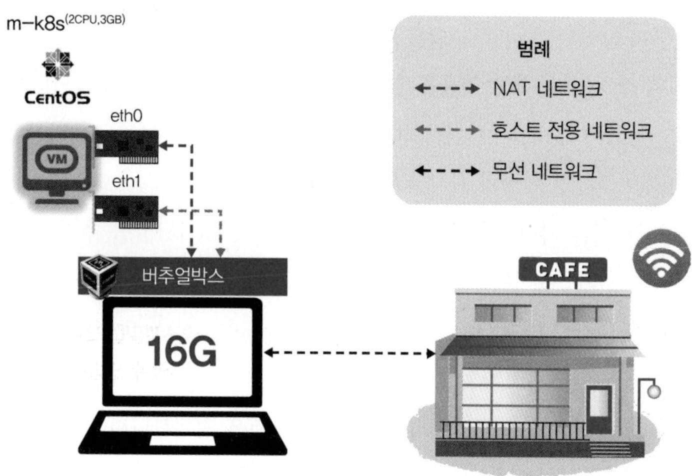

코드 입력

앞에서 열어본 Vagrantfile을 다음과 같은 내용으로 수정한 후 저장합니다(처음 두 줄 외에 #로 표시된 나머지 주석 부분은 삭제해도 됩니다).

수정된 Vagrantfile

```
01 # -*- mode: ruby -*-
02 # vi: set ft=ruby :
03 Vagrant.configure("2") do |config|
04   config.vm.define "m-k8s" do |cfg|
05     cfg.vm.box = "sysnet4admin/CentOS-k8s"
06     cfg.vm.provider "virtualbox" do |vb|
07       vb.name = "m-k8s(github_SysNet4Admin)"
08       vb.cpus = 2
09       vb.memory = 2048
10       vb.customize ["modifyvm", :id, "--groups", "/k8s-SM(github_SysNet4Admin)"]
11     end
12     cfg.vm.host_name = "m-k8s"
13     cfg.vm.network "private_network", ip: "192.168.1.10"
14     cfg.vm.network "forwarded_port", guest: 22, host: 60010, auto_correct: true, id: "ssh"
15     cfg.vm.synced_folder "../data", "/vagrant", disabled: true
16   end
17 end
```

- **1~2번째 줄**: 에디터에 현재 파일이 루비(ruby)임을 인식하게 하는 호환 코드입니다. 여기서 ft는 파일 종류(file type)의 약자이며, 해당 내용은 실행에 아무런 영향을 미치지 않습니다.
- **3번째 줄**: "2"는 베이그런트에서 루비로 코드를 읽어 들여 실행할 때 작동하는 API 버전이고, 뒤의 do |config|는 베이그런트 설정의 시작을 알립니다.
- **4번째 줄**: 버추얼박스에서 보이는 가상 머신을 "m-k8s"로 정의하고, do |cfg|를 추가해 원하는 설정으로 변경합니다. 이렇게 do |이름|으로 시작한 작업은 end로 종료합니다.
- **5번째 줄**: 기본값 config.vm.box를 do |cfg|에 적용한 내용을 받아 cfg.vm.box로 변경합니다.
- **6번째 줄**: 베이그런트의 프로바이더(provider)가 버추얼박스라는 것을 정의합니다. 프로바이더는 베이그런트를 통해 제공되는 코드가 실제로 가상 머신으로 배포되게 하는 소프트웨어입니다. 버추얼박스가 여기에 해당합니다. 다음으로 버추얼박스에서 필요한 설정을 정의하는데, 그 시작을 do |vb|로 선언합니다.
- **7~11번째 줄**: 버추얼박스에 생성한 가상 머신의 이름, CPU 수, 메모리 크기, 소속된 그룹을 명시합니다. 그리고 마지막으로 end를 적어 버추얼박스 설정이 끝났음을 알립니다.
- **12번째 줄**: 여기부터는 가상 머신 자체에 대한 설정으로, do |cfg|에 속한 작업입니다. 12번째 줄은 호스트의 이름(m-k8s)을 설정합니다.

- **13번째 줄**: 호스트 전용 네트워크를 private_network로 설정해 eth1 인터페이스를 호스트 전용(Host-Only)으로 구성하고 IP는 192.168.1.10으로 지정합니다.[2]
- **14번째 줄**: ssh 통신은 호스트 60010번을 게스트 22번으로 전달되도록 구성합니다. 이때 혹시 모를 포트 중복을 대비해 auto_correct: true로 설정해서 포트가 중복되면 포트가 자동으로 변경되도록 합니다.
- **15번째 줄**: 호스트(PC 또는 노트북)와 게스트(가상 머신) 사이에 디렉터리 동기화가 이뤄지지 않게 설정(disabled: true)합니다.
- **16~17번째 줄**: 설정 작업(do |config|, do |cfg|)이 종료됐음을 end 구문으로 명시합니다. 이때 do와 end의 들여쓰기(indentation) 위치가 정확하게 일치해야 합니다.

> **Tip** **id: "ssh"를 꼭 설정해야 하나요?**
>
> 베이그런트에서는 ssh 서비스의 기본 포트 번호인 22번을 id: "ssh"로 설정하지 않으면 다음과 같이 중복된 두 개의 포트로 설정합니다. 자기 자신(127.0.0.1/localhost)의 2222번 포트로 오는 내용과 모든 IP(0.0.0.0)의 60010 포트에서 오는 내용을 게스트의 22번으로 포워딩합니다. 기능적으로는 큰 문제를 일으키지 않으나 명시적으로는 좋지 않습니다.
>
> ```
> c:\HashiCorp>vagrant port
>     22 (guest) => 2222 (host)
>     22 (guest) => 60010 (host)
>
> c:\HashiCorp>netstat -an | findstr 2222
>   TCP    127.0.0.1:2222         0.0.0.0:0              LISTENING
>
> c:\HashiCorp>netstat -an | findstr 60010
>   TCP    0.0.0.0:60010          0.0.0.0:0              LISTENING
> ```
>
> 따라서 이와 같은 설정의 낭비를 줄이고자 id: "ssh"로 설정해 다음과 같이 하나의 포트만 사용합니다. 참고로 vagrant port는 베이그런트에서 사용하는 포트를 확인하는 명령입니다.
>
> ```
> c:\HashiCorp>vagrant port
>     22 (guest) => 60010 (host)
>
> c:\HashiCorp>netstat -an | findstr 60010
> TCP    0.0.0.0:60010          0.0.0.0:0              LISTENING
> ```

2 호스트 전용 네트워크는 호스트 내부에 192.168.1.0대의 사설망을 구성합니다. 가상 머신은 NAT(Network Address Translation, 네트워크 주소 변환) 인터페이스인 eth0를 통해서 인터넷에 접속합니다.

코드 실행

그럼 앞에서 작성한 Vagrantfile로 가상 머신을 생성해 보겠습니다.

1. 명령 프롬프트에서 vagrant up 명령을 다시 실행합니다.

> **Note** ≡ 실행되는 동안 인터페이스 설정을 허용하겠냐는 메시지가 두 번 나오는데 새로운 호스트 전용 네트워크를 설정하는 것 때문에 나오는 메시지입니다. 모두 허용해 줍니다.

```
c:\HashiCorp>vagrant up
Bringing machine 'm-k8s' up with 'virtualbox' provider...
==> m-k8s: Importing base box 'sysnet4admin/CentOS-k8s'...
==> m-k8s: Matching MAC address for NAT networking...
==> m-k8s: Checking if box 'sysnet4admin/CentOS-k8s' version '0.7.0' is up to date...
==> m-k8s: Setting the name of the VM: m-k8s(github_SysNet4Admin)
==> m-k8s: Clearing any previously set network interfaces...
==> m-k8s: Preparing network interfaces based on configuration...
    m-k8s: Adapter 1: nat
    m-k8s: Adapter 2: hostonly
==> m-k8s: Forwarding ports...
    m-k8s: 22 (guest) => 60010 (host) (adapter 1)
[생략]
```

2. vagrant up 실행이 끝나면 vagrant ssh 명령을 실행해 생성된 가상 머신(CentOS)에 접속합니다.

```
c:\HashiCorp>vagrant ssh
[vagrant@m-k8s ~]$
```

3. CentOS에서 ip addr show eth1 명령을 입력해 IP(192.168.1.10)가 제대로 설정됐는지 확인합니다.

```
[vagrant@m-k8s ~]$ ip addr show eth1
3: eth1: <BROADCAST,MULTICAST,UP,LOWER_UP> mtu 1500 qdisc pfifo_fast state UP group
default qlen 1000
    link/ether 08:00:27:08:4b:e9 brd ff:ff:ff:ff:ff:ff
    inet 192.168.1.10/24 brd 192.168.1.255 scope global noprefixroute eth1
       valid_lft forever preferred_lft forever
```

4. exit 명령을 실행해 CentOS 접속을 종료합니다.

```
[vagrant@m-k8s ~]$ exit
logout
Connection to 127.0.0.1 closed.
```


Tip **호스트 전용 네트워크가 정상적으로 작동하지 않는 경우**

처음 사용했을 때는 문제가 발생하지 않지만, 최대 절전 모드나 여러 차례 가상 머신을 다시 시작할 때 호스트 전용 네트워크가 정상적으로 작동하지 않는다면 호스트 전용 네트워크에 설정된 어댑터 IP를 192.168.1.1로 지정해 해결할 수 있습니다.

1. 버추얼박스에서 **파일 > 호스트 네트워크 관리자**를 선택합니다(단축키: Ctrl+H).

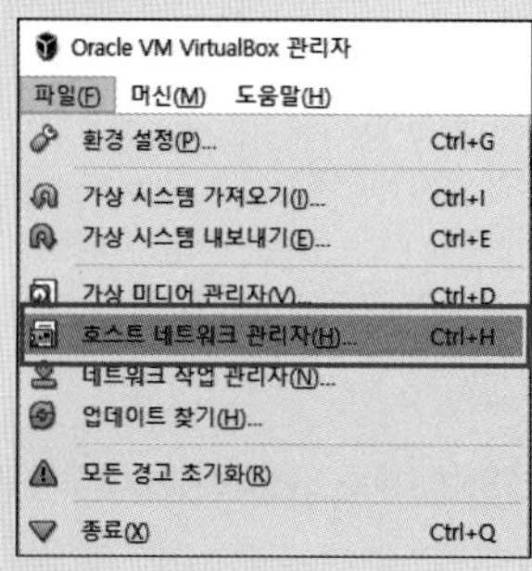

▼ 그림 2-29 버추얼박스의 호스트 네트워크 관리자 선택

2. 창이 나타나면 속성을 클릭하고 **DHCP 서버**를 사용하지 않도록 체크를 해제하고, IPv4 주소에 **192.168.1.1**을 입력합니다.

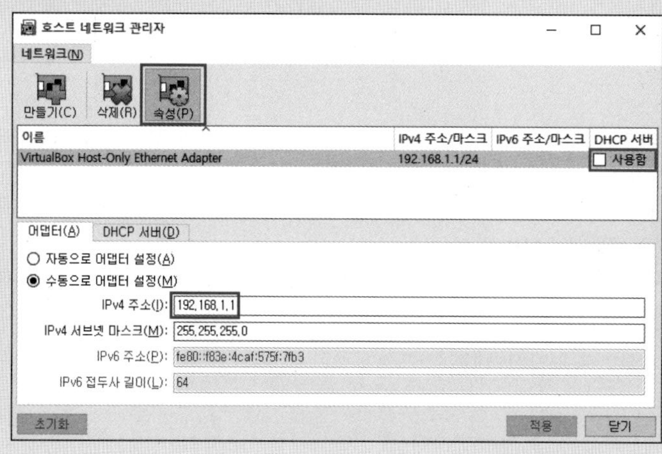

▼ 그림 2-30 호스트 네트워크 관리자의 세부 설정 창

2.2.2 가상 머신에 추가 패키지 설치하기

2.2.1에서 필요한 내용이 설정된 Vagrantfile을 통해 CentOS에 호스트네임, IP 등을 자동으로 설정해 봤습니다. 이번에는 CentOS에 필요한 패키지를 설치하는 방법을 알아보겠습니다.

코드 입력

Vagrantfile에 셸 프로비전을 추가합니다.

vagrantfile

```
01 # -*- mode: ruby -*-
02 # vi: set ft=ruby :
03 Vagrant.configure("2") do |config|
04   config.vm.define "m-k8s" do |cfg|
05     cfg.vm.box = "sysnet4admin/CentOS-k8s"
06     cfg.vm.provider "virtualbox" do |vb|
07       vb.name = "m-k8s(github_SysNet4Admin)"
08       vb.cpus = 2
09       vb.memory = 2048
10       vb.customize ["modifyvm", :id, "--groups", "/k8s-SM(github_SysNet4Admin)"]
11     end
12     cfg.vm.host_name = "m-k8s"
13     cfg.vm.network "private_network", ip: "192.168.1.10"
14     cfg.vm.network "forwarded_port", guest: 22, host: 60010, auto_correct: true, id: "ssh"
15     cfg.vm.synced_folder "../data", "/vagrant", disabled: true
16     cfg.vm.provision "shell", path: "install_pkg.sh" #add provisioning script
17   end
18 end
```

- **16번째 줄**: `vm.provision "shell"` 구문으로 경로(path)에 있는 install_pkg.sh를 게스트(CentOS) 내부에서 호출해 실행되도록 합니다.

Vagrantfile이 위치한 디렉터리에서 추가 패키지를 설치하기 위한 스크립트를 다음과 같이 작성하고 install_pkg.sh라는 이름으로 저장합니다.

install_pkg.sh

```
#!/usr/bin/env bash
# install packages
yum install epel-release -y
yum install vim-enhanced -y
```

Vagrantfile에서 호출한 install_pkg.sh로 입력해 둔 배시 셸 파일을 실행해 EPEL(Extra Packages for Enterprise Linux) 저장소와 코드 하이라이트를 위한 Vim의 추가 기능을 설치합니다.

코드 실행

그럼 앞에서 수정한 Vagrantfile로 추가 패키지를 설치해 보겠습니다.

1. 명령 프롬프트에서 `vagrant provision` 명령으로 추가한 프로비전 구문을 실행합니다.

```
c:\HashiCorp>vagrant provision
==> m-k8s: Running provisioner: shell...
    m-k8s: Running: C:/Users/HOONJO~1/AppData/Local/Temp/vagrant-shell20191003-23188-
14wl2fv.sh
    m-k8s: Loaded plugins: fastestmirror
    m-k8s: Loading mirror speeds from cached hostfile
    m-k8s:  * base: mirror.kakao.com
    m-k8s:  * extras: mirror.kakao.com
    m-k8s:  * updates: mirror.navercorp.com
    m-k8s: Resolving Dependencies
    m-k8s: --> Running transaction check
    m-k8s: ---> Package epel-release.noarch 0:7-11 will be installed
    m-k8s: --> Finished Dependency Resolution
[생략]
```

2. `vagrant ssh` 명령을 실행해 CentOS에 접속합니다.

```
c:\HashiCorp>vagrant ssh
[vagrant@m-k8s ~]$
```

3. `yum repolist` 명령으로 추가한 EPEL 저장소가 구성됐는지 확인합니다.

```
[vagrant@m-k8s ~]$ yum repolist
Loaded plugins: fastestmirror
Determining fastest mirrors
 * base: mirror.navercorp.com
 * epel: ftp.jaist.ac.jp
```

```
 * extras: mirror.navercorp.com
 * updates: mirror.navercorp.com
repo id                 repo name                                          status
base/7/x86_64           CentOS-7 - Base                                    10,070
epel/x86_64             Extra Packages for Enterprise Linux 7 - x86_64     13,425
extras/7/x86_64         CentOS-7 - Extras                                     412
updates/7/x86_64        CentOS-7 - Updates                                    945
repolist: 24,852
```

4. vi .bashrc를 실행해 문법 하이라이트가 적용됐는지 확인합니다.

```
[vagrant@m-k8s ~]$ vi .bashrc
# .bashrc

# Source global definitions
if [ -f /etc/bashrc ]; then
        . /etc/bashrc
fi

# Uncomment the following line if you don't like systemctl's auto-paging feature:
# export SYSTEMD_PAGER=

# User specific aliases and functions
~
~
~
```

5. vi로 문법 하이라이트가 적용된 것을 확인했다면 :q를 눌러서 vi 프로그램을 종료하고, exit 명령으로 가상 머신에서 빠져나옵니다. 그 다음 vagrant destroy -f 명령으로 베이그런트를 사용해 생성한 가상 머신을 삭제합니다.

```
[vagrant@m-k8s ~]$ exit
logout
Connection to 127.0.0.1 closed.
c:\HashiCorp>vagrant destroy -f
==> m-k8s: Forcing shutdown of VM...
==> m-k8s: Destroying VM and associated drives...
```

Tip vi와 Vim

Vim의 추가 기능을 설치한다고 했는데 vi(visual editor) 에디터를 사용해서 의문이 들 수도 있을 것입니다. 대부분 리눅스는 vi를 호출하면 내부적으로 Vim(Vi Improved, 향상된 vi)이 실행되기 때문에 vi를 호출해 사용했습니다. 하지만 여전히 일부 리눅스와 유닉스에서는 vi만 설치돼 있는 경우가 있습니다.

▼ 그림 2-31 vi를 실행하면 Vim이 호출됨

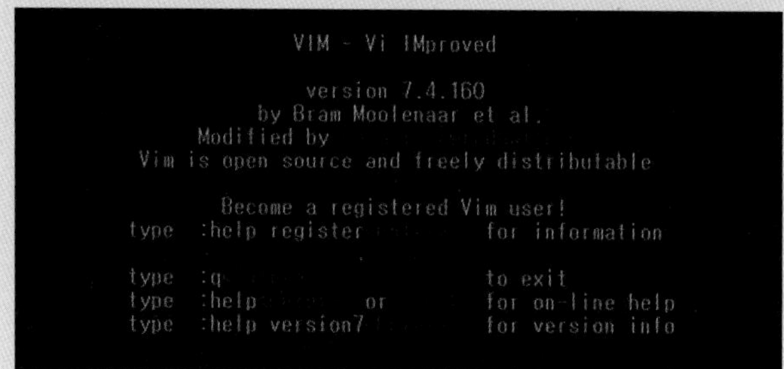

vi와 Vim은 다른 점이 많지만, 가장 큰 차이점은 '에디터에서 커서의 이동이 화살표로 되는가 아닌가'입니다. Vim은 화살표로 커서가 이동하지만, 순수하게 vi만 설치돼 있다면 H(⇦) J(⇩) K(⇧) L(⇨)로 커서를 이동할 수 있습니다.

2.2.3 가상 머신 추가로 구성하기

베이그런트로 운영 체제를 자동으로 설치하고 구성하면 편리합니다. 하지만 단순히 운영 체제 1개를 구성하려고 베이그런트를 사용하지는 않습니다. 그래서 이번에는 기존에 설치한 가상 머신 외에 가상 머신 3대를 추가로 설치합니다. 그리고 기존의 가상 머신과 추가한 가상 머신 간에 네트워크 통신이 원활하게 작동하는지 확인해 보겠습니다.

▼ 그림 2-32 CentOS 3대를 추가로 구성한 테스트 환경

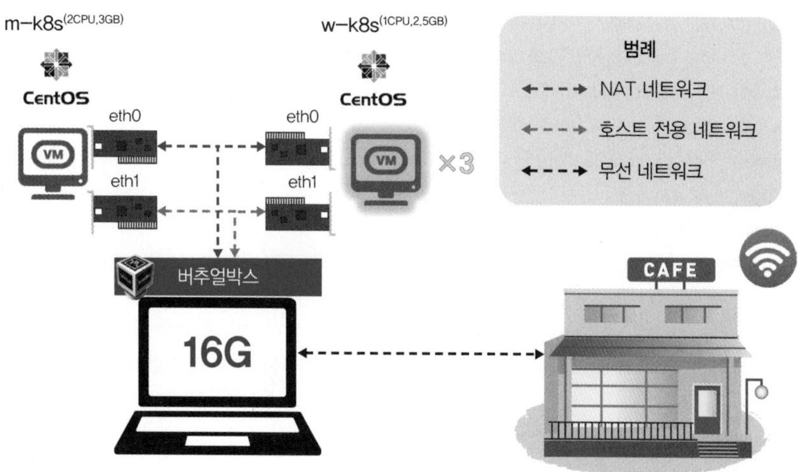

코드 입력

Vagrantfile에 CentOS 3대와 네트워크 구성을 테스트할 파일을 추가합니다.

vagrantfile

```
# -*- mode: ruby -*-
# vi: set ft=ruby :

Vagrant.configure("2") do |config|
  config.vm.define "m-k8s" do |cfg|
    cfg.vm.box = "sysnet4admin/CentOS-k8s"
    cfg.vm.provider "virtualbox" do |vb|
      vb.name = "m-k8s(github_SysNet4Admin)"
      vb.cpus = 2
      vb.memory = 2048
      vb.customize ["modifyvm", :id, "--groups", "/k8s-SM(github_SysNet4Admin)"]
    end
    cfg.vm.host_name = "m-k8s"
    cfg.vm.network "private_network", ip: "192.168.1.10"
    cfg.vm.network "forwarded_port", guest: 22, host: 60010, auto_correct: true, id: "ssh"
    cfg.vm.synced_folder "../data", "/vagrant", disabled: true
    cfg.vm.provision "shell", path: "install_pkg.sh"
    cfg.vm.provision "file", source: "ping_2_nds.sh", destination: "ping_2_nds.sh"
    cfg.vm.provision "shell", path: "config.sh"
  end

  #=============#
  # Added Nodes #
  #=============#

  (1..3).each do |i| # 1부터 3까지 3개의 인자를 반복해 i로 입력
    config.vm.define "w#{i}-k8s" do |cfg| # {i} 값이 1, 2, 3으로 차례대로 치환됨
      cfg.vm.box = "sysnet4admin/CentOS-k8s"
      cfg.vm.provider "virtualbox" do |vb|
        vb.name = "w#{i}-k8s(github_SysNet4Admin)" # {i} 값이 1, 2, 3으로 차례대로 치환됨
        vb.cpus = 1
        vb.memory = 1024 # 메모리를 1GB 사용하도록 변경
        vb.customize ["modifyvm", :id, "--groups", "/k8s-SM(github_SysNet4Admin)"]
      end
      cfg.vm.host_name = "w#{i}-k8s" # {i} 값이 1, 2, 3으로 차례대로 치환됨
      cfg.vm.network "private_network", ip: "192.168.1.10#{i}" # {i} 값이 1, 2, 3으로 차례대로 치환됨
```

```
37        cfg.vm.network "forwarded_port", guest: 22, host: "6010#{i}",auto_correct: true, id: "ssh" # {i} 값이 1, 2, 3으로 차례대로 치환됨
38        cfg.vm.synced_folder "../data", "/vagrant", disabled: true
39        cfg.vm.provision "shell", path: "install_pkg.sh"
40      end
41    end
42  end
```

- **18번째 줄**: 파일을 게스트 운영 체제에 전달하기 위해 "shell"이 아닌 "file" 구문으로 변경합니다. 이렇게 하면 호스트에 있는 ping_2_nds.sh 파일을 게스트의 홈 디렉터리(/home/vagrant)로 전달합니다.
- **19번째 줄**: config.sh를 게스트에서 실행합니다.
- **26~37번째 줄**: 추가한 3대의 CentOS에 대한 구성입니다. 거의 모든 내용이 기존에 CentOS와 동일하나, 3대를 효율적으로 구성하기 위해 반복문을 사용합니다. 반복은 (1..3).each로 이루어지며, 해당 값은 |i|를 통해 #{i}로 치환돼 사용됩니다.

이전처럼 추가 패키지를 설치하는 스크립트를 작성합니다.

install_pkg.sh

```
#!/usr/bin/env bash
# install packages
yum install epel-release -y
yum install vim-enhanced -y
```

ping 테스트 파일을 작성합니다.

ping_2_nds.sh

```
# ping 3 times per nodes
ping 192.168.1.101 -c 3
ping 192.168.1.102 -c 3
ping 192.168.1.103 -c 3
```

추가로 설치한 CentOS 3대로 ping을 보내 네트워크가 제대로 작동하는지 확인하는 명령입니다. -c 옵션은 몇 번의 ping을 보낼 것인지 지정합니다.

이번엔 설정을 변경하는 스크립트를 작성합니다.

config.sh

```
#!/usr/bin/env bash
# modify permission
chmod 744 ./ping_2_nds.sh
```

ping 테스트 파일(ping_2_nds.sh)이 업로드되고 난 후에 실행할 수 있도록 권한을 744로 줍니다. 권한은 표 2-2를 참고하세요.

▼ 표 2-2 파일 권한 744의 의미

구분	소유자(Owner)	그룹 멤버(Group)	그 외(Other)
읽기(R/+4)	예	예	예
쓰기(W/+2)	예	아니요	아니요
실행(X/+1)	예	아니요	아니요

코드 실행

4대의 가상 머신을 구성해 보겠습니다. 앞에서 작성한 파일들을 Vagrantfile과 같은 위치에 저장합니다.

1. vagrant up을 실행해 총 4대의 CentOS를 설치하고 구성합니다.

```
c:\HashiCorp>vagrant up
Bringing machine 'm-k8s' up with 'virtualbox' provider...
Bringing machine 'w1-k8s' up with 'virtualbox' provider...
Bringing machine 'w2-k8s' up with 'virtualbox' provider...
Bringing machine 'w3-k8s' up with 'virtualbox' provider...
==> m-k8s: Importing base box 'sysnet4admin/CentOS-k8s'...
==> m-k8s: Matching MAC address for NAT networking...
[생략]
```

2. vagrant ssh 명령으로 설치된 CentOS에 접속합니다. 설치된 가상 머신이 여러 대라서 접속할 가상 머신의 이름을 입력해야 한다는 메시지가 출력됩니다.

```
c:\HashiCorp>vagrant ssh
This command requires a specific VM name to target in a multi-VM environment.
```

3. vagrant ssh m-k8s를 입력합니다. m-k8s는 가장 먼저 설치된 가상 머신의 이름입니다.

```
c:\HashiCorp>vagrant ssh m-k8s
[vagrant@m-k8s ~]$
```

4. 업로드된 ping_2_nds.sh 파일을 실행해 3대의 CentOS(192.168.101~103)와 통신하는 데 문제가 없는지 확인합니다.

```
[vagrant@m-k8s ~]$ ./ping_2_nds.sh
PING 192.168.1.101 (192.168.1.101) 56(84) bytes of data.
64 bytes from 192.168.1.101: icmp_seq=1 ttl=64 time=0.750 ms
64 bytes from 192.168.1.101: icmp_seq=2 ttl=64 time=0.606 ms
64 bytes from 192.168.1.101: icmp_seq=3 ttl=64 time=0.770 ms

--- 192.168.1.101 ping statistics ---
3 packets transmitted, 3 received, 0% packet loss, time 2008ms
rtt min/avg/max/mdev = 0.606/0.708/0.770/0.079 ms
PING 192.168.1.102 (192.168.1.102) 56(84) bytes of data.
64 bytes from 192.168.1.102: icmp_seq=1 ttl=64 time=4.42 ms
64 bytes from 192.168.1.102: icmp_seq=2 ttl=64 time=0.792 ms
64 bytes from 192.168.1.102: icmp_seq=3 ttl=64 time=0.812 ms

--- 192.168.1.102 ping statistics ---
3 packets transmitted, 3 received, 0% packet loss, time 2001ms
rtt min/avg/max/mdev = 0.792/2.008/4.422/1.707 ms
PING 192.168.1.103 (192.168.1.103) 56(84) bytes of data.
64 bytes from 192.168.1.103: icmp_seq=1 ttl=64 time=3.64 ms
64 bytes from 192.168.1.103: icmp_seq=2 ttl=64 time=0.684 ms
64 bytes from 192.168.1.103: icmp_seq=3 ttl=64 time=0.834 ms

--- 192.168.1.103 ping statistics ---
3 packets transmitted, 3 received, 0% packet loss, time 2004ms
rtt min/avg/max/mdev = 0.684/1.720/3.643/1.361 ms
```

5. 4대 모두 이상 없음이 확인됐으니 exit 명령으로 가상 머신 접속을 종료합니다.

```
[vagrant@m-k8s ~]$ exit
logout
```

2.3 터미널 프로그램으로 가상 머신 접속하기

윈도의 명령 프롬프트로 가상 머신에 접근(vagrant ssh 〈가상 머신 이름〉)할 수 있지만, 이미 확인한 것처럼 여러 개의 가상 머신에 접근할 때는 유용한 방법이 아닙니다. 그래서 이 절에서는 여러 대의 가상 머신에 한 번에 접속하도록 구성해 보겠습니다.

2.3.1 푸티 설치하기

터미널 접속 프로그램 중에서 가장 많이 사용하는 것이 푸티(PuTTY)입니다. 푸티는 가볍고 무료이며 다양한 플러그인를 통해 여러 대의 가상 머신에 접근할 수 있습니다. 이뿐만 아니라 접속 정보를 저장하고 바로 불러와 실행할 수 있는 기능이 있습니다. 이 책에서는 푸티로 가상 머신에 접근하도록 설정해 보겠습니다.

1. 먼저 푸티 실행 파일을 저장할 디렉터리(C:\putty)를 생성합니다.

```
c:\HashiCorp>mkdir C:\putty
```

2. 웹 브라우저에서 푸티 다운로드 페이지(https://www.chiark.greenend.org.uk/~sgtatham/putty/latest.html)에 접속합니다. Alternative binary files 항목에서 운영 체제 및 버전에 맞는 putty.exe 실행 파일을 C:\putty 디렉터리에 내려받습니다.

▼ 그림 2-33 putty.exe 실행 파일 내려받기

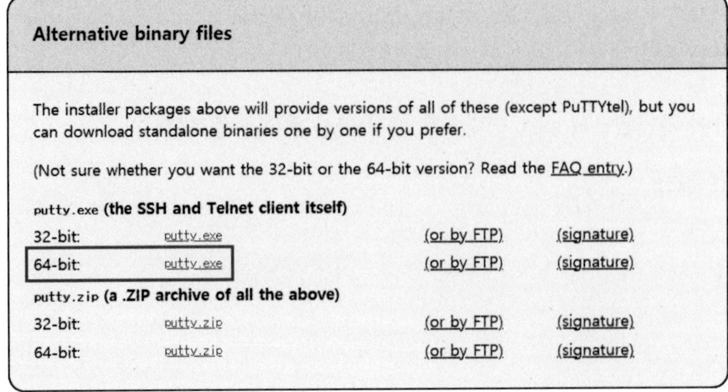

3. 내려받은 putty.exe 파일을 실행해 정상적으로 구동하는지 확인합니다.

▼ 그림 2-34 푸티 실행 시 초기 화면

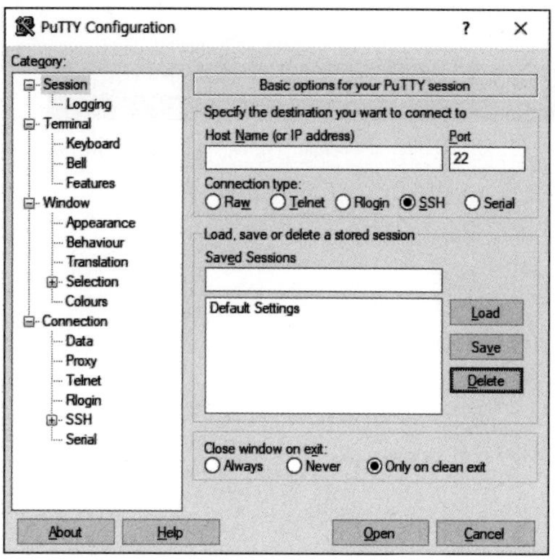

푸티로 여러 대 가상 머신에 접근할 수 있지만, 한 번에 한 대씩만 접근할 수 있습니다. 우리가 원하는 것은 한 번에 여러 대의 가상 머신에 접근해서 관리하는 것이므로 추가 프로그램을 설치하겠습니다.

2.3.2 슈퍼푸티 설치하기

푸티를 단독으로 사용하면 창을 여러 개 띄워야 해서 명령을 내리기가 매우 번거롭습니다. 슈퍼푸티(SuperPuTTY)를 사용하면 푸티의 이런 제약 사항이 해결됩니다.

1. 웹 브라우저에서 슈퍼푸티를 제공하는 깃허브 페이지(https://github.com/jimradford/superputty/releases)에 접속해 화면에 보이는 최신 버전 파일을 내려받습니다.

▼ 그림 2-35 슈퍼푸티 다운로드 페이지

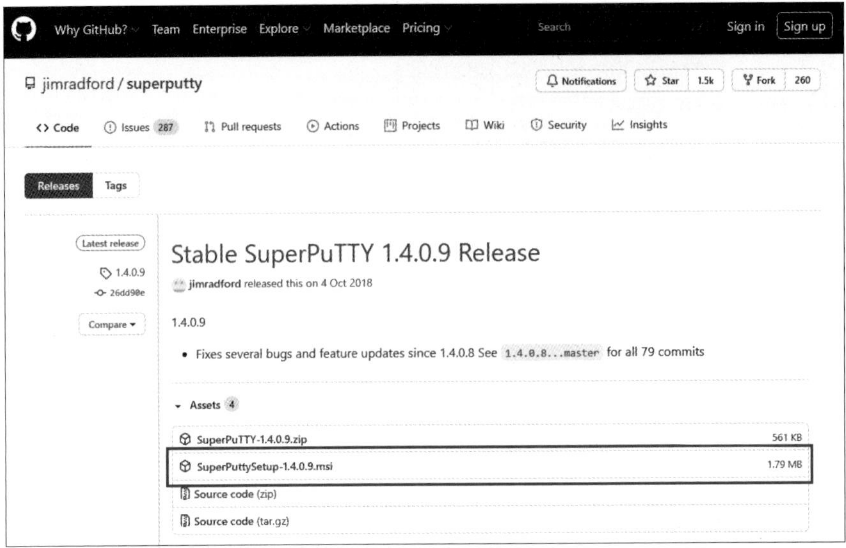

2. 내려받은 SuperPuttySetup-1.4.0.9.msi를 실행하고 설치 환영 메시지가 나오면 Next 버튼을 클릭합니다.

▼ 그림 2-36 슈퍼푸티 설치 환영 메시지

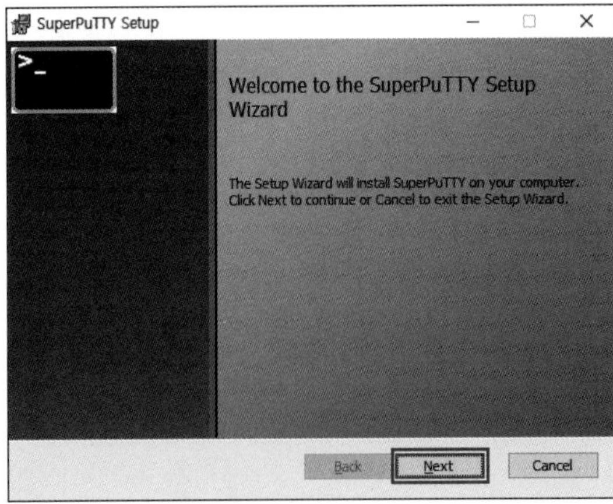

3. 라이선스 동의에 체크하고, Next 버튼을 클릭합니다.

▼ 그림 2-37 슈퍼푸티 라이선스에 동의하기

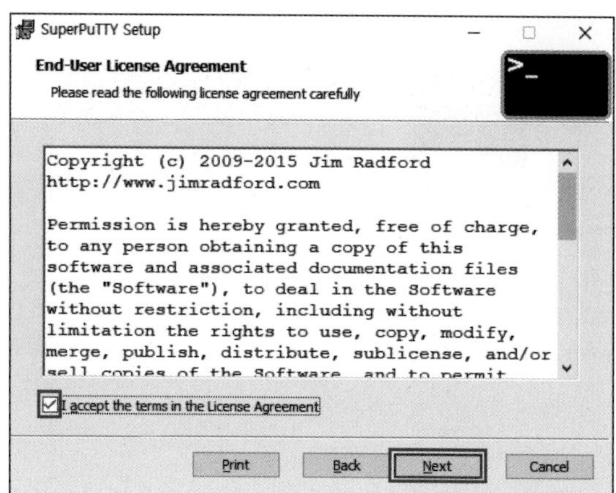

4. 슈퍼푸티가 설치될 위치는 기본값으로 두고 Next 버튼을 클릭합니다.

▼ 그림 2-38 슈퍼푸티 설치 경로

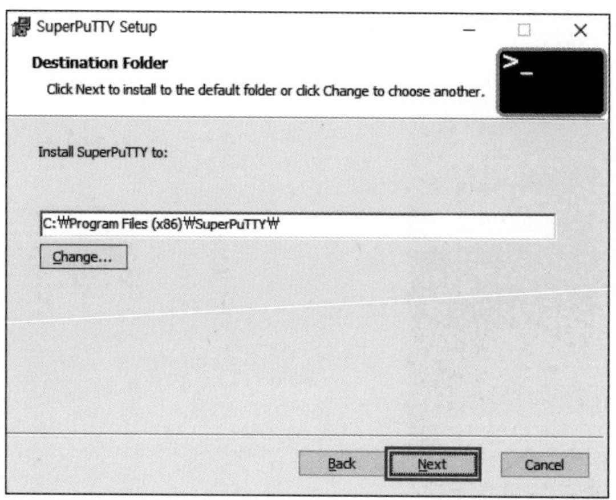

5. 설치할 준비가 끝나면 Install 버튼을 클릭합니다. '게시자를 알 수 없는 앱의 설치' 창이 뜨면 동의하고 설치를 계속 진행합니다.

▼ 그림 2-39 슈퍼푸티 설치

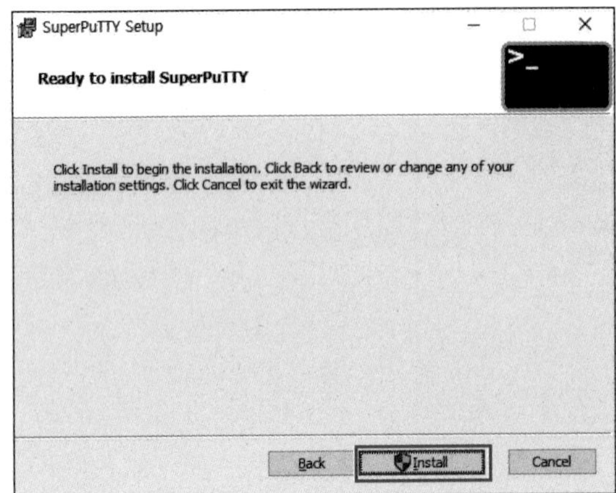

6. 슈퍼푸티 설치가 완료되면 Finish 버튼을 클릭해 슈퍼푸티를 실행합니다.

▼ 그림 2-40 슈퍼푸티 설치가 완료됨

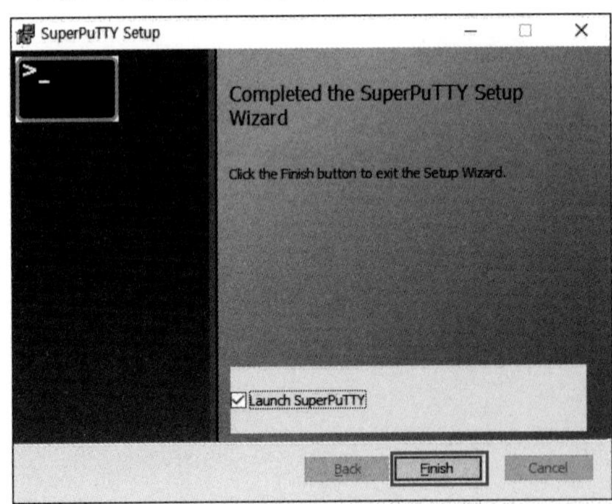

7. 슈퍼푸티는 푸티를 통해 실행되므로 푸티의 위치를 지정해야 합니다. 다음 화면이 보이면 putty.exe Location 옆의 **Browse** 버튼을 클릭해 푸티의 위치를 지정합니다.

▼ 그림 2-41 푸티 위치 설정하기

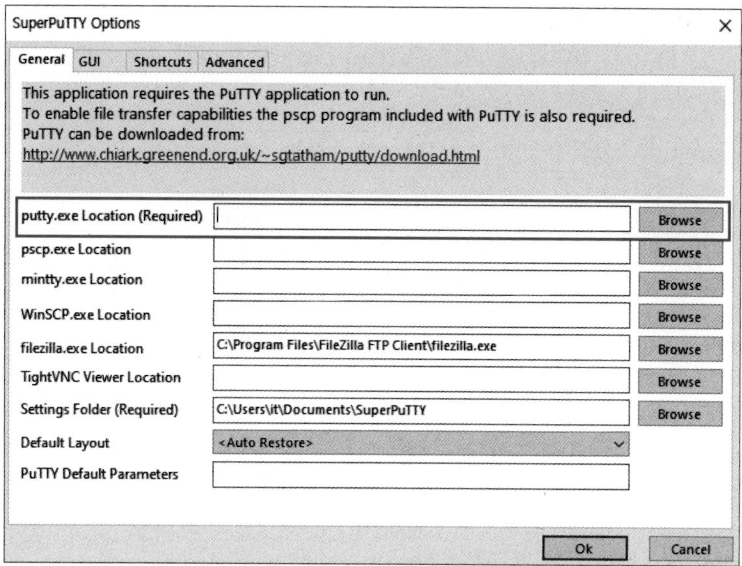

8. C:\putty에서 putty.exe를 찾아 선택하고 **열기** 버튼을 누릅니다.

▼ 그림 2-42 C:\putty 폴더에서 putty.exe 파일 선택하기

9. 푸티 실행 경로가 지정된 것을 확인하면 Ok 버튼을 클릭합니다.

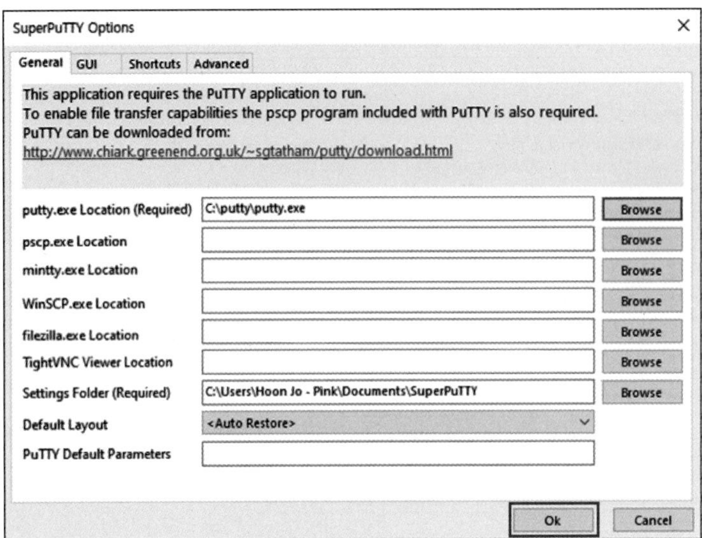

▼ 그림 2-43 푸티 실행 위치가 지정된 슈퍼푸티 옵션 화면

10. 슈퍼푸티가 정상적으로 실행되는지 확인합니다.

▼ 그림 2-44 슈퍼푸티 실행 초기 화면

2.3.3 슈퍼푸티로 다수의 가상 머신 접속하기

슈퍼푸티로 '2.2.3 가상 머신 추가로 구성하기'에서 설치한 가상 머신 4대(m-k8s, w1-k8s, w2-k8s, w3-k8s)에 접속해 보겠습니다. 반복적으로 사용할 가상 머신의 접속 정보부터 슈퍼푸티에 구성합니다.

1. 먼저 새로운 세션 디렉터리를 생성합니다. 슈퍼푸티 화면 오른쪽에 위치한 Sessions 창의 PuTTY Sessions에서 마우스 오른쪽 버튼을 클릭하고, New Folder를 클릭합니다.

▼ 그림 2-45 가상 머신 정보를 저장할 디렉터리 생성

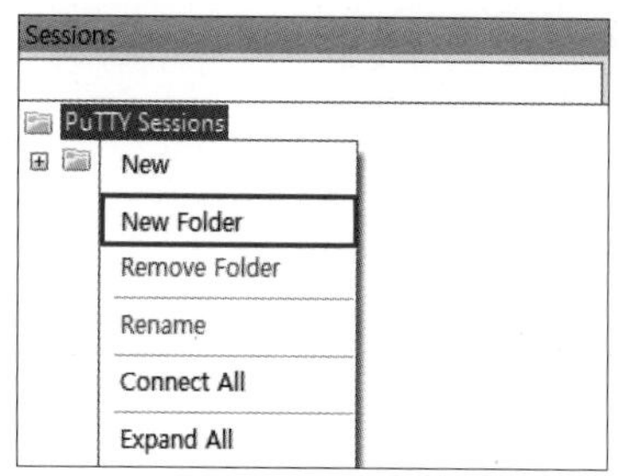

2. 접속 정보 입력 창에서 k8s를 입력하고, OK 버튼을 클릭합니다.

▼ 그림 2-46 디렉터리 이름 입력

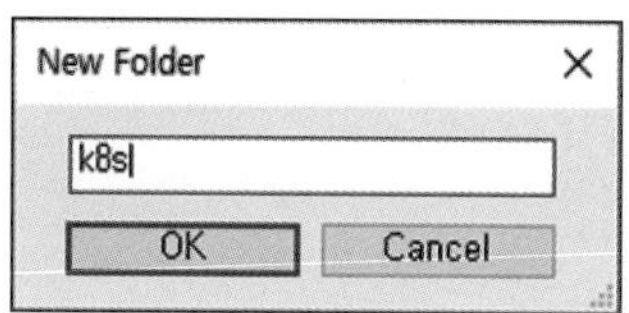

3. 새로 추가된 k8s 디렉터리에서 마우스 오른쪽 버튼을 클릭하고 New 메뉴를 선택합니다(추가된 디렉터리가 보이지 않으면 PuTTY Sessions를 더블클릭해 보세요).

▼ 그림 2-47 New 메뉴 선택

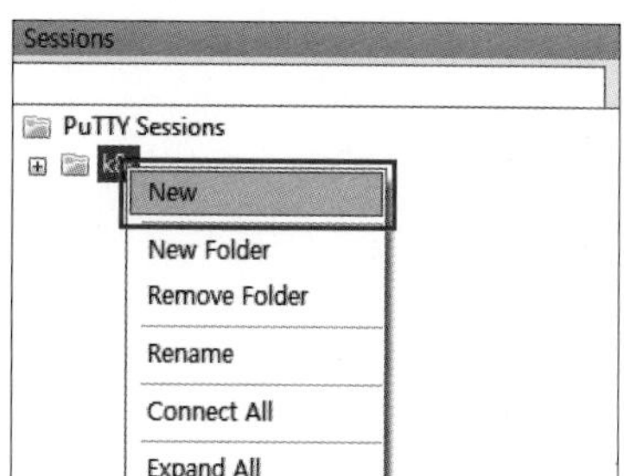

4. 가상 머신의 정보를 입력하는 창에 다음과 같이 입력하고 Save 버튼을 클릭합니다.

▼ 그림 2-48 m-k8s의 접속 정보 입력

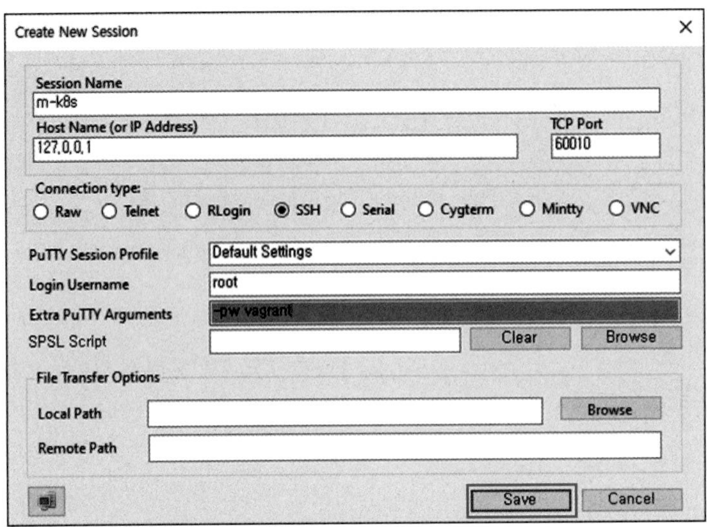

Tip 127.0.0.1로 접속하는 이유는 뭔가요?

현재 가상 머신들은 192.168.1.0/24 영역대에 있어서 대부분의 경우 모두 접속할 수 있습니다. 하지만 현업에서는 데이터 통신과 관리 네트워크를 분리해 사용하는데, 이와 비슷하게 관리 네트워크를 분리한 것으로 보면 됩니다. 또한 127.0.0.1로 접속하면 192.168.1.0/24에서 문제가 발생해도 접속하는 데 문제가 없습니다.

각 가상 머신은 베이그런트에서 NAT로 사용하는 eth0에 고유의 포트 포워딩 규칙이 적용됩니다.

▼ 그림 2-49 버추얼박스에 설정된 포트 포워딩 규칙[3]

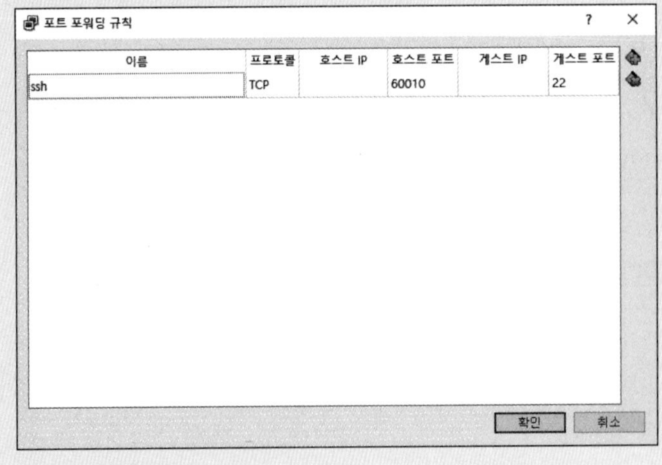

계속

3 각 가상 머신의 설정 > 네트워크 > 고급 > 포트 포워딩을 누르면 확인이 가능합니다.

Vagrantfile에서는 다음과 같이 설정했습니다.

```
[중략]
cfg.vm.network "private_network", ip: "192.168.1.10"
cfg.vm.network "forwarded_port", guest: 22, host: 60010, auto_correct: true, id:
"ssh"
cfg.vm.synced_folder "../data", "/vagrant", disabled: true
[생략]
```

이 부분이 익숙하지 않다면 호스트 전용 네트워크인 192.168.1.〈각 가상 머신의 번호〉로 가상 머신에 접속해서 진행하기 바랍니다.

5. Extra PuTTY Arguments에 입력된 **-pw vagrant**는 평문으로 저장되기 때문에 보안상 위험하다는 내용을 안내하는 창이 뜹니다. 여기서는 테스트 환경이므로 편의를 위해 그대로 평문으로 진행하겠습니다. **확인** 버튼을 클릭합니다.

▼ 그림 2-50 접속 암호 보안 취약 경고

6. m-k8s에서 마우스 오른쪽 버튼을 클릭합니다. 메뉴에서 **Copy As**를 선택해 m-k8s의 접속 정보를 그대로 복사합니다.

▼ 그림 2-51 기존 접속 정보 복사하기

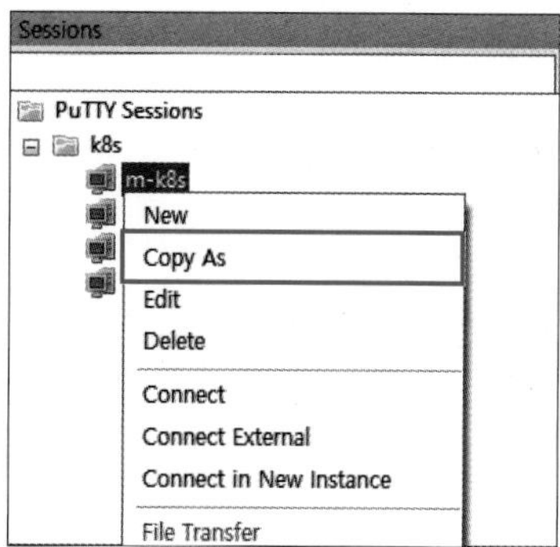

7. 복사한 접속 정보에서 표시된 부분만 맞춰서 수정하고 Save 버튼을 클릭해 저장합니다.

▼ 그림 2-52 복사한 접속 정보 수정하기

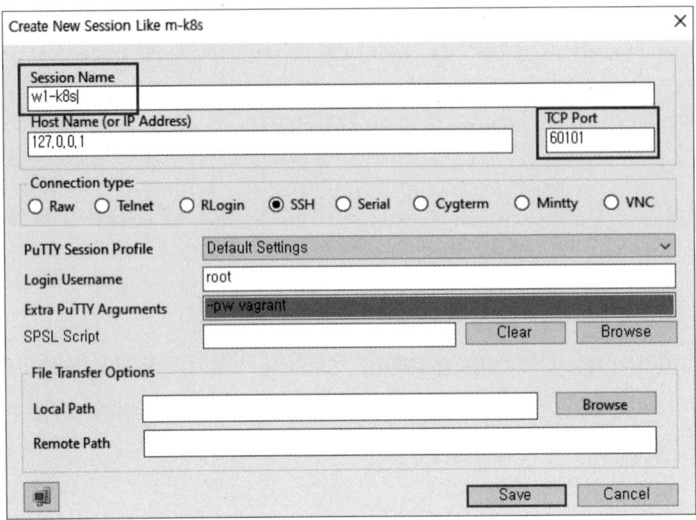

8. 6번과 7번 과정을 반복해 w2-k8s와 w3-k8s의 접속 정보를 추가로 생성합니다.

▼ 그림 2-53 w2-k8s, w3-k8s의 수정된 접속 정보

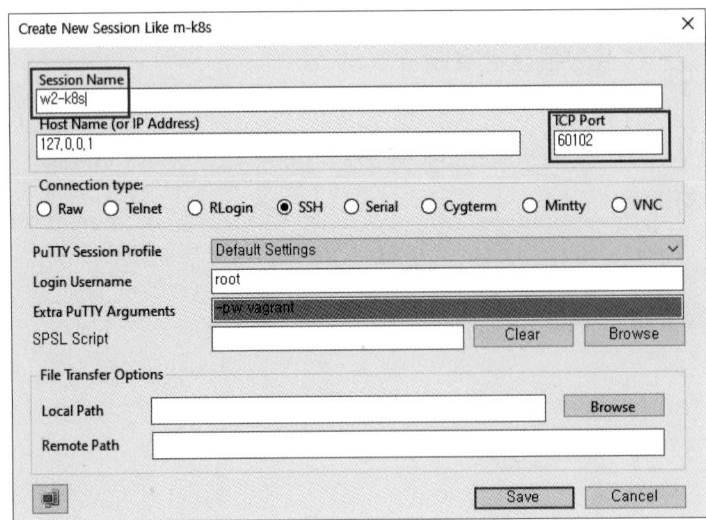

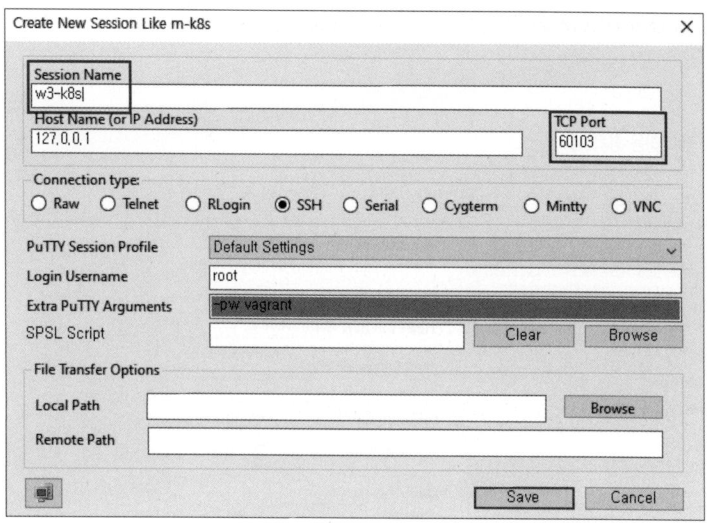

9. 평문으로 접속하려면 슈퍼푸티의 보안 설정을 변경해야 합니다. F2를 누르거나 메뉴에서 Tools > Options를 선택합니다.

▼ 그림 2-54 슈퍼푸티 옵션 메뉴 선택

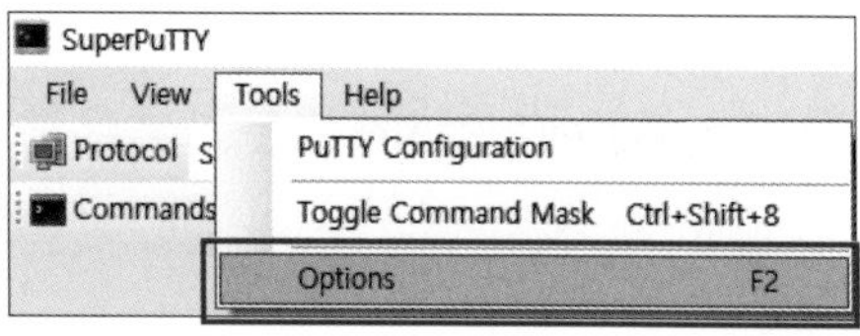

10. GUI 탭에서 Allow plain text passwords on putty command line 항목을 체크하고 Ok 버튼을 클릭합니다.

▼ 그림 2-55 평문 암호 접속 허용 항목 체크

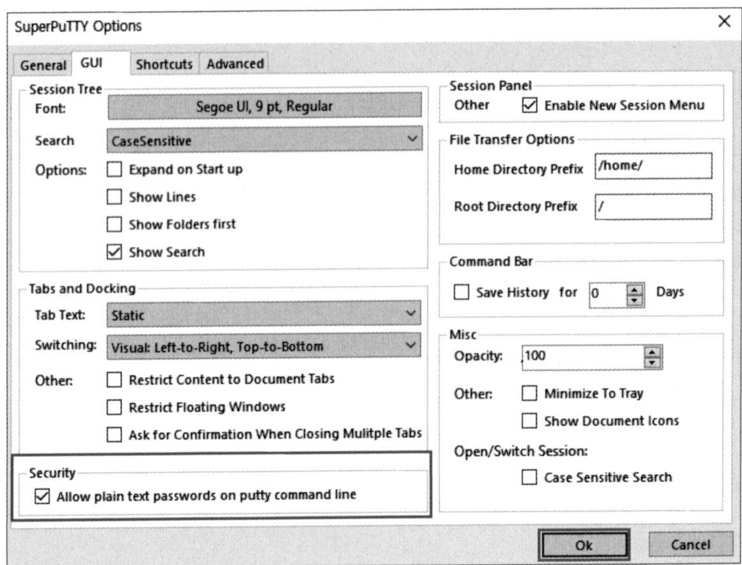

11. k8s 디렉터리에서 마우스 오른쪽 버튼을 누르고, Connect All을 선택해 모든 가상 머신에 한 번에 접속합니다.

▼ 그림 2-56 Connect All 선택

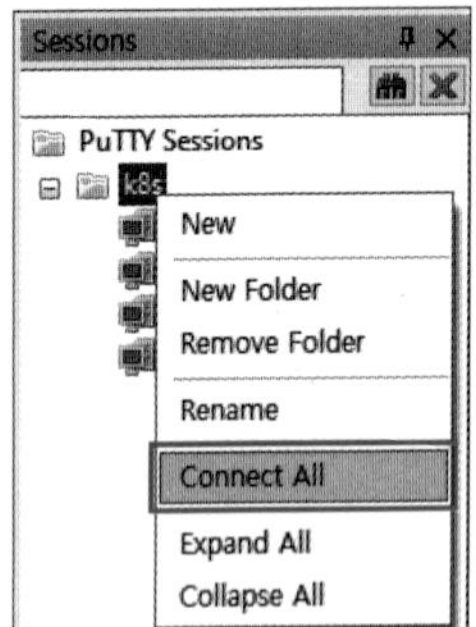

12. 슈퍼푸티가 푸티를 호출하면서 발생한 **파일 열기–보안 경고 창**을 확인합니다. 다음부터 이 경고 창이 보이지 않도록 **이 파일을 열기 전에 항상 확인**에 대한 체크를 해제합니다. 그리고 가상머신의 수(4개)만큼 실행 버튼을 클릭합니다.

▼ 그림 2–57 슈퍼푸티가 호출한 푸티 실행 파일에 대한 보안 경고 창

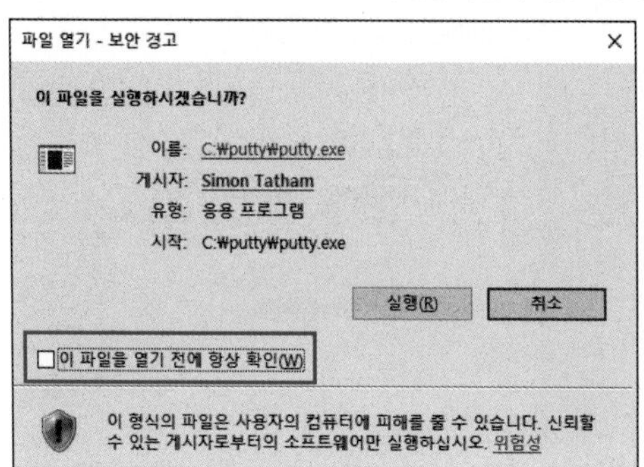

13. 추가로 발생하는 보안 경고(PuTTY Security Alert) 창이 나오면 **예** 버튼을 클릭합니다. 이 보안 경고는 known_hosts(알려진 호스트)가 없어서 발생하는 경고로 **예**를 누르면 known_hosts를 등록합니다.

▼ 그림 2–58 known_hosts에 대한 보안 경고 창

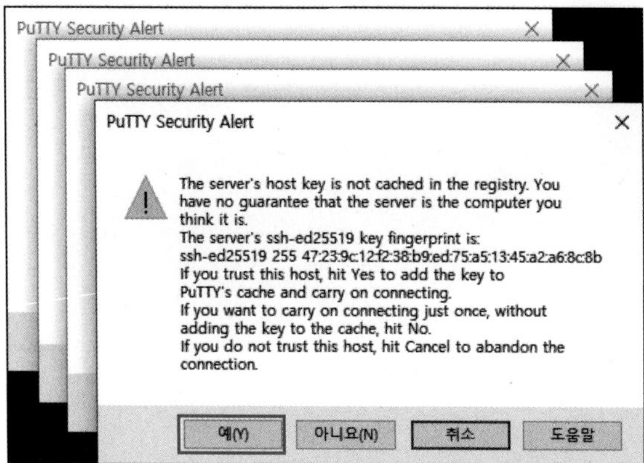

14. 가상 머신에 접속되는지 확인합니다.

▼ 그림 2-59 가상 머신 접속 확인

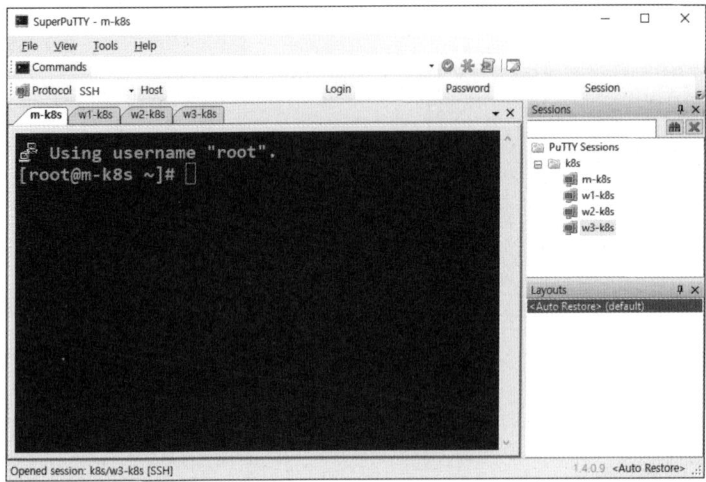

15. 가상 머신의 작동을 한눈에 확인하기 위해 창을 분리 배치해 보겠습니다. 우선 w1-k8s 탭에서 마우스 왼쪽 버튼을 클릭한 상태에서 드래그 앤 드롭으로 오른쪽 창으로 분리합니다.

▼ 그림 2-60 w1-k8s 창 오른쪽으로 분리하기

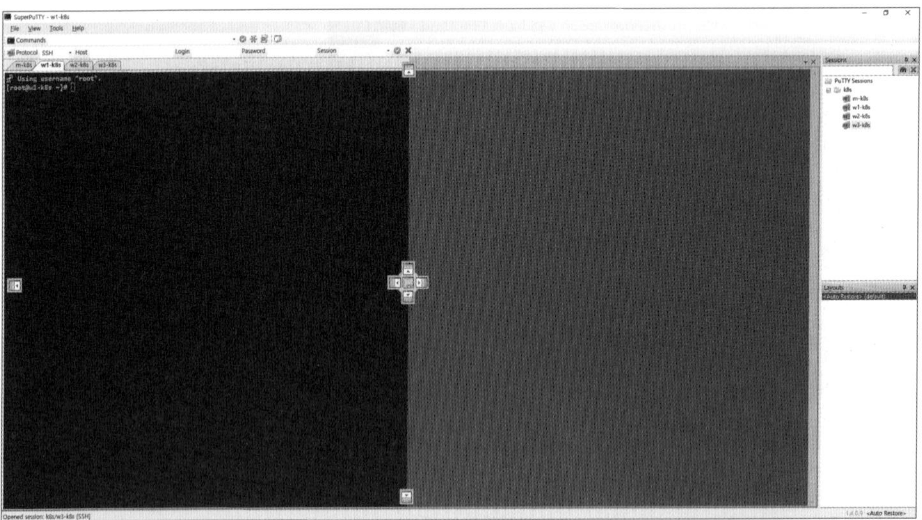

16. 이번에는 w2-k8s를 왼쪽 하단으로 분할합니다.

▼ 그림 2-61 w2-k8s 창 왼쪽 하단으로 분리하기

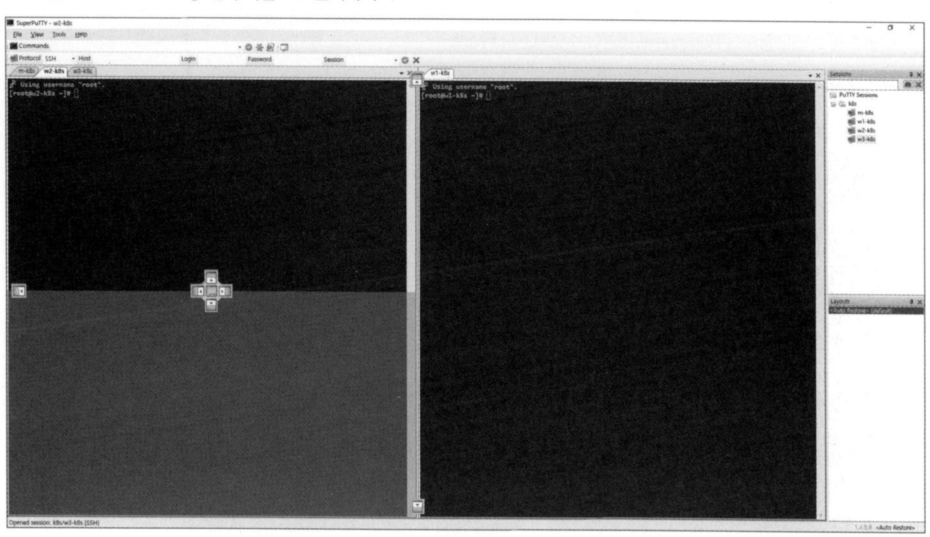

17. 마지막으로 w3-k8s를 오른쪽 하단으로 분리합니다.

▼ 그림 2-62 w3-k8s 창 오른쪽 하단으로 분리하기

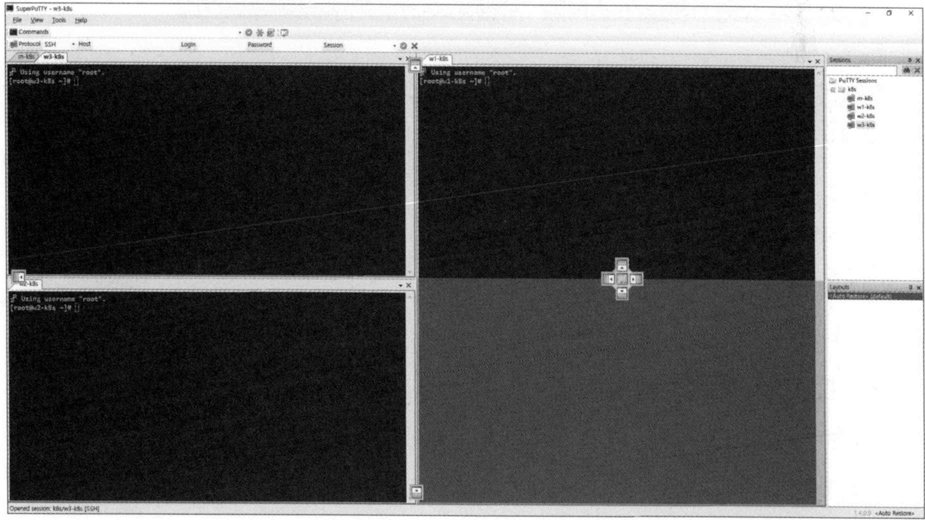

18. 4개의 창에 한 번에 명령이 실행되는지 명령(commands) 창에서 **hostname**을 입력해 확인합니다.

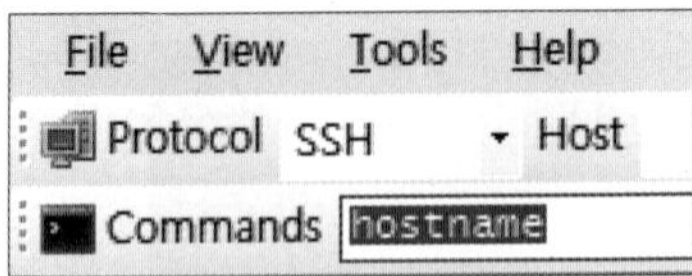

✔ 그림 2-63 동시에 hostname 명령이 수행되는지 테스트

19. 4개 창에서 hostname(m-k8s, w1-k8s, w2-k8s, w3-k8s)에 해당하는 값이 출력됩니다.

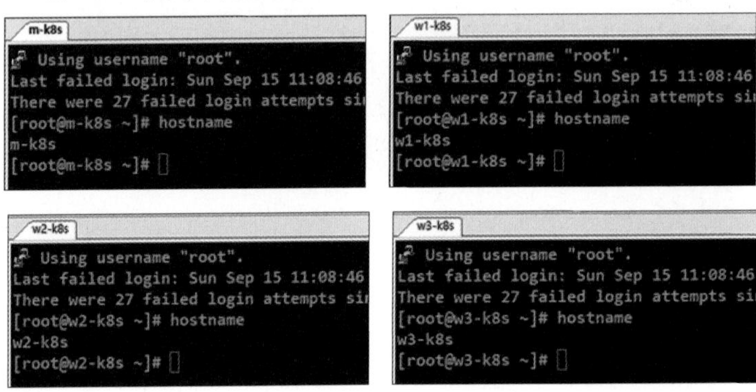

✔ 그림 2-64 4개 창에서의 명령 실행 결과

20. 확인이 끝났으니 다음 실습을 위해 가상 머신을 모두 삭제하겠습니다. 명령 프롬프트에서 `vagrant destroy -f`를 실행합니다.

```
c:\HashiCorp>vagrant destroy -f
==> default: Forcing shutdown of VM...
==> default: Destroying VM and associated drives...
```

컨테이너 인프라 환경을 만들기 위한 도구인 베이그런트와 버추얼박스가 무엇인지 살펴보고 직접 실습도 해봤습니다. 이 도구들을 이용하면 우리가 원하는 형태의 실습 환경을 자유자재로 구성할 수 있습니다. 이제 3장으로 넘어가 컨테이너를 구성하고 관리하는 쿠버네티스를 실제로 구성해 보고, 구성된 환경을 이용해 쿠버네티스의 구조를 살펴보겠습니다. 쿠버네티스 환경으로 컨테이너 배포 관리가 얼마나 효율적으로 이루어지는지 들여다봅시다.

3장

컨테이너를 다루는 표준 아키텍처, 쿠버네티스

2장에서는 베이그런트를 통해 테스트 환경을 코드로 자동 구현해 봤습니다. 3장에서는 본격적으로 우리가 배운 코드를 응용해 컨테이너 인프라 테스트 환경을 자동으로 구축해 보겠습니다. 그런데 컨테이너 인프라 환경이란 무엇일까요? 컨테이너 인프라 환경을 배우려면 정의를 정확하게 아는 것이 중요합니다.

컨테이너 인프라 환경이란 리눅스 운영 체제의 커널 하나에서 여러 개의 컨테이너가 격리된 상태로 실행되는 인프라 환경을 말합니다. 여기서 컨테이너는 하나 이상의 목적을 위해 독립적으로 작동하는 프로세스입니다. 좀 더 간단하게 말하면 친구와 대화를 주고받는 메신저 프로그램이나 음악 감상 프로그램을 컨테이너로 구현할 수 있습니다.

개인 환경에서는 1명의 관리자(사용자)가 다양한 응용프로그램을 사용하므로 각각의 프로그램을 컨테이너로 구현할 필요가 거의 없습니다. 하지만 기업 환경에서는 다수의 관리자가 수백 또는 수천 대의 서버를 함께 관리하기 때문에 일관성을 유지하는 것이 매우 중요합니다.

이런 경우 컨테이너 인프라 환경을 구성하면 눈송이 서버(여러 사람이 만져서 설정의 일관성이 떨어진 서버)를 방지하는 데 효과적입니다.

▼ 그림 3-1 다양한 형태의 설정이 추가된 눈송이 서버

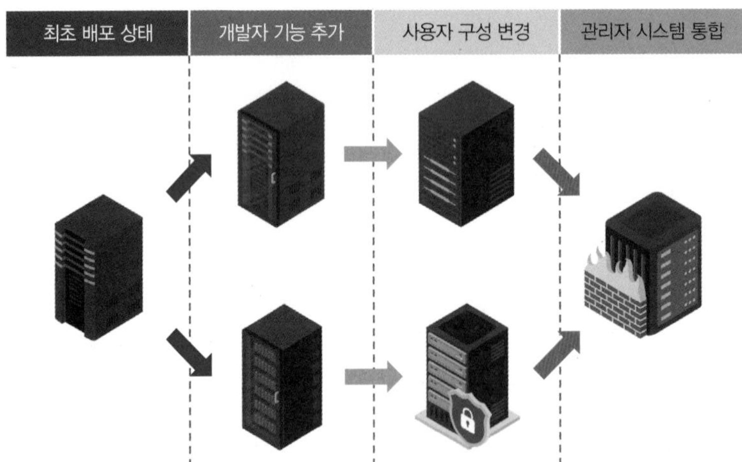

또한 가상화 환경에서는 각각의 가상 머신이 모두 독립적인 운영 체제 커널을 가지고 있어야 하기 때문에 그만큼 자원을 더 소모해야 하고 성능이 떨어질 수밖에 없습니다. 하지만 컨테이너 인프라 환경은 운영 체제 커널 하나에 컨테이너 여러 개가 격리된 형태로 실행되기 때문에 자원을 효율적으로 사용할 수 있고 거치는 단계가 적어서 속도도 훨씬 빠릅니다.

❤ 그림 3-2 가상화 환경과 컨테이너 인프라 환경 비교

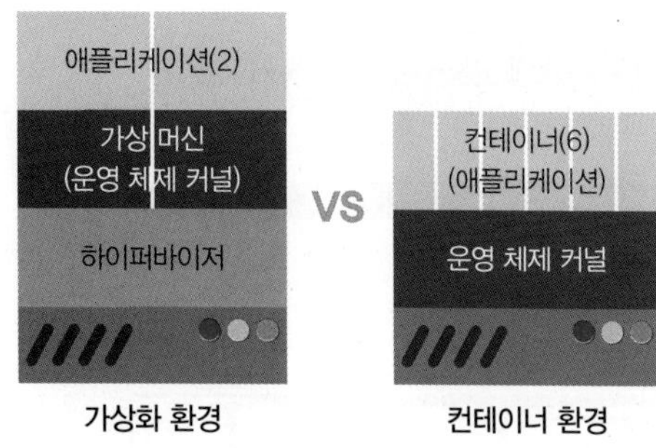

컨테이너 인프라 환경이 처음부터 주목받았던 것은 아닙니다. 이미 가상화 환경에서 상용 솔루션(VMware)을 이용해 안정적으로 시스템을 운용하고 있었고, 기술 성숙도가 높아 문제없이 관리되고 있었습니다. 그러다 시간이 지나 커널을 공유해 더 많은 애플리케이션을 올릴 수 있는 컨테이너가 도입되기 시작하면서 늘어난 컨테이너를 관리해야 했습니다. 하지만 기존의 컨테이너 관리 솔루션(Docker Swarm, Mesos, Nomad 등)들은 현업의 요구 사항을 충족시키기에는 부족한 점이 있었습니다. 그래서 컨테이너 인프라 환경이 주는 장점이 많이 있음에도 컨테이너 관리 문제 때문에 보편화되기가 어려웠습니다.

하지만 그 이후 컨테이너 인프라 환경이 성장하게 된 결정적인 계기가 된 사건이 일어납니다. 구글이 **쿠버네티스**(Kubernetes)를 오픈 소스로 공개한 것입니다. 구글은 2014년 자사에서 컨테이너 운영 플랫폼으로 운영하던 보그(Borg)를 기반으로 하는 쿠버네티스를 오픈 소스화하고 2015년 7월 21일 쿠버네티스 버전 1.0을 출시했습니다. 구글은 리눅스 재단(Linux Foundation)과 파트너십을 맺고 클라우드 네이티브 컴퓨팅 재단(CNCF, Cloud Native Computing Foundation)을 설립했으며 쿠버네티스를 기초 기술(seed technology)로 제공했습니다.

이를 통해 안정적인 쿠버네티스를 누구나 자유롭게 이용하게 되면서 컨테이너 인프라 환경을 좀 더 효율적으로 관리할 수 있게 됐습니다. 이후 여러 기능이 계속 추가되면서 쿠버네티스의 생태계가 풍부해졌고, 사실상 쿠버네티스는 컨테이너 인프라 관리 솔루션의 표준으로 자리 잡게 됐습니다.

이제부터 쿠버네티스로 직접 실습해 보면서 컨테이너 인프라 환경을 전반적으로 이해하고 쿠버네티스가 어떤 강점이 있기에 컨테이너 인프라 환경에서 표준이 될 수 있었는지 알아봅시다.

▼ 그림 3-3 컨테이너 인프라 환경 중 3장에서 다룰 쿠버네티스 부분

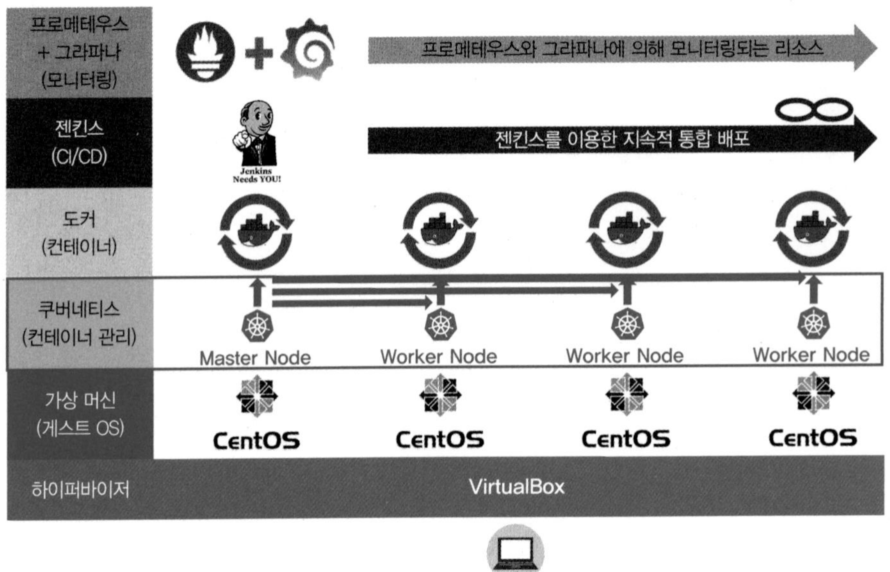

CONTAINER INFRASTRUCTURE

3.1 쿠버네티스 이해하기

쿠버네티스를 컨테이너 관리 도구라고 설명했지만, 실제로 쿠버네티스는 **컨테이너 오케스트레이션**을 위한 솔루션입니다. **오케스트레이션**(Orchestration)이란 복잡한 단계를 관리하고 요소들의 유기적인 관계를 미리 정의해 손쉽게 사용하도록 서비스를 제공하는 것을 의미합니다. 다수의 컨테이너를 유기적으로 연결, 실행, 종료할 뿐만 아니라 상태를 추적하고 보존하는 등 컨테이너를 안정적으로 사용할 수 있게 만들어주는 것이 컨테이너 오케스트레이션입니다.

쿠버네티스 외에도 여러 컨테이너 오케스트레이션 솔루션이 있는데, 사람들은 왜 쿠버네티스를 선택할까요?

3.1.1 왜 쿠버네티스일까

컨테이너 오케스트레이션을 제공하는 대표적인 솔루션은 다음과 같습니다.

▼ 그림 3-4 대표적인 컨테이너 오케스트레이션 솔루션

솔루션마다 어떤 장단점이 있는지 살펴봅시다.

- **도커 스웜**(Docker Swarm): 간단하게 설치할 수 있고 사용하기도 용이합니다. 그러나 그만큼 기능이 다양하지 않아 대규모 환경에 적용하려면 사용자 환경을 변경해야 할 수 있습니다. 따라서 소규모 환경에서는 유용하지만 대규모 환경에서는 잘 사용하지 않는 편입니다.
- **메소스**(Mesos): 아파치(Apache)의 오픈 소스 프로젝트로 역사와 전통이 있는 클러스터 도구이며 트위터, 에어비앤비, 애플, 우버 등 다양한 곳에서 이미 검증된 솔루션입니다. 메소스는 2016년 DC/OS(Data Center OS, 대규모 서버 환경에서 자원을 유연하게 공유하며 하나의 자원처럼 관리하는 도구)의 지원으로 매우 간결해졌습니다. 하지만 기능을 충분히 활용하려면 분산 관리 시스템과 연동해야 합니다. 따라서 여러 가지 솔루션을 유기적으로 구성해야 하는 부담이 있습니다.
- **노매드**(Nomad): 베이그런트를 만든 해시코프(HashiCorp)사의 컨테이너 오케스트레이션으로, 베이그런트처럼 간단한 구성으로 컨테이너 오케스트레이션 환경을 제공합니다. 하지만 도커 스웜과 마찬가지로 기능이 부족하므로 복잡하게 여러 기능을 사용하는 환경이 아닌 가볍고 간단한 기능만 필요한 환경에서 사용하기를 권장합니다. 해시코프의 Consul(서비스 검색, 구성 및 분할 기능 제공)과 Vault(암호화 저장소)와의 연동이 원할하므로 이런 도구에 대한 사용 성숙도가 높은 조직이라면 노매드 도입을 고려해볼 수 있습니다.
- **쿠버네티스**: 다른 오케스트레이션 솔루션보다는 시작하는 데 어려움이 있지만, 쉽게 사용할 수 있도록 도와주는 도구들이 있어서 설치가 쉬워지는 추세입니다. 또한 다양한 형태의 쿠버네티스가 지속적으로 계속 발전되고 있어서 컨테이너 오케스트레이션을 넘어 IT 인프라 자체를 컨테이너화하고, 컨테이너화된 인프라 제품군을 쿠버네티스 위에서 동작할 수 있게 만듭니다. 즉 거의 모든 벤더와 오픈 소스 진영 모두에서 쿠버네티스를 지원하고 그에 맞게 통합 개발하고 있습니다. 그러므로 컨테이너 오케스트레이션을 학습하거나 도입하려고 한다면 쿠버네티스를 우선적으로 고려해야 합니다.

각 솔루션의 기능을 표로 정리하면 다음과 같습니다.

▼ 표 3-1 컨테이너 오케스트레이션 솔루션 비교

구분	도커 스웜	메소스	노매드	쿠버네티스
설치 난이도	쉬움	매우 어려움	쉬움	어려움
사용 편의성	매우 좋음	좋음	매우 좋음	좋음
세부 설정 지원	거의 없음	있음	거의 없음	다양하게 있음
안정성	매우 안정적임	안정적임	안정적임	매우 안정적임
확장성	어려움	매우 잘 됨	어려움	매우 잘 됨
정보량	많음	적음	적음	매우 많음
에코 파트너	없음	거의 없음	있음	매우 많음
학습 곡선	쉬움	매우 어려움	어려움	어려움

2021년을 기준으로 대부분 IT 기업에서는 쿠버네티스와 관련된 프로젝트를 진행하고 있거나 이미 자사 솔루션으로 흡수 및 통합했습니다. 이에 따라 다양한 종류의 솔루션이 쿠버네티스에 통합되고 있습니다. 그러므로 컨테이너 오케스트레이션을 한다면 쿠버네티스를 우선으로 고려해야 합니다.

쿠버네티스를 선택하는 이유를 알았으니 이 책을 실습하는 데 필요한 쿠버네티스 테스트 환경을 만들어 봅시다.

> **Tip** k8s의 의미
>
> 쿠버네티스(Kubernetes)를 검색하다 보면 k8s이라는 표현을 종종 보게 됩니다. k8s는 쿠버네티스(Kubernetes)의 약어입니다. 왜 k8s일까요? 일반적으로 대부분의 약어는 두 단어 이상으로 이루어진 긴 단어에서 각 단어의 한 음절씩 뽑아서 만드는데, 쿠버네티스는 그 이름 자체가 하나의 긴 단어이기 때문에 문자 수를 표시하는 방법으로 약어를 만들었습니다. k8(ubernete, 8글자)s의 형식으로요. 쿠버네티스와 k8s는 자주 혼용하니 이 책에서나 다른 자료에서 같은 단어로 보면 됩니다. 참고로 쿠버네티스는 그리스어로 도선사(pilot, 배를 수로로 안전하게 안내하는 사람)나 조타수(helmsman, 배의 키를 조정해 올바른 방향으로 나아가게 하는 사람)를 의미합니다.

3.1.2 쿠버네티스 구성 방법

쿠버네티스를 구성하는 방법은 크게 3가지입니다.

1. 퍼블릭 클라우드 업체에서 제공하는 관리형 쿠버네티스인 EKS(Amazon Elastic Kubernetes Service), AKS(Azure Kubernetes Services), GKE(Google Kubernetes Engine) 등을 사용합니다. 구성이 이미 다 갖춰져 있고 마스터 노드를 클라우드 업체에서 관리하기 때문에 학습용으로는 적합하지 않습니다.

▼ 그림 3-5 퍼블릭 클라우드 업체에서 제공하는 쿠버네티스

2. 수세의 Rancher, 레드햇의 OpenShift와 같은 플랫폼에서 제공하는 설치형 쿠버네티스를 사용합니다. 하지만 유료라 쉽게 접근하기 어렵습니다.

▼ 그림 3-6 플랫폼 업체에서 제공하는 설치형 쿠버네티스

3. 사용하는 시스템에 쿠버네티스 클러스터를 자동으로 구성해주는 솔루션을 사용합니다. 주요 솔루션으로는 kubeadm, kops(Kubernetes Operations), KRIB(Kubernetes Rebar Integrated Bootstrap), kubespray가 있습니다. 4가지의 주요 솔루션 중에 kubeadm이 가장 널리 알려져 있습니다. kubeadm은 사용자가 변경하기도 수월하고, 온프레미스(On-Premises)와 클라우드를 모두 지원하며, 배우기도 쉽습니다. 이러한 솔루션들을 구성형 쿠버네티스라고 합니다.

▼ 그림 3-7 쿠버네티스를 자동으로 구성해주는 솔루션

4가지 솔루션을 비교하면 다음과 같습니다.

▼ 표 3-2 쿠버네티스 클러스터 구성 솔루션 비교

구분	KRIB	kops	kubespray	kubeadm
정보량	적음	많음	많음	매우 많음
세부 설정 변경	가능함	가능함	제한적으로 가능함	다양함
사전 요구 조건	적음	적음	적음	매우 적음
온프레미스 지원	매우 좋음	안 됨	좋음	매우 좋음
클라우드 지원	안 됨	매우 좋음	좋음	좋음
학습 곡선	매우 어려움	어려움	쉬움	어려움
자동화 기능	제공됨	제공됨	쉽게 제공됨	제한적으로 제공됨

3.1.3 쿠버네티스 구성하기

이 책에서는 여러분의 학습을 위해 사용자 설정이 가장 많이 필요한 kubeadm으로 쿠버네티스를 구성하겠습니다. 또한 쿠버네티스가 설치되는 서버 노드는 가상 머신을 이용해 실제 온프레미스에 가깝게 구성합니다. 그리고 설치되는 과정을 베이그런트로 자동화해 필요하면 쿠버네티스 테스트 환경을 재구성할 수 있게 하겠습니다.

앞서 2장에서 알아본 것과 같이 베이그런트는 가상 머신을 프로비저닝을 위해 여러 종류의 명령어를 제공합니다. 베이그런트에서 자주 사용하는 명령어는 '2.1.3 표 2-1'을 참고하기 바랍니다.

Note ≡ kubespray는 실제 업무 환경에서도 매우 편리하게 쿠버네티스 클러스터를 자동으로 배포할 수 있는 도구이므로 부록에서 따로 설명하겠습니다.

이제 2장에서 사용했던 베이그런트를 이용해 쿠버네티스 테스트 환경을 구축해 봅시다. 편의를 위해 3장부터는 미리 만들어진 베이그런트 스크립트 파일로 쿠버네티스 테스트 환경을 구축하겠습니다. 실습 코드도 함께 제공해 해당 내용들을 손쉽게 확인하도록 구성했습니다.

1. 쿠버네티스 실습 환경을 만들어 줄 베이그런트 스크립트 파일과 실습에 사용할 소스 코드 파일들을 내려받습니다. 해당 파일은 필자의 깃허브에서 제공합니다. 웹 브라우저 주소 창에 https://github.com/sysnet4admin/_Book_k8sInfra를 입력해 **깃허브 저장소**(Github Repository)로 이동합니다. 다음과 같은 화면이 보이면 우측 상단의 Code 버튼을 클릭합니다. 내려받기 옵션 중에 Download ZIP을 눌러서 직접 호스트 시스템(현재 윈도)로 파일을 내려받습니다.

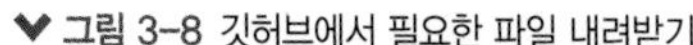

▼ 그림 3-8 깃허브에서 필요한 파일 내려받기

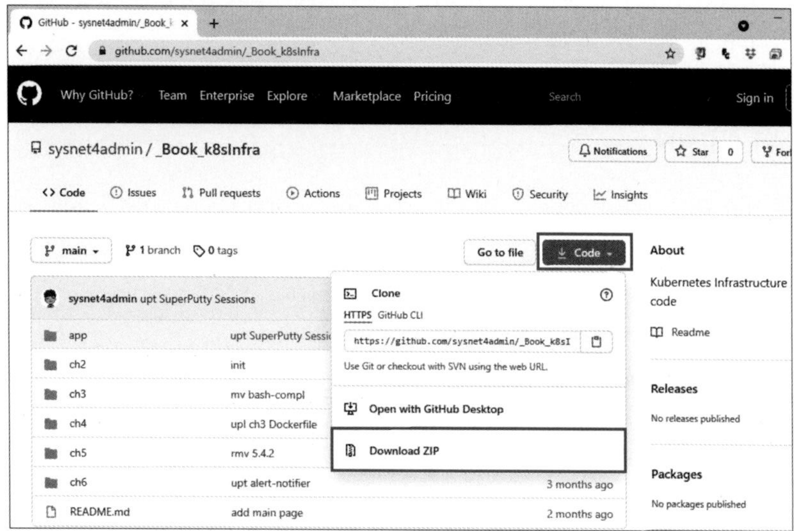

2. 내려받은 파일(_Book_k8sInfra-main.zip)을 C:\HashiCorp 폴더로 옮겨 압축을 풀고 폴더 내용이 다음과 같은지 확인합니다.

▼ 그림 3-9 내려받은 파일 구조

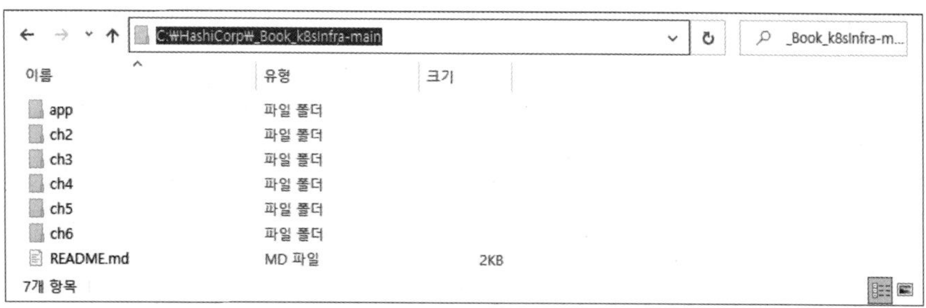

각 디렉터리에 담긴 파일들은 다음과 같습니다.

- app: 부록 실습에서 다루는 데 필요한 파일이 저장돼 있습니다.
- ch2: 2장에서 사용했던 파일이 저장돼 있습니다.
- ch3: 쿠버네티스 실습에 필요한 파일과 여러 가지 쿠버네티스를 효과적으로 체험할 수 있는 파일이 저장돼 있습니다.
- ch4: 도커 실습에 필요한 파일과 스크립트가 저장돼 있습니다.
- ch5: 젠킨스 실습 환경을 구축하는 데 필요한 파일과 효과적으로 실습할 수 있는 예제가 저장돼 있습니다.
- ch6: 프로메테우스와 그라파나를 구성하는 데 필요한 파일과 효과적으로 실습할 수 있는 예제가 저장돼 있습니다.

3. C:\HashiCorp/_Book_k8sInfra-main/ch3/3.1.3 폴더로 가서 다음과 같이 실습에 필요한 파일들이 있는지 확인합니다.

▼ 그림 3-10 쿠버네티스 클러스터를 구성하는 파일

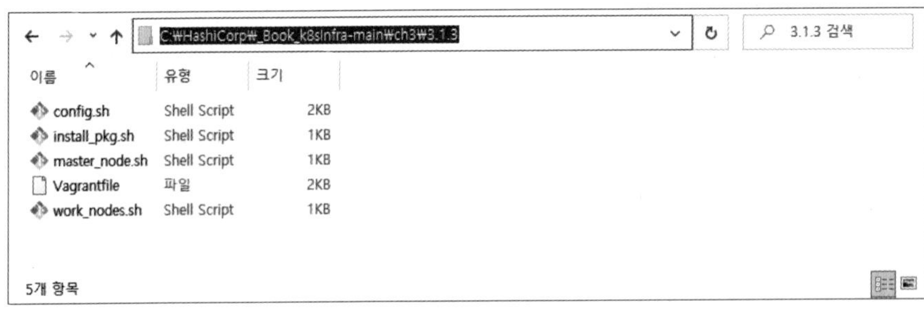

해당 디렉터리에 있는 파일은 가상 머신으로 쿠버네티스 실습 환경을 구축하는 데 필요한 파일입니다. 각 파일이 어떤 역할을 하고 어떤 내용을 담고 있는지 살펴보겠습니다.

Vagrantfile은 베이그런트 프로비저닝을 위한 정보를 담고 있는 메인 파일입니다. 명령 프롬프트를 실행하고 Vagrantfile이 있는 경로에서 `vagrant up` 명령을 입력하면 현재 호스트 내부에 Vagrantfile에 정의된 가상 머신들을 생성하고 생성한 가상 머신에 쿠버네티스 클러스트를 구성하기 위한 파일들을 호출해 쿠버네티스 클러스터를 자동으로 구성합니다.

Vagrantfile이 어떻게 구성돼 있는지 코드를 보면서 살펴보겠습니다.

Vagrantfile

```
# -*- mode: ruby -*-
# vi: set ft=ruby :

Vagrant.configure("2") do |config|
  N = 3 # max number of worker nodes
  Ver = '1.18.4' # Kubernetes Version to install

  #=============#
  # Master Node #
  #=============#

    config.vm.define "m-k8s" do |cfg|
      cfg.vm.box = "sysnet4admin/CentOS-k8s"
      cfg.vm.provider "virtualbox" do |vb|
        vb.name = "m-k8s(github_SysNet4Admin)"
        vb.cpus = 2
        vb.memory = 3072
        vb.customize ["modifyvm", :id, "--groups", "/k8s-SgMST-1.13.1(github_SysNet4Admin)"]
      end
      cfg.vm.host_name = "m-k8s"
      cfg.vm.network "private_network", ip: "192.168.1.10"
      cfg.vm.network "forwarded_port", guest: 22, host: 60010, auto_correct: true, id: "ssh"
      cfg.vm.synced_folder "../data", "/vagrant", disabled: true
      cfg.vm.provision "shell", path: "config.sh", args: N
      cfg.vm.provision "shell", path: "install_pkg.sh", args: [ Ver, "Main" ]
      cfg.vm.provision "shell", path: "master_node.sh"
    end

  #==============#
  # Worker Nodes #
  #==============#

  (1..N).each do |i|
    config.vm.define "w#{i}-k8s" do |cfg|
      cfg.vm.box = "sysnet4admin/CentOS-k8s"
      cfg.vm.provider "virtualbox" do |vb|
        vb.name = "w#{i}-k8s(github_SysNet4Admin)"
        vb.cpus = 1
        vb.memory = 2560
```

```
40          vb.customize ["modifyvm", :id, "--groups", "/k8s-SgMST-1.13.1(github_SysNet4Admin)"]
41        end
42        cfg.vm.host_name = "w#{i}-k8s"
43        cfg.vm.network "private_network", ip: "192.168.1.10#{i}"
44        cfg.vm.network "forwarded_port", guest: 22, host: "6010#{i}", auto_correct: true, id: "ssh"
45        cfg.vm.synced_folder "../data", "/vagrant", disabled: true
46        cfg.vm.provision "shell", path: "config.sh", args: N
47        cfg.vm.provision "shell", path: "install_pkg.sh", args: Ver
48        cfg.vm.provision "shell", path: "work_nodes.sh"
49      end
50    end
51
52  end
```

- **5번째 줄**: 쿠버네티스에서 작업을 수행할 워커 노드의 수를 변수(N = 3)로 받습니다. 그리고 해당 변수를 24번째 줄(args: N)과 46번째 줄(args: N)에서 config.sh로 넘깁니다. 이는 사용자가 워커 노드의 개수를 직접 조절할 수 있게 합니다.
- **6번째 줄**: 쿠버네티스 버전을 사용자가 선택할 수 있도록 변수(Ver = '1.18.4')로 저장했습니다. 다른 쿠버네티스 버전을 사용하고 싶을 경우 해당 값을 변경하면 됩니다.
- **25번째 줄**: args: [Ver, "Main"] 코드를 추가해 쿠버네티스 버전 정보(Ver)와 Main이라는 문자를 install_pkg.sh로 넘깁니다. Ver 변수는 각 노드에 해당 버전의 쿠버네티스 버전을 설치하게 합니다. 두 번째 인자인 Main 문자는 install_pkg.sh에서 조건문으로 처리해 마스터 노드에만 이 책의 전체 실행 코드를 내려받게 합니다.
- **26번째 줄/48번째 줄**: 쿠버네티스 마스터 노드를 위한 master_node.sh와 워커 노드를 위한 work_nodes.sh 코드를 추가했습니다.

config.sh는 kubeadm으로 쿠버네티스를 설치하기 위한 사전 조건을 설정하는 스크립트 파일입니다. 쿠버네티스의 노드가 되는 가상 머신에 어떤 값을 설정하는지 알아보겠습니다.

config.sh

```
#!/usr/bin/env bash

# vim configuration
echo 'alias vi=vim' >> /etc/profile

# swapoff -a to disable swapping
```

```
07 swapoff -a
08 # sed to comment the swap partition in /etc/fstab
09 sed -i.bak -r 's/(.+ swap .+)/#\1/' /etc/fstab
10
11 # kubernetes repo
12 gg_pkg="packages.cloud.google.com/yum/doc" # Due to shorten addr for key
13 cat <<EOF > /etc/yum.repos.d/kubernetes.repo
14 [kubernetes]
15 name=Kubernetes
16 baseurl=https://packages.cloud.google.com/yum/repos/kubernetes-el7-x86_64
17 enabled=1
18 gpgcheck=0
19 repo_gpgcheck=0
20 gpgkey=https://${gg_pkg}/yum-key.gpg https://${gg_pkg}/rpm-package-key.gpg
21 EOF
22
23 # Set SELinux in permissive mode (effectively disabling it)
24 setenforce 0
25 sed -i 's/^SELINUX=enforcing$/SELINUX=permissive/' /etc/selinux/config
26
27 # RHEL/CentOS 7 have reported traffic issues being routed incorrectly due to
   iptables bypassed
28 cat <<EOF >  /etc/sysctl.d/k8s.conf
29 net.bridge.bridge-nf-call-ip6tables = 1
30 net.bridge.bridge-nf-call-iptables = 1
31 EOF
32 modprobe br_netfilter
33
34 # local small dns & vagrant cannot parse and delivery shell code.
35 echo "192.168.1.10 m-k8s" >> /etc/hosts
36 for (( i=1; i<=$1; i++  )); do echo "192.168.1.10$i w$i-k8s" >> /etc/hosts; done
37
38 # config DNS
39 cat <<EOF > /etc/resolv.conf
40 nameserver 1.1.1.1 #cloudflare DNS
41 nameserver 8.8.8.8 #Google DNS
42 EOF
```

- **4번째 줄**: vi를 호출하면 vim을 호출하도록 프로파일에 입력합니다. 이렇게 하면 코드에 하이라이트를 넣어 코드를 쉽게 구분할 수 있습니다.
- **7번째 줄**: 쿠버네티스의 설치 요구 조건을 맞추기 위해 스왑되지 않도록 설정합니다.
- **9번째 줄**: 시스템이 다시 시작되더라도 스왑되지 않도록 설정합니다.

- **12번째 줄**: 쿠버네티스의 리포지터리를 설정하기 위한 경로가 너무 길어지지 않게 경로를 변수로 처리합니다.
- **13~21번째 줄**: 쿠버네티스를 내려받을 리포지터리를 설정하는 구문입니다.
- **24~25번째 줄**: selinux가 제한적으로 사용되지 않도록 permissive 모드로 변경합니다.
- **28~31번째 줄**: 브리지 네트워크를 통과하는 IPv4와 IPv6의 패킷을 iptables가 관리하게 설정합니다. 파드(Pod, 쿠버네티스에서 실행되는 객체의 최소 단위로, 뒤에서 자세히 설명할 예정)의 통신을 iptables로 제어합니다. 필요에 따라 IPVS(IP Virtual Server) 같은 방식으로도 구성할 수도 있습니다.
- **32번째 줄**: br_netfilter 커널 모듈을 사용해 브리지로 네트워크를 구성합니다. 이때 IP 마스커레이드(Masquerade)를 사용해 내부 네트워크와 외부 네트워크를 분리합니다. IP 마스커레이드는 쉽게 설명하면 커널에서 제공하는 NAT(Network Address Translation) 기능으로 이해하면 됩니다. 실제로는 br_netfilter를 적용함으로써 28~31번째 줄에서 적용한 iptables가 활성화됩니다.
- **35~36번째 줄**: 쿠버네티스 안에서 노드 간 통신을 이름으로 할 수 있도록 각 노드의 호스트 이름과 IP를 /etc/hosts에 설정합니다. 이때 워커 노드는 Vagrantfile에서 넘겨받은 N 변수로 전달된 노드 수에 맞게 동적으로 생성합니다.
- **39~42번째 줄**: 외부와 통신할 수 있게 DNS 서버를 지정합니다.

Install_pkg.sh는 클러스터를 구성하기 위해서 가상 머신에 설치돼야 하는 의존성 패키지를 명시합니다. 또한 실습에 필요한 소스 코드를 특정 가상 머신(m-k8s) 내부에 내려받도록 설정돼 있습니다.

install_pkg.sh

```
#!/usr/bin/env bash

# install packages
yum install epel-release -y
yum install vim-enhanced -y
yum install git -y

# install docker
yum install docker -y && systemctl enable --now docker

# install kubernetes cluster
yum install kubectl-$1 kubelet-$1 kubeadm-$1 -y
```

```
13 systemctl enable --now kubelet
14
15 # git clone _Book_k8sInfra.git
16 if [ $2 = 'Main' ]; then
17   git clone https://github.com/sysnet4admin/_Book_k8sInfra.git
18   mv /home/vagrant/_Book_k8sInfra $HOME
19   find $HOME/_Book_k8sInfra/ -regex ".*\.\(sh\)" -exec chmod 700 {} \;
20 fi
```


- **6번째 줄**: 깃허브에서 코드를 내려받을 수 있게 깃(git)을 설치합니다.
- **9번째 줄**: 쿠버네티스를 관리하는 컨테이너를 설치하기 위해 도커를 설치하고 구동합니다.
- **12~13번째 줄**: 쿠버네티스를 구성하기 위해 첫 번째 변수($1=Ver='1.18.4')로 넘겨받은 1.18.4 버전의 kubectl, kubelet, kubeadm을 설치하고 kubelet을 시작합니다.
- **16~20번째 줄**: 이 책의 전체 실행 코드를 마스터 노드에만 내려받도록 Vagrantfile에서 두 번째 변수($2 = 'Main')를 넘겨받습니다. 그리고 깃에서 코드를 내려받아 실습을 진행할 루트 홈디렉터리(/root)로 옮깁니다. 배시 스크립트(.sh)를 find로 찾아서 바로 실행 가능한 상태가 되도록 chmod 700으로 설정합니다.

master_node.sh는 1개의 가상 머신(m-k8s)을 쿠버네티스 마스터 노드로 구성하는 스크립트입니다. 여기서 쿠버네티스 클러스터를 구성할 때 꼭 선택해야 하는 컨테이너 네트워크 인터페이스(CNI, Container Network Interface)도 함께 구성합니다.

master_node.sh

```
#!/usr/bin/env bash

# init kubernetes
kubeadm init --token 123456.1234567890123456 --token-ttl 0 \
--pod-network-cidr=172.16.0.0/16 --apiserver-advertise-address=192.168.1.10

# config for master node only
mkdir -p $HOME/.kube
cp -i /etc/kubernetes/admin.conf $HOME/.kube/config
chown $(id -u):$(id -g) $HOME/.kube/config

# config for kubernetes's network
kubectl apply -f \
https://raw.githubusercontent.com/sysnet4admin/IaC/master/manifests/172.16_net_calico.yaml
```

- **4~5번째 줄**: kubeadm을 통해 쿠버네티스의 워커 노드를 받아들일 준비를 합니다. 먼저 토큰을 123456.1234567890123456으로 지정하고 ttl(time to live, 유지되는 시간)을 0으로 설정해서 기본값인 24시간 후에 토큰이 계속 유지되게 합니다. 그리고 워커 노드가 정해진 토큰으로 들어오게 합니다. 쿠버네티스가 자동으로 컨테이너에 부여하는 네트워크를 172.16.0.0/16(172.16.0.1~172.16.255.254)으로 제공하고, 워커 노드가 접속하는 API 서버의 IP를 192.168.1.10으로 지정해 워커 노드들이 자동으로 API 서버에 연결되게 합니다.
- **8~10번째 줄**: 마스터 노드에서 현재 사용자가 쿠버네티스를 정상적으로 구동할 수 있게 설정 파일을 루트의 홈디렉터리(/root)에 복사하고 쿠버네티스를 이용할 사용자에게 권한을 줍니다.
- **13~14번째 줄**: 컨테이너 네트워크 인터페이스(CNI)인 캘리코(Calico)의 설정을 적용해 쿠버네티스의 네트워크를 구성합니다.

work_nodes.sh는 3대의 가상 머신(w1-k8s, w2-k8s, w3-k8s)에 쿠버네티스 워커 노드를 구성하는 스크립트입니다. 마스터 노드에 구성된 클러스터에 조인이 필요한 정보가 모두 코드화돼 있어 스크립트를 실행하기만 하면 편하게 워커 노드로서 쿠버네티스 클러스터에 조인됩니다.

work_nodes.sh

```
01 #!/usr/bin/env bash
02
03 # config for work_nodes only
04 kubeadm join --token 123456.1234567890123456 \
05              --discovery-token-unsafe-skip-ca-verification 192.168.1.10:6443
```

- **4~5번째 줄**: kubeadm을 이용해 쿠버네티스 마스터 노드에 접속합니다. 이때 연결에 필요한 토큰은 기존에 마스터 노드에서 생성한 123456.1234567890123456을 사용합니다. 간단하게 구성하기 위해 --discovery-token-unsafe-skip-ca-verification으로 인증을 무시하고, API 서버 주소인 192.168.1.10으로 기본 포트 번호인 6443번 포트에 접속하도록 설정합니다.

4. 쿠버네티스를 구성하는 데 필요한 파일들을 살펴봤으니 다시 구성 과정으로 돌아갑시다. 명령 프롬프트를 명령 창을 열고 cd c:\HashiCorp/_Book_k8sInfra-main/ch3/3.1.3 명령으로 쿠버네티스 설치 파일이 있는 디렉터리로 이동합니다. vagrant up 명령을 실행합니다. 지금까지 설명한 파일들로 쿠버네티스 클러스터가 자동으로 구성됩니다.

```
C:\Users\Hoon Jo - Pink>cd c:\HashiCorp/_Book_k8sInfra-main/ch3/3.1.3
C:\HashiCorp\_Book_k8sInfra-main\ch3\3.1.3> vagrant up
Bringing machine 'm-k8s' up with 'virtualbox' provider...
Bringing machine 'w1-k8s' up with 'virtualbox' provider...
Bringing machine 'w2-k8s' up with 'virtualbox' provider...
Bringing machine 'w3-k8s' up with 'virtualbox' provider...
==> m-k8s: Checking if box 'sysnet4admin/CentOS-k8s' version '0.7.0' is up to date...
==> m-k8s: Setting the name of the VM: m-k8s(github_SysNet4Admin)
==> m-k8s: Clearing any previously set network interfaces...
==> m-k8s: Preparing network interfaces based on configuration...
    m-k8s: Adapter 1: nat
    m-k8s: Adapter 2: hostonly
==> m-k8s: Forwarding ports...
    m-k8s: 22 (guest) => 60010 (host) (adapter 1)
==> m-k8s: Running 'pre-boot' VM customizations...
[생략]
```

5. vagrant up 실행이 끝나면 슈퍼푸티를 엽니다. 2장에서 설정한 세션 창에서 **m-k8s**를 더블클릭해 터미널에 접속합니다.

▼ 그림 3-11 슈퍼푸티로 m-k8s에 접속하기

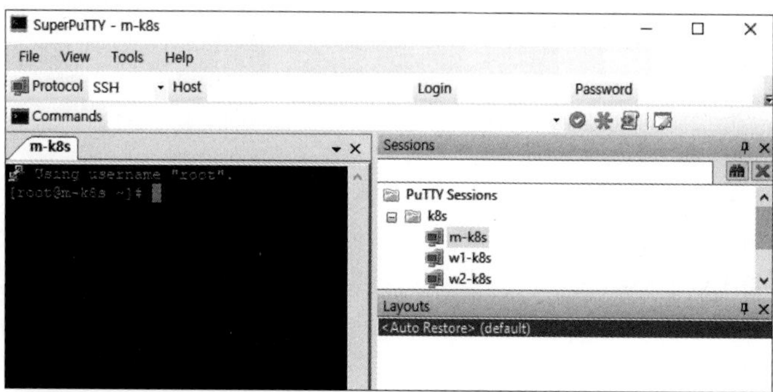

6. kubectl get nodes 명령으로 쿠버네티스 클러스터에 마스터 노드와 워커 노드들이 정상적으로 생성되고 연결됐는지 확인합니다.

```
[root@m-k8s ~]# kubectl get nodes
NAME     STATUS   ROLES    AGE   VERSION
m-k8s    Ready    master   29m   v1.18.4
w1-k8s   Ready    <none>   24m   v1.18.4
w2-k8s   Ready    <none>   19m   v1.18.4
w3-k8s   Ready    <none>   15m   v1.18.4
```

쿠버네티스 클러스터 구성이 끝났습니다. 이제 쿠버네티스를 구성하는 요소를 살펴보면서 쿠버네티스의 개념과 용어를 알아보겠습니다.

3.1.4 파드 배포를 중심으로 쿠버네티스 구성 요소 살펴보기

앞에 나온 kubectl, kubelet, API 서버, 캘리코 등은 모두 쿠버네티스 클러스터를 이루는 구성 요소입니다. 그 외에도 etcd, 컨트롤러 매니저, 스케줄러, kube-proxy, 컨테이너 런타임, 파드 등이 있습니다. 이 요소들이 어떤 역할을 담당하는지 차근차근 알아보겠습니다

우선 설치된 쿠버네티스 구성 요소를 kubectl get pods --all-namespaces 명령으로 확인해 보겠습니다. 접속한 m-k8s에서 명령을 실행합니다.

```
[root@m-k8s ~]# kubectl get pods --all-namespaces
NAMESPACE     NAME                                       READY   STATUS    RESTARTS   AGE
kube-system   calico-kube-controllers-6bbf58546b-pmk78   1/1     Running   0          36m
kube-system   calico-node-bf486                          1/1     Running   0          31m
kube-system   calico-node-j9plc                          1/1     Running   0          22m
kube-system   calico-node-mnkgd                          1/1     Running   0          27m
kube-system   calico-node-xwxtc                          1/1     Running   0          36m
kube-system   coredns-5644d7b6d9-b4dz9                   1/1     Running   0          36m
kube-system   coredns-5644d7b6d9-jmsxh                   1/1     Running   0          36m
kube-system   etcd-m-k8s                                 1/1     Running   0          35m
kube-system   kube-apiserver-m-k8s                       1/1     Running   0          35m
kube-system   kube-controller-manager-m-k8s              1/1     Running   0          35m
kube-system   kube-proxy-5ltsx                           1/1     Running   0          22m
kube-system   kube-proxy-fzvsx                           1/1     Running   0          36m
kube-system   kube-proxy-gfsc8                           1/1     Running   0          31m
kube-system   kube-proxy-v8lxz                           1/1     Running   0          27m
kube-system   kube-scheduler-m-k8s                       1/1     Running   0          35m
```

--all-namespaces는 기본 네임스페이스인 default 외에 모든 것을 표시하겠다는 의미입니다(네임스페이스에 대한 자세한 내용은 '3.2.2 오브젝트란'에서 설명합니다). 따라서 모든 네임스페이스에서 파드를 수집해 보여줍니다. 쿠버네티스 클러스터를 이루는 구성 요소들은 파드 형태로 이루어져 있음을 알 수 있습니다.

Tip **쿠버네티스 구성 요소의 이름 생성 규칙**

쿠버네티스의 구성 요소는 동시에 여러 개가 존재하는 경우 중복된 이름을 피하려고 뒤에 해시(hash) 코드가 삽입됩니다. 이때 해시 코드는 무작위 문자열로 생성됩니다.

```
[root@m-k8s ~]# kubectl get pods --all-namespaces | grep kube-proxy
kube-system   kube-proxy-5ltsx                1/1    Running   0          22m
kube-system   kube-proxy-fzvsx                1/1    Running   0          36m
kube-system   kube-proxy-gfsc8                1/1    Running   0          32m
kube-system   kube-proxy-v8lxz                1/1    Running   0          27m
```

구성 요소의 이름을 직접 지정할 수도 있지만, 구성 요소는 언제라도 문제를 발견되면 다시 생성되는 특성을 가지는 파드로 이루어져 있어서 자동으로 이름을 지정하는 것이 관리하기 쉽습니다.

그리고 coredns에는 중간에 5644d7b6d9라는 문자열이 하나 더 있는데, 이는 레플리카셋(ReplicaSet)을 무작위 문자열로 변형해 추가한 것입니다. calico-kube-controllers도 같은 경우입니다. 레플리카셋은 '3.2.2 오브젝트란'에서 설명하니 여기서는 참고만 해주세요.

```
[root@m-k8s ~]# kubectl get pods --all-namespaces | grep coredns
kube-system   coredns-5644d7b6d9-b4dz9        1/1    Running   0          37m
kube-system   coredns-5644d7b6d9-jmsxh        1/1    Running   0          37m
```

관리자나 개발자가 파드를 배포할 때

쿠버네티스의 구성 요소의 유기적인 연결 관계를 표현하면 다음과 같습니다. 그림에 나와 있는 숫자는 실제로 관리자나 개발자가 파드 배포 명령을 수행했을 때 실행되는 순서입니다.

▼ 그림 3-12 쿠버네티스의 구성 요소 간 통신

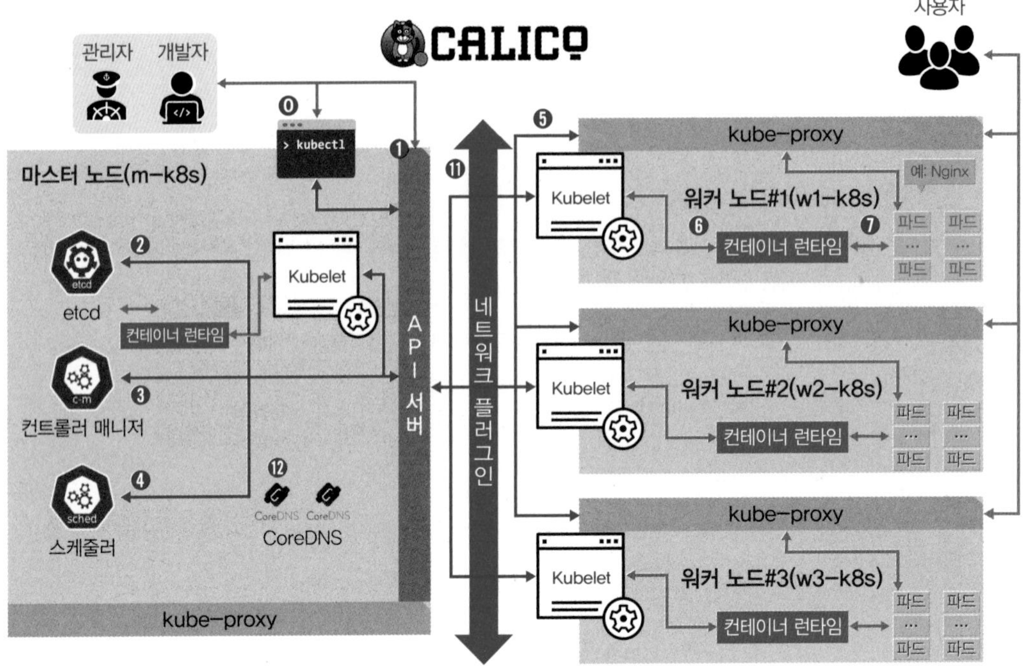

통신 순서가 있어서 흐름을 이해할 수 있지만, 각각의 기능을 파악하기는 어렵습니다. 파드를 배포하는 순서에 따라 요소들의 역할을 정리해 봅시다.

마스터 노드

⓿ **kubectl:** 쿠버네티스 클러스터에 명령을 내리는 역할을 합니다. 다른 구성 요소들과 다르게 바로 실행되는 명령 형태인 바이너리(binary)로 배포되기 때문에 마스터 노드에 있을 필요는 없습니다. 하지만 통상적으로 API 서버와 주로 통신하므로 이 책에서는 API 서버가 위치한 마스터 노드에 구성했습니다.

❶ **API 서버:** 쿠버네티스 클러스터의 중심 역할을 하는 통로입니다. 주로 상태 값을 저장하는 etcd와 통신하지만, 그 밖의 요소들 또한 API 서버를 중심에 두고 통신하므로 API 서버의 역할이 매우 중요합니다. 회사에 비유하면 모든 직원과 상황을 관리하고 목표를 설정하는 관리자에 해당합니다.

❷ **etcd:** 구성 요소들의 상태 값이 모두 저장되는 곳입니다. 회사의 관리자가 모든 보고 내용을 기록하는 노트라고 생각하면 됩니다. 실제로 etcd 외의 다른 구성 요소는 상태 값을 관리하지 않습니다. 그러므로 etcd의 정보만 백업돼 있다면 긴급한 장애 상황에서도 쿠버네티스 클러스터는 복구할 수 있습니다. 또한 etcd는 분산 저장이 가능한 key-value 저장소이므로, 복제해 여러 곳에 저장해 두면 하나의 etcd에서 장애가 나더라도 시스템의 가용성을 확보할 수 있습니다. 이와 같은 멀티 마스터 노드 형태는 부록에서 kubespray로 구성해 보겠습니다.

> Tip **etcd의 의미**
>
> etcd(엣시디)를 약어로 오인하는 경우가 있습니다. etcd는 리눅스의 구성 정보를 주로 가지고 있는 etc 디렉터리와 distributed(퍼뜨렸다)의 합성어입니다. 따라서 etcd는 구성 정보를 퍼뜨려 저장하겠다는 의미입니다.

❸ **컨트롤러 매니저:** 컨트롤러 매니저는 쿠버네티스 클러스터의 오브젝트 상태를 관리합니다. 예를 들어 워커 노드에서 통신이 되지 않는 경우, 상태 체크와 복구는 컨트롤러 매니저에 속한 노드 컨트롤러에서 이루어집니다. 다른 예로 레플리카셋 컨트롤러는 레플리카셋에 요청받은 파드 개수대로 파드를 생성합니다. 뒤에 나오는 서비스와 파드를 연결하는 역할을 하는 엔드포인트 컨트롤러 또한 컨트롤러 매니저입니다. 이와 같이 다양한 상태 값을 관리하는 주체들이 컨트롤러 매니저에 소속돼 각자의 역할을 수행합니다. 여기서 나온 오브젝트에 관해서는 '3.2.2 오브젝트란'에서 자세히 다룹니다.

❹ **스케줄러:** 노드의 상태와 자원, 레이블, 요구 조건 등을 고려해 파드를 어떤 워커 노드에 생성할 것인지를 결정하고 할당합니다. 스케줄러라는 이름에 걸맞게 파드를 조건에 맞는 워커 노드에 지정하고, 파드가 워커 노드에 할당되는 일정을 관리하는 역할을 담당합니다.

워커 노드

❺ **kubelet:** 파드의 구성 내용(PodSpec)을 받아서 컨테이너 런타임으로 전달하고, 파드 안의 컨테이너들이 정상적으로 작동하는지 모니터링합니다.

❻ **컨테이너 런타임**(CRI, Container Runtime Interface): 파드를 이루는 컨테이너의 실행을 담당합니다. 파드 안에서 다양한 종류의 컨테이너가 문제 없이 작동하게 만드는 표준 인터페이스입니다. 자세한 내용은 '부록 D 컨테이너 깊게 들여다보기'를 참고하기 바랍니다.

❼ **파드**(Pod): 한 개 이상의 컨테이너로 단일 목적의 일을 하기 위해서 모인 단위입니다. 즉, 웹 서버 역할을 할 수도 있고 로그나 데이터를 분석할 수도 있습니다. 여기서 중요한 것은 파드는 **언제라도 죽을 수 있는 존재**라는 점입니다. 이것이 쿠버네티스를 처음 배울 때 가장 이해하기 어려운 부분입니다. 가상 머신은 언제라도 죽을 수 있다고 가정하고 디자인하지 않지만, 파드는 언제라도 죽을 수 있다고 가정하고 설계됐기 때문에 쿠버네티스는 여러 대안을 디자인했습니다. 어려운 내용이므로 여러 가지 테스트를 통해 여러분이 이해하도록 돕겠습니다.

▼ 그림 3-13 파드와 컨테이너의 관계

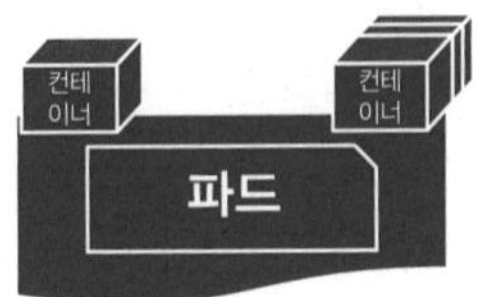

선택 가능한 구성 요소

⓿번부터 ❼번까지는 기본 설정으로 배포된 쿠버네티스에서 이루어지는 통신 단계를 구분한 것입니다. 이외에 선택적으로 배포하는 것들은 순서와 상관이 없기 때문에 10번대로 구분해 표시했습니다. 선택 가능한 부가 요소들은 이 책에서 다루기에는 너무 깊은 내용이라 이런 요소가 있다는 정도만 알면 충분합니다.

⓫ **네트워크 플러그인**: 쿠버네티스 클러스터의 통신을 위해서 네트워크 플러그인을 선택하고 구성해야 합니다. 네트워크 플러그인은 일반적으로 CNI로 구성하는데, 주로 사용하는 CNI에는 캘리코(Calico), 플래널(Flannel), 실리움(Cilium), 큐브 라우터(Kube-router), 로마나(Romana), 위브넷(WeaveNet), Canal이 있습니다. 여기서는 캘리코를 선택해 구성했습니다.

⓬ CoreDNS: 클라우드 네이티브 컴퓨팅 재단에서 보증하는 프로젝트로, 빠르고 유연한 DNS 서버입니다. 쿠버네티스 클러스터에서 도메인 이름을 이용해 통신하는 데 사용하며, 6장에서 간단히 사용해 볼 예정입니다. 실무에서 쿠버네티스 클러스터를 구성하여 사용할 때는 IP보다 도메인 네임을 편리하게 관리해 주는 CoreDNS를 사용하는 것이 일반적입니다. 해당 내용을 자세히 알아보려면 홈페이지(https://coredns.io)를 참조하기 바랍니다.

Tip CNI

CNI(Container Network Interface, 컨테이너 네트워크 인터페이스)는 클라우드 네이티브 컴퓨팅 재단의 프로젝트로, 컨테이너의 네트워크 안정성과 확장성을 보장하기 위해 개발됐습니다. CNI에 사용할 수 있는 네트워크 플러그인은 다양한데, 구성 방식과 지원하는 기능, 성능이 각기 다르므로 사용 목적에 맞게 선택하면 됩니다. 예를 들어 Calico는 L3로 컨테이너 네트워크를 구성하고, Flannel은 L2로 컨테이너 네트워크를 구성합니다. 또한 네트워크 프로토콜인 BGP와 VXLAN의 지원, ACL(Access Control List) 지원, 보안 기능 제공 등을 살펴보고 필요한 조건을 가지고 있는 네트워크 플러그인을 선택할 수 있어서 설계 유연성이 매우 높습니다.

▼ 그림 3-14 Flannel과 Calico 비교

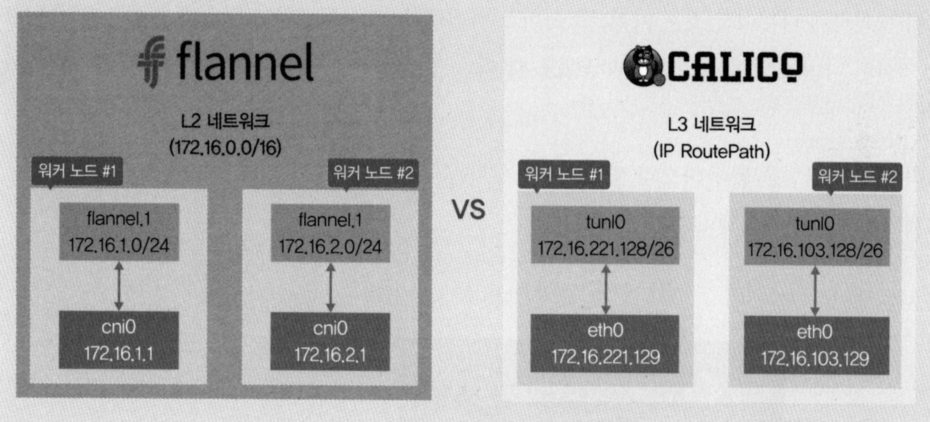

사용자가 배포된 파드에 접속할 때

이번에는 파드가 배포된 이후 사용자 입장에서 배포된 파드에 접속하는 과정을 살펴보겠습니다.

1. **kube-proxy:** 쿠버네티스 클러스터는 파드가 위치한 노드에 kube-proxy를 통해 파드가 통신할 수 있는 네트워크를 설정합니다. 이때 실제 통신은 br_netfilter와 iptables로 관리합니다. 두 기능은 Vagrantfile에서 호출하는 config.sh 코드를 설명할 때 다뤘습니다.

2. **파드:** 이미 배포된 파드에 접속하고 필요한 내용을 전달받습니다. 이때 대부분 사용자는 파드가 어느 워커 노드에 위치하는지 신경 쓰지 않아도 됩니다.

쿠버네티스의 각 구성 요소를 파드의 배포와 접속 관점에서 설명했지만, 이해하기는 쉽지 않을 겁니다. 파드가 배포되는 과정을 살펴보며 쿠버네티스의 구성 요소를 좀 더 깊이 알아보겠습니다.

3.1.5 파드의 생명주기로 쿠버네티스 구성 요소 살펴보기

쿠버네티스의 구성 요소를 개별적으로 살펴봤으나 기능만 나열해서는 이해하기가 어렵습니다. 따라서 파드가 배포되는 과정을 하나하나 자세히 살펴보면서 쿠버네티스의 구성 요소들이 어떤 역할을 담당하는지 정리해 보겠습니다.

쿠버네티스의 가장 큰 장점은 쿠버네티스의 구성 요소마다 하는 일이 명확하게 구분돼 각자의 역할만 충실하게 수행하면 클러스터 시스템이 안정적으로 운영된다는 점입니다. 이렇게 각자의 역할이 명확하게 나뉘어진 것은 마이크로서비스 아키텍처(MSA) 구조와도 밀접하게 연관됩니다. 또한 역할이 나뉘어 있어서 문제가 발생했을 때 어느 부분에서 문제가 발생했는지 디버깅하기 쉽습니다.

그러면 먼저 그림을 통해 파드의 생명주기를 살펴봅시다. **생명주기**(life cycle)는 파드가 생성, 수정, 삭제되는 과정을 나타냅니다.

▼ 그림 3-15 파드의 생명주기

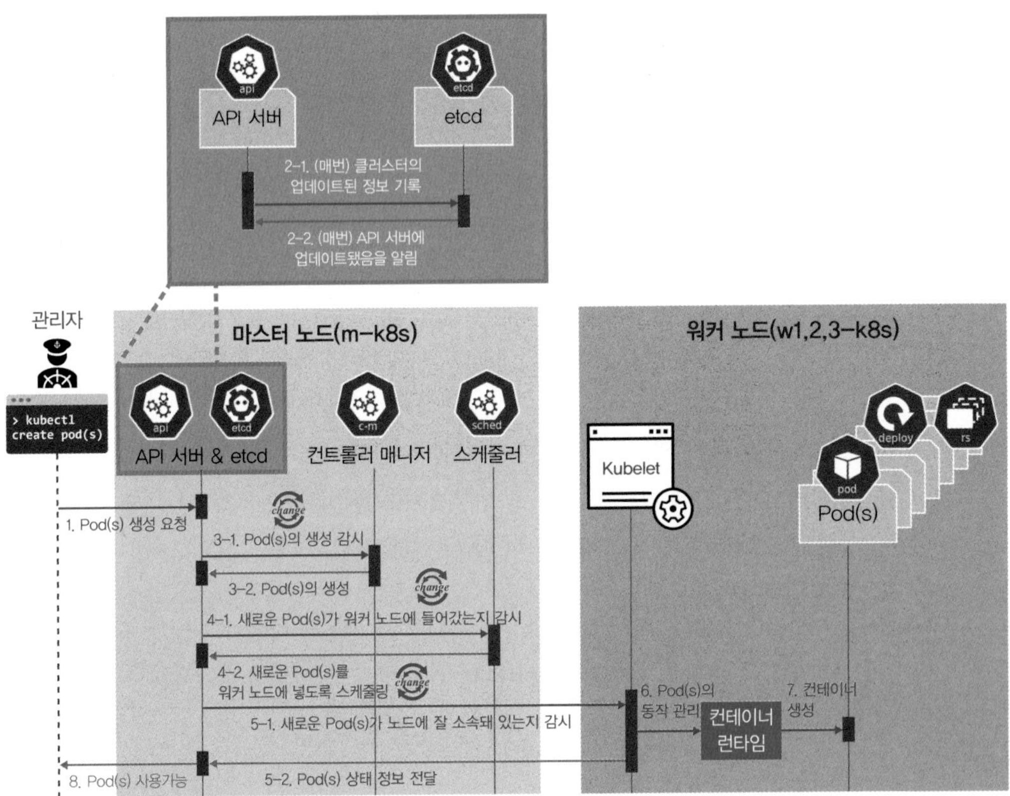

1. kubectl을 통해 API 서버에 파드 생성을 요청합니다.
2. (업데이트가 있을 때마다 매번) API 서버에 전달된 내용이 있으면 API 서버는 etcd에 전달된 내용을 모두 기록해 클러스터의 상태 값을 최신으로 유지합니다. 따라서 각 요소가 상태를 업데이트할 때마다 모두 API 서버를 통해 etcd에 기록됩니다.
3. API 서버에 파드 생성이 요청된 것을 컨트롤러 매니저가 인지하면 컨트롤러 매니저는 파드를 생성하고, 이 상태를 API 서버에 전달합니다. 참고로 아직 어떤 워커 노드에 파드를 적용할지는 결정되지 않은 상태로 파드만 생성됩니다. 이 부분은 '3.2.2 오브젝트란'에서 보충 설명하겠습니다.
4. API 서버에 파드가 생성됐다는 정보를 스케줄러가 인지합니다. 스케줄러는 생성된 파드를 어떤 워커 노드에 적용할지 조건을 고려해 결정하고 해당 워커 노드에 파드를 띄우도록 요청합니다.
5. API 서버에 전달된 정보대로 지정한 워커 노드에 파드가 속해 있는지 스케줄러가 kubelet으로 확인합니다.
6. kubelet에서 컨테이너 런타임으로 파드 생성을 요청합니다.
7. 파드가 생성됩니다.
8. 파드가 사용 가능한 상태가 됩니다.

앞의 내용을 살펴보다가 'API 서버는 감시만 하는 걸까? 화살표가 반대로 그려져야 맞지 않을까?'라는 의문이 들었다면 내용을 제대로 본 겁니다.

이 부분은 쿠버네티스를 이해하는 데 매우 중요한 부분입니다. 쿠버네티스는 작업을 순서대로 진행하는 워크플로(workflow, 작업 절차) 구조가 아니라 **선언적인**(declarative) 시스템 구조를 가지고 있습니다. 즉, 각 요소가 **추구하는 상태**(desired status)를 선언하면 **현재 상태**(current status)와 맞는지 점검하고 그것에 맞추려고 노력하는 구조로 돼 있다는 뜻입니다.

따라서 추구하는 상태를 API 서버에 선언하면 다른 요소들이 API 서버에 와서 현재 상태와 비교하고 그에 맞게 상태를 변경하려고 합니다. 여기서 API는 현재 상태 값을 가지고 있는데, 이것을 보존해야 해서 etcd가 필요합니다. API 서버와 etcd는 거의 한몸처럼 움직이도록 설계됐습니다. 다만, 여기서 워커 노드는 워크플로 구조에 따라 설계됐습니다. 쿠버네티스가 kubelet과 컨테이너 런타임을 통해 파드를 새로 생성하고 제거해야 하는 구조여서 선언적인 방식으로 구조화하기에는 어려움이 있기 때문입니다. 또한 명령이 절차적으로 전달되는 방식은 시스템의 성능을 높이는 데 효율적입니다. 하지만 마스터 노드는 이미 생성된 파드들을 유기적으로 연결하므로 쿠버네티스 클러스터를 안정적으로 유지하려면 선언적인 시스템이 더 낫습니다.

▼ 그림 3-16 쿠버네티스의 상태 유지 방법

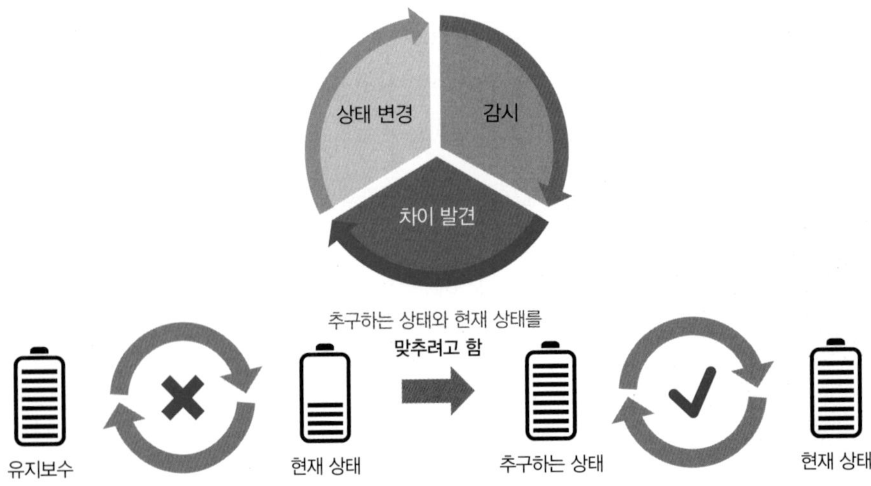

이렇듯 쿠버네티스는 굉장히 잘 설계된 시스템 구조를 가지고 있어서 구조적으로 이해하기 쉽고 문제가 생기면 이를 쉽게 파악하고 조치할 수 있습니다. 그러면 앞의 구성 요소 중에서 몇 가지를 검증해 실제로 어떻게 작동하는지 살펴봅시다.

3.1.6 쿠버네티스 구성 요소의 기능 검증하기

쿠버네티스의 구성 요소를 좀 더 이해하기 쉽게 시나리오를 작성해 구성 요소들의 역할과 의미를 확인해 보겠습니다.

kubectl

앞에서 kubectl은 꼭 마스터 노드에 위치할 필요 없다고 했습니다. 실제로 쿠버네티스 클러스터의 외부에서 쿠버네티스 클러스터에 명령을 내릴 수도 있습니다. 어느 곳에서든지 kubectl을 실행하려면 어떤 부분이 필요한지 확인해 봅시다.

1. 슈퍼푸티 세션 창에서 w3-k8s를 더블클릭해 터미널에 접속합니다.

▼ 그림 3-17 슈퍼푸티로 w3-k8s에 접속하기

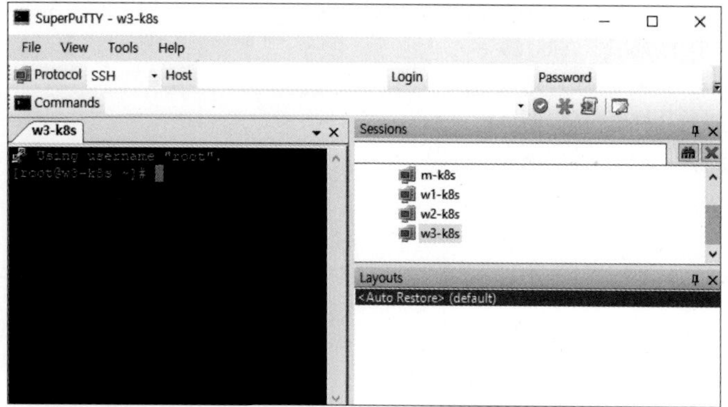

2. kubectl get nodes를 실행합니다.

```
[root@w3-k8s ~]# kubectl get nodes
The connection to the server localhost:8080 was refused - did you specify the right
host or port?
```

명령을 실행해도 쿠버네티스의 노드들에 대한 정보가 표시되지 않습니다. 이는 쿠버네티스 클러스터의 정보를 kubectl이 알지 못하기 때문입니다. '3.1.5 파드 생명주기로 쿠버네티스 구성 요소 살펴보기'를 보면 kubectl은 API 서버를 통해 쿠버네티스에 명령을 내립니다. 따라서 kubectl이 어디에 있더라도 API 서버의 접속 정보만 있다면 어느 곳에서든 쿠버네티스 클러스터에 명령을 내릴 수 있습니다.

3. 쿠버네티스 클러스터의 정보(/etc/kubernetes/admin.conf)를 마스터 노드에서 scp(secure copy) 명령으로 w3-k8s의 현재 디렉터리(.)에 받아옵니다. 이때 접속 기록이 없기 때문에 known_hosts로 저장하도록 yes를 입력합니다. 마스터 노드의 접속 암호인 vagrant도 입력합니다.

```
[root@w3-k8s ~]# scp root@192.168.1.10:/etc/kubernetes/admin.conf .
The authenticity of host '192.168.1.10 (192.168.1.10)' can't be established.
ECDSA key fingerprint is SHA256:l6XikZFgOibzSygqZ6+UYHUnEmjFEFhx7PpZw0I3WaM.
ECDSA key fingerprint is MD5:09:74:43:ef:38:3e:36:a1:7e:51:76:1a:ac:2d:7e:0c.
Are you sure you want to continue connecting (yes/no)? yes
Warning: Permanently added '192.168.1.10' (ECDSA) to the list of known hosts.
root@192.168.1.10's password: vagrant
admin.conf                                         100% 5452     1.8MB/s   00:00
```

4. kubectl get nodes 명령에 추가로 쿠버네티스 클러스터 정보를 입력받는 옵션(--kubeconfig)과 마스터 노드에서 받아온 admin.conf를 입력하고 실행합니다.

```
[root@w3-k8s ~]# kubectl get nodes --kubeconfig admin.conf
NAME     STATUS   ROLES    AGE   VERSION
m-k8s    Ready    master   60m   v1.18.4
w1-k8s   Ready    <none>   55m   v1.18.4
w2-k8s   Ready    <none>   50m   v1.18.4
w3-k8s   Ready    <none>   46m   v1.18.4
```

노드 정보가 정상적으로 표시됩니다. kubectl을 실행하려면 무엇이 필요한지 확인했습니다.

kubelet

kubelet은 쿠버네티스에서 파드의 생성과 상태 관리 및 복구 등을 담당하는 매우 중요한 구성 요소입니다. 따라서 kubelet에 문제가 생기면 파드가 정상적으로 관리되지 않습니다.

1. 기능을 검증하려면 실제로 파드를 배포해야 합니다. m-k8s(마스터 노드)에서 kubectl create -f ~/_Book_k8sInfra/ch3/3.1.6/nginx-pod.yaml 명령으로 nginx 웹 서버 파드를 배포합니다. 여기서 -f 옵션은 일반적으로 쓰는 force가 아니라 filename을 의미합니다. 즉, 파드의 구성 내용을 파일로 읽어 들여 1개의 파드를 임의의 워커 노드에 배포하는 것입니다. 파드를 생성하는 파일은 '3.2.4 스펙을 지정해 오브젝트 생성하기'에서 자세히 살펴봅니다.

```
[root@m-k8s ~]# kubectl create -f ~/_Book_k8sInfra/ch3/3.1.6/nginx-pod.yaml
pod/nginx-pod created
```

2. kubectl get pod 명령으로 배포된 파드가 정상적으로 배포된 상태(Running)인지 확인합니다.

```
[root@m-k8s ~]# kubectl get pod
NAME        READY   STATUS    RESTARTS   AGE
nginx-pod   1/1     Running   0          67s
```

3. kubectl get pods -o wide 명령을 실행해 파드가 배포된 워커 노드를 확인합니다. -o는 output의 약어로 출력을 특정 형식으로 해 주는 옵션이며, wide는 제공되는 출력 형식 중에서 출력 정보를 더 많이 표시해 주는 옵션입니다.

```
[root@m-k8s ~]# kubectl get pods -o wide
NAME        READY   STATUS    RESTARTS   AGE   IP               NODE     …
nginx-pod   1/1     Running   0          94s   172.16.103.129   w2-k8s   …
```

Note ☰ 가독성을 위해 결과 일부를 생략해 표시했습니다. 이후 이와같이 생략 표시가 들어간 부분은 같은 의미이니 참고하기 바랍니다.

4. 배포된 노드인 w2-k8s에 접속해 `systemctl stop kubelet`으로 kubelet 서비스를 멈춥니다. 스케줄러가 임의로 노드를 지정해 배포하므로 책과 다를 수 있습니다. 실습할 때는 앞의 결과에서 실제로 나온 노드에서 실행하세요.

```
[root@w2-k8s ~]# systemctl stop kubelet
```

5. m-k8s에서 kubectl get pod로 상태를 확인하고, `kubectl delete pod nginx-pod` 명령을 입력해 파드를 삭제합니다. 삭제하는 데 오래 걸리니 커피 한잔 마시며 잠시 쉬고 옵니다.

```
[root@m-k8s ~]# kubectl get pod
NAME        READY   STATUS    RESTARTS   AGE
nginx-pod   1/1     Running   0          3m2s
[root@m-k8s ~]# kubectl delete pod nginx-pod
pod "nginx-pod" deleted
```

6. 쉬다 왔는데도 슈퍼푸티 명령 창에 아무런 변화가 없습니다. 따라서 Ctrl+C를 눌러 `kubectl delete pod nginx-pod` 명령을 중지합니다.

```
[root@m-k8s ~]# kubectl delete pod nginx-pod
pod "nginx-pod" deleted
^C
```

7. 다시 `kubectl get pod` 명령을 실행해 파드의 상태를 확인합니다. 실행 결과를 보면 nginx-pod를 삭제(`Terminating`)하고 있습니다. 하지만 kubelet이 작동하지 않는 상태라 파드는 삭제되지 않습니다.

```
[root@m-k8s ~]# kubectl get pod
NAME        READY   STATUS        RESTARTS   AGE
nginx-pod   1/1     Terminating   0          16m
<none>
```

8. 내용을 확인했으니 w2-k8s에서 `systemctl start kubelet`을 실행해 kubelet을 복구합니다.

```
[root@w2-k8s ~]# systemctl start kubelet
```

9. 잠시 후에 m-k8s에서 kubelet get pod 명령을 실행해 nginx-pod가 삭제됐는지 확인합니다.

```
[root@m-k8s ~]# kubectl get pod
No resources found in default namespace.
```

kubelet에 문제가 생기면 파드가 제대로 관리되지 않음을 확인했습니다.

kube-proxy

kubelet이 파드의 상태를 관리한다면 kube-proxy는 파드의 통신을 담당합니다. 앞서 config.sh 파일에서 br_netfilter 커널 모듈을 적재하고 iptables를 거쳐 통신하도록 설정했습니다.

config.sh의 kube-proxy 관련 부분

```
cat <<EOF >  /etc/sysctl.d/k8s.conf
net.bridge.bridge-nf-call-ip6tables = 1
net.bridge.bridge-nf-call-iptables = 1
EOF
modprobe br_netfilter
```

그런데 이 설정이 정상적으로 작동하지 않는다면, 즉 kube-proxy에 문제가 생기면 어떻게 될까요? 지금부터 확인해 보겠습니다.

1. 테스트하기 위해 마스터 노드인 m-k8s에서 다시 파드를 배포합니다.

```
[root@m-k8s ~]# kubectl create -f ~/_Book_k8sInfra/ch3/3.1.6/nginx-pod.yaml
pod/nginx-pod created
```

2. kubectl get pod -o wide 명령으로 파드의 IP와 워커 노드를 확인합니다.

```
[root@m-k8s ~]# kubectl get pod -o wide
NAME        READY   STATUS    RESTARTS   AGE   IP               NODE     …
nginx-pod   1/1     Running   0          21s   172.16.103.130   w2-k8s   …
```

3. curl(client URL)로 파드의 전 단계에서 확인한 파드의 IP로 nginx 웹 서버 메인 페이지 내용을 확인합니다.

```
[root@m-k8s ~]# curl 172.16.103.130
<!DOCTYPE html>
<html>
<head>
<title>Welcome to nginx!</title>
[생략]
```

4. 이제 w2-k8s(실제로 앞의 배포 명령에 나온 노드로 접속하세요)에 접속해 modprobe -r br_netfilter 명령으로 파드가 위치한 워커 노드에서 br_netfilter 모듈을 제거합니다. 여기서 -r은 remove를 의미합니다. 그리고 네트워크를 다시 시작해 변경된 내용을 적용합니다. 이렇게 kube-proxy에 문제가 생기는 상황을 만듭니다.

```
[root@w2-k8s ~]# modprobe -r br_netfilter
[root@w2-k8s ~]# systemctl restart network
```

5. m-k8s에서 다시 한 번 curl로 파드의 nginx 웹 서버 페이지 정보를 받아옵니다. 이번에도 잠시 쉬다 옵시다. 커피 한잔 마시고 돌아왔지만, 아직도 파드에서 정보를 받아오지 못했다면 Ctrl+C로 요청을 종료합니다.

```
[root@m-k8s ~]# curl 172.16.103.130
curl: (7) Failed connect to 172.16.103.130:80; Connection timed out
^C
```

6. kubectl get pod -o wide를 실행해 파드 상태를 확인합니다.

```
[root@m-k8s ~]# kubectl get pod -o wide
NAME        READY   STATUS    RESTARTS   AGE     IP               NODE     …
nginx-pod   1/1     Running   0          9m59s   172.16.103.130   w2-k8s   …
```

파드의 노드 위치와 IP가 변경되지 않았는지, 작동 상태에 문제가 없는지 확인합니다. kubelet을 통해 확인된 파드의 노드 위치와 IP는 그대로고, 상태도 작동 중(Running)으로 문제가 없는 것처럼 보입니다. 하지만 kube-proxy가 이용하는 br_netfilter에 문제가 있어서 파드의 nginx 웹 서버와의 통신만이 정상적으로 이루어지지 않는(curl로 nginx 서버에 접속했으나 연결이 되지 않음, Connection timed out) 상태입니다.

7. 정상적으로 파드의 nginx 웹 서버 페이지 정보를 받아올 수 있는 상태로 만들어 봅시다. 워커 노드에서 modprobe br_netfilter 명령을 실행해 br_netfilter를 커널에 적재하고 시스템을 다시 시작해 적용합니다.

```
[root@w2-k8s ~]# modprobe br_netfilter
[root@w2-k8s ~]# reboot
```

8. 일정 시간이 지난 후에 m-k8s에서 파드의 상태를 확인하면 파드가 1회 다시 시작했다는 의미로 RESTARTS가 1로 증가하고 IP가 변경된 것을 확인할 수 있습니다.

```
[root@m-k8s ~]# kubectl get pod -o wide
NAME        READY   STATUS    RESTARTS   AGE   IP               NODE     …
nginx-pod   1/1     Running   1          14m   172.16.103.131   w2-k8s   …
```

9. 바뀐 IP로 curl 명령을 실행해 파드로부터 정보를 정상적으로 받아오는지 확인합니다.

```
[root@m-k8s ~]# curl 172.16.103.131
<!DOCTYPE html>
<html>
<head>
<title>Welcome to nginx!</title>
[생략]
```

10. 다음 내용을 진행하기 위해 배포한 파드를 삭제(delete)합니다.

```
[root@m-k8s ~]# kubectl delete -f ~/_Book_k8sInfra/ch3/3.1.6/nginx-pod.yaml
pod "nginx-pod" deleted
```

쿠버네티스를 구성했으니 실제로 쿠버네티스를 이용해 어떤 일을 할 수 있는지 여러 가지 기능을 직접 실습하며 배워보겠습니다.

CONTAINER INFRASTRUCTURE

3.2 쿠버네티스 기본 사용법 배우기

이제부터 나오는 모든 실습 파일은 홈 디렉터리(~)에 _Book_k8sInfra 디렉터리 아래 각 장(ch)별로 위치하므로 해당 디렉터리에서 필요한 실습 파일을 찾아 진행하세요.

```
[root@m-k8s ~]# ls ~/_Book_k8sInfra
app  ch2  ch3  ch4  ch5  ch6
```

3.2.1 파드를 생성하는 방법

쿠버네티스를 사용한다는 것은 결국 사용자에게 효과적으로 파드를 제공한다는 뜻입니다. 따라서 가장 먼저 파드를 생성해 보겠습니다.

사실 이미 구성 요소의 기능을 검증할 때 깃허브에서 내려받은 실습 파일을 통해 nginx 웹 서버 파드를 생성하고 삭제해 봤습니다. 그런데 방법이 조금 복잡했습니다. 파드를 더 간단하게 생성하는 방법은 없을까요?

당연히 있습니다. kubectl run 명령을 실행하면 쉽게 파드를 생성할 수 있습니다. 다음 명령에서 run 다음에 나오는 nginx는 파드의 이름이고, --image=nginx는 생성할 이미지의 이름입니다.

```
[root@m-k8s ~]# kubectl run nginx-pod --image=nginx
pod/nginx-pod created
```

파드가 잘 생성됐는지 kubectl get pod 명령으로 확인합니다.

```
[root@m-k8s ~]# kubectl get pod
NAME        READY   STATUS    RESTARTS   AGE
nginx-pod   1/1     Running   0          35s
```

이렇게 쉽게 파드를 생성할 수 있는데, 왜 그동안 어렵게 kubectl create라는 명령을 사용했을까요? create로 파드를 생성해서 run 방식과 비교해 보겠습니다.

kubectl run과 동일하게 kubectl create로 파드를 생성합니다.

```
[root@m-k8s ~]# kubectl create nginx --image=nginx
Error: unknown flag: --image
[생략]
```

--image라는 옵션이 없다는 에러 메시지만 나오고 파드는 생성되지 않았습니다. create로 파드를 생성하려면 kubectl create에 deployment를 추가해서 실행해야 합니다. 이때 기존 파드 이름인 nginx와 중복을 피하고자 파드의 이름을 dpy-nginx로 지정해 생성합니다.

```
[root@m-k8s ~]# kubectl create deployment dpy-nginx --image=nginx
deployment.apps/dpy-nginx created
```

생성된 파드(dpy-nginx-7cd4d79cc9-xmv28)를 확인합니다.

```
[root@m-k8s ~]# kubectl get pods
NAME                         READY   STATUS    RESTARTS   AGE
dpy-nginx-7cd4d79cc9-xmv28   1/1     Running   0          50s
nginx-pod                    1/1     Running   0          87s
```

이름에서 dpy-nginx를 제외한 나머지 부분은 무작위로 생성되므로 여러분이 직접 실행했을 때는 이름이 다를 수 있습니다. 이름 생성 규칙은 95쪽에서 팁 '쿠버네티스 구성 요소의 이름 생성 규칙'으로 다뤘습니다.

두 가지 방식으로 생성한 파드가 모두 제대로 돌아가는지 확인해 봅시다. 먼저 kubectl get pods -o wide 명령으로 생성된 파드의 IP를 확인합니다.

```
[root@m-k8s ~]# kubectl get pods -o wide
NAME                          READY   STATUS    RESTARTS   AGE    IP               NODE
NOMINATED NODE   READINESS GATES
dpy-nginx-7cd4d79cc9-xmv28    1/1     Running   0          72s    172.16.221.129   w1-k8s
<none>           <none>
nginx-pod                     1/1     Running   0          109s   172.16.103.132   w2-k8s
<none>           <none>
```

각 파드에서 curl 명령을 실행해 웹 페이지 정보를 받아오는지 확인합니다.

```
[root@m-k8s ~]# curl 172.16.221.129
<!DOCTYPE html>
<html>
<head>
<title>Welcome to nginx!</title>
[생략]

[root@m-k8s ~]# curl 172.16.103.132
<!DOCTYPE html>
<html>
<head>
<title>Welcome to nginx!</title>
[생략]
```

두 파드의 nginx 웹 페이지가 정상적으로 작동하는 것을 확인했습니다. 그렇다면 run과 create deployment로 파드를 생성한 것은 무슨 차이가 있을까요?

run으로 파드를 생성하면 단일 파드 1개만 생성되고 관리됩니다. 그리고 create deployment로 파드를 생성하면 **디플로이먼트**(Deployment)라는 관리 그룹 내에서 파드가 생성됩니다. 비유를 들자면, run으로 생성한 파드는 초코파이 1개이고, create deployment로 생성한 파드는 초코파이 상자에 들어 있는 초코파이 1개입니다.

▼ 그림 3-18 파드와 디플로이먼트의 구성 비교

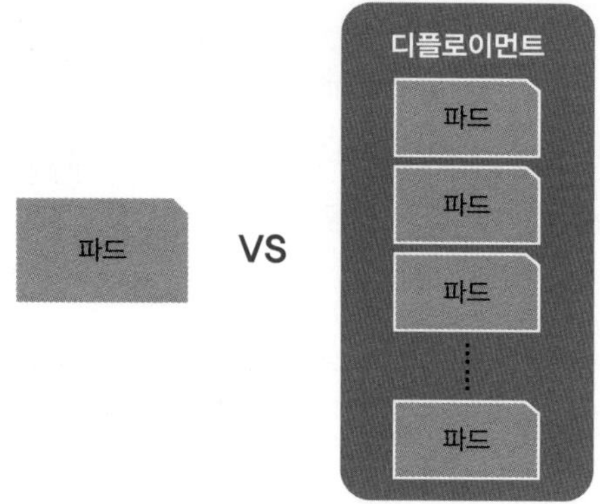

그럼 파드와 디플로이먼트가 실제로 어떻게 구성돼 있는지, 디플로이먼트는 어떻게 파드를 관리하는지 알아보겠습니다.

Tip **쿠버네티스 1.18 버전 이전에는 run이 어떻게 작동했을까요?**

쿠버네티스 1.18 이전 버전에서 run으로 생성되는 기본 파드는 디플로이먼트로 생성됐습니다. 하지만 run과 create로 생성한 결과에 차이가 없어서 최근에는 대부분 create로 파드를 생성하지만 간단한 테스트가 목적이라면 run으로 단순 파드를 생성할 수도 있습니다. 1.18 이전 버전에서도 run으로 파드를 생성하면 다음과 같이 DEPRECATED(더 이상 사용을 권고하지 않음)를 표시하며 run --generator=run-pod/v1이나 create를 사용하도록 권고하고 있습니다

```
[root@m-k8s ~]# kubectl run nginx --image=nginx
kubectl run --generator=deployment/apps.v1 is DEPRECATED and will be removed in a
future version. Use kubectl run --generator=run-pod/v1 or kubectl create instead.
deployment.apps/nginx created
```

1.18 이전 버전에서 run 명령으로 파드를 생성하려면 --generator=run-pod/v1 옵션이 필요합니다.

```
[root@m-k8s ~]# kubectl run nginx-run --image=nginx --generator=run-pod/v1
pod/nginx-run created
```

3.2.2 오브젝트란

쿠버네티스를 사용하는 관점에서 파드와 디플로이먼트는 **스펙**(spec)과 **상태**(status) 등의 값을 가지고 있습니다. 이러한 값을 가지고 있는 파드와 디플로이먼트를 개별 속성을 포함해 부르는 단위를 **오브젝트**(Object)라고 합니다. 쿠버네티스는 여러 유형의 오브젝트를 제공하는데, 먼저 기본 오브젝트부터 살펴보겠습니다.

기본 오브젝트

기본 오브젝트에는 다음 네 가지가 있습니다.

- **파드**(Pod): 쿠버네티스에서 실행되는 최소 단위, 즉 웹 서비스를 구동하는 데 필요한 최소 단위입니다. 독립적인 공간과 사용 가능한 IP를 가지고 있습니다. 하나의 파드는 1개 이상의 컨테이너를 갖고 있기 때문에 여러 기능을 묶어 하나의 목적으로 사용할 수도 있습니다. 그러나 범용으로 사용할 때는 대부분 1개의 파드에 1개의 컨테이너를 적용합니다(차이가 조금 있으나 우선 1개라고 이해하겠습니다. 자세한 것은 4장에서 다룹니다).
- **네임스페이스**(Namespaces): 쿠버네티스 클러스터에서 사용되는 리소스들을 구분해 관리하는 그룹입니다. 예를 들어 3장에서는 3가지 네임스페이스를 사용합니다. 특별히 지정하지 않으면 기본으로 할당되는 default, 쿠버네티스 시스템에서 사용되는 kube-system, 온프레미스에서 쿠버네티스를 사용할 경우 외부에서 쿠버네티스 클러스터 내부로 접속하게 도와주는 컨테이너들이 속해 있는 metallb-system이 있습니다.
- **볼륨**(Volume): 파드가 생성될 때 파드에서 사용할 수 있는 디렉터리를 제공합니다. 기본적으로 파드는 영속되는 개념이 아니라 제공되는 디렉터리도 임시로 사용합니다. 하지만 파드가 사라지더라도 저장과 보존이 가능한 디렉터리를 볼륨 오브젝트를 통해 생성하고 사용할 수 있습니다.
- **서비스**(Service): 파드는 클러스터 내에서 유동적이기 때문에 접속 정보가 고정일 수 없습니다. 따라서 파드 접속을 안정적으로 유지하도록 서비스를 통해 내/외부로 연결됩니다. 그래서 서비스는 새로 파드가 생성될 때 부여되는 새로운 IP를 기존에 제공하던 기능과 연결해 줍니다. 쉽게 설명하면 쿠버네티스 외부에서 쿠버네티스 내부로 접속할 때 내부가 어떤 구조로 돼 있는지, 파드가 살았는지 죽었는지 신경 쓰지 않아도 이를 논리적으로 연결하는 것이 서비스입니다. 기존 인프라에서 로드밸런서, 게이트웨이와 비슷한 역할을 합니다. 서비스라는 이름 때문에 처음에 개념을 이해하기가 매우 어렵습니다. 따라서 '3.3 쿠버네티스 연결을 담당하는 서비스'에서 집중적으로 다루겠습니다.

기본 오브젝트를 그림으로 표현하면 다음과 같습니다.

▼ 그림 3-19 쿠버네티스의 기본 오브젝트

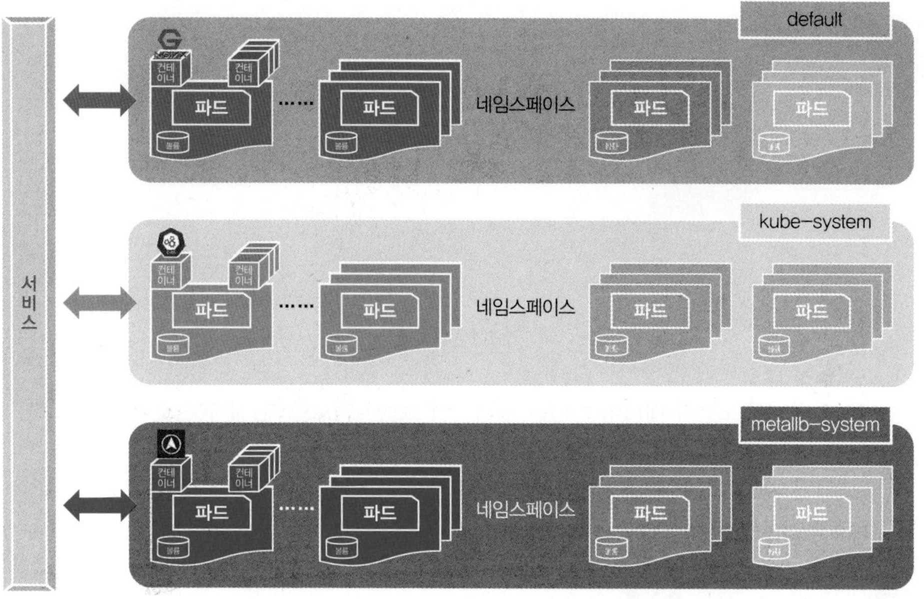

디플로이먼트

기본 오브젝트만으로도 쿠버네티스를 사용할 수 있습니다. 하지만 한계가 있어서 이를 좀 더 효율적으로 작동하도록 기능들을 조합하고 추가해 구현한 것이 디플로이먼트(Deployment)입니다. 이외에도 데몬셋(DaemonSet), 컨피그맵(ConfigMap), 레플리카셋(ReplicaSet), PV(PersistentVolume), PVC(PersistentVolumeClaim), 스테이트풀셋(StatefulSet) 등이 있으며, 앞으로도 요구 사항에 따라 목적에 맞는 오브젝트들이 추가될 것입니다.

쿠버네티스에서 가장 많이 쓰이는 디플로이먼트 오브젝트는 파드에 기반을 두고 있으며, 레플리카셋 오브젝트를 합쳐 놓은 형태입니다. 참고로 레플리카셋은 레플리케이션컨트롤러(ReplicationController)가 발전한 형태지만, 현재는 레플리카셋만 알면 됩니다. 레플리카셋에 관한 자세한 설명은 '3.2.3 레플리카셋으로 파드 수 관리하기'를 참고하기 바랍니다.

앞에서 생성한 dpy-nginx의 디플로이먼트 계층 구조는 다음과 같습니다.

▼ 그림 3-20 디플로이먼트 오브젝트의 계층 구조

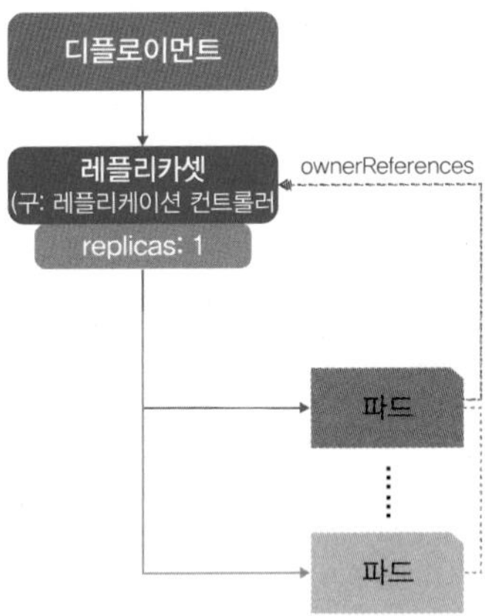

실제로 API 서버와 컨트롤러 매니저는 단순히 파드가 생성되는 것을 감시하는 것이 아니라 디플로이먼트처럼 레플리카셋을 포함하는 오브젝트의 생성을 감시합니다.

▼ 그림 3-21 API 서버와 컨트롤러 매니저의 통신

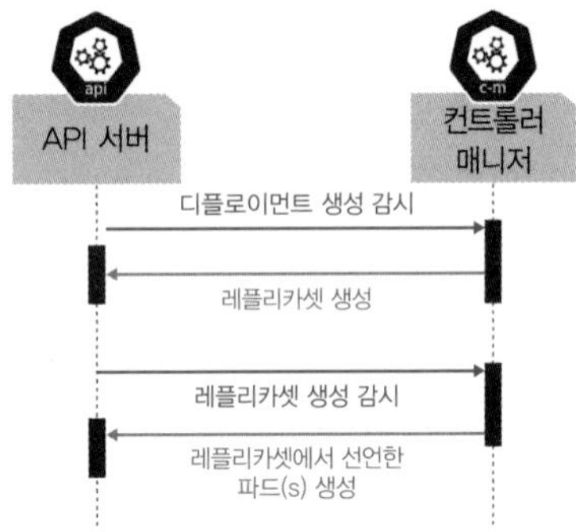

이처럼 쿠버네티스의 오브젝트는 다소 복잡하고 아직도 진화하고 있기 때문에 한 번에 모든 것을 이해하기는 매우 어렵습니다. 따라서 이 책의 모든 과정을 따라 해 보고 처음부터 다시 읽어보기를 권장합니다. 또한 쿠버네티스의 오브젝트는 생태계 변화에 따라 계속 변화하므로 모든 것을 외울 필요는 없습니다. 필요한 부분을 찾아 읽어보고 적재적소에 필요한 오브젝트를 사용하는 것이 현명합니다.

Tip 쿠버네티스에서 사용하는 NGINX 이미지는 어디서 가져오나요?

컨테이너로 도커를 사용하므로 도커의 기본 저장소인 도커 허브(https://hub.docker.com/_/nginx)에서 이미지를 가지고 옵니다.

▼ 그림 3-22 NGINX의 도커 허브 저장소

클라우드 서비스를 이용하고 있다면 기본 저장소 외에도 클라우드 서비스 업체에서 제공하는 저장소를 사용할 수도 있습니다. 구글의 GCR(Google Container Registry), 아마존의 ECR(Elastic Container Registry), 마이크로소프트의 ACR(Azure Container Registry) 등이 대표적입니다. 또한 온프레미스는 내부 데이터 센터에 따로 저장소를 설정해 사용하는 방법도 있습니다.

이 책에서는 편의를 위해 필자의 도커 허브 저장소(https://hub.docker.com/u/sysnet4admin)에서 제공하는 이미지를 사용할 것이며, 사용자의 고유 사설 저장소를 만드는 방법은 4장에서 알아보겠습니다.

▼ 그림 3-23 필자의 도커 허브 저장소

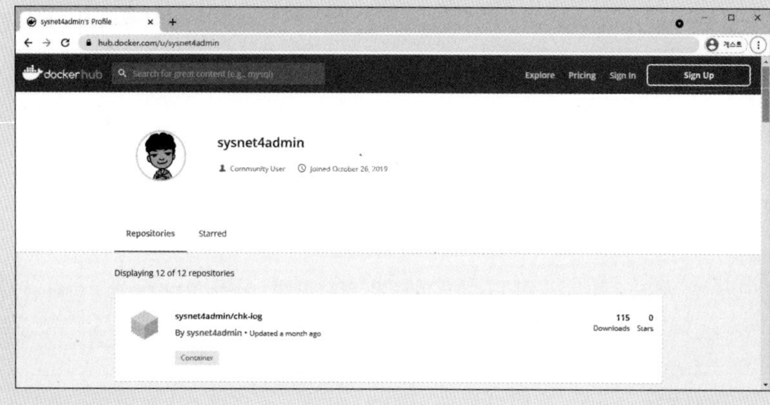

그러면 간단히 디플로이먼트를 생성하고 삭제해 보겠습니다. 먼저 필자의 저장소에서 필요한 이미지를 내려받아 디플로이먼트를 생성합니다. 이미지 경로는 간단하게 `sysnet4admin/echo-hname`으로 지정하는데, 이때 `sysnet4admin`은 계정 이름이고, `echo-hname`은 이미지 이름입니다.

```
[root@m-k8s ~]# kubectl create deployment dpy-hname --image=sysnet4admin/echo-hname
deployment.apps/dpy-hname created
```

kubectl get pods 명령으로 생성된 디플로이먼트(dpy-hname)를 확인합니다.

```
[root@m-k8s ~]# kubectl get pods
NAME                          READY   STATUS    RESTARTS   AGE
dpy-hname-74c94fb7f6-ttvhm    1/1     Running   0          28s
dpy-nginx-7cd4d79cc9-xmv28    1/1     Running   0          3m17s
nginx-pod                     1/1     Running   0          3m54s
```

create를 delete로 변경하고, --image 부분을 제외하면 생성했던 디플로이먼트(dpy-hname)가 삭제됩니다.

```
[root@m-k8s ~]# kubectl delete deployment dpy-hname
deployment.apps "dpy-hname" deleted
```

kubectl get pods 명령을 실행해 디플로이먼트(dpy-hname)가 삭제됐는지 확인합니다.

```
[root@m-k8s ~]# kubectl get pods
NAME                          READY   STATUS    RESTARTS   AGE
dpy-nginx-7cd4d79cc9-xmv28    1/1     Running   0          4m19s
nginx-pod                     1/1     Running   0          4m56s
```

디플로이먼트를 생성하고 삭제도 해봤지만, 디플로이먼트를 왜 생성하는지 잘 이해되지 않을 겁니다. 그러면 디플로이먼트가 왜 필요한지 알아봅시다.

3.2.3 레플리카셋으로 파드 수 관리하기

많은 사용자를 대상으로 웹 서비스를 하려면 다수의 파드가 필요한데, 이를 하나씩 생성한다면 매우 비효율적입니다. 그래서 쿠버네티스에서는 다수의 파드를 만드는 레플리카셋 오브젝트를 제공합니다.

예를 들어 파드를 3개 만들겠다고 레플리카셋에 선언하면 컨트롤러 매니저와 스케줄러가 워커 노드에 파드 3개를 만들도록 선언합니다. 그러나 레플리카셋은 파드 수를 보장하는 기능만 제공하기 때문에 롤링 업데이트 기능 등이 추가된 디플로이먼트를 사용해 파드 수를 관리하기를 권장합니다.

레플리카셋으로 파드 수를 관리하는 과정을 그림으로 표현하면 다음과 같습니다.

❤ 그림 3-24 레플리카셋으로 총 3개의 파드 상태로 변경됨

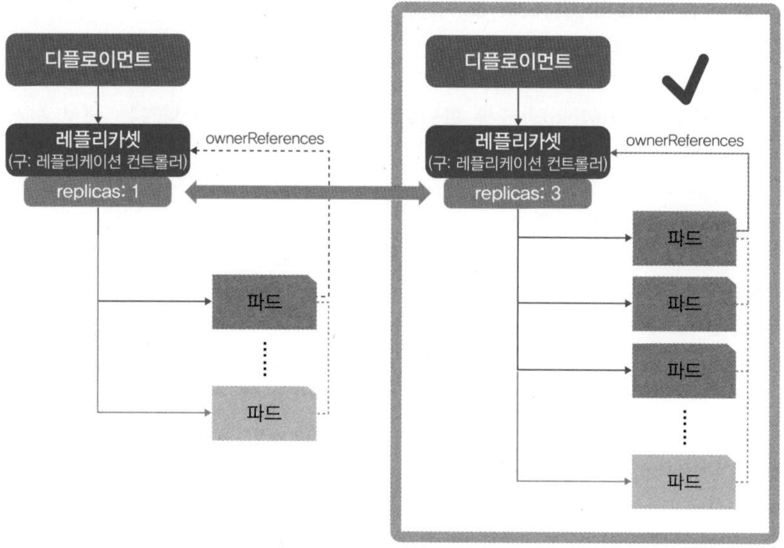

그림에서 보듯이 레플리카셋은 파드의 개수를 지정한 대로 3개로 맞춰주는 역할을 합니다. 설명만 봐서는 이해하기 어려우니 실제로 이 과정이 어떻게 이루어지는지 확인해 보겠습니다.

1. 먼저 배포된 파드의 상태를 확인합니다.

```
[root@m-k8s ~]# kubectl get pods
NAME                          READY   STATUS    RESTARTS   AGE
dpy-nginx-7cd4d79cc9-xmv28    1/1     Running   0          5m15s
nginx-pod                     1/1     Running   0          5m52s
```

2. nginx-pod를 scale 명령으로 3개로 증가시킵니다. 여기서 --replicas=3은 파드의 수를 3개로 맞추는 옵션입니다.

```
[root@m-k8s ~]# kubectl scale pod nginx-pod --replicas=3
Error from server (NotFound): the server could not find the requested resource
```

실행해 보니 리소스를 찾을 수 없다는 에러 메시지가 나오면서 실행되지 않습니다. nginx-pod는 파드로 생성됐기 때문에 디플로이먼트 오브젝트에 속하지 않습니다. 그래서 리소스를 확인할 수 없다는 에러가 발생한 것입니다.

3. 이번에는 디플로이먼트로 생성된 dpy-nginx를 scale 명령과 --replicas=3 옵션으로 파드의 수를 3개로 만듭니다.

```
[root@m-k8s ~]# kubectl scale deployment dpy-nginx --replicas=3
deployment.apps/dpy-nginx scaled
```

4. scale 명령으로 추가된 2개의 nginx 파드를 확인합니다. 최근에 생성된 파드는 생성 시간(AGE)이 짧습니다.

```
[root@m-k8s ~]# kubectl get pods
NAME                         READY   STATUS    RESTARTS   AGE
dpy-nginx-7cd4d79cc9-xmv28   1/1     Running   0          7m19s
dpy-nginx-7cd4d79cc9-xdbvx   1/1     Running   0          11s
dpy-nginx-7cd4d79cc9-td8nk   1/1     Running   0          11s
nginx-pod                    1/1     Running   0          7m9s
```

5. dpy-nginx의 모든 파드가 정상적으로 워커 노드에 적용되고 IP가 부여됐는지 kubectl get pods -o wide 명령으로 확인합니다.

```
[root@m-k8s ~]# kubectl get pods -o wide
NAME                         READY   STATUS    …   AGE     IP               NODE     …
dpy-nginx-7cd4d79cc9-td8nk   1/1     Running   …   39s     172.16.132.3     w3-k8s   …
dpy-nginx-7cd4d79cc9-xdbvx   1/1     Running   …   39s     172.16.103.134   w2-k8s   …
dpy-nginx-7cd4d79cc9-xmv28   1/1     Running   …   7m47s   172.16.221.129   w1-k8s   …
nginx-pod                    1/1     Running   …   8m24s   172.16.103.132   w2-k8s   …
```

6. 다음 진행을 위해 생성한 디플로이먼트 dpy-nginx를 삭제(delete)합니다.

```
[root@m-k8s ~]# kubectl delete deployment dpy-nginx
deployment.apps "dpy-nginx" deleted
```

7. 삭제한 후에 배포된 파드 또는 디플로이먼트의 상태를 확인합니다.

```
[root@m-k8s ~]# kubectl get pods
NAME        READY   STATUS    RESTARTS   AGE
nginx-pod   1/1     Running   0          10m
```

> **Tip 명령어의 단수와 복수 표현**
>
> 명령어가 kubectl get pod에서 kubectl get pods로 바뀐 것을 알아챘나요? 이것은 실수가 아니라 pod와 pods 모두 똑같이 작동함을 보여주고자 일부러 바꿨습니다. 쿠버네티스는 사람이 실수한 부분도 alias(별칭)으로 처리해 유연하게 명령어를 사용할 수 있게 합니다. 이것은 노드(node)에도 동일하게 적용됩니다. 다음 명령에서 노드가 복수(4개)임에도 node(단수)로 표시해도 문제없이 실행되는 것을 볼 수 있습니다.
>
> ```
> [root@m-k8s ~]# kubectl get node
> NAME     STATUS   ROLES    AGE    VERSION
> m-k8s    Ready    master   110m   v1.18.4
> w1-k8s   Ready    <none>   105m   v1.18.4
> w2-k8s   Ready    <none>   100m   v1.18.4
> w3-k8s   Ready    <none>   95m    v1.18.4
> ```
>
> 사실 쿠버네티스는 클러스터 구조여서 단일 노드와 파드만 사용하는 경우는 흔하지 않습니다. 일반적으로 명령어를 복수형으로 사용해도 별 문제없습니다.

3.2.4 스펙을 지정해 오브젝트 생성하기

kubectl create deployment 명령으로 디플로이먼트를 생성하긴 했지만, 1개의 파드만 만들어졌을 뿐입니다. 디플로이먼트를 생성하면서 한꺼번에 여러 개의 파드를 만들 순 없을까요? create에서는 replicas 옵션을 사용할 수 없고, scale은 이미 만들어진 디플로이먼트에서만 사용할 수 있습니다.

이런 설정을 적용하려면 필요한 내용을 파일로 작성해야 합니다. 이때 작성하는 파일을 **오브젝트 스펙**(spec)이라고 합니다. 오브젝트 스펙은 일반적으로 야믈(YAML) 문법으로 작성합니다. 최근 상용과 오픈 소스 기술들은 스펙과 상태 값을 주로 야믈로 작성하므로 야믈 문법에 익숙해지는 것이 좋습니다.

> **Tip 야믈**
>
> 야믈(YAML)은 약어인데, 의미가 재미있습니다. 처음에는 '또 다른 마크업 언어(Yet Another Markup Language)'의 약어였습니다. 그러나 공식 사이트(http://www.yaml.org)에서 데이터의 내용을 쉽게 파악할 수 있는 표준이라고 설명하며 '야믈은 단순히 마크업 언어가 아니다(YAML Ain't Markup Language)'라고 다시 정의했습니다. 여기서 마크업(Markup)이란 문서나 데이터의 구조를 태그를 이용해 기술하는 것을 의미합니다. 익히 알고 있는 HTML(HyperText Markup Language)이 가장 유명한 마크업 언어 중 하나입니다.

그러면 3개의 nginx 파드를 디플로이먼트 오브젝트로 만들어 보겠습니다. 명령어로는 3개의 파드를 가진 디플로이먼트를 만들 수 없으므로 오브젝트 스펙을 작성해 디플로이먼트를 만듭니다.

디플로이먼트의 오브젝트 스펙을 처음부터 만들기는 어려우니 ~/_Book_k8sInfra/ch3/3.2.4 디렉터리의 예제 파일(echo-hname.yaml)을 사용합니다. 파일 내용은 다음과 같습니다.

echo-hname.yaml

```
apiVersion: apps/v1 # API 버전
kind: Deployment # 오브젝트 종류
metadata:
  name: echo-hname
  labels:
    app: nginx
spec:
  replicas: 3 # 몇 개의 파드를 생성할지 결정
  selector:
    matchLabels:
      app: nginx
  template:
    metadata:
      labels:
        app: nginx
    spec:
      containers:
      - name: echo-hname
        image: sysnet4admin/echo-hname # 사용되는 이미지
```

apiVersion은 오브젝트를 포함하는 API의 버전을 의미합니다. 일반적으로 알파(alpha)와 베타(beta) 버전은 안정적이지 않다고 보지만, 그만큼 풍부한 기능을 갖고 있기도 합니다. 여기서 사용하는 apps/v1은 여러 종류의 kind(오브젝트)를 가지고 있는데, 그중에서 Deployment를 선택해 레플리카셋을 생성합니다. 레플리카셋은 몇 개의 파드를 생성할지 replicas로 결정합니다. 이미지는 sysnet4admin/echo-hname을 사용합니다.

Tip **사용 가능한 API 버전을 확인하려면?**

쿠버네티스에서 사용 가능한 API 버전은 kubectl api-versions 명령으로 확인할 수 있습니다. 쿠버네티스 버전에 따라 사용 가능한 API 버전이 다르니 작성하기 전에 확인하기 바랍니다.

```
[root@m-k8s ~]# kubectl api-versions
admissionregistration.k8s.io/v1
```

계속

```
admissionregistration.k8s.io/v1beta1
apiextensions.k8s.io/v1
apiextensions.k8s.io/v1beta1
apiregistration.k8s.io/v1
apiregistration.k8s.io/v1beta1

[중략]

node.k8s.io/v1beta1
policy/v1beta1
rbac.authorization.k8s.io/v1
rbac.authorization.k8s.io/v1beta1
scheduling.k8s.io/v1
scheduling.k8s.io/v1beta1
storage.k8s.io/v1
storage.k8s.io/v1beta1
v1
```


파일 구조를 정리하면 다음과 같습니다.

▼ 그림 3-25 echo-hname.yaml 파일의 구조

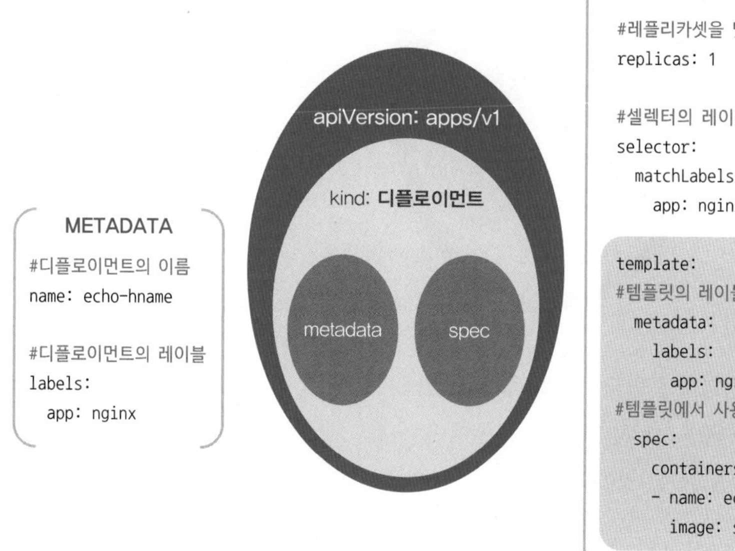

파일 구조를 명확하게 파악하기 위해 앞에서 생성한 파드의 스펙과 비교해 봅시다. 이전에 배포한 nginx-pod.yaml 파일을 살펴보면 디플로이먼트인 echo-hname.yaml의 `template` 부분과 동일함을 알 수 있습니다. 즉, `template` 하위의 `metadata`와 `spec`이 nginx-pod.yaml에서 동일하게 사용됩니다.

nginx-pod.yaml

```
apiVersion: v1
kind: Pod
metadata:
  name: nginx-pod
spec:
  containers:
  - name: container-name
    image: nginx
```

이 스펙을 정리하면 다음과 같습니다.

▼ 그림 3-26 nginx-pod.yaml 파일의 구조

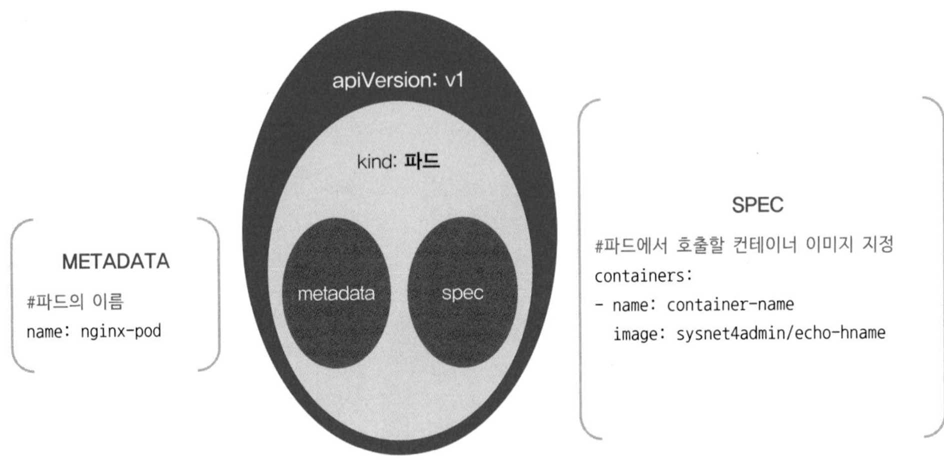

쿠버네티스는 API 버전마다 포함되는 오브젝트(`kind`)도 다르고 요구하는 내용도 다릅니다. 그러므로 처음부터 모든 내용을 숙지하기보다는 기존에 만들어진 파일을 수정하면서 이해해 보고 필요한 내용을 그때마다 정리하는 것이 좋습니다.

1. echo-hname.yaml 파일을 이용해 디플로이먼트를 생성해 봅시다. 현재 디플로이먼트는 파드 3개를 생성하도록 `replicas`에 정의돼 있습니다. 이 부분은 '3.2.3 레플리카셋으로 파드 수 관리하기'에 설명돼 있으니 참고하기 바랍니다.

```
[root@m-k8s ~]# kubectl create -f ~/_Book_k8sInfra/ch3/3.2.4/echo-hname.yaml
deployment.apps/echo-hname created
```

2. 새로 생성된 echo-hname 파드가 3개인지 확인합니다.

```
[root@m-k8s ~]# kubectl get pods
NAME                          READY   STATUS    RESTARTS   AGE
echo-hname-5d754d565-7bzfs    1/1     Running   0          2m6s
echo-hname-5d754d565-g7tl5    1/1     Running   0          2m6s
echo-hname-5d754d565-lksqr    1/1     Running   0          2m6s
nginx-pod                     1/1     Running   0          19m
```

3. 디플로이먼트를 생성했으니 이번에는 echo-hname.yaml 파일을 수정해 파드를 6개로 늘려보겠습니다. 파일에서 replicas의 값을 3에서 6으로 변경합니다. 이때 사용하는 명령어는 sed(streamlined editor)입니다. 그 뒤에 몇 가지 옵션이 따라옵니다. -i는 --in-place의 약어로, 변경한 내용을 현재 파일에 바로 적용하겠다는 의미이며, s/는 주어진 패턴을 원하는 패턴으로 변경하겠다는 의미입니다. 여기서는 replicas: 3을 replicas: 6으로 변경합니다. sed 사용이 어렵다면 Vim으로 직접 파일을 수정해도 됩니다.

```
[root@m-k8s ~]# sed -i 's/replicas: 3/replicas: 6/' ~/_Book_k8sInfra/ch3/3.2.4/echo-
hname.yaml
```

4. replicas의 값이 3에서 6으로 변경됐는지 확인합니다.

```
[root@m-k8s ~]# cat ~/_Book_k8sInfra/ch3/3.2.4/echo-hname.yaml | grep replicas
  replicas: 6
```

5. 변경된 내용을 적용합니다.

```
[root@m-k8s ~]# kubectl create -f ~/_Book_k8sInfra/ch3/3.2.4/echo-hname.yaml
Error from server (AlreadyExists): error when creating "echo-hname.yaml": deployments.
apps "echo-hname" already exists
```

'echo-hname이 이미 존재한다'는 에러 메시지가 나오면서 아무 일도 일어나지 않습니다. 물론 scale 명령으로 파드 수를 늘릴 수 있지만, 파일로 디플로이먼트의 파드 수를 늘리는 것은 불가능할까요? 배포된 오브젝트의 스펙을 변경하고 싶을 때는 어떻게 해야 할까요? 지우고 다시 만드는 방법밖에 없을까요? 바로 확인해 보겠습니다.

3.2.5 apply로 오브젝트 생성하고 관리하기

run은 파드를 간단하게 생성하는 매우 편리한 방법입니다. 하지만 run으로는 단일 파드만을 생성할 수 있습니다. 따라서 run을 모든 상황에 적용해 사용하기는 어렵습니다. 그렇다고 create로 디플로이먼트를 생성하면 앞에서 확인한 것처럼 파일의 변경 사항을 바로 적용할 수 없다는 단점이 있습니다. 이런 경우를 위해 쿠버네티스는 apply라는 명령어를 제공합니다. 그러면 apply로 오브젝트를 관리해 봅시다.

1. replicas를 6으로 수정한 echo-hname.yaml 파일을 kubectl apply 명령으로 적용합니다.

```
[root@m-k8s ~]# kubectl apply -f ~/_Book_k8sInfra/ch3/3.2.4/echo-hname.yaml
Warning: kubectl apply should be used on resource created by either kubectl create
--save-config or kubectl apply
deployment.apps/echo-hname configured
```

   오브젝트를 처음부터 apply로 생성한 것이 아니어서 경고가 뜹니다. 경고가 떠도 작동에는 문제가 없지만 일관성에서 문제가 생길 수 있습니다. 이처럼 변경 사항이 발생할 가능성이 있는 오브젝트는 처음부터 apply로 생성하는 것이 좋습니다.

2. 명령이 적용된 후에 echo-hname이 6개로 늘어났는지 확인합니다. 특히 AGE를 확인해 최근에 추가된 파드 3개를 확인합니다.

```
[root@m-k8s ~]# kubectl get pods
NAME                          READY   STATUS    RESTARTS   AGE
echo-hname-5d754d565-7bzfs    1/1     Running   0          3m32s
echo-hname-5d754d565-8759n    1/1     Running   0          9s
echo-hname-5d754d565-dbt29    1/1     Running   0          9s
echo-hname-5d754d565-g7tl5    1/1     Running   0          3m32s
echo-hname-5d754d565-jl2c6    1/1     Running   0          9s
echo-hname-5d754d565-lksqr    1/1     Running   0          3m32s
nginx-pod                     1/1     Running   0          20m
```

kubectl apply를 사용하면 파일의 변경 사항도 쉽게 적용할 수 있다는 것을 확인했습니다. 앞에서 봤듯이 명령 창명령 창 등에 직접 애드혹(ad-hoc, 일회적 사용)으로 오브젝트를 생성할 때는 create를 사용하고, 변경이 생길 가능성이 있는 복잡한 오브젝트는 파일로 작성한 후 apply로 적용하는 것이 좋습니다.

세 가지 명령어를 정리하면 다음과 같습니다.

▼ 표 3-4 오브젝트 생성 명령어 비교

구분	Run	Create	Apply
명령 실행	제한적임	가능함	안 됨
파일 실행	안 됨	가능함	가능함
변경 가능	안 됨	안 됨	가능함
실행 편의성	매우 좋음	매우 좋음	좋음
기능 유지	제한적임	지원됨	다양하게 지원됨

3.2.6 파드의 컨테이너 자동 복구 방법

지금까지 파드와 디플로이먼트, 오브젝트들에 관해 알아봤습니다. 이제 본격적으로 배운 내용을 사용해 봅시다.

쿠버네티스는 거의 모든 부분이 자동 복구되도록 설계됐습니다. 특히 파드의 자동 복구 기술을 **셀프 힐링**(Self-Healing)이라고 하는데, 제대로 작동하지 않는 컨테이너를 다시 시작하거나 교체해 파드가 정상적으로 작동하게 합니다(울버린과 데드풀의 자가 치유 능력인 힐링팩터처럼 말이죠). 그럼 셀프 힐링 기능을 체감할 수 있는 테스트를 진행해 보겠습니다.

1. 파드에 접속하려면 파드의 IP를 알아야 합니다. `kubectl get pods -o wide` 명령으로 접속할 파드의 IP를 확인합니다.

```
[root@m-k8s ~]# kubectl get pods -o wide
NAME                          … STATUS   RESTARTS  AGE    IP              NODE   …
echo-hname-5d754d565-7bzfs    … Running  0         4m39s  172.16.221.131  w1-k8s …
echo-hname-5d754d565-8759n    … Running  0         76s    172.16.103.136  w2-k8s …
echo-hname-5d754d565-dbt29    … Running  0         76s    172.16.132.5    w3-k8s …
echo-hname-5d754d565-g7tl5    … Running  0         4m39s  172.16.132.4    w3-k8s …
echo-hname-5d754d565-jl2c6    … Running  0         76s    172.16.221.132  w1-k8s …
echo-hname-5d754d565-lksqr    … Running  0         4m39s  172.16.103.135  w2-k8s …
nginx-pod                     … Running  0         21m    172.16.103.132  w2-k8s …
```

2. kubectl exec 명령을 실행해 파드 컨테이너의 셸(shell)에 접속합니다. 명령에서 exec는 execute(실행)를 의미하며, i 옵션은 stdin(standard input, 표준 입력)이고, t는 tty(teletypewriter)[1]를 뜻합니다. 이 두 개를 합친 it는 표준 입력을 명령줄 인터페이스로 작성한다는 의미가 됩니다. 그리고 파드인 nginx-pod에 /bin/bash를 실행해 nginx-pod의 컨테이너에서 배시(bash) 셸에 접속합니다.

```
[root@m-k8s ~]# kubectl exec -it nginx-pod -- /bin/bash
root@nginx-pod:/#
```

Tip kubectl exec에서 '--'의 의미

'--'는 exec에 대한 인자 값을 나누고 싶을 때 사용합니다. 이해하기 쉽게 예제를 봅시다. nginx-pod에서 /run의 내용을 보고 싶다면 파드 이름 뒤에 ls /run을 입력하면 됩니다. '--'를 사용할 때는 보이지 않던 DEPRECATED 메시지가 함께 표시됩니다.

```
[root@m-k8s ~]# kubectl exec -it nginx-pod ls /run
kubectl exec [POD] [COMMAND] is DEPRECATED and will be removed in a future version.
Use kubectl kubectl exec [POD] -- [COMMAND] instead.
lock  nginx.pid  secrets  utmp
```

이번에는 /run의 권한을 보고 싶다면 어떻게 할까요? -l(long listing format) 옵션을 붙여 확인하면 될 것 같습니다. 하지만 실행하면 다음과 같이 에러가 발생합니다. 이는 -l을 exec의 옵션으로 인식하기 때문에 그렇습니다.

```
[root@m-k8s ~]# kubectl exec -it nginx-pod ls -l /run
Error: unknown shorthand flag: 'l' in -l
See 'kubectl exec --help' for usage.
```

이런 경우에 명령어를 구분해야 하는데, 이때 '—'를 사용합니다.

```
[root@m-k8s ~]# kubectl exec -it nginx-pod -- ls -l /run
total 4
drwxrwxrwt. 2 root root  6 Aug  3 07:00 lock
-rw-r--r--. 1 root root  2 Aug 12 02:06 nginx.pid
drwxr-xr-x. 4 root root 39 Aug 12 02:06 secrets
-rw-rw-r--. 1 root utmp  0 Aug  3 07:00 utmp
```

이처럼 필요하지 않아도 exec를 사용할 때 명시적으로 '--'를 사용하면 에러를 줄일 수 있습니다. 그래서 '--'을 사용하지 않고 바로 명령을 실행하면 DEPRECATED를 표시해 향후 버전에서는 사용하지 못하게 하면서 명령어에 일관성을 주려는 것입니다.

1 과거에는 전신 타자기를 뜻하는 용어였으나 현재는 명령줄 인터페이스로 대체됐습니다.

3. 배시 셸에 접속하면 컨테이너에서 구동하는 nginx의 PID(Process ID, 프로세서 식별자)를 확인합니다. nginx의 PID는 언제나 1입니다. 그 이유는 '부록 D. 컨테이너 좀 더 깊게 들여다보기'에서 설명하겠습니다.

```
root@nginx-pod:/# cat /run/nginx.pid
1
```

4. ls -l 명령으로 프로세스가 생성된 시간을 확인합니다.

```
root@nginx-pod:/# ls -l /run/nginx.pid
-rw-r--r--. 1 root root 2 Feb  2 11:30 /run/nginx.pid
```

5. 슈퍼푸티에서 m-k8s의 터미널을 1개 더 띄우고 이 터미널 화면에서 nginx-pod의 IP(172.16.103.132)에서 돌아가는 웹 페이지를 1초마다 한 번씩 요청하는 스크립트를 실행합니다. curl에서 요청한 값만 받도록 --silent 옵션을 추가합니다. 이 스크립트로 nginx의 상태도 체크합니다.

```
[root@m-k8s ~]# i=1; while true; do sleep 1; echo $((i++)) `curl --silent
172.16.103.132 | grep title` ; done
```

6. 배시 셸에서 nginx 프로세서인 PID 1번을 kill 명령으로 종료합니다.

```
root@nginx-pod:/# kill 1
root@nginx-pod:/# command terminated with exit code 137
```

7. 추가한 터미널에서 1초마다 nginx 웹 페이지를 받아오는 스크립트가 잘 작동하는지 확인하고, 자동으로 다시 복구되는지도 함께 확인합니다. 테스트 화면은 다음과 같습니다.

▼ 그림 3-27 nginx 웹 페이지를 1초마다 받아오는 테스트 화면

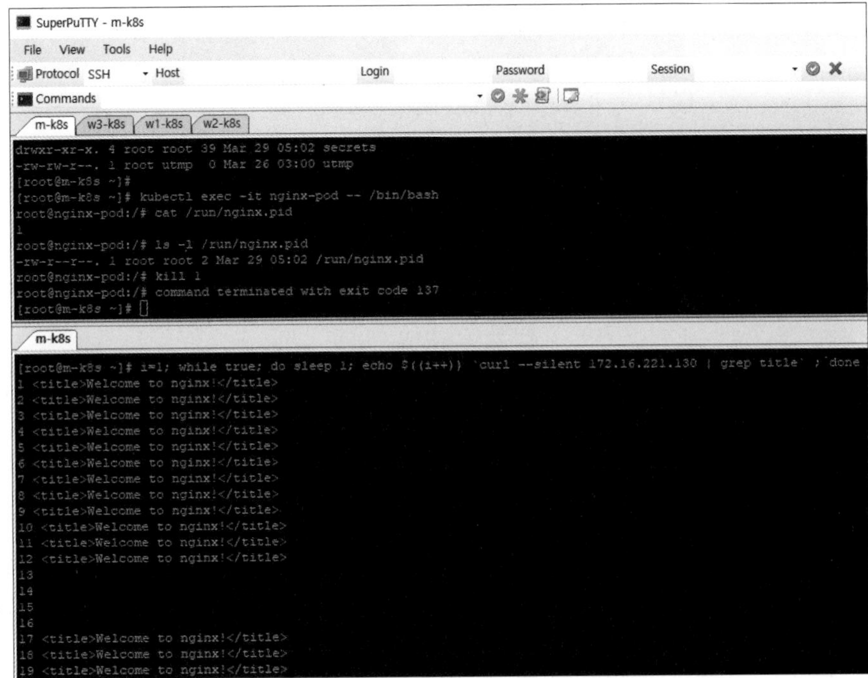

8. nginx 웹 페이지가 복구되는 것을 확인한 후에 다시 nginx-pod에 접속합니다. ls -l을 실행합니다. nginx.pid가 생성된 시간으로 새로 생성된 프로세스인지 확인합니다. 그리고 다음 진행을 위해서 exit 명령을 수행해 다시 m-k8s의 배시 셸로 나옵니다.

```
[root@m-k8s ~]# kubectl exec -it nginx-pod -- /bin/bash
root@nginx-pod:/# ls -l /run/nginx.pid
-rw-r--r--. 1 root root 2 Feb  2 11:32 /run/nginx.pid
root@nginx-pod:/# exit
exit
[root@m-k8s ~]#
```

nginx 프로세스는 몇 초만에 종료되고 바로 다시 실행되므로 생성 시간을 확인하기가 어려울 수 있습니다. 만약 정확하게 확인하지 못했다면 원래 터미널 창에서 다시 한 번 kill 1을 실행해 시간을 확인해 봅시다.

3.2.7 파드의 동작 보증 기능

쿠버네티스는 파드 자체에 문제가 발생하면 파드를 자동 복구해서 파드가 항상 동작하도록 보장하는 기능도 있습니다. 사실 이미 앞에서 이 기능을 경험했습니다. 자세히 살펴봅시다.

1. 파드에 문제가 발생하는 상황을 만들기 위해 앞에서 생성한 파드를 삭제하겠습니다. 현재 어떤 파드들이 있는지 먼저 확인합니다.

```
[root@m-k8s ~]# kubectl get pods
NAME                          READY   STATUS    RESTARTS   AGE
echo-hname-5d754d565-7bzfs    1/1     Running   0          9m44s
echo-hname-5d754d565-8759n    1/1     Running   0          6m21s
echo-hname-5d754d565-dbt29    1/1     Running   0          6m21s
echo-hname-5d754d565-g7tl5    1/1     Running   0          9m44s
echo-hname-5d754d565-jl2c6    1/1     Running   0          6m21s
echo-hname-5d754d565-lksqr    1/1     Running   0          9m44s
nginx-pod                     1/1     Running   0          26m
```

2. kubectl delete pods nginx-pod를 실행해 nginx-pod를 삭제합니다.

```
[root@m-k8s ~]# kubectl delete pods nginx-pod
pod "nginx-pod" deleted
```

3. 파드의 동작을 보증하려면 어떤 조건이 필요합니다. 어떤 조건인지 확인하기 위해 다른 파드도 삭제해 서로 비교해 봅시다. 파드 목록 중에서 가장 위에 있던 echo-hname-5d754d565-7bzfs(환경마다 이름은 다를 수 있음)를 삭제하겠습니다. 삭제 명령을 실행하면 기존에 nginx-pod를 삭제할 때보다 더 오래 걸립니다.

```
[root@m-k8s ~]# kubectl delete pods echo-hname-5d754d565-7bzfs
pod "echo-hname-5d754d565-7bzfs" deleted
```

4. 삭제가 잘 됐는지 kubectl get pods로 확인합니다. 어찌된 영문인지 아직도 6개의 파드가 살아 있으며 그중 하나는 AGE를 봤을 때 최근에 생성된 것으로 보입니다. 또한 앞에서 삭제한 echo-hname-5d754d565-7bzfs는 목록에 없습니다.

```
[root@m-k8s ~]# kubectl get pods
NAME                          READY   STATUS    RESTARTS   AGE
echo-hname-5d754d565-8759n    1/1     Running   0          7m35s
echo-hname-5d754d565-9zcnn    1/1     Running   0          38s
echo-hname-5d754d565-dbt29    1/1     Running   0          7m35s
```

3 컨테이너를 다루는 표준 아키텍처, 쿠버네티스

```
echo-hname-5d754d565-g7tl5   1/1    Running   0          10m
echo-hname-5d754d565-jl2c6   1/1    Running   0          7m35s
echo-hname-5d754d565-lksqr   1/1    Running   0          10m
```

이렇게 된 이유를 알아봅시다. nginx-pod는 디플로이먼트에 속한 파드가 아니며 어떤 컨트롤러도 이 파드를 관리하지 않습니다. 따라서 nginx-pod는 바로 삭제되고 다시 생성되지도 않습니다.

✔ 그림 3-28 일반 파드의 삭제

echo-hname은 디플로이먼트에 속한 파드입니다. 그리고 앞에서 echo-hname에 속한 파드를 replicas에서 6개로 선언했습니다. replicas는 파드를 선언한 수대로 유지하도록 파드의 수를 항상 확인하고 부족하면 새로운 파드를 만들어냅니다. 따라서 임의로 파드를 삭제하면 replicas가 삭제된 파드를 확인하고 파드의 총 개수를 6개로 맞추기 위해서 새로운 파드 1개를 생성합니다. 디플로이먼트에 속한 파드가 삭제되고 다시 생성되는 과정은 다음과 같습니다.

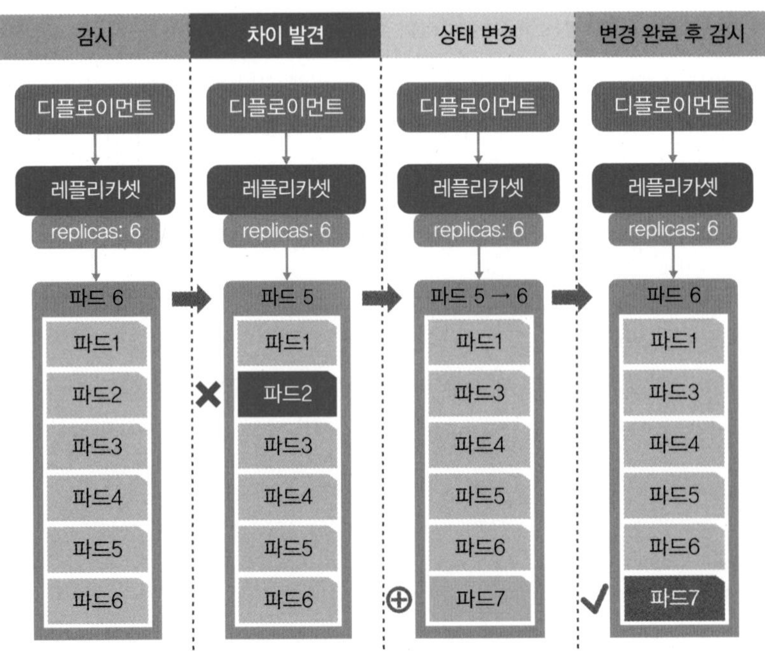

✔ 그림 3-29 디플로이먼트에 속한 파드의 삭제 및 복구 과정

이와 같이 디플로이먼트로 생성하는 것이 파드의 동작을 보장하기 위한 조건입니다.

파드의 동작 보증 기능을 마무리하면서 이렇게 파드가 자동 복구가 되면 디플로이먼트에 속한 파드는 어떻게 삭제할까요? 디플로이먼트에 속한 파드를 삭제하는 방법도 알아봅시다.

5. 디플로이먼트에 속한 파드는 상위 디플로이먼트를 삭제해야 파드가 삭제됩니다. kubectl delete deployment echo-hname 명령으로 디플로이먼트를 삭제합니다.

```
[root@m-k8s ~]# kubectl delete deployment echo-hname
deployment.apps "echo-hname" deleted
```

6. 디플로이먼트를 삭제한 후에 배포된 파드가 남아 있는지 확인합니다.

```
[root@m-k8s ~]# kubectl get pods
No resources found in default namespace.
```


3.2.8 노드 자원 보호하기

여러 가지 상황에서도 쿠버네티스는 파드를 안정적으로 작동하도록 관리한다는 것을 알았습니다. 그렇다면 노드는 어떤 식으로 관리할까요? 우선 노드의 목적을 명확히 해야 합니다. 노드는 쿠버네티스 스케줄러에서 파드를 할당받고 처리하는 역할을 합니다.

그런데 최근에 몇 차례 문제가 생긴 노드에 파드를 할당하면 문제가 생길 가능성이 높습니다. 하지만 어쩔 수 없이 해당 노드를 사용해야 한다면 어떻게 할까요? 이런 경우에는 영향도가 적은 파드를 할당해 일정 기간 사용하면서 모니터링해야 합니다. 즉, 노드에 문제가 생기더라도 파드의 문제를 최소화해야 합니다. 하지만 쿠버네티스는 모든 노드에 균등하게 파드를 할당하려고 합니다. 그렇다면 **어떻게 문제가 생길 가능성이 있는 노드**라는 것을 쿠버네티스에 알려줄까요?[2]

쿠버네티스에서는 이런 경우에 cordon 기능을 사용합니다. cordon으로 노드를 어떻게 관리하는지 알아보겠습니다.

1. 현재 배포된 파드가 없기 때문에 echo-hname.yaml을 적용해(apply) 파드를 생성합니다.

```
[root@m-k8s ~]# kubectl apply -f ~/_Book_k8sInfra/ch3/3.2.8/echo-hname.yaml
deployment.apps/echo-hname created
```

2 해당 노드에 더는 파드를 할당하지 않는 기능으로, 꼭 문제가 생길 가능성이 있는 노드를 의미하지는 않습니다. 효과적인 이해를 돕기 위해 제시한 예시입니다.

2. scale 명령으로 배포한 파드를 9개로 늘립니다.

```
[root@m-k8s ~]# kubectl scale deployment echo-hname --replicas=9
deployment.apps/echo-hname scaled
```

3. 배포된 9개의 파드가 제대로 작동하는지, IP 할당이 잘 됐는지, 각 노드로 공평하게 배분됐는지를 확인합니다. 이때 `kubectl get pods -o wide` 대신에 `kubectl get pods -o=custom-columns`를 사용합니다. -o는 output을 의미하고, custom-columns는 사용자가 임의로 구성할 수 있는 열을 의미합니다. 명령에서 NAME, IP, STATUS, NODE는 열의 제목이고, 콜론(:) 뒤에 내용 값인 .metadata.name, .status.podIP, .status.phase, .spec.nodeName을 넣고 콤마(,)로 구분합니다. 내용 값을 어떻게 확인하는지는 이어서 나오는 '배포된 파드의 세부 값을 확인하는 법'을 참고하기 바랍니다.

```
[root@m-k8s ~]# kubectl get pods \
-o=custom-columns=NAME:.metadata.name,IP:.status.podIP,STATUS:.status.phase,NODE:.
spec.nodeName
NAME                         IP               STATUS    NODE
echo-hname-5d754d565-69wgw   172.16.103.139   Running   w2-k8s
echo-hname-5d754d565-9t9s8   172.16.221.134   Running   w1-k8s
echo-hname-5d754d565-jdzrt   172.16.132.6     Running   w3-k8s
echo-hname-5d754d565-khrrr   172.16.132.8     Running   w3-k8s
echo-hname-5d754d565-qlk6f   172.16.103.138   Running   w2-k8s
echo-hname-5d754d565-qzs9v   172.16.221.136   Running   w1-k8s
echo-hname-5d754d565-qzvkv   172.16.103.137   Running   w2-k8s
echo-hname-5d754d565-rd9cf   172.16.221.135   Running   w1-k8s
echo-hname-5d754d565-sz5nm   172.16.132.7     Running   w3-k8s
```

Tip 배포된 파드의 세부 값을 확인하는 법

여러 방법이 있지만, 가장 간단한 방법은 배포된 파드의 내용을 야믈 형식으로 받아 내용을 보는 것입니다.

1. 배포된 파드 중에 하나(echo-hname-5d754d565-69wgw)를 선택하고 `-o yaml` 옵션으로 배포된 파드의 내용을 pod.yaml에 저장합니다.

```
[root@m-k8s ~]# kubectl get pod echo-hname-5d754d565-69wgw -o yaml > pod.yaml
```

2. vi(vim이 alias돼 있음)로 pod.yaml의 내용을 살펴봅니다.

```
[root@m-k8s ~]# vi pod.yaml
```

3. 배포된 파드에서 확인하고 싶은 값은 다음과 같습니다. 왼쪽 숫자는 줄 번호이며, 오른쪽은 pods.yaml에서 확인할 수 있는 값입니다.

계속

.metadata.name	
3	metadata:
96	name: echo-hname-5d754d565-69wgw

.status.podIP	
144	status:
176	podIP: 172.16.103.139

.spec.nodeName	
108	spec:
122	nodeName: w2-k8s

.status.phase	
144	status:
175	phase: Running

4. scale로 파드의 수를 3개로 줄입니다.

```
[root@m-k8s ~]# kubectl scale deployment echo-hname --replicas=3
deployment.apps/echo-hname scaled
```

5. 각 노드에 파드가 1개씩만 남았는지 확인합니다.

```
[root@m-k8s ~]# kubectl get pods \
-o=custom-columns=NAME:.metadata.name,IP:.status.podIP,STATUS:.status.phase,NODE:.
spec.nodeName
NAME                         IP               STATUS    NODE
echo-hname-5d754d565-9t9s8   172.16.221.134   Running   w1-k8s
echo-hname-5d754d565-jdzrt   172.16.132.6     Running   w3-k8s
echo-hname-5d754d565-qzvkv   172.16.103.137   Running   w2-k8s
```

6. 그런데 w3-k8s 노드에서 문제가 자주 발생해 현재 상태를 보존해야 합니다. w3-k8s 노드에 cordon 명령을 실행합니다.

```
[root@m-k8s ~]# kubectl cordon w3-k8s
node/w3-k8s cordoned
```

7. kubectl get nodes 명령을 실행해 cordon 명령이 제대로 적용됐는지 확인합니다.

```
[root@m-k8s ~]# kubectl get nodes
NAME     STATUS                     ROLES    AGE    VERSION
m-k8s    Ready                      master   131m   v1.18.4
w1-k8s   Ready                      <none>   127m   v1.18.4
w2-k8s   Ready                      <none>   122m   v1.18.4
w3-k8s   Ready,SchedulingDisabled   <none>   117m   v1.18.4
```

w3-k8s가 더 이상 파드가 할당되지 않는 상태로 변경됐습니다. 이처럼 cordon 명령을 실행하면 해당 노드에 파드가 할당되지 않게 스케줄되지 않는 상태(SchedulingDisabled)라는 표시를 합니다.

8. 이 상태에서 파드 수를 9개로 늘립니다.

```
[root@m-k8s ~]# kubectl scale deployment echo-hname --replicas=9
deployment.apps/echo-hname scaled
```

9. 노드에 배포된 파드를 확인합니다. 특히 w3-k8s에 추가로 배포된 파드가 있는지 확인합니다.

```
[root@m-k8s ~]# kubectl get pods \
-o=custom-columns=NAME:.metadata.name,IP:.status.podIP,STATUS:.status.phase,NODE:.
spec.nodeName
NAME                          IP               STATUS    NODE
echo-hname-5d754d565-9t9s8    172.16.221.134   Running   w1-k8s
echo-hname-5d754d565-cg5w6    172.16.103.140   Running   w2-k8s
echo-hname-5d754d565-f947n    172.16.221.137   Running   w1-k8s
echo-hname-5d754d565-fr5v6    172.16.103.141   Running   w2-k8s
echo-hname-5d754d565-jdzrt    172.16.132.6     Running   w3-k8s
echo-hname-5d754d565-mb9z5    172.16.103.142   Running   w2-k8s
echo-hname-5d754d565-mcm97    172.16.221.138   Running   w1-k8s
echo-hname-5d754d565-qzvkv    172.16.103.137   Running   w2-k8s
echo-hname-5d754d565-zdp4d    172.16.221.139   Running   w1-k8s
```

파드 수가 w1-k8s는 4개, w2-k8s는 4개지만 w3-k8s는 여전히 1개인 것을 볼 수 있습니다. 이때 노드와 파드 상태는 다음과 같습니다.

▼ 그림 3-30 w3-k8s에 파드가 할당되지 않게 설정한 다음 추가로 6개의 파드를 배포한 상황

	w1-k8s	w2-k8s	w3-k8s
파드			

	w1-k8s	w2-k8s	w3-k8s
파드			

10. 이번에는 파드 수를 3개로 줄입니다.

```
[root@m-k8s ~]# kubectl scale deployment echo-hname --replicas=3
deployment.apps/echo-hname scaled
```

11. 각 노드에 할당된 파드 수가 공평하게 1개씩인지 확인합니다.

```
[root@m-k8s ~]# kubectl get pods \
-o=custom-columns=NAME:.metadata.name,IP:.status.podIP,STATUS:.status.phase,NODE:.
spec.nodeName
NAME                         IP               STATUS    NODE
echo-hname-5d754d565-9t9s8   172.16.221.134   Running   w1-k8s
echo-hname-5d754d565-jdzrt   172.16.132.6     Running   w3-k8s
echo-hname-5d754d565-qzvkv   172.16.103.137   Running   w2-k8s
```

12. uncordon 명령으로 w3-k8s에 파드가 할당되지 않게 설정했던 것을 해제합니다.

```
[root@m-k8s ~]# kubectl uncordon w3-k8s
node/w3-k8s uncordoned
```

13. w3-k8s에 uncordon이 적용됐는지 kubectl get nodes 명령으로 확인합니다.

```
[root@m-k8s ~]# kubectl get nodes
NAME     STATUS   ROLES    AGE    VERSION
m-k8s    Ready    master   134m   v1.18.4
w1-k8s   Ready    <none>   129m   v1.18.4
w2-k8s   Ready    <none>   125m   v1.18.4
w3-k8s   Ready    <none>   120m   v1.18.4
```

cordon 기능으로 문제가 발생할 가능성이 있는 노드를 스케줄되지 않게 설정해 봤습니다. 그렇다면 노드의 커널을 업데이트하거나 노드의 메모리를 증설하는 등의 작업이 필요해서 노드를 꺼야 할 때는 어떻게 하면 좋을까요?

3.2.9 노드 유지보수하기

쿠버네티스를 사용하다 보면 정기 또는 비정기적인 유지보수를 위해 노드를 꺼야 하는 상황이 발생합니다. 이런 경우를 대비해 쿠버네티스는 drain 기능을 제공합니다. drain은 지정된 노드의 파드를 전부 다른 곳으로 이동시켜 해당 노드를 유지보수할 수 있게 합니다. drain 기능을 어떻게 사용하는지 살펴보겠습니다.

1. kubectl drain 명령을 실행해 유지보수할 노드(w3-k8s)를 파드가 없는 상태로 만듭니다. 그런데 이 명령을 실행하면 w3-k8s에서 데몬셋을 지울 수 없어서 명령을 수행할 수 없다고 나옵니다.

```
[root@m-k8s ~]# kubectl drain w3-k8s
node/w3-k8s cordoned
error: unable to drain node "w3-k8s", aborting command...

There are pending nodes to be drained:
 w3-k8s
error: cannot delete DaemonSet-managed Pods (use --ignore-daemonsets to ignore): kube-system/calico-node-j9plc, kube-system/kube-proxy-5ltsx
```

여기서 drain이 어떻게 작동하는지 알 수 있습니다. drain은 실제로 파드를 옮기는 것이 아니라 노드에서 파드를 삭제하고 다른 곳에 다시 생성합니다. 앞에서도 설명했지만 파드는 언제라도 삭제할 수 있기 때문에 쿠버네티스에서 대부분 이동은 파드를 지우고 다시 만드는 과정을 의미합니다. 그런데 DaemonSet은 각 노드에 1개만 존재하는 파드라서 drain으로는 삭제할 수 없습니다(DaemonSet에 관한 자세한 설명은 '3.4.1 데몬셋'을 참고하세요).

2. 이번에는 drain 명령과 ignore-daemonsets 옵션을 함께 사용합니다. 이 옵션을 사용하면 DaemonSet을 무시하고 진행합니다. 경고가 발생하지만 모든 파드가 이동됩니다.

```
[root@m-k8s ~]# kubectl drain w3-k8s --ignore-daemonsets
node/w3-k8s already cordoned
WARNING: ignoring DaemonSet-managed Pods: kube-system/calico-node-j9plc, kube-system/kube-proxy-5ltsx
evicting pod " echo-hname-5d754d565-jdzrt"
pod/ echo-hname-5d754d565-jdzrt
node/w3-k8s evicted
```

3. 노드 w3-k8s에 파드가 없는지 확인합니다. 그리고 옮긴 노드에 파드가 새로 생성돼 파드 이름과 IP가 부여된 것도 확인합니다.

```
[root@m-k8s ~]# kubectl get pods \
-o=custom-columns=NAME:.metadata.name,IP:.status.podIP,STATUS:.status.phase,NODE:.spec.nodeName
NAME                          IP               STATUS    NODE
echo-hname-5d754d565-9t9s8    172.16.221.134   Running   w1-k8s
echo-hname-5d754d565-67gbr    172.16.221.140   Running   w1-k8s
echo-hname-5d754d565-qzvkv    172.16.103.137   Running   w2-k8s
```

4. kubectl get nodes를 실행해 drain 명령이 수행된 w3-k8s 노드의 상태를 확인합니다. cordon을 실행했을 때처럼 w3-k8s는 SchedulingDisabled 상태입니다.

```
[root@m-k8s ~]# kubectl get nodes
NAME      STATUS                        ROLES    AGE    VERSION
m-k8s     Ready                         master   145m   v1.18.4
w1-k8s    Ready                         <none>   140m   v1.18.4
w2-k8s    Ready                         <none>   136m   v1.18.4
w3-k8s    Ready,SchedulingDisabled      <none>   131m   v1.18.4
```


5. 유지보수가 끝났다고 가정하고 w3-k8s에 uncordon 명령을 실행해 스케줄을 받을 수 있는 상태로 복귀시킵니다.

```
[root@m-k8s ~]# kubectl uncordon w3-k8s
node/w3-k8s uncordoned
```

6. 다시 노드 상태를 확인합니다.

```
[root@m-k8s ~]# kubectl get nodes
NAME      STATUS   ROLES    AGE    VERSION
m-k8s     Ready    master   150m   v1.18.4
w1-k8s    Ready    <none>   145m   v1.18.4
w2-k8s    Ready    <none>   141m   v1.18.4
w3-k8s    Ready    <none>   136m   v1.18.4
```

7. 다음 진행을 위해 배포한 echo-hname을 삭제합니다.

```
[root@m-k8s ~]# kubectl delete -f ~/_Book_k8sInfra/ch3/3.2.8/echo-hname.yaml
deployment.apps "echo-hname" deleted
```

8. kubectl get pods로 배포된 파드가 없음을 확인합니다.

```
[root@m-k8s ~]# kubectl get pods
No resources found in default namespace.
```

3.2.10 파드 업데이트하고 복구하기

파드를 운영하다 보면 컨테이너에 새로운 기능을 추가하거나 치명적인 버그가 발생해 버전을 업데이트해야 할 때가 있습니다. 또는 업데이트하는 도중 문제가 발생해 다시 기존 버전으로 복구해야 하는 일도 발생합니다. 이런 일은 어떻게 처리하는지 확인해 봅시다.

파드 업데이트하기

1. 다음 명령으로 컨테이너 버전 업데이트를 테스트하기 위한 파드를 배포합니다. 여기서 --record는 매우 중요한 옵션으로, 배포한 정보의 히스토리를 기록합니다.

   ```
   [root@m-k8s ~]# kubectl apply -f ~/_Book_k8sInfra/ch3/3.2.10/rollout-nginx.yaml --record
   deployment.apps/rollout-nginx created
   ```

   적용한 코드 내용은 다음과 같습니다. 대부분은 이미 살펴본 내용이며, 여기서 중요한 부분은 버전을 정하는 image: nginx:1.15.12입니다. 여기에 설치할 컨테이너 버전을 지정하고, 설치한 후에 단계별로 버전을 업데이트합니다.

rollout-nginx.yaml

```
apiVersion: apps/v1
kind: Deployment
metadata:
  name: rollout-nginx
spec:
  replicas: 3
  selector:
    matchLabels:
      app: nginx
  template:
    metadata:
      labels:
        app: nginx
    spec:
      containers:
      - name: nginx
        image: nginx:1.15.12
```

✔ 그림 3-31 rollout-nginx.yaml 파일의 구조

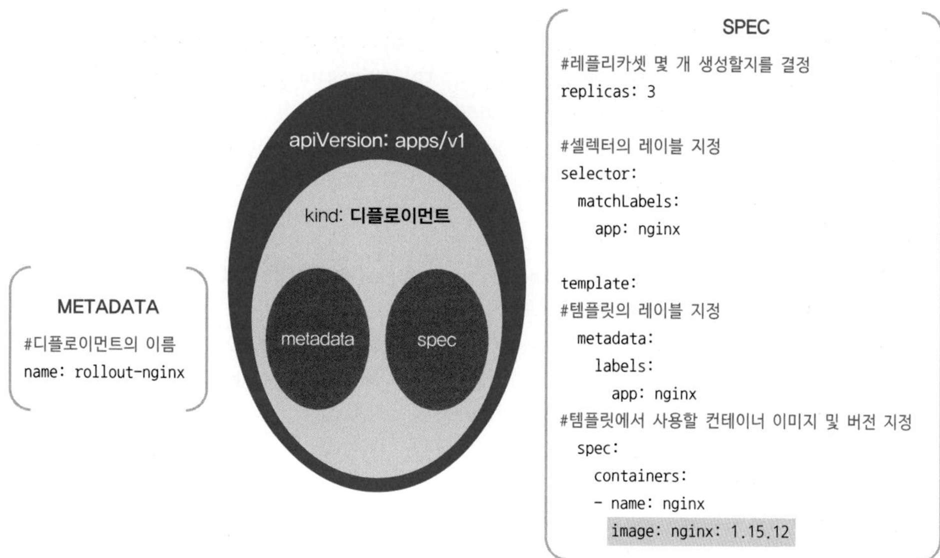

2. record 옵션으로 기록된 히스토리는 rollout history 명령을 실행해 확인할 수 있습니다.

```
[root@m-k8s ~]# kubectl rollout history deployment rollout-nginx
deployment.apps/rollout-nginx
REVISION  CHANGE-CAUSE
1         kubectl apply --filename=/root/_Book_k8sInfra/ch3/3.2.10/rollout-nginx.yaml
--record=true
```

3. 배포한 파드의 정보를 확인합니다.

```
[root@m-k8s ~]# kubectl get pods \
-o=custom-columns=NAME:.metadata.name,IP:.status.podIP,STATUS:.status.phase,NODE:.
spec.nodeName
NAME                             IP               STATUS    NODE
rollout-nginx-5b7c85b5c9-g8x8x   172.16.103.143   Running   w2-k8s
rollout-nginx-5b7c85b5c9-xl5db   172.16.221.141   Running   w1-k8s
rollout-nginx-5b7c85b5c9-zwpgk   172.16.132.9     Running   w3-k8s
```

4. 배포된 파드에 속해 있는 nginx 컨테이너 버전을 curl -I(헤더 정보만 보여주는 옵션) 명령으로 확인합니다.

```
[root@m-k8s ~]# curl -I --silent 172.16.103.143 | grep Server
Server: nginx/1.15.12
```

5. set image 명령으로 파드의 nginx 컨테이너 버전을 1.16.0으로 업데이트합니다. 이번에도 --record를 명령에 포함해 실행한 명령을 기록합니다.

```
[root@m-k8s ~]# kubectl set image deployment rollout-nginx nginx=nginx:1.16.0 --record
deployment.apps/rollout-nginx image updated
```

6. 업데이트한 후에 파드의 상태를 확인합니다.

```
[root@m-k8s ~]# kubectl get pods \
-o=custom-columns=NAME:.metadata.name,IP:.status.podIP,STATUS:.status.phase,NODE:.
spec.nodeName
NAME                               IP               STATUS    NODE
rollout-nginx-7598b44f45-cp9kk     172.16.132.10    Running   w3-k8s
rollout-nginx-7598b44f45-nscgk     172.16.103.144   Running   w2-k8s
rollout-nginx-7598b44f45-w6swb     172.16.221.142   Running   w1-k8s
```

결과를 보니 파드들의 이름과 IP가 변경됐습니다. 왜 이런 현상이 발생했을까요?

여러 번 언급했듯이 파드는 언제라도 지우고 다시 만들 수 있습니다. 따라서 파드에 속한 nginx 컨테이너를 업데이트하는 가장 쉬운 방법은 파드를 관리하는 replicas의 수를 줄이고 늘려 파드를 새로 생성하는 것입니다. 이때 시스템의 영향을 최소화하기 위해 replicas에 속한 파드를 모두 한 번에 지우는 것이 아니라 파드를 하나씩 순차적으로 지우고 생성합니다. 이때 파드 수가 많으면 하나씩이 아니라 다수의 파드가 업데이트됩니다. 업데이트 기본값은 전체의 1/4(25%)개이며, 최솟값은 1개입니다.

▼ 그림 3-32 rollout으로 파드 업데이트 시 구성 변화

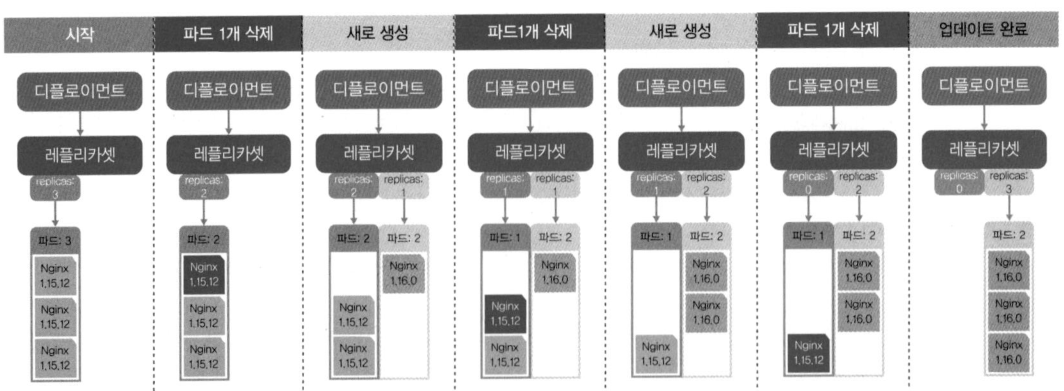

7. nginx 컨테이너가 1.16.0으로 모두 업데이트되면 Deployment의 상태를 확인합니다.

```
[root@m-k8s ~]# kubectl rollout status deployment rollout-nginx
deployment "rollout-nginx" successfully rolled out
```

8. rollout history 명령을 실행해 rollout-nginx에 적용된 명령들을 확인합니다.

```
[root@m-k8s ~]# kubectl rollout history deployment rollout-nginx
deployment.apps/rollout-nginx
REVISION  CHANGE-CAUSE
1         kubectl apply --filename=/root/_Book_k8sInfra/ch3/3.2.10/rollout-nginx.yaml
--record=true
2         kubectl set image deployment rollout-nginx nginx=nginx:1.16.0 --record=true
```

9. curl -I 명령으로 업데이트(1.16.0)가 제대로 이루어졌는지도 확인합니다.

```
[root@m-k8s ~]# curl -I --silent 172.16.132.10 | grep Server
Server: nginx/1.16.0
```

업데이트 실패 시 파드 복구하기

업데이트할 때 실수로 잘못된 버전을 입력하면 어떻게 될까요? 잘못된 않은 컨테이너 버전을 입력하고 어떻게 되는지 확인해 보겠습니다.

1. set image 명령으로 nginx 컨테이너 버전을 의도(1.17.2)와 다르게 1.17.23으로 입력합니다.

```
[root@m-k8s ~]# kubectl set image deployment rollout-nginx nginx=nginx:1.17.23
--record
deployment.apps/rollout-nginx image updated
```

2. 하지만 이번에는 한참을 쉬고 돌아와도 파드가 삭제되지 않고 pending(대기 중) 상태에서 넘어가지 않습니다. 이제부터 그 이유를 살펴보겠습니다.

```
[root@m-k8s ~]# kubectl get pods \
-o=custom-columns=NAME:.metadata.name,IP:.status.podIP,STATUS:.status.phase,NODE:.
spec.nodeName
NAME                            IP               STATUS    NODE
rollout-nginx-7598b44f45-cp9kk  172.16.132.10    Running   w3-k8s
rollout-nginx-7598b44f45-nscgk  172.16.103.144   Running   w2-k8s
rollout-nginx-7598b44f45-w6swb  172.16.221.142   Running   w1-k8s
rollout-nginx-7759875c65-wghcd  172.16.103.149   Pending   w2-k8s
```

3. 어떤 문제인지를 확인하기 위해 rollout status를 실행합니다. 새로운 replicas는 생성했으나(new replicas have been updated) 디플로이먼트를 배포하는 단계에서 대기 중(Waiting)으로 더 이상 진행되지 않은 것을 확인할 수 있습니다.

```
[root@m-k8s ~]# kubectl rollout status deployment rollout-nginx
Waiting for deployment "rollout-nginx" rollout to finish: 1 out of 3 new replicas have
been updated...
```

4. Deployment를 생성하려고 여러 번 시도했지만, 끝내 생성되지 않았다는 메시지가 출력됩니다.

```
[root@m-k8s ~]# kubectl rollout status deployment rollout-nginx
error: deployment "rollout-nginx" exceeded its progress deadline
```

5. describe 명령으로 문제점을 좀 더 자세히 살펴봅시다. 이 명령은 쿠버네티스의 상태를 살펴볼 때 유용합니다.

```
[root@m-k8s ~]# kubectl describe deployment rollout-nginx
Name:                   rollout-nginx
[중략]
  Containers:
   nginx:
    Image:        nginx:1.17.23
    Port:         <none>
    Host Port:    <none>
    Environment:  <none>
    Mounts:       <none>
  Volumes:        <none>
Conditions:
  Type           Status  Reason
  ----           ------  ------
  Available      True    MinimumReplicasAvailable
  Progressing    True    ReplicaSetUpdated
OldReplicaSets:  rollout-nginx-7598b44f45 (3/3 replicas created)
NewReplicaSet:   rollout-nginx-7759875c65 (1/1 replicas created)
[생략]
```

describe 명령으로 확인하니 replicas가 새로 생성되는 과정에서 멈춰 있습니다. 그 이유는 1.17.23 버전의 nginx 컨테이너가 없기 때문입니다. 따라서 replicas가 생성을 시도했으나 컨테이너 이미지를 찾을 수 없어서 디플로이먼트가 배포되지 않았습니다. 실제로 배포할 때 이런 실수를 할 가능성이 충분히 있습니다. 이를 방지하고자 업데이트할 때 rollout을 사용하고 --record로 기록하는 것입니다.

그림 3-33 NGINX의 도커 허브 – 1.17.23 버전 없음

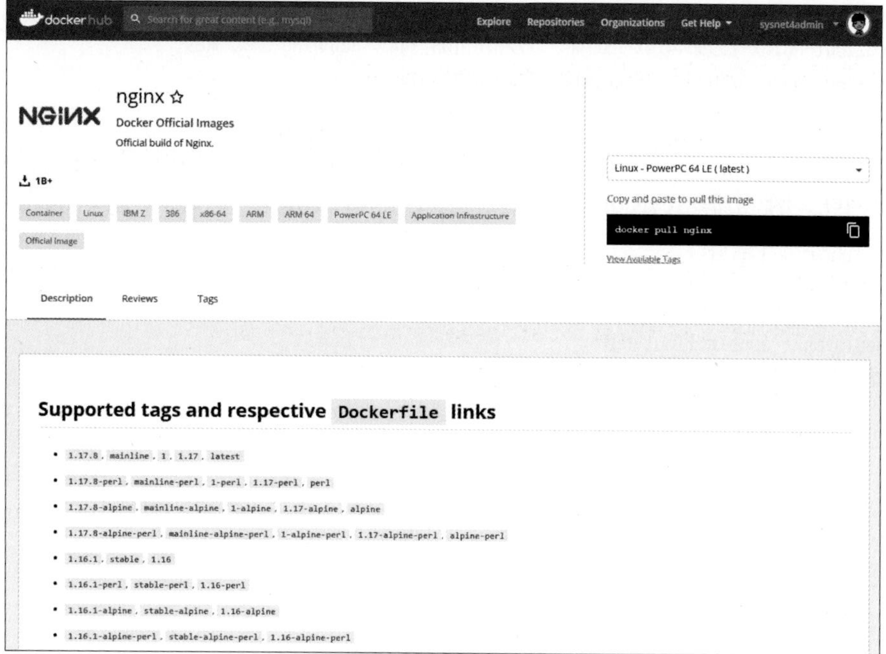

6. 문제를 확인했으니 정상적인 상태로 복구하는 방법을 살펴보겠습니다. 업데이트할 때 사용했던 명령들을 rollout history로 확인합니다.

```
[root@m-k8s ~]# kubectl rollout history deployment rollout-nginx
deployment.apps/rollout-nginx
REVISION  CHANGE-CAUSE
1         kubectl apply --filename=~/_Book_k8sInfra/ch3/3.2.10/rollout-nginx.yaml
--record=true
2         kubectl set image deployment rollout-nginx nginx=nginx:1.16.0 --record=true
3         kubectl set image deployment rollout-nginx nginx=nginx:1.17.23 --record=true
```

7. rollout undo로 명령 실행을 취소해 마지막 단계(revision 3)에서 전 단계(revision 2)로 상태를 되돌립니다.

```
[root@m-k8s ~]# kubectl rollout undo deployment rollout-nginx
deployment.apps/rollout-nginx rolled back
```

8. 파드 상태를 다시 확인합니다.

```
[root@m-k8s ~]# kubectl get pods \
-o=custom-columns=NAME:.metadata.name,IP:.status.podIP,STATUS:.status.phase,NODE:.
spec.nodeName
```

```
NAME                               IP              STATUS    NODE
rollout-nginx-7598b44f45-cp9kk     172.16.132.10   Running   w3-k8s
rollout-nginx-7598b44f45-nscgk     172.16.103.144  Running   w2-k8s
rollout-nginx-7598b44f45-w6swb     172.16.221.142  Running   w1-k8s
```

9. rollout history로 실행된 명령을 확인합니다. revision 4가 추가되고 revision 2가 삭제됐습니다. 현재 상태를 revision 2로 되돌렸기 때문에 revision 2는 삭제되고 가장 최근 상태는 revision 4가 됩니다.

```
[root@m-k8s ~]# kubectl rollout history deployment rollout-nginx
deployment.apps/rollout-nginx
REVISION  CHANGE-CAUSE
1         kubectl apply --filename=/root/_Book_k8sInfra/ch3/3.2.10/rollout-nginx.yaml
--record=true
3         kubectl set image deployment rollout-nginx nginx=nginx:1.17.23 --record=true
4         kubectl set image deployment rollout-nginx nginx=nginx:1.16.0 --record=true
```

이해하기 쉽게 그림으로 표현하면 다음과 같습니다.

▼ 그림 3-34 파드를 업데이트했다 복구하는 과정

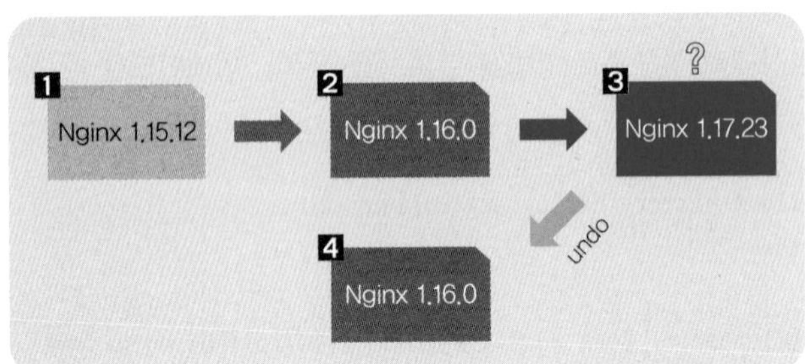

10. 배포된 컨테이너의 nginx 버전을 curl -I로 확인합니다. nginx의 버전이 1.16.0이므로 상태가 되돌려졌음을 알 수 있습니다.

```
[root@m-k8s ~]# curl -I --silent 172.16.132.10 | grep Server
Server: nginx/1.16.0
```

11. rollout status 명령으로 변경이 정상적으로 적용됐는지 확인합니다.

```
[root@m-k8s ~]# kubectl rollout status deployment rollout-nginx
deployment "rollout-nginx" successfully rolled out
```

12. describe로 현재 디플로이먼트 상태도 세부적으로 점검하고 넘어갑니다.

```
[root@m-k8s ~]# kubectl describe deployment rollout-nginx
Name:                   rollout-nginx
[중략]
  Containers:
   nginx:
    Image:        nginx:1.16.0
    Port:         <none>
    Host Port:    <none>
    Environment:  <none>
    Mounts:       <none>
  Volumes:        <none>
Conditions:
  Type           Status  Reason
  ----           ------  ------
  Available      True    MinimumReplicasAvailable
  Progressing    True    NewReplicaSetAvailable
OldReplicaSets:  <none>
NewReplicaSet:   rollout-nginx-7598b44f45 (3/3 replicas created)
[생략]
```

특정 시점으로 파드 복구하기

바로 전 상태가 아니라 특정 시점으로 돌아가고 싶다면 어떻게 할까요? 이럴 때는 --to-revision 옵션을 사용합니다.

1. 처음 상태인 revision 1으로 돌아가 봅시다.

```
[root@m-k8s ~]# kubectl rollout undo deployment rollout-nginx --to-revision=1
deployment.apps/rollout-nginx rolled back
```

2. 새로 생성된 파드들의 IP를 확인합니다.

```
[root@m-k8s ~]# kubectl get pods \
-o=custom-columns=NAME:.metadata.name,IP:.status.podIP,STATUS:.status.phase,NODE:.
spec.nodeName
NAME                             IP               STATUS    NODE
rollout-nginx-5b7c85b5c9-4k6c2   172.16.103.150   Running   w2-k8s
rollout-nginx-5b7c85b5c9-5cksb   172.16.221.143   Running   w1-k8s
rollout-nginx-5b7c85b5c9-qpqtv   172.16.132.11    Running   w3-k8s
```

3. curl -I로 nginx 컨테이너의 버전을 확인합니다. 1.15.12 버전이므로 처음 상태로 복구됐습니다.

```
[root@m-k8s ~]# curl -I --silent 172.16.103.150 | grep Server
Server: nginx/1.15.12
```

4. 다음 단계 진행을 위해 배포한 rollout-nginx 디플로이먼트를 삭제(delete)합니다.

```
[root@m-k8s ~]# kubectl delete -f ~/_Book_k8sInfra/ch3/3.2.10/rollout-nginx.yaml
deployment.apps "rollout-nginx" deleted
```

5. 배포된 파드가 없는지 확인합니다.

```
[root@m-k8s ~]# kubectl get pods
No resources found in default namespace.
```

지금까지 쿠버네티스의 파드를 통해서 오브젝트의 구성을 살펴보고, 파드를 효율적으로 사용할 수 있게 해 주는 디플로이먼트에 대해서 알아봤습니다. 또한 오브젝트를 생성하는 3가지 방법을 알아보고 각각의 사용 용도를 확인했습니다. 그리고 쿠버네티스의 가장 큰 강점 중의 하나인 안정적인 작동을 위해서 제공하는 기능들을 알아보고 유지보수, 업데이트 그리고 복구하는 방법도 살펴봤습니다.

CONTAINER INFRASTRUCTURE

3.3 쿠버네티스 연결을 담당하는 서비스

3.2절에서는 쿠버네티스 클러스터 내부에서 파드를 사용했습니다. 그런데 쿠버네티스 클러스터 내부에서만 파드를 이용하려고 쿠버네티스를 배우는 걸까요? 당연히 아닙니다. 이번에는 외부 사용자가 파드를 이용하는 방법을 알아보겠습니다.

시작하기에 앞서 간단하지만 혼동되는 용어를 명확하게 짚고 넘어갑시다. 일반적으로 서비스라고 하면 웹 서비스나 네트워크 서비스처럼 운영 체제에 속한 서비스 데몬 또는 개발 중인 서비스 등을 떠올릴 겁니다. 그런데 쿠버네티스에서는 외부에서 쿠버네티스 클러스터에 접속하는 방법을 **서비스**(service)라고 합니다. 서비스를 '소비를 위한 도움을 제공한다'는 관점으로 바라본다면 쿠버네티스가 외부에서 쿠버네티스 클러스터에 접속하기 위한 '**서비스**'를 제공한다고 볼 수 있습니다. 결국 용어는 어떻게 정의하느냐에 따라 의미가 달라지니 사용하면서 익숙해지도록 합시다.

3.3.1 가장 간단하게 연결하는 노드포트

외부에서 쿠버네티스 클러스터의 내부에 접속하는 가장 쉬운 방법은 **노드포트**(NodePort) 서비스를 이용하는 것입니다. 노드포트 서비스를 설정하면 모든 워커 노드의 특정 포트(노드포트)를 열고 여기로 오는 모든 요청을 노드포트 서비스로 전달합니다. 그리고 노드포트 서비스는 해당 업무를 처리할 수 있는 파드로 요청을 전달합니다. 과정을 정리하면 다음과 같습니다.

▼ 그림 3-35 노드포트 서비스 구성도

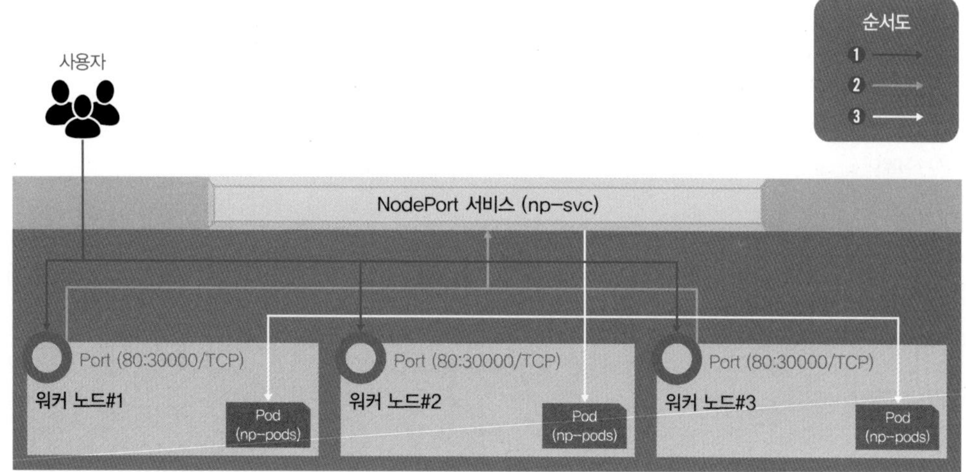

설명만으로는 이해하기 어려울 수 있으니 실습으로 확인해 보겠습니다.

노트포드 서비스로 외부에서 접속하기

1. 디플로이먼트로 파드를 생성합니다. 이때 이미지는 sysnet4admin 계정에 있는 echo-hname을 사용합니다.

```
[root@m-k8s ~]# kubectl create deployment np-pods --image=sysnet4admin/echo-hname
deployment.apps/np-pods created
```

2. 배포된 파드를 확인합니다.

```
[root@m-k8s ~]# kubectl get pods
NAME                          READY   STATUS    RESTARTS   AGE
np-pods-5767d54d4b-4pss2      1/1     Running   0          42s
```

3. kubectl create로 노드포트 서비스를 생성합니다. 여기서는 편의를 위해 이미 정의한 오브젝트 스펙을 이용합니다.

```
[root@m-k8s ~]# kubectl create -f ~/_Book_k8sInfra/ch3/3.3.1/nodeport.yaml
service/np-svc created
```

사용하는 오브젝트 스펙은 다음과 같습니다.

nodeport.yaml

```
apiVersion: v1
kind: Service
metadata:
  name: np-svc
spec:
  selector:
    app: np-pods
  ports:
    - name: http
      protocol: TCP
      port: 80
      targetPort: 80
      nodePort: 30000
  type: NodePort
```

오브젝트 스펙은 다음과 같은 구조입니다.

▼ 그림 3-36 nodeport.yaml 파일의 구조

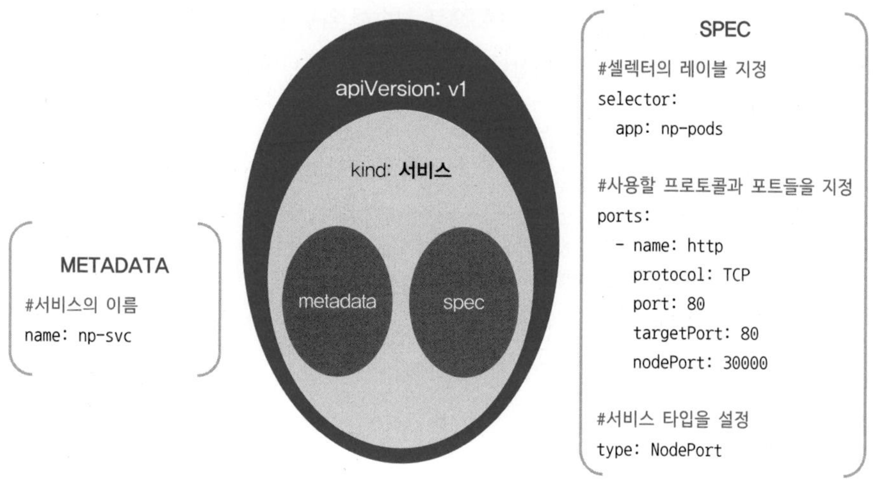

기존 파드 구조에서 kind가 Service로 바뀌었고, spec에 컨테이너에 대한 정보가 없습니다. 그리고 접속에 필요한 네트워크 관련 정보(protocol, port, targetPort, nodePort)와 서비스의 type을 NodePort로 지정했습니다.

4. kubectl get services를 실행해 노드포트 서비스로 생성한 np-svc 서비스를 확인합니다.

```
[root@m-k8s ~]# kubectl get services
NAME         TYPE        CLUSTER-IP      EXTERNAL-IP   PORT(S)        AGE
kubernetes   ClusterIP   10.96.0.1       <none>        443/TCP        87m
np-svc       NodePort    10.103.31.217   <none>        80:30000/TCP   18s
```

노드포트의 포트 번호가 30000번으로 지정됐습니다. CLUSTER-IP(10.103.31.217)는 쿠버네티스 클러스터의 내부에서 사용하는 IP로, 자동으로 지정됩니다.

5. 쿠버네티스 클러스터의 워커 노드 IP를 확인합니다.

```
[root@m-k8s ~]# kubectl get nodes -o wide
NAME    STATUS   ROLES    AGE   VERSION   INTERNAL-IP     … CONTAINER-RUNTIME
m-k8s   Ready    master   88m   v1.18.4   192.168.1.10    … docker://1.13.1
w1-k8s  Ready    <none>   84m   v1.18.4   192.168.1.101   … docker://1.13.1
w2-k8s  Ready    <none>   81m   v1.18.4   192.168.1.102   … docker://1.13.1
w3-k8s  Ready    <none>   77m   v1.18.4   192.168.1.103   … docker://1.13.1
```

6. 호스트 노트북(또는 PC)에서 웹 브라우저를 띄우고 192.168.1.101~103(확인한 워커 노드의 IP)와 30000번(노드포트의 포트 번호)으로 접속해 외부에서 접속되는지 확인합니다. 화면에 파드 이름이 표시되는지도 확인합니다. 이때 파드가 하나이므로 화면에 보이는 이름은 모두 동일합니다.

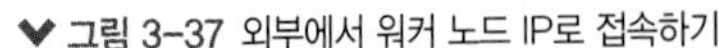
▼ 그림 3-37 외부에서 워커 노드 IP로 접속하기

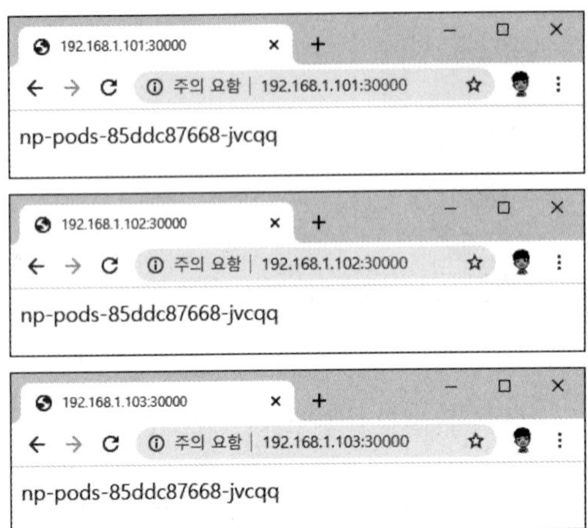

배포된 파드에 모든 노드의 노드포트를 통해 외부에서도 접속할 수 있음을 확인했습니다.

부하 분산 테스트하기

조금 더 현실적인 시나리오로 작업해 보겠습니다. 디플로이먼트로 생성된 파드 1개에 접속하고 있는 중에 파드가 3개로 증가하면 접속이 어떻게 바뀔까요? 즉, 부하가 분산되는지(로드밸런서 기능) 확인해 보겠습니다.

1. 호스트 노트북(또는 PC)에서 파워셸(powershell) 명령 창을 띄우고 다음 명령을 실행합니다. 이 명령은 반복적으로 `192.168.1.101:30000`에 접속해 접속한 파드 이름을 화면에 표시(`Invoke-RestMethod`)합니다. 이렇게 하면 파드가 1개에서 3개로 늘어나는 시점을 관찰할 수 있습니다.

```
PS C:\Users\Hoon Jo - Pink> $i=0; while($true)
{
 % { $i++; write-host -NoNewline "$i $_" }
 (Invoke-RestMethod "http://192.168.1.101:30000")-replace '\n', " "
}
```

명령을 실행하면 다음과 같이 현재 접속한 호스트 이름을 순서대로 출력합니다.

▼ 그림 3-38 파워셸로 노드포트 접속 테스트하기

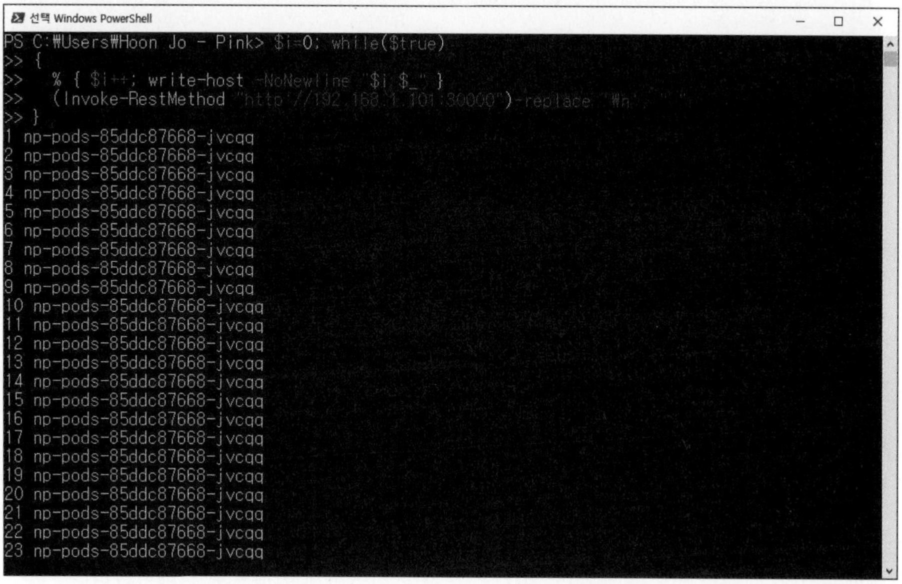

```
선택 Windows PowerShell
PS C:₩Users₩Hoon Jo - Pink> $i=0; while($true)
>> {
>>   % { $i++; write-host -NoNewline "$i $_" }
>>   (Invoke-RestMethod "http://192.168.1.101:30000")-replace '₩n', " "
>> }
1 np-pods-85ddc87668-jvcqq
2 np-pods-85ddc87668-jvcqq
3 np-pods-85ddc87668-jvcqq
4 np-pods-85ddc87668-jvcqq
5 np-pods-85ddc87668-jvcqq
6 np-pods-85ddc87668-jvcqq
7 np-pods-85ddc87668-jvcqq
8 np-pods-85ddc87668-jvcqq
9 np-pods-85ddc87668-jvcqq
10 np-pods-85ddc87668-jvcqq
11 np-pods-85ddc87668-jvcqq
12 np-pods-85ddc87668-jvcqq
13 np-pods-85ddc87668-jvcqq
14 np-pods-85ddc87668-jvcqq
15 np-pods-85ddc87668-jvcqq
16 np-pods-85ddc87668-jvcqq
17 np-pods-85ddc87668-jvcqq
18 np-pods-85ddc87668-jvcqq
19 np-pods-85ddc87668-jvcqq
20 np-pods-85ddc87668-jvcqq
21 np-pods-85ddc87668-jvcqq
22 np-pods-85ddc87668-jvcqq
23 np-pods-85ddc87668-jvcqq
```

2. 파워셸로 코드를 실행하고 나면 쿠버네티스 마스터 노드에서 scale을 실행해 파드를 3개로 증가시킵니다.

```
[root@m-k8s ~]# kubectl scale deployment np-pods --replicas=3
deployment.apps/np-pods scaled
```

3. 배포된 파드를 확인합니다.

```
[root@m-k8s ~]# kubectl get pods
NAME                         READY   STATUS    RESTARTS   AGE
np-pods-85ddc87668-jvcqq     1/1     Running   0          6m49s
np-pods-85ddc87668-p4h9x     1/1     Running   0          39s
np-pods-85ddc87668-pw56d     1/1     Running   0          39s
```

4. 파워셸 명령 창을 확인해 표시하는 파드 이름에 배포된 파드 3개가 돌아가면서 표시되는지 확인합니다. 즉, 부하 분산이 제대로 되는지 확인합니다.

▼ 그림 3-39 노드포트로 접속하는 파드 이름 확인하기

신기하지 않나요? 어떻게 추가된 파드를 외부에서 추적해 접속하는 것일까요? 이는 노드포트의 오브젝트 스펙에 적힌 np-pods와 디플로이먼트의 이름을 확인해 동일하면 같은 파드라고 간주하기 때문입니다. 추적 방법은 많지만, 여기서는 가장 간단하게 이름으로 진행했습니다.

노드포트의 오브젝트 스펙인 nodeport.yaml 파일 일부

```
spec:
  selector:
    app: np-pods
```

expose로 노드포트 서비스 생성하기

노드포트 서비스는 오브젝트 스펙 파일로만 생성할 수 있을까요? 아닙니다. 노드포트 서비스는 expose 명령어로도 생성할 수 있습니다. 이번에는 expose로 노드포트 서비스를 생성하고 정상적으로 작동하는지 확인해 보겠습니다.

1. expose 명령어를 사용해 서비스로 내보낼 디플로이먼트를 np-pods로 지정합니다. 해당 서비스의 이름은 np-svc-v2로, 타입은 NodePort로 지정합니다(이때 서비스 타입은 반드시 대소문자를 구분해야 합니다). 마지막으로 서비스가 파드로 보내줄 연결 포트를 80번으로 지정합니다.

```
[root@m-k8s ~]# kubectl expose deployment np-pods --type=NodePort --name=np-svc-v2
--port=80
service/np-svc-v2 exposed
```

2. kubectl get services를 실행해 생성된 서비스를 확인합니다. 오브젝트 스펙으로 생성할 때는 노드포트 포트 번호를 30000번으로 지정했으나 expose를 사용하면 노드포트의 포트 번호를 지정할 수 없습니다. 포트 번호는 30000~32767에서 임의로 지정되므로 여러분이 생성한 노드포트의 포트 번호는 이 책과 다를 수 있습니다.

```
[root@m-k8s ~]# kubectl get services
NAME          TYPE        CLUSTER-IP       EXTERNAL-IP   PORT(S)        AGE
kubernetes    ClusterIP   10.96.0.1        <none>        443/TCP        92m
np-svc        NodePort    10.102.202.92    <none>        80:30000/TCP   7m13s
np-svc-v2     NodePort    10.108.152.33    <none>        80:32122/TCP   9s
```

3. 호스트 노트북(또는 PC)에서 웹 브라우저를 띄우고 192.168.1.101:32122(무작위로 생성된 포트 번호)에 접속합니다. 배포된 파드 중 하나의 이름이 웹 브라우저에 표시되는지 확인합니다.

▼ 그림 3-40 외부에서 노드포트의 포트 번호로 접속하기

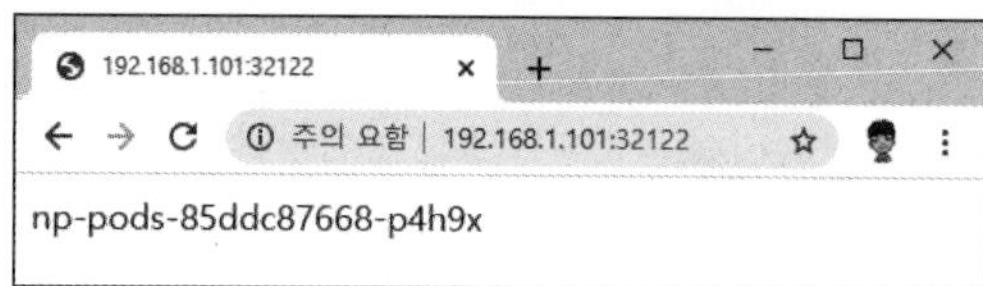

4. 노드포트로 쿠버네티스 클러스터 내부에 접속하는 방법을 알아봤습니다. 다음 실습 진행을 위해 배포한 디플로이먼트와 서비스 2개를 모두 삭제합니다.

```
[root@m-k8s ~]# kubectl delete deployment np-pods
deployment.apps "np-pods" deleted
[root@m-k8s ~]# kubectl delete services np-svc
service "np-svc" deleted
[root@m-k8s ~]# kubectl delete services np-svc-v2
service "np-svc-v2" deleted
```

3.3.2 사용 목적별로 연결하는 인그레스

노드포트 서비스는 포트를 중복 사용할 수 없어서 1개의 노드포트에 1개의 디플로이먼트만 적용됩니다. 그렇다면 여러 개의 디플로이먼트가 있을 때 그 수만큼 노드포트 서비스를 구동해야 할까요? 쿠버네티스에서는 이런 경우에 인그레스를 사용합니다. **인그레스**(Ingress)는 고유한 주소를 제공해 사용 목적에 따라 다른 응답을 제공할 수 있고, 트래픽에 대한 L4/L7 로드밸런서와 보안 인증서를 처리하는 기능을 제공합니다.

인그레스를 사용하려면 인그레스 컨트롤러가 필요합니다. 다양한 인그레스 컨트롤러가 있지만, 여기서는 쿠버네티스에서 프로젝트로 지원하는 **NGINX 인그레스 컨트롤러**(NGINX Ingress controller)로 구성해 보겠습니다. 여기서는 NGINX 인그레스 컨트롤러가 다음 단계로 작동합니다.

1. 사용자는 노드마다 설정된 노드포트를 통해 노드포트 서비스로 접속합니다. 이때 노드포트 서비스를 NGINX 인그레스 컨트롤러로 구성합니다.
2. NGINX 인그레스 컨트롤러는 사용자의 접속 경로에 따라 적합한 클러스터 IP 서비스로 경로를 제공합니다.
3. 클러스터 IP 서비스는 사용자를 해당 파드로 연결해 줍니다.

> **Note** 인그레스 컨트롤러는 파드와 직접 통신할 수 없어서 노드포트 또는 로드밸런서 서비스와 연동되어야 합니다. 따라서 노드포트로 이를 연동했습니다.

구성하려는 NGINX 인그레스 컨트롤러는 다음과 같습니다. 다소 복잡해 보이지만 인그레스 컨트롤러의 궁극적인 목적은 사용자가 접속하는 경로에 따라 다른 결괏값을 제공하는 것입니다. 실습하면서 확인해 봅시다.

▼ 그림 3-41 NGINX 인그레스 컨트롤러 서비스 구성도

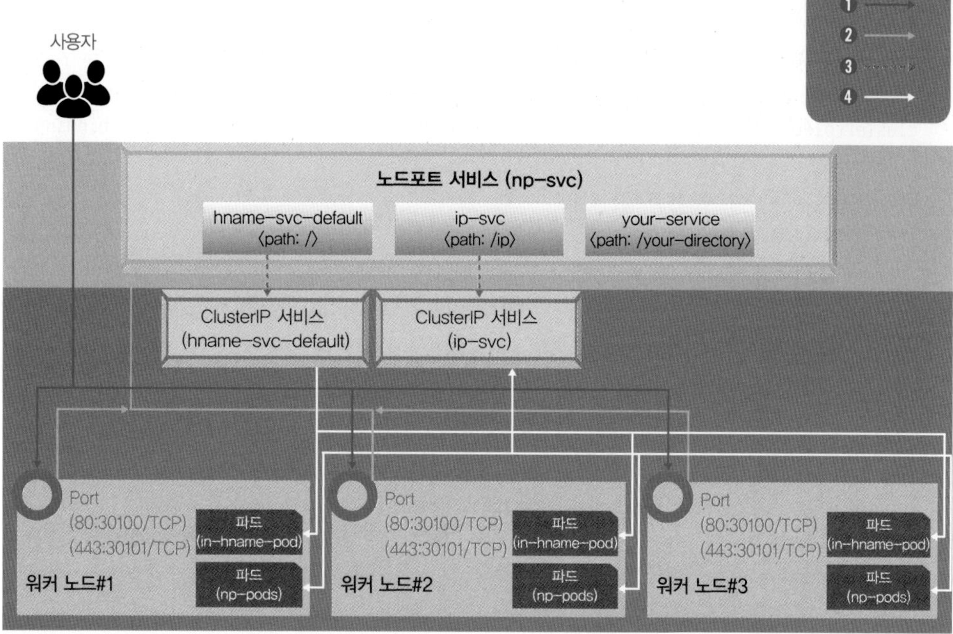

1. 테스트용으로 디플로이먼트 2개(in-hname-pod, in-ip-pod)를 배포합니다.

```
[root@m-k8s ~]# kubectl create deployment in-hname-pod --image=sysnet4admin/echo-hname
deployment.apps/in-hname-pod created
[root@m-k8s ~]# kubectl create deployment in-ip-pod --image=sysnet4admin/echo-ip
deployment.apps/in-ip-pod created
```

2. 배포된 파드의 상태를 확인합니다.

```
[root@m-k8s ~]# kubectl get pods
NAME                            READY   STATUS    RESTARTS   AGE
in-hname-pod-69779f5566-88q6z   1/1     Running   0          32s
in-ip-pod-55c9fb7456-9p8fw      1/1     Running   0          21s
```

3. NGINX 인그레스 컨트롤러를 설치합니다. 여기에는 많은 종류의 오브젝트 스펙이 포함됩니다. 설치되는 요소들은 NGINX 인그레스 컨트롤러 서비스를 제공하기 위해 미리 지정돼 있습니다.

```
[root@m-k8s ~]# kubectl apply -f ~/_Book_k8sInfra/ch3/3.3.2/ingress-nginx.yaml
namespace/ingress-nginx created
configmap/nginx-configuration created
```

```
configmap/tcp-services created
configmap/udp-services created
serviceaccount/nginx-ingress-serviceaccount created
clusterrole.rbac.authorization.k8s.io/nginx-ingress-clusterrole created
role.rbac.authorization.k8s.io/nginx-ingress-role created
rolebinding.rbac.authorization.k8s.io/nginx-ingress-role-nisa-binding created
clusterrolebinding.rbac.authorization.k8s.io/nginx-ingress-clusterrole-nisa-binding
created
deployment.apps/nginx-ingress-controller created
limitrange/ingress-nginx created
```

4. NGINX 인그레스 컨트롤러의 파드가 배포됐는지 확인합니다. NGINX 인그레스 컨트롤러는 default 네임스페이스가 아닌 ingress-nginx 네임스페이스에 속하므로 `-n ingress-nginx` 옵션을 추가해야 합니다. 여기서 `-n`은 namespace의 약어로, default 외의 네임스페이스를 확인할 때 사용하는 옵션입니다. 파드뿐만 아니라 서비스를 확인할 때도 동일한 옵션을 줍니다.

```
[root@m-k8s ~]# kubectl get pods -n ingress-nginx
NAME                                        READY   STATUS    RESTARTS   AGE
nginx-ingress-controller-5bb8fb4bb6-qn8lw   1/1     Running   0          102s
```

5. 인그레스를 사용자 요구 사항에 맞게 설정하려면 경로와 작동을 정의해야 합니다. 파일로도 설정할 수 있으므로 다음 경로로 실행해서 미리 정의해 둔 설정을 적용합니다.

```
[root@m-k8s ~]# kubectl apply -f ~/_Book_k8sInfra/ch3/3.3.2/ingress-config.yaml
ingress.networking.k8s.io/ingress-nginx created
```

인그레스를 위한 설정 파일은 다음과 같습니다. 이 파일은 들어오는 주소 값과 포트에 따라 노출된 서비스를 연결하는 역할을 설정합니다. 외부에서 주소 값과 노드포트를 가지고 들어오는 것은 `hname-svc-default` 서비스와 연결된 파드로 넘기고, 외부에서 들어오는 주소 값, 노드포트와 함께 뒤에 `/ip`를 추가한 주소 값은 `ip-svc` 서비스와 연결된 파드로 접속하게 설정했습니다.

ingress-config.yaml

```
apiVersion: networking.k8s.io/v1beta1
kind: Ingress
metadata:
  name: ingress-nginx
  annotations:
    nginx.ingress.kubernetes.io/rewrite-target: /
spec:
```

```
rules:
- http:
    paths:
    - path:
      backend:
        serviceName: hname-svc-default
        servicePort: 80
    - path: /ip
      backend:
        serviceName: ip-svc
        servicePort: 80
    - path: /your-directory
      backend:
        serviceName: your-svc
        servicePort: 80
```

구조를 그림으로 표현하면 다음과 같습니다. 직접 실습해 보면 이해할 테니 가볍게 보고 넘어가고 실습한 후에 다시 돌아와서 확인해 보세요.

▼ 그림 3-42 ingress-config.yaml 파일의 구조

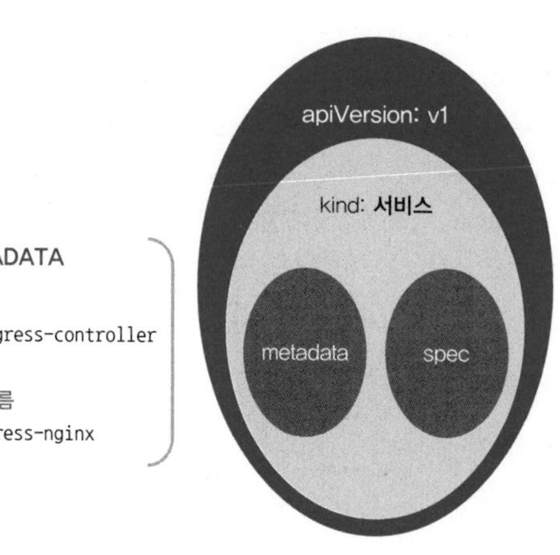

METADATA
#서비스 이름
name: nginx-ingress-controller

#네임스페이스 이름
namespace: ingress-nginx

SPEC
#사용할 프로토콜과 포트들을 지정
ports:
#http에 대한 프로토콜 및 포트 지정
 - name: http
   protocol: TCP
   port: 80
   targetPort: 80
   nodePort: 30100
#https에 대한 프로토콜 및 포트 지정
 - name: https
   protocol: TCP
   port: 443
   targetPort: 443
   nodePort: 30101

#셀렉터의 레이블 지정
selector:
  app.kubernetes.io/name: ingress-nginx

#서비스 타입을 설정
type: NodePort

6. 인그레스 설정 파일이 제대로 등록됐는지 kubectl get ingress로 확인합니다.

```
[root@m-k8s ~]# kubectl get ingress
NAME            CLASS    HOSTS   ADDRESS   PORTS   AGE
ingress-nginx   <none>   *                 80      4s
```

7. kubectl get ingress -o yaml을 실행해 인그레스에 요청한 내용이 확실하게 적용됐는지 확인합니다. 이 명령은 인그레스에 적용된 내용을 야믈 형식으로 출력해 적용된 내용을 확인할 수 있습니다. 우리가 적용한 내용 외에 시스템에서 자동으로 생성하는 것까지 모두 확인할 수 있으므로 이 명령을 응용하면 오브젝트 스펙 파일을 만드는 데 도움이 됩니다.

```
[root@m-k8s ~]# kubectl get ingress -o yaml
apiVersion: v1
items:
- apiVersion: extensions/v1beta1
  kind: Ingress
  metadata:
    annotations:
      kubectl.kubernetes.io/last-applied-configuration: |
[생략]
```

8. NGINX 인그레스 컨트롤러 생성과 인그레스 설정을 완료했습니다. 이제 외부에서 NGINX 인그레스 컨트롤러에 접속할 수 있게 노드포트 서비스로 NGINX 인그레스 컨트롤러를 외부에 노출합니다.

```
[root@m-k8s ~]# kubectl apply -f ~/_Book_k8sInfra/ch3/3.3.2/ingress.yaml
service/nginx-ingress-controller created
```

적용하는 코드는 다음과 같습니다. 기존 노드포트와 달리 http를 처리하기 위해 30100번 포트로 들어온 요청을 80번 포트로 넘기고, https를 처리하기 위해 30101번 포트로 들어온 것을 443번 포트로 넘깁니다. 그리고 NGINX 인그레스 컨트롤러가 위치하는 네임스페이스를 ingress-nginx로 지정하고 NGINX 인그레스 컨트롤러의 요구 사항에 따라 셀렉터를 ingress-nginx로 지정했습니다.

ingress.yaml

```
apiVersion: v1
kind: Service
metadata:
  name: nginx-ingress-controller
  namespace: ingress-nginx
```

```yaml
spec:
  ports:
  - name: http
    protocol: TCP
    port: 80
    targetPort: 80
    nodePort: 30100
  - name: https
    protocol: TCP
    port: 443
    targetPort: 443
    nodePort: 30101
  selector:
    app.kubernetes.io/name: ingress-nginx
  type: NodePort
```

이 파일 구조를 그림으로 표현하면 다음과 같습니다.

▼ 그림 3-43 ingress.yaml 파일의 구조

METADATA

```
#Ingress의 이름
#이름을 통해서 통신할 ingress 컨트롤러를 확인
name: ingress-nginx

#메타데이터의 기록 및 변경
#여기선 rewrite-target을 /(기본 주소)로 지정함
annotations:
 nginx.ingress.kubernetes.io/rewrite-target: /
```

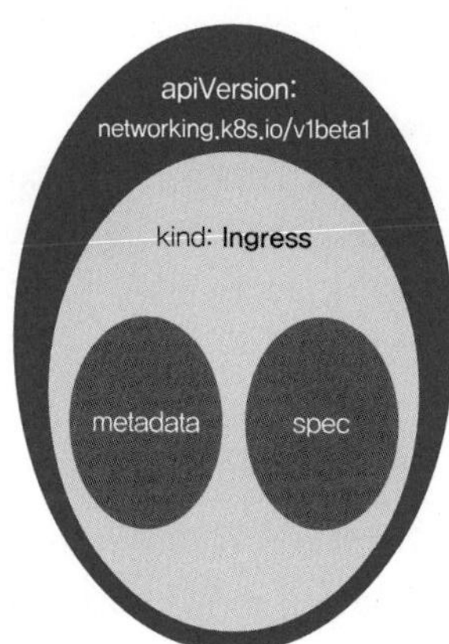

SPEC

```
#규칙을 지정
rules:
 - http:
     paths:

#기본 경로 규칙
     - path:
# 연결되는 서비스와 포트
        backend:
          serviceName: hname-svc-default
          servicePort: 80

# 기본 경로에 ip라는 이름의 경로 추가
     - path: /ip
# 연결되는 서비스와 포트
        backend:
          serviceName: ip-svc
          servicePort: 80

# 기본 경로에 your-directory 경로 추가
     - path: /your-directory
#연결되는 서비스와 포트
        backend:
          serviceName: your-svc
          servicePort: 80
```

9. 노드포트 서비스로 생성된 NGINX 인그레스 컨트롤러(nginx-ingress-controller)를 확인합니다. 이때도 -n ingress-nginx로 네임스페이스를 지정해야만 내용을 확인할 수 있습니다.

```
[root@m-k8s ~]# kubectl get services -n ingress-nginx
NAME                       TYPE       CLUSTER-IP       …  PORT(S)                      …
nginx-ingress-controller   NodePort   10.108.212.241   …  80:30100/TCP,443:30101/TCP   …
```

10. expose 명령으로 디플로이먼트(in-hname-pod, in-ip-pod)도 서비스로 노출합니다. 외부와 통신하기 위해 클러스터 내부에서만 사용하는 파드를 클러스터 외부에 노출할 수 있는 구역으로 옮기는 것입니다. 내부와 외부 네트워크를 분리해 관리하는 DMZ(DeMilitarized Zone, 비무장지대)와 유사한 기능입니다. 비유적으로 표현하면 각 방에 있는 물건을 외부로 내보내기 전에 공용 공간인 거실로 모두 옮기는 것과 같습니다.

```
[root@m-k8s ~]# kubectl expose deployment in-hname-pod --name=hname-svc-default
--port=80,443
service/hname-svc-default exposed
[root@m-k8s ~]# kubectl expose deployment in-ip-pod --name=ip-svc --port=80,443
service/ip-svc exposed
```

11. 생성된 서비스를 점검해 디플로이먼트들이 서비스에 정상적으로 노출되는지 확인합니다. 새로 생성된 서비스는 default 네임스페이스에 있으므로 -n 옵션으로 네임스페이스를 지정하지 않아도 됩니다.

```
[root@m-k8s ~]# kubectl get services
NAME                TYPE        CLUSTER-IP      EXTERNAL-IP   PORT(S)          AGE
hname-svc-default   ClusterIP   10.99.235.72    <none>        80/TCP,443/TCP   37s
ip-svc              ClusterIP   10.99.131.1     <none>        80/TCP,443/TCP   25s
kubernetes          ClusterIP   10.96.0.1       <none>        443/TCP          156m
```

12. 자, 이제 모든 준비가 끝났습니다. 호스트 노트북(또는 PC)에서 웹 브라우저를 띄우고 192.168.1.101:30100에 접속해 외부에서 접속되는 경로에 따라 다르게 작동하는지 확인합니다. 이때 워커 노드 IP는 192.168.1.101이 아닌 102 또는 103을 사용해도 무방합니다. 파드 이름이 웹 브라우저에 표시되는지도 확인합니다.

▼ 그림 3-44 192.168.1.101:30100에 접속해 파드 이름이 표시되는지 확인하기

13. 이번에는 경로를 바꿔서 192.168.1.101:30100 뒤에 /ip를 추가합니다. 요청 방법과 파드의 ip(CIDR로 임의 생성되므로 이 책과 다를 수 있습니다)가 반환되는지 확인합니다.

▼ 그림 3-45 192.168.1.101:30100/ip에 접속해 요청 방법과 IP가 표시되는지 확인하기

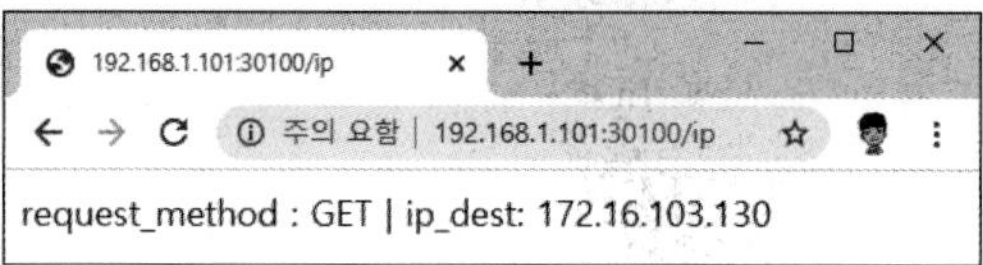

14. https://192.168.1.101:30101으로 접속해 HTTP 연결이 아닌 HTTPS 연결도 정상적으로 작동하는지 확인합니다. 30101은 HTTPS의 포트인 443번으로 변환해 접속됩니다. 단, 브라우저에 따라 경고 메시지가 뜰 수도 있습니다. 화면에 보이는 **고급 > 주소(안전하지 않음)(으)로 이동**을 클릭하면 접속됩니다. 파드 이름이 브라우저에 표시되는지 확인합니다.

▼ 그림 3-46 HTTPS 연결 확인하기

15. https://192.168.1.101:30101/ip를 입력해 마찬가지로 요청 방법과 파드의 IP 주소가 웹 브라우저에 표시되는지 확인합니다.

▼ 그림 3-47 https://192.168.1.101:30101/ip에 접속해 요청 방법과 IP가 표시되는지 확인하기

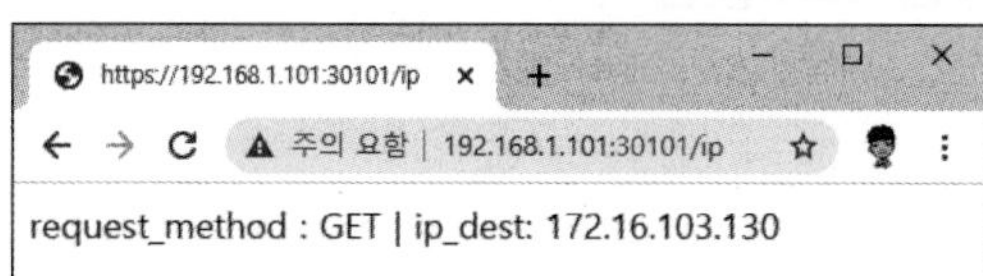

16. NGINX 인그레스 컨트롤러 구성과 테스트가 끝났습니다. 역시 다음 실습 진행을 위해 배포한 디플로이먼트와 모든 서비스를 삭제합니다.

```
[root@m-k8s ~]# kubectl delete deployment in-hname-pod
deployment.apps "in-hname-pod" deleted
[root@m-k8s ~]# kubectl delete deployment in-ip-pod
deployment.apps "in-ip-pod" deleted
[root@m-k8s ~]# kubectl delete services hname-svc-default
service "hname-svc-default" deleted
[root@m-k8s ~]# kubectl delete services ip-svc
service "ip-svc" deleted
```

17. NGINX 인그레스 컨트롤러와 관련된 내용도 모두 삭제합니다. 여러 가지 내용이 혼합됐으므로 설치 파일을 이용해 삭제하기를 권장합니다.

```
[root@m-k8s ~]# kubectl delete -f ~/_Book_k8sInfra/ch3/3.3.2/ingress-nginx.yaml
namespace "ingress-nginx" deleted
configmap "nginx-configuration" deleted
configmap "tcp-services" deleted
configmap "udp-services" deleted
serviceaccount "nginx-ingress-serviceaccount" deleted
clusterrole.rbac.authorization.k8s.io "nginx-ingress-clusterrole" deleted
role.rbac.authorization.k8s.io "nginx-ingress-role" deleted
rolebinding.rbac.authorization.k8s.io "nginx-ingress-role-nisa-binding" deleted
clusterrolebinding.rbac.authorization.k8s.io "nginx-ingress-clusterrole-nisa-binding"
deleted
deployment.apps "nginx-ingress-controller" deleted
limitrange "ingress-nginx" deleted
[root@m-k8s ~]# kubectl delete -f ~/_Book_k8sInfra/ch3/3.3.2/ingress-config.yaml
ingress.networking.k8s.io "ingress-nginx" deleted
```

3.3.3 클라우드에서 쉽게 구성 가능한 로드밸런서

앞에서 배운 연결 방식은 들어오는 요청을 모두 워커 노드의 노드포트를 통해 노드포트 서비스로 이동하고 이를 다시 쿠버네티스의 파드로 보내는 구조였습니다. 이 방식은 매우 비효율적입니다. 그래서 쿠버네티스에서는 **로드밸런서**(LoadBalancer)라는 서비스 타입을 제공해 다음 그림과 같은 간단한 구조로 파드를 외부에 노출하고 부하를 분산합니다.

▼ 그림 3-48 로드밸런서 서비스 구성도

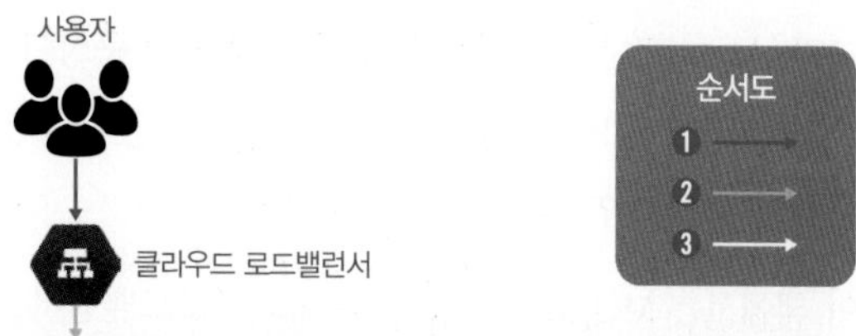

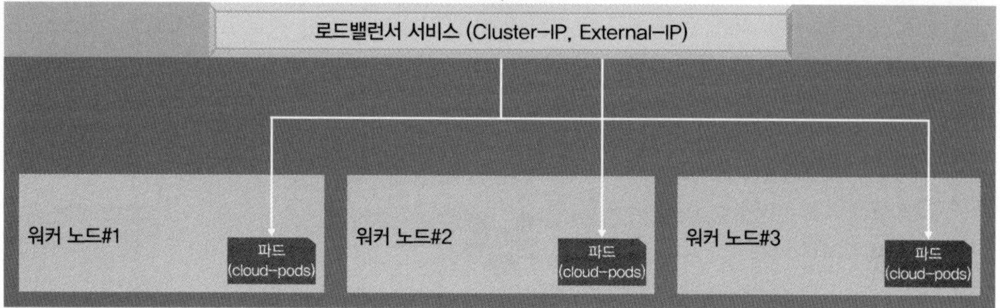

그런데 왜 지금까지 로드밸런서를 사용하지 않았을까요? 로드밸런서를 사용하려면 로드밸런서를 이미 구현해 둔 서비스업체의 도움을 받아 쿠버네티스 클러스터 외부에 구현해야 하기 때문입니다. 클라우드에서 제공하는 쿠버네티스를 사용하고 있다면 다음과 같이 선언만 하면 됩니다.[3] 그러면 쿠버네티스 클러스터에 로드밸런서 서비스가 생성돼 외부와 통신할 수 있는 IP(EXTERNAL-IP)가 부여되고 외부와 통신할 수 있으며 부하도 분산됩니다.

```
[admin@Cloud_CMD ~]# kubectl expose deployment ex-lb --type=LoadBalancer --name=ex-svc
service/ex-svc exposed
[admin@Cloud_CMD ~]# kubectl get services ex-svc
NAME     TYPE           CLUSTER-IP     EXTERNAL-IP    PORT(S)    AGE
ex-svc   LoadBalancer   10.1.215.117   102.19.21.103  8080/TCP   95s
```

그렇다면 우리가 만든 테스트 가상 환경(온프레미스)에서는 로드밸런서를 사용하는 것은 불가능할까요? 지금부터 대안을 알아보겠습니다.

3.3.4 온프레미스에서 로드밸런서를 제공하는 MetalLB

온프레미스에서 로드밸런서를 사용하려면 내부에 로드밸런서 서비스를 받아주는 구성이 필요한데, 이를 지원하는 것이 MetalLB입니다. MetalLB는 베어메탈(bare metal, 운영 체제가 설치되

---

3 이 실습은 클라우드 사(EKS, GKE, AKS)에서만 가능합니다.

지 않은 하드웨어)로 구성된 쿠버네티스에서도 로드밸런서를 사용할 수 있게 고안된 프로젝트입니다. MetalLB는 특별한 네트워크 설정이나 구성이 있는 것이 아니라 기존의 L2 네트워크(ARP/NDP)와 L3 네트워크(BGP)로 로드밸런서를 구현합니다. 그러므로 네트워크를 새로 배워야 할 부담이 없으며 연동하기도 매우 쉽습니다.

이 책에서는 MetalLB의 L2 네트워크로 로드밸런서를 구현하고, 네트워크 경로는 다음과 같이 구성합니다. 그림에서 알 수 있듯이 기존의 로드밸런서와 거의 동일한 경로로 통신하며, 테스트 목적으로 두 개의 MetalLB 로드밸런서 서비스를 구현합니다.

▼ 그림 3-49 MetalLB 서비스 구성도

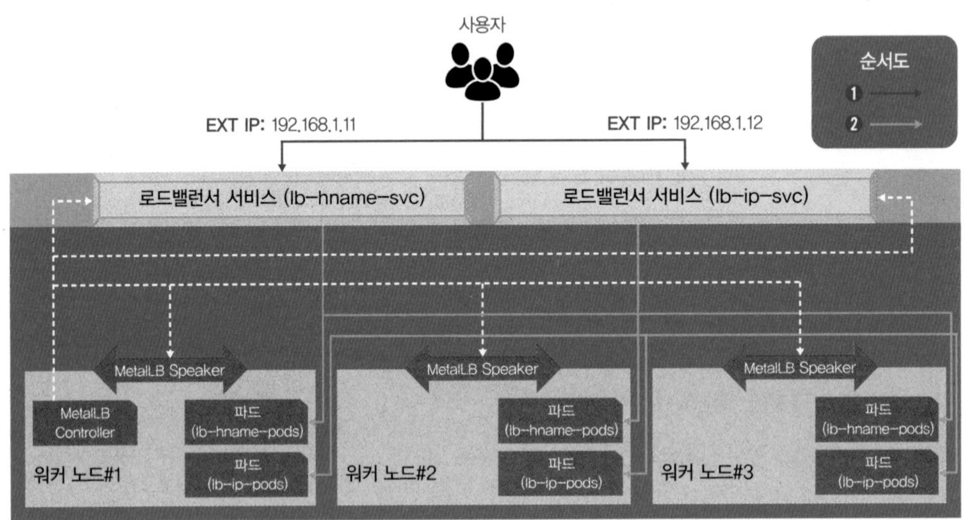

MetalLB 컨트롤러는 작동 방식(Protocol, 프로토콜)을 정의하고 EXTERNAL-IP를 부여해 관리합니다. MetalLB 스피커(speaker)는 정해진 작동 방식(L2/ARP, L3/BGP)에 따라 경로를 만들 수 있도록 네트워크 정보를 광고하고 수집해 각 파드의 경로를 제공합니다. 이때 L2는 스피커 중에서 리더를 선출해 경로 제공을 총괄하게 합니다.

구성도를 확인했으니 MetalLB로 온프레미스 쿠버네티스 환경에서 로드밸런서 서비스를 사용하도록 구성해 보겠습니다.

1. 디플로이먼트를 이용해 2종류(`lb-hname-pods`, `lb-ip-pods`)의 파드를 생성합니다. 그리고 `scale` 명령으로 파드를 3개로 늘려 노드당 1개씩 파드가 배포되게 합니다.

```
[root@m-k8s ~]# kubectl create deployment lb-hname-pods --image=sysnet4admin/echo-
hname
deployment.apps/lb-hname-pods created
[root@m-k8s ~]# kubectl scale deployment lb-hname-pods --replicas=3
deployment.apps/lb-hname-pods scaled
[root@m-k8s ~]# kubectl create deployment lb-ip-pods --image=sysnet4admin/echo-ip
deployment.apps/lb-ip-pods created
[root@m-k8s ~]# kubectl scale deployment lb-ip-pods --replicas=3
deployment.apps/lb-ip-pods scaled
```

2. 2종류의 파드가 3개씩 총 6개가 배포됐는지 확인합니다.

```
[root@m-k8s ~]# kubectl get pods
NAME                              READY   STATUS    RESTARTS   AGE
lb-hname-pods-79b95c7c7b-7lplh    1/1     Running   0          98s
lb-hname-pods-79b95c7c7b-7lplh    1/1     Running   0          105s
lb-hname-pods-79b95c7c7b-tx45r    1/1     Running   0          98s
lb-ip-pods-6c6bb59b4-4759t        1/1     Running   0          72s
lb-ip-pods-6c6bb59b4-f6fpl        1/1     Running   0          72s
lb-ip-pods-6c6bb59b4-l4wmt        1/1     Running   0          80s
```

3. 인그레스와 마찬가지로 사전에 정의된 오브젝트 스펙으로 MetalLB를 구성합니다. 이렇게 하면 MetalLB에 필요한 요소가 모두 설치되고 독립적인 네임스페이스(metallb-system)도 함께 만들어집니다.

```
[root@m-k8s ~]# kubectl apply -f ~/_Book_k8sInfra/ch3/3.3.4/metallb.yaml
namespace/metallb-system created
podsecuritypolicy.policy/speaker created
serviceaccount/controller created
serviceaccount/speaker created
clusterrole.rbac.authorization.k8s.io/metallb-system:controller created
clusterrole.rbac.authorization.k8s.io/metallb-system:speaker created
role.rbac.authorization.k8s.io/config-watcher created
clusterrolebinding.rbac.authorization.k8s.io/metallb-system:controller created
clusterrolebinding.rbac.authorization.k8s.io/metallb-system:speaker created
rolebinding.rbac.authorization.k8s.io/config-watcher created
daemonset.apps/speaker created
deployment.apps/controller created
```

4. 배포된 MetalLB의 파드가 5개(controller 1개, speaker 4개)인지 확인하고, IP와 상태도 확인합니다.

```
[root@m-k8s ~]# kubectl get pods -n metallb-system -o wide
NAME                           … STATUS   RESTARTS  AGE  IP              NODE   …
controller-65895b47d4-b845q    … Running  0         38s  172.16.103.133  w2-k8s …
speaker-hzfmz                  … Running  0         38s  192.168.1.10    m-k8s  …
speaker-kqcxf                  … Running  0         38s  192.168.1.101   w1-k8s …
speaker-m7fxr                  … Running  0         38s  192.168.1.103   w3-k8s …
speaker-tsczn                  … Running  0         38s  192.168.1.102   w2-k8s …
```

5. 인그레스와 마찬가지로 MetalLB도 설정을 적용해야 하는데, 다음 방법으로 적용합니다. 이때 오브젝트는 ConfigMap을 사용합니다. ConfigMap은 설정이 정의된 포맷이라고 생각하면 됩니다. ConfigMap에 관한 자세한 설명은 '3.4.2 컨피그맵'을 참조하기 바랍니다.

```
[root@m-k8s ~]# kubectl apply -f ~/_Book_k8sInfra/ch3/3.3.4/metallb-l2config.yaml
configmap/config created
```

파일 구성은 다음과 같습니다.

metallb-l2config.yaml

```yaml
apiVersion: v1
kind: ConfigMap
metadata:
  namespace: metallb-system
  name: config
data:
  config: |
    address-pools:
    - name: nginx-ip-range
      protocol: layer2
      addresses:
      - 192.168.1.11-192.168.1.13
```

파일 구조를 그림으로 표현하면 다음과 같습니다.

▼ 그림 3-50 metallb-l2config.yaml의 구조

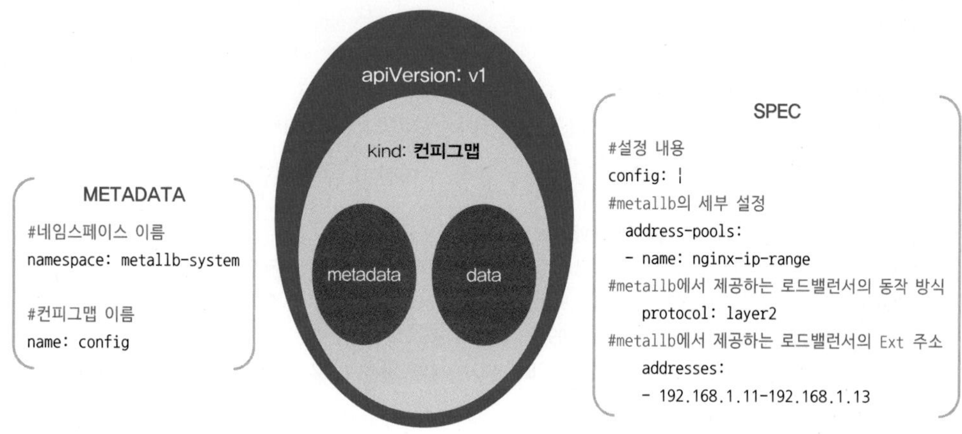

6. ConfigMap이 생성됐는지 kubectl get configmap -n metallb-system 명령으로 확인합니다.

```
[root@m-k8s ~]# kubectl get configmap -n metallb-system
NAME     DATA   AGE
config   1      19s
```

7. -o yaml 옵션을 주고 다시 실행해 MetalLB의 설정이 올바르게 적용됐는지 확인합니다.

```
[root@m-k8s ~]# kubectl get configmap -n metallb-system -o yaml
apiVersion: v1
items:
- apiVersion: v1
  data:
    config: |
      address-pools:
      - name: nginx-ip-range
        protocol: layer2
        addresses:
        - 192.168.1.11-192.168.1.13
  kind: ConfigMap
[생략]
```

8. 모든 설정이 완료됐으니 이제 각 디플로이먼트(lb-hname-pods, lb-ip-pods)를 로드밸런서 서비스로 노출합니다.

```
[root@m-k8s ~]# kubectl expose deployment lb-hname-pods --type=LoadBalancer --name=lb-hname-svc --port=80
service/lb-hname-svc exposed
```

```
[root@m-k8s ~]# kubectl expose deployment lb-ip-pods --type=LoadBalancer --name=lb-ip-svc --port=80
service/lb-ip-svc exposed
```

9. 생성된 로드밸런서 서비스별로 CLUSTER-IP와 EXTERNAL-IP가 잘 적용됐는지 확인합니다. 특히 EXTERNAL-IP에 ConfigMap을 통해 부여한 IP를 확인합니다.

```
[root@m-k8s ~]# kubectl get services
NAME           TYPE           CLUSTER-IP     EXTERNAL-IP    PORT(S)        AGE
kubernetes     ClusterIP      10.96.0.1      <none>         443/TCP        171m
lb-hname-svc   LoadBalancer   10.99.213.3    192.168.1.11   80:32491/TCP   74s
lb-ip-svc      LoadBalancer   10.96.81.219   192.168.1.12   80:31751/TCP   60s
```

10. EXTERNAL-IP가 잘 작동하는지도 확인해 봅시다. 호스트 노트북(또는 PC)에서 브라우저를 띄우고 192.168.1.11로 접속합니다. 배포된 파드 중 하나의 이름이 브라우저에 표시되는지 확인합니다.

▼ 그림 3-51 192.168.1.11에 접속해 파드 이름이 표시되는지 확인하기

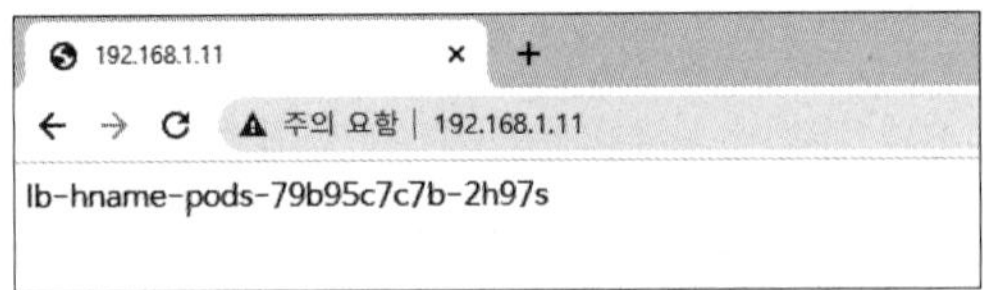

11. 192.168.1.12를 접속해 파드에 요청 방법과 IP가 표시되는지 확인합니다.

▼ 그림 3-52 192.168.1.12에 접속해 요청 방법과 IP가 표시되는지 확인하기

12. 파워셸 명령 창을 띄우고 셸 스크립트를 실행합니다. 로드밸런서 기능이 정상적으로 작동하면 192.168.1.11(EXTERNAL-IP)에서 반복적으로 결괏값을 가지고 옵니다.

```
PS C:\Users\Hoon Jo - Pink> $i=0; while($true)
{
  % { $i++; write-host -NoNewline "$i $_" }
  (Invoke-RestMethod "http://192.168.1.11")-replace '\n', " "
}
```

13. scale 명령으로 파드를 6개로 늘립니다.

```
[root@m-k8s ~]# kubectl scale deployment lb-hname-pods --replicas=6
deployment.apps/lb-ip-pods scaled
```

14. 늘어난 파드 6개도 EXTERNAL-IP를 통해 접근되는지 확인합니다.

▼ 그림 3-53 EXTERNAL-IP 접속 확인하기

15. 온프레미스에서도 로드밸런서를 사용할 수 있게 하는 MetalLB를 구성해 봤습니다. 다음 실습을 진행하기 전에 배포한 Deployment와 서비스는 삭제합니다. 단, MetalLB 설정은 계속 사용하므로 삭제하지 않습니다.

```
[root@m-k8s ~]# kubectl delete deployment lb-hname-pods
deployment.apps "lb-hname-pods" deleted
[root@m-k8s ~]# kubectl delete deployment lb-ip-pods
deployment.apps "lb-ip-pods" deleted
[root@m-k8s ~]# kubectl delete service lb-hname-svc
service "lb-hname-svc" deleted
[root@m-k8s ~]# kubectl delete service lb-ip-svc
service "lb-ip-svc" deleted
```

3.3.5 부하에 따라 자동으로 파드 수를 조절하는 HPA

지금까지는 사용자 1명이 파드에 접근하는 방법을 알아봤습니다. 그런데 사용자가 갑자기 늘어난다면 어떻게 될까요? 파드가 더 이상 감당할 수 없어서 서비스 불가(여기서 서비스는 쿠버네티스의 서비스가 아닙니다)라는 결과를 초래할 수도 있습니다. 쿠버네티스는 이런 경우를 대비해 부하량에 따라 디플로이먼트의 파드 수를 유동적으로 관리하는 기능을 제공합니다. 이를 HPA(Horizontal Pod Autoscaler)라고 합니다. 이번에는 HPA를 어떻게 설정하고 사용하는지 알아보겠습니다.

1. 디플로이먼트 1개를 hpa-hname-pods라는 이름으로 생성합니다.

```
[root@m-k8s ~]# kubectl create deployment hpa-hname-pods --image=sysnet4admin/echo-
hname
deployment.apps/hpa-hname-pods created
```

2. 앞에서 MetalLB를 구성했으므로 expose를 실행해 hpa-hname-pods를 로드밸런서 서비스로 바로 설정할 수 있습니다.

```
[root@m-k8s ~]# kubectl expose deployment hpa-hname-pods --type=LoadBalancer
--name=hpa-hname-svc --port=80
service/hpa-hname-svc exposed
```

3. 설정된 로드밸런서 서비스와 부여된 IP를 확인합니다.

```
[root@m-k8s ~]# kubectl get services
NAME            TYPE           CLUSTER-IP      EXTERNAL-IP    PORT(S)        AGE
hpa-hname-svc   LoadBalancer   10.108.60.165   192.168.1.11   80:30304/TCP   2m28s
kubernetes      ClusterIP      10.96.0.1       <none>         443/TCP        95m
```

4. HPA가 작동하려면 파드의 자원이 어느 정도 사용되는지 파악해야 합니다. 부하를 확인하는 명령은 리눅스의 top(table of processes)과 비슷한 kubectl top pods입니다.

```
[root@m-k8s ~]# kubectl top pods
Error from server (NotFound): the server could not find the requested resource (get
services http:heapster:)
```

   자원을 요청하는 설정이 없다며 에러가 생기고 진행되지 않습니다. 왜 에러가 발생하는지 HPA가 작동하는 구조를 간단하게 살펴보겠습니다.

❯ 그림 3-54 HPA 작동 구조

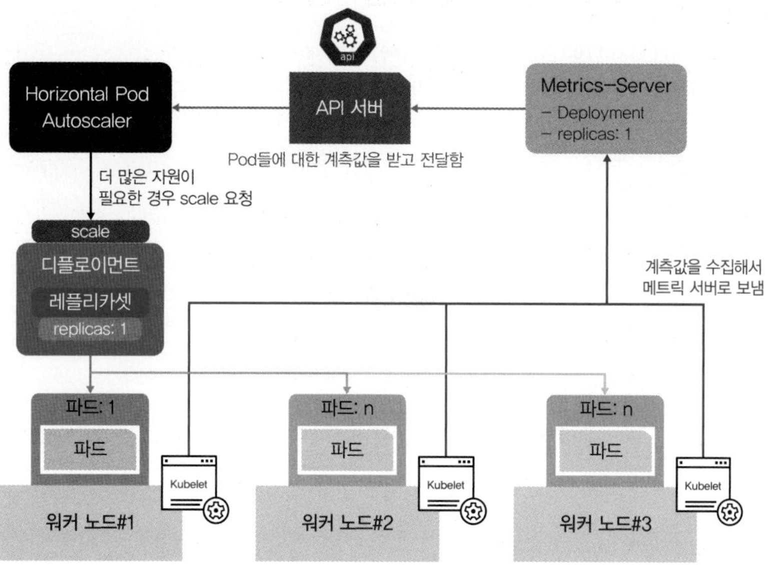

그림을 보면 HPA가 자원을 요청할 때 메트릭 서버(Metrics-Server)를 통해 계측값을 전달받습니다. 그런데 우리에게는 현재 메트릭 서버가 없기 때문에 에러가 발생하는 것입니다. 따라서 계측값을 수집하고 전달해 주는 메트릭 서버를 설정해야 합니다.

Note ☰ 에러의 내용을 보면 서비스를 확인(get services http:heapster)하도록 요청했습니다. 여기서 나온 힙스터(heapster)는 쿠버네티스 1.13 이전 버전에서 사용하던 모니터링 도구입니다. 1.13 버전부터는 메트릭 서버를 모니터링 도구로 추천합니다.

5. 서비스에서와 마찬가지로 메트릭 서버도 오브젝트 스펙 파일로 설치할 수 있습니다. 그러나 그림처럼 오브젝트 스펙 파일이 여러 개라서 `git clone` 이후에 디렉터리에 있는 파일들을 다시 실행해야 하는 번거로움이 있습니다. 또한 실습에서 사용하려면 몇 가지 추가 설정이 필요합니다. 그래서 쿠버네티스 메트릭 서버의 원본 소스(https://github.com/kubernetes-sigs/metrics-server)를 sysnet4admin 계정으로 옮겨 메트릭 서버를 생성하겠습니다.

```
[root@m-k8s ~]# kubectl create -f ~/_Book_k8sInfra/ch3/3.3.5/metrics-server.yaml
clusterrole.rbac.authorization.k8s.io/system:aggregated-metrics-reader created
clusterrolebinding.rbac.authorization.k8s.io/metrics-server:system:auth-delegator
created
rolebinding.rbac.authorization.k8s.io/metrics-server-auth-reader created
apiservice.apiregistration.k8s.io/v1beta1.metrics.k8s.io created
serviceaccount/metrics-server created
```

```
deployment.apps/metrics-server created
service/metrics-server created
clusterrole.rbac.authorization.k8s.io/system:metrics-server created
clusterrolebinding.rbac.authorization.k8s.io/system:metrics-server created
```

▼ 그림 3-55 쿠버네티스 메트릭 서버의 깃허브

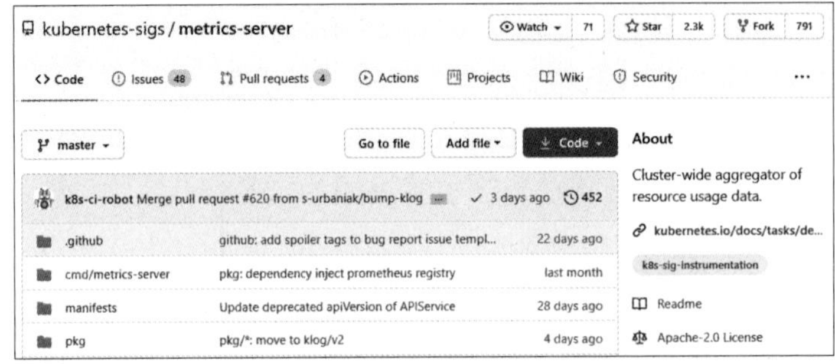

metrics-server.yaml 파일 일부(기존 코드에서 변경된 부분)

```
[중략]
96        containers:
97        - name: metrics-server
98          image: k8s.gcr.io/metrics-server-amd64:v0.3.6
99          args:
100         # Manually Add for lab env(Sysnet4admin/k8s)
101         # skip tls internal usage purpose
102           - --kubelet-insecure-tls
103         # kubelet could use internalIP communication
104           - --kubelet-preferred-address-types=InternalIP
105           - --cert-dir=/tmp
106           - --secure-port=4443
[생략]
```

기존 코드에서 변경된 내용은 다음과 같습니다.

- **102번째 줄**: TLS(Transport Layer Security) 인증을 무시하게 합니다.
- **104~106번째 줄**: kubelet이 내부 주소를 우선 사용하게 합니다.

Note 만약 쿠버네티스 메트릭 서버의 소스를 그대로 내려받아 실행하면 앞의 설정이 적용되지 않아 다음과 같은 에러가 발생합니다.

```
[root@m-k8s ~]# kubectl top pods
W0213 11:02:19.015510   19244 top_pod.go:266] Metrics not available for pod default/
hpa-hname-pods-9b7b5d789-bjktm, age: 13m55.01548433s
error: Metrics not available for pod default/hpa-hname-pods-5c844d6487-d6fmp, age:
13m55.01548433s
```


6. 메트릭 서버를 설정하고 나면 kubectl top pods 명령의 결과를 제대로 확인할 수 있습니다. 설정하고 받아오는 데 시간이 걸리므로 여유롭게 커피를 마시고 오세요(이번에는 잘 돌아갈 테니 편하게 마시고 오세요). 돌아와서 파드의 top 값을 확인합니다. 현재는 아무런 부하가 없으므로 CPU와 MEMORY 값이 매우 낮게 나옵니다.

```
[root@m-k8s ~]# kubectl top pods
NAME                              CPU(cores)   MEMORY(bytes)
hpa-hname-pods-9b7b5d789-lwx79    0m           1Mi
```

현재는 scale 기준 값이 설정돼 있지 않아서 파드 증설 시점을 알 수가 없습니다. 따라서 파드에 부하가 걸리기 전에 scale이 실행되게 디플로이먼트에 기준 값을 기록합니다. 이때 Deployment를 새로 배포하기보다는 기존에 배포한 디플로이먼트 내용을 edit 명령으로 직접 수정합니다.

7. edit 명령을 실행해 배포된 디플로이먼트 내용을 확인합니다. 40번째 줄에 resources: {} 부분에서 {}를 생략하고 그 아래에 다음과 같이 requests, limits 항목과 그 값을 추가합니다. 이때 추가한 값은 파드마다 주어진 부하량을 결정하는 기준이 됩니다. 여기서 사용한 단위 m은 milliunits의 약어로 1000m은 1개의 CPU가 됩니다. 따라서 10m은 파드의 CPU 0.01 사용을 기준으로 파드를 증설하게 설정한 것입니다. 또한 순간적으로 한쪽 파드로 부하가 몰릴 경우를 대비해 CPU 사용 제한을 0.05로 주었습니다. 추가가 끝나면 Vim과 동일하게 :wq를 입력해 저장하고 나옵니다.

```
[root@m-k8s ~]# kubectl edit deployment hpa-hname-pods
[중략]
     35     spec:
     36       containers:
     37       - image: sysnet4admin/echo-hname
```

```
        imagePullPolicy: Always
        name: echo-hname
        resources:
          requests:
            cpu: "10m"
          limits:
            cpu: "50m"
        terminationMessagePath: /dev/termination-log
        terminationMessagePolicy: File
[생략]
:wq
deployment.apps/hpa-hname-pods edited
```

✔ 그림 3-56 limits 조건에 따라 CPU 50m 이상 사용되지 않는 경우

```
NAME                             CPU(cores)   MEMORY(bytes)
hpa-hname-pods-7f69fb65b9-2s7rc  0m           1Mi
hpa-hname-pods-7f69fb65b9-69ptf  50m          1Mi
hpa-hname-pods-7f69fb65b9-dc6wf  0m           1Mi
hpa-hname-pods-7f69fb65b9-hv254  0m           1Mi
hpa-hname-pods-7f69fb65b9-kh5wh  0m           1Mi
hpa-hname-pods-7f69fb65b9-kvjhq  0m           1Mi
hpa-hname-pods-7f69fb65b9-ngrnl  0m           1Mi
hpa-hname-pods-7f69fb65b9-nmwxn  0m           1Mi
hpa-hname-pods-7f69fb65b9-sl15g  0m           1Mi
hpa-hname-pods-7f69fb65b9-xl89c  0m           1Mi
```

8. 일정 시간이 지난 후 kubectl top pods를 실행하면 스펙이 변경돼 새로운 파드가 생성된 것을 확인할 수 있습니다.

```
[root@m-k8s ~]# kubectl top pods
NAME                             CPU(cores)   MEMORY(bytes)
hpa-hname-pods-7f69fb65b9-4d9x9  0m           1Mi
```

9. hpa-hname-pods에 autoscale을 설정해서 특정 조건이 만족되는 경우에 자동으로 scale 명령이 수행되도록 하겠습니다. 여기서 min은 최소 파드의 수, max는 최대 파드의 수입니다. cpu-percent는 CPU 사용량이 50%를 넘게 되면 autoscale하겠다는 뜻입니다.

```
[root@m-k8s ~]# kubectl autoscale deployment hpa-hname-pods --min=1 --max=30 --cpu-percent=50
horizontalpodautoscaler.autoscaling/hpa-hname-pods autoscaled
```

Tip ★ **HPA를 통해 늘어나는 파드 수 계산 방법**

HPA는 다음과 같은 방법으로 파드의 증가 또는 감소를 조절합니다. 디플로이먼트 스펙에서 resources의 CPU를 10m으로 설정하고, autoscale에서 cpu-percent를 50%로 했다고 가정하겠습니다.

kubectl top pods로 확인된 파드의 메트릭(CPU, MEMORY) 값이 다음과 같다고 해봅시다.

```
[root@m-k8s ~]# kubectl top pods
NAME                     CPU(cores)   MEMORY(bytes)
hpa-79fc78897f-2qv58     29m          1Mi
```

파드는 29m이라는 부하를 받고 있습니다. 1개의 파드가 처리할 수 있는 부하는 10m이고, CPU 부하량이 50%가 넘으면 추가 파드를 생성해야 하므로 부하가 5m이 넘으면 파드를 증설하게 돼 있습니다. 따라서 29m/5를 하고 올림하면 6이라는 숫자가 나옵니다. 결국 증가하는 파드의 수는 6입니다. 이때 부하 총량을 가지고 HPA가 작동하기 때문에 일부 파드는 5m을 넘을 수도 있습니다.

```
[root@m-k8s ~]# kubectl top pods
NAME                     CPU(cores)   MEMORY(bytes)
hpa-79fc78897f-2qv58     7m           1Mi
hpa-79fc78897f-cl7zv     4m           1Mi
hpa-79fc78897f-gwngb     3m           1Mi
hpa-79fc78897f-lqm2m     5m           1Mi
hpa-79fc78897f-thvjs     4m           1Mi
hpa-79fc78897f-ase3p     6m           1Mi
```

예를 들어, 1개의 파드에서만 다음과 같이 부하가 발생한다면 해당 부하는 분산되지 않습니다. 따라서 부하 분산을 위해서는 쿠버네티스 서비스를 통해 파드 그룹인 디플로이먼트에 도달해야 합니다.

```
[root@m-k8s ~]# kubectl top pods
NAME                     CPU(cores)   MEMORY(bytes)
hpa-79fc78897f-2qv58     24m          1Mi
hpa-79fc78897f-cl7zv     0m           1Mi
hpa-79fc78897f-gwngb     0m           1Mi
hpa-79fc78897f-lqm2m     0m           1Mi
hpa-79fc78897f-thvjs     0m           1Mi
```

kubectl get hpa를 실행하면 HPA의 현재 상태를 요약해서 보여줍니다.

```
[root@m-k8s ~]# kubectl get hpa
NAME   REFERENCE        TARGETS   MINPODS   MAXPODS   REPLICAS   AGE
hpa    Deployment/hpa   48%/50%   1         30        6          9m35s
```

10. 테스트를 위해 화면을 다음과 같이 구성합니다. 왼쪽에 마스터 노드 창 두 개를 띄웁니다. 오른쪽에는 파워셸 창을 띄웁니다. 여기에 호스트 컴퓨터에서 제공하는 부하가 출력됩니다. 왼쪽 상단 창에서는 `watch kubectl top pods`를, 왼쪽 하단 창에서는 `watch kubectl get pods`를 실행합니다. 여기서 `watch`를 사용한 이유는 2초에 한 번씩 자동으로 상태를 확인하기 위해서입니다.

▼ 그림 3-57 HPA 테스트를 위한 화면 구성

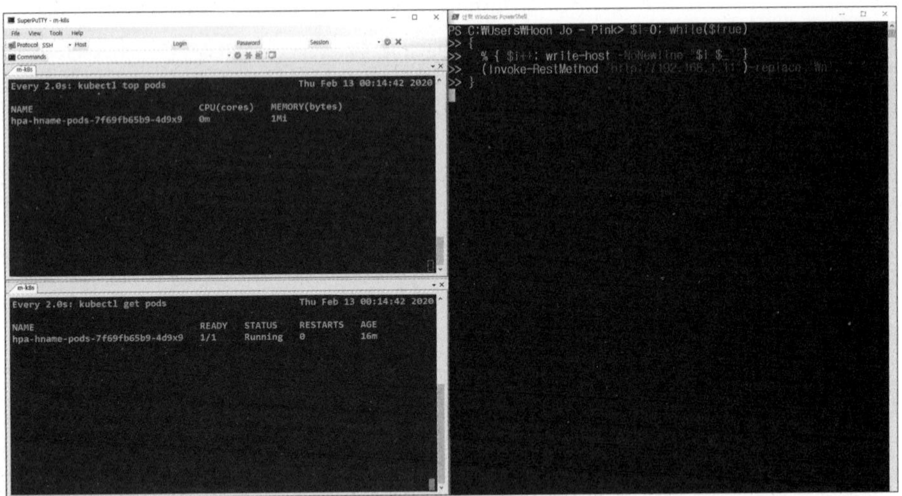

11. HPA를 테스트하기 위해 오른쪽에 있는 파워셸 창에서 반복문을 실행합니다. 부하를 주는 명령은 로드밸런서를 테스트했던 코드와 동일합니다. 왼쪽 상단 창에서 부하량을 감지하는지 확인합니다.

```
PS C:\Users\Hoon Jo - Pink>  $i=0; while($true)
{
  % { $i++; write-host -NoNewline "$i $_" }
  (Invoke-RestMethod "http://192.168.1.11")-replace '\n', " "
}
```

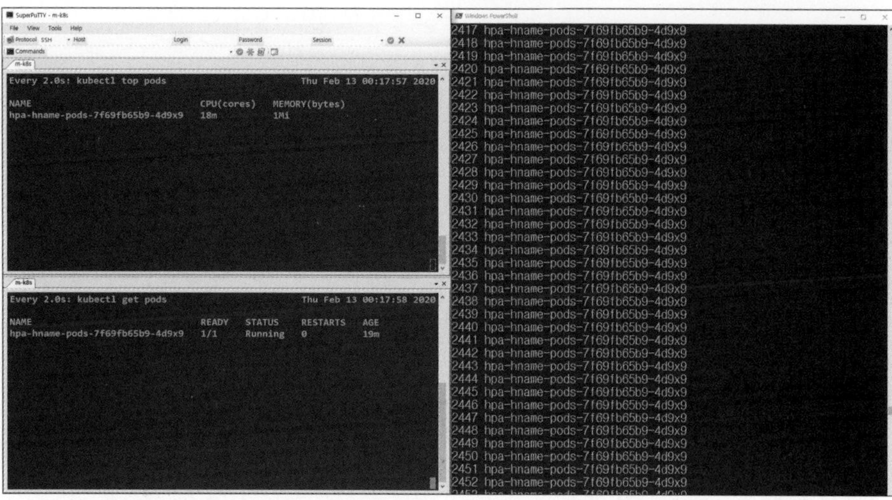

▼ 그림 3-58 오른쪽 창에서 반복문을 실행하고 왼쪽 상단 창에서 부하량 확인

12. 부하량이 늘어남에 따라 왼쪽 하단 창에서 파드가 새로 생성되는지 확인합니다.

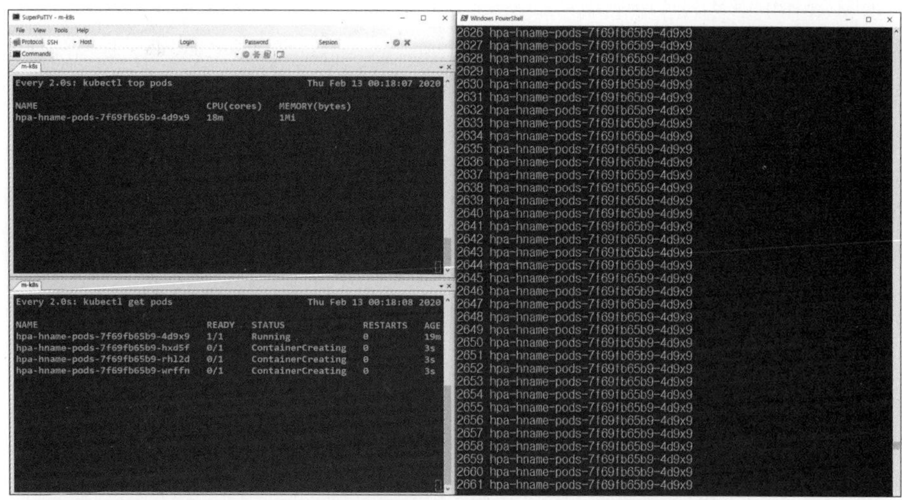

▼ 그림 3-59 부하 발생에 따라 파드 생성 여부 확인

13. 부하 분산으로 생성된 파드의 부하량이 증가하는지 확인합니다.

▼ 그림 3-60 생성된 파드의 부하량 증가 여부 확인

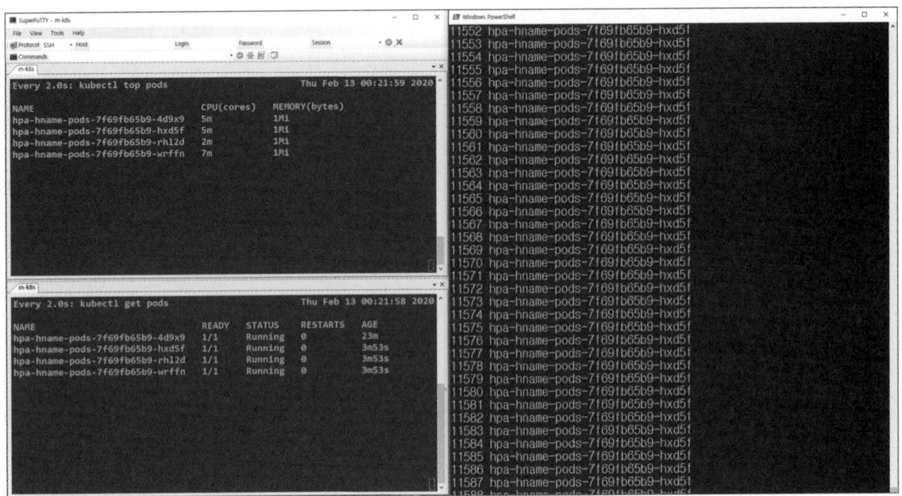

14. 더 이상 파드가 새로 생성되지 않는 안정적인 상태가 되는 것을 확인하고, 부하를 생성하는 오른쪽 파워셸 창을 종료합니다.

▼ 그림 3-61 안정적인 상태

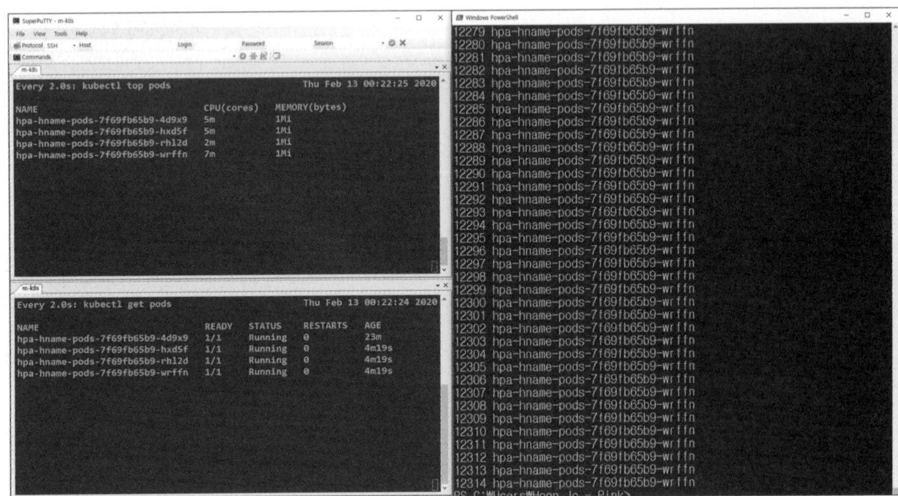

15. 일정 시간이 지난 후 더 이상 부하가 없으면 autoscale의 최소 조건인 파드 1개의 상태로 돌아가기 위해 파드가 종료되는 것을 확인합니다. 이번에는 시간이 좀 더 걸립니다.

▼ 그림 3-62 부하가 발생하지 않아서 종료되는 파드

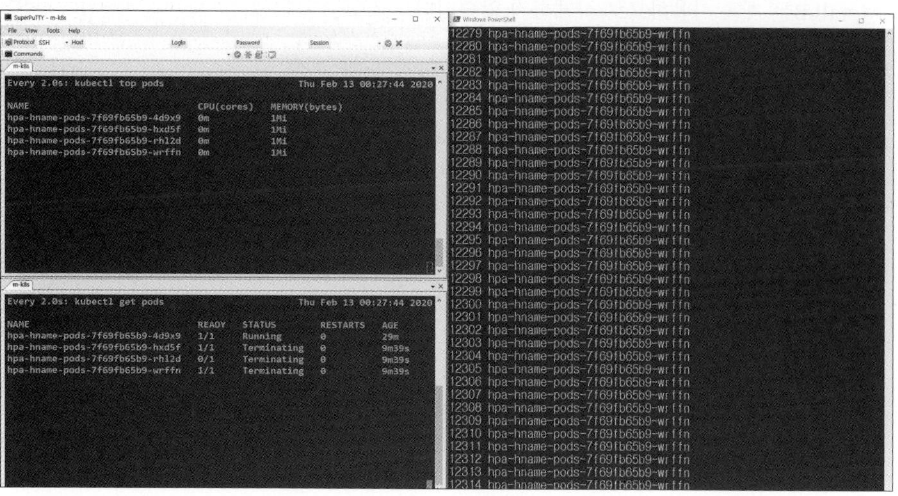

16. 사용하지 않는 파드는 모두 종료되고 1개만 남습니다.

▼ 그림 3-63 부하가 없어서 최소 조건인 파드 1개만 남은 상태

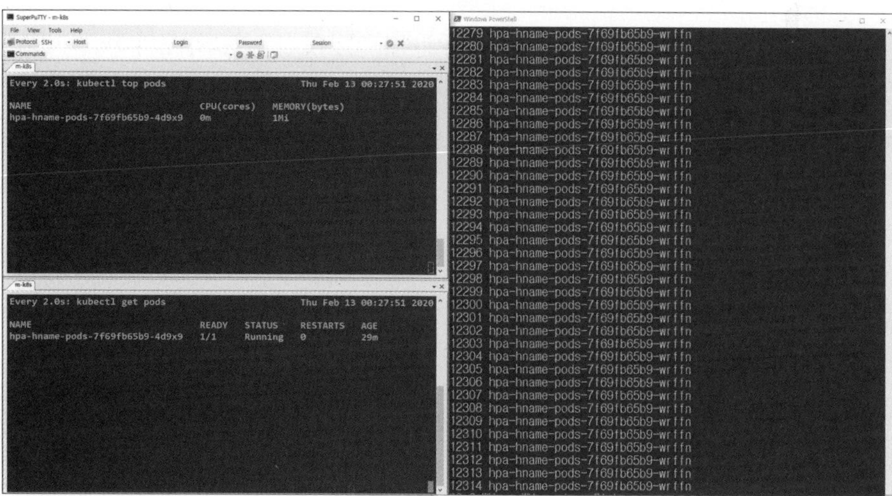

17. 부하 테스트가 끝났습니다. 파드 부하량에 따라 HPA가 자동으로 파드 수를 조절하는 것을 확인했습니다. HPA를 잘 활용하면 자원의 사용을 극대화하면서 서비스 가동률을 높일 수 있습니다. 앞에서와 마찬가지로 생성한 디플로이먼트, 서비스, 메트릭 서버를 삭제합니다. MetalLB는 계속 사용하므로 삭제하지 않습니다.[4]

```
[root@m-k8s ~]# kubectl delete deployment hpa-hname-pods
deployment.apps "hpa-hname-pods" deleted
[root@m-k8s ~]# kubectl delete hpa hpa-hname-pods
horizontalpodautoscaler.autoscaling "hpa-hname-pods" deleted
[root@m-k8s ~]# kubectl delete service hpa-hname-svc
service "hpa-hname-svc" deleted
[root@m-k8s ~]# kubectl delete -f ~/_Book_k8sInfra/ch3/3.3.5/metrics-server.yaml
clusterrole.rbac.authorization.k8s.io "system:aggregated-metrics-reader" deleted
clusterrolebinding.rbac.authorization.k8s.io "metrics-server:system:auth-delegator"
deleted
rolebinding.rbac.authorization.k8s.io "metrics-server-auth-reader" deleted
apiservice.apiregistration.k8s.io "v1beta1.metrics.k8s.io" deleted
serviceaccount "metrics-server" deleted
deployment.apps "metrics-server" deleted
service "metrics-server" deleted
clusterrole.rbac.authorization.k8s.io "system:metrics-server" deleted
clusterrolebinding.rbac.authorization.k8s.io "system:metrics-server" deleted
```

쿠버네티스에서 파드를 생성한 후에 실제로 쿠버네티스 외부의 사용자들이 쿠버네티스 내부에 있는 파드에 접속할 수 있도록 경로를 만들어주는 여러 가지 종류의 서비스들을 살펴봤습니다. 다음 절에서는 마지막으로 디플로이먼트 외에 다른 오브젝트를 사용해 보겠습니다.

4 만약 해당 내용을 직접 확인하고 싶다면, 다음 주소에서 해당 내용을 영상으로 확인할 수 있습니다.
https://youtu.be/mR0ithbw9Qk
https://bit.ly/3ycDVDN

3.4 알아두면 쓸모 있는 쿠버네티스 오브젝트

지금까지 파드를 안정적으로 사용하는 방법을 배우며 파드를 관리하는 여러 가지 기능이 포함된 디플로이먼트 오브젝트를 사용해 봤습니다. 디플로이먼트 외에도 용도에 따라 사용할 수 있는 다양한 오브젝트가 이미 정의돼 있습니다. 예를 들면 데몬셋, 컨피그맵, PV, PVC, 스테이트풀셋 등이 있습니다. 쿠버네티스가 발전함에 따라 사용되는 오브젝트는 계속 변하겠지만, 현존하는 다양한 오브젝트를 알아둔다면 쿠버네티스를 활용하고 추가로 개발되는 오브젝트에도 쉽게 적응할 수 있을 겁니다. 3장에서는 마지막으로 몇 가지 오브젝트의 종류와 목적, 작동 방식을 확인해 보겠습니다.

3.4.1 데몬셋

가장 먼저 살펴볼 것은 데몬셋(DaemonSet)입니다. 데몬셋은 디플로이먼트의 replicas가 노드 수만큼 정해져 있는 형태라고 할 수 있는데, 노드 하나당 파드 한 개만을 생성합니다.

데몬셋은 언제 사용할까요? 사실 데몬셋은 이미 여러 번 사용했습니다. Calico 네트워크 플러그인과 kube-proxy를 생성할 때 사용했고, MetalLB의 스피커에서도 사용했습니다. 이들의 공통점은 노드의 단일 접속 지점으로 노드 외부와 통신하는 것입니다. 따라서 파드가 1개 이상 필요하지 않습니다. 결국 노드를 관리하는 파드라면 데몬셋으로 만드는 게 가장 효율적입니다.

데몬셋을 만들어 보면서 데몬셋의 작동 원리를 확인해 보겠습니다.

1. `kubectl get pods -n metallb-system -o wide`를 실행해 현재 MetalLB의 스피커가 각 노드에 분포돼 있는 상태를 확인합니다.

```
[root@m-k8s ~]# kubectl get pods -n metallb-system -o wide
NAME                          … STATUS   RESTARTS  AGE  IP              NODE   …
controller-65895b47d4-b845q   … Running  0         47m  172.16.103.133  w2-k8s …
speaker-hzfmz                 … Running  0         47m  192.168.1.10    m-k8s  …
speaker-kqcxf                 … Running  0         47m  192.168.1.101   w1-k8s …
speaker-m7fxr                 … Running  0         47m  192.168.1.103   w3-k8s …
speaker-tsczn                 … Running  0         47m  192.168.1.102   w2-k8s …
```

2. 워커 노드를 1개 늘립니다. 호스트 컴퓨터의 C:\HashiCorp_Book_k8sInfra-main\ch3\3.1.3 경로로 이동해 Vagrantfile의 5번째 줄에 있는 N 인자의 값을 3에서 4로 수정하면 됩니다.

Vagrantfile 수정

```
01 # -*- mode: ruby -*-
02 # vi: set ft=ruby :
03
04 Vagrant.configure("2") do |config|
05   N = 4 # max number of worker nodes
06   Ver = '1.18.4' # Kubernetes Version to install
07
08   #=============#
09   # Master Node #
10   #=============#
     [생략]
```

3. 호스트 컴퓨터의 명령 창에서 C:\HashiCorp_Book_k8sInfra-main\ch3\3.1.3 경로로 이동한 다음 vagrant up w4-k8s를 실행합니다. 새로운 워커 노드(w4-k8s)를 추가하는 명령입니다.

```
C:\Users\Hoon Jo - Pink>cd C:\HashiCorp\_Book_k8sInfra-main\ch3\3.1.3
C:\HashiCorp\_Book_k8sInfra-main\ch3\3.1.3>vagrant up w4-k8s
Bringing machine 'w4-k8s' up with 'virtualbox' provider...
==> w4-k8s: Importing base box 'sysnet4admin/CentOS-k8s'...
==> w4-k8s: Matching MAC address for NAT networking...
[생략]
```

4. w4-k8s이 추가되면 m-k8s에서 kubectl get pods -n metallb-system -o wide -w를 수행합니다. 여기서 -w는 watch의 약어로 오브젝트 상태에 변화가 감지되면 해당 변화를 출력합니다. 리눅스에서 tail -f와 비슷한 역할을 합니다. 변화를 모두 확인했다면 Ctrl+C를 눌러 명령을 중지합니다.

```
[root@m-k8s ~]# kubectl get pods -n metallb-system -o wide -w
NAME                 … STATUS        RESTARTS  … IP              NODE   …
controller-…-b845q   … Running       0         … 172.16.103.133  w2-k8s …
speaker-hzfmz        … Running       0         … 192.168.1.10    m-k8s  …
speaker-kqcxf        … Running       0         … 192.168.1.101   w1-k8s …
speaker-m7fxr        … Running       0         … 192.168.1.103   w3-k8s …
speaker-tsczn        … Running       0         … 192.168.1.102   w2-k8s …
```

```
# 추가된 워커 노드에 daemonset인 speaker가 설치됨
speaker-vnc2k        … Pending             0        … <none>          <none> …
speaker-vnc2k        … Pending             0        … <none>          w4-k8s …
speaker-vnc2k        … ContainerCreating   0        … 192.168.1.104   w4-k8s …
speaker-vnc2k        … Running             0        … 192.168.1.104   w4-k8s …
```

5. 자동으로 추가된 노드에 설치된 스피커가 데몬셋이 맞는지 kubectl get pods speaker-vnc2k -o yaml -n metallb-system을 실행해 확인합니다. 스피커 이름(speaker-vnc2k)은 각자 생성된 이름으로 넣어 주세요.

```
[root@m-k8s ~]# kubectl get pods speaker-vnc2k -o yaml -n metallb-system
apiVersion: v1
kind: Pod
metadata:
  annotations:
    prometheus.io/port: "7472"
    prometheus.io/scrape: "true"
  creationTimestamp: "2020-02-23T13:05:31Z"
  generateName: speaker-
  labels:
    app: metallb
    component: speaker
    controller-revision-hash: f6cf9fd9f
    pod-template-generation: "1"
  name: speaker-vnc2k
  namespace: metallb-system
  ownerReferences:
  - apiVersion: apps/v1
    blockOwnerDeletion: true
    controller: true
    kind: DaemonSet
    name: speaker
    uid: aa82a626-c398-4643-a2e4-e918de4519ae
  resourceVersion: "12316"
[생략]
```

추가된 워커 노드에 데몬셋이 정상적으로 설치되고 작동하는 것을 확인해 봤습니다.

3.4.2 컨피그맵

컨피그맵(ConfigMap)은 이름 그대로 설정(config)을 목적으로 사용하는 오브젝트입니다. MetalLB를 구성할 때 컨피그맵을 사용해 봤습니다. 인그레스에서는 설정을 위해 오브젝트를 인그레스로 선언했는데, 왜 MetalLB에서는 컨피그맵을 사용했을까요? 명확하게 규정하기는 어려운데 인그레스는 오브젝트가 인그레스로 지정돼 있지만, MetalLB는 프로젝트 타입으로 정해진 오브젝트가 없어서 범용 설정으로 사용되는 컨피그맵을 지정했습니다.

컨피그맵으로 작성된 MetalLB의 IP 설정을 변경해 봅시다.

1. 테스트용 디플로이먼트를 cfgmap이라는 이름으로 생성합니다.

```
[root@m-k8s ~]# kubectl create deployment cfgmap --image=sysnet4admin/echo-hname
deployment.apps/cfgmap created
```

2. cfgmap을 로드밸런서(MetalLB)를 통해 노출하고 이름은 cfgmap-svc로 지정합니다.

```
[root@m-k8s ~]# kubectl expose deployment cfgmap --type=LoadBalancer --name=cfgmap-svc
--port=80
service/cfgmap-svc exposed
```

3. 생성된 서비스의 IP(192.168.1.11)를 확인합니다.

```
[root@m-k8s ~]# kubectl get services
NAME         TYPE           CLUSTER-IP      EXTERNAL-IP    PORT(S)        AGE
cfgmap-svc   LoadBalancer   10.100.199.95   192.168.1.11   80:31463/TCP   2m5s
kubernetes   ClusterIP      10.96.0.1       <none>         443/TCP        4h13m
```

4. 사전에 구성돼 있는 컨피그맵의 기존 IP(192.168.1.11~192.168.1.13)를 sed 명령을 사용해 192.168.1.21~192.168.1.23으로 변경합니다.

```
[root@m-k8s ~]# cat ~/_Book_k8sInfra/ch3/3.4.2/metallb-l2config.yaml | grep 192.
      - 192.168.1.11-192.168.1.13
[root@m-k8s ~]# sed -i 's/11/21/;s/13/23/' ~/_Book_k8sInfra/ch3/3.4.2/metallb-
l2config.yaml
[root@m-k8s ~]# cat ~/_Book_k8sInfra/ch3/3.4.2/metallb-l2config.yaml | grep 192.
      - 192.168.1.21-192.168.1.23
```

5. 컨피그맵 설정 파일(metallb-l2config.yaml)에 apply를 실행해 변경된 설정을 적용합니다.

```
[root@m-k8s ~]# kubectl apply -f ~/_Book_k8sInfra/ch3/3.4.2/metallb-l2config.yaml
configmap/config configured
```

6. MetalLB와 관련된 모든 파드를 삭제합니다. 삭제하고 나면 kubelet에서 해당 파드를 자동으로 모두 다시 생성합니다. --all은 파드를 모두 삭제하는 옵션입니다.

```
[root@m-k8s ~]# kubectl delete pods --all -n metallb-system
pod "controller-65895b47d4-b845q" deleted
pod "speaker-hzfmz" deleted
pod "speaker-kqcxf" deleted
pod "speaker-m7fxr" deleted
pod "speaker-tsczn" deleted
pod "speaker-vnc2k" deleted
```

7. 새로 생성된 MetalLB의 파드들을 확인합니다.

```
[root@m-k8s ~]# kubectl get pods -n metallb-system
NAME                          READY   STATUS    RESTARTS   AGE
controller-65895b47d4-br55j   1/1     Running   0          19s
speaker-c82jh                 1/1     Running   0          18s
speaker-fx5g2                 1/1     Running   0          18s
speaker-pz9cz                 1/1     Running   0          17s
speaker-sknhk                 1/1     Running   0          18s
speaker-wglxt                 1/1     Running   0          17s
```

8. 기존에 노출한 MetalLB 서비스(cfgmap-svc)를 삭제(delete)하고 동일한 이름으로 다시 생성해 새로운 컨피그맵을 적용한 서비스가 올라오게 합니다.

```
[root@m-k8s ~]# kubectl delete service cfgmap-svc
service "cfgmap-svc" deleted
[root@m-k8s ~]# kubectl expose deployment cfgmap --type=LoadBalancer --name=cfgmap-svc
--port=80
service/cfgmap-svc exposed
```

9. 변경된 설정이 적용돼 새로운 MetalLB 서비스의 IP가 192.168.1.21로 바뀌었는지 확인합니다.

```
[root@m-k8s ~]# kubectl get services
NAME         TYPE           CLUSTER-IP       EXTERNAL-IP    PORT(S)        AGE
cfgmap-svc   LoadBalancer   10.103.110.132   192.168.1.21   80:32632/TCP   41s
kubernetes   ClusterIP      10.96.0.1        <none>         443/TCP        124m
```

10. 호스트 컴퓨터의 브라우저에서 192.168.1.21로 접속해 파드의 이름이 화면에 표시되는지 확인합니다.

▼ 그림 3-64 192.168.1.21에 접속해 파드의 이름이 표시되는지 확인하기

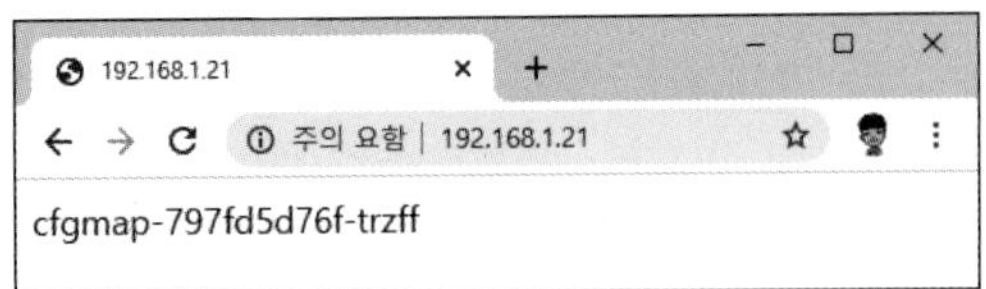

11. 이름이 표시되므로 설정 변경이 성공했습니다. 다음 테스트를 위해 생성한 디플로이먼트와 서비스를 삭제합니다.

```
[root@m-k8s ~]# kubectl delete deployment cfgmap
deployment.apps "cfgmap" deleted
[root@m-k8s ~]# kubectl delete service cfgmap-svc
service "cfgmap-svc" deleted
```

3.4.3 PV와 PVC

이제 파드가 언제라도 생성되고 지워진다는 것을 충분히 알았을 것입니다. 쿠버네티스에서 의도적으로 이렇게 구현했습니다. 그런데 때때로 파드에서 생성한 내용을 기록하고 보관하거나 모든 파드가 동일한 설정 값을 유지하고 관리하기 위해 공유된 볼륨으로부터 공통된 설정을 가지고 올 수 있도록 설계해야 할 때도 있습니다.

쿠버네티스는 이런 경우를 위해 다음과 같은 목적으로 다양한 형태의 볼륨을 제공합니다.

- **임시**: emptyDir
- **로컬**: host Path, local
- **원격**: persistentVolumeClaim, cephfs, cinder, csi, fc(fibre channel), flexVolume, flocker, glusterfs, iscsi, nfs, portworxVolume, quobyte, rbd, scaleIO, storageos, vsphereVolume
- **특수 목적**: downwardAPI, configMap, secret, azureFile, projected
- **클라우드**: awsElasticBlockStore, azureDisk, gcePersistentDisk

다양한 쿠버네티스 볼륨 스토리지 중에서 PV와 PVC를 설명하겠습니다. PV와 PVC의 관계를 이해한다면 다른 볼륨 스토리지도 쉽게 이해할 수 있습니다.

쿠버네티스는 필요할 때 PVC(PersistentVolumeClaim, 지속적으로 사용 가능한 볼륨 요청)를 요청해 사용합니다. PVC를 사용하려면 PV(PersistentVolume, 지속적으로 사용 가능한 볼륨)로 볼륨을 선언해야 합니다. 간단하게 PV는 볼륨을 사용할 수 있게 준비하는 단계이고, PVC는 준비된 볼륨에서 일정 공간을 할당받는 것입니다. 비유하면 PV는 요리사(관리자)가 피자를 굽는 것이고, PVC는 손님(사용자)가 원하는 만큼의 피자를 접시에 담아 가져오는 것입니다.

PV로 볼륨을 선언할 수 있는 타입은 다음과 같습니다.

▼ 그림 3-65 PersistentVolume으로 생성 가능한 볼륨 타입

그러면 가장 구현하기 쉬운 NFS 볼륨 타입으로 PV와 PVC를 생성하고 파드에 마운트해 보면서 실제로 어떻게 작동하는지 확인해 보겠습니다.

▼ 그림 3-66 NFS 볼륨을 이용한 PV/PVC 연결 구성도

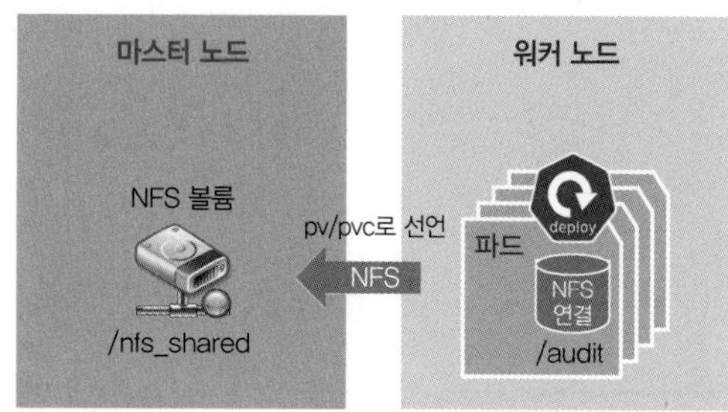

NFS 볼륨에 PV/PVC를 만들고 파드에 연결하기

1. PV로 선언할 볼륨을 만들기 위해 NFS 서버를 마스터 노드에 구성합니다. 공유되는 디렉터리는 /nfs_shared로 생성하고, 해당 디렉터리를 NFS로 받아들일 IP 영역은 192.168.1.0/24로 정합니다. 옵션을 적용해 /etc/exports에 기록합니다. 옵션에서 rw는 읽기/쓰기, sync는 쓰기 작업 동기화, no_root_squash는 root 계정 사용을 의미합니다. 이때 nfs-utils.x86_64는 현재 CentOS에 이미 설치돼 있으므로 설치하지 않아도 됩니다.

```
[root@m-k8s ~]# mkdir /nfs_shared
[root@m-k8s ~]# echo '/nfs_shared 192.168.1.0/24(rw,sync,no_root_squash)' >> /etc/
exports
```

2. 해당 내용을 시스템에 적용해 NFS 서버를 활성화하고 다음에 시작할 때도 자동으로 적용되도록 systemctl enable --now nfs 명령을 실행합니다.

```
[root@m-k8s ~]# systemctl enable --now nfs
Created symlink from /etc/systemd/system/multi-user.target.wants/nfs-server.service to
/usr/lib/systemd/system/nfs-server.service.
```

3. 다음 경로에 있는 오브젝트 스펙을 실행해 PV를 생성합니다.

```
[root@m-k8s ~]# kubectl apply -f ~/_Book_k8sInfra/ch3/3.4.3/nfs-pv.yaml
persistentvolume/nfs-pv created
```

오브젝트 스펙은 다음과 같습니다. 이제 파일 구조에 익숙할 테니 새로 나온 몇 가지만 설명하겠습니다.

nfs-pv.yaml

```
apiVersion: v1
kind: PersistentVolume
metadata:
  name: nfs-pv
spec:
  capacity:
    storage: 100Mi
  accessModes:
    - ReadWriteMany
  persistentVolumeReclaimPolicy: Retain
  nfs:
    server: 192.168.1.10
    path: /nfs_shared
```

- **6~7번째 줄**: storage는 실제로 사용하는 용량을 제한하는 것이 아니라 쓸 수 있는 양을 레이블로 붙이는 것과 같습니다. 이는 현재 스토리지가 단순히 NFS로 설정돼서 그렇습니다. 용량을 제한하는 방법은 '볼륨 용량을 제한하는 방법'에 자세히 나와 있습니다.
- **8~9번째 줄**: PV를 어떤 방식으로 사용할지를 정의한 부분입니다. ReadWriteMany는 여러 개의 노드가 읽고 쓸 수 있도록 마운트하는 옵션입니다. 이외에도 ReadWriteOnce(하나의 노드에서만 볼륨을 읽고 쓸 수 있게 마운트)와 ReadOnlyMany(여러 개의 노드가 읽도록 마운트) 옵션이 있습니다.
- **10번째 줄**: persistentVolumeReclaimPolicy는 PV가 제거됐을 때 작동하는 방법을 정의하는 것으로, 여기서는 유지하는 Retain을 사용합니다. 그 외에 Delete(삭제)와 Recycle(재활용, Deprecated) 옵션이 있습니다.
- **11~13번째 줄**: NFS 서버의 연결 위치에 대한 설정입니다.

4. kubectl get pv를 실행해 생성된 PV의 상태가 Available(사용 가능)임을 확인합니다.

```
[root@m-k8s ~]# kubectl get pv
NAME     CAPACITY   ACCESS MODES   RECLAIM POLICY   STATUS      …   AGE
nfs-pv   100Mi      RWX            Retain           Available   …   80s
```

5. 다음 경로에서 오브젝트 스펙을 실행해 PVC를 생성합니다.

```
[root@m-k8s ~]# kubectl apply -f ~/_Book_k8sInfra/ch3/3.4.3/nfs-pvc.yaml
persistentvolumeclaim/nfs-pvc created
```

해당 오브젝트 스펙은 다음과 같습니다.

nfs-pvc.yaml

```yaml
apiVersion: v1
kind: PersistentVolumeClaim
metadata:
  name: nfs-pvc
spec:
  accessModes:
    - ReadWriteMany
  resources:
    requests:
      storage: 10Mi
```

PVC는 PV와 구성이 거의 동일합니다. 하지만 PV는 사용자가 요청할 볼륨 공간을 관리자가 만들고, PVC는 사용자(개발자)간 볼륨을 요청하는 데 사용한다는 점에서 차이가 있습니다. 여기서 요청하는 `storage: 10Mi`는 동적 볼륨이 아닌 경우에는 레이블 정도의 의미를 가집니다. 모든 설정이 완료되고 파드에 마운트된 볼륨에서 용량을 확인하면 그 의미를 좀 더 확실하게 알 수 있습니다.

PV와 PVC의 관계를 정리하면 다음과 같습니다.

▼ 그림 3-67 PV와 PVC의 관계도

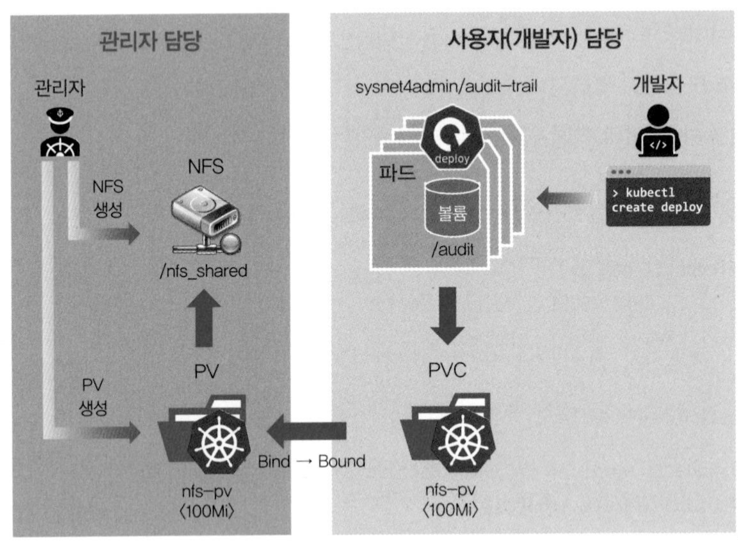

6. 생성된 PVC를 `kubectl get pvc`로 확인합니다. 여기서 두 가지를 살펴봐야 합니다. 첫 번째는 상태가 Bound(묶여짐)로 변경됐다는 것입니다. 이는 PV와 PVC가 연결됐음을 의미합니다. 두 번째로 용량이 설정한 10Mi가 아닌 100Mi라는 것입니다. 사실 용량은 동적으로 PVC를 따로 요청해 생성하는 경우가 아니면 큰 의미가 없습니다. 따라서 Bound만 확인하면 됩니다.

```
[root@m-k8s ~]# kubectl get pvc
NAME      STATUS   VOLUME   CAPACITY   ACCESS MODES   STORAGECLASS   AGE
nfs-pvc   Bound    nfs-pv   100Mi      RWX                           39s
```

7. PV의 상태도 Bound로 바뀌었음을 `kubectl get pv`로 확인합니다.

```
[root@m-k8s ~]# kubectl get pv
NAME     CAPACITY   ACCESS MODES   RECLAIM POLICY   STATUS   …   AGE
nfs-pv   100Mi      RWX            Retain           Bound    …   4m59s
```

8. 생성한 PVC를 볼륨으로 사용하는 디플로이먼트 오브젝트 스펙을 배포합니다.

```
[root@m-k8s ~]# kubectl apply -f ~/_Book_k8sInfra/ch3/3.4.3/nfs-pvc-deploy.yaml
deployment.apps/nfs-pvc-deploy created
```

배포한 스펙은 다음과 같습니다.

nfs-pvc-deploy.yaml

```
01 apiVersion: apps/v1
02 kind: Deployment
03 metadata:
04   name: nfs-pvc-deploy
05 spec:
06   replicas: 4
07   selector:
08     matchLabels:
09       app: nfs-pvc-deploy
10   template:
11     metadata:
12       labels:
13         app: nfs-pvc-deploy
14     spec:
15       containers:
16       - name: audit-trail
17         image: sysnet4admin/audit-trail
18         volumeMounts:
19         - name: nfs-vol
20           mountPath: /audit
21       volumes:
22       - name: nfs-vol
23         persistentVolumeClaim:
24           claimName: nfs-pvc
```

- **15~17번째 줄**: audit-trail 이미지를 가지고 옵니다. 해당 컨테이너 이미지는 요청을 처리할 때마다 접속 정보를 로그로 기록합니다.
- **18~20번째 줄**: 볼륨이 마운트될 위치(/audit)를 지정합니다.
- **21~24번째 줄**: PVC로 생성된 볼륨을 마운트하기 위해서 nfs-pvc라는 이름을 사용합니다.

9. 생성된 파드를 확인합니다.

```
[root@m-k8s ~]# kubectl get pods
NAME                               READY   STATUS    RESTARTS   AGE
nfs-pvc-deploy-7888b77964-69c8n    1/1     Running   0          2m55s
nfs-pvc-deploy-7888b77964-mj6mt    1/1     Running   0          2m55s
nfs-pvc-deploy-7888b77964-q2gjw    1/1     Running   0          2m55s
nfs-pvc-deploy-7888b77964-qwwsm    1/1     Running   0          2m55s
```

10. 생성한 파드 중 하나에 exec로 접속합니다.

```
[root@m-k8s ~]# kubectl exec -it nfs-pvc-deploy-7888b77964-69c8n -- /bin/bash
root@nfs-pvc-deploy-7888b77964-69c8n:/#
```

11. df -h를 실행해 PVC의 마운트 상태를 확인합니다. 용량이 100Mi가 아닌 NFS 서버의 용량이 37G임을 확인합니다. PVC 요청에 맞게 용량을 사용할 수 있는 방법은 나중에 살펴보겠습니다.

```
root@nfs-pvc-deploy-7888b77964-69c8n:/# df -h
Filesystem                     Size  Used Avail Use% Mounted on
overlay                         37G  2.6G   35G   7% /
tmpfs                          496M     0  496M   0% /dev
tmpfs                          496M     0  496M   0% /sys/fs/cgroup
192.168.1.10:/nfs_shared        37G  3.2G   34G   9% /audit
/dev/mapper/centos_k8s-root     37G  2.6G   35G   7% /etc/hosts
shm                             64M     0   64M   0% /dev/shm
tmpfs                          496M   12K  496M   1% /run/secrets/kubernetes.io/
serviceaccount
tmpfs                          496M     0  496M   0% /proc/acpi
tmpfs                          496M     0  496M   0% /proc/scsi
tmpfs                          496M     0  496M   0% /sys/firmware
```

12. 오른쪽에 m-k8s 명령 창을 1개 더 열고 audit-trail 컨테이너의 기능을 테스트합니다. 외부에서 파드(nfs-pv-deploy)에 접속할 수 있도록 expose로 로드밸런서 서비스를 생성합니다.

```
[root@m-k8s ~]# kubectl expose deployment nfs-pvc-deploy --type=LoadBalancer
--name=nfs-pvc-deploy-svc --port=80
service/nfs-pvc-deploy-svc exposed
```

13. 생성한 로드밸런서 서비스의 IP를 확인합니다.

```
[root@m-k8s ~]# kubectl get services
NAME                TYPE           CLUSTER-IP      EXTERNAL-IP    PORT(S)        AGE
kubernetes          ClusterIP      10.96.0.1       <none>         443/TCP        7d4h
nfs-pvc-deploy-svc  LoadBalancer   10.105.87.182   192.168.1.21   80:30840/TCP   9s
```

14. 호스트 컴퓨터에서 브라우저를 엽니다. 192.168.1.21에 접속해 파드 이름과 IP가 표시되는지 확인합니다.

그림 3-68 192.168.1.21에 접속해 파드 이름과 IP가 표시되는지 확인

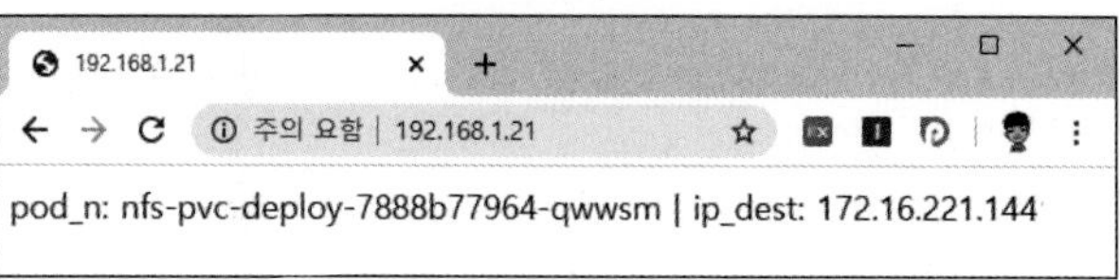

15. exec를 통해 접속한 파드에서 ls /audit 명령을 실행해 접속 기록 파일이 남았는지 확인합니다. cat으로 해당 파일의 내용도 함께 확인합니다.

```
root@nfs-pvc-deploy-7888b77964-69c8n:/# ls /audit
audit_nfs-pvc-deploy-7888b77964-qwwsm.log
root@nfs-pvc-deploy-7888b77964-69c8n:/# cat /audit/audit_nfs-pvc-deploy-7888b77964-
qwwsm.log
03/Mar/2020:20:25:00 +0900  172.16.221.144  GET
```

16. 마스터 노드(m-k8s)에서 scale 명령으로 파드를 4개에서 8개로 증가시킵니다.

```
[root@m-k8s ~]# kubectl scale deployment nfs-pvc-deploy --replicas=8
deployment.apps/nfs-pvc-deploy scaled
```

17. 생성된 파드를 확인합니다.

```
[root@m-k8s ~]# kubectl get pods
NAME                              READY   STATUS    RESTARTS   AGE
nfs-pvc-deploy-7888b77964-69c8n   1/1     Running   0          8m27s
nfs-pvc-deploy-7888b77964-c6nrp   1/1     Running   0          13s
nfs-pvc-deploy-7888b77964-knb92   1/1     Running   0          13s
nfs-pvc-deploy-7888b77964-mj6mt   1/1     Running   0          8m27s
nfs-pvc-deploy-7888b77964-q2gjw   1/1     Running   0          8m27s
nfs-pvc-deploy-7888b77964-qwwsm   1/1     Running   0          8m27s
nfs-pvc-deploy-7888b77964-v7h6w   1/1     Running   0          13s
nfs-pvc-deploy-7888b77964-wpj5c   1/1     Running   0          13s
```

18. 최근에 증가한 4개의 파드 중 1개를 선택해 exec로 접속하고 기록된 audit 로그가 동일한지 확인합니다.

```
[root@m-k8s ~]# kubectl exec -it nfs-pvc-deploy-7888b77964-c6nrp -- /bin/bash
root@nfs-pvc-deploy-7888b77964-c6nrp:/# cat /audit/audit_nfs-pvc-deploy-7888b77964-
qwwsm.log
03/Mar/2020:20:25:00 +0900  172.16.221.144  GET
```

19. 다른 브라우저를 열고 192.168.1.21로 접속해 다른 파드 이름과 IP가 표시되는지를 확인합니다.

▼ 그림 3-69 192.168.1.21에 접속해 변경된 파드 이름과 IP가 표시되는지 확인

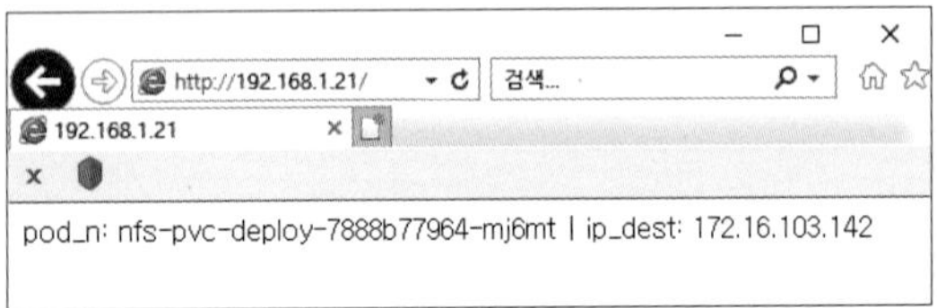

20. exec로 접속한 파드에서 ls /audit을 실행해 새로 추가된 audit 로그를 확인합니다. 그리고 cat으로 기록된 내용도 함께 확인합니다.

```
root@nfs-pvc-deploy-7888b77964-c6nrp:/# ls /audit
audit_nfs-pvc-deploy-7888b77964-mj6mt.log  audit_nfs-pvc-deploy-7888b77964-qwwsm.log
root@nfs-pvc-deploy-7888b77964-c6nrp:/# cat /audit/audit_nfs-pvc-deploy-7888b77964-
mj6mt.log
03/Mar/2020:20:29:19 +0900  172.16.103.142  GET
```

21. 기존에 접속한 파드에서도 동일한 로그가 audit에 기록돼 있는지 확인합니다.

```
root@nfs-pvc-deploy-7888b77964-69c8n:/# ls /audit
audit_nfs-pvc-deploy-7888b77964-mj6mt.log  audit_nfs-pvc-deploy-7888b77964-qwwsm.log
```

NFS 볼륨을 파드에 직접 마운트하기

1. 사용자가 관리자와 동일한 단일 시스템이라면 PV와 PVC를 사용할 필요가 없습니다. 따라서 단순히 볼륨을 마운트하는지 확인하고 넘어가겠습니다.

```
[root@m-k8s ~]# kubectl apply -f ~/_Book_k8sInfra/ch3/3.4.3/nfs-ip.yaml
deployment.apps/nfs-ip created
```

코드를 살펴보면 21~25번째 줄에서 PV와 PVC를 거치지 않고 바로 NFS 서버로 접속하는 것을 확인할 수 있습니다.

nfs-ip.yaml

```yaml
apiVersion: apps/v1
kind: Deployment
metadata:
  name: nfs-ip
spec:
  replicas: 4
  selector:
    matchLabels:
      app: nfs-ip
  template:
    metadata:
      labels:
        app: nfs-ip
    spec:
      containers:
      - name: audit-trail
        image: sysnet4admin/audit-trail
        volumeMounts:
        - name: nfs-vol
          mountPath: /audit
      volumes:
      - name: nfs-vol
        nfs:
          server: 192.168.1.10
          path: /nfs_shared
```

2. 새로 배포된 파드를 확인하고 그중 하나에 exec로 접속합니다.

```
[root@m-k8s ~]# kubectl get pods
NAME                        READY   STATUS    RESTARTS   AGE
nfs-ip-84fd4d6f69-475vb     1/1     Running   0          20s
nfs-ip-84fd4d6f69-59xsv     1/1     Running   0          20s
nfs-ip-84fd4d6f69-7nrp6     1/1     Running   0          20s
nfs-ip-84fd4d6f69-h56qc     1/1     Running   0          20s
[생략]
[root@m-k8s ~]# kubectl exec -it nfs-ip-84fd4d6f69-475vb -- /bin/bash
root@nfs-ip-84fd4d6f69-475vb:/#
```

3. 접속한 파드에서 ls /audit를 실행해 동일한 NFS 볼륨을 바라보고 있음을 확인합니다.

```
root@nfs-ip-84fd4d6f69-475vb:/# ls /audit
audit_nfs-pvc-deploy-7888b77964-mj6mt.log  audit_nfs-pvc-deploy-7888b77964-qwwsm.log
```

4. 다음 진행을 위해 설치한 PV와 PVC를 제외한 나머지인 파드와 서비스를 삭제합니다.

```
[root@m-k8s ~]# kubectl delete deployment nfs-pvc-deploy
deployment.apps "nfs-pvc-deploy" deleted
[root@m-k8s ~]# kubectl delete deployment nfs-ip
deployment.apps "nfs-ip" deleted
[root@m-k8s ~]# kubectl delete service nfs-pvc-deploy-svc
service "nfs-pvc-deploy-svc" deleted
```

실제로 PV와 PVC를 구성해서 PV와 PVC를 구성하는 주체가 관리자와 사용자로 나뉜다는 것을 확인했습니다. 또한 관리자와 사용자가 나뉘어 있지 않다면 굳이 PV와 PVC를 통하지 않고 바로 파드에 공유가 가능한 NFS 볼륨을 마운트할 수 있음을 알았습니다.

Tip 볼륨 용량을 제한하는 방법

볼륨 용량을 제한하는 방법은 크게 두 가지가 있습니다. 첫 번째는 PVC로 PV에 요청되는 용량을 제한하는 것이고, 두 번째는 스토리지 리소스에 대한 사용량을 제한하는 것입니다.

먼저 PVC로 PV에 요청되는 용량을 제한하는 방법을 살펴보겠습니다.

1. PVC로 PV를 요청할 때 용량을 제한하는 오브젝트 스펙을 가져와 적용합니다.

```
[root@m-k8s ~]# kubectl apply -f ~/_Book_k8sInfra/ch3/3.4.3/limits-pvc.yaml
limitrange/storagelimits created
```

다음 코드를 적용하면 PVC를 통해 PV를 요청할 때 최소 1Mi에서 최대 5Mi로 용량을 제한합니다.

limits-pvc.yaml

```
apiVersion: v1
kind: LimitRange
metadata:
  name: storagelimits
spec:
  limits:
  - type: PersistentVolumeClaim
    max:
      storage: 5Mi
    min:
      storage: 1Mi
```

2. PV와 PVC를 새로 생성하고 PVC가 최대 용량 제한(5Mi)에 걸려 수행되지 못하는지 확인합니다.

```
[root@m-k8s ~]# kubectl apply -f ~/_Book_k8sInfra/ch3/3.4.3/nfs-pv.yaml
persistentvolume/nfs-pv created
[root@m-k8s ~]# kubectl apply -f ~/_Book_k8sInfra/ch3/3.4.3/nfs-pvc.yaml
```

계속

```
Error from server (Forbidden): error when creating "/root/_Book_k8sInfra/ch3/3.4.3/
nfs-pvc.yaml": persistentvolumeclaims "nfs-pvc" is forbidden: maximum storage usage
per PersistentVolumeClaim is 5Mi, but request is 10Mi
```

3. 용량 제한 설정을 삭제합니다.

```
[root@m-k8s ~]# kubectl delete limitranges storagelimits
limitrange "storagelimits" deleted
```

두 번째 방법인 스토리지 리소스에 대한 총 용량을 제한하는 방법도 살펴보겠습니다.

1. 총 누적 사용량을 제한하기 위해 다음 오브젝트 스펙을 적용합니다.

```
[root@m-k8s ~]# kubectl apply -f ~/_Book_k8sInfra/ch3/3.4.3/quota-pvc.yaml
resourcequota/storagequota created
```

해당 코드는 PVC는 5개, 용량은 25Mi가 넘지 않도록 제한합니다.

quota-pvc.yaml

```
apiVersion: v1
kind: ResourceQuota
metadata:
  name: storagequota
spec:
  hard:
    persistentvolumeclaims: "5"
    requests.storage: "25Mi"
```

2. 지금까지 배운 내용을 활용해 PV 3개((100Mi)의 상태를 만들고 오브젝트 스펙을 작성합니다(스스로 작성해 보세요). 그런 다음 PVC 3개(10Mi)를 요청해 25Mi 제한으로 더 이상 PVC가 수행되지 못하는지 확인합니다.

```
[root@m-k8s ~]# kubectl get pv
NAME      CAPACITY   ACCESS MODES   RECLAIM POLICY   STATUS      …   AGE
nfs-pv    100Mi      RWX            Retain           Available   …   2s
nfs-pv1   100Mi      RWX            Retain           Available   …   2m4s
nfs-pv2   100Mi      RWX            Retain           Available   …   2m1s
[root@m-k8s ~]# kubectl apply -f nfs-pvc.yaml
persistentvolumeclaim/nfs-pvc created
[root@m-k8s ~]# kubectl apply -f nfs-pvc1.yaml
persistentvolumeclaim/nfs-pvc1 created
[root@m-k8s ~]# kubectl apply -f nfs-pvc2.yaml
Error from server (Forbidden): error when creating "nfs-pvc2.yaml":
persistentvolumeclaims "nfs-pvc2" is forbidden: exceeded quota: storagequota,
requested: requests.storage=10Mi, used: requests.storage=20Mi, limited: requests.
storage=25Mi
```

계속

3. PVC를 생성하기 위해 설정한 리소스 제한을 삭제합니다.

```
[root@m-k8s ~]# kubectl delete resourcequotas storagequota
resourcequota "storagequota" deleted
```

4. 과도하게 생성한 PV(nfs-pv1, nfs-pv2)와 PVC(nfs-pvc1)를 삭제합니다. 이때 Bound(PV와 PVC가 연결된 대상)의 상대를 잘 보고 삭제해야 합니다. Bound는 기본적으로 생성된 시간에 맞춰 연결됩니다.

```
[root@m-k8s ~]# kubectl delete pvc nfs-pvc1
persistentvolumeclaim "nfs-pvc1" deleted
[root@m-k8s ~]# kubectl delete pv nfs-pv2
persistentvolume "nfs-pv2" deleted
[root@m-k8s ~]# kubectl delete pv nfs-pv1
persistentvolume "nfs-pv1" deleted
```

3.4.4 스테이트풀셋

지금까지는 파드가 replicas에 선언된 만큼 무작위로 생성될 뿐이었습니다. 그런데 파드가 만들어지는 이름과 순서를 예측해야 할 때가 있습니다. 주로 레디스(Redis), 주키퍼(Zookeeper), 카산드라(Cassandra), 몽고DB(MongoDB) 등의 마스터-슬레이브 구조 시스템에서 필요합니다.

이런 경우에 **스테이트풀셋**(StatefulSet)을 사용합니다. 스테이트풀셋은 volumeClaimTemplates 기능을 사용해 PVC를 자동으로 생성할 수 있고, 각 파드가 순서대로 생성되기 때문에 고정된 이름, 볼륨, 설정 등을 가질 수 있습니다. 그래서 StatefulSet(이전 상태를 기억하는 세트)이라는 이름을 사용합니다. 다만, 효율성 면에서 좋은 구조가 아니므로 요구 사항에 맞게 적절히 사용하는 것이 좋습니다.

스테이트풀셋을 직접 만들어 보면서 생성 과정을 살펴보고 어떤 형태의 고정 값을 가지는지 알아보겠습니다. 참고로 스테이트풀셋은 디플로이먼트와 형제나 다름없는 구조라 디플로이먼트에서 오브젝트 종류를 변경하면 바로 실습할 수 있습니다.

1. PV와 PVC는 앞에서 이미 생성했으므로 바로 스테이트풀셋을 다음 명령으로 생성합니다.

   ```
   [root@m-k8s ~]# kubectl apply -f ~/_Book_k8sInfra/ch3/3.4.4/nfs-pvc-sts.yaml
   statefulset.apps/nfs-pvc-sts created
   ```

   7번째 줄에 `serviceName`이 추가된 것 외에는 앞의 nfs-pvc-deploy.yaml 코드와 동일합니다.

nfs-pvc-sts.yaml

```
apiVersion: apps/v1
kind: StatefulSet
metadata:
  name: nfs-pvc-sts
spec:
  replicas: 4
  serviceName: sts-svc-domain #statefulset need it
  selector:
    matchLabels:
      app: nfs-pvc-sts
  template:
    metadata:
      labels:
        app: nfs-pvc-sts
    spec:
      containers:
      - name: audit-trail
        image: sysnet4admin/audit-trail
        volumeMounts:
        - name: nfs-vol
          mountPath: /audit
      volumes:
      - name: nfs-vol
        persistentVolumeClaim:
          claimName: nfs-pvc
```

2. 앞의 명령을 실행한 후에 파드가 생성되는지는 kubectl get pods -w 명령으로 확인합니다. 다음과 같이 순서대로 하나씩 생성하는 것을 볼 수 있습니다.

```
[root@m-k8s ~]# kubectl get pods -w
NAME            READY   STATUS              RESTARTS   AGE
nfs-pvc-sts-0   0/1     ContainerCreating   0          3s
nfs-pvc-sts-0   1/1     Running             0          9s
nfs-pvc-sts-1   0/1     Pending             0          0s
nfs-pvc-sts-1   0/1     Pending             0          0s
nfs-pvc-sts-1   0/1     ContainerCreating   0          0s
nfs-pvc-sts-1   0/1     ContainerCreating   0          1s
nfs-pvc-sts-1   1/1     Running             0          5s
nfs-pvc-sts-2   0/1     Pending             0          0s
nfs-pvc-sts-2   0/1     Pending             0          0s
nfs-pvc-sts-2   0/1     ContainerCreating   0          0s
```

```
nfs-pvc-sts-2   0/1   ContainerCreating   0     1s
nfs-pvc-sts-2   1/1   Running             0     6s
nfs-pvc-sts-3   0/1   Pending             0     0s
nfs-pvc-sts-3   0/1   Pending             0     0s
nfs-pvc-sts-3   0/1   ContainerCreating   0     0s
nfs-pvc-sts-3   0/1   ContainerCreating   0     1s
nfs-pvc-sts-3   1/1   Running             0     6s
```

3. 생성한 스테이트풀셋에 expose를 실행합니다. 그런데 에러가 발생합니다. 이는 expose 명령이 스테이트풀셋을 지원하지 않기 때문입니다. 해결하려면 파일로 로드밸런서 서비스를 작성, 실행해야 합니다.

```
[root@m-k8s ~]# kubectl expose statefulset nfs-pvc-sts --type=LoadBalancer --name=nfs-pvc-sts-svc --port=80
error: cannot expose a StatefulSet.apps
```

> **Note** expose 명령으로 서비스를 생성할수 있는 오브젝트는 디플로이먼트, 파드, 레플리카셋, 레플리케이션 컨트롤러입니다.

4. 다음 경로를 적용해 스테이트풀셋을 노출하기 위한 서비스를 생성하고, kubectl get service 명령으로 생성한 로드밸런서 서비스를 확인합니다.

```
[root@m-k8s ~]# kubectl apply -f ~/_Book_k8sInfra/ch3/3.4.4/nfs-pvc-sts-svc.yaml
service/nfs-pvc-sts-svc created
[root@m-k8s ~]# kubectl get services
NAME              TYPE           CLUSTER-IP      EXTERNAL-IP     PORT(S)        AGE
kubernetes        ClusterIP      10.96.0.1       <none>          443/TCP        8d
nfs-pvc-sts-svc   LoadBalancer   10.100.83.174   192.168.1.21    80:32125/TCP   59s
```

해당 코드는 다음과 같습니다. 앞에서 여러 번 코드를 봤으므로 익숙해졌을 것이라고 생각합니다.

nfs-pvc-sts-svc.yaml

```
apiVersion: v1
kind: Service
metadata:
  name: nfs-pvc-sts-svc
spec:
  selector:
    app: nfs-pvc-sts
```

```
  ports:
    - port: 80
  type: LoadBalancer
```

5. 호스트 컴퓨터에서 브라우저를 엽니다. 192.168.1.21에 접속해 파드 이름과 IP가 표시되는지를 확인합니다.

▼ 그림 3-70 192.168.1.21에 접속해 파드 이름과 IP가 표시되는지 확인하기

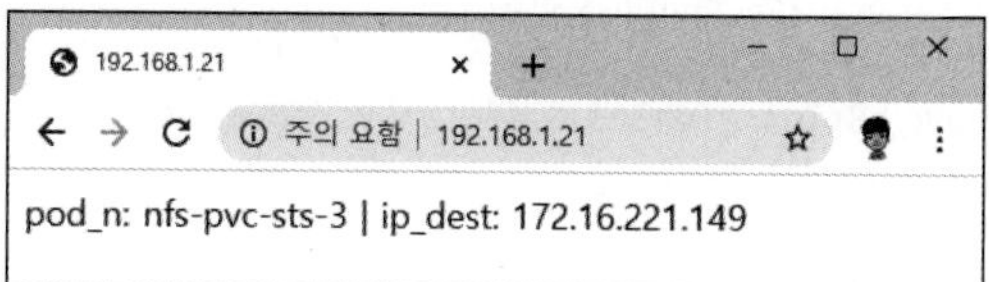

6. exec로 파드에 접속한 후에 `ls /audit -l`로 새로 접속한 파드의 정보가 추가됐는지 확인합니다. 정보를 확인하고 나면 exit로 파드를 빠져나옵니다.

```
[root@m-k8s ~]# kubectl exec -it nfs-pvc-sts-0 -- /bin/bash
root@nfs-pvc-sts-0:/# ls -l /audit
total 12
-rw-r--r--. 1 root root 48 Mar  3 20:29 audit_nfs-pvc-deploy-7888b77964-mj6mt.log
-rw-r--r--. 1 root root 96 Mar  3 20:25 audit_nfs-pvc-deploy-7888b77964-qwwsm.log
-rw-r--r--. 1 root root 96 Mar  3 20:39 audit_nfs-pvc-sts-3.log
root@nfs-pvc-sts-0:/# exit
exit
command terminated with exit code 130
[root@m-k8s ~]#
```

Note ≡ 스테이트풀셋은 헤드리스(Headless) 서비스로 노출한다고 하던데요?

네, 일반적으로는 맞습니다. 헤드리스 서비스는 IP를 가지지 않는 서비스 타입으로 중요한 자원인 IP를 절약할 수 있을 뿐만 아니라, 스테이트풀셋과 같은 상태를 가지고 있는 오브젝트를 모두 노출하지 않고 상태 값을 외부에 알리고 싶은 것만 선택적으로 노출하게 할 수 있습니다. 따라서 일반적으로는 스테이트풀셋은 헤드리스 서비스로 노출하나, IT에는 정답이 없듯 고정된 이름을 사용하면서 외부에 모든 스테이트풀셋을 노출하고자 하는 경우에는 노드포트나 로드밸런서 서비스로 노출할 수 있습니다. 현재의 구성에서 헤드리스 서비스로 노출하고자 하는 경우에는 다음 코드를 사용해 노출할 수 있습니다.

sts-svc-domain.yaml

```
apiVersion: v1
kind: Service
metadata:
```

○ 계속

```
    name: sts-svc-domain
  spec:
    selector:
      app: nfs-pvc-sts
    ports:
      - port: 80
    clusterIP: None
```

이를 실행하면 다음과 같이 IP가 할당되지 않는 형태로 노출된 것을 확인할 수 있습니다.

```
[root@m-k8s ~]# kubectl apply -f ~/_Book_k8sInfra/ch3/3.4.4/sts-svc-domain.yaml
service/sts-svc-domain created
[root@m-k8s ~]# kubectl get services
NAME              TYPE           CLUSTER-IP      EXTERNAL-IP    PORT(S)          AGE
kubernetes        ClusterIP      10.96.0.1       <none>         443/TCP          8d
nfs-pvc-sts-svc   LoadBalancer   0.100.83.174    192.168.1.21   80:32125/TCP     7m
sts-svc-domain    ClusterIP      None            <none>         80/TCP           7s
```

노출된 IP는 없지만 내부적으로 각 파드의 이름과 노출된 서비스 이름등을 조합한 도메인 이름으로 아래와 같이 쿠버네티스 클러스터 내에서 통신할 수 있는 상태가 됩니다. 이를 가능하게 해주는 CoreDNS는 6장 480쪽 '쿠버네티스 내에서 도메인 이름을 제공하는 CoreDNS'를 참조하기 바랍니다. 할당된 도메인 이름과 IP가 확인되었다면, 다음 실습을 위해 헤드리스 서비스를 삭제해 줍니다.

```
[root@m-k8s ~]# kubectl run net --image=sysnet4admin/net-tools --restart=Never --rm
-it -- nslookup nfs-pvc-sts-0.sts-svc-domain
Server:         10.96.0.10
Address:        10.96.0.10#53

Name:   nfs-pvc-sts-0.sts-svc-domain.default.svc.cluster.local
Address: 172.16.103.163

pod "net" deleted
[root@m-k8s ~]# kubectl delete services sts-svc-domain
service "sts-svc-domain" deleted
```

7. kubectl delete statefulset nfs-pvc-sts를 실행해 스테이트풀셋의 파드가 삭제합니다. 파드는 생성된 순서의 역순으로 삭제되는데, kubectl get pods -w를 실행하면 삭제되는 과정을 볼 수 있습니다.

```
[root@m-k8s ~]# kubectl delete statefulset nfs-pvc-sts
statefulset.apps "nfs-pvc-sts" deleted
[root@m-k8s ~]# kubectl get pods -w
```

```
NAME            READY   STATUS        RESTARTS   AGE
nfs-pvc-sts-0   0/1     Terminating   0          13m
nfs-pvc-sts-1   0/1     Terminating   0          13m
nfs-pvc-sts-2   0/1     Terminating   0          13m
nfs-pvc-sts-3   0/1     Terminating   0          13m
nfs-pvc-sts-3   0/1     Terminating   0          13m
nfs-pvc-sts-3   0/1     Terminating   0          13m
nfs-pvc-sts-1   0/1     Terminating   0          13m
nfs-pvc-sts-1   0/1     Terminating   0          13m
nfs-pvc-sts-2   0/1     Terminating   0          13m
nfs-pvc-sts-2   0/1     Terminating   0          13m
nfs-pvc-sts-0   0/1     Terminating   0          13m
nfs-pvc-sts-0   0/1     Terminating   0          13m
```

일반적으로 스테이트풀셋은 volumeClaimTemplates를 이용해 자동으로 각 파드에 독립적인 스토리지를 할당해 구성할 수 있습니다. 그러나 이 책의 NFS 환경에서는 동적으로 할당받을 수 없기 때문에 이 부분은 과제로 남겨두겠습니다. 힌트를 남기자면 동적으로 할당할 수 있는 스토리지 타입은 다음과 같습니다.

▼ 그림 3-71 동적으로 저장 공간을 할당할 수 있는 스토리지 타입

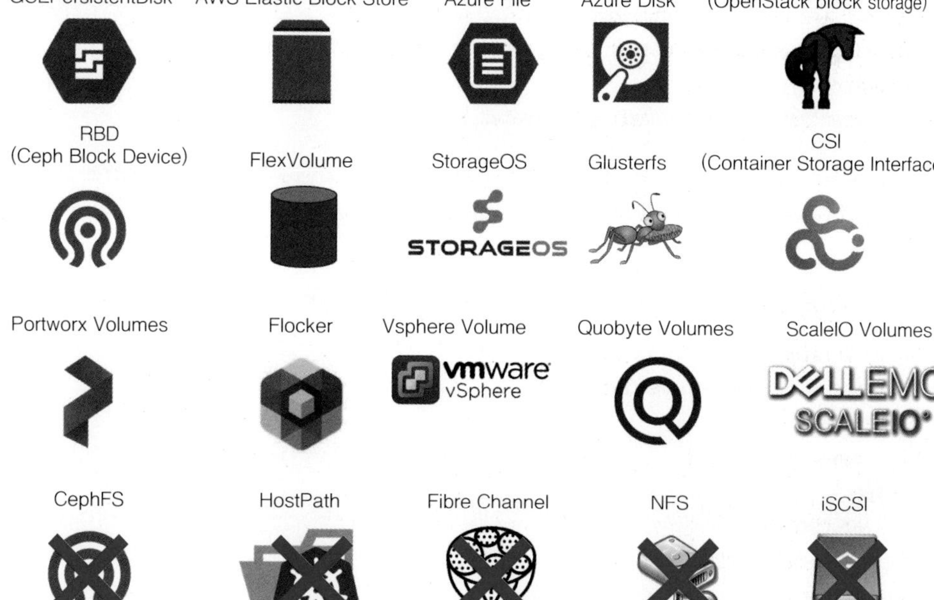

Note 클라우드 스토리지에서 PV와 PVC가 동적으로 할당되는 예제

힌트만 주고 바로 과제를 주는 것은 너무 정이 없는 것 같아서 클라우드에서 작동되는 예제를 준비했습니다.

클라우드의 스토리지와 오브젝트 형태의 스토리지는 동적으로 PVC를 요청을 받아서 처리할 수 있도록 구현돼 있습니다. 이때 오브젝트는 `kind: StorageClass`를 사용하고, PV와 PVC가 오브젝트를 호출하는 구조입니다. 여기서는 standard.yaml과 같이 `StorageClass`를 선언합니다. 그리고 메타데이터로 지정한 standard로 호출이 들어오면 동적으로 스토리지를 제공합니다.

standard.yaml

```
apiVersion: storage.k8s.io/v1
kind: StorageClass
metadata:
  name: standard
provisioner: kubernetes.io/gce-pd
parameters:
  type: pd-standard
  replication-type: none
```

현재 시스템에서는 실습하기 어려우므로[5] 작동하는 방식만 나열해 보겠습니다.

1. `dynamic-pvc.yaml`을 적용해 PVC를 100Gi만큼 요청합니다. 동적으로 설정된 PV는 PVC의 요청에 따라 생성됩니다. '그림 3-67 PV와 PVC의 관계도'를 다시 한 번 보고 오면 이해하기가 쉽습니다.

```
admin@dynamic-pvc$ kubectl apply -f \
https://raw.githubusercontent.com/sysnet4admin/_Book_k8sInfra/main/ch3/3.4.4/
dynamic-pvc.yaml
persistentvolumeclaim/dynamic-pvc created
```

코드는 다음과 같이 거의 비슷하지만, 제공자에 따라 `storageClassName`을 작성해야 합니다. 여기서는 번거로움을 피하기 위해서 `storageClassName` 추가하지 않고 공란으로 둡니다. 공란으로 두면 기본값(standard)을 사용합니다.

dynamic-pvc.yaml

```
apiVersion: v1
kind: PersistentVolumeClaim
metadata:
  name: dynamic-pvc
spec:
  accessModes:
    - ReadWriteOnce
  resources:
```

계속

5 이 실습은 클라우드 환경(EKS, GKE, AKS)에서 실습한 것입니다.

```
    requests:
      storage: 100Gi
#   storageClassName: <기본값 사용>
```

제공 업체별 storageClassName의 기본값은 다음과 같습니다.

▼ 표 3-5 제공 업체별 storageClassName 기본값

제공 업체	기본 StorageClass 이름	기본 프로비저너
Amazon Web Services	gp2	aws-ebs
Microsoft Azure	standard	azure-disk
Google Cloud Platform	standard	gce-pd
OpenStack	standard	cinder
VMware vSphere	thin	vsphere-volume

2. 생성된 PVC와 PVC 요청에 따라 생성된 PV를 함께 확인합니다.

```
admin@dynamic-pvc$ kubectl get pvc
NAME          STATUS   VOLUME                 CAPACITY   ACCESS MODES   STORAGECLASS   AGE
dynamic-pvc   Bound    pvc-…-42010ab20015     100Gi      RWX            standard       13s
admin@dynamic-pvc$ kubectl get pv
NAME                                          CAPACITY   ACCESS MODES   STORAGECLASS   …
STATUS    …          AGE
                     pvc-…-42010ab20015       100Gi      RWX            standard       …
Bound     …          4s
```

3. 해당 PVC를 사용할 파드들을 생성합니다.

```
admin@dynamic-pvc$ kubectl apply -f \
https://github.com/sysnet4admin/_Book_k8sInfra/blob/main/ch3/3.4.4/dynamic-pvc-deploy.yaml
deployment.apps/dynamic-pvc-deploy created
```

dynamic-pvc를 사용하도록 이름을 변경한 것 외에는 dynamic-pvc.yaml과 모두 동일합니다.

dynamic-pvc-deploy.yaml

```
apiVersion: apps/v1
kind: Deployment
metadata:
  name: dynamic-pvc-deploy
spec:
  replicas: 3
  selector:
```

계속

```
    matchLabels:
      app: dynamic-pvc-deploy
  template:
    metadata:
      labels:
        app: dynamic-pvc-deploy
    spec:
      containers:
      - name: audit-trail
        image: sysnet4admin/audit-trail
        volumeMounts:
        - name: dynamic-vol
          mountPath: /audit
      volumes:
      - name: dynamic-vol
        persistentVolumeClaim:
          claimName: dynamic-pvc
```

4. 배포된 파드를 확인합니다.

```
admin@dynamic-pvc$ kubectl get pods
NAME                                  READY   STATUS    RESTARTS   AGE
dynamic-pvc-deploy-78fc9c89c5-72nv6   1/1     Running   0          3m19s
dynamic-pvc-deploy-78fc9c89c5-lg4zr   1/1     Running   0          3m19s
dynamic-pvc-deploy-78fc9c89c5-xh45v   1/1     Running   0          3m19s
```

5. 배포된 파드 중 1개에 exec로 접속해 df -h로 마운트된 볼륨을 확인합니다. 그런 다음 /audit에 설정한 것과 같이 100Gi(98G) 용량이 마운트된 것을 확인할 수 있습니다.

```
admin@dynamic-pvc$ kubectl exec -it dynamic-pvc-deploy-78fc9c89c5-72nv6 -- /bin/
bash
root@dynamic-pvc-deploy-78fc9c89c5-72nv6:/# df -h
Filesystem   Size   Used  Avail  Use%  Mounted on
overlay       95G   2.9G    92G    4%  /
tmpfs         64M      0    64M    0%  /dev
tmpfs        1.9G      0   1.9G    0%  /sys/fs/cgroup
/dev/sdb      98G    61M    98G    1%  /audit
/dev/sda1     95G   2.9G    92G    4%  /etc/hosts
shm           64M      0    64M    0%  /dev/shm
tmpfs        1.9G    12K   1.9G    1%  /run/secrets/kubernetes.io/serviceaccount
tmpfs        1.9G      0   1.9G    0%  /proc/acpi
tmpfs        1.9G      0   1.9G    0%  /proc/scsi
tmpfs        1.9G      0   1.9G    0%  /sys/firmware
```

예제는 여기까지입니다. 과제를 해결하는 데 도움이 되길 바랍니다.

지금까지 쿠버네티스의 전반적인 개념을 배우고 직접 실습하며 어떻게 사용되는지 눈으로 확인해 봤습니다. 단순히 하나를 배우고 그 다음을 배우는 계단식 구성이 아니라, 한 번에 알아야 할 것들이 매우 많은 기술이기 때문에 전체를 여러 번 반복해서 실습하길 권장합니다. 실습하면서 조금씩 변형해 보면 오랫동안 기억할 수 있습니다.

4장에서는 쿠버네티스에서 내려받아 이용만 했던 컨테이너 도커를 알아보고, 직접 애플리케이션을 빌드하여 이를 도커 이미지로 만들어 보겠습니다. 그리고 만들어진 도커 이미지를 사설 컨테이너 저장소인 레지스트리에 넣고 쿠버네티스에서 저장된 이미지를 직접 불러오는 방법을 실습해 봐 쿠버네티스와의 관계도 확실히 정립하겠습니다.

4장

쿠버네티스를 이루는 컨테이너 도우미, 도커

3장에서 쿠버네티스는 컨테이너를 오케스트레이션하며, 오케스트레이션하는 기본 단위는 파드라고 설명했습니다. 그리고 파드는 컨테이너로 이루어져 있다는 것도 배웠습니다. 4장에서는 파드를 이루는 컨테이너를 알아보고, 컨테이너를 다루는 도구인 도커의 개념과 사용법을 배우겠습니다.

4.1 도커를 알아야 하는 이유

쿠버네티스를 말할 때 도커(Docker)를 자주 이야기하곤 합니다. 시중의 책도 대부분 도커를 다루고 나서 쿠버네티스를 다룹니다. 쿠버네티스를 이루는 기본 오브젝트가 파드고, 파드는 컨테이너로 이루어져 있으며, 컨테이너를 만들고 관리하는 도구가 도커이기 때문입니다. 그래서 도커를 배우고 나서 쿠버네티스를 배우는 것이 흐름에 더 맞습니다.

그런데 최근에는 도커를 몰라도 쿠버네티스를 배우고 사용하는 것이 가능해졌습니다. 이는 여러 공급사에서 만들어 둔 컨테이너 이미지로 쿠버네티스에 컨테이너 인프라 서비스를 만들 수 있다는 뜻입니다. 컨테이너 관리 기술이 발전했고 여러 애플리케이션이 이미 도커 이미지로 배포되고 있어서 배포된 이미지를 사용하면 도커를 몰라도 쿠버네티스의 환경을 만들고 사용할 수 있습니다.

하지만 쿠버네티스를 이루고 있는 기술 자체는 컨테이너를 벗어날 수 없습니다. 따라서 트러블 슈팅을 제대로 하려면 컨테이너를 잘 알아야 합니다. 그리고 상황에 따라서는 직접 만든 소스 코드를 빌드해 컨테이너로 만들고 이를 쿠버네티스에서 사용할 수도 있습니다. 또한 5장과 6장에서 다루는 지속적인 통합과 배포 그리고 모니터링도 모두 컨테이너로 관리됩니다. 따라서 컨테이너와 이를 다루는 도커를 자세히 알면 컨테이너 인프라 환경을 한층 더 이해할 수 있습니다.

그림 4-1 컨테이너 인프라 환경 중 4장에서 다룰 도커 컨테이너 부분

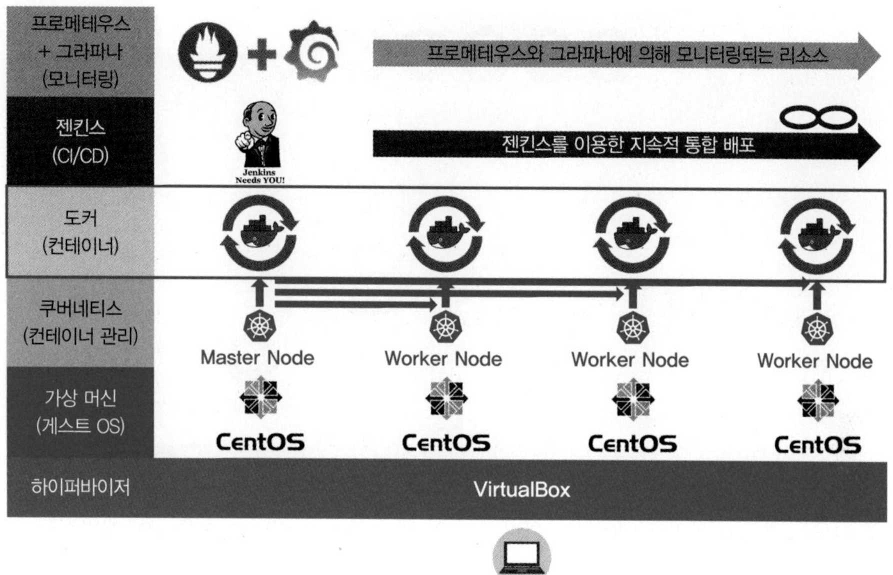

4.1.1 파드, 컨테이너, 도커, 쿠버네티스의 관계

먼저 현재 쿠버네티스 시스템을 기술적으로 정의해 보겠습니다. 파드들은 워커 노드라는 노드 단위로 관리하며, 워커 노드와 마스터 노드가 모여 쿠버네티스 클러스터가 됩니다. 그리고 파드는 1개 이상의 컨테이너로 이루어져 있습니다.

파드는 쿠버네티스로부터 IP를 받아 컨테이너가 외부와 통신할 수 있는 경로를 제공합니다. 그리고 컨테이너들이 정상적으로 작동하는지 확인하고 네트워크나 저장 공간을 서로 공유하게 합니다. 파드가 이러한 환경을 만들기 때문에 컨테이너들은 마치 하나의 호스트에 존재하는 것처럼 작동할 수 있습니다. 정리하면, 컨테이너를 돌보는 것이 파드고, 파드를 돌보는 것이 쿠버네티스 워커 노드이며, 워커 노드를 돌보는 것이 쿠버네티스 마스터입니다. 그런데 쿠버네티스 마스터 역시 파드(컨테이너)로 이루어져 있습니다. 구조를 그림으로 표현하면 다음과 같습니다.

▼ 그림 4-2 쿠버네티스 클러스터의 구조

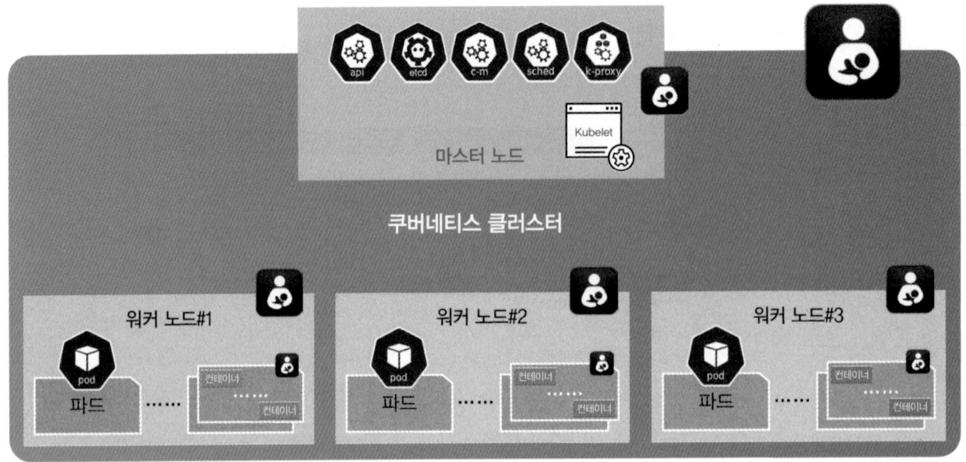

이 구조를 이루는 가장 기본인 **컨테이너**는 하나의 운영 체제 안에서 커널을 공유하며 개별적인 실행 환경을 제공하는 격리된 공간입니다. 여기서 **개별적인 실행 환경**이란 CPU, 네트워크, 메모리와 같은 시스템 자원을 독자적으로 사용하도록 할당된 환경을 말합니다. 개별적인 실행 환경에서는 실행되는 프로세스를 구분하는 ID도 컨테이너 안에 격리돼 관리됩니다. 그래서 각 컨테이너 내부에서 실행되는 애플리케이션들은 서로 영향을 미치지 않고 **독립적**으로 작동할 수 있습니다.

▼ 그림 4-3 쿠버네티스, 파드 그리고 컨테이너 간의 연결 구조

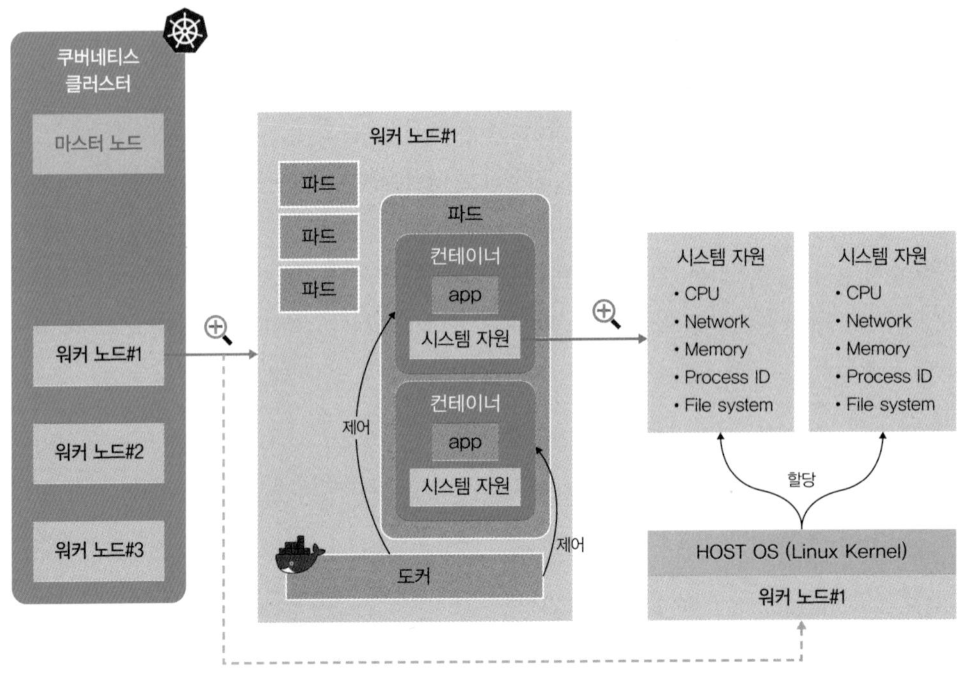

각 컨테이너가 독립적으로 작동하기 때문에 여러 컨테이너를 효과적으로 다룰 방법이 필요해졌습니다. 오래전부터 유닉스나 리눅스는 하나의 호스트 운영 체제 안에서 자원을 분리해 할당하고, 실행되는 프로세스를 격리해서 관리하는 방법을 제공했습니다. 하지만 파일 시스템을 설정하고 자원과 공간을 관리하는 등의 복잡한 과정을 직접 수행해야 해서 일부 전문가만 사용할 수 있다는 단점이 있었습니다. 이런 복잡한 과정을 쉽게 만들어 주는 도구로 등장한 것이 **도커**입니다. 도커는 컨테이너를 사용하는 방법을 명령어로 정리한 것이라고 보면 됩니다. 도커를 사용하면 사용자가 따로 신경 쓰지 않아도 컨테이너를 생성할 때 개별적인 실행 환경을 분리하고 자원을 할당합니다.

4.1.2 다양한 컨테이너 관리 도구

컨테이너 관리 도구는 다음과 같이 3장에서 기본으로 사용한 도커 외에도 여러 가지가 있습니다.

그림 4-4 대표적인 컨테이너 관리 도구

- **컨테이너디**(Containerd): Docker사에서 컨테이너 런타임 부분을 분리하여 만든 오픈 소스 컨테이너 관리 도구로, 2019년 2월에 클라우드 네이티브 컴퓨팅 재단의 졸업 프로젝트가 됐습니다. 쿠버네티스와의 통신에 필요한 CRI(Container Runtime Interface, 컨테이너 런타임 인터페이스) 규격에 맞춰 구현한 플러그인을 사용해 쿠버네티스와 통합할 수 있습니다. 컨테이너디는 다른 시스템과 통합해 컨테이너를 관리하는 기능을 제공하기 때문에 컨테이너 관리 도구를 직접 개발하려는 개발자에게 적합합니다.
- **크라이오**(CRI-O): 레드햇에서 개발해 2019년 클라우드 네이티브 컴퓨팅 재단에 기부한 오픈 소스 프로젝트로, 현재 인큐베이팅(Incubating) 단계에 있습니다. 크라이오는 범용적인 컨테이너 관리 도구인 도커나 컨테이너디와 달리 쿠버네티스와 통합하는 것을 주목적으로 합니다. 크라이오는 다른 도구보다 가볍고 단순하며, CRI 규격을 자체적으로 구현하고 있어서 별도의 구성 요소나 플러그인 없이 쿠버네티스와 통합할 수 있습니다. 역사가 짧고 아직 널리 사용되지 않아 관리와 구성에 관한 자료는 도커보다 부족합니다.

- **카타 컨테이너**(Kata Containers): 오픈스택 재단(Openstack foundation)에서 후원하는 오픈 소스 컨테이너 관리 도구입니다. 컨테이너마다 독립적인 커널을 제공한다는 점에서 기존 컨테이너 방식과 큰 차이가 있습니다. 카타 컨테이너를 실행하면 개별 컨테이너를 위한 가벼운 가상 머신을 생성하고 그 위에서 컨테이너가 작동합니다. 따라서 모든 컨테이너는 독립적인 커널을 사용하므로 다른 컨테이너의 영향을 받지 않습니다. 기술적으로 보면 기존 컨테이너 방식과 가상화 방식의 중간 영역에 있습니다. 카타 컨테이너는 가상 머신을 통해 컨테이너를 격리하므로 기술적으로는 보안에 좀 더 강하지만, 필요한 CPU나 메모리의 크기가 기존 컨테이너 방식보다 큽니다. 또한 아직은 사용자 층이 넓지 않아 자료가 부족합니다.
- **도커**(Docker): Docker사에서 2013년에 만든 컨테이너 관리 도구로, 컨테이너 관리 기능 외에도 컨테이너를 실행하는 데 필요한 이미지를 만들거나 공유하는 등의 다양한 기능을 제공합니다. 도커는 사용자가 명령어를 입력하는 명령어 도구(CLI, Command Line Interface)와 명령을 받아들이는 도커 데몬으로 구성돼 있습니다. 도커 1.11 이전에는 도커가 직접 컨테이너를 제어했으나 이후부터는 컨테이너를 제어하기 위해 별도의 컨테이너디를 포함하고 있습니다. 도커와 쿠버네티스를 함께 설치할 경우 쿠버네티스는 컨테이너 오케스트레이션을 위해 도커에 포함된 컨테이너디를 활용합니다. 네트워크를 통한 호출로 작동하므로 구조적으로는 다소 복잡한 편이나 이를 모두 도커에서 관리하기 때문에 사용자 입장에서는 신경 쓰지 않아도 됩니다.

4가지 컨테이너 관리 도구의 특징을 표로 정리하면 다음과 같습니다.

표 4-1 컨테이너 관리 도구 비교

구분	컨테이너디	크라이오	카타 컨테이너	도커
명령어 도구	별도 지원	타 도구 사용	자체 지원	자체 지원
내부 구조	단순	매우 단순	복잡	복잡
확장성	좋음	좋지 못함	좋지 못함	매우 좋음
컨테이너 관리	좋음	좋음	좋음	매우 좋음
이미지 관리	좋음	좋음	좋음	매우 좋음
보안성	좋음	좋음	매우 좋음	좋음
자원 사용량	매우 좋음	매우 좋음	좋지 못함	좋음
정보량	적음	거의 없음	거의 없음	매우 많음

도구들의 특징을 비교했을 때 현재 쿠버네티스 인프라를 구성하는 데 가장 적합한 도구로 도커를 선택했습니다.

4.2 도커로 컨테이너 다루기

도커는 3장에서 베이그런트를 실행할 때 자동으로 설치하게 했습니다. 여기서는 도커로 컨테이너를 다루는 기본 명령들을 실습해 보겠습니다. 도커 이미지를 내려받아 컨테이너로 실행하고 도커 이미지와 컨테이너를 삭제하는 방법까지 배웁니다.

배울 내용을 간단히 정리하면 다음과 같습니다.

▼ 그림 4-5 학습 과정

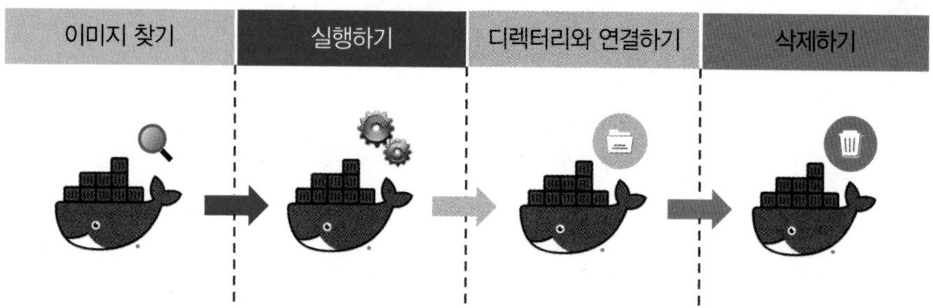

먼저 컨테이너 이미지와 컨테이너의 관계를 정리해 봅시다. 컨테이너 이미지는 베이그런트 이미지와 유사합니다. 베이그런트 이미지는 이미지 자체로는 사용할 수 없고 베이그런트를 실행할 때 추가해야만 사용할 수 있습니다. 이와 마찬가지로 컨테이너 이미지도 그대로는 사용할 수 없고 도커와 같은 CRI로 불러들여야 컨테이너가 실제로 작동합니다. 이는 실행 파일과 실행된 파일 관계로 볼 수 있습니다. 따라서 컨테이너를 삭제할 때는 내려받은 이미지와 이미 실행된 컨테이너를 모두 삭제해야만 디스크의 용량을 온전히 확보할 수 있습니다.

▼ 그림 4-6 컨테이너 이미지와 컨테이너의 관계

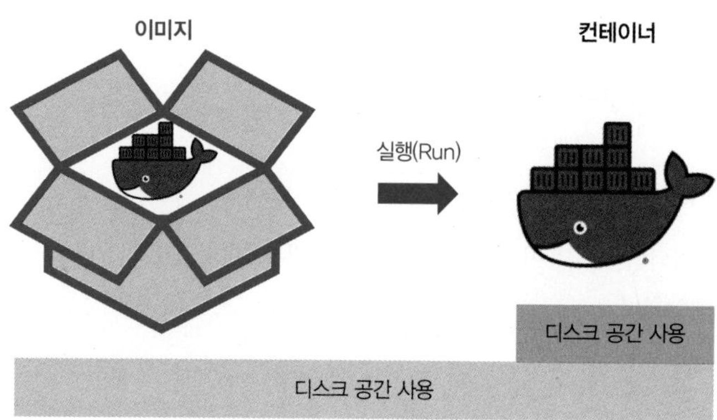

컨테이너 이미지와 컨테이너의 관계를 이해했을 테니 실습으로 들어가겠습니다.

4.2.1 컨테이너 이미지 알아보기

먼저 컨테이너를 만들 이미지가 있어야 합니다. 이미지를 검색해서 내려받고 구조를 살펴보겠습니다.

이미지 검색하고 내려받기

이미지는 **레지스트리**(registry)라고 하는 저장소에 모여 있습니다. 레지스트리는 도커 허브(https://hub.docker.com)처럼 공개된 유명 레지스트리일 수도 있고, 내부에 구축한 레지스트리일 수도 있습니다. 이미지는 레지스트리 웹 사이트에서 직접 검색해도 되고, 슈퍼푸티 명령 창에서 쿠버네티스 마스터 노드에 접속해 검색할 수도 있습니다. 이때 별도의 레지스트리를 지정하지 않으면 기본으로 도커 허브에서 이미지를 찾습니다.

docker search <검색어>를 입력하면 특정한 이름(검색어)을 포함하는 이미지가 있는지 찾습니다. 이미지는 애플리케이션, 미들웨어 등 고유한 목적에 맞게 패키지돼 있습니다. 예를 들어 docker search nginx 명령어로 현재 사용할 수 있는 nginx 이미지를 찾아보겠습니다.

```
[root@m-k8s ~]# docker search nginx
INDEX       NAME                                DESCRIPTION                STARS     …
docker.io   docker.io/nginx                     Official build...          14680     …
docker.io   docker.io/jwilder/nginx-proxy       Automated Nginx...         2004      …
docker.io   docker.io/richarvey/nginx-php-fpm   Container running...       813       …
docker.io   docker.io/linuxserver/nginx         An Nginx container,...     142       …
docker.io   docker.io/tiangolo/nginx-rtmp       Docker image with...       121       …
docker.io   docker.io/jc21/nginx-proxy-manager  Docker container...        100       …
docker.io   docker.io/bitnami/nginx             Bitnami nginx...           95        …
[생략]
```

표시되는 각 열의 의미는 다음과 같습니다.

- INDEX: 이미지가 저장된 레지스트리의 이름입니다.
- NAME: 검색된 이미지 이름입니다. 공식 이미지를 제외한 나머지는 '레지스트리 주소/저장소 소유자/이미지 이름' 형태입니다.
- DESCRIPTION: 이미지에 대한 설명입니다.

- **STARS**: 해당 이미지를 내려받은 사용자에게 받은 평가 횟수입니다. 사용자가 좋은 평가를 주고 싶을 때 스타(STAR)를 추가합니다. 숫자가 클수록 신뢰성 높은 이미지일 수 있습니다.
- **OFFICIAL**: [OK] 표시는 해당 이미지에 포함된 애플리케이션, 미들웨어 등을 개발한 업체에서 공식적으로 제공한 이미지라는 의미입니다.
- **AUTOMATED**: [OK] 표시는 도커 허브에서 자체적으로 제공하는 이미지 빌드 자동화 기능을 활용해 생성한 이미지를 의미합니다.

docker search로 찾은 이미지는 docker pull로 내려받을 수 있습니다. 앞에서 찾은 nginx 이미지를 내려받아 자세히 살펴보겠습니다.

```
[root@m-k8s ~]# docker pull nginx
Using default tag: latest #기본으로 적용되는 태그
Trying to pull repository docker.io/library/nginx ...
latest: Pulling from docker.io/library/nginx
d121f8d1c412: Pull complete # 레이어
ebd81fc8c071: Pull complete # 레이어
655316c160af: Pull complete # 레이어
d15953c0e0f8: Pull complete # 레이어
2ee525c5c3cc: Pull complete # 레이어
Digest: sha256:9a1f8ed9e2273e8b3bbcd2e200024adac624c2e5c9b1d420988809f5c0c41a5e # 다이제스트
Status: Downloaded newer image for docker.io/nginx:latest # 상태 정보
```

이미지를 내려받을 때 사용하는 태그, 레이어, 이미지의 고유 식별 값 등을 볼 수 있습니다.

- **태그**(tag): Using default tag와 함께 뒤에 따라오는 태그 이름을 통해 이미지를 내려받을 때 사용한 태그를 알 수 있습니다. 아무런 조건을 주지 않고 이미지 이름만으로 pull을 수행하면 기본으로 latest 태그가 적용됩니다. latest 태그는 가장 최신 이미지를 의미합니다. 따라서 내려받는 이미지 버전이 다를 수 있습니다.
- **레이어**(layer): d121f8d1c412, ebd81fc8c071, 655316c160af, d15953c0e0f8, 2ee525c5c3cc는 pull을 수행해 내려받은 레이어입니다. 하나의 이미지는 여러 개의 레이어로 이루어져 있어서 레이어마다 Pull complete 메시지가 발생합니다.
- **다이제스트**(digest): 이미지의 고유 식별자로, 이미지에 포함된 내용과 이미지의 생성 환경을 식별할 수 있습니다. 식별자는 해시(hash) 함수로 생성되며 이미지가 동일한지 검증하는 데 사용합니다. 이름이나 태그는 이미지를 생성할 때 임의로 지정하므로 이름이나 태그가 같다고 해서 같은 이미지라고 할 수 없습니다. 그러나 다이제스트는 고유한 값이므로 다이제스트가 같은 이미지는 이름이나 태그가 다르더라도 같은 이미지입니다.

* **상태**(Status): 이미지를 내려받은 레지스트리, 이미지, 태그 등의 상태 정보를 확인할 수 있습니다. 형식은 '레지스트리 이름/이미지 이름:태그'입니다. 여기서는 내려받은 이미지는 docker.io 레지스트리에서 왔으며, 이미지의 이름은 nginx, 태그는 앞서 설명한 것처럼 별도의 태그를 지정하지 않았기 때문에 기본 태그인 latest입니다.

이미지의 태그와 레이어 구조는 컨테이너를 이해하는 데 매우 중요한 부분이므로 좀 더 살펴보겠습니다.

이미지 태그

태그는 이름이 동일한 이미지에 추가하는 식별자입니다. 이름이 동일해도 도커 이미지의 버전이나 플랫폼(CPU 종류나 기본 베이스를 이루는 운영 체제 등)이 다를 수 있기 때문에 이를 구분하는 데 사용합니다. 이미지를 내려받거나 이미지를 기반으로 컨테이너를 구동할 때는 이미지 이름만 사용하고 태그를 명시하지 않으면 latest 태그를 기본으로 사용합니다. 이미지 태그와 관련된 정보는 해당 이미지의 도커 허브 메뉴 중 Tags 탭에서 확인할 수 있습니다.

▼ 그림 4-7 nginx 도커 허브 페이지에서의 태그 정보

집필 시점을 기준으로 nginx 이미지의 latest 태그는 1.19.2입니다. 따라서 `docker pull nginx`로 내려받는 latest는 `docker pull nginx:1.19.2`로 내려받는 이미지와 동일합니다. 만약 안정화 버전(stable, 1.18.0)을 사용하고 싶다면 `docker pull nginx:stable` 명령을 실행합니다.

책이 출간된 후 latest 태그가 붙은 이미지를 내려받을 때는 1.19.2보다 더 높은 버전일 수 있습니다. 이미지 버전이 올라가면서 추가 또는 변경되는 기능에 따라 예상치 못한 오류가 생길 수 있습니다. 따라서 컨테이너를 배포할 때는 latest 태그가 아닌 검증된 버전으로 배포해야 문제가 생기지 않습니다.

이미지의 레이어 구조

앞에서 컨테이너 이미지는 실행 파일이라고 했는데, 사실 이미지는 애플리케이션과 각종 파일을 담고 있다는 점에서 ZIP 같은 압축 파일에 더 가깝습니다.

그런데 압축 파일은 압축한 파일의 개수에 따라 전체 용량이 증가합니다. 하지만 이미지는 같은 내용일 경우 여러 이미지에 **동일한 레이어를 공유**하므로 전체 용량이 감소합니다.

다음 그림은 내부에 동일한 파일이 포함된 압축 파일과 이미지를 보여줍니다. 압축 파일은 내용이 같은 파일 두 개가 각 압축 파일에서 공간을 독립적으로 점유합니다. 그에 반해 이미지는 내용이 같은 레이어1, 레이어2를 공유하기 때문에 전체 공간에서 봤을 때 상대적으로 용량을 적게 차지합니다.

▼ 그림 4-8 압축 파일과 이미지 비교

압축 파일

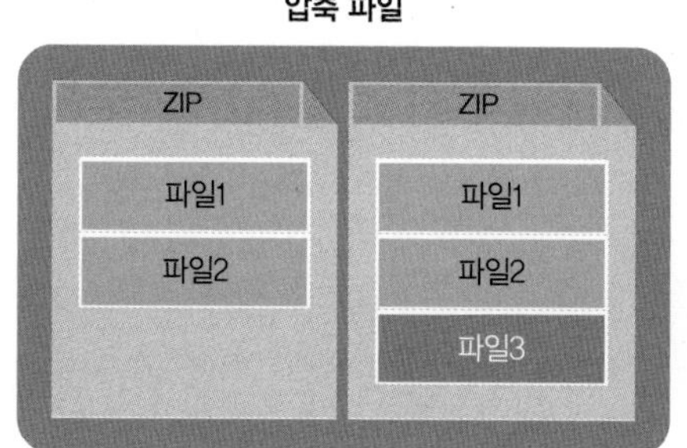

이미지

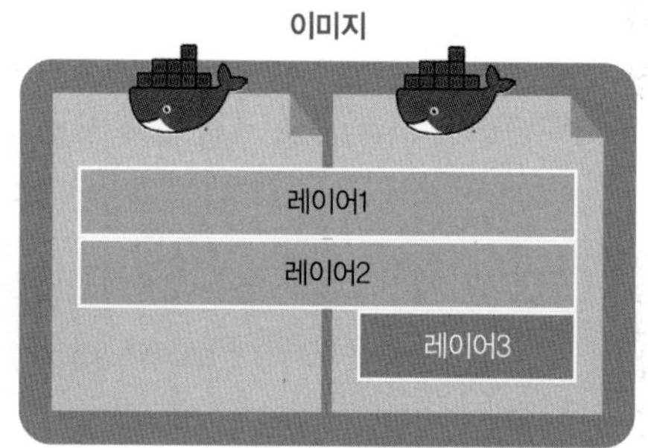

두 개의 nginx 이미지(latest와 stable)를 비교해 그 차이점을 좀 더 살펴보겠습니다.

실습: 이미지의 레이어 구조 확인하기

1. `docker pull nginx:stable` 명령으로 stable 이미지를 내려받습니다.

```
[root@m-k8s ~]# docker pull nginx:stable #stable 태그 적용
Trying to pull repository docker.io/library/nginx ...
stable: Pulling from docker.io/library/nginx
d121f8d1c412: Already exists # 이미 존재하는 레이어
7e102fc332f8: Pull complete  # 새로 내려받은 레이어
e01f67054570: Pull complete  # 새로 내려받은 레이어
0d6f5170ffd3: Pull complete  # 새로 내려받은 레이어
a240a834c7ae: Pull complete  # 새로 내려받은 레이어
Digest: sha256:0a13dd14e1238544cbaaf05b929eba4c29039b4f200fccc4002489ba4d155f6e
Status: Downloaded newer image for docker.io/nginx:stable
```

실행 결과에 d121f8d1c412: Already exists라고 나오는데, d121f8d1c412 레이어가 이미 존재한다는 뜻입니다. 앞에서 내려받은 nginx:latest 이미지에 해당 레이어가 있기 때문입니다(책이 출간된 이후로 버전이 달라질 수 있으니 직접 내려받은 latest 이미지와 비교하세요). 따라서 이 부분을 내려받지 않고 재사용합니다.

2. docker images <이미지 이름> 명령을 실행해 내려받은 이미지를 조회합니다.

```
[root@m-k8s ~]# docker images nginx
REPOSITORY          TAG             IMAGE ID          CREATED           SIZE
docker.io/nginx     stable          01a84233ca90      46 hours ago      132 MB
docker.io/nginx     latest          7e4d58f0e5f3      46 hours ago      133 MB
```

stable 태그와 latest 태그의 두 개 이미지가 검색됩니다. 각각 SIZE가 132MB, 133MB입니다. 두 이미지의 용량을 합치면 265MB이지만 두 이미지가 공유하는 레이어가 있다면 실제로 차지하는 용량은 더 적습니다. 한번 확인해 보겠습니다.

3. stable 이미지가 어떤 과정을 거쳐 생성됐는지 docker history nginx:stable 명령을 실행해 확인합니다. 생성 과정에서 단계별로 용량을 얼마나 차지하는지 자세한 이력이 나오므로 이미지가 차지하는 실제 용량을 확인할 수 있습니다.

```
[root@m-k8s ~]# docker history nginx:stable
IMAGE          CREATED       CREATED BY                                          SIZE
01a84233ca90   2 weeks ago   /bin/sh -c #(nop)  CMD ["nginx" "-g" "daemon…   0B
<missing>      2 weeks ago   /bin/sh -c #(nop)  STOPSIGNAL SIGTERM               0B
<missing>      2 weeks ago   /bin/sh -c #(nop)  EXPOSE 80                        0B
<missing>      2 weeks ago   /bin/sh -c #(nop)  ENTRYPOINT ["/docker-entr…     0B
<missing>      2 weeks ago   /bin/sh -c #(nop) COPY file:0fd5fca330dcd6a7…     1.04kB
<missing>      2 weeks ago   /bin/sh -c #(nop) COPY file:1d0a4127e78a26c1…     1.96kB
<missing>      2 weeks ago   /bin/sh -c #(nop) COPY file:e7e183879c35719c…     1.2kB
<missing>      2 weeks ago   /bin/sh -c set -x      && addgroup --system -…    63.2MB
<missing>      2 weeks ago   /bin/sh -c #(nop)  ENV PKG_RELEASE=1~buster         0B
<missing>      2 weeks ago   /bin/sh -c #(nop)  ENV NJS_VERSION=0.4.2            0B
<missing>      2 weeks ago   /bin/sh -c #(nop)  ENV NGINX_VERSION=1.18.0         0B
<missing>      2 weeks ago   /bin/sh -c #(nop)  LABEL maintainer=NGINX Do…     0B
<missing>      2 weeks ago   /bin/sh -c #(nop)  CMD ["bash"]                     0B
<missing>      2 weeks ago   /bin/sh -c #(nop) ADD file:e7407f2294ad23634...    69.2MB
```

SIZE 열의 용량을 모두 더하면 132MB의 이미지가 생성된 것을 알 수 있습니다. 이때 마지막 ADD file:e7407f2294ad23634...와 69.2MB를 기억해 두세요.

4. 이번에는 docker history nginx:latest 명령으로 latest 이미지의 생성 과정과 용량을 확인해 보겠습니다.

```
[root@m-k8s ~]# docker history nginx:latest
IMAGE          CREATED        CREATED BY                                         SIZE
7e4d58f0e5f3   2 weeks ago    /bin/sh -c #(nop)  CMD ["nginx" "-g" "daemon…     0B
<missing>      2 weeks ago    /bin/sh -c #(nop)  STOPSIGNAL SIGTERM              0B
<missing>      2 weeks ago    /bin/sh -c #(nop)  EXPOSE 80                       0B
<missing>      2 weeks ago    /bin/sh -c #(nop)  ENTRYPOINT ["/docker-entr…      0B
<missing>      2 weeks ago    /bin/sh -c #(nop) COPY file:0fd5fca330dcd6a7…      1.04kB
<missing>      2 weeks ago    /bin/sh -c #(nop) COPY file:1d0a4127e78a26c1…      1.96kB
<missing>      2 weeks ago    /bin/sh -c #(nop) COPY file:e7e183879c35719c…      1.2kB
<missing>      2 weeks ago    /bin/sh -c set -x     && addgroup --system -…      63.4MB
<missing>      2 weeks ago    /bin/sh -c #(nop)  ENV PKG_RELEASE=1~buster        0B
<missing>      2 weeks ago    /bin/sh -c #(nop)  ENV NJS_VERSION=0.4.3           0B
<missing>      2 weeks ago    /bin/sh -c #(nop)  ENV NGINX_VERSION=1.19.2        0B
<missing>      2 weeks ago    /bin/sh -c #(nop)  LABEL maintainer=NGINX Do…      0B
<missing>      2 weeks ago    /bin/sh -c #(nop)  CMD ["bash"]                    0B
<missing>      2 weeks ago    /bin/sh -c #(nop) ADD file:e7407f2294ad23634…      69.2MB
```

ADD file:e7407f2294ad23634...와 69.2MB 부분이 nginx:stable과 같습니다. 이를 그림으로 표현하면 다음과 같습니다.

그림 4-9 latest와 stable 이미지의 레이어 구조

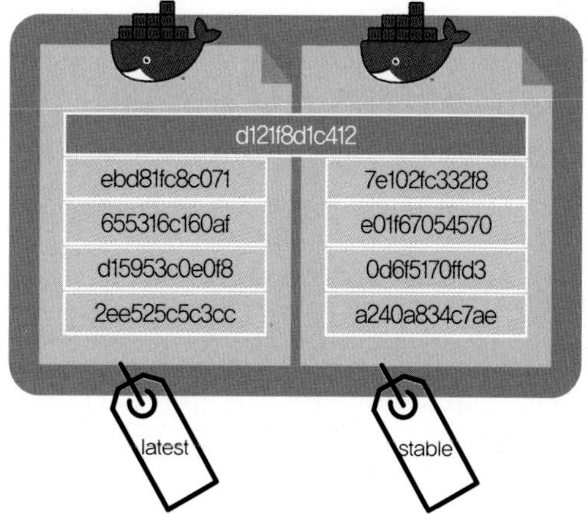

stable과 latest 이미지의 크기는 각각 132MB, 133MB이지만, 실제로는 69.2MB에 해당하는 레이어를 두 이미지가 공유하고 있습니다. 따라서 실제로 두 이미지 크기를 합하면 265MB가 아닌 195.8MB가 됩니다.

이처럼 도커로 작성된 컨테이너는 레이어를 재사용하기 때문에 여러 이미지를 내려받더라도 디스크 용량을 효율적으로 사용할 수 있습니다. 참고로 docker history에서 나오는 내용들은 도커 컨테이너 이미지 자체를 만드는 명령을 보여주는 것입니다. 이러한 내용이 담긴 도커파일(Dockerfile)은 '컨테이너를 만드는 4가지 대표적인 방법'에서 자세히 알아보겠습니다

4.2.2 컨테이너 실행하기

컨테이너의 이미지 구조를 살펴봤으니 이제 컨테이너를 생성하겠습니다.

실습: 컨테이너 단순히 실행하기

먼저 내려받은 이미지를 기반으로 새로운 컨테이너를 실행해 어떻게 구성돼 있는지 살펴봅시다.

1. docker run -d --restart always nginx 명령으로 새로운 컨테이너를 실행합니다.

```
[root@m-k8s ~]# docker run -d --restart always nginx
cec73bdb5d554d6af04cb28b7b83142f0b93dd5005dc71207c4f0dbaa6ae8029
```

docker run으로 컨테이너를 생성하면 결괏값으로 cec7... 같은 16진수 문자열이 나옵니다. 이런 문자열은 컨테이너를 식별할 수 있는 고유한 ID입니다. ID는 실행할 때마다 다르게 표시되므로 여러분이 실행한 결과는 책과 다를 수 있습니다. 고유한 ID가 생성된다는 것을 기억하고 진행을 위해 이 ID를 기록해 둡니다.

컨테이너를 생성하는 명령 형식은 docker run [옵션] <사용할 이미지 이름>[:태그 | @다이제스트]이고, 태그와 다이제스트는 생략할 수 있습니다. 여기서 사용된 옵션은 다음 두 가지입니다.

- **-d(--detach)**: 컨테이너를 백그라운드에서 구동한다는 의미입니다. 옵션을 생략하면 컨테이너 내부에서 실행되는 애플리케이션의 상태가 화면에 계속 표시됩니다. 이 상태에서 빠져나오려고 Ctrl+C를 누르면 애플리케이션뿐만 아니라 컨테이너도 함께 중단됩니다. 따라서 계속 작동해야 하는 서버나 데이터베이스 같은 프로그램은 -d 옵션을 붙여 백그라운드에서 작동하게 합니다.
- **--restart always**: 컨테이너의 재시작과 관련된 정책을 의미하는 옵션입니다. 프로그램에 예상하지 못한 오류가 발생하거나 리눅스 시스템에서 도커 서비스가 중지되는 경우에 컨테이너도 작동이 중지됩니다. 이때 중지된 컨테이너를 즉시 재시작하거나 리눅스 시스템에서 도커 서비스가 작동할 때 컨테이너를 자동으로 시작하도록 설정할 수 있습니다. 앞으로

는 가상 머신을 중지한 후 다시 실행해도 자동으로 컨테이너가 기존 상태를 이어 갈 수 있게 --restart always 옵션을 사용하겠습니다.

Tip **옵션에 따라 달라지는 컨테이너 시작 방법**

컨테이너가 비정상적으로 종료되거나 리눅스 시스템에서 도커 서비스가 시작될 때 --restart 옵션 값에 따라 일어나는 일은 다음과 같습니다.

▼ 표 4-2 --restart 옵션 값에 따른 컨테이너 시작 방법

값	컨테이너 비정상 종료 시	도커 서비스 시작 시
no(기본값)	컨테이너를 재시작하지 않음	컨테이너를 시작하지 않음
on-failure	컨테이너를 재시작함	컨테이너를 시작함
always	컨테이너를 재시작함	컨테이너를 시작함
unless-stopped	컨테이너를 재시작함	사용자가 직접 정지하지 않은 컨테이너만 시작함

2. docker ps 명령으로 생성한 컨테이너 상태를 확인합니다. 여기서 ps는 프로세서 상태(process status)를 의미합니다. 도커의 많은 명령어는 리눅스의 기본 명령어에서 가져왔습니다.

```
[root@m-k8s ~]# docker ps
CONTAINER ID        IMAGE                   COMMAND                  CREATED
STATUS              PORTS                NAMES
cec73bdb5d55        nginx                   "/docker-entrypoin..."   2 hours ago
Up 35 minutes       80/tcp               tender_snyder
[생략]
```

조회 결과에서 각 열의 의미는 다음과 같습니다.

- **CONTAINER ID**: 컨테이너를 식별하기 위한 고유 ID입니다. ID에는 docker run를 실행한 결과가 일부 표시되는데, 이를 통해 이미지나 컨테이너를 식별할 수 있습니다.
- **IMAGE**: 컨테이너를 만드는 데 사용한 이미지로, 여기서는 nginx를 사용했습니다.
- **COMMAND**: 컨테이너가 생성될 때 내부에서 작동할 프로그램을 실행하는 명령어입니다. 여기서는 /docker-entrypoint.sh이며 해당 셸이 nginx 이미지로 컨테이너가 생성될 때 nginx 프로그램을 호출해서 서비스를 할 수 있도록 해줍니다.
- **CREATED**: 컨테이너가 생성된 시각을 표시합니다.
- **STATUS**: 컨테이너가 작동을 시작한 시각을 표시합니다. CREATED와 달리 컨테이너를 중지했다가 다시 시작할 경우 초기화됩니다.

- **PORTS**: 컨테이너가 사용하는 포트와 프로토콜을 표시합니다. 80/tcp는 컨테이너 내부에서 80번 포트와 TCP 프로토콜을 사용한다는 뜻입니다. 현재는 해당 포트로 컨테이너에 접속할 수 없습니다. 이 내용은 나중에 설명하겠습니다.
- **NAMES**: 컨테이너 이름을 표시합니다. 이름은 **docker run**에 --name <이름> 옵션으로 직접 지정할 수도 있지만, 지정하지 않으면 컨테이너가 시작될 때 도커가 임의로 부여한 값이 나타납니다. 여기서는 tender_snyder이라는 이름이 임의로 부여됐습니다.

3. docker ps -f id=cec7 명령으로 컨테이너를 지정해 검색합니다(앞에서 기록해둔 16진수 ID를 넣어야 합니다. 이는 개인마다 다를 수 있습니다).

```
[root@m-k8s ~]# docker ps -f id=cec7
CONTAINER ID        IMAGE               COMMAND                  CREATED
STATUS              PORTS               NAMES
cec73bdb5d55        nginx               "/docker-entrypoin..."   2 hours ago
Up 58 minutes       80/tcp              tender_snyder
```

docker ps에 -f(--filter) <필터링 대상> 옵션을 주면 검색 결과를 필터링할 수 있습니다. 필터링 대상을 지정할 때는 key(대상)=value(값) 형식으로 입력합니다. 이때 value와 정확하게 일치하지 않더라도 value에 해당하는 문자열을 포함하는 경우를 필터링합니다. 앞에서는 id=cec7이라는 필터링 대상을 지정해 CONTAINER ID에 cec7이라는 문자열이 포함된 컨테이너만을 출력합니다.

Tip **자주 사용하는 필터링 키**

필터링에 주로 사용하는 키(key)는 다음과 같습니다.

- **id**: 컨테이너 아이디
- **name**: 컨테이너 이름
- **label**: 컨테이너 레이블
- **exited**: 컨테이너가 종료됐을 때 반환하는 숫자 코드
- **status**: 컨테이너의 작동 상태
- **ancestor**: 컨테이너가 사용하는 이미지

더 많은 키는 도커 공식 문서의 **filtering 섹션**(https://docs.docker.com/engine/reference/commandline/ps/#filtering)에서 확인할 수 있습니다.

4. 생성된 nginx 컨테이너는 마스터 노드 내부에 존재하므로 `curl 127.0.0.1` 명령으로 컨테이너가 제공하는 nginx 웹 페이지 정보를 가지고 오게 합니다.

```
[root@m-k8s ~]# curl 127.0.0.1
curl: (7) Failed connect to 127.0.0.1:80; Connection refused
```

생성한 컨테이너는 80번 포트를 사용하므로 HTTP의 기본 포트인 80번 포트로 요청을 보냈습니다. 그런데 정상적인 응답이 돌아오지 않고 'Connection refused' 오류가 발생했습니다. `docker ps`의 실행 결과를 설명하면서 80번 포트로는 컨테이너에 접속할 수는 없다고 했는데, 이 오류를 의미한 것이었습니다. 왜 오류가 발생하는지 알아봅시다.

앞에서 컨테이너의 PORTS 열에 표시되는 80/tcp는 컨테이너 내부에서 TCP 프로토콜의 80번 포트를 사용한다는 의미라고 했습니다. 하지만 curl 127.0.0.1로 전달한 요청은 로컬호스트(127.0.0.1)의 80번 포트로 전달만 될 뿐 컨테이너까지는 도달하지 못합니다. 즉 호스트에 도달한 후 컨테이너로 도달하기 위한 추가 경로 설정이 돼 있지 않은 것입니다.

▼ 그림 4-10 요청이 컨테이너 내부로 전달되지 않음

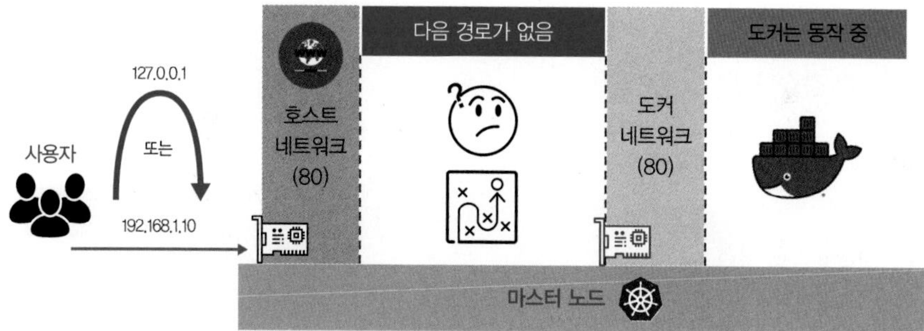

현재 상태로는 가상 머신 호스트에서 컨테이너의 80번 포트에 접속할 수 없습니다. 이를 좀 더 쉽게 이해하려면 마스터 노드의 주소인 192.168.1.10로 요청하고 동일하게 아무것도 표시되지 않는 것을 확인해 보면 됩니다. 즉 마스터 노드의 입장에서는 웹 브라우저를 통한 접속은 기본 포트인 80번에서 처리하려고 하나 이에 대해 응답해 줄 주체가 없는 것입니다.

따라서 응답을 컨테이너에서 처리해주기를 원한다면 80번으로 들어온 것을 컨테이너에서 받아줄 수 있는 포트로 연결해 주는 설정이 추가로 필요합니다. 추가 설정하는 방법은 바로 다음 실습에서 확인해 보겠습니다.

Tip **작동 중인 컨테이너의 설정을 변경할 수 있나요?**

컨테이너는 **변경 불가능한 인프라**(immutable infrastructure)를 지향합니다. 변경 불가능한 인프라는 초기에 인프라를 구성하면 임의로 디렉터리 연결이나 포트 노출과 같은 설정을 변경할 수 없습니다. 따라서 컨테이너에 적용된 설정을 변경하려면 새로운 컨테이너를 생성해야 합니다. 이러한 특성 덕분에 컨테이너로 배포된 인프라는 배포된 상태를 유지한다는 장점이 있습니다.

실습: 추가로 경로를 설정해 정상적으로 컨테이너 실행하기

그러면 컨테이너 외부에서도 컨테이너 내부에 접속할 수 있게 새로운 컨테이너를 구동해 보겠습니다.

1. docker run에 -p 8080:80 옵션을 추가해 새로운 컨테이너(nginx-exposed)를 실행합니다.

```
[root@m-k8s ~]# docker run -d -p 8080:80 --name nginx-exposed --restart always nginx
f530b5280499d34e3a50daf5c17d4632bf164c9ed8fbe238e631ba6d0f08b066
```

여기서 -p(--publish)는 외부에서 호스트로 보낸 요청을 컨테이너 내부로 전달하는 옵션으로, -p <요청 받을 호스트 포트>:<연결할 컨테이너 포트> 형식으로 사용합니다. 이를 그림으로 표현하면 다음과 같습니다.

그림 4-11 -p 옵션을 추가해 컨테이너 내부에 요청 전달하기

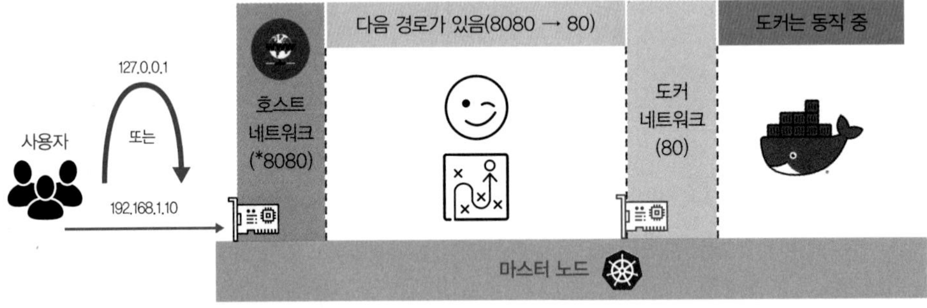

2. 컨테이너가 제대로 작동하는지 docker ps로 확인합니다. 앞에서 사용한 필터링 키 중에서 이번에는 이름을 사용해 보겠습니다. -f name=nginx-exposed 옵션을 추가해 필터링합니다.

```
[root@m-k8s ~]# docker ps -f name=nginx-exposed
CONTAINER ID   IMAGE  ···  STATUS             PORTS                  NAMES
f530b5280499   nginx  ···  Up About a minute  0.0.0.0:8080->80/tcp   nginx-exposed
```

앞의 실습에서 컨테이너를 조회한 결과와 달라진 점은 다음과 같습니다.

- **0.0.0.0:8080->80/tcp**: 0.0.0.0의 8080번 포트로 들어오는 요청을 컨테이너 내부의 80번 포트로 전달한다는 의미입니다. 0.0.0.0은 존재하는 모든 네트워크 어댑터를 의미합니다. m-k8s 호스트는 자기 자신을 나타내는 127.0.0.1과 외부에 노출된 192.168.1.10 등의 IP를 가지고 있는데, 요청이 호스트에 할당된 어떤 IP의 8080번 포트로 들어오더라도 컨테이너 내부의 80번 포트로 전달됩니다.
- **nginx-exposed**: 현재 작동 중인 컨테이너의 이름입니다. 이전에는 컨테이너 이름을 지정하지 않아 NAMES에 도커가 임의로 부여한 이름이 표시됐지만, 이번에는 `--name` 옵션으로 지정한 nginx-exposed라는 이름이 표시됩니다.

3. 웹 브라우저에서 192.168.1.10:8080을 입력해 가상 머신을 호스팅하는 PC나 노트북에서 컨테이너로 접근할 수 있는지 확인합니다.

▼ 그림 4-12 nginx-exposed 컨테이너에서 구동되는 nginx의 초기 화면

모든 주소(0.0.0.0)의 8080번 포트로 들어오는 요청을 컨테이너 내부의 80번 포트로 보내도록 설정했기 때문에 컨테이너의 nginx 접속 초기 화면이 문제 없이 출력됩니다.

현재 nginx 내부에는 따로 작성한 파일이 없기 때문에 기본 페이지를 보여줍니다. 따라서 사용자가 원하는 페이지를 출력하기 위해서는 웹 페이지와 관련된 화면을 별도로 작성해야 합니다. 컨테이너 내부에서 웹 페이지 파일을 변경할 수 있지만 이런 경우, 컨테이너를 다시 생성하게 되면 매번 웹 페이지 파일을 전송해야 합니다. 그러므로 영속적으로 웹 페이지 파일을 사용하기 위해서는 특정 디렉터리와 컨테이너 내부의 디렉터리를 연결하는 것이 효과적인 사용법입니다.

4.2.3 컨테이너 내부 파일 변경하기

도커는 컨테이너 내부에서 컨테이너 외부의 파일을 사용할 수 있는 방법으로 크게 4가지를 제공합니다.

- **docker cp**: `docker cp <호스트 경로> <컨테이너 이름>:<컨테이너 내부 경로>` 형식으로 호스트에 위치한 파일을 구동 중인 컨테이너 내부에 복사합니다. 따라서 컨테이너에 임시로 필요한 파일이 있는 경우 단편적으로 전송하기 위해서 사용합니다. 또는 컨테이너에 저장돼 있는 설정 및 로그를 추출해 확인하는 목적으로도 사용합니다.
- **Dockerfile ADD**: 이미지는 Dockerfile을 기반으로 만들어지는데, 이때 Dockerfile에 `ADD`라는 구문으로 컨테이너 내부로 복사할 파일을 지정하면 이미지를 빌드할 때 지정한 파일이 이미지 내부로 복사됩니다. 이후 해당 이미지를 기반으로 구동한 컨테이너에서는 복사한 파일을 사용할 수 있습니다. 그러나 사용자가 원하는 파일을 선택해 사용할 수 없다는 약점이 존재합니다.
- **바인드 마운트**: 호스트의 파일 시스템과 컨테이너 내부를 연결해 어느 한쪽에서 작업한 내용이 양쪽에 동시에 반영되는 방법입니다. 새로운 컨테이너를 구동할 때도 호스트와 연결할 파일이나 디렉터리의 경로만 지정하면 다른 컨테이너에 있는 파일을 새로 생성한 컨테이너와 연결할 수 있습니다. 데이터베이스의 데이터 디렉터리나 서버의 첨부 파일 디렉터리처럼 컨테이너가 바뀌어도 없어지면 안 되는 자료는 이 방법으로 보존할 수 있습니다.
- **볼륨**: 호스트의 파일 시스템과 컨테이너 내부를 연결하는 것은 바인드 마운트와 동일하지만, 호스트의 특정 디렉터리가 아닌 도커가 관리하는 볼륨을 컨테이너와 연결합니다. 여기서 말하는 볼륨은 쿠버네티스에서 살펴본 볼륨 구조와 유사합니다. 따라서 도커가 관리하는 볼륨 공간을 NFS와 같은 공유 디렉터리에 생성한다면 다른 호스트에서도 도커가 관리하는 볼륨을 함께 사용할 수 있습니다.

사용할 수 있는 방법이 총 4가지가 있지만, 현재 웹 페이지를 연결하는 것처럼 오랫동안 고정된 내용을 각 사용자마다 다르게 취하는 경우에는 바인드 마운트 또는 볼륨이 효과적인 방법입니다.

컨테이너 내부에서 외부 파일을 사용하는 방법을 정리하면 다음과 같습니다.

▼ 표 4-3 컨테이너 내부에서 외부 파일을 사용하는 방법

구분	docker cp	Dockerfile ADD	바인드 마운트	볼륨
컨테이너 적용	구동 중 복사	이미지 생성 시 복사	구동 시 디렉터리 연결	구동 시 도커의 볼륨 연결
파일 보관 위치	컨테이너 내부	컨테이너 내부	호스트(디렉터리)	호스트(도커 볼륨)
주 활용 용도	임시 파일	컨테이너 생성 시 필요한 파일	보존이 필요한 파일	보존이 필요한 파일
관리 편의성	좋지 못함	좋음	좋음	매우 좋음
파일 보존성	좋지 못함	좋음	매우 좋음	매우 좋음

4가지 방법 중에 nginx 웹 페이지를 사용자가 변경하기에 가장 용이한 바인드 마운트와 볼륨을 실습을 통해 확인해 보겠습니다.

실습: 바인드 마운트로 호스트와 컨테이너 연결하기

호스트와 컨테이너를 연결하려면 연결 대상이 되는 컨테이너 내부의 디렉터리 구조를 먼저 알아야 합니다. 현재 정상적으로 노출된 nginx 컨테이너의 구조를 살펴보면 처음 접속할 때 노출되는 페이지는 /usr/share/nginx/html/index.html입니다. 따라서 우리가 수정해야 하는 파일이 index.html이며, 이러한 경로 설정은 /etc/nginx/nginx.conf에 존재합니다.

그러면 호스트와 컨테이너 내부를 연결해 봅시다.

1. 컨테이너 내부에 연결할 /root/html/ 디렉터리를 호스트에 생성합니다

```
[root@m-k8s ~]# mkdir -p /root/html
```

2. `docker run` 명령으로 nginx-bind-mounts라는 이름의 컨테이너를 구동하고, 컨테이너의 /usr/share/nginx/html/ 디렉터리와 호스트의 /root/html/ 디렉터리를 연결합니다. `-v(--volume)`는 호스트 디렉터리와 컨테이너 디렉터리를 연결하는 옵션으로, `-v <호스트 디렉터리 경로>:[컨테이너 디렉터리 경로]` 형식으로 사용합니다. 이때 앞서 사용한 `8080`번 포트와 중복되지 않게 호스트의 포트 번호는 `8081`번으로 지정해 컨테이너 내부의 `80`번 포트와 연결합니다. 여기서 한 가지 중요한 바인드 마운트의 특성을 짚고 넘어가자면, 호스트 디렉터리의 내용을 그대로 컨테이너 디렉터리에 덮어쓴다는 점입니다. 따라서 컨테이너 디렉터리에 어떠한 내용이 있다라도 해당 내용은 삭제된다는 것에 유의합니다.

```
[root@m-k8s ~]# docker run -d -p 8081:80 \
-v /root/html:/usr/share/nginx/html --restart always --name nginx-bind-mounts nginx
e7ca1041bb2c4779208483ec0c9ac216e3dcadbf78bcaf5b3f073d24fcac5469
```

3. nginx-bind-mounts 컨테이너를 조회해 STATUS가 정상(Up n minutes)인지 확인합니다.

```
[root@m-k8s ~]# docker ps -f name=nginx-bind-mounts
CONTAINER ID    IMAGE  …  STATUS         PORTS                  NAMES
e7ca1041bb2c    nginx  …  Up 2 minutes   0.0.0.0:8081->80/tcp   nginx-bind-mounts
```

4. 컨테이너가 정상적으로 구동했음을 확인하면 컨테이너 내부와 연결된 /root/html/ 디렉터리를 확인합니다. 이 디렉터리는 사용자가 호스트에 생성한 빈 디렉터리인데, 조회하면 여전히 비어 있습니다. 빈 디렉터리가 컨테이너와 연결됐기 때문에 현재 컨테이너의 nginx는 초기 화면으로 보여 줄 파일이 없습니다.

```
[root@m-k8s ~]# ls /root/html
[root@m-k8s ~]#
```

5. 웹 브라우저를 열고 192.168.1.10:8081에 연결해 nginx-bind-mounts 컨테이너에서 실행되는 nginx에 접속되는지 확인합니다. 이때 nginx의 기본 화면이 아닌 오류 화면이 보입니다.

▼ 그림 4-13 index.html이 없는 상태의 nginx 컨테이너 초기 화면

사용자가 nginx에 접속하면 index.html을 읽어서 화면에 표시해 주도록 설계돼 있습니다. 따라서 바인드 마운트 설정에 따라 호스트 디렉터리의 /root/html에 있는 index.html을 노출하려고 하지만 해당 파일이 존재하지 않기 때문에 403 Forbidden이라는 오류 화면이 출력되는 것입니다. 403 Forbidden 에러는 일반적으로 권한이 존재하지 않을 때 표시되는 에러이나, 파일이 존재하지 않을 때에도 표시됩니다.

✔ 그림 4-14 바인드 마운트됐으나 해당 경로에 파일이 없는 상태

6. cp 명령어로 호스트 디렉터리와 컨테이너 디렉터리를 연결할 때 사용할 index.html을 /root/html/에 복사합니다. 필자가 미리 작성해 둔 파일을 사용합니다. 그리고 해당 디렉터리에 제대로 저장됐는지 확인합니다.

```
[root@m-k8s ~]# cp ~/_Book_k8sInfra/ch4/4.2.3/index-BindMount.html /root/html/index.
html
[root@m-k8s ~]# ls /root/html
index.html
```

7. 브라우저에서 192.168.1.10:8081로 다시 접속해 다음과 같이 index.html이 표시되는지 확인합니다.

✔ 그림 4-15 index.html이 표시되는 nginx 컨테이너 초기 화면

현재 상태는 다음과 같습니다.

✔ 그림 4-16 바인드 마운트로 index.html이 호스트에서 컨테이너로 전달된 상태

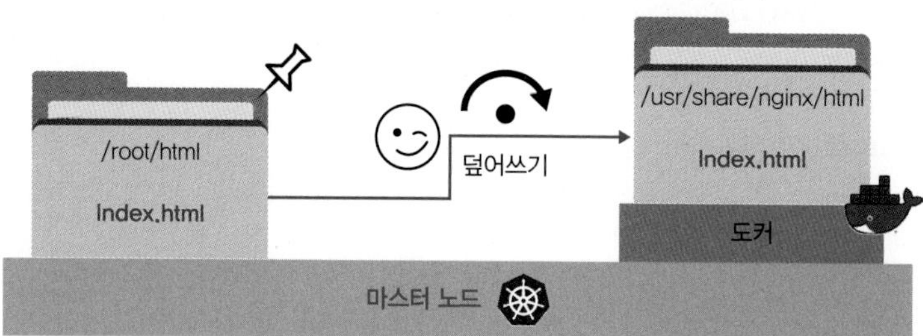

Tip **컨테이너 내부 확인하기**

호스트 디렉터리와 컨테이너 디렉터리가 연결된 경우에 컨테이너 내부를 보려면 어떻게 해야 할까요? kubectl과 동일하게 docker에도 컨테이너에 접속하거나 내부에 명령를 전달하고 결괏값을 반환하는 exec라는 명령어가 있습니다.

docker exec <컨테이너의 ID | 이름> <명령어> 형식으로 실행하면 컨테이너에서 명령을 실행하고 결과를 보여 줍니다. 결과를 보면 바인드 마운트를 통해 호스트와 연결된 index.html이 확인됩니다.

```
[root@m-k8s ~]# docker exec e7ca ls /usr/share/nginx/html
index.html
```

docker의 많은 기능과 명령이 kubectl과 동일하거나 비슷합니다.

실습: 볼륨으로 호스트와 컨테이너 연결하기

볼륨(volume)은 도커가 직접 관리하며 컨테이너에 제공하는 호스트의 공간입니다. 앞서 배운 바인드 마운트와는 어떤 차이가 있는지 실습으로 확인해 보겠습니다.

1. docker volume create nginx-volume 명령으로 볼륨을 생성합니다. 이때 nginx-volume은 생성할 볼륨의 이름입니다.

```
[root@m-k8s ~]# docker volume create nginx-volume
nginx-volume
```

2. docker volume inspect nginx-volume 명령으로 생성된 볼륨을 조회합니다. 볼륨에 적용된 드라이버 종류와 실제 호스트에 연결된 디렉터리, 볼륨 이름 등을 조회할 수 있습니다.

```
[root@m-k8s ~]# docker volume inspect nginx-volume
[
    {
        "Driver": "local",
        "Labels": {},
        "Mountpoint": "/var/lib/docker/volumes/nginx-volume/_data",
        "Name": "nginx-volume",
        "Options": {},
        "Scope": "local"
    }
]
```

Mountpoint 행의 /var/lib/docker/volumes/nginx-volume/_data/ 디렉터리가 볼륨 디렉터리임을 확인할 수 있습니다. 컨테이너 내부와 연결할 때 전체 디렉터리 경로를 사용하지 않고 nginx-volume이라는 볼륨 이름만으로 간편하게 연결할 수 있습니다.

3. 볼륨으로 생성된 디렉터리를 확인합니다.

```
[root@m-k8s ~]# ls /var/lib/docker/volumes/nginx-volume/_data
[root@m-k8s ~]#
```

디렉터리는 현재 비어 있습니다. 디렉터리를 컨테이너와 연결해 봅시다. 앞서 바인드 마운트에서 빈 디렉터리를 컨테이너 내부 디렉터리에 덮어쓰는 것과 어떤 차이가 있는지 살펴봅니다.

4. 컨테이너에 연결할 볼륨을 호스트에 생성했으니 호스트와 컨테이너의 디렉터리를 연결할 컨테이너를 구동합니다. 기존 컨테이너는 설정을 바꿀 수 없으므로 새로운 컨테이너를 구동해야 합니다. nginx-volume라는 이름의 컨테이너를 구동하고 컨테이너 내부의 /usr/share/nginx/html/ 디렉터리와 호스트의 nginx-volume 볼륨을 연결합니다. 사용하는 옵션은 -v [볼륨 이름]:[컨테이너 디렉터리]입니다. 앞서 사용한 포트와 중복되지 않게 호스트의 포트 번호는 8082번으로 지정해 컨테이너 내부의 80번 포트와 연결합니다.

```
[root@m-k8s ~]# docker run -d -v nginx-volume:/usr/share/nginx/html \
-p 8082:80 --restart always --name nginx-volume nginx
91618585bcfc19658ebf0791f500435ea9ac0c9a8255f327168a54ecd3dfbe27
```

5. 볼륨 디렉터리의 내용을 다시 확인합니다. 바인드 마운트와 달리 볼륨은 빈 디렉터리를 덮어쓰지 않고 컨테이너 내부에 있는 50x.html과 index.html 파일을 보존하는 것을 확인할 수 있습니다. 참고로 50x.html 파일은 웹사이트에서 내부 오류가 발생했을 때 오류 화면으로 노출하는 파일입니다.

```
[root@m-k8s ~]# ls /var/lib/docker/volumes/nginx-volume/_data
50x.html  index.html
[root@m-k8s ~]#
```

6. 웹 브라우저로 192.168.1.10:8082를 연결해 nginx-volume 컨테이너의 nginx에 접속합니다. 볼륨은 바인드 마운트와 다르게 index.html을 삭제하지 않았기 때문에 index.html의 내용이 그대로 표시됩니다.

▼ 그림 4-17 nginx-volume 컨테이너에서 구동되는 nginx의 초기 화면

현재 상태를 표현하면 다음과 같습니다.

▼ 그림 4-18 볼륨으로 호스트와 컨테이너를 연결한 상태

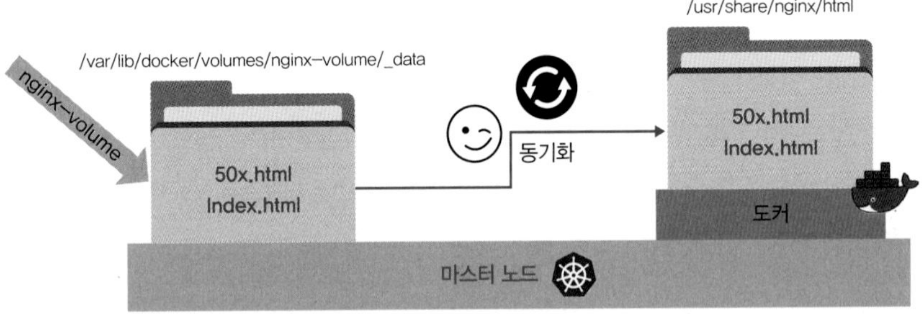

볼륨은 바인드 마운트와 달리 호스트 디렉터리를 컨테이너 디렉터리에 덮어쓰는 구조가 아니라 양쪽을 서로 동기화시키는 구조이기 때문에 비어 있는 볼륨을 연결하는 경우에는 컨테이너 디렉터리에 있는 파일이 보존됩니다. 하지만 볼륨에 컨테이너 디렉터리와 동일한 파일이 존재한 상태로 연결하는 경우에는 덮어쓰기가 되니 이 점에 대해 유의할 필요가 있습니다.

7. nginx-volume에 cp 명령어로 바꿀 파일을 볼륨 디렉터리로 복사해 볼륨에서 변경한 내용이 컨테이너 디렉터리에 동기화되는지 테스트합니다.

```
[root@m-k8s ~]# cp ~/_Book_k8sInfra/ch4/4.2.3/index-Volume.html /var/lib/docker/
volumes/nginx-volume/_data/index.html
cp: overwrite '/var/lib/docker/volumes/nginx-volume/_data/index.html'? y
```

8. 웹 브라우저에서 192.168.1.10:8082를 다시 연결하면 바뀐 index.html의 내용으로 표시됩니다.

▼ 그림 4-19 변경된 index.html로 출력된 화면

이처럼 볼륨을 사용하면 컨테이너에 존재하는 파일을 그대로 보존할 수 있고, 필요할 때 변경해서 사용할 수도 있습니다. 또한, 사용 중인 볼륨을 `docker volume ls` 명령으로 조회할 수 있고, `docker volume rm` 명령으로 삭제할 수도 있어서 바인드 마운트보다 관리하기가 더 쉽습니다.

> **Tip** 볼륨 경로는 고정돼 있나요?
>
> 실습에서 볼륨은 /var/lib/docker/volumes/ 디렉터리 안에 생성됐습니다. 리눅스의 시스템 디렉터리 정의에 따르면 var 디렉터리는 시스템이 사용하는 파일 중 로그, 캐시, 상태 정보 등을 저장합니다. `docker volume create`를 실행할 때 기본으로 설정된 /var/lib/docker/volumes/ 디렉터리를 그대로 사용하면 도커의 볼륨에서 사용하는 데이터가 늘어날수록 시스템의 다른 기능이 사용해야 하는 용량까지 차지하는 문제를 생길 수 있습니다. 리눅스 시스템을 운영할 때 큰 용량의 데이터를 저장하는 경로는 별도로 분리해 충분한 용량을 할당하는 경우가 많습니다. 따라서 대량의 데이터를 저장하고 연결하려는 목적이라면 기본 디렉터리가 아닌 충분한 용량이 확보된 디렉터리 경로로 설정해야 할 필요가 있습니다 도커 버전에 따라 경로를 분리하는 기능의 지원 여부가 다른데, 예제에서 사용한 버전은 1.13.1입니다. docker-ce 17.05 버전부터는 도커의 데몬 설정에서 볼륨이 저장되는 경로를 지정하는 `--data-root` 옵션이나 호스트 경로와 컨테이너 경로를 명확하게 연결하는 `--mount` 옵션을 제공합니다.

4.2.4 사용하지 않는 컨테이너 정리하기

사용이 끝나고 더 이상 사용하지 않을 컨테이너라면 공간을 확보하기 위해 삭제하는 것이 좋습니다. 그래서 이번에는 컨테이너를 안전하게 삭제하는 법을 알아보겠습니다.

실습: 컨테이너 정지하기

컨테이너나 이미지를 삭제하기 전에 먼저 컨테이너를 정지해야 합니다. 삭제할 때 말고도 동일한 호스트의 포트를 사용하는 컨테이너를 배포하거나 작동 중인 컨테이너의 사용 자체를 종료할 때도 먼저 컨테이너를 정지해야 합니다.

1. docker ps -f ancestor=nginx 명령으로 nginx 이미지를 기반으로 생성된 컨테이너를 조회합니다. ancestor 키는 컨테이너를 생성하는 데 사용한 이미지를 기준으로 필터링합니다. 현재 실습에서 사용한 4개의 컨테이너가 구동 중입니다.

```
[root@m-k8s ~]# docker ps -f ancestor=nginx
CONTAINER ID    IMAGE    …    PORTS                   NAMES
91618585bcfc    nginx    …    0.0.0.0:8082->80/tcp    nginx-volume
e7ca1041bb2c    nginx    …    0.0.0.0:8081->80/tcp    nginx-bind-mounts
f530b5280499    nginx    …    0.0.0.0:8080->80/tcp    nginx-exposed
cec73bdb5d55    nginx    …    80/tcp                  tender_snyder
```

2. 컨테이너를 정지하는 명령은 docker stop <컨테이너 이름 | ID>입니다. 4번째 행에 표시된 컨테이너인 tender_snyder(실습 환경마다 이름이 다를 수 있습니다)를 정지합니다. 컨테이너가 정지되면 입력한 컨테이너 이름이 결과로 표시됩니다.

```
[root@m-k8s ~]# docker stop tender_snyder
tender_snyder
```

3. 3번째 행에 표시된 nginx-exposed 컨테이너를 컨테이너 ID로 정지해 보겠습니다. 해당 컨테이너의 ID는 f530b5280499이므로 docker stop f530 명령으로 정지합니다. 컨테이너가 정상적으로 정지되면 입력한 문자열이 실행 결과로 표시됩니다.

```
[root@m-k8s ~]# docker stop f530
f530
```

4. 컨테이너를 하나씩 정지하면 번거로울 수 있으니 nginx 이미지를 사용하는 모든 컨테이너를 한꺼번에 정지해 보겠습니다. 컨테이너 조회 명령에 -q(--quite) 옵션을 추가해 컨테이너 ID만 출력합니다.

```
[root@m-k8s ~]# docker ps -q -f ancestor=nginx
91618585bcfc
e7ca1041bb2c
```

5. 앞에 사용한 명령을 docket stop에서 인자로 사용하도록 $()에 넣습니다. 실행하면 nginx를 이미지로 사용하는 모든 컨테이너가 정지됩니다.

```
[root@m-k8s ~]# docker stop $(docker ps -q -f ancestor=nginx)
91618585bcfc
e7ca1041bb2c
```

6. 모든 컨테이너가 정지됐는지 docker ps -f ancestor=nginx를 다시 실행해 확인합니다.

```
[root@m-k8s ~]# docker ps -f ancestor=nginx
CONTAINER ID        IMAGE               COMMAND             CREATED             STATUS
PORTS               NAMES
[root@m-k8s ~]#
```

7. 컨테이너가 모두 정지됐으나 삭제된 것은 아닙니다. 정지된 컨테이너를 포함해 모든 컨테이너 목록을 조회합니다. docker ps에 -a(--all) 옵션을 주면 정지된 컨테이너를 포함해 nginx 이미지를 기반으로 생성한 컨테이너가 모두 조회됩니다. 이때 정지한 컨테이너를 다시 구동하고 싶다면 docker start <컨테이너 이름 | ID>를 실행합니다.

```
[root@m-k8s ~]# docker ps -a -f ancestor=nginx
CONTAINER ID        IMAGE       …       PORTS                   NAMES
91618585bcfc        nginx       …       0.0.0.0:8082->80/tcp    nginx-volume
e7ca1041bb2c        nginx       …       0.0.0.0:8081->80/tcp    nginx-bind-mounts
f530b5280499        nginx       …                               nginx-exposed
cec73bdb5d55        nginx       …       80/tcp                  tender_snyder
```

실습: 컨테이너와 이미지 삭제하기

정지한 컨테이너가 더 이상 필요 없으면 삭제해 사용 중인 컨테이너 목록을 관리하고, 사용하지 않는 컨테이너 이미지를 삭제해 저장 공간을 확보합니다.

1. 컨테이너는 docker rm <컨테이너 이름 | ID> 명령으로 삭제합니다. 이 명령은 한꺼번에 컨테이너를 정지할 때 사용했던 방법을 그대로 사용합니다. 기존 옵션과 조합해 docker rm $(docker ps -aq -f ancestor=nginx)로 현재 정지된 모든 컨테이너를 삭제합니다.

```
[root@m-k8s ~]# docker rm $(docker ps -aq -f ancestor=nginx)
91618585bcfc
e7ca1041bb2c
f530b5280499
cec73bdb5d55
```

Tip 정지하지 않은 컨테이너 삭제 시 발생하는 오류와 해결책

컨테이너를 정지하지 않았거나 컨테이너의 자동 재시작 옵션 때문에 컨테이너가 구동 중일 때 삭제를 진행하면 'You cannot remove a running container'라는 오류가 발생합니다. 이런 경우에는 docker stop 명령으로 컨테이너를 다시 정지한 후 삭제하거나 docker rm에 -f(--force) 옵션을 붙여 실행 중인 컨테이너를 강제로 삭제합니다. 하지만 강제로 삭제하면 의도하지 않은 삭제가 일어날 수 있으니 주의해야 합니다.

2. 컨테이너가 정상적으로 삭제됐는지 `docker ps -a -f ancestor=nginx` 명령으로 확인합니다. 모든 컨테이너가 삭제되면 조회되는 컨테이너가 없습니다.

```
[root@m-k8s ~]# docker ps -a -f ancestor=nginx
CONTAINER ID        IMAGE               COMMAND             CREATED             STATUS
PORTS               NAMES
```

3. 컨테이너는 모두 삭제했지만, 내려받은 이미지는 아직도 남아서 공간을 차지하고 있습니다. 용량 확보를 위해 더 이상 필요 없는 이미지를 삭제하겠습니다. nginx:latest 이미지와 nginx:stable 이미지를 하나씩 삭제할 수도 있지만, `docker rmi $(docker images -q nginx)` 명령으로 이미지를 한 번에 삭제하겠습니다. 여기서 rmi는 이미지를 지운다(remove image)는 의미입니다. 참고로 이미지는 컨테이너가 정지 상태가 아닌 삭제 상태일 때 삭제할 수 있습니다. 따라서 이미지를 삭제하기 전에 컨테이너를 삭제해야 합니다.

```
[root@m-k8s ~]# docker rmi $(docker images -q nginx)
Untagged: docker.io/nginx:stable
Untagged: docker.io/nginx@sha256:0a13dd14e1238544cbaaf05b929eba4c29039b4f200fccc40024
89ba4d155f6e
Deleted: sha256:01a84233ca905ee158ca963b4d3d68407b081ebe7bac3f9ff4bfc95cdfe7630c
Deleted: sha256:533c486ac23d72dd33113a03b821d16f92f23d07e531acab5b87b4a674d7886f
Deleted: sha256:833930409ff876168ff6b060ae5b40be82f29b152f0b794e39014c71ffb3b637
Deleted: sha256:259564fc19f97c8378f7eaa1b81181045d3efd23f1e83d4d6f60b52d70233b5e
Deleted: sha256:0bc16597034b859d92761d05af67afb78e47be374d02989ed56f802ab15cb91b
Untagged: docker.io/nginx:latest
Untagged: docker.io/nginx@sha256:9a1f8ed9e2273e8b3bbcd2e200024adac624c2e5c9b1d4209888
09f5c0c41a5e
Deleted: sha256:7e4d58f0e5f3b60077e9a5d96b4be1b974b5a484f54f9393000a99f3b6816e3d
Deleted: sha256:eedfd37abc0b05520a719addf6675b372687fe9a2ed1746fa988335720d4376c
Deleted: sha256:4f052ddd517f6dc5b74d2f7d881838b8ec6a5e67ec7a1da8bbbe91e1e068ad3a
Deleted: sha256:5f78154d356577280e4ac0d9bf0d021d488828e57f953b011dcbadaecd539ce4
Deleted: sha256:db5783668220e16186080f3e9d69ad748aab8c72abb8e457f6fc45369461634b
Deleted: sha256:07cab433985205f29909739f511777a810f4a9aff486355b71308bb654cdc868
```

이로써 도커로 컨테이너를 다루는 방법을 모두 살펴봤습니다. 이제 직접 컨테이너 이미지를 만들어 쿠버네티스에서 사용하는 방법을 알아봅시다.

4.3 4가지 방법으로 컨테이너 이미지 만들기

컨테이너 인프라 환경을 구성할 때 이미 제공된 이미지를 사용하는 경우도 있지만, 직접 만든 애플리케이션으로 컨테이너를 만들 수도 있습니다. 여기서는 필자가 제공하는 소스 코드로 자바 실행 파일을 빌드하고 이를 다시 도커 빌드를 사용해 컨테이너 이미지로 만들겠습니다.

컨테이너 이미지를 만드는 방법은 다음과 같이 4가지입니다.

▼ 그림 4-20 컨테이너 이미지 생성 방법

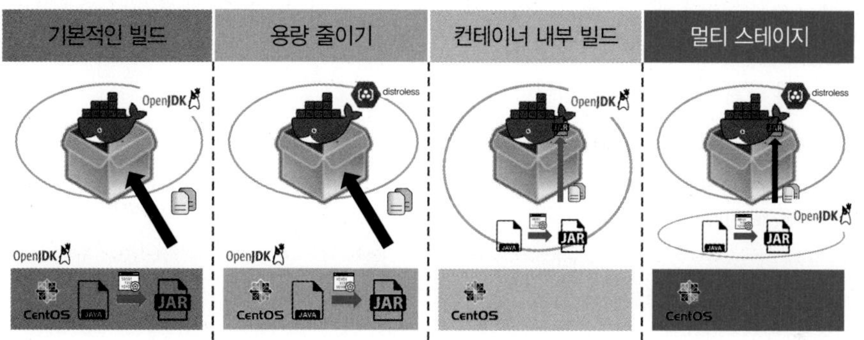

각 방법을 하나씩 실습해 보겠습니다.

4.3.1 기본 방법으로 빌드하기

컨테이너 이미지를 만드는 방법은 다양하지만, 가장 간단한 방법부터 살펴보겠습니다. 여기서는 실습하기 쉽도록 필자가 스프링 부트(Spring Boot)를 이용해 만든 자바 소스 코드로 이미지를 빌드하겠습니다. 따라서 프로그래밍 방법을 몰라도 됩니다. 해당 소스 코드는 요청을 전달하면 출발지와 목적지를 반환하는 간단한 기능만 제공합니다. 진행할 컨테이너 이미지 빌드 과정은 다음과 같습니다.

✔ 그림 4-21 기본적인 컨테이너 빌드 과정

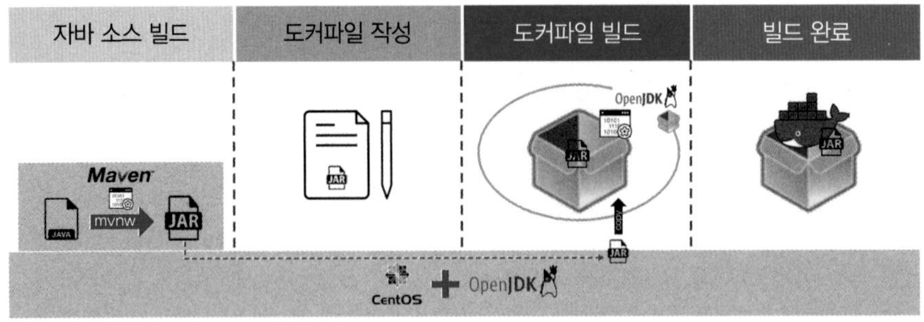

실습: 기본 방법으로 빌드하기

1. 기본적인 컨테이너 빌드 도구와 파일이 있는 빌드 디렉터리(~/book-k8sInfra/ch4/4.3.1/)로 이동해 어떤 파일이 있는지 확인합니다.

```
[root@m-k8s ~]# cd ~/_Book_k8sInfra/ch4/4.3.1/
[root@m-k8s 4.3.1]# ls
Dockerfile  mvnw  pom.xml  src
```

각 파일은 다음과 같습니다.

- **Dockerfile**: 컨테이너 이미지를 빌드하기 위한 정보를 담고 있습니다.
- **mvnw**: 메이븐 래퍼라는 이름의 리눅스 스크립트로, 메이븐 실행을 위한 환경 설정을 자동화합니다.
- **pom.xml**: 메이븐 래퍼가 작동할 때 필요한 절차와 빌드 정보를 담고 있습니다.
- **src(디렉터리)**: 메이븐으로 빌드할 자바 소스 디렉터리입니다.

2. 소스 코드가 자바로 작성돼 있으므로 실행 가능한 바이너리(JAR, Java Archive)로 만들려면 현재 시스템에 자바 개발 도구(JDK, Java Development Kit)를 설치해야 합니다. 여기서는 `java-1.8.0-openjdk-devel`을 설치합니다(이미 설치돼 있다면 다음 단계로 넘어가도 됩니다).

```
[root@m-k8s 4.3.1]# yum install java-1.8.0-openjdk-devel -y
[중략]
---> Package java-1.8.0-openjdk-devel.x86_64 1:1.8.0.262.b10-0.el7_8 will be installed
--> Processing Dependency: java-1.8.0-openjdk(x86-64) = 1:1.8.0.262.b10-0.el7_8 for
package: 1:java-1.8.0-openjdk-devel-1.8.0.262.b10-0.el7_8.x86_64
[생략]
```

Tip 왜 OpenJDK를 설치할까요?

JDK의 라이선스 정책이 2019년부터 구독 방식으로 변경됐습니다. 개인 사용은 여전히 무료지만, 기업에서 사용하는 것을 고려해 이 책에서는 오픈 소스인 OpenJDK를 사용합니다.

3. 자바를 빌드할 때 메이븐(Maven)을 사용합니다. 메이븐은 빌드를 위한 의존성과 여러 가지 설정을 자동화하는 도구입니다. 메이븐은 mvnw clean package 명령으로 실행합니다. 이 명령은 빌드를 진행할 디렉터리를 비우고(clean) JAR(package)를 생성하라는 의미입니다. 자바 빌드 과정은 메이븐에서 자동으로 진행하므로 자세히 설명하지 않겠습니다.

```
[root@m-k8s 4.3.1]# chmod 700 mvnw
[root@m-k8s 4.3.1]# ./mvnw clean package
[INFO] Scanning for projects...
Downloading from central: https://repo.maven.apache.org/maven2/org/springframework/
boot/spring-boot-starter-parent/2.2.2.RELEASE/spring-boot-starter-parent-
2.2.2.RELEASE.pom
[중략]
[INFO] Replacing main artifact with repackaged archive
[INFO] ------------------------------------------------------------------------
[INFO] BUILD SUCCESS
[INFO] ------------------------------------------------------------------------
[INFO] Total time:  03:29 min
[INFO] Finished at: 2020-09-27T09:48:26+09:00
[INFO] ------------------------------------------------------------------------
[root@m-k8s Basic]#
```

4. 자바 빌드가 끝나면 생성된 **JAR 파일**(app-in-host.jar)을 확인합니다. JAR 파일은 target 디렉터리에 있습니다. app-in-host.jar.original은 JAR 파일 생성 단계에서 나오는 임시 파일입니다. 이 파일이 실제 사용되는 부분에서 다시 한 번 설명하겠습니다.

```
[root@m-k8s 4.3.1]# ls target
app-in-host.jar  app-in-host.jar.original  classes  generated-sources  maven-archiver
maven-status
```

5. docker build 명령으로 컨테이너 이미지를 빌드합니다. 여기서 사용된 -t(tag)는 만들어질 이미지를 의미하고, .(dot, 점)은 이미지에 원하는 내용을 추가하거나 변경하는 데 필요한 작업 공간을 현재 디렉터리로 지정한다는 의미입니다.

```
[root@m-k8s 4.3.1]# docker build -t basic-img .
Sending build context to Docker daemon  17.7 MB
```

```
Step 1/6 : FROM openjdk:8
Trying to pull repository docker.io/library/openjdk ...
8: Pulling from docker.io/library/openjdk
Digest: sha256:202f23811f6cf23df64b2633f42bd46f8a597bdda26b6ea07259379a9da39c39
Status: Downloaded newer image for docker.io/openjdk:8
 ---> db530b5a3ccf
Step 2/6 : LABEL description "Echo IP Java Application"
 ---> Running in 6f53d512e534
 ---> b04b14467792
Removing intermediate container 6f53d512e534
Step 3/6 : EXPOSE 60431
 ---> Running in ca3378c22fb2
 ---> c6755aaf88a9
Removing intermediate container ca3378c22fb2
Step 4/6 : COPY ./target/app-in-host.jar /opt/app-in-image.jar
 ---> ad401ef9f6c5
Removing intermediate container 7fdd8a622a17
Step 5/6 : WORKDIR /opt
 ---> e9f548b6975d
Removing intermediate container f71f6ab54867
Step 6/6 : ENTRYPOINT java -jar app-in-image.jar
 ---> Running in 10c7de543f26
 ---> c4293e15c704
Removing intermediate container 10c7de543f26
Successfully built 669cd4921334
```

빌드 내용을 이해하려면 도커 빌드에 사용된 Dockerfile을 살펴봐야 합니다. Dockerfile은 빌드용 DSL(Domain-Specific Languages, 도메인 특화 언어)로 작성된 파일로, 다음과 같은 내용을 담고 있습니다.

Dockerfile

```
FROM openjdk:8
LABEL description="Echo IP Java Application"
EXPOSE 60431
COPY ./target/app-in-host.jar /opt/app-in-image.jar
WORKDIR /opt
ENTRYPOINT [ "java", "-jar", "app-in-image.jar" ]
```

좀 더 쉽게 이해하고자 배시 명령으로 유사 해석하면 다음과 같습니다.

✔ 표 4-4 도커 파일을 배시 명령으로 유사 해석

	도커 파일 내용	배시 명령으로 유사 해석
1	FROM openjdk:8	import openjdk:8 image
2	LABEL description="Echo IP Java Application"	Label_desc="Echo IP Java Application" # 컨테이너 이미지 설명
3	EXPOSE 60431	EXPOSE=60431 # 60431포트를 사용해 오픈하도록 설명을 넣음
4	COPY ./target/app-in-host.jar /opt/app-in-image.jar	scp <HOST>/target/app-in-host.jar <Image>/opt/app-in-image.jar
5	WORKDIR /opt	cd /opt
6	ENTRYPOINT ["java", "-jar", "app-in-image.jar"]	./java -jar app-in-image.jar

Dockerfile은 도커로 컨테이너를 빌드하는 핵심 부분이므로 각 항목을 자세히 살펴보겠습니다.

- **1번째 줄**: FROM <이미지 이름>:[태그] 형식으로 이미지를 가져옵니다. 가져온 이미지 내부에서 컨테이너 이미지를 빌드합니다. 누군가가 만들어 놓은 이미지에 필요한 부분을 추가한다고 보면 됩니다. 여기서는 openjdk를 기초 이미지로 사용합니다. 기초 이미지로 어떤 것을 선택하냐에 따라 다양한 환경의 컨테이너를 빌드할 수 있습니다.
- **2번째 줄**: LABEL <레이블 이름>=<값>의 형식으로 이미지에 부가적인 설명을 위한 레이블을 추가할 때 사용합니다. 앞의 예제에서는 Echo IP Java Application이라는 값을 담은 description 레이블을 추가했습니다.
- **3번째 줄**: EXPOSE <숫자>의 형식으로 생성된 이미지로 컨테이너를 구동할 때 어떤 포트를 사용하는지 알려줍니다. EXPOSE를 사용한다고 해서 컨테이너를 구동할 때 자동으로 해당 포트를 호스트 포트와 연결하지 않습니다. 외부와 연결하려면 지정한 포트를 호스트 포트와 연결해야 한다는 정보를 제공할 뿐입니다. 실제로 외부에서 접속하려면 docker run으로 이미지를 컨테이너로 빌드할 때, 반드시 -p 옵션을 넣어 포트를 연결해야 합니다.
- **4번째 줄**: 호스트에서 새로 생성하는 컨테이너 이미지로 필요한 파일을 복사합니다. COPY <호스트 경로> <컨테이너 경로>의 형식입니다. 메이븐을 통해 생성한 app-in-host.jar 파일을 이미지의 /opt/app-in-image.jar로 복사합니다.
- **5번째 줄**: 이미지의 현재 작업 위치를 opt로 변경합니다.

- **6번째 줄**: ENTRYPOINT ["명령어", "옵션"... "옵션"]의 형식입니다. 컨테이너 구동 시 ENTRYPOINT 뒤에 나오는 대괄호([ ]) 안에 든 명령을 실행합니다. 콤마(,)로 구분된 문자열 중 첫 번째 문자열은 실행할 명령어고, 두 번째 문자열부터 명령어를 실행할 때 추가하는 옵션입니다. 여기서는 컨테이너를 구동할 때 java -jar app-in-image.jar이 실행된다는 의미입니다. ENTRYPOINT로 실행하는 명령어는 컨테이너를 구동할 때 첫 번째로 실행됩니다. 이 명령어로 실행된 프로세스 컨테이너 내부에서 첫 번째로 실행됐다는 의미로 PID는 1이 됩니다.

Tip 빌드한 JAR을 어떻게 실행할까요?

앞에서 OpenJDK를 설치했기 때문에 빌드된 산출물인 app-in-host.jar 파일을 java -jar 명령으로 실행하면 빌드된 JAR을 실행할 수 있고 어떤 내용이 출력되는지도 확인할 수 있습니다. 컨테이너 내부로 옮겨진 JAR이 어떻게 실행되는지도 확인됩니다.

▼ 그림 4-22 target 디렉터리에 존재하는 app-in-host.jar의 실행 예제

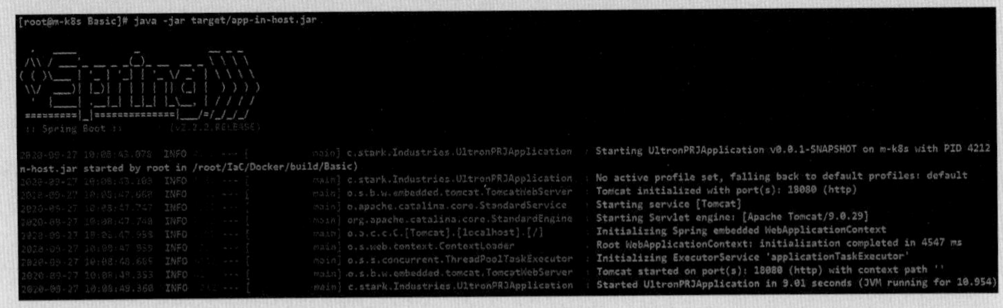

6. 5단계에서 생성한 이미지를 확인합니다. 이미지가 latest 태그로 생성된 것을 확인할 수 있습니다. IMAGE ID는 5단계에서 빌드할 때 마지막에 표시된 값과 동일합니다.

```
[root@m-k8s 4.3.1]# docker images basic-img
REPOSITORY          TAG                 IMAGE ID            CREATED             SIZE
basic-img           latest              669cd4921334        46 seconds ago      528 MB
```

7. docker build에 태그 옵션(-t)을 추가해 1.0과 2.0 태그의 이미지도 생성해 보겠습니다. 캐시(cache)가 사용돼 매우 빠르게 빌드됩니다.

```
[root@m-k8s 4.3.1]# docker build -t basic-img:1.0 -t basic-img:2.0 .
Sending build context to Docker daemon  17.7 MB
Step 1/6 : FROM openjdk:8
 ---> db530b5a3ccf
Step 2/6 : LABEL description "Echo IP Java Application"
 ---> Using cache
```

```
 ---> de24a576e5e5
Step 3/6 : EXPOSE 60431
 ---> Using cache
 ---> 015ce613041a
Step 4/6 : COPY ./target/app-in-host.jar /opt/app-in-image.jar
 ---> Using cache
 ---> d76da69af6af
Step 5/6 : WORKDIR /opt
 ---> Using cache
 ---> 075c1ae7cf9d
Step 6/6 : ENTRYPOINT java -jar app-in-image.jar
 ---> Using cache
 ---> 669cd4921334
Successfully built 669cd4921334
```

8. 생성된 이미지를 확인합니다. 이미지가 모두 ID(669cd4921334)와 용량이 같은 것을 볼 수 있습니다. 즉, 이미지들은 태그 정보만 다를 뿐 모두 같은 이미지이며, 한 공간을 사용합니다. 리눅스의 소프트 링크와 비슷하다고 보면 됩니다.

```
[root@m-k8s 4.3.1]# docker images basic-img
REPOSITORY          TAG                 IMAGE ID            CREATED             SIZE
basic-img           1.0                 669cd4921334        7 minutes ago       528 MB
basic-img           2.0                 669cd4921334        7 minutes ago       528 MB
basic-img           latest              669cd4921334        7 minutes ago       528 MB
```

9. Dockerfile 내용 중에서 일부만 변경하면 어떻게 되는지 확인해 봅시다. sed를 사용해 Dockerfile의 2번째 줄에 있는 Application 부분을 Development로 변경하고 다시 빌드해 봅시다. 이때 버전이 중복되지 않게 3.0 태그를 사용합니다.

```
[root@m-k8s 4.3.1]# sed -i 's/Application/Development/' Dockerfile
[root@m-k8s 4.3.1]# docker build -t basic-img:3.0 .
Sending build context to Docker daemon  17.7 MB
Step 1/6 : FROM openjdk:8
 ---> db530b5a3ccf
Step 2/6 : LABEL description "Echo IP Java Development"
 ---> Running in 45698a1f28ad
 ---> a0344155586a
Removing intermediate container 45698a1f28ad
Step 3/6 : EXPOSE 60431
 ---> Running in 8d2f8b7c44a6
 ---> 4082295e8909
Removing intermediate container 8d2f8b7c44a6
```

```
Step 4/6 : COPY ./target/app-in-host.jar /opt/app-in-image.jar
 ---> 21ba89e894f8
Removing intermediate container ff084edaec2c
Step 5/6 : WORKDIR /opt
 ---> 73ef6b9a23f1
Removing intermediate container 3ebe4731ebdb
Step 6/6 : ENTRYPOINT java -jar app-in-image.jar
 ---> Running in e14518282be0
 ---> c3bfdacf3b09
Removing intermediate container e14518282be0
Successfully built c3bfdacf3b09 # 빌드된 basic-img의 ID 번호
```

10. 생성된 이미지를 확인합니다. 결과를 보면 완전히 다른 ID의 이미지가 생성됐습니다. 즉, 이름은 같지만 실제로는 다른 컨테이너 이미지입니다.

```
[root@m-k8s 4.3.1]# docker images basic-img
REPOSITORY        TAG               IMAGE ID          CREATED              SIZE
basic-img         3.0               c3bfdacf3b09      About a minute ago   528 MB
basic-img         1.0               669cd4921334      17 minutes ago       528 MB
basic-img         2.0               669cd4921334      17 minutes ago       528 MB
basic-img         latest            669cd4921334      17 minutes ago       528 MB
```

11. 생성한 컨테이너 이미지가 컨테이너로 작동하는지 확인합니다. docker run으로 컨테이너를 실행하고 docker ps로 컨테이너 상태를 출력합니다.

```
[root@m-k8s 4.3.1]# docker run -d -p 60431:80 --name basic-run --restart always basic-
img
4112c762dbd6393d9428bb04fc83dc57ada2196d26d4bc04b17264c86dbe5778
[root@m-k8s 4.3.1]# docker ps -f name=basic-run
CONTAINER ID      IMAGE        …     PORTS                               NAMES
4112c762dbd6      basic-img    …     60431/tcp, 0.0.0.0:60431->80/tcp    basic-run
```

12. curl을 이용해 컨테이너가 정상적으로 외부 요청에 응답하는지 알아봅니다. 자기 자신의 IP(127.0.0.1)에 60431번 포트로 요청을 보내고 응답이 오는지 확인합니다.

```
[root@m-k8s 4.3.1]# curl 127.0.0.1:60431
src: 172.17.0.1 / dest: 127.0.0.1
```

Tip 목적지에 따라 출발지 표시가 다른 이유

현재 구동 중인 호스트의 가상 인터페이스 IP(192.168.1.10)와 로컬호스트 IP(127.0.0.1)의 60431번 포트에 요청을 보내면 출발지의 IP가 다름을 확인할 수 있습니다.

```
[root@m-k8s 4.3.1]# curl 192.168.1.10:60431
src: 192.168.1.10 / dest: 192.168.1.10
[root@m-k8s 4.3.1]# curl 127.0.0.1:60431
src: 172.17.0.1 / dest: 127.0.0.1
```

현재 컨테이너는 외부 요청이 목적지에 도착하기 전에 거친 네트워크 인터페이스의 IP와 포트를 출발지(src)로 표시하게 작성됐습니다. 그런데 호스트 인터페이스(eth1)의 IP가 192.168.1.10이고, 컨테이너 브리지 인터페이스(docker0)의 IP는 172.17.0.1입니다. eth1은 외부 요청을 받아들이는 네트워크 인터페이스이고, docker0는 도커 컨테이너가 사용하는 네트워크 인터페이스입니다. 따라서 도커 컨테이너가 외부와 통신하려면 docker0를 거쳐야 합니다.

▼ 그림 4-23 컨테이너 내부로 네트워크 요청이 전달되는 과정

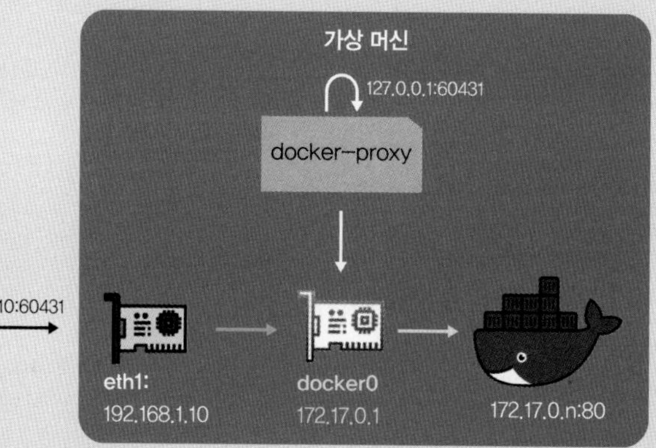

도커 컨테이너는 생성될 때 docker0에 부여된 172.17.0.0/16 범위에 해당하는 172.17.0.2~172.17.255.254(172.17.0.1은 docker0에서 사용) 사이의 IP를 할당받습니다. 따라서 현재 생성된 컨테이너는 172.17.0.0/16에 속하는 IP를 가진 상태입니다. 이 컨테이너는 모든 네트워크 어댑터(0.0.0.0)의 60431번 포트로 들어오는 요청을 컨테이너 내부로 전달하도록 옵션으로 설정했습니다. 이 옵션을 설정하면 외부 IP에서 들어오는 요청을 컨테이너 내부 IP로 전달하는 경로 전달 규칙이 리눅스 호스트에 설정됩니다. 그 결과 컨테이너 내부로 요청을 보낼 경우 출발지는 앞에서 실행한 첫 번째 명령의 수행 결과와 같이 192.168.1.10:60431이 표시됩니다.

반면에 127.0.0.1이나 localhost와 같은 내부 IP에서 컨테이너 내부로 요청을 전달할 경우 docker-proxy 프로세스가 컨테이너 내부로 요청을 전달하는 역할을 하며 이 과정에서 도커가 사용하는 네트워크 인터페이스의 IP인 172.17.0.1을 출발지로 사용합니다. 따라서 docker-proxy 프로세스에 문제가 발생하면 내부 IP로는 컨테이너 내부에 요청을 전달할 수 없을 뿐만 아니라 컨테이너 내부에서 호스트 외부 IP와 포트로 요청을 보낼 수 없는 문제가 발생합니다. 자세한 내용은 이 책의 범위를 넘어가므로 더 설명하지 않습니다. 궁금하신 분은 인터넷에서 헤어핀(Hairpin) NAT에 관해 찾아보기 바랍니다.

13. 이미지가 제대로 작동하는 것을 확인했으니 작동 중인 컨테이너를 -f(force) 옵션으로 바로 삭제합니다. 편의를 위해서 이렇게 하는 것이고 안전하게 작업하려면 작동을 중지시킨 후 삭제하는 것이 좋습니다.

```
[root@m-k8s 4.3.1]# docker rm -f basic-run
basic-run
```

14. 빌드한 컨테이너 이미지를 모두 삭제합니다.

```
[root@m-k8s 4.3.1]# docker rmi -f $(docker images -q basic-img)
Untagged: basic-img:3.0
Deleted: sha256:ada5e66efc0977a051e2b019e3718efdca09cadabc73300fb69515446cb219da
[생략]
```

15. 다음 절에서 빌드할 이미지와 용량을 비교하기 위해 컨테이너 이미지 하나를 다시 빌드합니다.

```
[root@m-k8s 4.3.1]# docker build -t basic-img .
Sending build context to Docker daemon  17.7 MB
Step 1/6 : FROM openjdk:8
[중략]
Removing intermediate container 19902bf5ee86
Successfully built 0e90820b1a9a
```

16. 빌드한 컨테이너 이미지를 보니 공간을 528MB나 차지합니다.

```
[root@m-k8s 4.3.1]# docker images basic-img
REPOSITORY     TAG        IMAGE ID       CREATED              SIZE
basic-img      latest     0e90820b1a9a   About a minute ago   528 MB
```

이 용량을 좀 더 줄일 순 없을까요? 이 의문점을 풀어보겠습니다.

4.3.2 컨테이너 용량 줄이기

불필요한 공간을 점유하는 건 비용 낭비이기도 하지만, 성능에 영향을 미칠 수도 있습니다. 이번에는 컨테이너 이미지의 용량을 줄여 빌드하는 방법을 알아보겠습니다. 컨테이너 이미지의 빌드 과정은 다음과 같습니다.

▼ 그림 4-24 컨테이너 용량을 줄여 빌드하는 과정

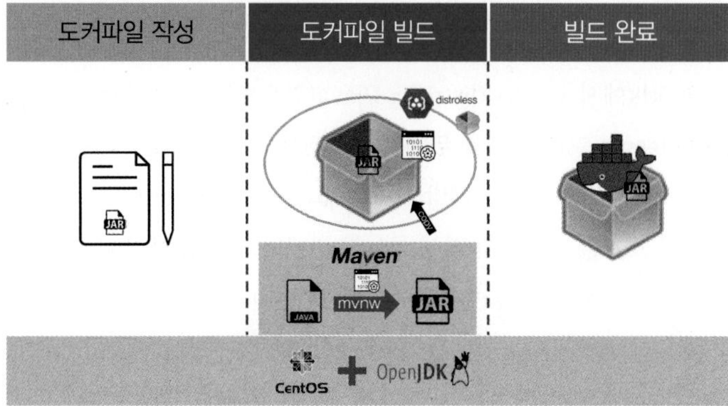

기본 방법보다 1단계가 줄고, 기초 이미지가 openjdk에서 GCR(Google Container Registry)에서 제공하는 distroless로 변경됩니다. 자세한 내용은 진행하면서 다시 설명하겠습니다.

실습: 컨테이너 용량 줄여 빌드하기

1. 컨테이너 용량을 줄여서 빌드하는 과정을 담고 있는 디렉터리(~/_Book_k8sInfra/ch4/4.3.2)로 이동해 어떤 파일이 있는지 살펴봅니다. 추가된 파일(build-in-host.sh)이 하나 있습니다.

```
[root@m-k8s 4.3.1]# cd ~/_Book_k8sInfra/ch4/4.3.2
[root@m-k8s 4.3.2]# ls
build-in-host.sh  Dockerfile  mvnw  pom.xml  src
```

2. 추가된 파일을 cat으로 살펴보면 4.3.1에서 진행한 내용을 스크립트로 작성한 것으로, 특별한 내용은 없습니다.

```
[root@m-k8s 4.3.2]# cat build-in-host.sh
#!/usr/bin/env bash
yum -y install java-1.8.0-openjdk-devel #이미 설치돼서 실제로 실행되지 않음
./mvnw clean package
docker build -t optimal-img .
```

3. Dockerfile 내용에는 변경이 있으니 살펴봅시다.

```
[root@m-k8s 4.3.2]# cat Dockerfile
FROM gcr.io/distroless/java:8 # 자바 실행을 위해 설계된 가벼운 이미지
LABEL description="Echo IP Java Application"
EXPOSE 60432 # 노출되는 포트의 중복을 피하고자 변경함
COPY ./target/app-in-host.jar /opt/app-in-image.jar
```

```
WORKDIR /opt
ENTRYPOINT [ "java", "-jar", "app-in-image.jar" ]
```

사용되는 기초 이미지가 openjdk에서 gcr.io/distroless/java(앞으로는 distroless로 줄여 표기함)로 변경됐습니다. distroless는 자바 실행을 위해 경량화된 이미지입니다. 기본 방법으로 openjdk 이미지를 설치할 때 호스트에 자바 개발 도구인 java-1.8.0-openjdk-devel도 함께 설치했습니다. 그리고 자바 소스를 빌드해서 실행 가능한 바이너리인 JAR을 만들어 COPY 명령으로 새롭게 만들어질 컨테이너 이미지(optimal-img)에 보냈습니다. 따라서 이 과정에서 openjdk 이미지에 포함된 자바 개발 도구는 불필요하게 낭비되는 공간입니다.

4. 경량화 이미지를 빌드하기 전에 메이븐에 실행 권한을 부여하겠습니다.

```
[root@m-k8s 4.3.2]# chmod 700 mvnw
```

5. build-in-host.sh를 실행해 경량화 이미지를 빌드합니다.

```
[root@m-k8s 4.3.2]# ./build-in-host.sh
[중략]
Package 1:java-1.8.0-openjdk-devel-1.8.0.262.b10-0.el7_8.x86_64 already installed and
latest version
[중략]
Step 1/6 : FROM gcr.io/distroless/java:8
Trying to pull repository gcr.io/distroless/java ...
8: Pulling from gcr.io/distroless/java # 기초 이미지를 내려받음
4000adbbc3eb: Pull complete
69e2f037cdb3: Pull complete
3e010093287c: Pull complete
0fe85c64a011: Pull complete
65cea08dd27b: Pull complete
Digest: sha256:de50b102c008835736d045adf71620a9330a079bd224417afade620d279e90f4
Status: Downloaded newer image for gcr.io/distroless/java:8
 ---> 0b081d6ffca4
Step 2/6 : LABEL description "Echo IP Java Application"
[중략]
Removing intermediate container 2a370da83728
Successfully built 39fdae129586 # 빌드된 optimal-img의 ID 번호
```

6. 용량을 줄여 빌드한 컨테이너 이미지와 기본 방법으로 빌드한 이미지를 비교합니다. 이때 도커 이미지가 다수 존재하므로 현재 새로 생성된 이미지만 볼 수 있게 head -n 3 옵션을 사용합니다. 새로 생성된 optimal-img가 기존 basic-img보다 383MB 작습니다.

```
[root@m-k8s 4.3.2]# docker images | head -n 3
REPOSITORY          TAG           IMAGE ID          CREATED              SIZE
optimal-img         latest        39fdae129586      30 seconds ago       145 MB
basic-img           latest        0e90820b1a9a      About an hour ago    528 MB
```

7. 생성한 컨테이너 이미지가 컨테이너로 작동하는지 docker run 명령으로 컨테이너를 실행해 curl로 확인합니다.

```
[root@m-k8s 4.3.2]# docker run -d -p 60432:80 --name optimal-run --restart always
optimal-img
c024cf1fe730fe079cfb45583618d330ef36d8e57e831118b154b1fb32604b33
[root@m-k8s 4.3.2]# curl 127.0.0.1:60432
src: 172.17.0.1 / dest: 127.0.0.1
```

8. 컨테이너가 정상적으로 작동하는 것을 확인했으니 빌드한 컨테이너를 삭제합니다.

```
[root@m-k8s 4.3.2]# docker rm -f optimal-run
optimal-run
```

이제 이런 생각이 들 수 있습니다. 'openjdk 이미지에 개발 도구가 포함돼 있는데, 왜 openjdk를 호스트에 설치해서 빌드하고 COPY로 넘기는 번거로운 과정을 진행한 걸까?' 매우 좋은 지적입니다. 그렇다면 기초 이미지인 openjdk에서 자바 소스를 빌드하면 어떻게 되는지 확인해 봅시다.

4.3.3 컨테이너 내부에서 컨테이너 빌드하기

번거로운 과정 없이 바로 자바 소스를 컨테이너 이미지에서 빌드하면 어떻게 되는지 살펴보겠습니다. 진행 과정은 다음과 같습니다.

✔ 그림 4-25 컨테이너 내부에서 컨테이너를 빌드하는 과정

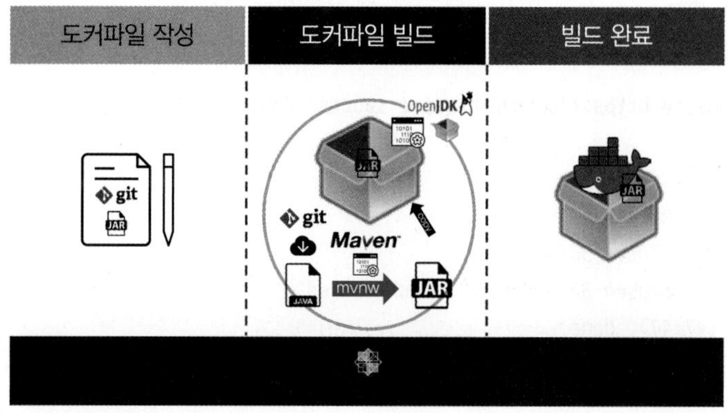

실습: 컨테이너 내부에서 빌드하기

1. openjdk 이미지에서 자바 소스를 빌드하는 내용이 있는 디렉터리(~/_Book_k8sInfra/ch4/4.3.3)로 이동해 어떤 파일이 있는지 살펴봅니다. 모든 파일이 사라지고 Dockerfile 하나만 있습니다. 빌드 과정 자체를 openjdk 이미지에서 진행하므로 나머지는 필요 없습니다.

```
[root@m-k8s 4.3.2]# cd ~/_Book_k8sInfra/ch4/4.3.3/
[root@m-k8s 4.3.3]# ls
Dockerfile
```

2. Dockerfile의 내용을 살펴보면 역시 특별한 내용이 없습니다. 이미지 내부에 소스 코드를 내려받으려고 깃을 사용했고, 내려받은 소스 코드를 이미지 내부에서 실행하기 위해 RUN을 추가했습니다. 그리고 이미지 내부에서 파일의 위치만 옮기면 되므로 COPY가 아닌 mv를 사용했습니다.

```
[root@m-k8s 4.3.3]# cat Dockerfile
FROM openjdk:8 # 자바 개발 도구가 포함된 이미지
LABEL description="Echo IP Java Application"
EXPOSE 60433 # 노출되는 포트의 중복을 피하려고 변경함
RUN git clone https://github.com/iac-source/inbuilder.git # RUN으로 이미지 내부에서 소스
코드를 실행함
WORKDIR inbuilder # git clone으로 내려받은 디렉터리를 현재 작업 공간으로 설정
RUN chmod 700 mvnw # mvnw에 실행 권한 설정
RUN ./mvnw clean package # 메이븐 래퍼로 JAR 빌드
RUN mv target/app-in-host.jar /opt/app-in-image.jar # 빌드된 JAR을 /opt/app-in-image.
jar로 옮김
WORKDIR /opt
ENTRYPOINT [ "java", "-jar", "app-in-image.jar" ]
```

3. 이미지를 빌드하기 전에 이미지 내부에 내려받은 inbuilder 저장소가 어떤 구조인지 확인합니다. 확인해 보면 주요 파일은 모두 같습니다. 참고로 mvnw.cmd는 윈도용 스크립트이고, README.md는 깃허브용 안내 파일입니다.

```
[root@m-k8s 4.3.3]# git clone https://github.com/iac-source/inbuilder.git
Cloning into 'inbuilder'...
remote: Enumerating objects: 47, done.
remote: Counting objects: 100% (47/47), done.
remote: Compressing objects: 100% (30/30), done.
remote: Total 47 (delta 7), reused 39 (delta 2), pack-reused 0
Unpacking objects: 100% (47/47), done.
```

```
[root@m-k8s 4.3.3]# ls inbuilder/
mvnw  mvnw.cmd  pom.xml  README.md  src
```

4. docker build로 Dockerfile을 호출해서 컨테이너 이미지를 빌드합니다.

```
[root@m-k8s 4.3.3]# docker build -t nohost-img .
Sending build context to Docker daemon  256 kB
Step 1/10 : FROM openjdk:8
 ---> db530b5a3ccf
Step 2/10 : LABEL description "Echo IP Java Application"
 ---> Running in 471edc0e328f
 ---> 64c942d777b7
Removing intermediate container 471edc0e328f
Step 3/10 : EXPOSE 60433
 ---> Running in f5384cd90447
 ---> ba263bf3914b
Removing intermediate container f5384cd90447
Step 4/10 : RUN git clone https://github.com/iac-source/inbuilder.git
 ---> Running in 863ce394a686

Cloning into 'inbuilder'... # 자바 소스를 이미지 내부로 내려받음
 ---> cd2469fc021e
Removing intermediate container 863ce394a686
Step 5/10 : WORKDIR inbuilder
 ---> ef6a0114da0b
Removing intermediate container 7251c3529cd1
Step 6/10 : RUN chmod 700 mvnw
 ---> Running in d83fbe5fff96
 ---> 276542d6caea
Removing intermediate container d83fbe5fff96
Step 7/10 : RUN ./mvnw clean package # 컨테이너 내부에서 소스 코드를 빌드함
 ---> Running in a763640d11c1

[INFO] Scanning for projects...
[중략]
Removing intermediate container a763640d11c1
Step 8/10 : RUN mv target/app-in-host.jar /opt/app-in-image.jar
 ---> Running in 83628390c81b
 ---> ccd1e4b3d4be
Removing intermediate container 83628390c81b
Step 9/10 : WORKDIR /opt
 ---> 6a0c268b84ef
Removing intermediate container a8324599f15b
```

```
Step 10/10 : ENTRYPOINT java -jar app-in-image.jar
 ---> Running in 8c56c1244b07
 ---> 3d40d6dfa590
Removing intermediate container 8c56c1244b07
Successfully built 3d40d6dfa590 # 빌드된 nohost-img의 ID 번호
```

5. 새로 빌드한 컨테이너 이미지를 기존 이미지들과 비교합니다. 새로 생성된 nohost-img가 618MB로 이미지 중에서 가장 용량이 큽니다. nohost-img는 컨테이너 내부에서 빌드를 진행하기 때문에 빌드 중간에 생성한 파일들과 내려받은 라이브러리 캐시들이 최종 이미지인 nohost-img에 그대로 남습니다. 따라서 빌드 최종 결과물만 전달했던 basic-img보다 더 커지게 됩니다.

```
[root@m-k8s 4.3.3]# docker images | head -n 4
REPOSITORY        TAG          IMAGE ID          CREATED              SIZE
nohost-img        latest       3d40d6dfa590      11 minutes ago       618 MB
optimal-img       latest       39fdae129586      About an hour ago    145 MB
basic-img         latest       0e90820b1a9a      2 hours ago          528 MB
```

6. 생성한 컨테이너 이미지가 컨테이너로 잘 작동하는지 docker run으로 컨테이너를 실행해 curl로 확인합니다.

```
[root@m-k8s 4.3.3]# docker run -d -p 60433:80 --name nohost-run --restart always
nohost-img
d6cbc253fdfb5362bdd782ac323bc83f311d11f0dba130587ed2c8b9fc75822c
[root@m-k8s 4.3.3]# curl 127.0.0.1:60433
src: 172.17.0.1 / dest: 127.0.0.1
```

7. 컨테이너가 정상적으로 작동함을 확인했으니 컨테이너를 삭제합니다.

```
[root@m-k8s 4.3.3]# docker rm -f nohost-run
nohost-run
```

openjdk 이미지를 기초 이미지로 컨테이너 내부에서 자바 소스를 빌드한 결과, 가장 큰 컨테이너 이미지를 얻었습니다. 컨테이너 이미지는 커지면 커질수록 비효율적으로 작동할 수밖에 없습니다. 따라서 openjdk로 컨테이너 내부에서 컨테이너를 빌드하는 것을 좋지 않은 방법입니다. 하지만 Dockerfile 하나만 빌드하면 컨테이너가 바로 생성되는 편리함을 포기할 수는 없습니다. 방법이 없을까요? 한번 알아보겠습니다.

4.3.4 최적화해 컨테이너 빌드하기

지금까지 소개한 빌드 방법은 이미지 용량이 커지거나 빌드 과정이 번거로운 등의 단점이 있었습니다. 마지막으로 소개할 멀티 스테이지 빌드(Multi-Stage Build, 이후 멀티 스테이지라고 표현함) 방법은 최종 이미지의 용량을 줄일 수 있고 호스트에 어떠한 빌드 도구도 설치할 필요가 없습니다. 멀티 스테이지를 이용한 컨테이너 이미지 빌드 과정은 다음과 같습니다.

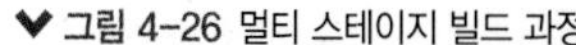
✔ 그림 4-26 멀티 스테이지 빌드 과정

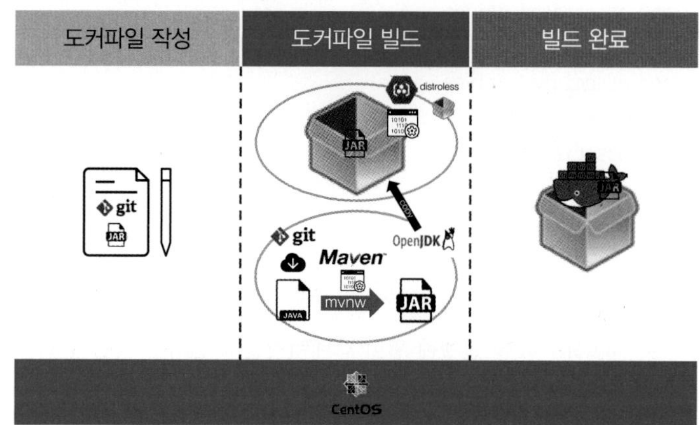

멀티 스테이지는 docker-ce 17.06 버전부터 지원됩니다. 따라서 현재 우리가 사용하는 도커 버전(docker 1.13.1)을 업그레이드해야 합니다. 따라서 현재 사용 중인 쿠버네티스 클러스터를 삭제하고 docker-ce 18.09.9가 설치된 새로운 쿠버네티스 클러스터를 다시 만들겠습니다.

실습: 멀티 스테이지 빌드

1. 쿠버네티스 클러스터를 삭제하기 전에 `kubectl get nodes -o wide` 명령으로 현재 사용하는 도커 버전(CONTAINER-RUNTIME 열)을 확인합니다.

```
[root@m-k8s 4.3.3]# kubectl get nodes -o wide
NAME     STATUS   ROLES    …   VERSION   INTERNAL-IP      …   CONTAINER-RUNTIME
m-k8s    Ready    master   …   v1.18.4   192.168.1.10     …   docker://1.13.1
w1-k8s   Ready    <none>   …   v1.18.4   192.168.1.101    …   docker://1.13.1
w2-k8s   Ready    <none>   …   v1.18.4   192.168.1.102    …   docker://1.13.1
w3-k8s   Ready    <none>   …   v1.18.4   192.168.1.103    …   docker://1.13.1
w4-k8s   Ready    <none>   …   v1.18.4   192.168.1.104    …   docker://1.13.1
```

2. 호스트 윈도의 명령 창에서 Vagrantfile이 있는 C:\HashiCorp_Book_k8sInfra-main\ch3\3.1.3 디렉터리로 이동합니다. 기존에 사용하던 가상 머신들을 2장에서 배운 vagrant destroy -f 명령으로 제거합니다.

```
C:\HashiCorp > cd C:\HashiCorp\_Book_k8sInfra-main\ch3\3.1.3
C:\HashiCorp\_Book_k8sInfra-main\ch3\3.1.3> vagrant destroy -f
==> w4-k8s: Forcing shutdown of VM...
==> w4-k8s: Destroying VM and associated drives...
==> w3-k8s: Forcing shutdown of VM...
==> w3-k8s: Destroying VM and associated drives...
==> w2-k8s: Forcing shutdown of VM...
==> w2-k8s: Destroying VM and associated drives...
==> w1-k8s: Forcing shutdown of VM...
==> w1-k8s: Destroying VM and associated drives...
==> m-k8s: Forcing shutdown of VM...
==> m-k8s: Destroying VM and associated drives...
```

3. C:\HashiCorp_Book_k8sInfra-main\ch4\4.3.4\k8s-SingleMaster-18.9_9_w_auto-compl 디렉터리로 이동합니다. vagrant up을 실행해 멀티 스테이지를 지원하는 버전의 도커가 포함된 새로운 쿠버네티스 클러스터 환경을 구성합니다.

```
C:\HashiCorp\_Book_k8sInfra-main\ch3\3.1.3> cd C:\HashiCorp\_Book_k8sInfra-main\
ch4\4.3.4\k8s-SingleMaster-18.9_9_w_auto-compl
C:\HashiCorp\_Book_k8sInfra-main\ch4\4.3.4\k8s-SingleMaster-18.9_9_w_auto-compl>
vagrant up
Bringing machine 'm-k8s' up with 'virtualbox' provider...
Bringing machine 'w1-k8s' up with 'virtualbox' provider...
Bringing machine 'w2-k8s' up with 'virtualbox' provider...
Bringing machine 'w3-k8s' up with 'virtualbox' provider...
==> m-k8s: Importing base box 'sysnet4admin/CentOS-k8s'...
==> m-k8s: Matching MAC address for NAT networking...
==> m-k8s: Checking if box 'sysnet4admin/CentOS-k8s' version '0.7.0' is up to date...
==> m-k8s: Setting the name of the VM: m-k8s(github_SysNet4Admin)
[생략]
```

4. 가상 머신이 다시 구성되면 3장에서 했던 대로 슈퍼푸티로 m-k8s 노드에 접속합니다. 가상 머신을 새로 구성했지만, IP와 포트, 사용자 이름, 비밀번호가 같기 때문에 동일한 메뉴에서 접속할 수 있습니다.

▼ 그림 4-27 슈퍼푸티로 마스터 노드에 접속하기

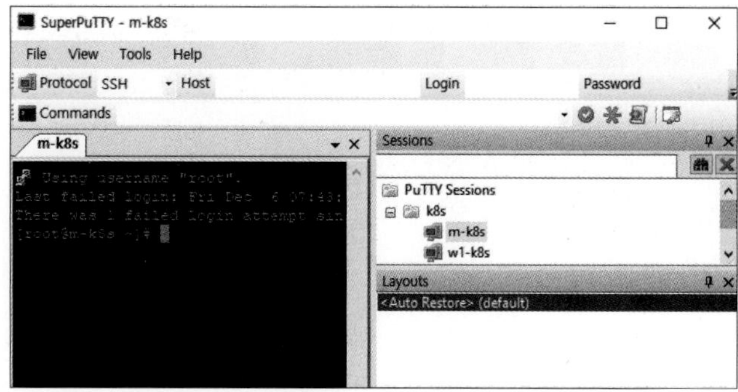

5. kubectl get nodes -o wide로 도커 버전을 확인합니다. CONTAINER-RUNTIME 열을 보면 18.9.9 버전입니다.

```
[root@m-k8s ~]# kubectl get nodes -o wide
NAME     STATUS  ROLES   … VERSION  INTERNAL-IP     …  CONTAINER-RUNTIME
m-k8s    Ready   master  … v1.18.4  192.168.1.10    …  docker://18.9.9
w1-k8s   Ready   <none>  … v1.18.4  192.168.1.101   …  docker://18.9.9
w2-k8s   Ready   <none>  … v1.18.4  192.168.1.102   …  docker://18.9.9
w3-k8s   Ready   <none>  … v1.18.4  192.168.1.103   …  docker://18.9.9
```

Tip **멀티 스테이지 빌드로 만든 이미지는 docker-ce 17.06 하위 버전에서 사용할 수 없나요?**

docker-ce 17.06 이상 버전은 Dockerfile을 통해 멀티 스테이지 빌드로 이미지를 만드는 과정에서 필요할 뿐입니다. 이렇게 생성된 이미지는 docker-ce 17.06 하위 버전에서도 구동할 수 있습니다.

6. 멀티 스테이지를 위한 파일이 있는 디렉터리(~/_Book_k8sInfra/ch4/4.3.4)로 이동해 Dockerfile이 있는지 확인합니다.

```
[root@m-k8s ~]# cd ~/_Book_k8sInfra/ch4/4.3.4/
[root@m-k8s 4.3.4]# ls
Dockerfile  k8s-SingleMaster-18.9_9_w_auto-compl
```

7. Dockerfile을 살펴보면 내용이 늘긴 했지만, 앞에서 내용을 살펴봤기 때문에 이해하는 데 어렵지 않을 겁니다. 멀티 스테이지의 핵심은 빌드하는 위치와 최종 이미지를 '분리'하는 것입니다. 그래서 최종 이미지는 빌드된 JAR을 가지고 있지만, 용량은 줄일 수 있습니다.

```
[root@m-k8s 4.3.4]# cat Dockerfile
# 1단계: 자바 소스를 빌드해 JAR로 만듦
FROM openjdk:8 AS int-build # openjdk 이미지에 int-build라는 별칭을 붙임
```

```
LABEL description="Java Application builder"
RUN git clone https://github.com/iac-source/inbuilder.git
WORKDIR inbuilder
RUN chmod 700 mvnw
RUN ./mvnw clean package

# 2단계: 빌드된 JAR을 경량화 이미지에 복사함
FROM gcr.io/distroless/java:8
LABEL description="Echo IP Java Application"
EXPOSE 60434 # 노출되는 포트의 중복의 피하고자 변경함
# int-build(openjdk)에서 빌드가 완성된 app-in-host.jar을 distroless에 /opt/app.in-image.
jar로 복사함
COPY --from=int-build inbuilder/target/app-in-host.jar /opt/app-in-image.jar
WORKDIR /opt
ENTRYPOINT [ "java", "-jar", "app-in-image.jar" ]
```

8. 멀티 스테이지 방식으로 작성된 Dockerfile로 컨테이너 이미지를 빌드합니다.

```
[root@m-k8s 4.3.4]# docker build -t multistage-img .
Sending build context to Docker daemon  2.048kB
Step 1/12 : FROM openjdk:8 AS int-build
8: Pulling from library/openjdk # 1번째 기초 이미지를 내려받음
Step 2/12 : LABEL description="Java Application builder"
 ---> Running in 67acf4c676f6
Removing intermediate container 67acf4c676f6
 ---> deaea5bb4591
Step 3/12 : RUN git clone https://github.com/iac-source/inbuilder.git
 ---> Running in 3a120f004ddd
Cloning into 'inbuilder'...
Removing intermediate container 3a120f004ddd
 ---> ace4ce27f53b
Step 4/12 : WORKDIR inbuilder
 ---> Running in 4033b1b82065
Removing intermediate container 4033b1b82065
 ---> f86090b73582
Step 5/12 : RUN chmod 700 mvnw
 ---> Running in 3e087f49db21
Removing intermediate container 3e087f49db21
 ---> b40829dde036
Step 6/12 : RUN ./mvnw clean package
 ---> Running in 6a74ee8f08e0
[INFO] Scanning for projects...
[중략]
```

```
Step 7/12 : FROM gcr.io/distroless/java:8 # 2번째 기초 이미지를 내려받음
8: Pulling from distroless/java
Step 8/12 : LABEL description="Echo IP Java Application"
 ---> Running in 9b40a661df60
Removing intermediate container 9b40a661df60
 ---> 69db43ffd561
Step 9/12 : EXPOSE 60434
 ---> Running in 35d7cd2113b0
Removing intermediate container 35d7cd2113b0
 ---> 0c4e7834badb
Step 10/12 : COPY --from=int-build inbuilder/target/app-in-host.jar /opt/app-in-image.
jar
 ---> 6ff8931be971
Step 11/12 : WORKDIR /opt
 ---> Running in e34729b23344
Removing intermediate container e34729b23344
 ---> 8830e0f6a018
Step 12/12 : ENTRYPOINT [ "java", "-jar", "app-in-image.jar" ]
 ---> Running in 0f2746bbf542
Removing intermediate container 0f2746bbf542
 ---> aa23ef1ef456
Successfully built aa23ef1ef456 # 빌드된 multistage-img의 ID 번호
Successfully tagged multistage-img:latest
```

9. 멀티 스테이지로 빌드된 컨테이너 이미지의 용량을 확인하면 optimal-img와 같습니다. 두 컨테이너 이미지는 빌드 단계가 같고 자바 소스를 호스트에서 빌드했느냐, 컨테이너 내에서 빌드했느냐의 차이밖에 없습니다.

```
[root@m-k8s 4.3.4]# docker images | head -n 3
REPOSITORY          TAG         IMAGE ID        CREATED          SIZE
multistage-img      latest      aa23ef1ef456    9 minutes ago    145MB
<none>              <none>      62454a67395c    9 minutes ago    600MB
```

10. 앞에서 확인한 컨테이너 이미지 중에 <none>으로 표시되는 이미지가 있습니다. 이름이 없는 이런 이미지를 **댕글링**(dangling) 이미지라고 합니다. 멀티 스테이지 과정에서 자바 소스를 빌드하는 과정에 생성된 이미지로 보면 됩니다. 공간을 적게 사용하는 이미지를 만드는 것이 목적이므로 댕글링 이미지(dangling=true)를 삭제합니다.

```
[root@m-k8s 4.3.4]# docker rmi $(docker images -f dangling=true -q)
Deleted: sha256:62454a67395cfd6c5e3b82b091743956bf639782d8042a5a1e474a962d0286d8
[생략]
```

11. docker run으로 컨테이너를 실행합니다. 생성한 컨테이너 이미지로 빌드한 컨테이너가 잘 작동하는지 curl로 확인합니다.

```
[root@m-k8s 4.3.4]# docker run -d -p 60434:80 --name multistage-run --restart always
multistage-img
d6ff32d1edad4d47027c416cfd93d00fc8adcf611c757261cf9fccf9fba79463
[root@m-k8s 4.3.4]# curl 127.0.0.1:60434
src: 172.17.0.1 / dest: 127.0.0.1
```

12. 컨테이너가 정상적으로 작동하므로 컨테이너를 삭제하고 다음 실습을 위해서 홈 디렉터리로 이동합니다.

```
[root@m-k8s 4.3.4]# docker rm -f multistage-run
multistage-run
[root@m-k8s 4.3.4]# cd ~
[root@m-k8s ~]#
```


4.4 쿠버네티스에서 직접 만든 컨테이너 사용하기

지금까지 도커를 이용해 컨테이너를 다루고 새로운 컨테이너 이미지를 빌드해 봤습니다. 앞에서 컨테이너 이미지를 빌드하는 방법을 다양하게 소개한 이유, 즉 최종 목적은 직접 만든 컨테이너 이미지를 쿠버네티스에서 사용하는 것입니다. 쿠버네티스에서 이미지를 사용하려면 쿠버네티스가 이미지를 불러올 수 있는 공간에 이미지를 넣어 두어야 합니다. 그럼 이 절에서는 직접 만든 이미지를 쿠버네티스에서 사용하는 방법을 단계별로 확인해 보겠습니다.

4.4.1 쿠버네티스에서 도커 이미지 구동하기

쿠버네티스는 컨테이너를 효과적으로 다루기 위해서 만들어졌고 컨테이너인 파드도 쉽게 부를 수 있습니다. 따라서 직접 만든 컨테이너 이미지도 kubectl 명령으로 쿠버네티스 클러스터에서 바로 구동할 수 있습니다.

앞 절에서 도커를 빌드해서 만든 multistage-img 이미지를 쿠버네티스에서 구동해 봅시다.

실습: 쿠버네티스에서 컨테이너 이미지 구동하기

1. multistage-img 이미지가 노드에 존재하는지 docker images multistage-img 명령으로 확인합니다. 앞의 실습을 이어서 한다면 해당 이미지가 결과에 나옵니다. 만약 이미지가 존재하지 않는다면 멀티 스테이지 방식으로 multistage-img 이미지를 다시 빌드하기 바랍니다.

```
[root@m-k8s ~]# docker images multistage-img
REPOSITORY          TAG                 IMAGE ID            CREATED             SIZE
multistage-img      latest              aa23ef1ef456        44 minutes ago      145MB
```

2. kubectl create 명령으로 디플로이먼트를 생성합니다. 이때 --image를 옵션으로 주어 multistage-img 이미지를 사용하게 하고 이름은 failure1으로 설정합니다.

```
[root@m-k8s ~]# kubectl create deployment failure1 --image=multistage-img
deployment.apps/failure1 created
```

3. kubectl get pods -w로 파드의 상태 및 변화를 확인합니다. 상태가 정상이라면 STATUS에 Running으로 표시돼야 합니다. 하지만 이미지를 내려받는 데 문제가 발생해 ErrorImagePull과 ImagePullBackOff라는 오류 메시지가 번갈아 표시됩니다. 이는 이미지가 호스트에 존재함에도 기본 설정에 따라 이미지를 외부(도커 허브)에서 받으려고 시도하기 때문입니다.

```
[root@m-k8s ~]# kubectl get pods -w
NAME                        READY   STATUS             RESTARTS   AGE
failure1-6dc55db9d4-zcj97   0/1     ErrImagePull       0          34s
failure1-6dc55db9d4-zcj97   0/1     ImagePullBackOff   0          59s
```

4. 이번에는 내부에 존재하는 컨테이너 이미지를 사용하도록 설정해서 디플로이먼트를 생성합니다. 사용자가 원하는 형태의 디플로이먼트를 만드는 가장 좋은 방법은 현재 수행되는 구문을 야믈 형태로 뽑아내는 것입니다. --dry-run=client 옵션은 해당 내용을 실제로 적용하지 않은 채 명령을 수행하고, -o yaml은 현재 수행되는 명령을 야믈 형태로 바꿉니다. 두 옵션을 조합하면 현재 수행되는 명령을 야믈 형태로 출력해 사용자가 원하는 형태로 변경할 수 있습니다. 마지막에 > failure2.yaml을 붙여 실행 결과를 파일로 저장합니다.

```
[root@m-k8s ~]# kubectl create deployment failure2 --dry-run=client -o yaml \
--image=multistage-img > failure2.yaml
```

5. failure2.yaml을 열어 컨테이너 설정에 imagePullPolicy: Never 옵션을 다음과 같이 추가합니다. 이 옵션은 외부에서 이미지를 가져오지 않고 호스트에 존재하는 이미지를 사용하게 합니다.

```
[root@m-k8s ~]# vi failure2.yaml
```

failure2.yaml에 추가한 내용

```
    spec:
      containers:
      - image: multistage-img
        imagePullPolicy: Never # 추가한 부분
        name: multistage-img
        resources: {}
status: {}
```

6. 수정한 failure2.yaml 파일을 디플로이먼트에 적용하고 상태를 확인합니다.

```
[root@m-k8s ~]# kubectl apply -f failure2.yaml
deployment.apps/failure2 created
[root@m-k8s ~]# kubectl get pods
NAME                          READY   STATUS             RESTARTS   AGE
failure1-6dc55db9d4-zcj97     0/1     ImagePullBackOff   0          6m13s
failure2-59bfb8b764-pmd8g     0/1     ErrImageNeverPull  0          5s
```

형태는 바뀌었지만, 여전히 오류(ErrImageNeverPull)가 발생합니다. 내부의 이미지를 사용하도록 옵션도 추가했는데, 왜 이미지를 가져오지 못할까요?

7. 이제 정확하게 실습해 봅시다. 오류가 발생하는 디플로이먼트(failure1, failure2)를 모두 삭제합니다.

```
[root@m-k8s ~]# kubectl delete deployment failure1
deployment.apps "failure1" deleted
[root@m-k8s ~]# kubectl delete deployment failure2
deployment.apps "failure2" deleted
```

8. 슈퍼푸티로 워커 노드 3번인 w3-k8s에 접속합니다.

▼ 그림 4-28 슈퍼푸티로 워커 노드 3번에 접속하기

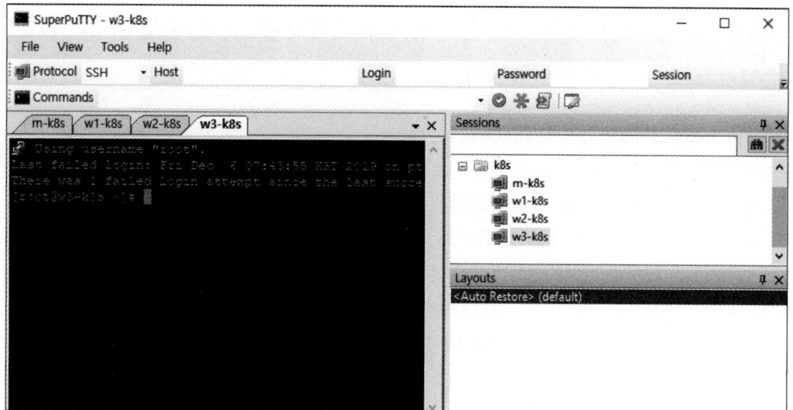

9. 필자가 깃허브에 올려 둔 Dockerfile을 받아 와 테스트를 위한 컨테이너 이미지를 만듭니다.

```
[root@w3-k8s ~]# curl -O \
https://raw.githubusercontent.com/sysnet4admin/_Book_k8sInfra/main/ch4/4.3.4/Dockerfile
  % Total    % Received % Xferd  Average Speed   Time    Time     Time  Current
                                 Dload  Upload   Total   Spent    Left  Speed
100   421  100   421    0     0    653      0 --:--:-- --:--:-- --:--:--   653
```

10. docker build로 컨테이너 이미지 multistage-img를 워커 노드 3번에 빌드하고 결과가 성공적으로 이루어졌는지 확인합니다.

```
[root@w3-k8s ~]# docker build -t multistage-img .
[중략]
Successfully built a1c622d9f026
Successfully tagged multistage-img-w3:latest
```

11. 마스터 노드로 돌아와 failure2.yaml을 success1.yaml로 복사합니다.

```
[root@m-k8s ~]# cp failure2.yaml success1.yaml
```

12. sed 명령어로 success1.yaml 파일에 replicas를 1에서 3으로 변경하고 failure2 이름도 success1로 변경합니다.

```
[root@m-k8s ~]# sed -i 's/replicas: 1/replicas: 3/' success1.yaml
[root@m-k8s ~]# sed -i 's/failure2/success1/' success1.yaml
```

13. 배포에 앞서 w3-k8s의 이미지 빌드가 완료됐는지 확인합니다. 이미지 빌드가 완료됐다면 kubectl apply로 success1.yaml를 실행하고 kubectl get pods -o wide 명령으로 배포에 성공한 노드가 워커 노드 3번인지 확인합니다.

```
[root@m-k8s ~]# kubectl apply -f success1.yaml
deployment.apps/success1 created
[root@m-k8s ~]# kubectl get pods -o wide
NAME                        READY   STATUS              AGE  …   NODE     …
success1-6fc588fdf4-7sgh6   0/1     ErrImageNeverPull   7s   …   w2-k8s   …
success1-6fc588fdf4-d5lrq   0/1     ErrImageNeverPull   7s   …   w1-k8s   …
success1-6fc588fdf4-plxw2   1/1     Running             7s   …   w3-k8s   …
```

왜 워커 노드 3번만 배포에 성공했을까요? 이미 알겠지만 컨테이너 이미지가 워커 노드 3번에만 있기 때문입니다. 워커 노드 1번과 2번에는 multistage-img가 없어서 파드를 생성할 수 없습니다. 그러면 이 부분을 어떻게 해결할까요?

해결 방법은 크게 두 가지입니다. 기본으로 사용하는 도커 허브에 multistage-img를 올려서 다시 내려받거나 쿠버네티스 클러스터가 접근할 수 있는 곳에 이미지 레지스트리를 만들고 그곳에서 받아오도록 설정하는 것입니다. 도커 허브에 올려서 해결하는 것은 너무 쉬우니 우리는 좀 더 어려운 길을 가 봅시다.

14. 다음 실습을 위해 배포한 Deployment를 삭제합니다.

```
[root@m-k8s ~]# kubectl delete -f success1.yaml
deployment.apps "success1" deleted
```

15. 테스트를 위해 워커 노드 3번에 생성한 컨테이너 이미지와 댕글링 이미지도 삭제합니다.

```
[root@w3-k8s ~]# docker rmi multistage-img
Untagged: multistage-img:latest
Deleted: sha256:14c552dfa4671f79ba9db57fc62a5c95d2465e5c8029838f29f221a2a0c9a9b6
[생략]
[root@w3-k8s ~]# docker rmi $(docker images -f dangling=true -q)
Deleted: sha256:bf4f138e8b82c43bf0c4ad7edc3f6c7f61fcfb69a5e6d9eb838d4d38ddb984ff
[생략]
```

4.4.2 레지스트리 구성하기

호스트에서 생성한 이미지를 쿠버네티스에서 사용하려면 모든 노드에서 공통으로 접근하는 레지스트리(저장소)가 필요합니다. 도커나 쿠버네티스는 도커 허브라는 레지스트리에서 이미지를 내려받을 수 있습니다. 인터넷이 연결돼 있다면 이곳을 이용하면 됩니다.

때로는 직접 만든 이미지가 외부에 공개되기를 원하지 않는 경우도 있습니다. 도커 허브에서 제공하는 사설 저장소(private repository)가 있지만, 사설 저장소는 무료 사용자에게는 1개밖에 허용되지 않으며 비공개 저장소를 사용하려면 유료 구독을 해야 합니다. 또한 무료 사용자는 이미지를 내려받는 횟수에 제약이 있습니다.

제약 없이 사용할 수 있는 저장소가 필요하다면 레지스트리를 직접 구축하는 방법이 있습니다. 이 경우에는 인터넷을 연결할 필요가 없으므로 보안이 중요한 내부 전산망에서도 구현이 가능합니다.

여기서는 도커에서 제공하는 **도커 레지스트리**(Docker Registry) 이미지를 사용해 사설 도커 레지스트리를 만들겠습니다. 도커 레지스트리는 기능은 부족하지만, 컨테이너를 하나만 구동하면 돼서 설치가 간편하고 내부에서 테스트 목적으로 사용하기에 적합합니다. 좀 더 전문적인 기능이 필요하다면 다른 레지스트리를 사용하는 것이 좋습니다.

도커 레지스트리 외에 사용할 수 있는 레지스트리는 다음과 같습니다.

▼ 그림 4-29 가장 많이 사용되는 레지스트리

* **Quay(키)**: 레드햇에서 제공하는 이미지 레지스트리입니다. 오픈 소스로 제공되는 무료 버전과 구입한 후 보유한 서버에 직접 설치해 사용할 수 있는 유료 버전, 비용을 지불하고 클라우드에서 이용할 수 있는 서비스형 상품이 있습니다. 유료 버전이나 서비스형 상품은 제품에 대한 신뢰성 보증과 기술 지원 서비스를 받을 수 있으므로 안정적인 서비스를 운영하고 싶은 사용자에게 적합합니다.

- **Harbor(하버)**: 클라우드 네이티브 컴퓨팅 재단의 지원을 받는 Project Harbor에서 오픈 소스로 제공하는 레지스트리입니다. 도커 이미지 외에도 헬름 차트도 저장할 수 있으며 이에 대해서는 5.2.3절에서 살펴보겠습니다. 이미지와 헬름 차트를 함께 저장할 수 있어 두 가지 모두를 사용하는 사용자에게 알맞습니다.
- **Nexus Repository(넥서스 리포지터리)**: Sonatype에서 만든 레지스트리로, 오픈 소스로 제공되는 무료 버전과 유료 버전이 있습니다. 유료 버전은 기술 지원과 다양한 기능을 제공받을 수 있습니다. 도커 이미지 외에도 리눅스 설치 패키지, 자바 라이브러리, 파이썬 라이브러리 등 다양한 형식의 파일을 저장할 수 있어서 여러 형식의 패키지를 하나의 저장소에 관리하려는 사용자에게 안성맞춤입니다. 다양한 형식을 지원한다는 매력적인 특성 덕분에 레지스트리 중 가장 많은 사용자를 보유하고 있습니다.
- **Docker Registry(도커 레지스트리)**: 도커에서 제공하는 레지스트리입니다. 무료로 사용할 수 있고 도커 이미지만 저장할 수 있습니다. 도커 허브에서 제공하는 레지스트리 전용 컨테이너 이미지로 간편하게 설치할 수 있습니다. 기능이 매우 간단해서 개인용이나 테스트용으로 적합합니다.

각 레지스트리의 특징을 정리하면 다음과 같습니다.

표 4-6 레지스트리 비교

구분	키	하버	넥서스 리포지터리	도커 레지스트리
가격	유/무료	무료	유/무료	무료
저장 형식	도커 이미지, 헬름	도커 이미지, 헬름	다양함	도커 이미지
설치 방법	직접 설치, 클라우드	직접 설치	직접 설치	직접 설치
기능	부가 기능 있음	부가 기능 있음	매우 많음	최소
관련 자료	적음	보통	많음	많음

그럼 사설 도커 레지스트리를 만들어 봅시다.

실습: 사설 도커 레지스트리 만들기

1. 사설 이미지 레지스트리 구성을 위한 파일들을 확인합니다.

```
[root@m-k8s ~]# ls ~/_Book_k8sInfra/ch4/4.4.2
create-registry.sh  remover.sh  tls.csr
```

디렉터리에는 인증서를 만들어 배포한 뒤 레지스트리를 구동하는 create-registry.sh 파일과 인증서를 만들 때 사용하는 tls.csr 파일이 있습니다. 인증서를 생성하려면 서명 요청서(CSR, Certificate signing request)를 작성해야 합니다. 서명 요청서에는 인증서를 생성하는 개인이나 기관의 정보와 인증서를 생성하는 데 필요한 몇 가지 추가 정보를 기록합니다. 이후 CSR을 기반으로 인증서와 개인키를 생성하는데, 이 예제에서 사용하는 CSR이 tls.csr 파일입니다. remover.sh는 인증 문제가 생겼을 때 모든 설정을 지우는 스크립트입니다.

웹 서버에서 사용하는 인증서를 생성할 때는 서명 요청서 정보 없이 명령줄에서 직접 인증서를 생성합니다. 하지만 도커는 이미지를 올리거나 내려받으려고 레지스트리에 접속하는 과정에서 **주체 대체 이름**(SAN, Subject Alternative Name)이라는 추가 정보를 검증하기 때문에 요청서에 추가 정보를 기입해 인증서를 생성하는 과정이 필요합니다.

tls.csr 파일을 살펴봅시다.

tls.csr

```
01 [req]
02 distinguished_name = private_registry_cert_req
03 x509_extensions = v3_req
04 prompt = no
05
06 [private_registry_cert_req]
07 C = KR
08 ST = SEOUL
09 L = SEOUL
10 O = gilbut
11 OU = Book_k8sInfra
12 CN = 192.168.1.10
13
14 [v3_req]
15 keyUsage = keyEncipherment, dataEncipherment
16 extendedKeyUsage = serverAuth
17 subjectAltName = @alt_names
18
19 [alt_names]
20 DNS.0 = m-k8s
21 IP.0 = 192.168.1.10
```

- **2번째 줄**: 6번째 줄의 [private_registry_cert_req] 아래의 7~12번째 줄의 정보를 이용해 인증서를 생성합니다.

- **3번째 줄**: 15~17번째 줄의 정보를 추가 정보로 이용합니다.
- **6~12번째 줄**: 인증서 요청자의 국가, 도시, 소속, 이름, 인증서를 설치하는 서버의 주소 등의 정보입니다.
- **14~17번째 줄**: 키의 사용 목적을 기입하고, 19번째 줄의 20~21번째 줄의 정보를 주체 대체 이름으로 사용합니다.
- **19~21번째 줄**: 도메인 이름과 사이트가 일치하는지를 확인할 때 사용하는 추가적인 정보입니다. 이 부분이 없으면 도커에서 인증서 검증이 실패해 사설 도커 레지스트리를 정상적으로 사용할 수 없습니다.

create-registry.sh는 실제로 레지스트리를 생성하고 구동하는 과정이 담긴 스크립트입니다. 이 스크립트는 인증서 생성과 배포, 레지스트리 생성과 구동의 순서로 이루어져 있습니다.

create-registry.sh

```
#!/usr/bin/env bash
certs=/etc/docker/certs.d/192.168.1.10:8443
mkdir /registry-image
mkdir /etc/docker/certs
mkdir -p $certs
openssl req -x509 -config $(dirname "$0")/tls.csr -nodes -newkey rsa:4096 \
-keyout tls.key -out tls.crt -days 365 -extensions v3_req

yum install sshpass -y
for i in {1..3}
  do
    sshpass -p vagrant ssh -o StrictHostKeyChecking=no root@192.168.1.10$i mkdir -p $certs
    sshpass -p vagrant scp tls.crt 192.168.1.10$i:$certs
  done

cp tls.crt $certs
mv tls.* /etc/docker/certs

docker run -d \
  --restart=always \
  --name registry \
  -v /etc/docker/certs:/docker-in-certs:ro \
  -v /registry-image:/var/lib/registry \
  -e REGISTRY_HTTP_ADDR=0.0.0.0:443 \
  -e REGISTRY_HTTP_TLS_CERTIFICATE=/docker-in-certs/tls.crt \
```

```
26    -e REGISTRY_HTTP_TLS_KEY=/docker-in-certs/tls.key \
27    -p 8443:443 \
28    registry:2
```

- **2번째 줄**: /etc/docker/certs.d/192.168.1.10:8443을 변수 certs에 설정합니다. 도커는 /etc/docker/certs.d 디렉터리 하위 경로에서 레지스트리 주소와 일치하는 디렉터리에 위치한 인증서를 찾아 레지스트리에 HTTPS로 접속합니다. 따라서 마스터 노드와 워커 노드에 인증서 디렉터리를 생성할 때 변수 certs를 인증서 디렉터리 경로로 사용합니다.
- **3번째 줄**: /registry-image/ 디렉터리를 생성합니다. 22번째 줄에서 컨테이너 내부의 경로에 연결돼 레지스트리 이미지가 저장됩니다.
- **4번째 줄**: /etc/docker/certs/ 디렉터리를 생성합니다. 이 디렉터리는 레지스트리 서버의 인증서들을 보관합니다. 24~25번째 줄에서 레지스트리 컨테이너 내부에 연결돼 인증서를 컨테이너에서도 사용할 수 있게 합니다.
- **5번째 줄**: 변수 certs에 입력된 경로를 이용해 인증서를 보관할 디렉터리를 생성합니다.
- **6~7번째 줄**: HTTPS로 접속을 하려면 서버의 정보가 담긴 인증서와 주고 받는 데이터를 암호화와 복호화할 때 사용하는 키가 필요합니다. 인증서를 생성하는 요청서가 담긴 tls.csr 파일로 HTTPS 인증서인 tls.crt 파일과 암호화와 복호화에 사용하는 키인 tls.key 파일을 생성합니다. 이 중에서 $(dirname "$0")는 현재 셸 파일이 실행되는 경로인 ~/_Book_k8sInfra/ch4/4.4.2/를 치환해줍니다.
- **9번째 줄**: SSH 접속을 위한 비밀번호를 자동으로 입력하는 sshpass를 설치합니다. 별도의 설정이 없다면 SSH 접속 시 비밀번호를 사용자가 키보드로 직접 입력해야 합니다. 그러나 사용자가 직접 비밀번호를 입력하면 자동화에 제약이 생깁니다.
- **10번째 줄**: 1~3의 숫자를 반복해 변수 i에 설정하고 10~13번째 줄을 반복합니다. 변수 i로 워커 노드 192.168.1.10{i}에 대한 인증서 디렉터리를 생성하고 인증서를 복사하는 작업을 반복합니다.
- **12번째 줄**: 워커 노드에 인증서 디렉터리를 생성합니다. sshpass를 이용해 비밀번호를 키보드로 입력하지 않고 vagrant를 SSH 접속 비밀번호로 전달합니다. ssh 명령어로 StrictHostKeyChecking=no 옵션을 전달해 SSH로 접속할 때 키를 확인하는 절차를 생략하고 바로 명령을 전달할 수 있게 합니다. 이때 9번째 줄에서 변수 i에 설정된 숫자를 워커 노드 IP 주소의 끝자리 192.168.1.10{i}로 전달합니다.
- **13번째 줄**: 레지스트리 서버의 인증서 파일을 워커 노드로 복사합니다. 9번째 줄에서 변수 i에 설정된 숫자를 워커 노드 IP 주소의 끝자리 192.168.1.10{i}로 전달합니다.

- **16~17번째 줄**: 6~7번째 줄에서 생성한 레지스트리 서버의 인증서 파일인 tls.crt과 암호화와 복호화에 사용하는 키인 tls.key중에 tls.crt를 /etc/docker/certs.d/192.168.1.10:8443 디렉터리로 복사하고 tls.crt와 tls.key를 /etc/docker/certs/ 디렉터리로 옮깁니다. 인증서 관련 파일들을 사용해 레지스트리 컨테이너에 들어오는 요청을 인증하고, 인증서가 설치된 호스트에서만 레지스트리에 접근할 수 있게 합니다.
- **19~21번째 줄**: 컨테이너를 백그라운드에서 데몬으로 실행하고(-d), 정지되면 자동으로 재시작하며(--restart=always), 생성하는 컨테이너의 이름은 registry(--name registry)로 정합니다.
- **22번째 줄**: 사설 인증서와 관련된 파일들이 위치한 /etc/docker/certs/ 디렉터리를 컨테이너 내부에서 사용할 수 있도록 -v 옵션으로 컨테이너 내부의 docker-in-certs 디렉터리와 연결합니다. 인증서 정보는 외부에서 임의 변경할 수 없도록 안전하게 보관해야 하므로 ro(Read-Only) 옵션으로 읽기 전용을 설정합니다.
- **23번째 줄**: 레지스트리에 컨테이너 이미지가 계속 저장될 수 있도록 호스트에 저장 공간으로 설정한 registry-image 디렉터리를 컨테이너 내부의 /var/lib/registry/ 디렉터리와 연결합니다. 사설 도커 레지스트리는 사용자가 push한 데이터를 내부의 /var/lib/registry/ 디렉터리에 기본으로 저장합니다. 별도의 외부 디렉터리에 데이터를 저장하지 않는다면 컨테이너가 새로 구동될 때마다 데이터가 삭제됩니다.
- **24번째 줄**: 레지스트리가 요청을 받아들이는 포트로 443번 포트를 설정합니다. 443번 포트는 HTTPS로 접속할 때 사용하는 기본 포트입니다.
- **25번째 줄**: 레지스트리가 사용할 HTTPS 인증서의 경로를 설정합니다. 21번째 줄에서 연결한 경로 내부에 있는 tls.crt 파일을 HTTPS 인증서로 사용합니다.
- **26번째 줄**: HTTPS로 데이터를 주고받을 때 데이터의 암호화와 복호화를 위한 키로 사용할 파일의 경로를 21번 줄에서 연결한 경로 내부에 있는 tls.key로 설정합니다.
- **27번째 줄**: -p 옵션으로 호스트 컴퓨터의 8443번 포트와 컨테이너 내부의 443번 포트를 연결합니다. 외부에서 호스트 컴퓨터의 8443번 포트로 요청을 보내면 이 요청은 사설 도커 레지스트리 내부의 443번 포트로 전달됩니다.
- **28번째 줄**: 도커 허브에 있는 registry 이미지로 레지스트리 컨테이너를 생성합니다. 이때 태그 2를 넣어서 레지스트리 2.* 버전 이미지를 사용한다는 것을 명시합니다. 나중에 설치를 확인하는 과정에서 버전 2를 의미하는 v2가 경로에 포함됩니다.

2. create-registry.sh를 실행해 레지스트리를 구성합니다. 이 명령으로 인증서 생성 및 배포 작업과 함께 레지스트리를 구동합니다. 직접 생성하고 자체적으로 검증하는 인증서를 **자체 서명 인증서**(self-signed certificate)라고 합니다.

```
[root@m-k8s ~]# ~/_Book_k8sInfra/ch4/4.4.2/create-registry.sh
Generating a 4096 bit RSA private key
.....................................................................++
writing new private key to 'tls.key'
-----
Loaded plugins: fastestmirror
[중략]
Installed:
  sshpass.x86_64 0:1.06-2.el7

Complete!
Warning: Permanently added 'w1-k8s,192.168.1.101' (ECDSA) to the list of known hosts.
Warning: Permanently added 'w2-k8s,192.168.1.102' (ECDSA) to the list of known hosts.
Warning: Permanently added 'w3-k8s,192.168.1.103' (ECDSA) to the list of known hosts.
Unable to find image 'registry:2' locally
2: Pulling from library/registry
486039affc0a: Pull complete
ba51a3b098e6: Pull complete
8bb4c43d6c8e: Pull complete
6f5f453e5f2d: Pull complete
42bc10b72f42: Pull complete
Digest: sha256:7d081088e4bfd632a88e3f3bcd9e007ef44a796fddfe3261407a3f9f04abe1e7
Status: Downloaded newer image for registry:2
9e3db68ea6a6033a172102e7959ca329743c00bf6be2e15293cebe5a6bd1617a
```

3. registry 컨테이너가 정상적으로 구동되는지 docker ps로 확인합니다. PORTS 열을 보면 호스트의 8443번 포트로 들어온 요청을 컨테이너 내부의 443번 포트로 전달합니다.

```
[root@m-k8s ~]# docker ps -f name=registry
CONTAINER ID        IMAGE           …      PORTS                             NAMES
9e3db68ea6a6        registry:2      …      5000/tcp, 0.0.0.0:8443->443/tcp   registry
```

4. 사설 도커 레지스트리에 등록할 수 있게 컨테이너 이미지의 이름을 변경하겠습니다. multistage:latest 이미지를 레지스트리에서 읽으려면 레지스트리가 서비스되는 주소(IP와 도메인)와 제공되는 이미지 이름을 레지스트리에 등록될 이름으로 지정해야 합니다. 그래야만 해당 정보를 읽어 들여 정상적으로 레지스트리에 등록됩니다. 따라서 docker tag 명령으로 192.168.1.10:8443/multistage-img라는 multistage-img의 사본을 만듭니다. 이때 새로운 이

미지를 만드는 것이 아니라 이미지의 레이어를 공유하는 사본이 만들어집니다. 윈도의 바로가기와 유사하며 리눅스의 하드 링크와 거의 같습니다. 따라서 원본인 multistage-img가 삭제돼도 192.168.1.10:8443/multistage-img가 작동하는 데는 문제가 없습니다. 두 이미지는 같은 레이어를 바라보는 이름만 다른 존재이기 때문입니다.

```
[root@m-k8s ~]# docker tag multistage-img 192.168.1.10:8443/multistage-img
```

5. 이미지가 정상적으로 생성됐는지 docker images 192.168.1.10:8443/multistage-img로 확인합니다.

```
[root@m-k8s ~]# docker images 192.168.1.10:8443/multistage-img
REPOSITORY                          TAG      IMAGE ID       CREATED        SIZE
192.168.1.10:8443/multistage-img    latest   aa23ef1ef456   2 hours ago    145MB
```

6. docker push 192.168.1.10:8443/multistage-img로 multistage-img를 사설 도커 레지스트리에 등록합니다.

```
[root@m-k8s ~]# docker push 192.168.1.10:8443/multistage-img
The push refers to repository [192.168.1.10:8443/multistage-img]
df943829889c: Pushed
06e0d8c3a9e1: Pushed
5548fb542600: Pushed
6189abe095d5: Pushed
f47163e8de57: Pushed
d72a74c56330: Pushed
latest: digest: sha256:791a9b7f9d18f436b282b9c3d966eeb97a3cfbec0d335f537f77ff58654
0d949 size: 1583
```

7. 이미지가 정상적으로 등록됐는지 확인합니다. 사설 도커 레지스트리는 curl 〈레지스트리 주소〉/v2/_catalog로 요청을 보내면 레지스트리에 등록된 이미지의 목록을 보여줍니다. 자체 서명 인증서를 쓰는 사이트이기 때문에 -k(--insecure) 옵션으로 보안 검증을 생략하고 접속해야 합니다. 레지스트리의 상태 조회 결과 multistage-img 이미지가 정상적으로 등록됐습니다.

```
[root@m-k8s ~]# curl https://192.168.1.10:8443/v2/_catalog -k
{"repositories":["multistage-img"]}
```

8. 호스트에 생성한 이미지는 더 이상 사용하지 않으니 삭제합니다. 이미지를 삭제하려면 이미지의 ID를 docker images | grep multi 명령으로 알아냅니다. 이때 이미지 ID가 동일한 것을 확인할 수 있습니다. 즉, 2개는 완전히 동일한 이미지입니다.

```
[root@m-k8s ~]# docker images | grep multi
192.168.1.10:8443/multistage-img     latest     aa23ef1ef456     3 hours ago     145MB
multistage-img                       latest     aa23ef1ef456     3 hours ago     145MB
```

✔ **그림 4-30** 1개의 이미지에 2개의 다른 이름이 붙어 있음

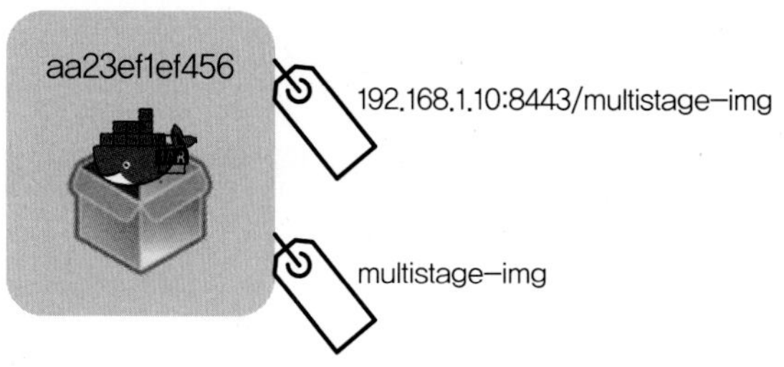

9. docker rmi -f aa23으로 이미지를 삭제합니다. -f를 사용한 이유는 같은 ID를 바라보고 있는 2개의 이미지를 한 번에 삭제하기 위해서입니다. 단순히 이미지 ID로 삭제하려고 하면 이미지가 여러 이름으로 사용되고 있다는 오류가 발생하면서 실행되지 않습니다.

```
[root@m-k8s ~]# docker rmi -f aa23
Untagged: 192.168.1.10:8443/multistage-img:latest
[생략]
```

10. 이미지가 정상적으로 삭제됐는지 docker images | grep multi로 다시 한 번 확인합니다. 아무런 결과가 출력되지 않았다면 multistage-img와 관련된 이미지가 모두 삭제된 것입니다.

```
[root@m-k8s ~]# docker images | grep multistage
[root@m-k8s ~]#
```

4.4.3 직접 만든 이미지로 컨테이너 구동하기

쿠버네티스 클러스터에 속해 있는 노드 어디에서든지 이미지를 내려받을 수 있는 레지스트리를 구성했습니다. 마지막으로 직접 만든 이미지를 쿠버네티스에서 불러서 파드를 만들 차례입니다. 쿠버네티스에서 파드를 생성할 때 직접 구성한 레지스트리에서 가지고 오는 방법을 확인해 보겠습니다.

1. '4.4.1 쿠버네티스에서 도커 이미지 구동하기'에서 워커 노드 3번에만 배포가 성공했던 success1.yaml을 복사해 success2.yaml을 생성합니다.

```
[root@m-k8s ~]# cp success1.yaml success2.yaml
```

2. success2.yaml을 열고 21번째 줄을 192.168.1.10:8443/multistage로 수정합니다. 이미지를 받아올 레지스트리를 정확하게 **주소/이미지** 형태로 지정합니다. 또한 노드에 생성돼 있는 이미지를 사용하는 옵션인 22번째 줄의 imagePullPolicy: Never를 삭제해 레지스트리에서 이미지를 받아오는 기본 설정으로 되돌립니다.

```
[root@m-k8s ~]# vi success2.yaml
```

success2.yaml 수정 내용

```
19 spec:
20       containers:
21       - image: 192.168.1.10:8443/multistage-img
22         imagePullPolicy: Never # 삭제
23         name: multistage
24         resources: {}
25 status: {}
```

3. 워커 노드 3번에 배포한 이미지와 중복되지 않게 success2.yaml에 설정된 이름인 success1을 모두 success2로 바꿉니다.

```
[root@m-k8s ~]# sed -i 's/success1/success2/' success2.yaml
```

4. kubectl apply -f success2.yaml로 새로운 디플로이먼트를 생성합니다.

```
[root@m-k8s ~]# kubectl apply -f success2.yaml
deployment.apps/success2 created
```

5. 생성된 디플로이먼트가 정상적으로 작동하는지 kubectl get pods -o wide로 확인합니다.

```
[root@m-k8s ~]# kubectl get pods -o wide
NAME                        READY  STATUS   RESTARTS  AGE  IP              NODE    …
success2-6575dfbf95-2fv4d   1/1    Running  0         15m  172.16.132.5    w3-k8s  …
success2-6575dfbf95-nzdmc   1/1    Running  0         15m  172.16.221.133  w1-k8s  …
success2-6575dfbf95-q6ds7   1/1    Running  0         15m  172.16.103.133  w2-k8s  …
```

6. 배포된 파드가 요청에 정상적으로 응답하는지 curl로 확인합니다.

```
[root@m-k8s ~]# curl 172.16.132.5
src: 172.16.171.64 / dest: 172.16.132.5
[root@m-k8s ~]# curl 172.16.221.133
src: 172.16.171.64 / dest: 172.16.221.133
[root@m-k8s ~]# curl 172.16.103.133
src: 172.16.171.64 / dest: 172.16.103.133
```

7. 직접 구성한 레지스트리에 올린 이미지를 디플로이먼트가 배포됨을 확인했습니다. 다음 실습을 위해 배포한 디플로이먼트를 삭제합니다.

```
[root@m-k8s ~]# kubectl delete -f success2.yaml
deployment.apps "success2" deleted
```

4장에서는 쿠버네티스를 이루는 실체인 컨테이너를 알아보고, 실제로 컨테이너를 다루는 도구인 도커도 살펴봤습니다. 컨테이너 이미지를 만드는 다양한 방법을 알아보면서 이미지의 개념을 충실하게 배웠으며, 실제로 쿠버네티스에서 만들어진 이미지를 사용해 보면서 쿠버네티스에서 컨테이너로 이어지는 관계를 이해했습니다(그러리라 믿습니다). 만약 잘 이해되지 않는 부분이 있다면 다시 한 번 실습해 완전히 이해한 다음 5장으로 넘어가기를 권장합니다.

5장은 개발자들이 가장 좋아하고 개발자들이 가장 편애하며 개발자들을 쉴 수 있게 도와주는 도구로, 지속적인 통합 및 배포로 유명한 젠킨스를 알아보겠습니다.

Tip 빌드한 도커 이미지를 통해 배포된 파드에 셸 접속이 되지 않아요.

지금까지 사용했던 multistage-img는 echo-ip와 동일한 결괏값을 보여줍니다. 하지만 multistage-img로 빌드된 이미지는 kubectl exec를 통해 파드의 셸 접속이 불가능합니다.

```
[root@m-k8s ~]# kubectl exec success2-6575dfbf95-gcc8d -it -- /bin/bash
OCI runtime exec failed: exec failed: container_linux.go:345: starting container
process caused "exec: \"/bin/bash\": stat /bin/bash: no such file or directory":
unknown
command terminated with exit code 126
```

이는 기초 이미지가 다르기 때문에 사용할 수 있는 기본 제공 명령어에 차이가 있는 것입니다. 현업에서 일반적으로 애플리케이션을 컨테이너로 만드는 경우에는 성능 및 보안 최적화를 위해 제한적으로 사용되도록 설계합니다. 따라서 의도적으로 multistage-img를 비롯한 다른 이미지들은 현업에 가깝도록 제한적으로 사용되게 설정해 빌드되었습니다. 하지만 이 책에서 주로 사용하는 컨테이너 이미지들은 교육적인 목적에 따라 셸이 접속되게 하는 것 뿐만 아니라, 실습을 위한 다양한 기능이 추가돼 있고, 필요시에는 접속 정보 확인를 할 수 있도록 구현돼 있습니다. 그렇기 때문에 책에서는 nginx:stable을 기초 이미지로 필요한 설정을 변경 및 추가해 빌드된 이미지를 사용하고 있습니다. 또한 multistage-img와 다르게 nginx:stable에서는 애플리케이션 실행을 위해 ENTRYPOINT가 아닌 CMD를 사용하는데, 이는 nginx:stable에서 관례적으로 CMD를 사용해 애플리케이션을 실행하기 때문입니다. 두 개의 차이점은 실행 관점에서는 동일하나, ENTRYPOINT를 사용해 실행하는 애플리케이션은 제작자의 목적으로만 동작하도록 설계된 경우에 사용하고, CMD는 범용 목적으로 추가적인 인자를 받을 수 있는 경우에 사용합니다. 따라서 nginx:stable과 같이 범용적인 목적의 이미지의 경우에는 관용적으로 CMD를 사용해 애플리케이션을 실행합니다.

계속

3장에서 사용한 이미지를 직접 빌드하고 테스트해 보고 싶다면 다음 명령어로 가능합니다.

```
[root@m-k8s ~]# cd ~/_Book_k8sInfra/ch4/4.4.3/echo-ip
[root@m-k8s echo-ip]# docker build -t self-echo-ip .
Sending build context to Docker daemon  8.704kB
Step 1/6 : FROM nginx:stable
[생략]
```

그리고 빌드된 이미지를 다음의 명령어로 태그를 바꾸고, 사설 레지스트리에 올릴 수 있습니다.

```
[root@m-k8s echo-ip]# docker tag self-echo-ip 192.168.1.10:8443/self-echo-ip
[root@m-k8s echo-ip]# docker push 192.168.1.10:8443/self-echo-ip
The push refers to repository [192.168.1.10:8443/self-echo-ip]
[생략]
```

이렇게 올린 이미지를 배포하면, 3장에서와 같이 동일한 파드가 만들어지고 셸로도 접속할 수 있습니다. 다른 이미지도 동일한 과정으로 실습이 가능하니 반복적인 실습을 통해 쿠버네티스를 이루는 컨테이너에 더욱 더 익숙해집시다.

5장

지속적 통합과 배포 자동화, 젠킨스

앞서 컨테이너 인프라 환경을 구성하는 쿠버네티스와 도커에 대해 알아봤습니다. 컨테이너 인프라 환경에서 쿠버네티스를 사용하는 이유는 컨테이너 애플리케이션을 유연하고 빠르게 배포하고 운영하기 위해서입니다. 그렇다면 컨테이너로 구동하는 애플리케이션을 어떻게 배포하는 것이 가장 좋을까요?

4장에서 진행한 과정을 정리하면 다음과 같습니다.

1. 깃허브 등의 저장소에 저장해 둔 애플리케이션 소스 코드를 내려받아 도커 컨테이너 이미지로 빌드합니다.
2. 빌드한 컨테이너 이미지를 쿠버네티스에서 사용할 수 있도록 레지스트리에 등록합니다.
3. 레지스트리에 등록된 이미지를 기반으로 쿠버네티스 오브젝트를 생성합니다.
4. 생성한 오브젝트(파드/디플로이먼트)를 외부에서 접속할 수 있도록 서비스 형태로 노출합니다.

▼ 그림 5-1 새로 개발한 애플리케이션을 쿠버네티스에서 사용하는 과정

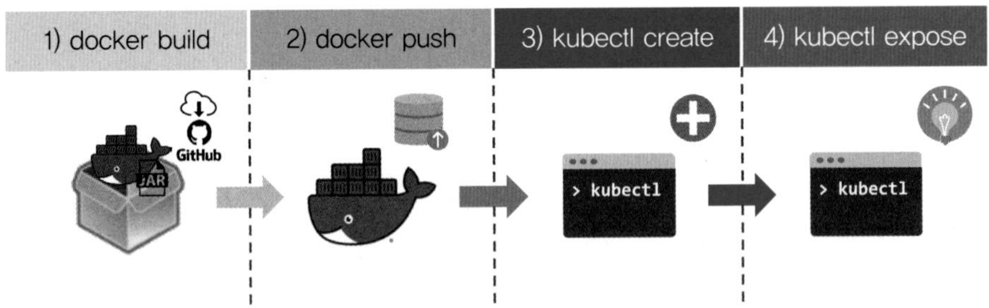

이런 과정을 **파이프라인**(Pipeline)이라고 합니다. 대부분 IT 작업은 파이프라인을 통해 결과를 만듭니다. 기존에는 파이프라인을 사람이 하나하나 수작업으로 진행했지만, 이제는 도구를 사용해 자동화할 수 있습니다.

자동화는 크게 **지속적 통합**(CI, Continuous Integration), **지속적 배포**(CD, Continuous Deployment) 두 가지로 정의되며, 일반적으로 둘을 합쳐 **CI/CD**라고 합니다. CI/CD는 실무적인 환경에서 변경 사항을 계속 추적해 좀 더 안정화된 애플리케이션을 만들고, 이를 배포하는 과정을 자동화해 시스템을 안정적으로 운영하는 데 가장 많이 쓰이는 개념입니다. 따라서 이 책에서는 CI/CD에서 '지속적(continuous)'보다는 컨테이너 인프라 환경에 가장 효과적으로 사용되는 '통합 및 배포 자동화'에 초점을 맞추겠습니다.

✔ 그림 5-2 컨테이너 인프라 환경 중 5장에서 다룰 부분

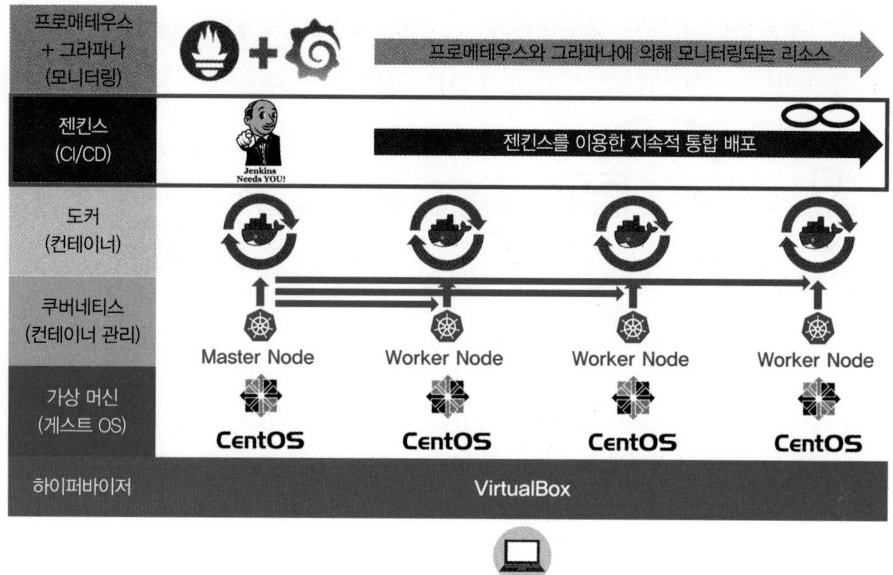

CONTAINER INFRASTRUCTURE

5.1 컨테이너 인프라 환경에서 CI/CD

컨테이너 인프라 환경에서는 주로 CD를 강조하지만, CI와 CD는 대부분 함께 사용되기 때문에 우선 CI/CD의 개념을 정확히 이해해야 합니다.

일반적으로 CI는 코드를 커밋하고 빌드했을 때 정상적으로 작동하는지 반복적으로 검증해 애플리케이션의 신뢰성을 높이는 작업입니다. CI 과정을 마친 애플리케이션은 신뢰할 수 있는 상태가 됩니다. CD는 CI 과정에서 생성된 신뢰할 수 있는 애플리케이션을 실제 상용 환경에 자동으로 배포하는 것을 의미합니다.

애플리케이션을 상용 환경에 배포할 때 고려해야 할 사항이 여러 가지 있는데, 이를 CD에 미리 정의하면 실수를 줄이고, 실제 적용 시간도 최소화할 수 있습니다.

✔ 그림 5-3 애플리케이션 개발 과정에서 CI와 CD

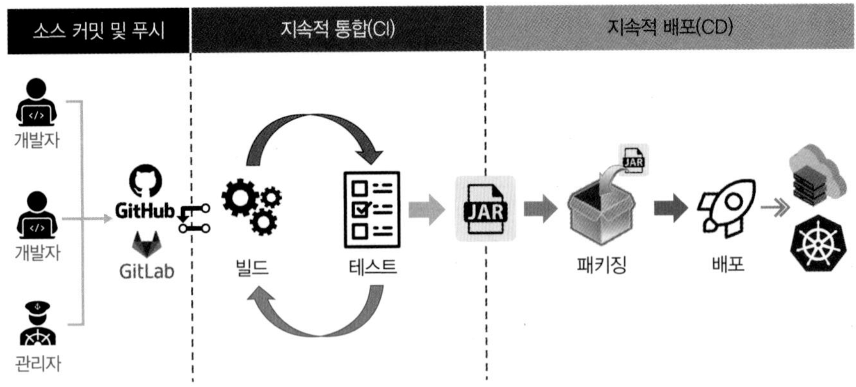

CI/CD를 컨테이너 인프라 관점에서 정리해 보겠습니다. 개발자가 소스를 **커밋**(Commit)하고 **푸시**(Push)하면 CI 단계로 들어갑니다. CI 단계에서는 애플리케이션이 자동 빌드되고 테스트를 거쳐 배포할 수 있는 애플리케이션인지 확인합니다. 테스트를 통과하면 신뢰할 수 있는 애플리케이션으로 간주하고 CD 단계로 넘어갑니다. CD 단계에서는 애플리케이션을 컨테이너 이미지로 만들어서 파드, 디플로이먼트, 스테이트풀셋 등 다양한 오브젝트 조건에 맞춰 미리 설정한 파일을 통해 배포합니다.

그렇다면 젠킨스 외에도 CI/CD를 위한 도구가 있는데 왜 이 책에서는 젠킨스를 사용할까요?

5.1.1 CI/CD 도구 비교

CI/CD를 제공하는 도구들은 매우 많지만, 대표적인 CI/CD 도구들을 비교해 이 책에서 왜 젠킨스를 선택하고 다루는지 알아보겠습니다.

✔ 그림 5-4 대표적인 CI/CD 도구들

* **팀시티**(Teamcity): 젯브레인즈(Jetbrains)에서 만든 CI/CD 도구로, 코틀린(Kotlin)을 기반으로 만든 Kotlin DSL이라는 스크립트 언어로 작업을 구성할 수 있습니다. 빌드 작업을 수행하

는 에이전트 3개와 빌드 작업 100개를 무료로 사용할 수 있고, 더 많은 에이전트를 사용하려면 유료 결제를 해야 합니다.

- **깃허브 액션**(Github Action): 깃허브에서 지원하는 워크플로(Workflow) 기반의 CI/CD 도구입니다. 깃허브에 저장한 소스 코드를 자동 분석한 결과를 기반으로 깃허브 액션이 추천하는 방식에 따라 워크플로를 구성하거나 사용자가 직접 워크플로를 정의하는 파일을 작성한 후 깃허브 저장소에 넣어 사용할 수 있습니다. 깃허브 저장소에 소스 코드를 공개할 경우 깃허브 액션을 무료로 사용할 수 있으나 한 달에 2,000분이라는 제한 시간이 있습니다. 추가로 사용할 경우에는 분 단위의 요금이 별도로 부과됩니다.
- **뱀부**(Bamboo): 아틀라시안(Atlassian)에서 만든 CI/CD 도구로, 유료이며 사용자의 서버에 설치해 사용합니다. 뱀부는 아틀라시안에서 만든 다른 협업 도구를 사용 중이라면 연계해 사용하기 좋습니다.
- **젠킨스**(Jenkins): 오픈 소스 CI/CD 도구로, 2004년 출시 당시에는 허드슨(Hudson)이라는 이름을 사용했으나 현재는 젠킨스로 이름이 바뀌었습니다. 젠킨스는 사용자가 직접 UI에서 작업을 구성하거나 작업 순서를 코드로 정의할 수 있습니다. 역사, 인지도, 사용자 수에서 CI/CD 도구의 대명사라고 해도 무리가 없을 정도로 널리 알려져 있습니다. 오랜 시간 동안 많은 사람이 사용하고 있어서 사용에 필요한 정보를 찾기 쉽고 활용 방법과 플러그인 개발 관련 커뮤니티 활동이 활발해서 다양한 사용 환경, 언어 및 빌드 도구와 연계할 플러그인이 필요할 경우 인터넷에서 대부분의 플러그인을 쉽게 찾을 수 있습니다. 특정 언어나 환경에 구애받지 않고 범용적인 목적으로 무난하게 쓸 수 있습니다.

표 5-1 CI/CD 도구

구분	팀시티	깃허브 액션	뱀부	젠킨스
설치 방식	직접 설치	깃허브 연동	직접 설치	직접 설치
연계 기능	보통	보통	부족	매우 많음
가격	무료/유료	무료/유료	유료	무료
기능 추가	보통	매우 다양함	보통	매우 다양함
범용성	보통	매우 큼	보통	매우 큼
정보량	부족함	많음	많음	매우 많음

앞의 도구 외에도 퍼블릭 클라우드 기반의 시스템일 때는 클라우드 서비스 제공 업체에서 배포하는 CI/CD 도구(AWS CodeBuild, CodePipeline, CodeDeploy, GCP CloudBuild, Azure Pipelines)를, 배포가 중요한 환경에서는 CD 기능에 중점을 둔 스핀네이커(Spinnaker)나 아르고 CD(Argo CD)를 선택적으로 도입할 수도 있습니다.

젠킨스는 거의 모든 환경에 사용할 수 있도록 다양한 플러그인을 추가해 원하는 형태를 만드는 블록 방식으로 구성돼 있습니다. 따라서 CI/CD 시작은 가장 대중적인 젠킨스로 하는 것이 좋습니다. 그리고 CI/CD가 익숙해지고 나서 쿠버네티스를 위한 전문적인 환경을 꾸미고 싶어진다면 그때 다른 도구를 검토하면 됩니다.

그럼 젠킨스를 이용해 현재의 컨테이너 인프라 환경을 어떻게 개선할 수 있는지 알아보겠습니다.

5.1.2 젠킨스로 쿠버네티스 운영 환경 개선하기

애플리케이션 배포 영역에 쿠버네티스를 사용하면 개발자는 애플리케이션 개발에만 집중할 수 있게 됩니다. 기존에는 환경이 다른 곳에 빌드한 애플리케이션을 배포하게 되면 개발자가 개별 환경에 맞춰 애플리케이션 코드를 일일이 수정해야 했습니다. 하지만 모든 배포 환경을 컨테이너 인프라로 일원화하고, CI/CD 도구를 사용하면 애플리케이션에 맞는 환경을 적용해 자동으로 배포할 수 있습니다. 그리고 통합 과정에서 만들어진 컨테이너 이미지를 기반으로 쿠버네티스가 존재하는 어떤 환경에서도 일관성이 있는 애플리케이션을 배포할 수 있습니다.

▼ 그림 5-5 젠킨스와 쿠버네티스가 통합된 컨테이너 기반의 애플리케이션 개발 흐름

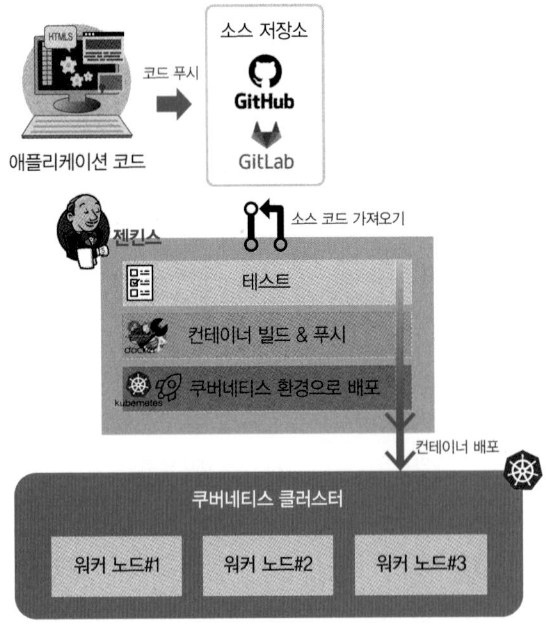

개발자가 작성한 애플리케이션 코드를 소스 코드 저장소에 푸시하면, 쿠버네티스 내부에 설치된 젠킨스는 애플리케이션 코드를 빌드하고 레지스트리에 푸시한 후에 쿠버네티스에서 사용 가능한 형태로 배포합니다. 젠킨스는 작업 내용을 아이템(Item) 단위로 정의하고 조건에 따라 자동으로 작업을 수행해 효율을 높이고 실수를 줄입니다. 젠킨스의 아이템은 '5.4 젠킨스 사용하기'에서 자세히 설명하겠습니다.

컨테이너 인프라 환경에서 젠킨스를 사용하는 주된 이유는 애플리케이션을 컨테이너로 만들고 배포하는 과정을 자동화하기 위해서입니다. 하지만 자동화 환경은 단순히 젠킨스용 파드만을 배포해서는 만들어지지 않습니다. 젠킨스는 컨트롤러와 에이전트 형태로 구성한 다음 배포해야 하며 여기에 필요한 설정을 모두 넣어야 합니다. 애플리케이션을 배포하기 위한 환경을 하나하나 구성하는 것은 매우 복잡하고 번거로운 일이며, 고정된 값이 아니기 때문에 매니페스트로 작성해 그대로 사용할 수가 없습니다. 구성 환경에 따라 많은 부분을 동적으로 변경해야 합니다.

동적인 변경 사항을 간편하고 빠르게 적용할 수 있도록 도와주는 도구가 두 가지 있습니다. 하나는 **커스터마이즈**(kustomize)이고, 다른 하나는 **헬름**(Helm)입니다. 그럼 두 도구의 도움을 받아 젠킨스를 설치하겠습니다.

5.2 젠킨스 설치를 위한 간편화 도구 살펴보기

CONTAINER INFRASTRUCTURE

지난 실습에서 Nginx 애플리케이션을 사용하려면 디플로이먼트를 생성하고 이를 서비스로 노출하는 오브젝트 생성 과정을 총 두 번 진행해야 했습니다 그런데 이런 적은 수의 오브젝트로 모든 종류의 애플리케이션을 사용자가 사용할 수 있는 형태로 구현할 수 있을까요? 그렇지 않습니다. 필요에 따라서는 다수의 오브젝트를 사용해야 하는데, 우리는 이미 3장에서 수많은 오브젝트를 한 번에 생성하는 매니페스트를 실행한 적이 있습니다.

MetalLB를 구동하는 데 필요한 수많은 오브젝트를 미리 정의된 하나의 매니페스트에 넣고 바로 실행했습니다. 모든 환경에서 단순히 오브젝트를 정의한 대로만 사용한다면 젠킨스나 커스터마이즈, 헬름 등은 알 필요가 없습니다. 그러나 사용자마다 필요한 환경적 요소가 모두 다르므로 이를 요구 사항에 맞게 바꾸어야 합니다.

쿠버네티스 클러스터 환경에서는 이러한 배포 도구들이 이미 준비돼 있습니다. 지금부터 배포 도구를 이용해 다양한 요구 사항에 맞게 애플리케이션을 배포하고 구성하는 법을 살펴보겠습니다.

5.2.1 배포 간편화 도구 비교하기

그동안 사용한 kubectl은 사실 바이너리 실행 파일로 짜인 배포 도구입니다. 만약 kubectl이 없다면 직접 코드를 짜서 API 서버에 명령을 내려야 합니다. 커스터마이즈와 헬름은 kubectl을 좀 더 확장해서 복잡한 오브젝트와 구성 환경을 자동으로 맞추는 도구입니다. 세 가지 도구의 기능 범위를 표현하면 다음과 같습니다.

그림 5-6 배포 도구의 기능 범위

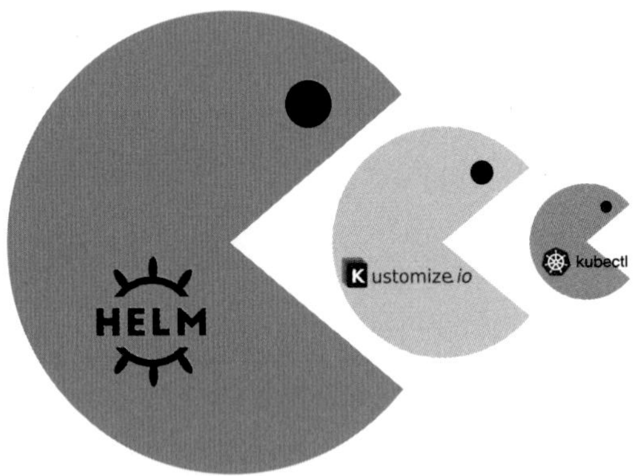

각 배포 도구에 대한 설명은 다음과 같습니다.

- **큐브시티엘**(kubectl): 쿠버네티스에 기본으로 포함된 커맨드라인 도구로, 추가 설치 없이 바로 사용할 수 있습니다. 오브젝트 생성과 쿠버네티스 클러스터에 존재하는 오브젝트, 이벤트 등의 정보를 확인하는 데 사용하는 활용도 높은 도구입니다. 또한 오브젝트의 명세가 정의된 야믈 파일을 인자로 입력받아 파일 내용에 따라 오브젝트를 배포할 수도 있습니다. 큐브시티엘은 정의된 매니페스트 파일을 그대로 배포하기 때문에 개별적인 오브젝트를 관리하거나 배포할 때 사용하는 것이 좋습니다.
- **커스터마이즈**(kustomize): 오브젝트를 사용자의 의도에 따라 유동적으로 배포할 수 있습니다. 별도의 커스터마이즈 실행 파일을 활용해 커스터마이즈 명세를 따르는 야믈 파일을 생성할 수 있습니다. 야믈 파일이 이미 존재한다면 `kubectl`로도 배포할 수 있는 옵션(`-k`)이 있을 정도로 `kubectl`과 매우 밀접하게 동작합니다. 커스터마이즈는 명세와 관련된 야믈 파일

에 변수나 템플릿을 사용하지는 않지만, 명령어로 배포 대상 오브젝트의 이미지 태그와 레이블 같은 명세를 변경하거나 일반 파일을 이용해 컨피그맵과 시크릿을 생성하는 기능을 지원합니다. 그래서 운영 중인 환경에서 배포 시 가변적인 요소를 적용하는 데 적합합니다.

- **헬름**(Helm): 헬름은 쿠버네티스 사용자의 70% 이상이 사용하고 있을 정도로 널리 알려진 도구로, 오브젝트 배포에 필요한 사양이 이미 정의된 차트(Chart)라는 패키지를 활용합니다. 앞선 두 가지 도구와 달리 헬름 차트 저장소가 온라인에 있기 때문에 패키지를 검색하고 내려받아 사용하기가 매우 간편합니다. 헬름 차트는 자체적인 템플릿 문법을 사용하므로 가변적인 인자를 배포할 때 적용해 다양한 배포 환경에 맞추거나 원하는 조건을 적용할 수 있습니다. 헬름은 오브젝트를 묶어 패키지 단위로 관리하므로 단순한 1개의 명령어로 애플리케이션에 필요한 오브젝트들을 구성할 수 있습니다.

배포 간편화 도구를 정리하면 다음과 같습니다.

표 5-2 애플리케이션 배포 간편화 도구

구분	큐브시티엘	커스터마이즈	헬름
설치 방법	쿠버네티스에 기본 포함	별도 실행 파일 또는 쿠버네티스에 통합	별도 설치
배포 대상	정적인 야믈 파일	커스터마이즈 파일	패키지(차트)
주 용도	오브젝트 관리 및 배포	오브젝트의 가변적 배포	패키지 단위 오브젝트 배포 및 관리
가변적 환경	대응 힘듦(야믈 수정 필요)	간단한 대응 가능	복잡한 대응 가능
기능 복잡도	단순함	보통	복잡함

kubectl에서는 고정적인 값으로 설정된 매니페스트를 그대로 사용할 수밖에 없지만 커스터마이즈는 일부 내용을 가변적으로 변경해 사용할 수 있습니다. 그리고 헬름은 매니페스트의 일부가 아닌 모든 내용을 설정할 수 있는 값을 제공해 필요에 따라 사용자 환경에 맞는 설정값으로 변경할 수 있습니다.

그러면 우선 커스터마이즈부터 실제로 어떻게 작동하는지 살펴보겠습니다.

5.2.2 커스터마이즈로 배포 간편화하기

커스터마이즈를 통한 배포는 kubectl에 구성돼 있는 매니페스트를 고정적으로 이용해야 하는 기존 방식을 유연하게 만듭니다. 우선 커스터마이즈가 어떻게 작동하는지 간단하게 살펴보겠습니다.

커스터마이즈의 작동 원리

커스터마이즈는 야믈 파일에 정의된 값을 사용자가 원하는 값으로 변경할 수 있습니다. 쿠버네티스에서 오브젝트에 대한 수정 사항을 반영하려면 사용자가 직접 야믈 파일을 편집기 프로그램으로 수정해야 합니다.

일반적으로 이런 방식으로 수정했을 때 큰 문제가 발생하지 않습니다. 그런데 만약 수정해야 하는 야믈 파일이 매우 많거나 하나의 야믈 파일로 환경이 다른 여러 개의 쿠버네티스 클러스터에 배포해야 해서 LABEL이나 NAME 같은 일부 항목을 수정해야 한다면 매번 일일이 고치는 데 많은 노력이 듭니다. 커스터마이즈는 이를 위해 kustomize 명령을 제공합니다. kustomize 명령과 create 옵션으로 kustomization.yaml이라는 기본 매니페스트를 만들고, 이 파일에 변경해야 하는 값들을 적용합니다. 그리고 build 옵션으로 변경할 내용이 적용된 최종 야믈 파일을 저장하거나 변경된 내용이 바로 실행되도록 지정합니다.

예를 들어 MetalLB 0.9 버전부터는 쿠버네티스에서 MetalLB를 구성할 때 컨트롤러와 에이전트인 스피커가 통신할 때 보안을 위해 쿠버네티스의 시크릿(Secret) 오브젝트를 사용합니다. 이에 따라서 기존에는 매니페스트 방법만 안내됐지만, 0.9 버전부터는 복잡한 설치 과정을 간편화할 수 있도록 커스터마이즈 방법을 추가로 안내하고 있습니다. 이 책에서는 편의성을 위해서 시크릿을 사용하지 않은 0.8 버전을 사용합니다.

▼ 그림 5-7 커스터마이즈로 MetalLB를 배포하는 과정

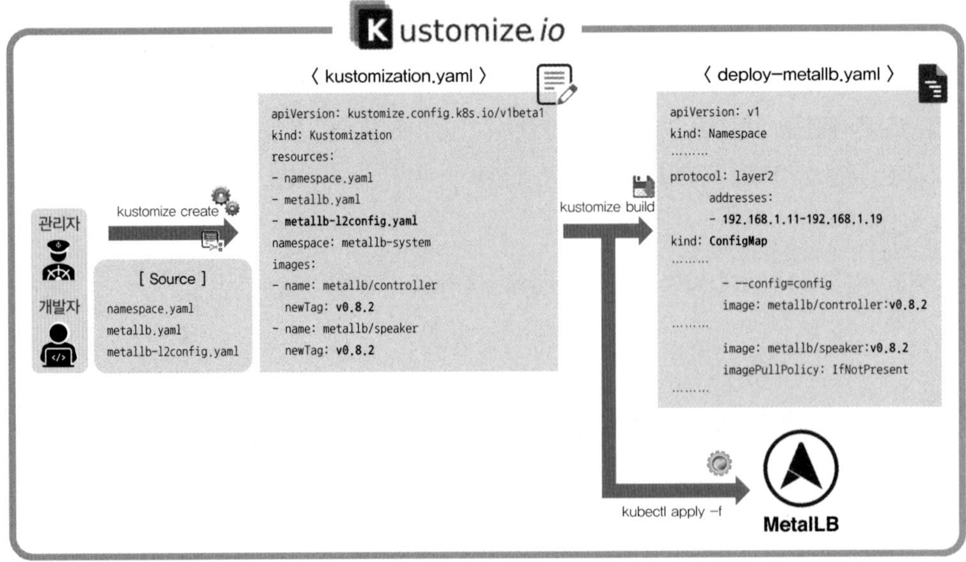

그러면 커스터마이즈로 MetalLB를 구성해 보겠습니다.

실습: 커스터마이즈로 MetalLB 한 번에 만들기

커스터마이즈를 사용해서 MetalLB를 만든다는 것은 사실상 명세서인 kustomization.yaml을 만드는 과정입니다. 그리고 만들어진 kustomization.yaml을 통해서 우리가 원하는 내용이 담겨 있는 MetalLB 매니페스트를 생성하고, 이 매니페스트를 통해서 배포하는 것입니다. 즉 커스터마이즈는 단순히 최종 매니페스트 생성을 도와주는 도구인 것입니다.

1. 커스터마이즈 명령을 사용하기 위해서 ~/_Book_k8sInfra/ch5/5.2.2/kustomize-install.sh를 실행해 커스터마이즈 압축 파일을 내려받은 후에 이를 해제하고 /usr/local/bin으로 옮겨 놓겠습니다. 이후 헬름도 동일한 과정을 통해서 배시 셸에서 바로 실행할 수 있게 만들 것입니다.

```
[root@m-k8s ~]# ~/_Book_k8sInfra/ch5/5.2.2/kustomize-install.sh
  % Total    % Received % Xferd  Average Speed   Time    Time     Time  Current
                                 Dload  Upload   Total   Spent    Left  Speed
100   661  100   661    0     0   1392      0 --:--:-- --:--:-- --:--:--  1394
100 12.4M  100 12.4M    0     0  2101k      0  0:00:06  0:00:06 --:--:-- 3077k
kustomize install successfully
```

2. 커스터마이즈에서 리소스 및 주소 할당 영역(Pool)을 구성할 때 사용할 파일들을 확인하기 위해서 ~/_Book_k8sInfra/ch5/5.2.2 디렉터리로 이동하고 metallb-l2config.yaml, metallb.yaml, namespace.yaml이 있는 것을 확인합니다. 3장에서는 네임스페이스 설정 부분이 metallb.yaml 배포에 포함됐으나, 리소스에 여러 가지 항목이 포함될 수 있음을 표현하기 위해 네임스페이스를 분리했습니다.

```
[root@m-k8s ~]# cd ~/_Book_k8sInfra/ch5/5.2.2
[root@m-k8s 5.2.2]# ls
kustomize-install.sh  metallb-l2config.yaml  metallb.yaml  namespace.yaml
```

3. 커스터마이즈로 변경될 작업을 정의하기 위해서 kustomize create --namespace=metallb-system --resources namespace.yaml,metallb.yaml,metallb-l2config.yaml 명령으로 kustomization.yaml을 생성하겠습니다. 이때 --namespace는 작업의 네임스페이스를 설정하며, --resources 명령은 커스터마이즈 명령을 이용해서 kustomization.yaml를 만들기 위한 소스 파일을 정의합니다.

```
[root@m-k8s 5.2.2]# kustomize create --namespace=metallb-system --resources namespace.
yaml,metallb.yaml,metallb-l2config.yaml
```

4. 생성한 kustomization.yaml 파일을 확인해 보면, 리소스로 namespace.yaml, metallb.yaml 그리고 metallb-l2config.yaml이 설정됐고, 네임스페이스는 metallb-system으로 설정된 것을 확인할 수 있습니다.

```
[root@m-k8s 5.2.2]# cat kustomization.yaml
apiVersion: kustomize.config.k8s.io/v1beta1
kind: Kustomization
resources:
- namespace.yaml
- metallb.yaml
- metallb-l2config.yaml
namespace: metallb-system
```

5. 설치된 이미지를 안정적인 버전으로 유지하기 위해서 kustomize edit set image 옵션을 이용해 MetalLB controller와 speaker의 이미지 태그를 v0.8.2로 지정합니다.

```
[root@m-k8s 5.2.2]# kustomize edit set image metallb/controller:v0.8.2
[root@m-k8s 5.2.2]# kustomize edit set image metallb/speaker:v0.8.2
```

6. 커스터마이즈로 생성된 kustomization.yaml에 이미지 태그 정보(v0.8.2)가 설정됐는지 확인합니다.

```
[root@m-k8s 5.2.2]# cat kustomization.yaml
[중략]
images:
- name: metallb/controller
  newTag: v0.8.2
- name: metallb/speaker
  newTag: v0.8.2
```

7. 이제 kustomize build 명령으로 MetalLB 설치를 위한 매니페스트를 생성해 보면, 다음과 같이 metallb-l2config.yaml을 통해서 컨피그맵이 만들어졌으며, 이미지 태그인 v0.8.2가 적용된 것을 확인할 수 있습니다.

```
[root@m-k8s 5.2.2]# kustomize build
kind: Namespace
[중략]
data:
  config: |-
```

```
    address-pools:
    - name: metallb-ip-range
      protocol: layer2
      addresses:
      - 192.168.1.11-192.168.1.19
kind: ConfigMap
[중략]
        - --config=config
        image: metallb/controller:v0.8.2
[중략]
        image: metallb/speaker:v0.8.2
        imagePullPolicy: IfNotPresent
[생략]
```

8. 이를 파일로 저장해 MetalLB를 배포할 수도 있지만, 편의를 위해서 kustomize build | kubectl apply -f - 명령으로 빌드한 결과가 바로 kubectl apply에 인자로 전달돼 배포되도록 하겠습니다.

```
[root@m-k8s 5.2.2]# kustomize build | kubectl apply -f -
namespace/metallb-system created
serviceaccount/controller created
serviceaccount/speaker created
podsecuritypolicy.policy/speaker created
role.rbac.authorization.k8s.io/config-watcher created
clusterrole.rbac.authorization.k8s.io/metallb-system:controller created
clusterrole.rbac.authorization.k8s.io/metallb-system:speaker created
rolebinding.rbac.authorization.k8s.io/config-watcher created
clusterrolebinding.rbac.authorization.k8s.io/metallb-system:controller created
clusterrolebinding.rbac.authorization.k8s.io/metallb-system:speaker created
configmap/config created
deployment.apps/controller created
daemonset.apps/speaker created
```

9. MetalLB가 정상적으로 배포됐는지 kubectl get pods -n metallb-system 명령과 kubectl get configmap -n metallb-system 명령으로 확인합니다.

```
[root@m-k8s 5.2.2]# kubectl get pods -n metallb-system
NAME                          READY   STATUS    RESTARTS   AGE
controller-5f98465b6b-69r8m   1/1     Running   0          3m59s
speaker-g2l4t                 1/1     Running   0          3m59s
speaker-lpgl5                 1/1     Running   0          3m59s
speaker-qw98w                 1/1     Running   0          3m59s
```

```
speaker-xb9fx                   1/1     Running   0          3m59s
[root@m-k8s 5.2.2]# kubectl get configmap -n metallb-system
NAME     DATA   AGE
config   1      4m3s
```

10. kubectl describe pods -n metallb-system | grep Image: 명령으로 커스터마이즈를 통해서 고정한 MetalLB의 태그가 v0.8.2인지 확인합니다.

```
[root@m-k8s 5.2.2]# kubectl describe pods -n metallb-system | grep Image:
    Image:         metallb/controller:v0.8.2
    Image:         metallb/speaker:v0.8.2
    Image:         metallb/speaker:v0.8.2
    Image:         metallb/speaker:v0.8.2
    Image:         metallb/speaker:v0.8.2
```

11. 커스터마이즈를 통해서 MetalLB가 생성된 것을 확인했으니 간단하게 테스트해 봅시다. 디플로이먼트 1개를 배포한 다음 LoadBalancer 타입으로 노출하고 IP가 정상적으로 할당됐는지 확인합니다.

```
[root@m-k8s 5.2.2]# kubectl create deployment echo-ip --image=sysnet4admin/echo-ip
deployment.apps/echo-ip created
[root@m-k8s 5.2.2]# kubectl expose deployment echo-ip --type=LoadBalancer --port=80
service/echo-ip exposed
[root@m-k8s 5.2.2]# kubectl get service echo-ip
NAME      TYPE           CLUSTER-IP       EXTERNAL-IP    PORT(S)        AGE
echo-ip   LoadBalancer   10.110.251.182   192.168.1.11   80:30281/TCP   8m37s
```

12. 호스트 노트북(또는 PC)의 브라우저에 192.168.1.11을 입력해 echo-ip가 정상적으로 응답하는지 확인합니다.

▼ 그림 5-8 echo-ip 접속 결과

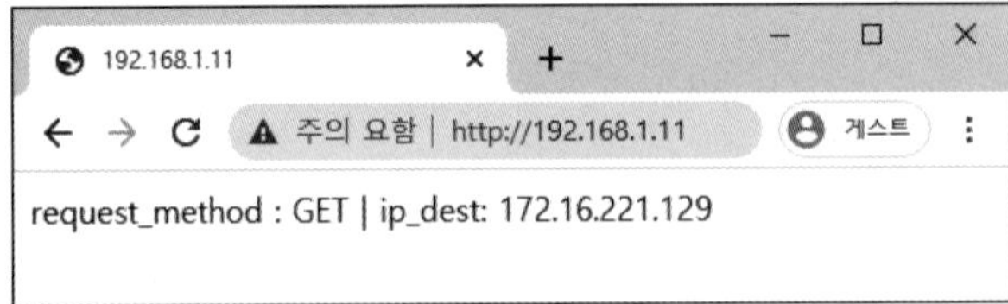

Tip 커스터마이즈에서 컨피그맵을 쓰는 다른 방법

커스터마이즈에는 컨피그맵을 리소스로 넣는 것이 아니라 컨피그맵의 내용만을 읽어 들일 수 있도록 하는 옵션을 제공합니다. 이렇게 읽어 들인 컨피그맵은 **제너레이터**(Generator)라는 요소를 통해서 등록됩니다. 제너레이터는 컨피그맵이나 시크릿의 데이터만 입력하면 각 형식에 맞게 생성합니다. 하지만 이렇게 넣는 경우 기존에 같은 이름의 구성 요소들이 존재할 수 있기 때문에 커스터마이즈에서는 이름에 해시를 추가로 적용해 중복을 방지할 수 있습니다. 그러나 MetalLB는 고정된 컨피그맵 이름(config)을 읽도록 설계돼 있기 때문에 이렇게 해시가 추가된 컨피그맵은 불러올 수 없습니다. 따라서 MetalLB에 컨피그맵이 적용되지 않았기 때문에 로드밸런서 서비스에 IP가 할당되지 않습니다. 커스터마이즈의 GeneratorOptions를 disableNameSuffixHash: true로 변경해 문제를 해결할 수 있으나 이런 과정은 다소 실습하기에 번거로움이 있으므로 컨피그맵 자체를 리소스에 포함시켰습니다.

▼ 그림 5-9 커스터마이즈로 생성된 컨피그맵 이름에 해시 값이 포함되는 것을 도식화

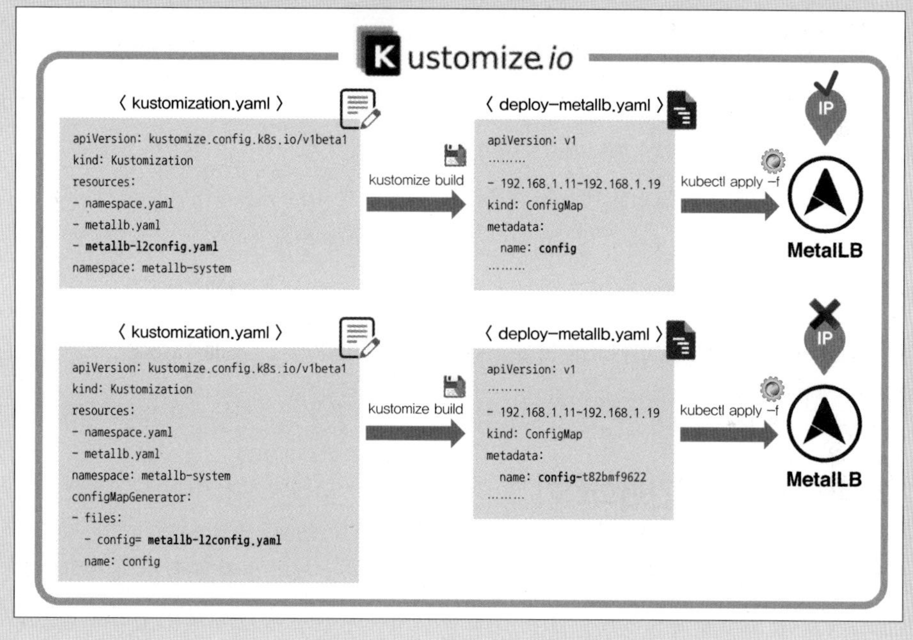

13. 다음 실습을 위해 MetalLB를 삭제하고 배포했던 echo-ip 관련 오브젝트도 함께 삭제합니다. 그리고 홈 디렉터리로 이동하겠습니다.

```
[root@m-k8s 5.2.2]# kustomize build | kubectl delete -f -
namespace "metallb-system" deleted
serviceaccount "controller" deleted
serviceaccount "speaker" deleted
podsecuritypolicy.policy "speaker" deleted
role.rbac.authorization.k8s.io "config-watcher" deleted
clusterrole.rbac.authorization.k8s.io "metallb-system:controller" deleted
clusterrole.rbac.authorization.k8s.io "metallb-system:speaker" deleted
```

```
rolebinding.rbac.authorization.k8s.io "config-watcher" deleted
clusterrolebinding.rbac.authorization.k8s.io "metallb-system:controller" deleted
clusterrolebinding.rbac.authorization.k8s.io "metallb-system:speaker" deleted
configmap "config" deleted
deployment.apps "controller" deleted
daemonset.apps "speaker" deleted
[root@m-k8s 5.2.2]# kubectl delete service echo-ip
service "echo-ip" deleted
[root@m-k8s 5.2.2]# kubectl delete deployment echo-ip
deployment.apps "echo-ip" deleted
[root@m-k8s 5.2.2]# cd ~
[root@m-k8s ~]#
```

커스터마이즈를 이용하면 MetalLB의 다양한 설정을 사용자의 입맛에 맞게 변경하고 구현할 수 있습니다. 그러나 커스터마이즈는 여러 가지 변경할 부분을 사용자가 직접 kustomization.yaml에 추가하고 최종적으로 필요한 매니페스트를 만들어 배포해야 합니다. 이러한 다소 수동적인 작성 방식이 아닌 선언적으로 필요한 내용을 제공하고 이에 맞게 바로 배포하려면 어떻게 해야 할까요? 그리고 커스터마이즈를 통해서 변경할 수 없었던 주소 할당 영역과 같은 값도 배포 시에 같이 변경하려면 어떻게 할까요?

헬름은 이러한 제약 사항들을 없애고 편리성을 높일 수 있습니다.

5.2.3 헬름으로 배포 간편화하기

헬름을 통한 배포는 커스터마이즈에서 제한적이었던 주소 할당 영역과 같은 값을 대체하면서 간단하게 설치할 수 있도록 설계돼 있습니다. 실습에 들어가기 전에 헬름의 작동 원리와 헬름에서 호출하는 차트를 살펴보겠습니다.

헬름의 작동 원리

헬름은 쿠버네티스에 패키지를 손쉽게 배포할 수 있도록 패키지를 관리하는 쿠버네티스 전용 패키지 매니저입니다. 일반적으로 패키지는 실행 파일뿐만 아니라 실행 환경에 필요한 의존성 파일과 환경 정보들의 묶음입니다. 그리고 패키지 매니저는 외부에 있는 저장소에서 패키지 정보를 받아와 패키지를 안정적으로 관리하는 도구입니다. 패키지 매니저는 다양한 목적으로 사용되지만, 가장 중요한 목적은 설치에 필요한 의존성 파일들을 관리하고 간편하게 설치할 수 있도록 도와주는 것입니다. 플랫폼별 패키지 매니저의 저장소 위치와 사용 목적은 다음과 같습니다.

표 5-3 플랫폼별 패키지 매니저

플랫폼	패키지 매니저	저장소	사용 목적
리눅스	yum, apt	배포판 저장소	소프트웨어 의존성 관리
파이썬	pip	pypi.org	파이썬 모듈 의존성 관리
자바	maven	mvnrepository.com	자바 라이브러리 의존성 관리
쿠버네티스	helm	artifacthub.io	쿠버네티스 패키지 관리

패키지 매니저의 역할은 패키지의 손쉬운 설치와 관리입니다. 그래서 모든 패키지 매니저는 다음과 같은 기능이 있습니다.

- **패키지 검색**: 설정한 저장소에서 패키지를 검색하는 기능을 제공합니다. 이때 대부분 저장소는 목적에 따라 변경할 수 있습니다.
- **패키지 관리**: 저장소에서 패키지 정보를 확인하고, 사용자 시스템에 패키지 설치, 삭제, 업그레이드, 되돌리기 등을 할 수 있습니다.
- **패키지 의존성 관리**: 패키지를 설치할 때 의존하는 소프트웨어를 같이 설치하고, 삭제할 때 같이 삭제할 수 있습니다.
- **패키지 보안 관리**: 디지털 인증서와 패키지에 고유하게 발행되는 **체크섬**(Checksum)이라는 값으로 해당 패키지의 소프트웨어나 의존성이 변조됐는지 검사할 수 있습니다.

컨테이너 인프라 환경에서 애플리케이션을 배포하려면 ConfigMap, ServiceAccount, PV, PVC, Secret 등 애플리케이션 배포 구성에 필요한 모든 쿠버네티스 오브젝트를 작성하고, `kubectl` 명령을 실행해서 쿠버네티스 클러스터에 설치해야 합니다. 이때 커스터마이즈를 사용하면 많은 부분을 환경에 맞춰 변경할 수 있지만, 주소 할당 영역과 같은 정보는 값의 형태가 아니라서 변경할 수가 없습니다. 이런 경우에 헬름을 사용하면 주소 할당 영역도 변경이 가능합니다.

▼ 그림 5-10 커스터마이즈와 헬름으로 주소 할당 영역을 변경했을 때

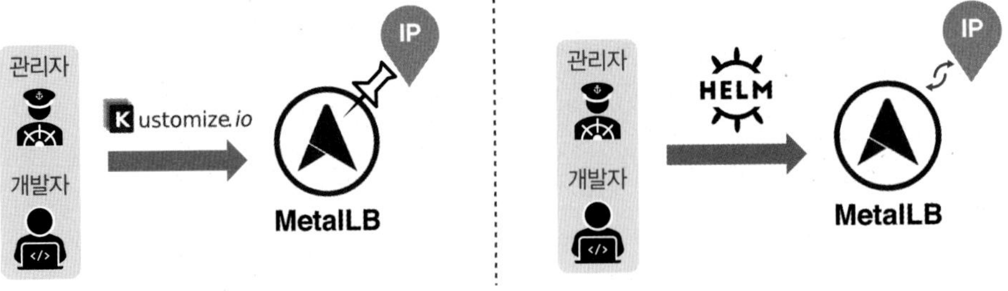

커스터마이즈에서 변경할 수 없는 값을 환경에 맞게 변경할 수 있다는 점 외에도 헬름은 여러 장점이 있습니다.

다수의 오브젝트 배포 야믈은 파일 구분자인 '---'로 묶어 단일 야믈로 작성해 배포할 수 있습니다. 이런 경우 변경 사항을 추적할 때 모든 내용이 한 야믈 파일에 담겨 있기 때문에 여러 사람이 동시에 작업하면 충돌(conflict)이 발생할 수 있습니다. 문제를 해결하려면 목적에 맞게 디렉터리를 만들고 야믈 파일을 분리해 관리하면서 배포 시에는 디렉터리를 `kubectl apply -f`의 인자로 넘겨줘야 합니다. 하지만 이런 방식을 사용하면 요구 조건에 변경되는 야믈 파일을 매번 개별 디렉터리에 작성해야 하고 디렉터리가 늘어날수록 관리 영역도 늘어나게 됩니다.

이럴 때 헬름을 사용하면 요구 조건별로 리소스를 편집하거나 변수를 넘겨서 처리하는 패키지를 만들 수 있습니다. 이렇게 다양한 요구 조건을 처리할 수 있는 패키지를 차트(chart)라고 하는데, 이를 헬름 저장소에 공개해 여러 사용자와 공유합니다. 각 사용자는 공개된 저장소에 등록된 차트를 이용해서 애플리케이션을 원하는 형태로 쿠버네티스에 배포할 수 있습니다.

또한, 헬름은 배포한 애플리케이션을 업그레이드하거나 되돌릴 수 있는 기능과 삭제할 수 있는 기능을 제공합니다.

이처럼 헬름을 이용하면 하나의 패키지로 다양한 사용자가 원하는 각자의 환경을 구성할 수 있으며 이를 자유롭게 배포, 관리, 삭제할 수 있습니다.

헬름 기본 저장소는 **아티팩트허브**(artifacthub.io)로, 다른 패키지 매니저처럼 외부에 있습니다. 다른 저장소와 달리 아티팩트허브에서는 설치할 패키지에 대한 경로만을 제공합니다. 추후 헬름을 좀 더 알아볼 때 이 부분이 큰 차이점이 되므로 인지하고 있길 바랍니다.

그림 5-11 아티팩트허브 홈페이지

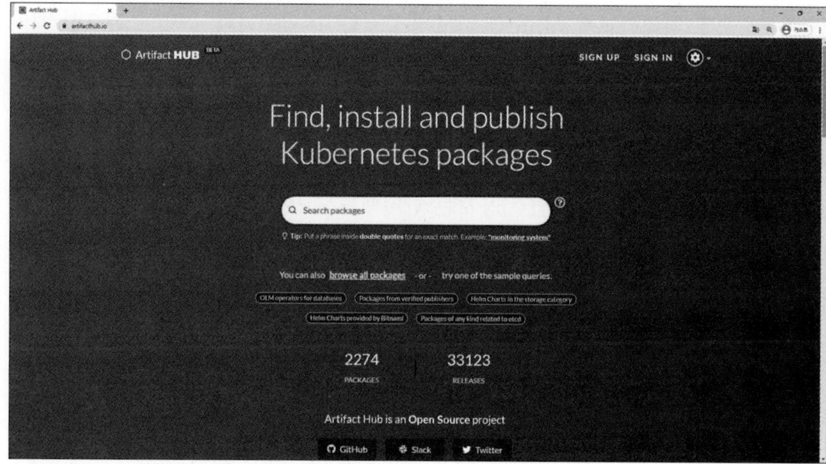

헬름의 작동 과정은 다음과 같습니다.

그림 5-12 헬름의 전반적인 흐름

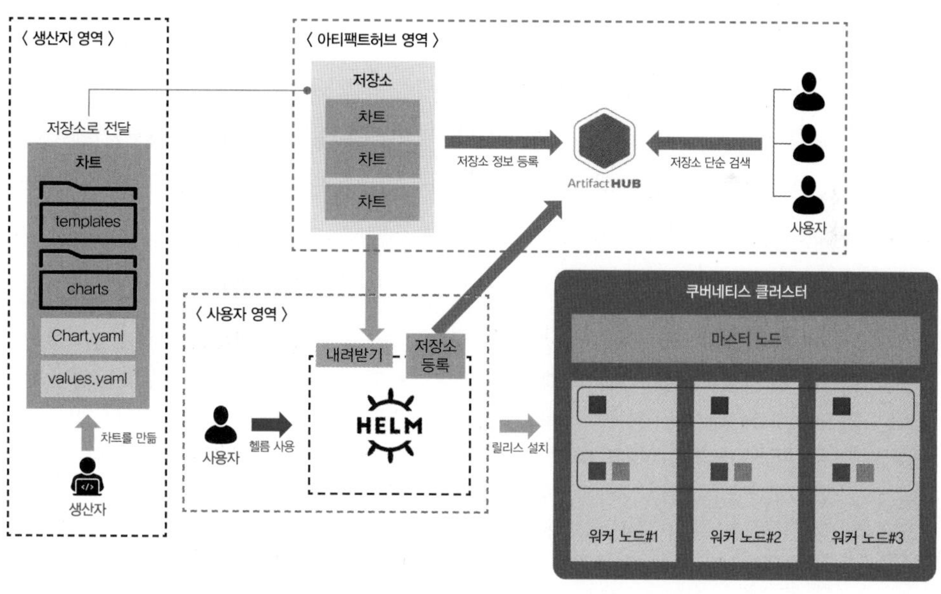

- **생산자 영역**: 이 책에서는 생산자 영역에서 차트를 생성하고 작성하는 부분을 다루지 않지만 내부적으로 어떤 식으로 차트를 만들고 관리하는지 간략하게 알아봅시다. 생산자가 헬름 명령으로 작업 공간을 생성하면 templates 디렉터리로 애플리케이션 배포에 필요한 여러 야믈 파일과 구성 파일을 작성할 수 있습니다. 이때 templates 디렉터리에서 조건별 분기,

값 전달 등을 처리할 수 있도록 values.yaml에 설정된 키를 사용합니다. 이때 값이 전달되지 않으면 기본값으로 처리하도록 values.yaml에 설정할 수 있습니다. 이렇게 필요한 패키지의 여러 분기 처리나 배포에 대한 구성이 완료되면 생산자는 차트의 이름, 목적, 배포되는 애플리케이션 버전과 같은 패키지 정보를 Charts.yaml에 채워 넣습니다. 앞의 과정을 모두 거쳐 차트 구성이 완료되면 생산자가 생산자 저장소에 업로드합니다. 그리고 업로드한 생산자 저장소를 아티팩트허브에 등록하면 사용자는 아티팩트허브에서 생산자가 만든 저장소를 찾을 수 있습니다.

- **아티팩트허브 영역**: 아티팩트허브 검색을 통해 사용자가 찾고자 하는 애플리케이션 패키지를 검색하면 해당 패키지가 저장된 주소를 확인합니다. 이렇게 확인한 주소는 각 애플리케이션을 개발하는 주체가 관리합니다. 헬름 버전2에서는 이러한 차트 저장소를 개인이 아닌 CNCF가 관리했으나 헬름 버전3가 배포되고 나서는 CNCF가 관리해야 하는 차트가 많아지면서 모든 차트 저장소는 개인 및 단체에서 직접 관리하도록 정책을 변경했습니다. 참고로 CNCF가 직접 관리하던 헬름 버전2의 차트 저장소는 하위 호환성을 위해서 내려받기 기능만 제공하고 있습니다.
- **사용자 영역**: 사용자는 설치하려는 애플리케이션의 차트 저장소 주소를 아티팩트허브에서 얻으면 헬름을 통해서 주소를 등록합니다. 그리고 이를 최신으로 업데이트한 이후에 차트를 내려받고 설치합니다. 이렇게 헬름을 통해 쿠버네티스에 설치된 애플리케이션 패키지를 릴리스(Release)라고 합니다. 헬름을 통해 배포된 릴리스를 다시 차트를 사용해 업그레이드할 수 있고 원래대로 되돌릴 수 있습니다. 또한, 사용하지 않는 헬름 릴리스를 제거할 수도 있습니다.

Tip 헬름에는 틸러라는 것이 있다고 하던데요?

헬름을 이미 알고 있다면 설치 과정이 조금 다르다고 생각할 수 있습니다. 이 책에서 설치하는 헬름은 버전3인데, 헬름 버전3에서는 헬름 버전2보다 간결한 구조로 내부 구성을 변경해 기존의 구성 요소가 다수 사라졌습니다. 이전까지 널리 쓰이던 헬름 버전2는 헬름 클라이언트를 설치하고 클라이언트가 쿠버네티스 API 서버와 통신하면서 오브젝트를 관리하는 방식이었고, 이를 위해 틸러(Tiller)라고 하는 서버를 설치했습니다. 이외에도 쿠버네티스와 틸러가 통신하기 위한 권한 설정 등을 해야 했습니다. 헬름 버전3은 2019년 11월 출시됐으며 확산되는 단계입니다. 그래서 헬름을 검색했을 때 헬름의 아키텍처에서 틸러를 설명하는 자료를 종종 찾아볼 수 있지만, 헬름 버전3에서는 사라진 구성 요소입니다.

헬름의 작동 원리를 확인했으니 이제 헬름을 통해서 MetalLB와 이를 이용하는 애플리케이션을 설치해 보며 헬름을 자세히 살펴보겠습니다.

실습: 헬름으로 MetalLB 한 번에 만들기

커스터마이즈를 통해서도 변동이 있는 값과 컨피그맵 파일을 쉽게 설치했었습니다. 헬름을 사용하면 얼마나 더 편해질까요? 이제부터 확인해 보겠습니다.

1. 헬름 명령을 사용하기 위해서 ~/_Book_k8sInfra/ch5/5.2.3/helm-install.sh를 실행해 헬름을 설치하겠습니다. helm-install.sh를 실행하면 항상 최신 버전의 헬름을 내려받기 때문에 호환성 이슈를 방지하기 위해서 DESIRED_VERSION 환경변수를 설정해 헬름 버전을 v3.2.1로 고정해 설치하겠습니다. 헬름 실행 파일도 /usr/local/bin에 위치합니다.

```
[root@m-k8s ~]# export DESIRED_VERSION=v3.2.1; ~/_Book_k8sInfra/ch5/5.2.3/helm-
install.sh
Downloading https://get.helm.sh/helm-v3.2.1-linux-amd64.tar.gz
Verifying checksum... Done.
Preparing to install helm into /usr/local/bin
helm installed into /usr/local/bin/helm
```

2. MetalLB를 설치하려면 헬름 차트를 등록할 주소를 알아야 합니다. 아티팩트허브(https://artifacthub.io)에서 metallb를 검색해 주소를 확인합니다.

▼ 그림 5-13 metallb 검색 화면

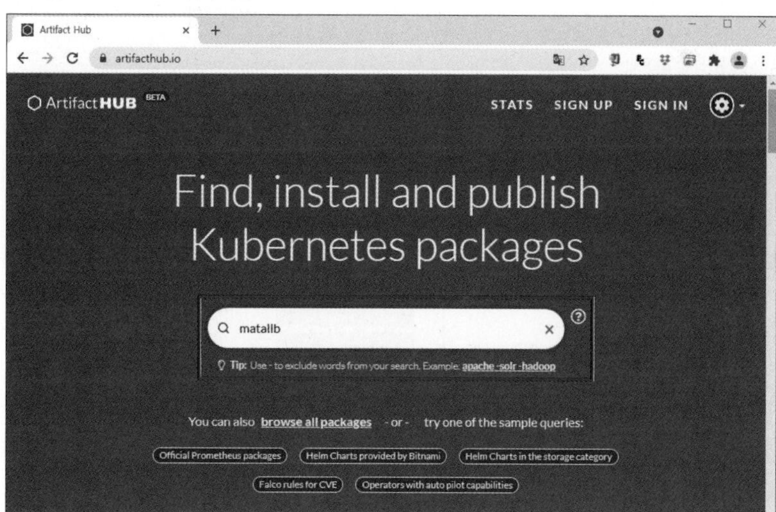

3. 상단에 위치한 아이템을 눌러 metallb 차트에 대한 정보를 확인해 보겠습니다. metallb 아이템을 클릭하면 차트에 대한 상세한 내용을 확인할 수 있습니다.

▼ 그림 5-14 metallb 검색 결과

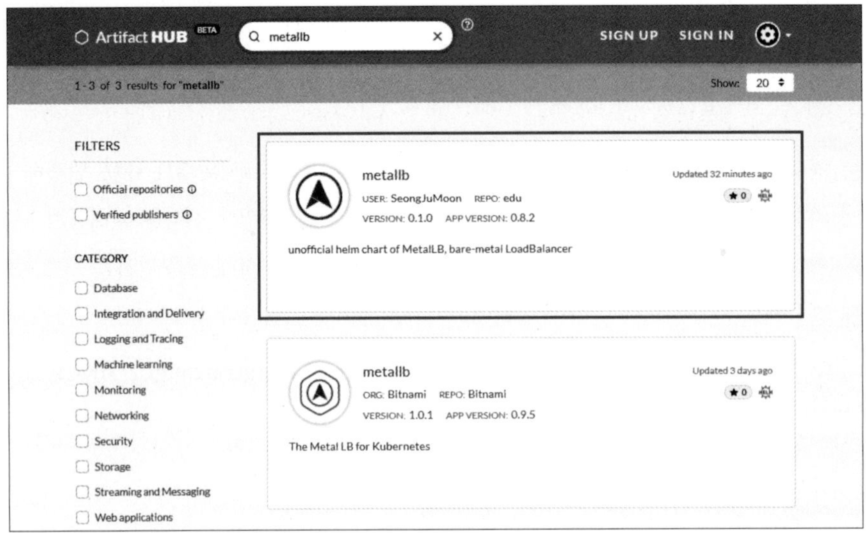

4. metallb의 상세 페이지에서는 차트 저장소(helm-charts) 등록법 외에도 차트에 대한 다양한 정보를 함께 제공합니다. 상세 페이지를 통해서 추가해야 하는 차트 주소 및 등록하는 방법도 함께 확인할 수 있습니다. 그리고 아무런 설정값의 변경 없이 기본적으로 제공하는 애플리케이션의 버전(0.8.2)도 확인이 가능합니다.

▼ 그림 5-15 metallb 상세 페이지

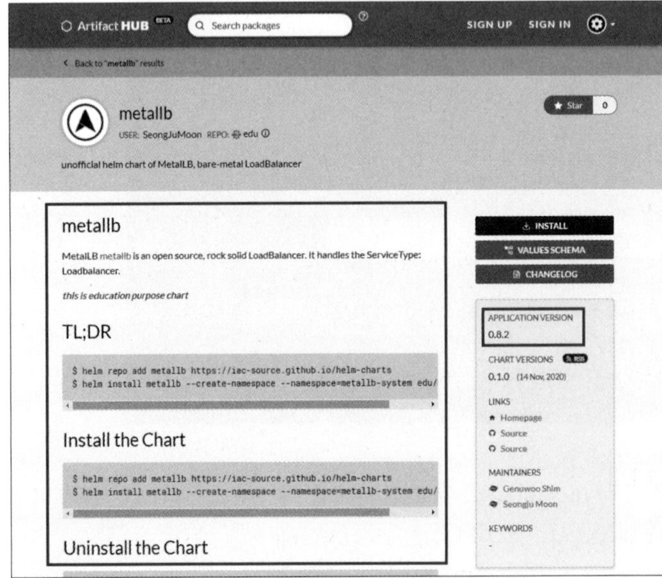

5. 이제 헬름 차트 저장소의 주소도 확인했으니 실제로 저장소를 helm repo add 명령으로 등록해서 MetalLB를 설치할 준비를 하겠습니다. 여기서 혼동이 올 수 있는 부분이 있습니다. 헬름 차트 저장소인 https://iac-source.github.io/helm-charts는 저자가 만든 저장소로, 아티팩트허브에는 이 경로만을 표시한다는 점을 다시 한 번 기억해 주시기 바랍니다. 그리고 edu는 헬름 차트 저장소를 대표하는 이름의 역할을 하는 것으로 자유롭게 변경 등록이 가능하지만, 책에서는 edu를 기반으로 작성됐기 때문에 이 책에서는 edu를 사용하기 바랍니다.

```
[root@m-k8s ~]# helm repo add edu https://iac-source.github.io/helm-charts
"edu" has been added to your repositories
```

6. 헬름 차트 저장소가 정상적으로 등록됐는지 helm repo list 명령으로 저장소 목록을 확인하겠습니다. 확인한 결과 edu라는 이름의 차트 저장소가 등록된 것을 확인할 수 있습니다.

```
[root@m-k8s ~]# helm repo list
NAME    URL
edu     https://iac-source.github.io/helm-charts
```

7. 헬름으로 차트 저장소를 추가한 시점의 차트를 로컬 캐시에 저장해 install과 같은 작업 수행 시에 먼저 로컬에 있는 캐시 차트 정보를 참조합니다. 만약 저장소 추가 이후에 변경된 차트가 있다면 변경된 정보를 캐시에 업데이트할 수 있도록 helm repo update 명령을 통해 최신 차트 정보를 동기화합니다. 이는 관습적으로 이루어지는 것으로 현재의 랩에서는 필요한 요소는 아니지만 이렇게 진행하는 것이 나중에 일어날 수 있는 문제를 방지할 수 있습니다.

```
[root@m-k8s ~]# helm repo update
Hang tight while we grab the latest from your chart repositories...
...Successfully got an update from the "edu" chart repository
Update Complete. ⎈ Happy Helming!⎈
```

8. 앞서 등록 및 업데이트한 저장소 edu로부터 MetalLB를 설치하겠습니다. 헬름 차트를 설치할 때 사용하는 명령어는 helm install이며 커스터마이즈와 다르게 인자를 바로 명령줄에서 받아서 처리합니다. 현재 사용하는 인자는 다음과 같습니다.

- **--namespace**: 헬름 차트를 통해서 생성되는 애플리케이션이 위치할 네임스페이스를 지정합니다.
- **--create-namespace**: 네임스페이스 옵션으로 지정된 네임스페이스가 존재하지 않는 경우 네임스페이스를 생성합니다.

- **--set**: 헬름에서 사용할 변수를 명령 인자로 전달합니다. key1=value1, key2=value2와 같이 ,(쉼표)를 사용해 한 줄에서 여러 인자를 넘겨 줄 수 있으나 가독성을 높이기 위해 책에서는 ,로 여러 인자를 넘겨 사용하지 않았습니다.

일반적으로 배포 이후에 간략한 메시지와 함께 제작자가 작성한 사용 설명서가 함께 출력됩니다. 이를 통해서 배포가 완료됐음을 확인할 수 있습니다. 이후 실습에서 설치하는 헬름 차트는 지금 배포한 MetalLB보다 더 많은 부분의 인자를 입력받기 때문에 이후 실습에서는 편의를 위해서 사전에 구성된 스크립트를 통해 차트를 설치하겠습니다.

```
[root@m-k8s ~]# helm install metallb edu/metallb \
--namespace=metallb-system \
--create-namespace \
--set controller.tag=v0.8.3 \
--set speaker.tag=v0.8.3 \
--set configmap.ipRange=192.168.1.11-192.168.1.29
NAME: metallb
LAST DEPLOYED: Sun Nov 22 13:23:24 2020
NAMESPACE: metallb-system
STATUS: deployed
REVISION: 1
TEST SUITE: None
NOTES:
MetalLB load-balancer is successfully installed.
1. IP Address range 192.168.1.11-192.168.1.29 is available.
2. You can create a LoadBalancer service with following command below.
kubectl expose deployment [deployment-name] --type=LoadBalancer --name=[LoadBalancer-
name] --port=[external port]
```

Tip **헬름에 필요한 set 값을 확인하는 방법**

헬름에서는 가변적인 인자를 사용하기 위해서 --set 이후에 인자를 선언합니다. 이를 어떻게 확인하고 적용할 수 있을까요? 이 부분은 3장에서 custom-columns에서 값을 확인하는 법과 매우 유사합니다. 일단 적용하려는 차트에 있는 values.yaml의 내용을 살펴봅니다.

계속

▼ 그림 5-16 헬름 차트에서 사용되는 인자들

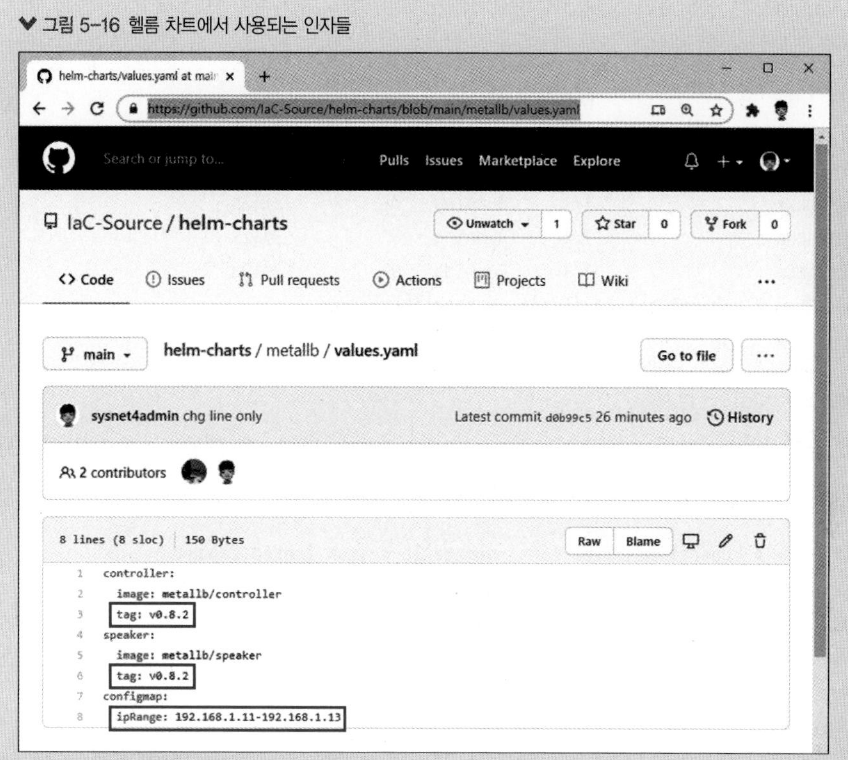

여기서 변경하려는 값의 구조를 다음과 같이 펼쳐 놓습니다.

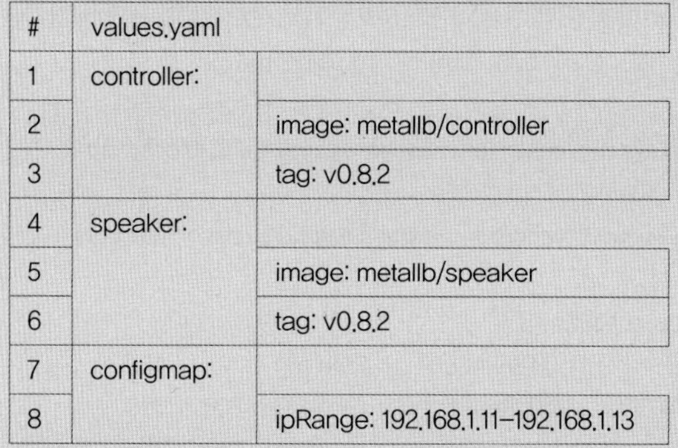

#	values.yaml	
1	controller:	
2		image: metallb/controller
3		tag: v0.8.2
4	speaker:	
5		image: metallb/speaker
6		tag: v0.8.2
7	configmap:	
8		ipRange: 192.168.1.11-192.168.1.13

그리고 이를 값으로 치환합니다.

controller.tag=v0.8.3
speaker.tag=v0.8.3
configmap.ipRange=192.168.1.11-192.168.1.29

이런 방법으로 헬름에서 변경하고 싶은 변수를 쉽게 확인하고 적용할 수 있습니다. 또한 `helm show values [차트]` 명령어로 터미널에서 간략히 확인할 수 있습니다.

9. 설치된 MetalLB가 정상적인 상태인지 배포 상태를 확인합니다.

```
[root@m-k8s ~]# kubectl get pods -n metallb-system
NAME                         READY   STATUS    RESTARTS   AGE
controller-85478cc585-4f8zh  1/1     Running   0          2m12s
speaker-275jq                1/1     Running   0          2m12s
speaker-smkxx                1/1     Running   0          2m12s
speaker-snpwq                1/1     Running   0          2m12s
speaker-vhb6n                1/1     Running   0          2m12s
[root@m-k8s ~]# kubectl get configmap -n metallb-system
NAME     DATA   AGE
config   1      2m23s
```

10. kubectl describe pods -n metallb-system ¦ grep Image: 명령으로 헬름 set 옵션을 통해서 변경된 MetalLB의 태그가 v0.8.3인지 확인합니다.

```
[root@m-k8s ~]# kubectl describe pods -n metallb-system ¦ grep Image:
    Image:         metallb/controller:v0.8.3
    Image:         metallb/speaker:v0.8.3
    Image:         metallb/speaker:v0.8.3
    Image:         metallb/speaker:v0.8.3
    Image:         metallb/speaker:v0.8.3
```

11. 헬름을 통해서 MetalLB가 생성된 것을 확인했으니 간단하게 테스트를 해 봅시다. 디플로이먼트를 1개 배포하고 이를 LoadBalancer 타입으로 노출하고 IP가 정상적으로 할당됐는지 확인합니다.

```
[root@m-k8s ~]# kubectl create deployment echo-ip --image=sysnet4admin/echo-ip
deployment.apps/echo-ip created
[root@m-k8s ~]# kubectl expose deployment echo-ip --type=LoadBalancer --port=80
service/echo-ip exposed
[root@m-k8s ~]# kubectl get service echo-ip
NAME      TYPE           CLUSTER-IP       EXTERNAL-IP    PORT(S)        AGE
echo-ip   LoadBalancer   10.102.164.202   192.168.1.11   80:31373/TCP   17s
```

12. 호스트 노트북(또는 PC)의 브라우저에 192.168.1.11을 입력해 echo-ip가 정상적으로 응답해 주는지 확인합니다.

▼ 그림 5-17 echo-ip 접속 결과

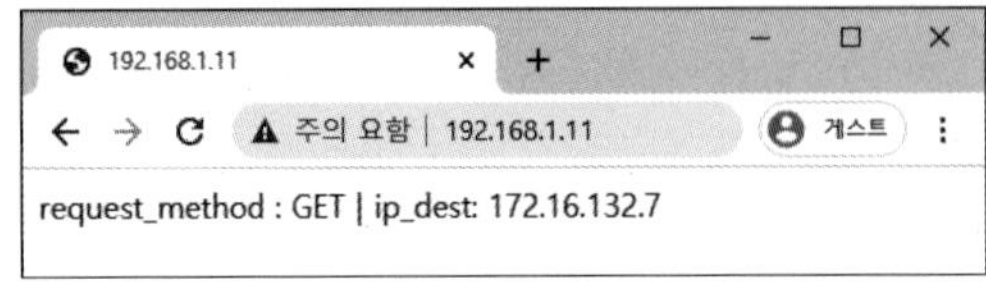

13. 이후 실습에서 MetalLB는 계속 사용할 것이므로, 배포했던 echo-ip 관련 오브젝트만 삭제합니다.

```
[root@m-k8s ~]# kubectl delete service echo-ip
service "echo-ip" deleted
[root@m-k8s ~]# kubectl delete deployment echo-ip
deployment.apps "echo-ip" deleted
```

5장에서 젠킨스와 같은 복잡한 애플리케이션을 설치하기 위한 배포 도구인 커스터마이즈와 헬름에 대해서 살펴봤습니다. 커스터마이즈를 이용하면 매니페스트를 동적으로 이용할 수 있지만, 일부 값들은 변경할 수 없는 한계가 있음을 확인했습니다. 하지만 헬름을 이용하면 이에 대한 한계를 뛰어넘어 필요한 값을 동적으로 선언하고 사용할 수 있음을 확인했습니다.

이제 젠킨스를 설치하는 도구를 살펴봤으니 CI/CD의 대표적인 도구인 젠킨스를 쿠버네티스에 설치하고 본격적으로 젠킨스를 살펴보겠습니다.

5.3 젠킨스 설치 및 설정하기

젠킨스는 헬름을 사용하면 좀 더 쉽게 설치할 수 있습니다. 하지만 헬름으로 설치한다고 해도 젠킨스를 설치하려면 사전에 준비가 필요합니다. 이제부터 하나씩 알아보겠습니다.

5.3.1 헬름으로 젠킨스 설치하기

헬름 실습 때 사용했던 차트 저장소 edu에는 앞으로 사용할 모든 애플리케이션이 차트로 등록돼 있습니다. 따라서 지금부터 진행하는 실습에서는 차트 저장소를 새로 등록하지 않고 바로 애플리케이션을 설치하겠습니다.

▼ 그림 5-18 실습 저장소인 edu의 차트 목록

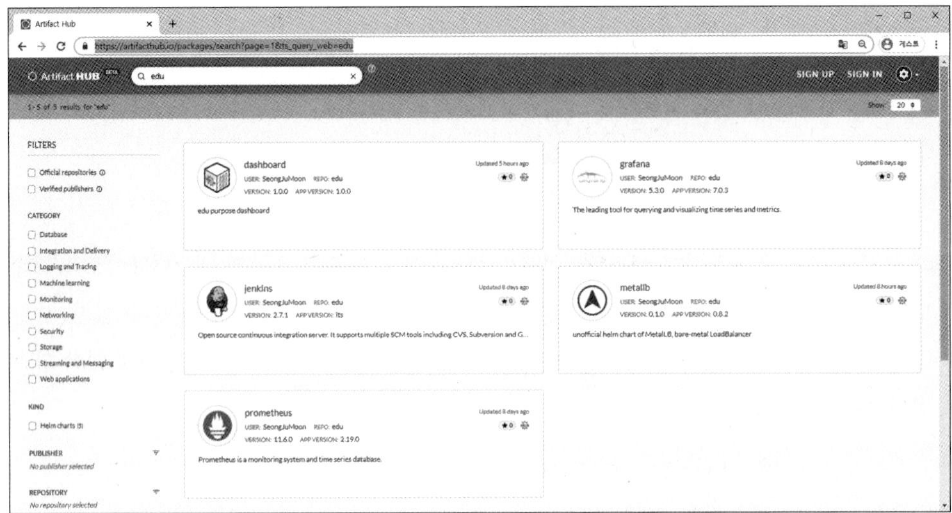

1. 젠킨스로 지속적 통합을 진행하는 과정에서 컨테이너 이미지를 레지스트리에 푸시하는 단계가 있습니다. 이때 이미지를 저장하는 레지스트리는 앞서 '4.4.2 레지스트리 구성하기'에서 구성한 이미지 레지스트리를 사용합니다. 따라서 다음과 같은 실행 결과처럼 레지스트리 컨테이너가 나오지 않는다면 4장의 실습을 통해 레지스트리를 우선 구성하기 바랍니다.

```
[root@m-k8s ~]# docker ps -f name=registry
CONTAINER ID  IMAGE       … STATUS       PORTS                              NAMES
9e3db68ea6a6  registry:2  … Up 2 minutes 5000/tcp, 0.0.0.0:8443->443/tcp    registry
```

2. 헬름으로 설치되는 젠킨스는 파드에서 동작하는 애플리케이션이기 때문에 PV를 마운트하지 않으면 파드가 다시 시작될 때 내부 볼륨에 저장하는 모든 데이터가 삭제됩니다. 이를 방지하기 위해서 애플리케이션의 PV가 NFS를 통해 프로비저닝될 수 있게 NFS 디렉터리를 `/nfs_shared/jenkins`에 만들겠습니다. 미리 정의된 `nfs-exporter.sh jenkins`를 실행합니다. 이 스크립트에는 NFS용 디렉터리를 만들고 이를 NFS 서비스로 생성하는 과정이 담겨 있습니다. 상세 과정은 3장의 '3.4.3 PV와 PVC' 내용을 참조하기 바랍니다.

```
[root@m-k8s ~]# ~/_Book_k8sInfra/ch5/5.3.1/nfs-exporter.sh jenkins
Created symlink from /etc/systemd/system/multi-user.target.wants/nfs-server.service to
/usr/lib/systemd/system/nfs-server.service.
```

3. 만들어진 디렉터리에 부여된 사용자 ID(uid)와 그룹 ID(gid)의 번호를 -n 옵션으로 확인합니다. 0번은 root 사용자에 속해 있다는 의미입니다.

```
[root@m-k8s ~]# ls -n /nfs_shared
total 0
drwxr-xr-x. 2 0 0 6 Nov 22 19:04 jenkins
[생략]
```

4. 젠킨스를 헬름 차트로 설치해 애플리케이션을 사용하게 되면 젠킨스의 여러 설정 파일과 구성 파일들이 PVC를 통해 PV에 파일로 저장됩니다. 이때 PV에 적절한 접근 ID를 부여하지 않으면 PVC를 사용해 파일을 읽고 쓰는 기능에 문제가 발생할 수 있습니다. 이런 문제를 방지하기 위해서 chown 1000:1000 /nfs_shared/jenkins 명령어로 젠킨스 PV가 사용할 NFS 디렉터리에 대한 접근 ID(사용자 ID, 그룹 ID)를 **1000**번으로 설정하겠습니다. 1000번으로 설정한 이유는 젠킨스 컨트롤러 이미지에서 기본적으로 사용하는 유저 ID와 그룹 ID가 1000번이기 때문입니다. 젠킨스 컨트롤러를 포함한 젠킨스 구조에 대해서는 다음 절에서 살펴보겠습니다.

```
[root@m-k8s ~]# chown 1000:1000 /nfs_shared/jenkins/
[root@m-k8s ~]# ls -n /nfs_shared
total 0
drwxr-xr-x. 2 1000 1000 6 Nov 22 19:12 jenkins
```

Tip **호스트 디렉터리와 젠킨스 컨트롤러의 ID 관계**

젠킨스 컨트롤러 설치 후에 내부의 유저 ID와 그룹 ID를 살펴보면 1000번으로 설정돼 있는 것을 확인할 수 있습니다.

```
[root@m-k8s ~]# kubectl exec -it jenkins-6f6bdcd956-lhhsw  -- cat /etc/passwd
Defaulting container name to jenkins.
[중략]
dbus:x:81:81:System message bus:/:/sbin/nologin
jenkins:x:1000:1000::/var/jenkins_home:/bin/bash
```

따라서 PV로 사용되는 NFS 디렉터리의 접근 ID를 동일하게 설정하지 않는다면 젠킨스 컨트롤러에서 이루어지는 작업들이 정상적으로 수행되지 않고 'fatal: unable to look up current user in the passwd file: no such user'와 같은 에러가 발생합니다. 젠킨스 설치 시 환경변수를 설정해서 해결하는 방법이 있으나 이는 수정해야 할 것들이 많으므로 현재의 랩 환경에서 가장 간단한 방법인 호스트 시스템의 ID와 젠킨스 컨트롤러 ID를 일치시켜 주는 방법으로 해결했습니다.

5. 젠킨스는 사용자가 배포를 위해 생성한 내용과 사용자의 계정 정보, 사용하는 플러그인과 같은 데이터를 저장하기 위해서 PV와 PVC의 구성을 필요로 합니다. 사전 구성된 `jenkins-volume.yaml`을 이용해 PV와 PVC를 구성하고, 구성된 PV와 PVC가 **Bound** 상태인지 확인합니다.

```
[root@m-k8s ~]# kubectl apply -f ~/_Book_k8sInfra/ch5/5.3.1/jenkins-volume.yaml
persistentvolume/jenkins created
persistentvolumeclaim/jenkins created
[root@m-k8s ~]# kubectl get pv jenkins
NAME      CAPACITY   ACCESS MODES   RECLAIM POLICY   STATUS   …   AGE
jenkins   10Gi       RWX            Retain           Bound    …   3m16s
[root@m-k8s ~]# kubectl get pvc jenkins
NAME      STATUS   VOLUME    CAPACITY   ACCESS MODES   STORAGECLASS   AGE
jenkins   Bound    jenkins   10Gi       RWX                           3m20s
```

6. 이제 모든 준비를 마쳤으니 젠킨스를 설치해 보겠습니다. 젠킨스를 설치하는 데 필요한 인자가 많기 때문에 모든 인자를 포함해 사전에 구성한 `jenkins-install.sh`를 실행해 젠킨스를 설치하겠습니다. 실행하고 나면 젠킨스 릴리스에 대한 정보가 나타나는 것을 확인할 수 있습니다.

```
[root@m-k8s ~]# ~/_Book_k8sInfra/ch5/5.3.1/jenkins-install.sh
NAME: jenkins
LAST DEPLOYED: Mon Nov 23 08:01:11 2020
NAMESPACE: default
STATUS: deployed
REVISION: 1
NOTES:
1. Get your 'admin' user password by running:
  printf $(kubectl get secret --namespace default jenkins -o jsonpath="{.data.jenkins-admin-password}" | base64 --decode);echo
2. Get the Jenkins URL to visit by running these commands in the same shell:
  NOTE: It may take a few minutes for the LoadBalancer IP to be available.
        You can watch the status of by running 'kubectl get svc --namespace default -w jenkins'
  export SERVICE_IP=$(kubectl get svc --namespace default jenkins --template "{{ range (index .status.loadBalancer.ingress 0) }}{{ . }}{{ end }}")
  echo http://$SERVICE_IP:80/login

3. Login with the password from step 1 and the username: admin
```

```
4. Use Jenkins Configuration as Code by specifying configScripts in your values.yaml
file, see documentation: http:///configuration-as-code and examples: https://github.
com/jenkinsci/configuration-as-code-plugin/tree/master/demos

For more information on running Jenkins on Kubernetes, visit:
https://cloud.google.com/solutions/jenkins-on-container-engine
For more information about Jenkins Configuration as Code, visit:
https://jenkins.io/projects/jcasc/
```


- NAME: jenkins가 설치된 젠킨스의 릴리스 이름은 jenkins입니다. 이후 헬름 관련 명령으로 젠킨스를 조회, 삭제, 변경 등을 수행할 때 이 이름을 사용합니다.
- NAMESPACE: default 젠킨스가 배포된 네임스페이스는 default입니다.
- REVISION: 1 배포된 릴리스가 몇 번째로 배포된 것인지 알려줍니다. 이 젠킨스는 처음 설치된 것임을 알 수 있습니다. helm upgrade 명령어를 사용해 젠킨스의 버전을 업그레이드할 때마다 REVISION은 1씩 증가합니다. 또한, 업그레이드 작업 후 이전 버전으로 돌아가기 위해 helm rollback 명령어를 사용할 수 있습니다. helm rollback 명령어 사용 시 REVISION 번호를 직접 지정해 특정 리비전으로 돌아가도록 설정할 수도 있습니다.
- NOTES: 설치와 관련된 안내 사항을 몇 가지 표시하고 있습니다. NOTES의 1번 항목은 젠킨스의 관리자 비밀번호를 얻어오기 위한 명령어입니다. 2번은 젠킨스가 구동되는 파드에 접속할 수 있도록 외부의 트래픽을 쿠버네티스의 파드로 전달하게 만드는 설정입니다. 외부에서 쉽게 접속하기 위해서 이 실습에서는 트래픽을 전달하는 설정을 하지 않고 로드밸런서를 사용하겠습니다. 3번에 표시된 admin은 젠킨스 접속 시 사용할 유저 이름입니다.

7. 순서대로라면 젠킨스의 코드를 살펴봐야 하지만 코드를 이해하기 위해서는 배포된 젠킨스 디플로이먼트의 정보를 함께 비교해서 봐야 합니다. 따라서 우선 디플로이먼트가 정상적으로 배포됐는지 확인합니다.

```
[root@m-k8s ~]# kubectl get deployment
NAME      READY   UP-TO-DATE   AVAILABLE   AGE
jenkins   1/1     1            1           5m41s
```

Tip **헬름으로 설치하는 애플리케이션 초기화하는 법**

헬름을 통해 젠킨스가 잘 설치되는 경우도 있지만 시스템 및 환경에 따라서 Ready 값이 '0/1'에서 멈춰 있는 경우가 있습니다. 이런 경우에는 kubectl get pods 명령으로 상태를 추가 확인하고, 확인 결과가 init:0/1 상태(초기화 컨테이너 구동 대기)라면, 이는 주로 젠킨스에 필요한 파일(플러그인)을 내려받는 것이 느리거나 문제가 생긴 경우입니다. 따라서 최대 20분 정도를 대기한 후에 해결되지 않는다면 helm uninstall jenkins와 rm -rf /nfs_shared/jenkins/* 명령으로 설치 과정에서 내려받은 파일들을 삭제하고 초기화시킨 이후에 다시 젠킨스를 설치하기 바랍니다. 6장에서 설치하는 프로메테우스와 그라파나도 설치 또는 사용 중에 문제가 발생한 경우에 동일하게 초기화해 문제를 해결할 수 있습니다.

```
[root@m-k8s ~]# kubectl get deployment
NAME      READY   UP-TO-DATE   AVAILABLE   AGE
jenkins   0/1     1            0           20m
[root@m-k8s ~]# kubectl get pods
NAME                        READY   STATUS     RESTARTS   AGE
jenkins-5d45f687fd-n696m    0/2     Init:0/1   0          21m
[root@m-k8s ~]# helm uninstall jenkins
release "jenkins" uninstalled
[root@m-k8s ~]# rm -rf /nfs_shared/jenkins/* # 젠킨스 설치 시 내려받은 파일들을 삭제
[root@m-k8s ~]# ~/_Book_k8sInfra/ch5/5.3.1/jenkins-install.sh
[생략]
```

8. 배포된 젠킨스가 외부에서 접속할 수 있는 상태인지 서비스의 상태를 확인하겠습니다. 192.168.1.11 주소로 젠킨스가 외부에 노출된 것을 확인할 수 있습니다.

```
[root@m-k8s ~]# kubectl get service jenkins
NAME      TYPE           CLUSTER-IP     EXTERNAL-IP    PORT(S)        AGE
jenkins   LoadBalancer   10.106.74.96   192.168.1.11   80:30777/TCP   8m29s
```

9. 젠킨스를 처음으로 배포해 봤으니 파드 상태도 한번 자세히 봅시다. 그런데 젠킨스가 마스터 노드에 있습니다. 이게 대체 어찌된 영문일까요? 마스터에도 파드가 배포될 수 있었는지 의문이 들 것입니다.

```
[root@m-k8s ~]# kubectl get pod -o wide
NAME                        READY   STATUS    RESTARTS   AGE     IP              NODE    …
jenkins-5bc7486bb-t8ld4     2/2     Running   0          9m33s   172.16.171.82   m-k8s   …
```

10. 의문점을 해결하기 위해서 kubectl get node m-k8s -o yaml ¦ nl과 kubectl get deployments jenkins -o yaml ¦ nl 명령을 통해서 상태를 비교해 보겠습니다. 여기서 nl은 number lines of files의 약자로 줄 번호를 추가하는 역할을 합니다.

```
[root@m-k8s ~]# kubectl get node m-k8s -o yaml | nl
     1  apiVersion: v1
     2  kind: Node
     [중략]
    14      kubernetes.io/arch: amd64
    15      kubernetes.io/hostname: m-k8s
    16      kubernetes.io/os: linux
[중략]
   164    taints:
   165    - effect: NoSchedule
   166      key: node-role.kubernetes.io/master
     [생략]
[root@m-k8s ~]# kubectl get deployments jenkins -o yaml | nl
     1  apiVersion: apps/v1
     2  kind: Deployment
     3  metadata:
     4    annotations:
     5      deployment.kubernetes.io/revision: "1"
     6      meta.helm.sh/release-name: jenkins
     [중략]
   558        tolerations:
   559        - effect: NoSchedule
   560          key: node-role.kubernetes.io/master
   561          operator: Exists
     [생략]
```

출력되는 많은 줄 중에 위에 표시된 **테인트**(taints)와 **톨러레이션**(tolerations)이 이런 결과를 만든 설정입니다. 일반적으로 테인트와 톨러레이션은 혼합해서 사용하는데, 개념적으로 매우 혼동이 올 수 있으므로 비유를 들어 설명해 보겠습니다. 테인트는 손에 잡기 싫은 것, 피하고 싶은 것, 가지 말았으면 하는 것을 의미합니다. 테인트가 설정되면 그곳은 설거지가 끝난 이후에 수채구멍과 같습니다. 그렇지만 상황에 따라서 테인트가 설정돼 있는 곳을 꼭 만져야 할 때가 있습니다. 주로 아침에 나갈 때 버리는 음식물 쓰레기 같은 경우 말입니다. 이런 경우 인내하고 음식물 쓰레기를 처리해야 합니다. 그러기 위해서 톨러레이션, 즉 참아내는 인내가 필요한 것입니다.

쿠버네티스의 테인트와 톨러레이션은 사전적인 의미와 반대입니다. 위에서 언급한 것처럼 매우 특별하게 취급돼야 하는 곳에는 테인트를 설정해, 쉽게 접근하지 못하는 소중한 것으로 설정합니다. 그리고 톨러레이션이라는 특별한 키를 가져야만 이곳에 출입할 수 있습니다. 즉 현재 상태에서는 마스터 노드에 테인트가 설정돼 있어 특별한 목적으로 사용되는 노드라는 것을 명시해 두었습니다. 일반적으로 마스터 노드 이외에도 GPU 노드, DB 전용 노드 등의 특별한 목적으로 사용될 때 주로 사용합니다.

이 책에서는 관리의 편의를 위해 젠킨스 컨트롤러가 여러 곳에 스케줄되지 않고 마스터 노드인 m-k8s에서만 스케줄될 수 있도록 구성했습니다. 앞으로 컨트롤러를 가지는 애플리케이션 배포 시에는 동일하게 마스터 노드에 컨트롤러를 구성하겠습니다. 현재의 젠킨스 배포 구조를 그림으로 표현하면 다음과 같습니다.

▼ 그림 5-19 테인트 설정돼 있는 마스터 노드에 젠킨스 애플리케이션 배포

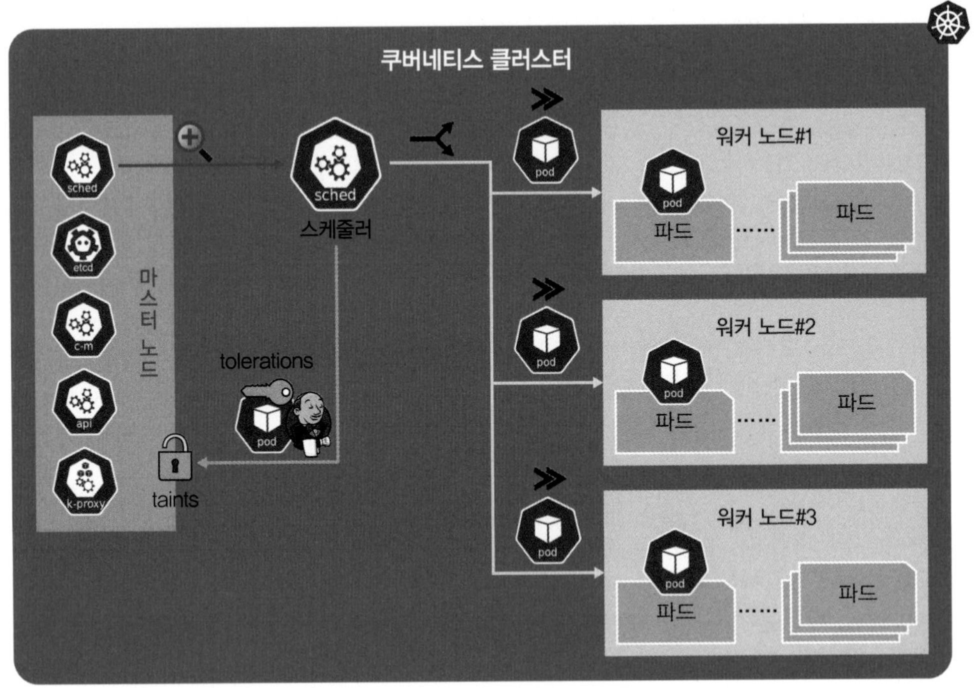

테인트와 톨러레이션은 관계를 정의하는 것에 따라서 배포를 상당히 유연하게 만들 수 있습니다.

테인트는 **키**(key)와 **값**(value) 그리고 키와 값에 따른 **효과**(effect)의 조합을 통해 테인트를 설정한 노드에 파드 배치의 기준을 설정합니다. 그리고 톨러레이션은 테인트와 마찬가지로 **키**(key), **값**(value), **효과**(effect)를 가지고 있으며 이외에 **연산자**(operator)를 추가로 가지고 있습니다.

우선 테인트에 대한 요소를 살펴보면 키와 값의 조합은 테인트를 설정한 노드가 어떤 노드인지를 구분하기 위해 사용합니다. 키는 필수로 설정해야 하지만 값은 생략할 수도 있습니다. 9번 실습의 노드 명세에서 나타난 key: node-role.kubernetes.io/master는 이 노드가 마스터의 역할을 한다는 것을 나타내기 위해 작성된 것입니다.

효과는 테인트와 톨러레이션의 요소인 키 또는 값이 일치하지 않는 파드가 노드에 스케줄되려고 하는 경우 어떤 동작을 할 것인지를 나타냅니다. 효과는 NoSchedule, PreferNoSchedule, NoExecute을 값으로 가질 수 있는데 효과에 따라 테인트를 설정한 노드는 파드를 새로 배치하는 경우와 파드가 이미 배치된 노드에 대한 동작이 다릅니다. 이에 대해서는 다음과 같이 표로 정리했습니다.

▼ 표 5-3 테인트와 톨러레이션이 맞지 않을 때 effect에 따른 노드의 동작

효과	테인트가 설정된 노드에 파드 신규 배치	파드가 배치된 노드에 테인트 설정
NoSchedule	노드에 파드 배치를 거부	노드에 존재하는 파드 유지
PreferNoSchedule	다른 노드에 파드 배치가 불가능할 때는 노드에 파드 배치	노드에 존재하는 파드 유지
NoExecute	노드에 파드 배치를 거부	파드를 노드에서 제거

이번에는 톨러레이션의 요소들에 대해서 살펴보겠습니다. 톨러레이션은 테인트와 마찬가지로 **키**(key)와 **값**(value), **효과**(effect)를 가지고 있으며 **연산자**(operator)라는 특별한 요소를 추가로 가지고 있습니다. 톨러레이션은 테인트가 설정된 노드로 들어가기 위한 특별한 열쇠의 역할을 하며 키와 효과는 반드시 일치해야 합니다. 이때 톨러레이션에만 존재하는 연산자는 기본적으로 Equal로 동작해 테인트와 톨러레이션을 비교하는 역할을 합니다. 하지만 Exists의 경우에는 비교할 키와 값이 존재한다는 가정으로 테인트에 진입할 수 있는 만능 키로 바꿔주는 역할을 합니다. 하지만 그렇게 간단하지는 않습니다. 조금 더 자세히 살펴보겠습니다.

톨러레이션은 톨러레이션의 키, 값, 효과를 사용해 연산자를 통해 비교한 후 조건에 맞는 테인트를 식별합니다. 키와 효과 중 생략된 요소가 있다면 해당 요소는 묵시적으로 모든 키 혹은 모든 효과를 의미합니다. 톨러레이션의 키, 값, 효과는 테인트의 키, 값, 효과와 조건에 맞는지를 일치(Equal) 혹은 존재(Exists) 연산자를 통해서 판단합니다. 이때 연산자를 생략할 경우에는 묵시적으로 Equal을 의미합니다. 조건 판단 결과 테인트와 톨러레이션의 조건이 맞다면 테인트가 설정된 노드에 톨러레이션을 가진 파드를 배치할 수 있습니다. 조건이 맞다고 판단하는 기준은 Equal 연산자를 사용했을 때 테인트와 톨러레이션의 키와 값 그리고 효과까지 일치하는 경우입니다. Exists 연산자를 사용했을 때는 값은 반드시 생략해야 하며 이 상태에서 키와 효과의 일치 여부를 판단하게 됩니다. 또한 키와 효과를 모두 생략한 상태에서 Exists 연산자만 사용한다면 테인트의 키와 효과는 모든 키와 모든 효과를 의미하므로 Exists 연산자 하나만으로도 테인트가 설정된 모든 노드에 대해서 해당 톨러레이션을 설정한 파드를 배포할 수 있게 됩니다.

❤ 그림 5-20 테인트와 톨러레이션 조합에 따른 파드가 할당되는 조건과 안 되는 조건

그러면 이제 헬름을 통해서 젠킨스를 설치했던 스크립트인 jenkins-install.sh의 내용을 살펴보겠습니다. 다수의 --set 값들을 통해서 이 책 환경에 맞는 젠킨스를 설치할 수 있습니다.

jenkins-install.sh

```
#!/usr/bin/env bash
jkopt1="--sessionTimeout=1440"
jkopt2="--sessionEviction=86400"
jvopt1="-Duser.timezone=Asia/Seoul"
```

```
05 jvopt2="-Dcasc.jenkins.config=https://raw.githubusercontent.com/sysnet4admin/_Book_
   k8sInfra/main/ch5/5.3.1/jenkins-config.yaml"
06
07 helm install jenkins edu/jenkins \
08 --set persistence.existingClaim=jenkins \
09 --set master.adminPassword=admin \
10 --set master.nodeSelector."kubernetes\.io/hostname"=m-k8s \
11 --set master.tolerations[0].key=node-role.kubernetes.io/master \
12 --set master.tolerations[0].effect=NoSchedule \
13 --set master.tolerations[0].operator=Exists \
14 --set master.runAsUser=1000 \
15 --set master.runAsGroup=1000 \
16 --set master.tag=2.249.3-lts-centos7 \
17 --set master.serviceType=LoadBalancer \
18 --set master.servicePort=80 \
19 --set master.jenkinsOpts="$jkopt1 $jkopt2" \
20 --set master.javaOpts="$jvopt1 $jvopt2"
```


헬름으로 젠킨스를 설치하기 위해 필요한 세부 옵션은 다음과 같습니다.

- **2~3번째 줄**: 기본 설정으로는 30분 넘게 사용하지 않으면 세션이 종료돼 실습에 방해가 됩니다. 추가 설정을 통해서 세션의 유효 시간을 하루(1440분)로 변경하고 세션을 정리하는 시간 또한 하루(86400초)로 변경합니다.
- **4번째 줄**: 기본 설정으로는 시간대가 정확히 맞지 않아서 젠킨스를 통한 CI/CD 시에 명확히 작업을 구분하기 힘듭니다. 이를 서울(Asia/Seoul) 시간대로 변경합니다.
- **5번째 줄**: 쿠버네티스를 위한 젠킨스 에이전트 노드 설정은 Pod Template이라는 곳을 통해서 설정값을 입력합니다. 그런데 가상 머신인 마스터 노드가 다시 시작하게 되면, 이에 대한 설정이 초기화됩니다. 따라서 설정값을 미리 입력해 둔 야믈 파일(jenkins-config.yaml)을 깃허브 저장소에서 받아오도록 설정합니다. 미리 입력해 적용되는 내용은 '5.3.4 젠킨스 에이전트 설정하기'에서 설명하겠습니다.
- **7번째 줄**: edu 차트 저장소의 jenkins 차트를 사용해 jenkins 릴리스를 설치합니다.
- **8번째 줄**: PVC 동적 프로비저닝을 사용할 수 없는 가상 머신 기반의 환경이기 때문에 이미 만들어 놓은 jenkins라는 이름의 PVC를 사용하도록 설정합니다.
- **9번째 줄**: 젠킨스 접속 시 사용할 관리자 비밀번호를 admin으로 설정합니다. 이 값을 설정하지 않을 경우에는 설치 과정에서 젠킨스가 임의로 생성한 비밀번호를 사용합니다.

- **10번째 줄**: 젠킨스의 컨트롤러 파드를 쿠버네티스 마스터 노드 m-k8s에 배치하도록 선택합니다. 11번 과정에서 마스터 노드는 kubernetes.io/hostname=m-k8s라는 레이블을 가지고 있는 것을 확인했습니다. nodeSelector는 nodeSelector의 뒤에 따라오는 문자열과 일치하는 레이블을 가진 노드에 파드를 스케줄링하겠다는 설정입니다. 위의 설정은 kubernetes.io/hostname=m-k8s 레이블을 가지는 노드에 파드를 배치하겠다는 의미입니다. kubernetes와 .io 사이에 \가 붙어 있습니다. kubernetes.io/hostname에 '.'가 포함돼 있기 때문에 \가 없다면 kubernetes.io를 하나의 문자열로 인식하지 못하고 kubernetes라는 속성과 이것의 하위 속성 io로 분리해서 인식하게 됩니다. 이를 방지하기 위해 '.' 앞에 \를 붙여줬습니다. 이와 같이 '.' 앞에 \를 붙이는 것을 **이스케이프**(escape)라고 합니다.
- **11~13번째 줄**: 10번 줄을 통해 m-k8s 노드에 파드를 배치할 것을 명시했지만 11~13번째 줄의 옵션이 없다면 마스터 노드에 파드를 배치할 수 없습니다. 현재 마스터 노드에는 파드를 배치하지 않도록 NoSchedule이라는 테인트가 설정된 상태이기 때문입니다. 테인트가 설정된 노드에 파드를 배치하려면 tolerations라는 옵션이 필요합니다. tolerations는 테인트에 예외를 설정하는 옵션입니다. tolerations에는 예외를 설정할 테인트의 key와 effect, 조건(operator)이 필요합니다. 위의 코드는 key가 node-role.kubernetes.io/master이며 effect가 NoSchedule인 테인트가 존재할 때(Exists) 테인트를 예외 처리해 마스터 노드에 파드를 배치할 수 있도록 설정합니다.
- **14~15번째 줄**: 젠킨스를 구동하는 파드가 실행될 때 가질 유저 ID와, 그룹 ID를 설정합니다. 이때 사용되는 runAsUser는 사용자 ID를 의미하고 runAsGroup은 그룹 ID를 의미합니다.
- **16번째 줄**: 이후 젠킨스 버전에 따른 UI 변경을 막기 위해서 젠킨스 버전을 2.249.3으로 설정합니다.
- **17번째 줄**: 차트로 생성되는 서비스의 타입을 로드밸런서로 설정해 외부 IP를 받아옵니다.
- **18번째 줄**: 젠킨스가 http상에서 구동되도록 포트를 80으로 지정합니다.
- **19번째 줄**: 젠킨스에 추가로 필요한 설정들을 2~3번째 줄에 변수로 선언했습니다. 이 변수들을 호출해 젠킨스에 적용합니다.
- **20번째 줄**: 젠킨스를 구동하기 위한 환경 설정에 필요한 것들을 4~5번째 줄에 변수로 선언했습니다. 이 변수들을 호출해 젠킨스 실행 환경(JVM, 자바 가상 머신)에 적용합니다.

헬름을 이용해서 복잡한 젠킨스의 설치 과정을 간단하게 완료했습니다.

5.3.2 젠킨스 살펴보기

젠킨스를 직접 접속해서 살펴보기에 앞서 현재 설치된 젠킨스의 구조를 간단히 살펴보겠습니다. 젠킨스 컨트롤러는 마스터 노드에 설치했지만 젠킨스 에이전트는 필요 시에 생성되고 작업을 마치면 삭제되는 임시적인 구조를 가집니다. 따라서 젠킨스 에이전트 작업 내용들은 삭제 전에 젠킨스 컨트롤러에 저장돼야 하며, 이를 위해 젠킨스 에이전트 서비스가 항상 동작하고 있습니다. kubectl get services 명령으로 현재 젠킨스 에이전트 서비스를 확인할 수 있습니다.

```
[root@m-k8s ~]# kubectl get services
NAME            TYPE           CLUSTER-IP       EXTERNAL-IP    PORT(S)         AGE
jenkins         LoadBalancer   10.106.74.96     192.168.1.11   80:30777/TCP    81m
jenkins-agent   ClusterIP      10.102.217.125   <none>         50000/TCP       81m
kubernetes      ClusterIP      10.96.0.1        <none>         443/TCP         5d13h
```

젠킨스 컨트롤러가 단독으로 설치할 경우에는 컨트롤러가 설치된 서버에서 젠킨스 자체 시스템 관리, CI/CD 설정, 빌드 등의 작업을 모두 젠킨스 컨트롤러 단일 노드에서 수행합니다. 하지만 컨트롤러-에이전트 구조로 설치할 경우 컨트롤러는 젠킨스 자체의 관리 및 CI/CD와 관련된 설정만을 담당하고 실제 빌드 작업은 에이전트로 설정된 노드에서 이루어집니다.

따라서 컨트롤러 단독 설치는 일반적으로 간단한 테스트에서만 사용되고 주로 컨트롤러-에이전트 구조로 사용하기 때문에 이 책에서는 컨트롤러-에이전트 환경으로 구성했습니다.

▼ 그림 5-21 젠킨스 컨트롤러-에이전트 구조

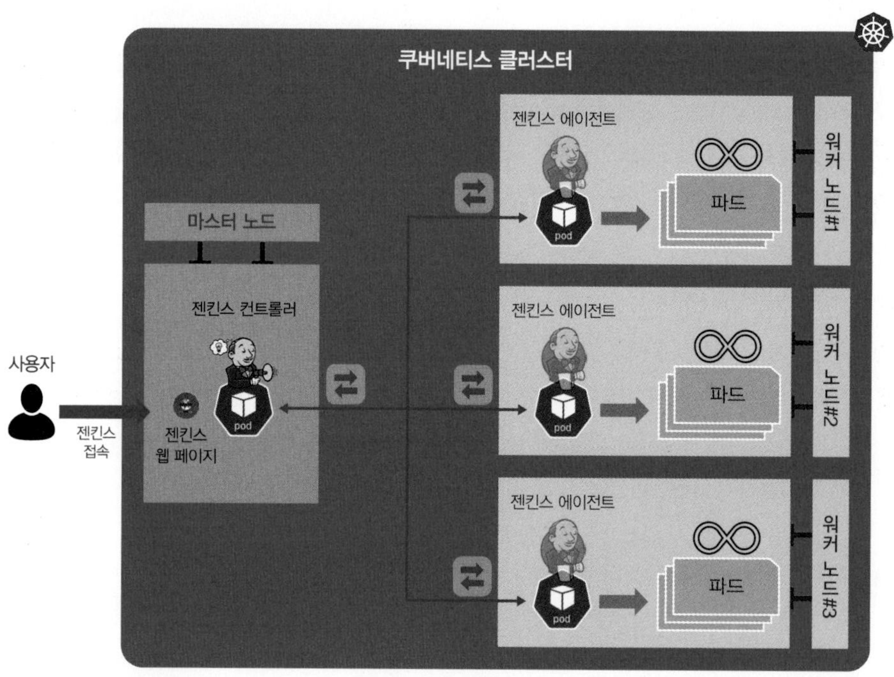

그럼 젠킨스에 직접 접속해 어떻게 구성돼 있는지 살펴보겠습니다.

젠킨스 접속하기

호스트 노트북(혹은 PC)에서 웹 브라우저를 열고 앞서 확인한 로드밸런서 타입의 외부 IP인 192.168.1.11에 접속하면 다음과 같은 로그인 화면을 확인할 수 있습니다.

▼ 그림 5-22 젠킨스 로그인 화면

❶ **사용자 이름**: 젠킨스에서 사용할 이름을 입력합니다. 입력할 사용자 이름은 `admin`입니다.

❷ **비밀번호**: 젠킨스에 접속할 사용자 비밀번호를 입력합니다. 비밀번호는 랜덤으로 생성되나 편의를 위해서 admin과 동일한 이름인 `admin`으로 설정했습니다.

사용자 이름과 비밀번호를 입력한 후 **로그인** 버튼을 누르면 다음 그림과 같은 젠킨스 홈 화면을 확인할 수 있습니다. 처음으로 접속했을 때 오른쪽 상단에 빨간색 알람이 보이는 이유는 젠킨스의 플러그인 업데이트가 필요하기 때문입니다. 이 에러를 해결하는 방법은 **Jenkins 관리** 메뉴를 알아보면서 살펴보겠습니다.

▼ 그림 5-23 젠킨스 로그인 후 최초 화면

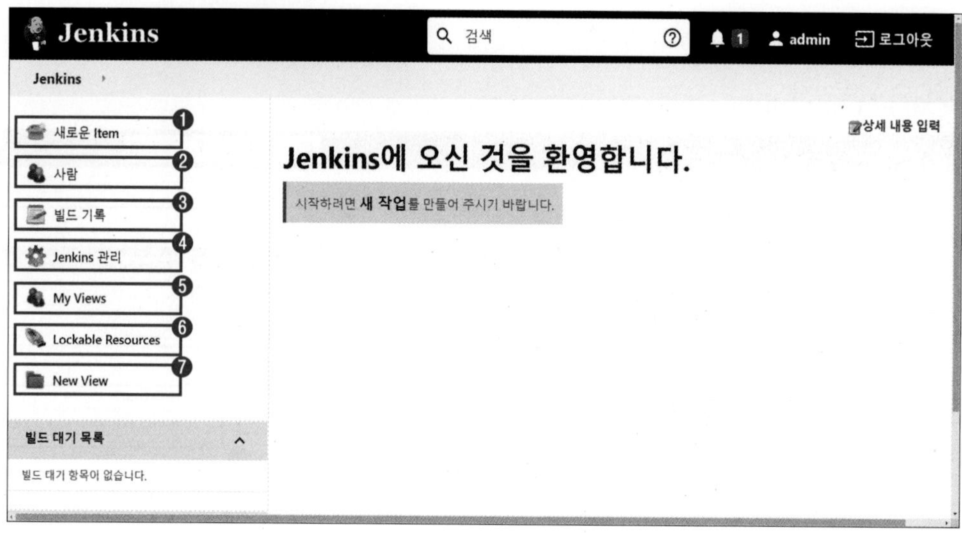

메인 화면 좌측에 있는 메뉴들은 다음과 같은 역할을 합니다.

❶ **새로운 Item**: 젠킨스를 통해서 빌드할 작업을 **아이템**(Item)이라고 합니다. 아이템에 대한 설명은 '5.4 젠킨스로 CI/CD 구현하기'에서 자세히 다루겠습니다.

❷ **사람**: 사용자를 관리하는 메뉴입니다. 현재는 최초 접속한 admin 사용자만 등록돼 있습니다. 사용자의 정보를 관리하는 데는 젠킨스를 구동하는 서버에서 직접 사용자를 관리하는 방법과 젠킨스가 별도의 데이터베이스를 가지고 자체적으로 사용자를 관리하는 방법이 있는데, 별도의 데이터베이스가 없는 환경이기 때문에 현재는 직접 사용자를 관리하도록 구성돼 있습니다.

❸ **빌드 기록**: 젠킨스 작업에 대한 성공, 실패, 진행 내역을 이곳에서 볼 수 있습니다.

❹ **Jenkins 관리**: 젠킨스의 시스템, 보안, 도구, 플러그인 등 각종 설정을 수행하는 곳입니다. 바로 뒤에서 좀 더 자세히 살펴보겠습니다.

❺ **My Views**: 젠킨스에서 각종 작업을 분류해 모아서 볼 수 있는 대시보드입니다.

❻ **Lockable Resources**: 젠킨스에서는 한 번에 여러 개의 작업이 동시에 일어날 수 있습니다. 이때 작업이 진행 중이라면 옵션에 따라 다른 작업은 대기를 해야 할 수 있습니다. 이를 동시성 문제라고 하며 젠킨스에서는 작업이 끝날 때까지 같은 작업을 하지 못하게 하는 잠금 장치를 Lockable Resource로 설정할 수 있습니다.

❼ **New View**: 대시보드인 View를 생성하는 작업입니다.

젠킨스를 사용하려면 몇 가지 기본 설정이 필요합니다. Jenkins 관리 메뉴를 눌러 젠킨스 설정 화면에 대해서 알아보겠습니다.

▼ 그림 5-24 젠킨스 관리 메뉴

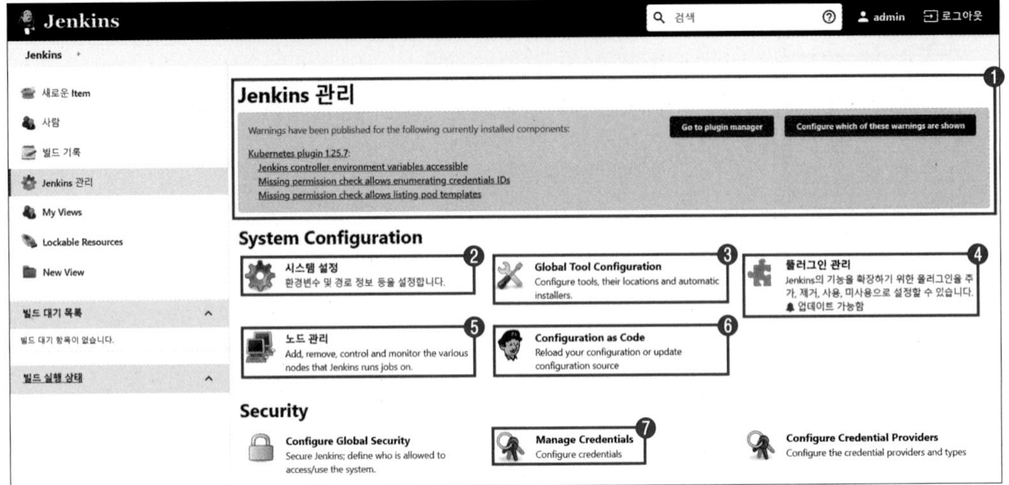

Jenkins 관리 메뉴에서 나타난 메시지 및 자주 사용하는 메뉴들에 대해서 살펴보겠습니다.

❶ **의존 플러그인 버전**: 오류 현재 사용하고 있는 플러그인이 의존하는 플러그인에 버전이 만족되지 않아 발생하는 문제를 알려주는 안내 창입니다. [4. 플러그인 관리 메뉴]로 의존하는 플러그인을 업데이트해 문제를 해결할 수 있습니다. 젠킨스 플러그인 업데이트는 '5.3.3 젠킨스 컨트롤러 설정'에서 진행하겠습니다.

❷ **시스템 설정**: 메인 화면에 표시될 문구, 동시에 실행할 수 있는 **실행기**(executors)의 개수, 젠킨스를 접속할 수 있는 경로, 관리자의 정보, 시스템 전체에 적용할 수 있는 환경변수, 시스템에서 공통적으로 활용해야 하는 플러그인 파일의 경로와 설정 정보 등을 이곳에서 설정할 수 있습니다.

❸ Global Tool Configuration: 빌드 과정에서 사용하는 도구(Maven, JDK, Git, Docker 등)의 경로 및 옵션을 설정할 수 있습니다. 플러그인 관리를 통해 추가로 사용할 도구를 설정하면 이 메뉴에서 해당 도구를 설정하는 메뉴를 찾을 수 있습니다.

❹ **플러그인 관리**: 젠킨스에서 사용할 플러그인을 설치, 삭제, 업데이트할 수 있습니다. 젠킨스 홈 화면에서 보이는 알람은 여기서 플러그인을 업데이트해 해결할 수 있습니다.

❺ **노드 관리**: 젠킨스에서 사용하는 노드를 추가, 삭제하거나 노드의 세부 설정 및 상태 모니터링을 할 수 있는 메뉴입니다. 젠킨스에서는 작업을 수행할 수 있는 각 단위를 쿠버네티스와 동일하게 노드라고 하며, 노드에 레이블을 붙여 관리하거나 노드의 동작 방식을 설정할 수 있습니다.

❻ **Configuration as Code**: 젠킨스의 설정을 내보내거나 불러올 수 있습니다. 이 메뉴를 통해 다른 곳에서 구성한 젠킨스 설정을 옮겨오거나 내 젠킨스의 설정을 내보내 공유할 수 있습니다. 새로운 젠킨스를 구성해 현재 젠킨스의 설정을 이전할 때 유용한 메뉴입니다.

❼ **Manage Credentials**: 젠킨스에서 사용하는 플러그인에 필요한 접근 키, 비밀 키, API 토큰과 같은 접속에 필요한 인증 정보를 관리합니다. 노출이 되면 곤란한 매우 중요한 정보이기 때문에 프로젝트에 직접 입력하지 않고 필요한 경우 호출해 사용합니다. 이 기능을 이용해서 5.5절 실습에서 사용하는 여러 플러그인들이 다른 프로그램으로 연결될 때 보관한 인증 정보를 넘겨줍니다.

> Tip **젠킨스 알람이 갑자기 사라졌어요**
>
> 젠킨스의 알람은 젠킨스 관리 메뉴에 진입하는 경우, 수정을 하고 있다고 판단해 알람을 보여주지 않습니다. 따라서 현재 알람이 사라졌다고 해서 문제가 수정된 것은 아니니 오해가 없길 바랍니다.

5.3.3 젠킨스 컨트롤러 설정하기

젠킨스를 사용하기 위해서는 기본적으로 컨트롤러와 에이전트 구동과 관련한 여러 설정이 필요합니다. 하지만 편의를 위해 컨트롤러와 에이전트에 대한 설정 중에 필요한 입력 부분을 헬름을 설치할 때 이미 포함했습니다. 미리 입력한 부분과 그 외에 설정은 젠킨스를 관리하기 위해 알아두어야 하므로 어디서 설정이 가능한지 살펴보고 진행하겠습니다.

젠킨스 시스템 설정하기

젠킨스 컨트롤러에 관한 설정을 진행하기 위해서 왼쪽 상단의 젠킨스 로고를 클릭해 홈 화면으로 이동한 후에 **젠킨스 관리** > **시스템 설정** 메뉴로 이동합니다. 다음과 같이 **젠킨스 시스템 설정** 페이지가 나옵니다. 여기서 설정되는 내용은 현재 접속한 컨트롤러의 설정을 의미합니다.

▼ 그림 5-25 젠킨스 시스템 설정 페이지

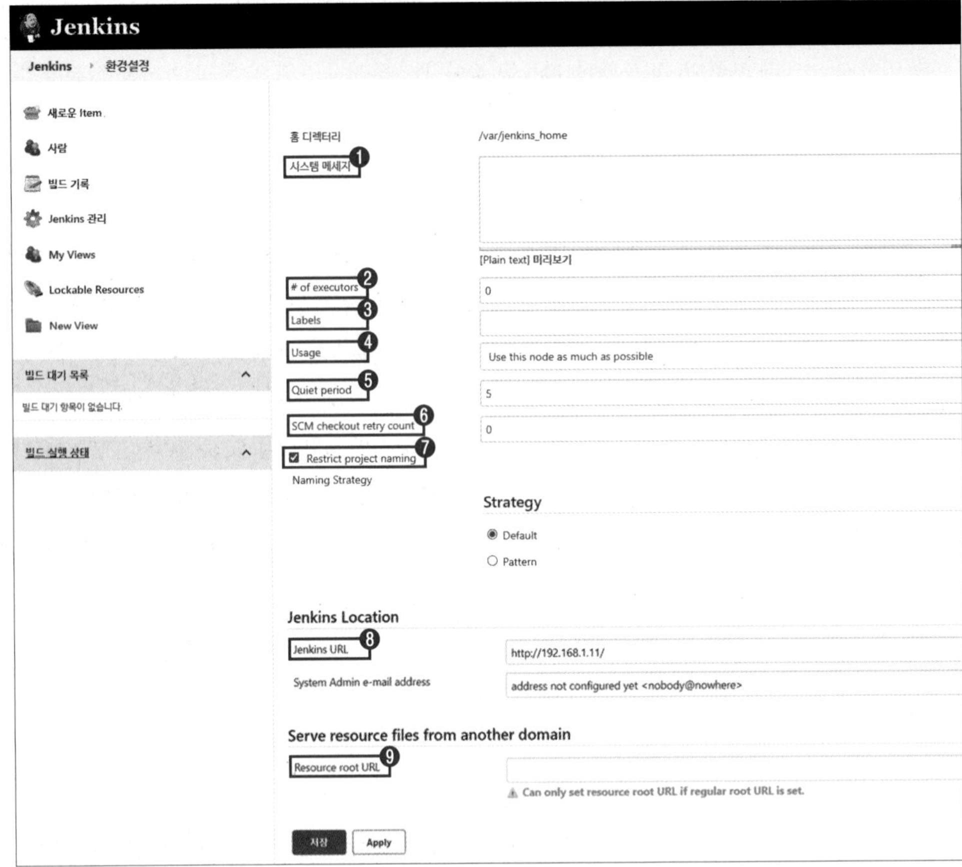

젠킨스 **시스템 설정** 메뉴에서는 다음과 같은 설정값을 제공합니다.

❶ **시스템 메시지**: 젠킨스 메인 웹 페이지에서 접속했을 때 나타나는 메시지를 입력합니다. 이 메시지를 통해 사용자에게 젠킨스에 대한 소개나 간단한 안내를 할 수 있습니다.

❷ **# of executors**: 동시에 빌드를 수행할 수 있는 실행기의 개수를 설정하는 옵션으로서 이 옵션은 컨트롤러 노드에서 몇 개까지의 빌드를 실행할 수 있을지 설정할 수 있습니다. 현재 설치된 젠킨스의 경우 에이전트 파드를 통해 빌드 작업을 생성하므로 이 옵션을 0으로 설정하는 것이 바람직합니다.

❸ **Label**: 노드를 구분할 수 있는 레이블을 지정합니다. 이렇게 설정한 레이블을 통해 Usage 옵션을 사용하면 특정 작업을 어떤 노드에서 작업할지 결정할 수 있습니다.

❹ Usage: 젠킨스의 빌드 작업에 대해 젠킨스 노드가 어떻게 처리할지 설정합니다. Use this node as much as possible(이 노드를 가능한 많이 사용) 옵션은 빌드 작업을 수행할 때 별도의 조건 없이 노드에 빌드를 할 수 있는 환경이라면 현재 노드에서 빌드를 진행하도록 설정하는 것입니다. 이러한 옵션은 일반적인 환경에서 빌드 작업에 적합합니다. Only build jobs with label expressions matching this node(이 노드와 일치하는 레이블 표현식을 가진 작업만 빌드) 옵션은 빌드와 대상의 레이블이 같아야 빌드를 할 수 있습니다. 주로 빌드 환경이 다른 플랫폼에서 빌드를 수행할 때 사용됩니다.

❺ Quiet period: 빌드 작업이 시작될 때까지 잠시 대기하는 시간을 설정하는 값입니다. 단위는 초 단위이며, 짧은 시간에 변경된 코드에 대해서 중복으로 작업을 수행하지 않고 가장 마지막으로 변경된 코드를 빌드하기 위해 설정합니다.

❻ SCM checkout retry count: 소스 코드 저장소(SCM)로부터 파일을 가져오지 못한 경우 몇 번 재시도를 할지 설정하는 옵션입니다. SCM이란 소스 코드 관리(Source Code Management)의 약자로 개발자들이 소스 코드를 통합하고 관리하며 이력을 추적하기 위해 사용하는 시스템을 의미합니다.

❼ Restrict project naming: 젠킨스를 통해 만들어지는 작업의 이름 규칙을 설정하는 옵션입니다. 체크박스에 체크하면 이름 규칙을 편집할 수 있는 영역이 생기며 제약 조건은 정규식 패턴으로 작성해 적용할 수 있습니다. 현재 설치된 젠킨스는 Strategy가 Default로 설정돼 있기 때문에 자유롭게 프로젝트 이름을 설정할 수 있습니다.

❽ Jenkins URL: 설치된 젠킨스 컨트롤러의 접속 주소입니다. 앞서 헬름을 설치할 때 로드밸런서를 통해 설정될 IP인 192.168.1.11을 설정했습니다. 이 주소는 젠킨스가 외부로 알림을 보내거나 자신의 주소를 알려줍니다.

❾ Resource Root URL: 빌드 결과물과 같은 내용을 외부에 공개하기 위해 사용되는 주소로 Jenkins URL과는 다릅니다. 이 실습에서는 빌드 결과물을 외부에 공개할 수 없는 가상 환경에 구성해 두었기 때문에 설정하지 않겠습니다. 다만, 이후에 빌드 결과물을 공유하기 위해 설정하는 주소는 '5.3.4 젠킨스 에이전트 설정하기'를 통해 진행하겠습니다.

젠킨스 시스템에서 설정할 수 있는 여러 내용을 알아봤습니다. 다음으로는 젠킨스의 기능을 불어넣는 플러그인을 살펴보겠습니다.

젠킨스 플러그인 관리하기

젠킨스는 실행되는 모든 기능을 플러그인으로 구현하도록 설계돼 있습니다. 이렇게 설치한 플러그인들을 단독으로 사용하거나 여러 개를 조합해 더 강력한 CI/CD 기능을 만들 수 있습니다. 이런 예로 쿠버네티스 위에 에이전트 파드를 설정할 수 있게 도와주는 메뉴인 kubernetes 플러그인이 있습니다. '5.4 젠킨스 사용하기'에서 실습하게 될 파이프라인 프로젝트 기능도 플러그인을 통해서 구현됩니다. 그림 5-29에 나타난 젠킨스 플러그인에서 발생한 문제를 해결해 보겠습니다.

젠킨스 홈 화면에서 **젠킨스 관리 > 플러그인 관리** 메뉴로 이동합니다.

▼ 그림 5-26 젠킨스 플러그인 관리

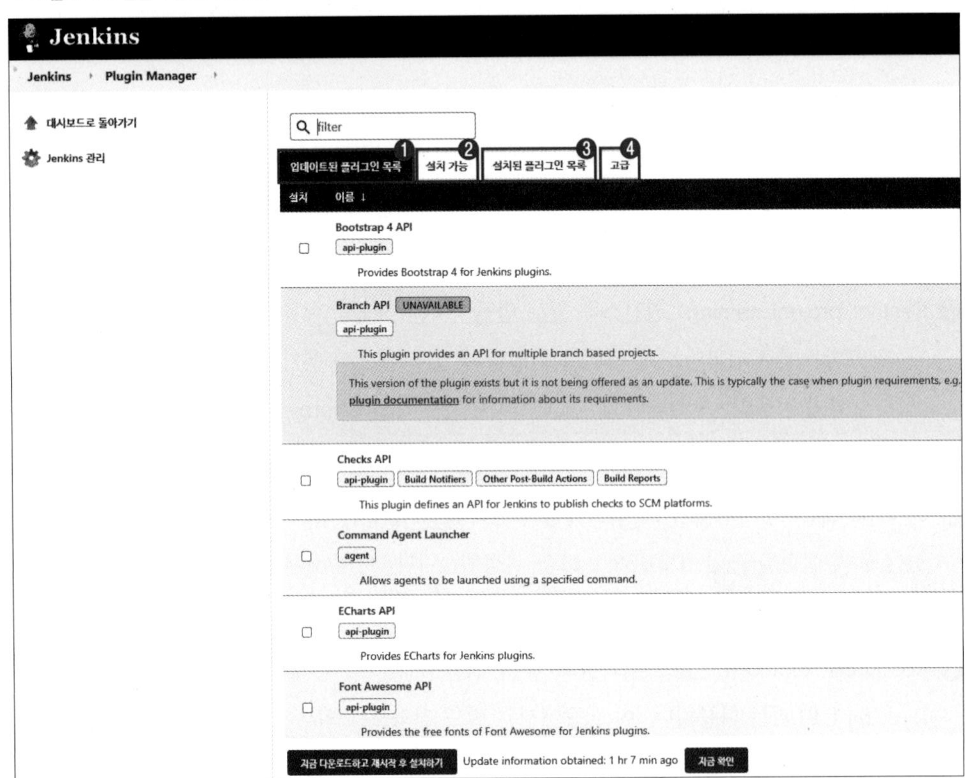

젠킨스 **플러그인 관리** 메뉴는 다음과 같은 기능을 제공합니다.

❶ **업데이트된 플러그인 목록**: 젠킨스에 설치된 플러그인 중에 업데이트된 플러그인이 있는 경우 최신 버전으로 올릴 수 있습니다. 이때 업데이트를 할 수 없는 플러그인은 보안 취약점이 발견됐거나 플러그인의 버전이 젠킨스 호환 버전이 아닌 경우에는 설치할 수 없습니다.

❷ **설치 가능**: 설치되지 않은 플러그인을 검색해 현재 젠킨스에서 해당 기능을 추가할 수 있습니다. '5.5 젠킨스 플러그인으로 구현되는 GitOps'에서 이 기능을 사용합니다.

❸ **설치된 플러그인 목록**: 현재 젠킨스에 설치돼 있는 플러그인 정보를 확인할 수 있으며, 더 이상 필요가 없어진 플러그인의 경우 이 페이지에서 제거할 수 있습니다.

❹ **고급**: 외부와 연결되는 프록시 서버 설정을 할 수 있습니다. 외부와 연결된 프록시 서버를 통해서 내부망에서도 젠킨스를 설치하고 업데이트할 수 있습니다. 그 외에도 별도의 플러그인 파일을 업로드해 플러그인을 설치할 수 있습니다.

이제 젠킨스에서 사용해야 하는 플러그인을 업데이트하겠습니다. 그림 5-31 화면을 맨 아래로 내리면 다음과 같은 화면이 보입니다. 선택 항목 중에서 **호환 가능한**(Compatible) 플러그인을 선택한 후, **지금 다운로드하고 재시작 후 설치하기** 버튼을 눌러서 플러그인을 업데이트합니다.

▼ 그림 5-27 현재 젠킨스와 호환되는 버전을 선택해 업데이트

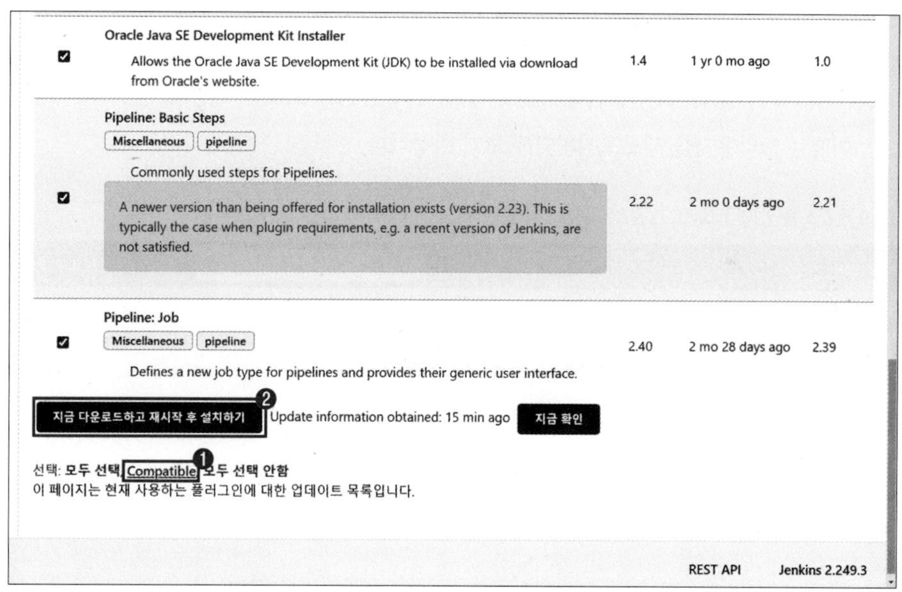

젠킨스 플러그인을 업그레이드하는 경우에는 재시작해야 합니다. 따라서 **설치가 끝나고 실행 중인 작업이 없으면** Jenkins **재시작**을 체크해 작업을 종료한 후에 젠킨스를 다시 시작할 수 있게 합니다.

✔ 그림 5-28 젠킨스 플러그인 업데이트

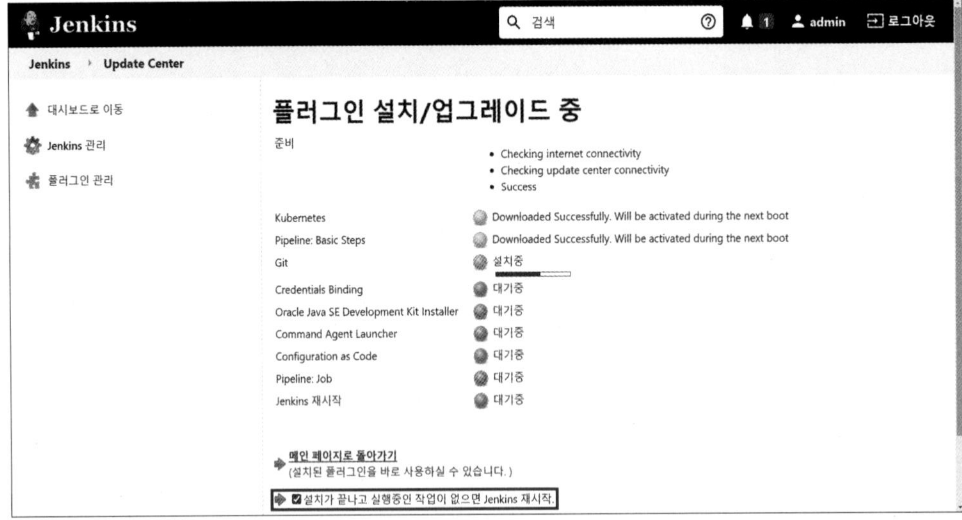

설치가 끝나면 다시 로그인해 홈 화면에 접속합니다. 다음 그림처럼 오른쪽 상단에 모든 알림이 사라진 것을 확인할 수 있습니다. 브라우저나 환경에 따라 젠킨스 로그인 화면이 안 나오는 경우가 있는데, 이때는 브라우저를 새로고침(F5)해 보기 바랍니다.

✔ 그림 5-29 젠킨스 플러그인 업데이트가 완료된 젠킨스 홈 화면

젠킨스 컨트롤러에 대한 설정은 모두 마쳤습니다. 다음으로 젠킨스 에이전트를 설정해 봅시다.

5.3.4 젠킨스 에이전트 설정하기

젠킨스 에이전트에도 미리 설정해뒀지만, 입력된 설정들의 위치와 목적을 이해하고 넘어갑시다.

젠킨스 노드 관리

홈 화면에서 **젠킨스 관리 > 노드 관리** 메뉴로 이동합니다.

▼ 그림 5-30 노드 관리 메뉴

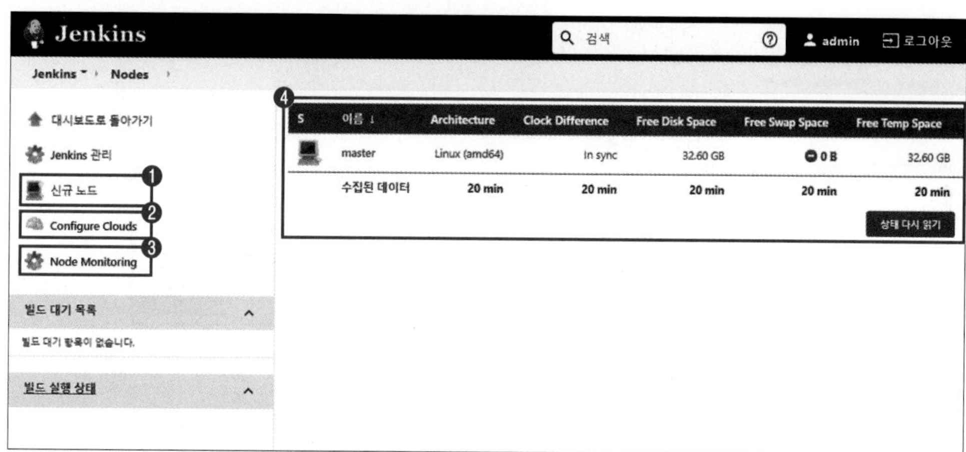

노드 관리 메뉴의 주요 내용은 다음과 같습니다.

❶ **신규 노드**: 에이전트 노드를 추가합니다. 고정된 여러 대의 서버에서 에이전트 노드를 추가해야 할 때 필요합니다.

❷ Configure Clouds: 클라우드 환경 기반의 에이전트를 설정할 때 필요합니다. 쿠버네티스 위에 설치된 젠킨스의 에이전트에 관한 설정도 이 메뉴에서 설정할 수 있습니다.

❸ Node Monitoring: 에이전트 노드의 안정성을 위한 각종 모니터링과 관련된 사항을 설정할 수 있습니다.

❹ **노드 목록**: 현재 구성된 노드의 목록을 보여줍니다. 쿠버네티스상에 설치한 젠킨스는 작업이 진행될 때만 파드 형태의 에이전트가 생성되고 작업이 끝나면 파드가 사라지기 때문에 작업 중이 아니라면 이 목록에는 젠킨스 컨트롤러 노드만 표시됩니다.

쿠버네티스에서 젠킨스 에이전트 구성

Configure Clouds 메뉴로 이동합니다. 이미 많은 내용이 입력이 돼 있는데, 헬름을 통해 젠킨스를 설치할 때 JCasC(Jenkins Configuration as Code)라는 기능을 사용해 현재 쿠버네티스 환경에 맞게 많은 설정을 자동화했기 때문입니다. 따라서 사용자는 일부만 수정하면 됩니다. 이런 과정은 kubernetes 플러그인의 도움을 받아서 진행되므로 앞에서 플러그인 업데이트를 먼저 진행했습니다.

▼ 그림 5-31 Configure Clouds 메뉴

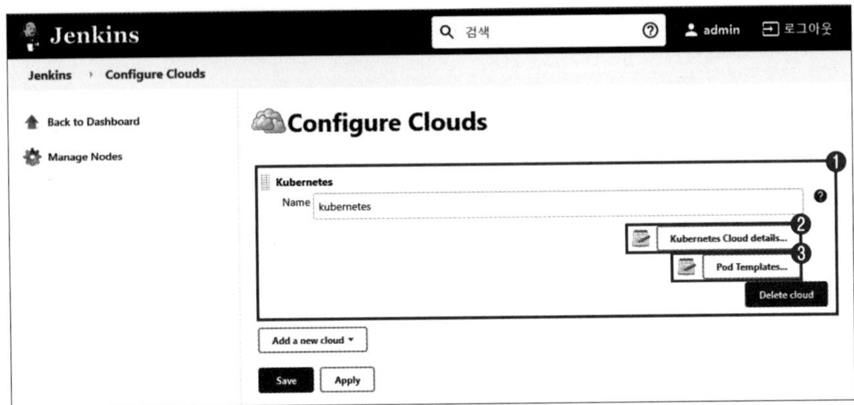

Configure Clouds 메뉴의 주요 내용을 살펴보겠습니다.

❶ Kubernetes: 쿠버네티스 설정과 관련된 영역입니다. Name에 이름을 지정할 수 있습니다.

❷ Kubernetes Cloud details: 쿠버네티스 클러스터에 접속하기 위한 정보를 설정할 수 있습니다. 헬름을 통해서 쿠버네티스 위에 설치한 젠킨스는 쿠버네티스 클러스터 내부에서 동작하기 때문에 기본값으로 둬도 무방하지만, 쿠버네티스 클러스터 외부에 젠킨스를 설치한 경우에는 이곳에서 쿠버네티스에 대한 정보를 수정해야 합니다.

❸ Pod Templates: 쿠버네티스 위에 설치된 젠킨스는 작업 시 에이전트를 파드의 형태로 생성합니다. 이곳에서 에이전트로 사용할 파드와 관련된 설정을 합니다. 이때 Pod Template은 젠킨스 컨트롤러를 다시 시작하면 모든 설정이 초기화됩니다. 따라서 현재 환경에서 마스터 노드를 다시 시작하면 모든 설정이 초기화됩니다. 이를 해결하기 위해 헬름 설치 시에 미리 구성한 설정값(jenkins-config.yaml)을 읽어 들이도록 구성했습니다.

젠킨스 에이전트에 대한 설정은 현재 기본 Template인 default에 작성돼 있습니다. 그리고 이에 대한 설정값을 미리 헬름을 통해 입력받았습니다. 따라서 어떤 부분들이 변경됐는지 코드와 함께 살펴보겠습니다. 세부 내용을 살펴보기 위해서 **Pod Templates...** 버튼을 눌러 메뉴를 펼치고 화면에 보이는 기본 Template인 default의 메뉴 내부로 **Pod Template details...** 버튼을 다시 누릅니다.

그림 5-32 Pod Templates을 누른 후에 default Template이 보이는 상태

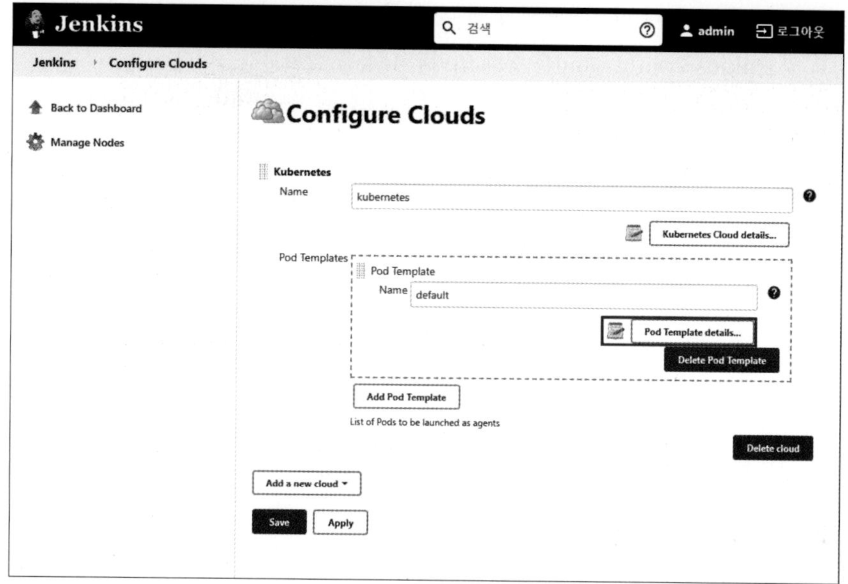

젠킨스 에이전트 템플릿의 상세 내용

내용을 살펴보기 전에 잠깐 현재 작업에 대한 목적을 간단히 살펴보겠습니다. 젠킨스의 CI/CD 작업은 실제로 에이전트로 동작하는데, 쿠버네티스 환경에서는 에이전트가 파드로 운영되나 이 파드에는 도커 빌드를 위한 `docker` 명령과 쿠버네티스 배포를 위한 `kubectl` 명령이 존재하지 않습니다. 가장 쉬운 해결 방법은 호스트 시스템에 있는 도커와 kubectl을 그대로 이용하는 것입니다. 따라서 hostpath를 잡아 각 노드에 이미 설치돼 있는 도커와 kubectl을 그대로 이용하겠습니다. 여기서 hostpath란 쿠버네티스 파드에서 워커 노드에 있는 특정 경로를 마운트해서 파드 내에서 사용할 수 있는 것을 말합니다.

편의를 위해서 미리 설정된 내용이 default pod Template에 이미 적용돼 있습니다.

추가로 default Pod Template을 살펴보기 전에 알아두면 이해하는 데 도움이 될 만한 내용을 간단히 언급하고 넘어가겠습니다. Pod Template의 내용을 여러 번 보다 보면 어디선가 보던 구조임을 알 수 있습니다. Pod Template은 말 그대로 파드의 구성 요소를 그대로 메뉴상에 넣어 둔 것입니다. 상당히 많은 내용이 있으나 실제로는 파드 생성에 필요한 정보들을 그대로 메뉴로 구현한 것입니다.

해당 내용을 생성된 임의의 파드를 선택해서 kubectl get pod <이름> -o yaml로 나온 결과를 지금부터 진행할 Pod Template과 비교해 보면 훨씬 더 쉽게 이해될 겁니다. 그러면 기본적인 Pod Template 정보 및 jenkins-config.yaml을 통해 입력된 내용을 살펴보겠습니다.

✔ 그림 5-33 Pod Template 이름과 레이블 정보 설정

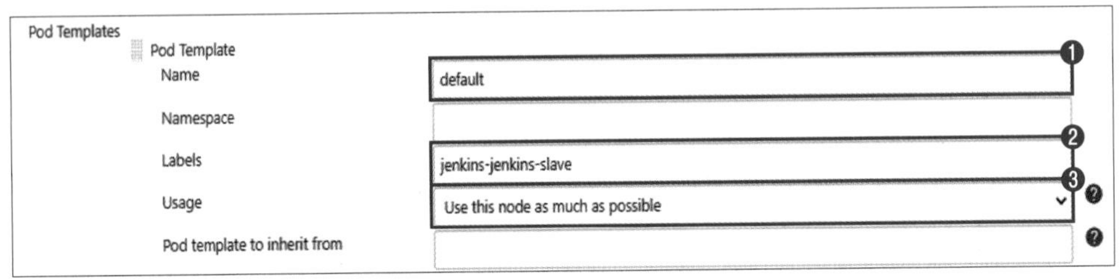

Pod Template 이름을 설정할 수 있는 페이지가 가장 위에 있습니다.

❶ **Name**: Pod Template의 이름을 설정할 수 있습니다.

❷ **Labels**: 에이전트 노드를 구분할 때 사용할 레이블을 설정할 수 있습니다. 여기서 설정하는 레이블은 pod metadata에 label을 설정하는 것과 동일합니다.

❸ **Usage**: 노드의 사용 방법(Usage)을 설정할 수 있으며 젠킨스 컨트롤러와 마찬가지로 Use this node as much as possible(이 노드를 가능한 많이 사용)인 기본 설정을 그대로 사용하겠습니다.

Pod Template에 파드에 대한 기본 정보를 입력했으니 파드에서 사용할 컨테이너 설정을 진행하겠습니다.

▼ 그림 5-34 Pod Template에서 사용할 컨테이너 정보

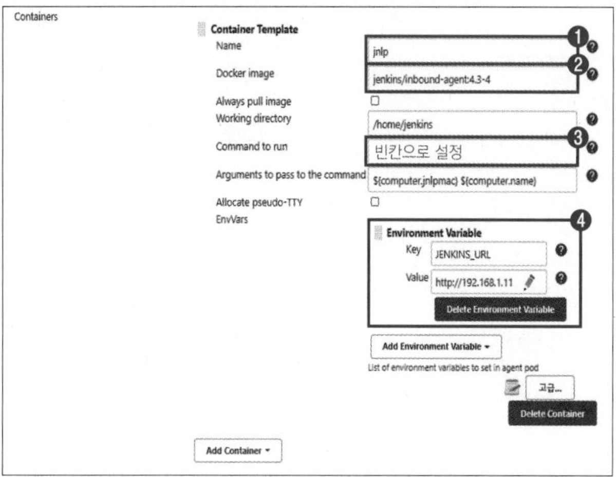

파드에서 사용할 컨테이너를 설정하는 메뉴입니다.

❶ Name: 컨테이너를 구분하기 위한 이름입니다.

❷ Docker image: 컨테이너에서 사용할 이미지를 지정합니다. 이미지는 기본 설정대로 젠킨스에서 제공하는 inbound-agent:4.3-4를 사용하겠습니다.

❸ Command to run: 여기에 적혀진 명령은 컨테이너에서 실행하는 명령이 됩니다. 기존에 실행하는 명령 위에 덮어쓰는 구조로 컨테이너의 의도와 다르게 강제 실행을 위한 명령이 있는 경우 사용될 수 있습니다. 하지만 젠킨스 에이전트로 동작하는 파드의 경우 컨테이너는 젠킨스에서 의도한 대로 동작해야 하기 때문에 빈칸으로 설정했습니다.

❹ Environment Variable: 컨테이너의 환경변수를 설정하는 곳입니다. '5.3.3. 젠킨스 컨트롤러 설정하기'에서 설정한 JENKINS_URL을 Environment Variable 영역에도 동일하게 http://192.168.1.11로 설정했습니다. 이렇게 바뀐 JENKINS_URL은 이후 '5.5 젠킨스 플러그인으로 구현하는 GitOps'에 실습에서 사용됩니다.

다음으로 빌드 작업 중 호스트에 설치된 명령어를 파드 내부에서 사용하기 위한 Volumes를 설정하는 메뉴를 살펴보겠습니다. 스크롤을 내린 후 Add Volume을 선택하면 다음과 같은 화면을 확인할 수 있습니다.

❤ 그림 5-35 Pod Template에서 사용 가능한 Volume 목록

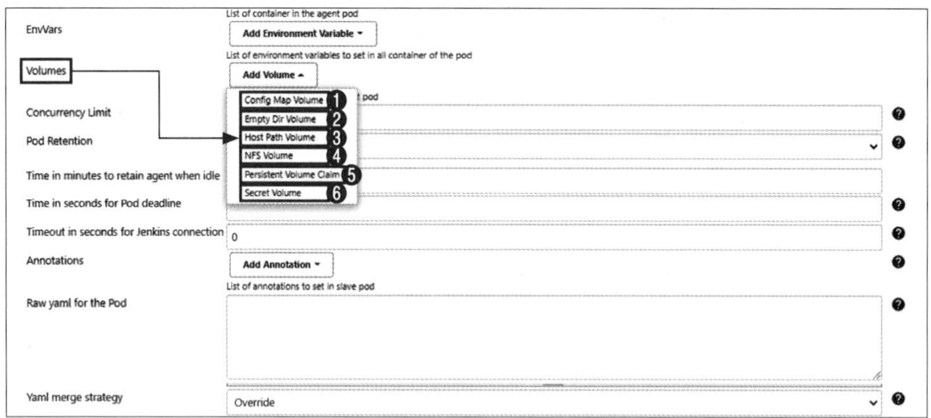

파드 내부에 볼륨(Volume)을 설정할 수 있는 여러 가지 옵션을 제공합니다.

❶ Config Map Volume: 쿠버네티스에 존재하는 ConfigMap 오브젝트를 파드 내부에 연결해 이를 파드에서 사용할 수 있도록 합니다.

❷ Empty Dir Volume: 파일 및 내용이 없는 디렉터리를 파드 내부에 생성합니다. 젠킨스로 빌드할 때 컨테이너가 여러 개 생성될 수 있는데, 이런 경우 컨테이너 간에 공유할 수 있는 디렉터리로 사용할 볼륨으로 Empty Dir을 주로 사용합니다.

❸ Host Path Volume: 호스트, 즉 쿠버네티스 워커 노드에 파일 및 디렉터리를 파드에서 사용할 수 있도록 연결해 줍니다. 이를 통해 파드는 호스트에 위치한 명령이나 데이터를 사용할 수 있으며, 필요한 경우 파일을 저장해 파드가 사라진 경우에도 데이터를 보존할 수 있습니다. 실습에서는 이 볼륨을 사용해 파드에 필요한 실행 파일을 호스트에서 가지고 와서 사용합니다.

❹ NFS Volume: NFS 서버에 위치한 원격의 디렉터리를 파드가 사용할 수 있도록 합니다.

❺ Persistent Volume Claim: 쿠버네티스 클러스터에서 PVC로 설정한 볼륨을 파드에서 사용할 수 있도록 합니다.

❻ Secret Volume: 쿠버네티스에 있는 Secret 오브젝트를 파드 내부에 연결해 파드에서 사용할 수 있도록 합니다.

젠킨스를 이용한 배포 작업은 내부에서 셸 스크립트 단위로 작업을 나누어 구성할 수 있습니다. 우리의 목적은 젠킨스를 이용해 컨테이너 이미지를 빌드하고 컨테이너를 쿠버네티스에 배포하는 것입니다. 이를 위해 젠킨스 내부에서 kubectl, docker와 같은 명령어를 사용해야 합니다. 하지만 배포되는 파드는 이와 같은 명령들이 포함돼 있지 않은 도커 이미지이기 때문에 호스트에 존재

하는 명령을 파드에서 그대로 사용할 수 있는 Host Path Volume을 사용해 구성했습니다. 구조적으로는 Host path(쿠버네티스 워커 노드)에 있는 내용이 Mount path(젠킨스 에이전트 파드)로 설정되는 구조이며, Host Path Volume으로 추가된 3개의 Host Path Volume은 다음과 같습니다.

▼ 그림 5-36 젠킨스 에이전트로 동작하기 위해서 필요한 명령어를 호스트의 것으로 사용

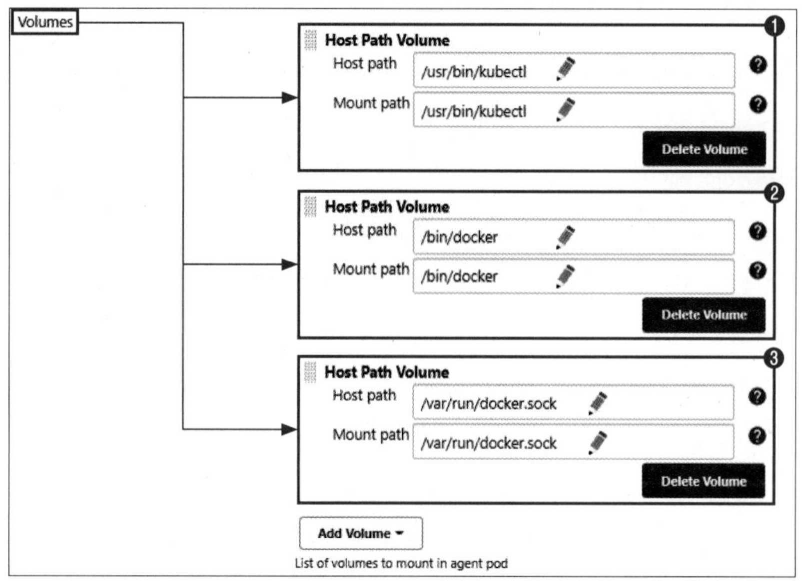

❶ **(kubectl)Host Path Volume**: `kubectl` 명령을 에이전트 파드 내부에서 사용할 수 있도록 /usr/bin/kubectl 경로를 호스트로부터 연결해 줍니다. 이를 통해 빌드 작업 중 쿠버네티스와 관련된 작업을 할 수 있습니다.

❷ **(docker)Host Path Volume**: `docker` 명령을 에이전트 파드 내부에서 사용할 수 있도록 /bin/docker 경로를 호스트로부터 연결해 줍니다. 이를 통해 빌드 작업 중 도커 이미지를 생성하고 저장소로 밀어 넣을 수 있습니다.

❸ **(docker.sock)Host Path Volume**: kubectl과 API 서버가 통신하는 것처럼 도커도 도커 데몬과 통신하기 위해서 API 서버 역할을 하는 docker.sock이 있습니다. 따라서 이미 호스트에 설치된 /var/run/docker.sock 소켓을 에이전트 파드에 사용하도록 설정해 줬습니다.

젠킨스 에이전트 파드에서 사용할 **서비스 어카운트**(Service Account)와 사용자 ID 및 그룹 ID를 설정했습니다.

▼ 그림 5-37 젠킨스 에이전트로 동작하기 위해 필요한 권한 설정

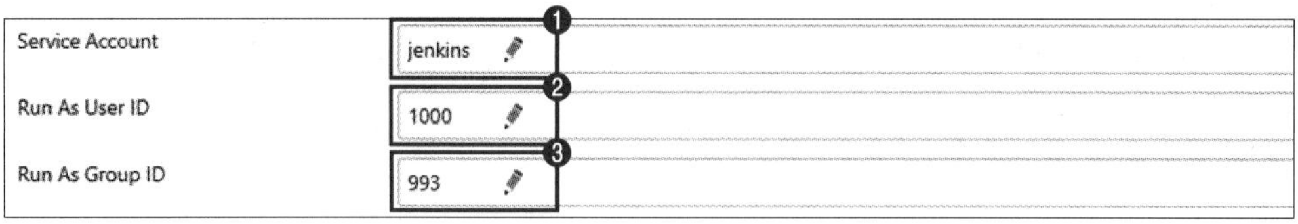

Service Account	❶ jenkins
Run As User ID	❷ 1000
Run As Group ID	❸ 993

메뉴 내용은 다음과 같습니다.

❶ **서비스 어카운트**: 쿠버네티스 클러스터 및 오브젝트의 정보를 조회하기 위한 계정입니다. 젠킨스에 접속하기 위한 admin 계정과 같은 개념입니다. 젠킨스의 에이전트 파드는 jenkins라는 서비스 어카운트를 사용합니다.

❷ **사용자 ID**: 에이전트 파드가 실행될 때 파드에 부여되는 숫자로, 리눅스 사용자에게 부여되는 숫자 식별자입니다. 여기에서는 에이전트가 파드가 루트 권한을 가진 사용자 ID를 사용하지 않게 하기 위해서 사용자 ID에 대한 값은 1000으로 설정합니다.

❸ **그룹 ID**: 에이전트 파드가 실행될 때 파드에 부여되는 숫자로 리눅스 사용자에게 부여되는 숫자로 된 식별자입니다. 관용적으로 리눅스에서 사용되는 0부터 500까지의 ID는 리눅스 시스템이 사용하는 ID입니다. 여기에서는 에이전트 파드가 시스템이 사용하는 ID를 쓰지 않고 독립적으로 컨테이너를 구동할 수 있게 하기 위해 993으로 설정했습니다.

모든 입력 및 권한 설정을 마치면 하단의 Save를 눌러 저장합니다.

▼ 그림 5-38 젠킨스 에이전트의 환경 설정 저장

쿠버네티스 API 서버와의 통신은 단순히 서비스 어카운트를 설정하고 이에 맞는 사용자 ID 및 그룹 ID를 가진다고 해서 가능한 것이 아닙니다. 서비스 어카운트에 쿠버네티스 API 서버와의 통신 권한을 따로 적용해야 합니다.

jenkins 서비스 어카운트를 위한 권한 설정하기

실제로 젠킨스 에이전트 파드에서 쿠버네티스 API 서버로 통신하려면 서비스 어카운트에 권한을 줘야 합니다. 권한을 주기 전에 우선 jenkins 서비스 어카운트가 존재하는지 `kubectl get serviceaccounts`로 확인합니다.

```
[root@m-k8s ~]# kubectl get serviceaccounts
NAME      SECRETS   AGE
default   1         1d
jenkins   1         23h
```

이제 서비스 어카운트 계정인 jenkins에 쿠버네티스 클러스터에 대한 admin 권한을 부여합니다.

```
[root@m-k8s ~]# kubectl create clusterrolebinding jenkins-cluster-admin \
--clusterrole=cluster-admin --serviceaccount=default:jenkins
clusterrolebinding.rbac.authorization.k8s.io/jenkins-cluster-admin created
```

권한이 적용됐습니다. 권한을 부여한 의미를 알아봅시다.

jenkins 서비스 어카운트를 통해 젠킨스 에이전트 파드를 생성하거나 젠킨스 에이전트 파드 내부에서 쿠버네티스의 오브젝트에 제약 없이 접근하려면 **cluster-admin 역할**(Role)을 부여해야 합니다. 필요한 영역으로 나누어 권한을 부여하는 것이 일반적이나 효율적으로 학습하기 위해 cluster-admin 1개 권한만 부여했습니다. 서비스 어카운트에 cluster-admin 역할을 부여하고 이를 권한이 필요한 서비스 어카운트(사용자, 그룹)인 jenkins에 **묶어**(Binding) 줍니다. 이런 방식을 **역할 기반 접근 제어**(RBAC, Role-Based Access Control)라고 합니다.

▼ 그림 5-39 쿠버네티스의 역할 부여 구조

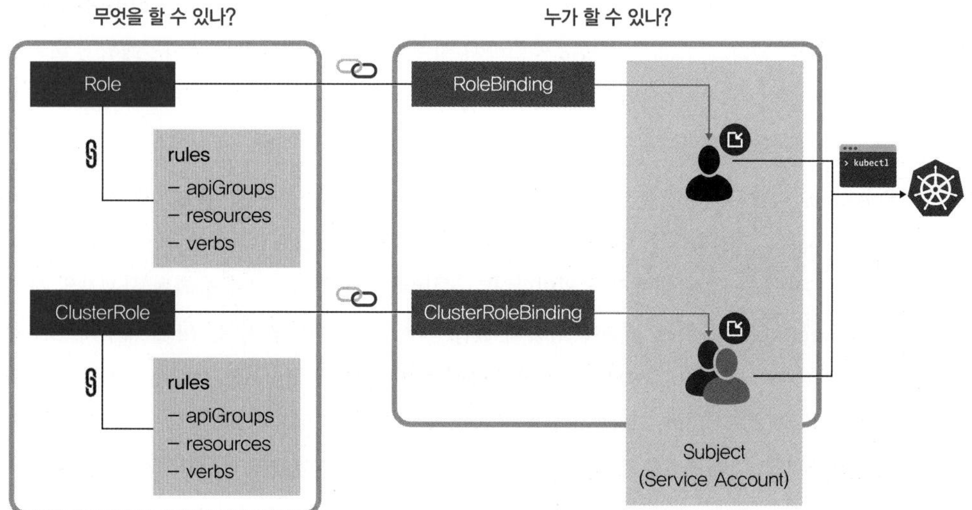

쿠버네티스의 역할 부여 구조는 **할 수 있는 일**(무엇을 할 수 있나?)과 **할 수 있는 주체**(누가 할 수 있나?)의 결합으로 이루어집니다.

- Rules: 역할 기반 접근 제어에서 '할 수 있는 일'과 관련된 Role, ClusterRole이 가지고 있는 자세한 행동 규칙입니다. Rules는 apiGroups, resources, verbs의 속성을 가집니다. 쿠버네티스 클러스터상에서 어떤 행동을 한다는 것을 구체적으로 살펴보면 특정 API를 통해서 어떠한 자원에 접근해 목록이나 정보를 조회하거나 자원을 생성, 삭제, 수정하는 등의 행위를 하는 것을 의미합니다. 접근할 수 있는 API의 집합은 Rules에서 apiGroups로 표현할 수 있고, API 그룹에 분류된 자원 중 접근 가능한 자원을 선별하기 위해 resources를 사용합니다. 접근할 수 있는 자원이 정의됐다면 해당 자원에 대해서 할 수 있는 행동을 규정하기 위해 verbs를 사용할 수 있습니다. 이 행동의 종류는 get(정보 얻기), list(목록 조회), 자원 생성(create), 자원 갱신(update), 일부 수정(patch), 감시(watch), 삭제(delete)가 있습니다. 만약 해당 자원의 정보 얻기 및 목록 조회만이 가능한 규칙을 설정하기 위해서는 get과 list만을 verbs에 추가해야 합니다.
- Role, ClusterRole: '할 수 있는 일'을 대표하는 오브젝트입니다. 앞에서 설명한 Rules에 적용된 규칙에 따른 동작을 할 수 있으며 적용 범위에 따라 Role과 ClusterRole로 나뉩니다. Role은 해당 Role을 가진 주체가 특정 namespace에 대해서 접근할 수 있습니다. ClusterRole은 해당 ClusterRole을 가진 주체가 쿠버네티스 클러스터 전체에 대해서 접근할 수 있도록 합니다.
- RoleBinding, ClusterRoleBindning: 이 오브젝트는 Role과 ClusterRole이 대표하는 '무엇을 할 수 있나?'라는 속성을 '할 수 있는 주체'를 대표하는 속성인 Subjects와 연결시켜주는 역할을 합니다. Role과 ClusterRole은 공통적으로 roleRef(할 수 있는 역할의 참조)와 subjects(수행 주체)라는 속성을 가지고 있으며 이 두 가지가 결합하여 역할 기반 접근 제어를 수행하게 됩니다. RoleBinding은 앞에서 설명한 Role과 결합하여 네임스페이스 범위의 접근 제어를 수행하고 ClusterRoleBinding은 ClusterRole과 결합해 클러스터 전체 범위의 접근 제어를 수행합니다.
- Subjects: 역할 기반 접근 제어에서 행위를 수행하는 주체를 의미합니다. Subjects는 특정 사용자 혹은 그룹, 서비스 어카운트를 속성으로 가질 수 있습니다. 사용자란 쿠버네티스에 접근을 수행하는 실제 이용자를 의미합니다. 쿠버네티스 클러스터에 등록된 사용자의 목록은 kubeconfig의 users 섹션에 기록돼 있습니다. 서비스 어카운트는 파드 내부의 프로세스에 적용되는 개념입니다. 파드는 네임스페이스에 존재하는 default 서비스 어카운트를 사용하거나 특정한 서비스 어카운트를 사용하도록 설정할 수 있으며 파드 내부의 프로세스는 설정된 서비스 어카운트로서 쿠버네티스상에 존재하는 자원에 접근을 시도할 수 있습니다.

앞에서 실행했던 kubectl create clusterrolebinding jenkins-cluster-admin --clusterrole=cluster-admin --serviceaccount=default:jenkins의 의미를 다시 한 번 살펴봅시다. kubectl의 create를 통해서 clusterrolebinding을 jenkins-cluster-admin이라는 이름으로 만듭니다. 그리고 두 가지 옵션을 주는데, 첫 번째는 clusterrole에 묶여질 역할을 cluster-admin이라는 미리 정의된 클러스터 관리자 역할입니다. 두 번째 옵션은 jenkins-cluster-admin이라는 클러스터 역할의 서비스 어카운트를 jenkins로 지정합니다. 이때 여러 가지의 서비스 어카운트가 존재할 수 있으므로 jenkins에 속해 있는 네임스페이스 default도 함께 지정합니다. 이를 표로 표현하면 다음과 같습니다.

▼ 표 5-4 쿠버네티스 역할 부여 구조의 명령 설명

명령	설명
kubectl create	오브젝트를 생성하는 kubectl 명령입니다.
clusterrolebinding	생성되는 오브젝트가 clusterrolebinding임을 나타냅니다.
jenkins-cluster-admin	clusterrolebinding으로 생성되는 오브젝트의 이름이 jenkins-cluster-admin임을 나타냅니다.
--clusterrole=cluster-admin	clusterrolebinding의 첫 번째 옵션으로, cluster-admin 역할을 부여합니다.
--serviceaccount=default:jenkins	clusterrolebinding의 두 번째 옵션으로, default에 있는 jenkins라는 서비스 어카운트에 이 권한을 부여합니다.

이렇게 적용된 내용을 확인하기 위해서는 clusterrolebinding에 적용된 내용을 자세히 yaml로 출력해 보는 것입니다. 확인하고자 하는 내용은 가장 하단에 있습니다.

```
[root@m-k8s ~]# kubectl get clusterrolebindings jenkins-cluster-admin -o yaml
[중략]
roleRef:
  apiGroup: rbac.authorization.k8s.io
  kind: ClusterRole
  name: cluster-admin
subjects:
- kind: ServiceAccount
  name: jenkins
  namespace: default
```

다소 내용이 복잡해 보이지만, 여러 번 생성을 반복하다 보면 어렵지 않습니다. 역할 기반 접근 제어 기법은 쿠버네티스 뿐만 아니라 클라우드 그리고 거의 모든 권한 제어에 표준처럼 쓰이는 기법이므로 이번에 충분히 학습해 이해하기를 권장합니다.

이렇게 권한이 설정된 jenkins 서비스 어카운트는 다음 그림과 같이 자유롭게 kubectl을 사용해 CI/CD를 쿠버네티스 내에서 구현할 수 있습니다.

✔ 그림 5-40 젠킨스 에이전트 파드가 명령을 전달하기 위해서 설정된 내용

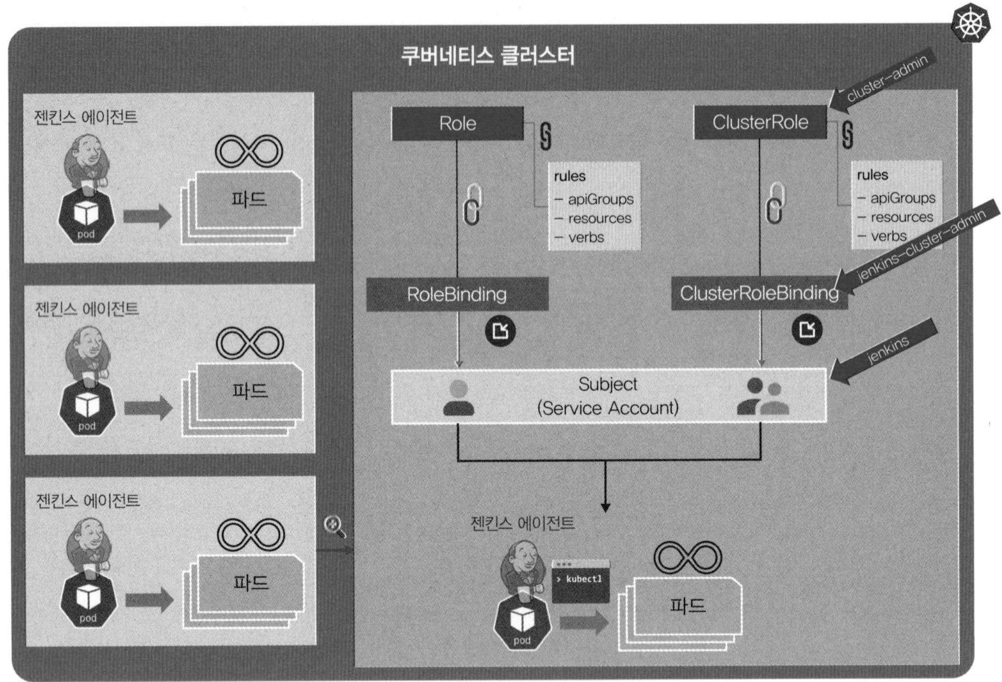

이 절에서는 젠킨스를 헬름으로 설치하고 젠킨스의 기본적인 메뉴에 대해서 알아봤습니다. 그리고 CI/CD를 제공하는 젠킨스 컨트롤러와 에이전트를 설정해 CI/CD 파이프라인을 실행할 수 있는 모든 준비를 마쳤습니다. 일반적으로는 간단한 테스트를 돌려서 설치가 정상적으로 이루어졌는지 점검하나, 젠킨스의 간단한 테스트 자체는 큰 의미가 없기 때문에 다음 절에 직접 젠킨스로 CI/CD를 사용해 보면서 설정에 문제가 없음을 검증하겠습니다. 만약 이후 빌드 작업에서 오류가 발생한다면 5.3절 실습을 다시 검토하기 바랍니다.

5.4 젠킨스로 CI/CD 구현하기

쿠버네티스 환경에서 젠킨스를 사용하기 위한 설정을 모두 마쳤으니 이제 젠킨스를 이용해서 CI/CD를 구성해 보겠습니다.

상단의 Jenkins 로고를 클릭해 젠킨스 홈 화면으로 돌아간 후 **새로운** Item을 클릭해 새로운 아이템을 만듭니다.

▼ 그림 5-41 홈 화면에 새로운 Item 메뉴

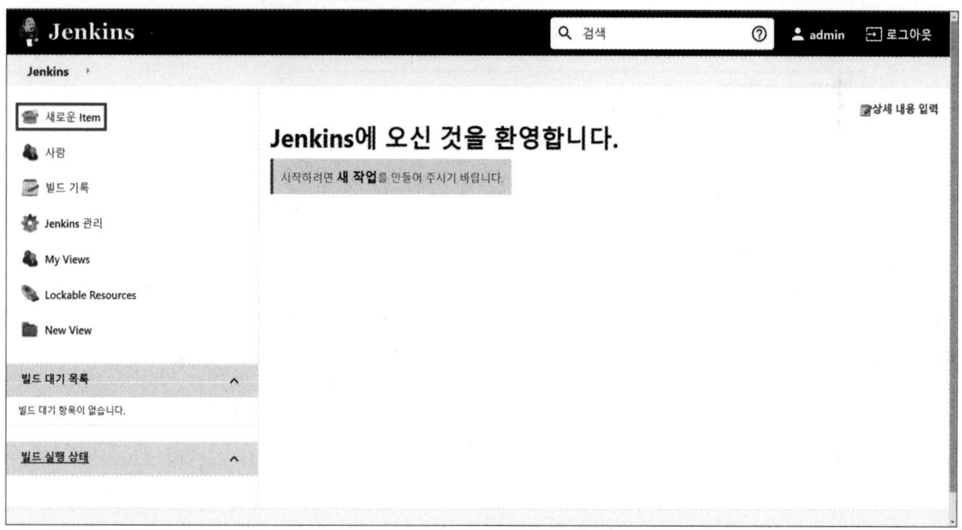

그런데 **아이템**이란 무엇일까요? 젠킨스에서 **아이템**(item)이란 새롭게 정의할 작업을 의미합니다. 젠킨스가 CI/CD 도구임을 익히 들어서 알고 있지만, 사실 CI/CD를 하려면 각각의 작업은 모두 정의가 필요합니다. 만약 작업을 코드로 정의한 경우라고 해도 작업 순서 정도는 알려줘야 합니다. 모든 작업의 정의와 순서를 모아 둔 전체 작업을 **프로젝트**라고 하는데, 프로젝트를 생성하는 방식은 Freestyle, Pipeline 등이 있습니다. 이렇게 프로젝트를 정의하고 생성하는 것을 **아이템**이라고 하며, 프로젝트 외에 실제로 작업에 도움이 되는 내용들을 정의하는 것도 아이템을 생성한다고 할 수 있습니다. 예를 들면 프로젝트를 구분해 저장해 두는 디렉터리인 Folder가 그러합니다. 이러한 용어를 몰라도 실습하는 데는 크게 문제가 없지만 추후 설명을 읽다 보면 용어에 혼동이 올 수 있기 때문에 이번에 정확하게 정의하고 넘어가겠습니다.

▼ 그림 5-42 새로운 Item을 클릭한 후에 나타나는 화면

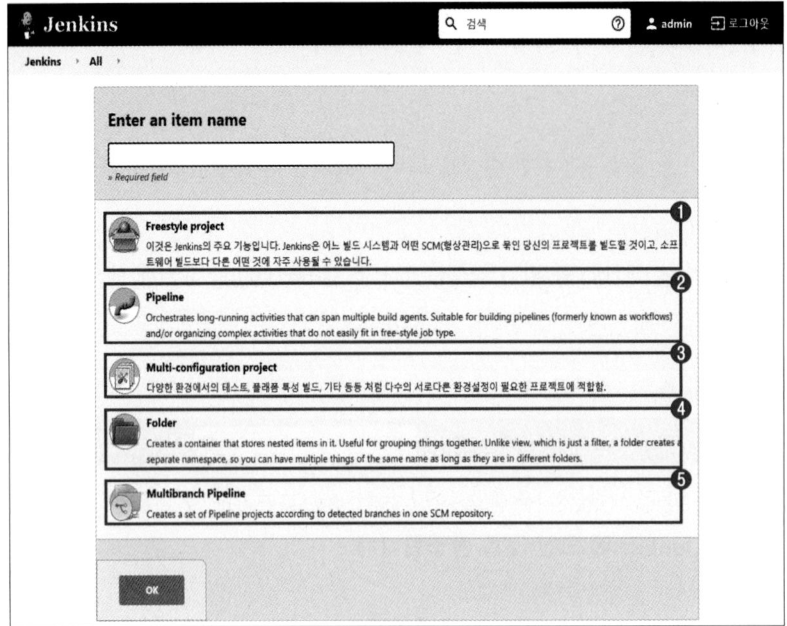

화면에 있는 각 아이템은 다음과 같은 작업을 할 수 있습니다.

❶ Freestyle project: 스타일의 자유도가 높은 방식으로, 브라우저에서 사용자가 직접 설정값과 수행할 동작을 입력할 수 있습니다. 화면에 보이는 항목을 입력하면서 구성할 수 있어서 젠킨스와 관련된 경험이 부족한 사용자도 구성하기 쉽다는 장점이 있습니다. 하지만 과정이 복잡한 작업을 구성하기 어렵고, Freestyle로 생성한 아이템은 입력한 항목의 명세서를 별도로 저장하는 과정이 없으므로 작성한 내용을 공유하기 어렵습니다.

❷ Pipeline: 젠킨스에서 지원하는 고유의 Pipeline 문법으로 코드를 작성해 작업을 정의하는 프로젝트입니다. Freestyle과 비교해 법을 사전에 숙지해야 한다는 점 때문에 비교적 진입 장벽이 있습니다. 그렇지만 변수 정의, 반복문, 조건문 등의 프로그래밍 기법을 사용할 수 있어 좀 더 복잡한 방식의 작업을 정의하는 것이 가능합니다. 또한 작성한 코드를 통해 새로운 프로젝트를 바로 생성할 수 있고 코드를 일부만 수정해 재사용하기도 수월합니다. 깃허브와 같은 코드 저장소에 애플리케이션 코드를 올릴 때 Pipeline 코드로 작성한 파일을 함께 올려 두면 애플리케이션 코드와 배포 방법을 함께 관리할 수 있기 때문에 관리 편의성도 높습니다.

❸ Multi-configuration project: 하나의 소스 코드를 여러 조건의 조합으로 나온 경우의 수에 해당하는 환경에 동시에 배포하는 프로젝트입니다.

❹ Folder: 젠킨스의 작업이 늘어나면 늘어날수록 단순하게 관리하기 어려운데 이런 경우 관련 있는 작업들을 분류해 둘 필요가 있습니다. 이럴 경우 분류 가능한 디렉터리를 생성하는 것이 Folder입니다.

❺ Multibranch Pipeline: Multibranch Pipeline를 사용하면 하나의 소스 코드 저장소 내에 존재하는 각 브랜치에서 젠킨스 파이프라인 코드가 작성된 파일을 불러와 한 번에 여러 브랜치에 대해 품질 검증, 테스트, 빌드 등의 작업을 할 수 있도록 해줍니다.

5개의 아이템 중에서 주로 사용되는 것은 Freestyle과 Pipeline입니다. 일반적으로 간단한 작업이나 공유보다는 직접 사용을 염두에 둔 작업은 Freestyle로 정의하고, 복잡도가 높아서 고려할 것이 많거나 정의해 둔 내용의 공유 및 재사용을 중시하는 경우에는 Pipeline을 사용합니다.

Freestyle과 Pipeline을 사용해 CI/CD를 구현해 보겠습니다.

5.4.1 Freestyle로 간단히 echo-ip 배포하기

먼저 Freestyle을 이용해 컨테이너를 쿠버네티스 클러스터에 배포하겠습니다. 젠킨스는 배포를 위해 사용하는 도구이므로 배포할 대상은 사전에 구성돼 있어야 합니다. 배포할 대상은 IP 주소를 반환하는 간단한 Nginx 웹 서버인 echo-ip입니다(3장에서 실습했습니다). CI를 실습하려면 echo-ip를 빌드해야 하므로 해당 소스를 깃허브 저장소(https://github.com/iac-source/echo-ip)에서 가지고 옵니다. 그리고 CD를 위해서 kubectl create와 expose를 Freestyle 프로젝트에서 배포로 사용하도록 정의하겠습니다. echo-ip는 앞으로 계속 실습에서 사용할 내용이니 간단하게 살펴보겠습니다.

▼ 그림 5-43 echo-ip 저장소 파일 목록

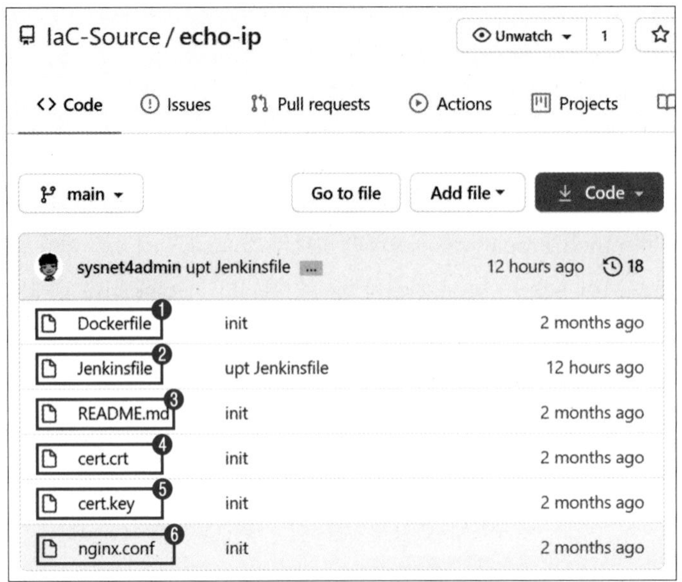

❶ **Dockerfile**: echo-ip 도커 이미지를 빌드하는 데 사용하는 파일입니다. 도커 이미지를 만들기 위한 기초 이미지는 nginx:stable을 사용하고, 인증과 관련된 파일과 설정 파일을 복사한 후에 실행하도록 구성돼 있습니다.

❷ **Jenkinsfile**: Pipeline 실습을 위해 작성된 파일입니다. Pipeline 실습 때 다시 설명하겠습니다.

❸ **README.md**: 깃허브의 초기 화면에서 안내 메시지를 표시하기 위해 사용하는 파일입니다.

❹ **cert.crt**: echo-ip의 Nginx에서 HTTPS 접속 시 사용하는 인증서 파일입니다.

❺ **cert.key**: echo-ip의 Nginx에서 HTTPS 접속 시 사용하는 비밀 키 파일입니다.

❻ **nginx.conf**: echo-ip의 응답을 설정하기 위한 Nginx 설정 파일입니다. 이 설정 파일은 접속자의 IP 주소를 응답할 수 있는 간단한 설정을 포함하고 있습니다.

실습을 진행하기 전에 간략히 젠킨스 Freestyle로 CI/CD를 구성하는 순서를 요약해 보겠습니다.

1. 깃허브에서 echo-ip를 빌드할 정보가 담긴 파일들을 내려(pull)받습니다.
2. 받은 파일들을 이용해서 컨테이너 이미지를 빌드합니다.
3. 빌드한 이미지를 레지스트리(192.168.1.10:8443)에 저장(push)합니다.
4. 레지스트리에 저장한 이미지를 쿠버네티스 클러스터에 디플로이먼트로 생성하고 로드밸런서 서비스로 노출합니다.

Tip ☆ 작업 중 화면을 길게 방치하면 403 오류가 발생하는 이유

젠킨스에서 설정값을 입력하는 시간이 30분 이상 소요되거나 화면을 장시간 방치했을 때 정보를 제출하거나 화면을 전환하는 과정에서 403 No valid crumb 오류가 발생하는 경우가 있습니다. 이는 젠킨스의 강화된 보안 때문입니다. 젠킨스는 2.222.1 버전부터 사이트 간 요청 위조(CSRF, Cross site request forgery) 공격을 방어하는 옵션을 강제로 활성화하며 임의로 이 옵션을 해제할 수 없습니다. 사이트 간 요청 위조는 인증 받은 유저의 권한을 도용해 임의로 사이트의 특정 기능을 실행하는 공격 기법입니다. 젠킨스는 이러한 공격을 방어하기 위해 서버로 정보를 전달하기 전 일정 시간 동안만 유효한 crumb이라는 토큰을 정보 입력 화면 진입 시에 발급합니다. 화면을 오랫동안 방치하면 이 토큰의 유효 기간이 만료돼 젠킨스 입장에서는 사용자가 서버로 전송한 내용이 공격 시도인지 정상적인 입력인지 판단하지 못해 오류를 발생시킵니다. 따라서 한 화면 내에서 입력하는 시간은 30분 이내로 유지하거나 crumb 오류가 발생하면 당황하지 말고 새로고침 후에 다시 접속하기 바랍니다.

앞의 작업 순서대로 Freestyle 프로젝트를 진행해 봅시다.

1. 이름을 dpy-fs-dir-prod로 지정하고 Freestyle project 아이템을 선택한 후에 OK 버튼을 누릅니다.

▼ 그림 5-44 Freestyle project 아이템을 생성

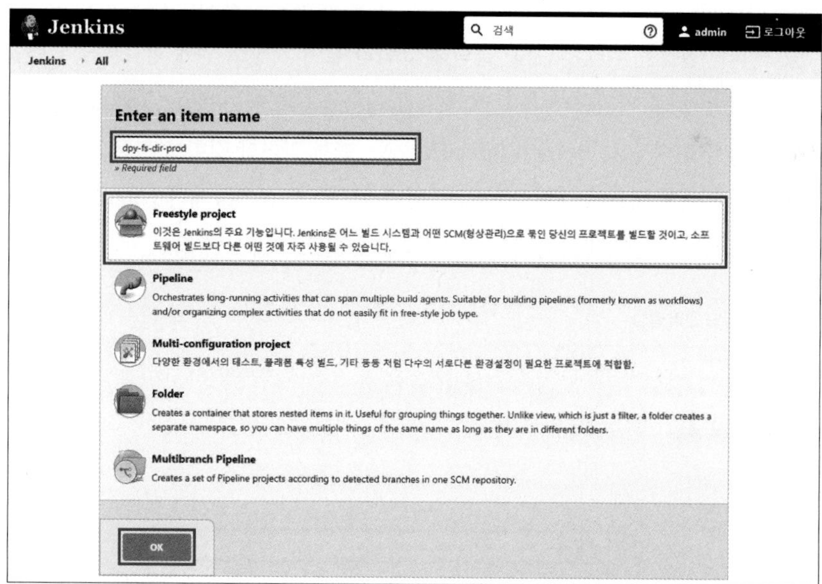

2. General 탭에서 Restrict where this project can be run 체크를 **해제**합니다.

▼ 그림 5-45 dpy-fs-dir-prod 프로젝트의 General 탭

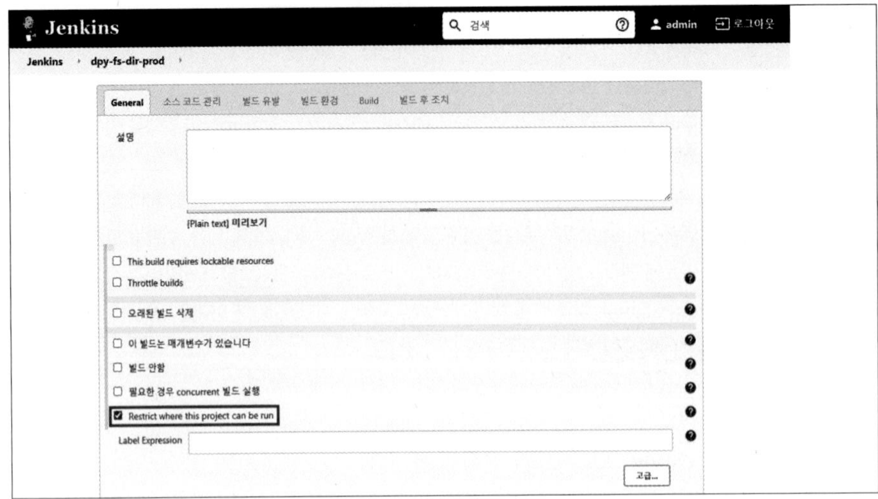

이 설정은 젠킨스의 에이전트가 특정한 레이블을 가지고 있을 때 해당 레이블을 가진 에이전트에서만 실행될 수 있도록 제한을 가하는 옵션인데, 현재는 불필요합니다.

3. **소스 코드 관리** 탭에서는 젠킨스 외부에 있는 소스 코드 저장소를 젠킨스 CI로 사용하도록 지정할 수 있습니다. 설정을 위해서 Git을 클릭해 그림과 같이 저장소 외에 항목들을 입력할 수 있는 메뉴로 변경된 것을 확인합니다. 그리고 Repository URL에는 https://github.com/iac-source/echo-ip를 입력하고, Branch Specifier에는 현재 입력한 깃허브 저장소에 존재하는 주요(main) 브랜치 변경 내용에 대해서만 CI를 진행하도록 */master에서 */main으로 변경합니다. 그 외의 메뉴는 변경하지 않고 그대로 진행하겠습니다.

▼ 그림 5-46 소스 코드 관리 설정

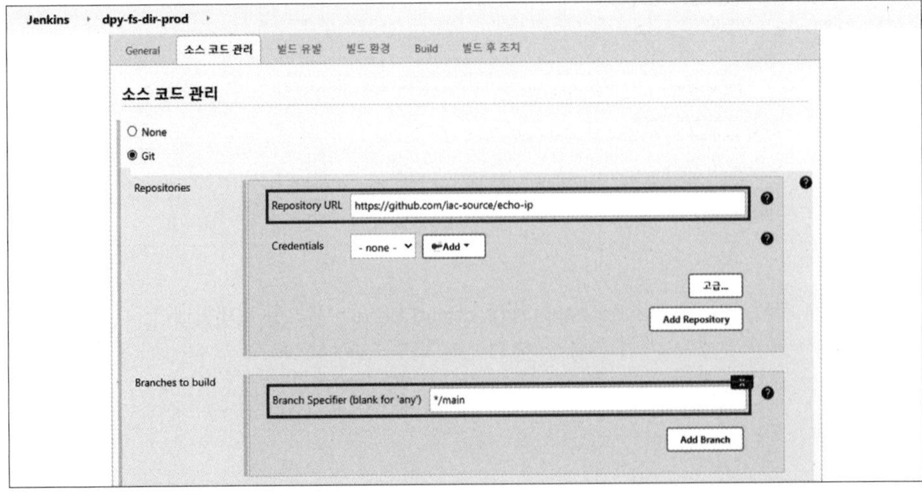

4. Build 단계를 추가합니다. 실제로 젠킨스가 작업을 수행할 방법을 선택하는 단계입니다. Add build step을 클릭해 Execute Shell을 선택합니다. 이 항목에 입력한 셸 명령어로 빌드 작업이 수행됩니다.

▼ 그림 5-47 빌드 중에 Execute shell 단계 추가

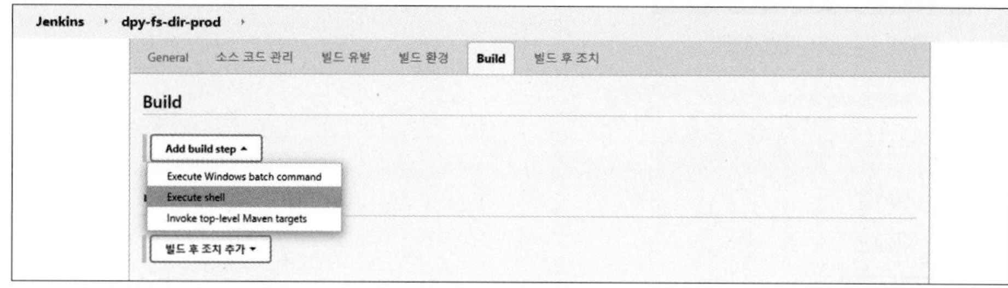

5. 젠킨스에서 빌드에 사용할 명령어를 확인하고 입력합니다. 명령어는 도커 이미지 빌드, 도커 이미지 푸시, 디플로이먼트 생성, 로드밸런서를 통한 노출의 4단계로 이루어져 있습니다. 실제로 젠킨스가 작업을 수행할 때는 위에 입력한 셸 명령어들이 수행됩니다. 이 스크립트는 사전에 구성돼 있으므로 cat 명령으로 스크립트를 출력한 후 복사한 다음 Execute Shell 메뉴를 누른 후에 나온 칸에 붙여넣습니다. 그리고 **저장** 버튼을 눌러 설정한 프로젝트 내용을 저장합니다.

```
[root@m-k8s ~]# cat ~/_Book_k8sInfra/ch5/5.4.1/echo-ip-101.freestyle
docker build -t 192.168.1.10:8443/echo-ip . # 도커 빌드 / CI 작업
docker push 192.168.1.10:8443/echo-ip       # 도커 이미지 저장 / CI 작업
kubectl create deployment fs-echo-ip --image=192.168.1.10:8443/echo-ip # 쿠버네티스 디
플로이먼트 배포 / CD 작업
kubectl expose deployment fs-echo-ip --type=LoadBalancer --name=fs-echo-ip-svc
--port=8080 --target-port=80
# 쿠버네티스 서비스 노출 / CD 작업
```

▼ 그림 5-48 젠킨스 빌드를 위해 실행되는 명령

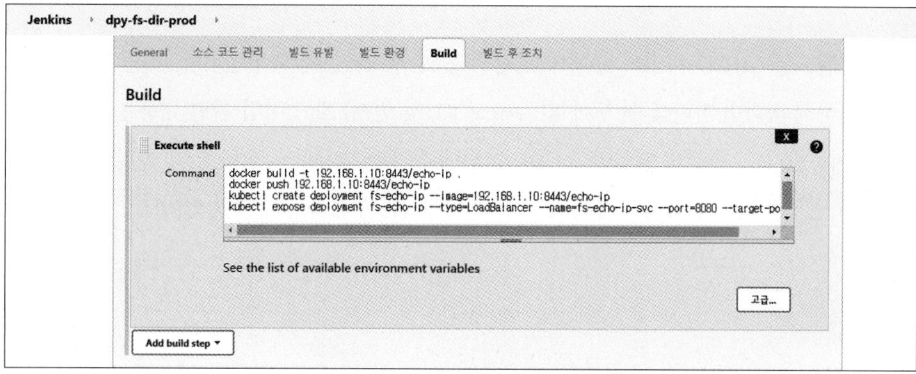

6. **저장** 버튼을 누르면 그림과 같이 프로젝트 화면으로 돌아갑니다. Build Now를 눌러 저장한 프로젝트를 실행합니다.

▼ 그림 5-49 dpy-fs-dir-prod 프로젝트에 대한 빌드 시작

7. CI/CD 작업을 수행하면 Build History에 작업이 추가됩니다. 작업이 정상적으로 종료됐다면 파란색 표시를 볼 수 있습니다. 만약 작업이 실패했다면 빨간색 표시가 나타납니다.

▼ 그림 5-50 빌드 히스토리에 표시되는 실패와 성공

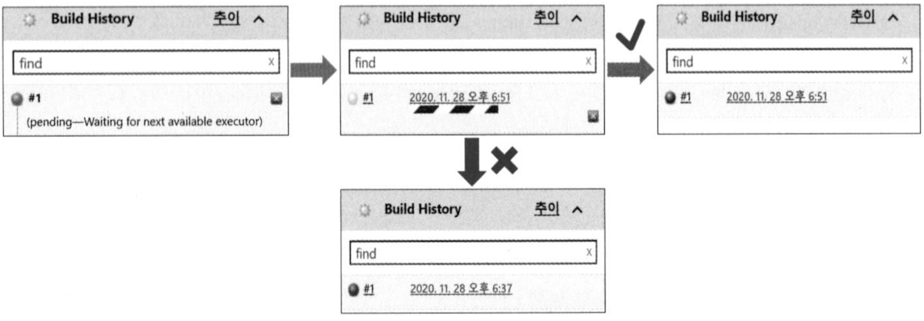

8. 성공적으로 CI/CD 작업이 수행돼 파란색 원이 생성됐는지 확인합니다. 작업 내용을 자세히 확인하고 싶다면 파란색 원 뒤에 #1 누르고 #1(첫 번째) 빌드 작업 관련 내용을 살펴보는 메뉴로 이동합니다. 빨간색 원이라면 CI/CD 중에 문제가 발생한 것으로 이와 동일한 과정을 거친 뒤에 빌드 작업과 관련된 내용을 확인하고 문제되는 부분을 수정해야 합니다.

✔ 그림 5-51 #1을 클릭하고 첫 번째 빌드 작업 관련 내용을 살펴보는 메뉴로 이동

9. 여기서 빌드에 관련한 자세한 내용을 살펴보려면 Console Output 메뉴를 클릭해야 합니다. 콘솔 출력(Console Output)을 확인하면 작업의 진척 상황이나 작업의 실패 원인을 파악할 수 있습니다. 다음 화면은 작업이 성공적으로 진행돼 문제가 없는 내용입니다.

✔ 그림 5-52 dpy-fs-dir-prod 첫 번째 빌드에 대한 콘솔 출력

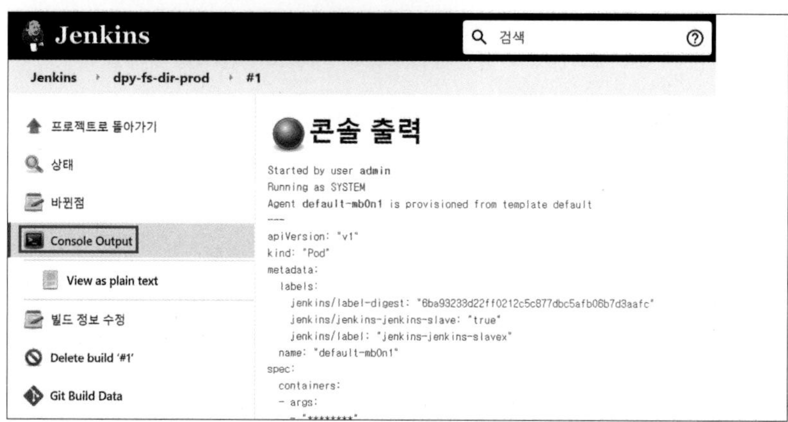

10. 슈퍼푸티 창으로 돌아가 쿠버네티스 클러스터에 디플로이먼트와 로드밸런서가 정상적으로 배포됐는지 확인합니다.

```
[root@m-k8s ~]# kubectl get deployments
NAME          READY   UP-TO-DATE   AVAILABLE   AGE
fs-echo-ip    1/1     1            1           118s
jenkins       1/1     1            1           24h
[root@m-k8s ~]# kubectl get services
NAME             TYPE           CLUSTER-IP       EXTERNAL-IP    PORT(S)          AGE
fs-echo-ip-svc   LoadBalancer   10.107.168.122   192.168.1.12   8080:31118/TCP   2m40s
jenkins          LoadBalancer   10.107.223.46    192.168.1.11   80:31575/TCP     24h
jenkins-agent    ClusterIP      10.105.226.112   <none>         50000/TCP        24h
kubernetes       ClusterIP      10.96.0.1        <none>         443/TCP          5d14h
```

디플로이먼트 fs-echo-ip와 로드밸런서 fs-echo-ip-svc가 정상적으로 배포된 것을 확인할 수 있습니다.

11. 좀 더 확실하게 호스트 노트북(혹은 PC)에서 웹 브라우저를 열어 192.168.1.12:8080을 입력하고 배포된 파드의 정보가 화면에 출력되는지 확인합니다. 배포가 정상적으로 이루어졌다면 이 부분에 문제가 없으므로 echo-ip 애플리케이션 배포에 대해서는 따로 웹을 통해 확인하지 않겠습니다.

▼ 그림 5-53 웹 브라우저에서 echo-ip 접속

12. 다음 실습을 위해 젠킨스로 배포한 로드밸런서 서비스와 디플로이먼트를 삭제합니다.

```
[root@m-k8s ~]# kubectl delete service fs-echo-ip-svc
service "fs-echo-ip-svc" deleted
[root@m-k8s ~]# kubectl delete deployment fs-echo-ip
deployment.apps "fs-echo-ip" deleted
```

> **Tip** 왜 배포된 오브젝트를 젠킨스로 삭제하지 않나요?
>
> 젠킨스는 지속적 통합 및 배포를 위한 도구입니다. 만약 젠킨스를 통해 배포한 애플리케이션을 삭제한다면 삭제 과정을 추가 프로젝트로 생성해야 합니다. 따라서 이 책에서는 간단하게 삭제할 수 있는 kubectl을 이용해 젠킨스에서 배포한 쿠버네티스 오브젝트들을 직접 삭제합니다. 삭제된 오브젝트는 다시 Build Now를 눌러서 언제라도 다시 배포할 수 있습니다.

13. 그리고 젠킨스 홈 화면에서 dpy-fs-dir-prod 프로젝트도 삭제합니다.

▼ 그림 5-54 배포한 프로젝트 삭제하기

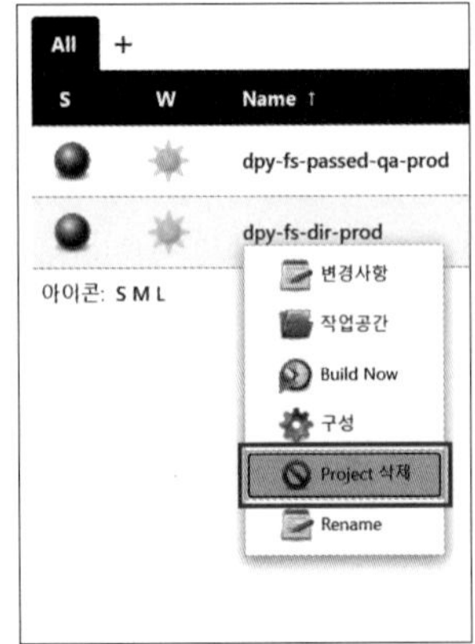

Freestyle 프로젝트는 젠킨스의 웹 화면에 직접 셸 스크립트를 입력하기 때문에 빌드 작업의 명령어에 변경이 있을 경우 작업 관리 및 변경 사항의 추적이 쉽지 않습니다. 이러한 내용을 파일 레벨로 관리하고 이를 변경 관리를 도와주는 깃허브 저장소를 함께 사용한다면 어떨까요? 이와 같이 구성한다면 이력 관리 및 변경 추적 그리고 애플리케이션 통합이 훨씬 수월합니다. 이렇게 파일 레벨로 CI/CD를 구성하게 도와주는 아이템이 Pipeline입니다.

5.4.2 Pipeline 프로젝트로 손쉽게 echo-ip 배포하기

젠킨스의 Pipeline은 연속적인 작업을 코드 또는 파일로 정의해주는 젠킨스 기능입니다. Pipeline은 고유의 문법으로 작성된 코드 또는 이러한 내용을 담고 있는 파일로 이루어져 있습니다. 파이프라인 문법을 통해 젠킨스는 코드로 작성한 내용이 실제 동작하는 작업이 되는 **코드로서의 파이프라인**(Pipeline-As-Code)을 구현할 수 있습니다.

Freestyle은 웹 화면에서 메뉴를 눌러서 필요한 것을 정의하는 방식이기 때문에 간단한 단일 작업을 정의할 때는 유용합니다. 그러나 CI/CD는 빌드-테스트-패키징-배포 등의 여러 단계로 나누어진 작업들이 효과적으로 이루어져야 합니다. 그러나 Freestyle의 경우 화면에서 메뉴를 눌러서 정의하는 방식이기 때문에 여러 사람들에게 전달하려면 사용법을 책자로 만들고 교육해야 합니다. 또한 일부 내용이 변경되면 다시 책자를 만들거나 변경된 내용을 교육해야 합니다. 그래서 젠킨스에서는 Pipeline을 통해서 CI/CD 내용을 코드 또는 파일로 정의해 단순히 해당 코드 또는 파일을 가져다 쓰면 모든 것이 쉽게 되도록 지원합니다.

젠킨스 Pipeline은 크게 2가지의 문법으로 코드를 작성할 수 있습니다. 첫 번째는 **스크립트**(Scripted pipeline) 문법이고 두 번째는 **선언적인**(Declarative pipeline) 문법입니다. 각 문법은 일반적인 경우에는 큰 차이점이 없으나, 쿠버네티스상에서 젠킨스 에이전트를 설정할 때 스크립트 문법을 사용하면 익숙하지 않은 젠킨스의 고유 문법으로 작성해야 합니다. 하지만 선언적인 문법을 사용하면 우리가 이미 익숙한 야믈을 그대로 사용할 수 있으므로 쿠버네티스상의 젠킨스 에이전트 설정에는 선언적인 문법을 사용하는 것을 권장합니다. 따라서 Pipeline 실습에서는 선언적인 문법을 위주로 진행할 것이며, 일부 조건문에서는 표현이 다양한 스크립트 문법으로 작성하겠습니다. 비교를 위해서 간단히 echo-ip 애플리케이션을 배포하는 것을 2개의 문법으로 그리면 다음과 같습니다.

▼ 그림 5-55 간단한 배포일 경우 스크립트 문법과 선언적인 문법 비교

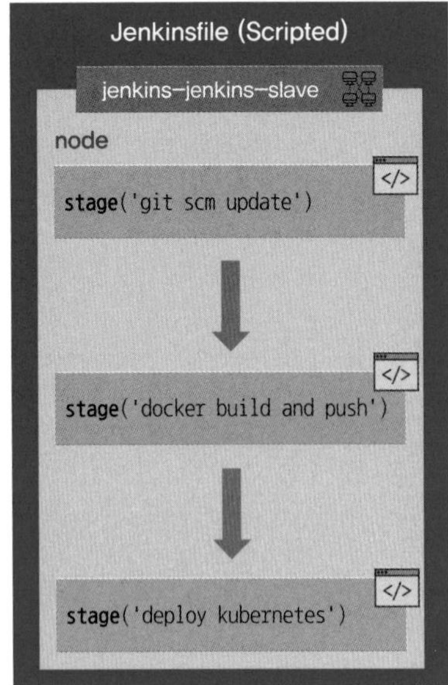

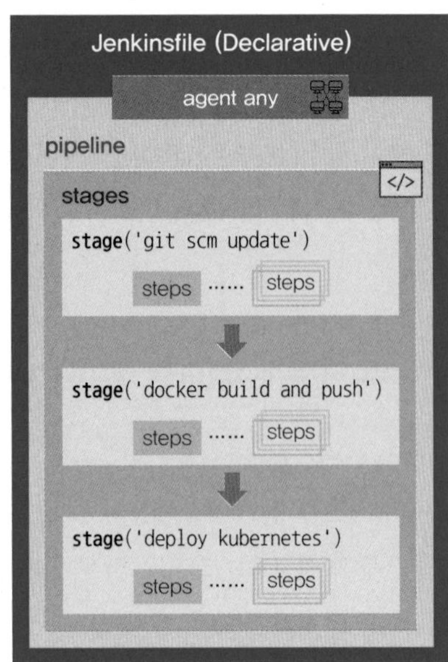

이와 같이 간단한 배포의 경우에는 에이전트를 설정할 필요가 없기 때문에 큰 차이가 있지 않습니다. 하지만 이미 설명했던 것처럼 젠킨스 에이전트를 설정하는 경우에는 큰 차이가 발생하는데, 이는 다음 절에서 알아보겠습니다.

실습을 진행하기 전에 Pipeline으로 어떻게 CI/CD를 구현하는지 간략히 정리해 봅시다.

1. 깃허브와 같은 소스 코드 저장소에서 빌드할 소스 코드와 젠킨스 내부의 작업을 선언적인 문법으로 정의해 둔 Jenkinsfile을 내려받습니다.
2. 내려받은 Jenkinsfile을 해석해서 작성자의 의도에 맞는 작업을 자동으로 수행합니다. 이때 Jenkinsfile을 통해 이루어지는 것은 5.4.1에서 Freestyle로 진행한 내용과 같습니다. 이를 간편하게 사용하기 위해서 Jenkinsfile로 정의해 둔 것입니다.

그러면 Pipeline으로 배포하는 과정을 실습하겠습니다. 5.4.1에서 Freestyle로 배포했던 echo-ip를 Pipeline으로 얼마나 간단하게 배포할 수 있는지 확인해 봅시다.

1. Pipeline 배포 실습을 위해서 젠킨스 홈 화면으로 이동한 후에 **새로운 Item** 버튼을 눌러서 새로운 아이템을 생성하는 화면으로 넘어갑니다.

▼ 그림 5-56 Pipeline 생성을 위해서 새로운 Item 생성

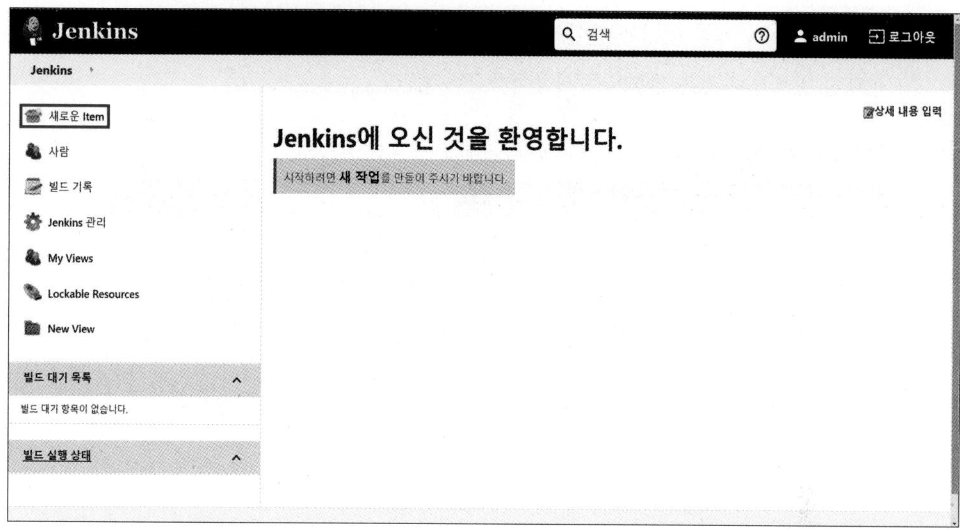

2. 이번에 선택할 아이템은 Pipeline이며 생성할 프로젝트의 이름은 dpy-pl-bulk-prod입니다. 모든 선택을 마쳤다면, OK 버튼을 눌러서 세부 설정을 하는 메뉴로 이동합니다.

▼ 그림 5-57 새로운 Pipeline 프로젝트를 생성

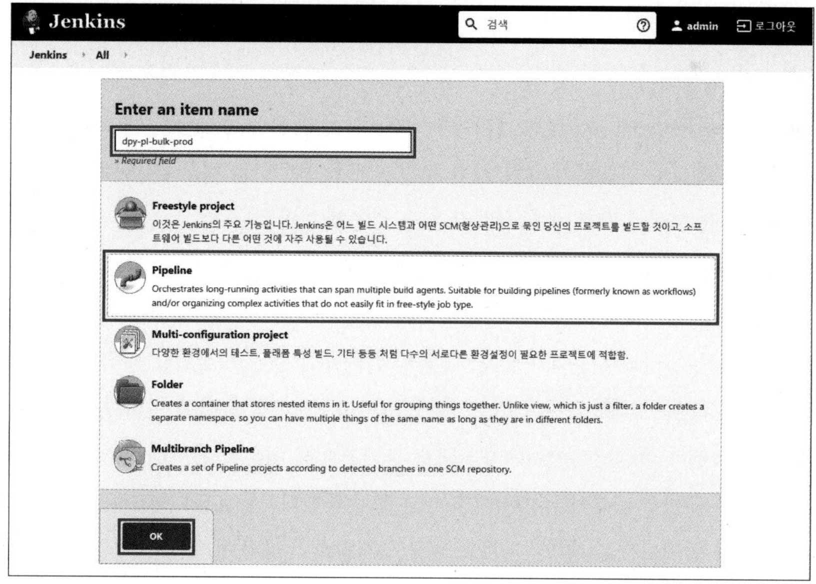

3. General 탭은 프로젝트의 일반적인 설정을 기록하는 곳입니다. 프로젝트의 설명 및 빌드 작업의 동작 방식에 대한 여러 설정이 있지만 이와 관련된 설정을 하지 않아도 실습을 진행하는 데 문제가 없으므로 기본 설정으로 사용하겠습니다.

▼ 그림 5-58 dpy-pl-bulk-prod 프로젝트의 General 탭

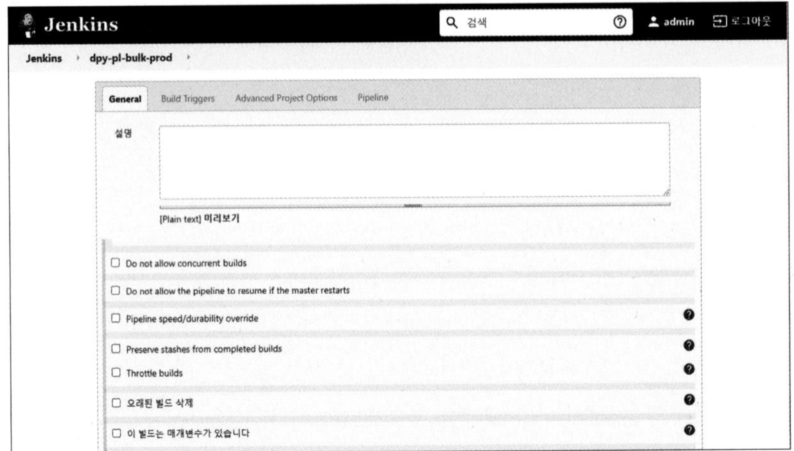

4. Build Triggers 탭은 빌드를 유발하기 위한 조건을 설정하는 탭입니다. 사용자의 환경에 따라 빌드에 필요한 조건이 달라질 수 있기 때문에 존재하는 설정입니다. 탭에서 제공하는 옵션을 살펴보겠습니다.

   - Build after other projects are built: 다른 프로젝트를 빌드한 이후에 이 프로젝트를 빌드합니다. 특정 프로젝트를 빌드하기 위한 사전 조건을 구성해야 하는 경우 혹은 여러 개의 프로젝트를 빌드할 때 순서에 따른 의존 관계가 있는 경우에 유용합니다.
   - Build periodically: 주기적으로 프로젝트 빌드를 수행합니다. 일정 주기로 빌드를 수행하는 경우에 사용할 수 있습니다. 예를 들어 매일 최신 버전의 소프트웨어를 배포하는 방식을 **야간 빌드**(Nightly build)라고 하는데 이러한 작업을 위해 1일 주기로 작업을 설정할 수 있습니다. 주기를 설정할 때는 **크론**(Cron)이라는 스케줄 도구의 문법을 활용해 작성합니다.
   - Poll SCM: 깃허브 등의 소스 코드 저장소에서 주기적으로 내용을 검사해 빌드합니다. Poll SCM 또한 크론 문법을 사용해 주기적으로 빌드를 수행합니다. Build periodically와 차이점은 Poll SCM은 빌드를 수행하기 전 소스 코드 저장소의 내용에 변경이 있는지 확인합니다. 이후 변경이 있을 때만 빌드를 수행합니다.

- **빌드 안함**: 빌드를 사용하지 않습니다. 임시로 사용하지 않을 프로젝트 등에 설정할 수 있습니다. 이 옵션을 설정하면 웹 화면상에서 '이 프로젝트는 현재 비활성 상태입니다'라는 안내가 표시됩니다.
- **Quiet period**: 빌드를 실행할 때 약간의 지연 시간을 주는 옵션입니다. 지연 시간의 범위 이내에서 들어온 요청은 한 건으로 처리하기 때문에 불필요한 작업의 중복을 방지할 수 있습니다. 예를 들면 Quiet period를 5초로 설정한다면, 여러 번의 푸시가 들어오더라도 5초 내에 들어온 마지막 푸시만을 실행합니다. 단 젠킨스 UI의 Build Now는 즉시 작업을 수행하기 때문에 이 값을 생략합니다. 깃허브와 같은 소스 코드 저장소와 연계해 외부의 요청으로부터 작업이 수행되는 경우에 적용할 수 있습니다.
- **빌드를 원격으로 유발**: 외부와 연계를 위해 젠킨스의 빌드 작업을 외부에서 URL을 호출해 시작할 때 사용합니다. 이 옵션을 선택하면 작업 실행 권한의 인증을 위한 토큰(Token)을 입력할 수 있습니다. 토큰을 설정한 경우 `<JENKINS_URL>/job/<작업명>/build?token=<토큰 이름>`의 형식으로 URL을 호출하면 빌드 작업이 시작됩니다. 이 주소는 주로 깃허브의 푸시 또는 메신저의 웹훅(webhook)과 같이 주소를 이용해서 빌드를 시작할 수 있는 곳에서 사용됩니다.

❤ 그림 5-59 dpy-pl-bulk-prod 프로젝트의 Build Triggers 탭

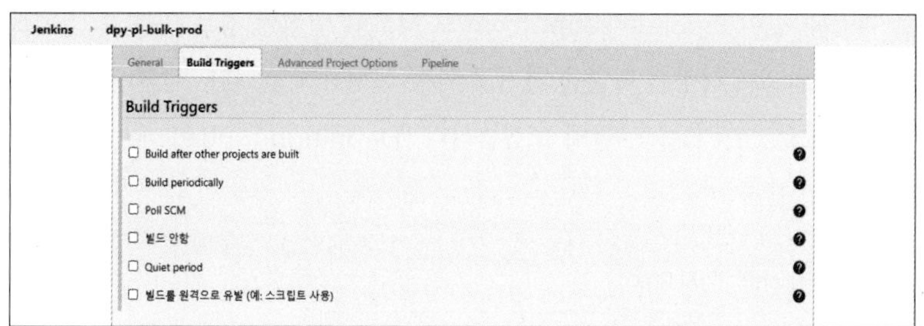

5. Advanced Project Options 탭은 프로젝트의 고급 옵션을 설정하는 곳으로 젠킨스의 플러그인 설치에 따라 생성됩니다. 이번 실습에서는 별도로 고급 옵션을 설정하는 플러그인이 설치되지 않은 환경입니다.

❤ 그림 5-60 dpy-pl-bulk-prod 프로젝트의 Advanced Project Options

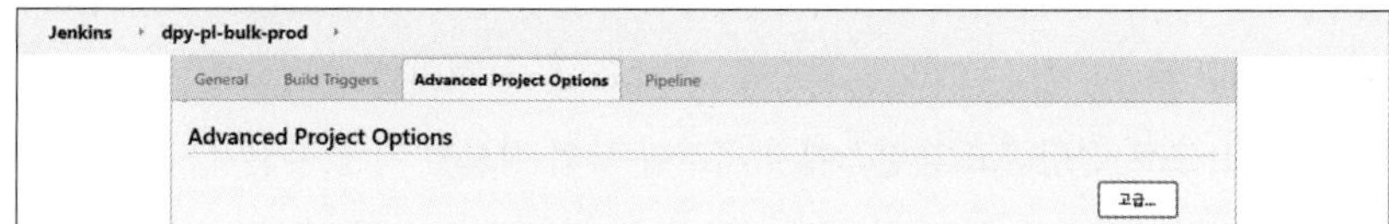

6. Pipeline 탭에서는 젠킨스의 빌드 작업 절차를 정의할 수 있습니다. 빌드 작업을 위한 스크립트를 직접 입력하거나 외부의 소스 코드 저장소에서 선언적인 문법으로 작성된 파일을 가지고 와서 빌드 작업을 수행할 수 있습니다. Definition에서 Pipeline script를 선택할 경우 해당 화면에서 Freestyle과 같이 직접 입력한 내용을 사용합니다. 여기서 차이는 선언적인 문법을 사용해야 한다는 것입니다.

▼ 그림 5-61 dpy-pl-bulk-prod의 Pipeline 탭

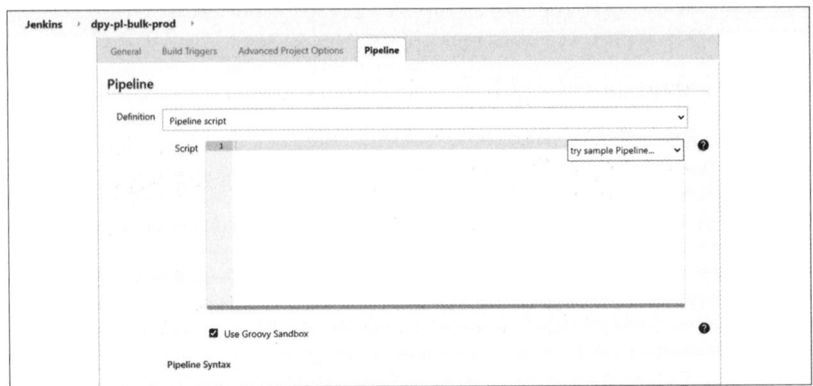

만약 이 내용을 다음과 같이 Pipeline script from SCM으로 설정할 경우 외부 소스 코드 저장소에서 선언적인 문법으로 작성된 파일을 가지고 와서 실행하게 됩니다. 실습에서는 편의를 위해 이미 작성된 파일로 CI/CD를 구현해 보겠습니다. Definition을 `Pipeline script from SCM`으로 합니다.

▼ 그림 5-62 Pipeline Definition의 2가지 메뉴

Pipeline
Definition
Pipeline script
Pipeline script
Pipeline script from SCM

7. 이제 외부 저장소에서 선언적인 문법으로 작성된 파일을 가지고 오기 위해서 다음과 같이 지정합니다. **SCM**은 **Git**으로 설정하고 Repository URL을 **https://github.com/iac-source/echo-ip**로 설정합니다. 그리고 파일을 가지고 올 브랜치를 설정하기 위해 Branch Specifier를 `*/main`으로 설정하고 젠킨스에서 처리할 작업 정보를 지닌 파일이 Script Path에 `Jenkinsfile`(기본값)로 입력돼 있는 것을 확인합니다. 참고로 SCM은 소스 코드 관리(Source Code Management)를 의미하며, SCM은 깃허브를 대중적으로 가장 많이 사용합니다.

▼ 그림 5-63 파이프라인을 불러오기 위한 SCM 설정

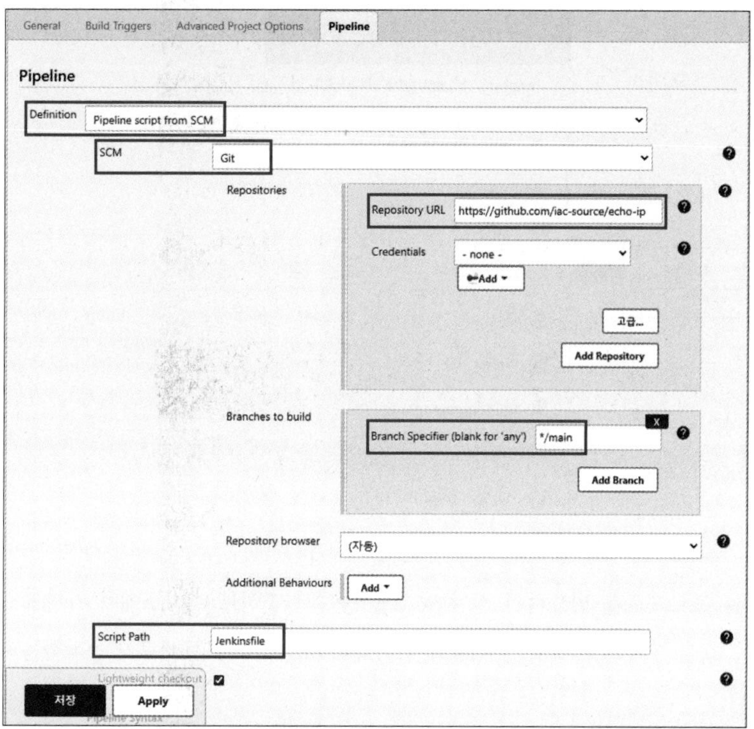

Tip **깃허브 주소 끝에 붙는 .git에 대한 의미**

깃허브의 저장소 주소를 SCM에서 사용할 때 끝부분에 .git이 붙어 있는 경우와 없는 경우가 있습니다. 이는 순수하게 편의적인 목적으로 사용자가 직접 입력 시에는 .git을 제외하고 설명했으며, 깃허브 저장소에서 제공하는 주소를 복사해서 사용할 때는 .git이 포함돼 SCM에 사용됐습니다. 사실 주소 값에는 차이가 있지만 결과적으로는 차이 없는 결과가 나옵니다. 여기에서 .git의 의미는 일반적인 확장자가 아닌 깃 작업 내용을 저장하는 공간을 의미합니다. 깃허브 저장소 경로의 맨 끝에 .git에 대한 존재와 관계 없이 경로로 전달되는 모든 요청은 깃허브에서 .git 경로로 다시 전달해 주기 때문에 결과적으로는 단순히 저장소 경로만으로도 SCM에 등록하고 코드를 내려받을 수 있는 것입니다.

8. 이제 **저장** 버튼을 눌러서 Pipeline 프로젝트가 저장된 것을 확인합니다.

▼ 그림 5-64 모든 설정을 완료한 dpy-pl-bulk-prod 프로젝트

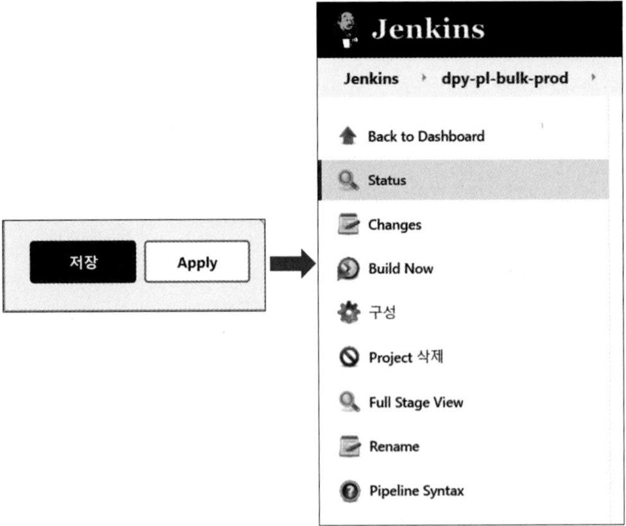

9. 저장한 Pipeline 프로젝트를 빌드하기 전에 SCM을 통해서 깃허브 저장소에서 가지고 오는 Jenkinsflie의 소스를 살펴보고, 코드를 이용해서 어떻게 Pipeline 프로젝트가 동작하는지 확인해 보겠습니다.

▼ 그림 5-65 echo-ip 깃허브 저장소에 있는 Jenkinsfile

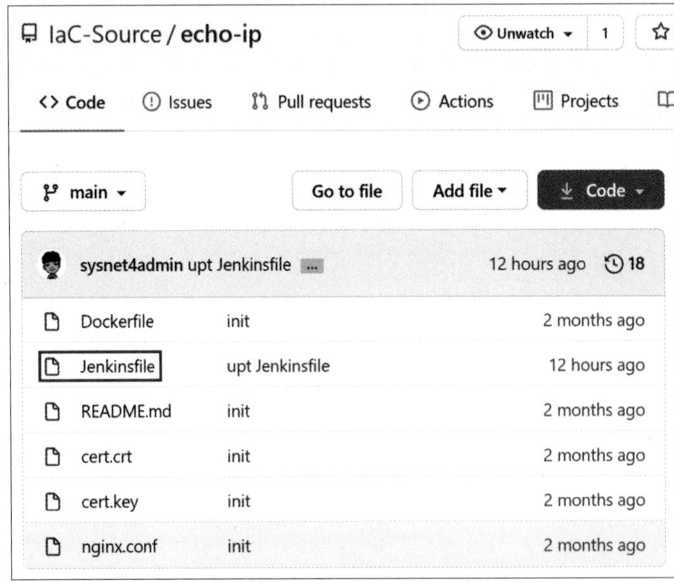

Jenkinsfile 구조를 먼저 살펴보면서 Jenkinsfile 파일 내용을 좀 더 쉽게 이해해 봅시다.

▼ 그림 5-66 Jenkinsfile의 구조

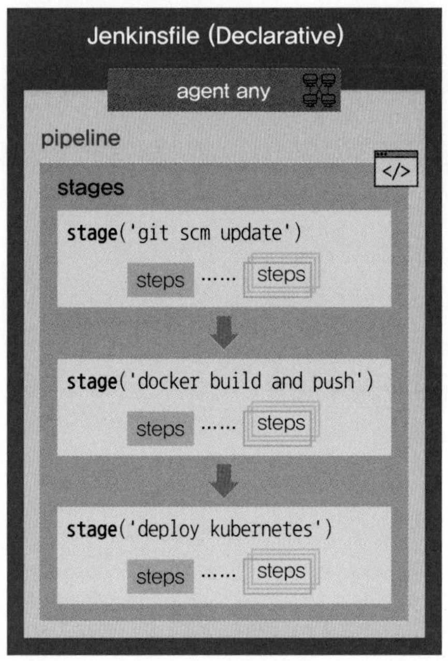

Jenkinsfile의 구성 요소는 다음과 같은 내용을 정의합니다.

- **pipeline**: 선언적인 문법이 시작하는 부분입니다. 선언적인 문법으로 작성된 작업들은 pipeline {}의 사이에 작업 내용을 작성해야 합니다.
- **agent**: 작업을 수행할 에이전트를 지정하고 필요한 설정을 합니다. 지정된 에이전트 내부에서 젠킨스 빌드 작업이 실제로 수행되는데 다음과 같은 여러 가지 방식으로 지정할 수 있습니다. 첫 번째는 사용 가능한 에이전트를 젠킨스가 임의로 지정하는 **any**, 두 번째는 특정 레이블과 일치하는 에이전트 노드를 지정하는 **label**, 세 번째는 에이전트 노드의 이미지를 도커로 지정하는 **docker**, 네 번째는 에이전트 노드를 쿠버네티스 파드로 지정하는 **kubernetes**와 같은 것들이 있습니다. 플러그인에 따라 지정할 에이전트는 무수히 많습니다. agent any로 사용하면 현재 설정된 에이전트가 하나만 존재하기 때문에 설정된 에이전트를 통해서 빌드 작업을 수행하게 됩니다.
- **stages**: stage들을 모아서 정의하고 이를 순서대로 진행하게 해 줍니다.
- **stage**: step들을 정의하는 영역입니다. stage는 괄호 안에 여러 개의 step들을 정의할 수 있는데 이 step들 내부에서 실제로 동작하는 내용들이 정의됩니다. 그리고 젠킨스에서 빌드가 진행될 때 stage별로 진행 단계를 확인할 수 있습니다.

- **steps**: stage 내부에서 실제 작업 내용을 작성하는 영역입니다. stage 내부에 여러 step이 존재할 수 있습니다. step 영역 내부에서 **script**, **sh**, **git**과 같은 작업(work)을 통해서 실제로 동작하게 됩니다.

실제 깃허브 저장소에 있는 Jenkinsfile의 코드를 살펴보겠습니다.

Jenkinsfile

```
pipeline {
  agent any
  stages {
    stage('git scm update') {
      steps {
        git url: 'https://github.com/IaC-Source/echo-ip.git', branch: 'main'
      }
    }
    stage('docker build and push') {
      steps {
        sh '''
        docker build -t 192.168.1.10:8443/echo-ip .
        docker push 192.168.1.10:8443/echo-ip
        '''
      }
    }
    stage('deploy kubernetes') {
      steps {
        sh '''
        kubectl create deployment pl-bulk-prod --image=192.168.1.10:8443/echo-ip
        kubectl expose deployment pl-bulk-prod --type=LoadBalancer --port=8080 \
                                               --target-port=80 --name=pl-bulk-prod-svc
        '''
      }
    }
  }
}
```

- **4~8번째 줄**: 소스 코드 저장소인 깃허브로부터 소스 코드를 내려받은 단계입니다. 이때 소스 코드를 내려받기 위해 git 작업을 사용합니다. git 작업에서 인자로 요구하는 git url은 깃허브 저장소의 주소인 https://github.com/IaC-Source/echo-ip.git으로 설정했고, branch는 main 브랜치로 설정합니다.
- **9~16번째 줄**: 도커 명령을 이용해서 컨테이너 이미지를 빌드하고, 빌드한 이미지를 레지스트리에 저장하는 작업을 수행하는 단계입니다. 이때 sh 작업을 통해 docker 명령을 사용합니다.
- **17~24번째 줄**: kubectl 명령으로 전 단계에서 레지스트리에 저장한 이미지를 pl-bulk-prod(디플로이먼트)로 배포하고, 배포한 pl-bulk-prod를 kubectl 명령으로 로드밸런서 타입으로 노출하는 작업을 수행합니다. 이때 sh 작업을 통해 kubectl 명령을 사용합니다.

10. 이제 다시 젠킨스 화면으로 돌아가 Build Now를 클릭해 젠킨스의 빌드 및 배포 작업을 시작하겠습니다. 작업이 시작되면 Build History에 #1이 추가되는 것을 확인할 수 있습니다.

▼ 그림 5-67 Pipeline으로 설정한 내용대로 빌드 진행 중

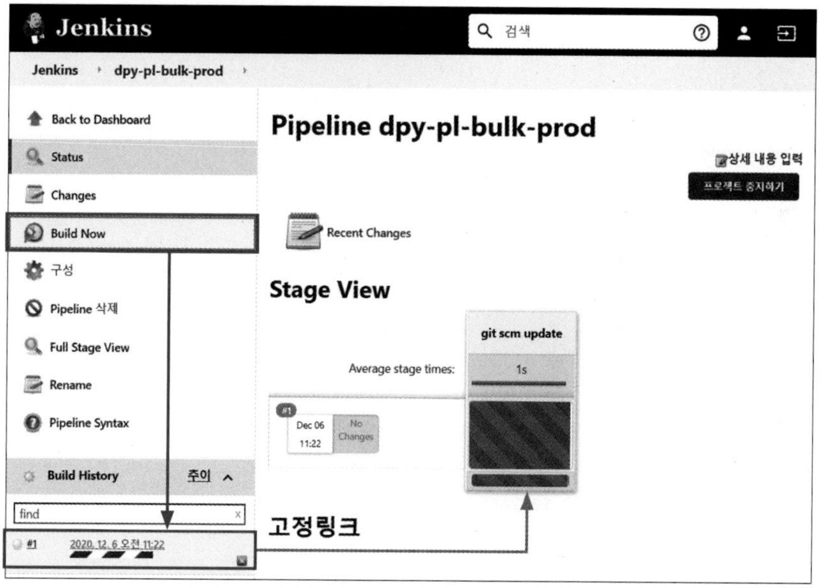

작업이 성공하면 우측에 각 스테이지(Stage)별 단계와 작업의 성공 여부 소요 시간과 같은 다양한 정보가 표시됩니다.

▼ 그림 5-68 빌드 작업 수행 순서

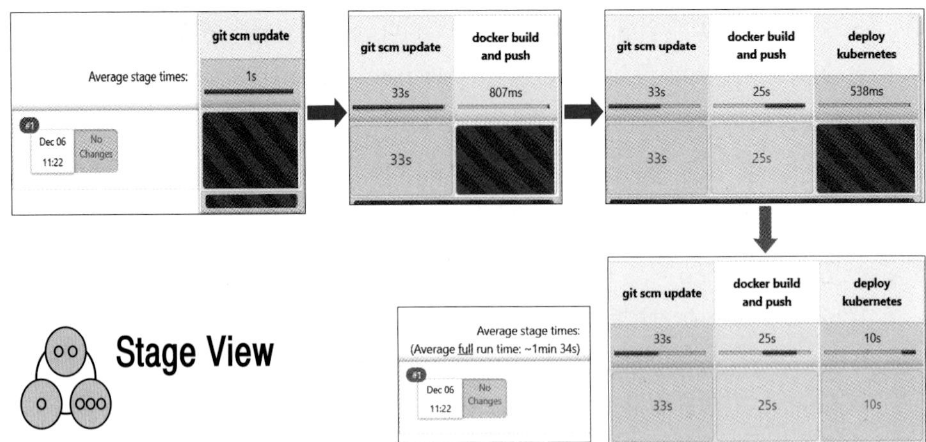

11. 각 스테이지별로 배포가 정상적으로 완료된 것을 확인했으면 실제로 쿠버네티스 클러스터에 디플로이먼트와 로드밸런서가 정상적으로 배포됐는지 확인합니다.

```
[root@m-k8s ~]# kubectl get deployments
NAME            READY   UP-TO-DATE   AVAILABLE   AGE
pl-bulk-prod    1/1     1            1           13m
jenkins         1/1     1            1           47h
[root@m-k8s ~]# kubectl get services
NAME                TYPE           CLUSTER-IP      EXTERNAL-IP    PORT(S)          AGE
jenkins             LoadBalancer   10.100.80.234   192.168.1.11   80:32761/TCP     47h
jenkins-agent       ClusterIP      10.110.55.13    <none>         50000/TCP        47h
kubernetes          ClusterIP      10.96.0.1       <none>         443/TCP
6d13h
pl-bulk-prod-svc    LoadBalancer   10.101.75.133   192.168.1.12   8080:31231/TCP   13m
```

12. 다음 실습을 위해 배포한 서비스와 디플로이먼트를 삭제합니다.

```
[root@m-k8s ~]# kubectl delete service pl-bulk-prod-svc
service "pl-bulk-prod-svc" deleted
[root@m-k8s ~]# kubectl delete deployment pl-bulk-prod
deployment.apps "pl-bulk-prod" deleted
```

Pipeline 아이템을 이용하면 매우 간단하게 CI/CD를 코드로 정의하고 사용할 수 있는 것을 확인했습니다. 단순히 코드를 불러서 사용하는 것이 아니라 전략적으로 배포하는 것을 Pipeline 아이템을 이용하면 구현할 수 있었습니다. 다음 절에서 Pipeline을 이용해 애플리케이션을 중단할 필요 없이 변경 및 업데이트하는 전략에 대해 알아보겠습니다.

5.4.3 Pipeline 프로젝트로 구현하는 블루그린 배포 전략

쿠버네티스에서 애플리케이션을 배포하는 것은 어렵지 않습니다. 하지만 파드의 특성상 배포되는 애플리케이션의 변경이 있다면 언제나 삭제하고 다시 생성하는 과정을 거칩니다. 따라서 중요한 서비스가 동작하고 있는 경우 이렇게 중단되는 시간이 발생하는 것은 큰 부담일 수 있습니다. 따라서 이번에는 변경된 애플리케이션을 중단 없이 배포하는 방법인 블루그린 전략을 젠킨스상에서 구현하는 방법에 대해서 알아보겠습니다. 먼저 앞서 배포한 echo-ip 애플리케이션이 젠킨스를 통해 배포되는 흐름을 다음 그림을 통해 알아보겠습니다.

▼ 그림 5-69 젠킨스를 이용한 애플리케이션 배포 파이프라인

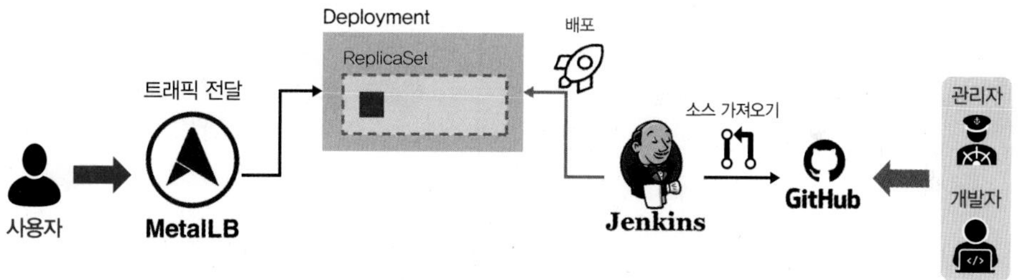

사용자의 요청은 MetalLB 로드밸런서를 통해 트래픽이 디플로이먼트에 전달됩니다. 이러한 배포 환경에서 개발자가 새로운 기능을 개발해서 배포하게 되면 사용자에게 어떤 영향이 끼칠까요? 정답은 '중단 없이 배포가 된다'입니다. 그 이유는 3장에서 rollout 기능을 이용한 파드 업데이트 방식 덕분입니다. 이와 같은 업데이트 방법을 **롤링 업데이트**(Rolling-Update)라고 하며 이를 다시 간단히 정리하면 다음과 같이 파드를 레플리카셋 단위로 나누어 모든 레플리카셋에 속해 있는 파드가 업데이트 된 이후에 레플리카셋을 삭제합니다.

❤ 그림 5-70 롤링 업데이트(Rolling Update) 도식화

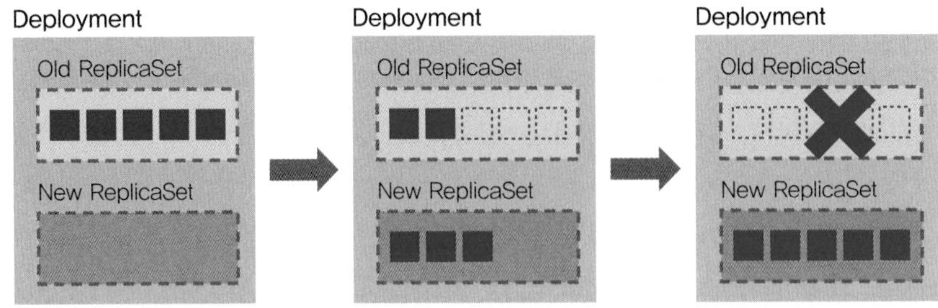

이런 롤링 업데이트 배포 과정에서 내부의 파드 개수가 많으면 업데이트 과정이 길어져 다른 두 가지의 버전이 오랫동안 공존하는 경우가 있습니다. 이런 상황을 방지하는 좋은 방법 중에 하나는 **블루그린**(Blue-green) 배포 전략을 사용하는 것입니다. 다음 그림을 통해 블루그린 배포 전략을 알아보겠습니다.

❤ 그림 5-71 블루그린 배포 전략 도식화

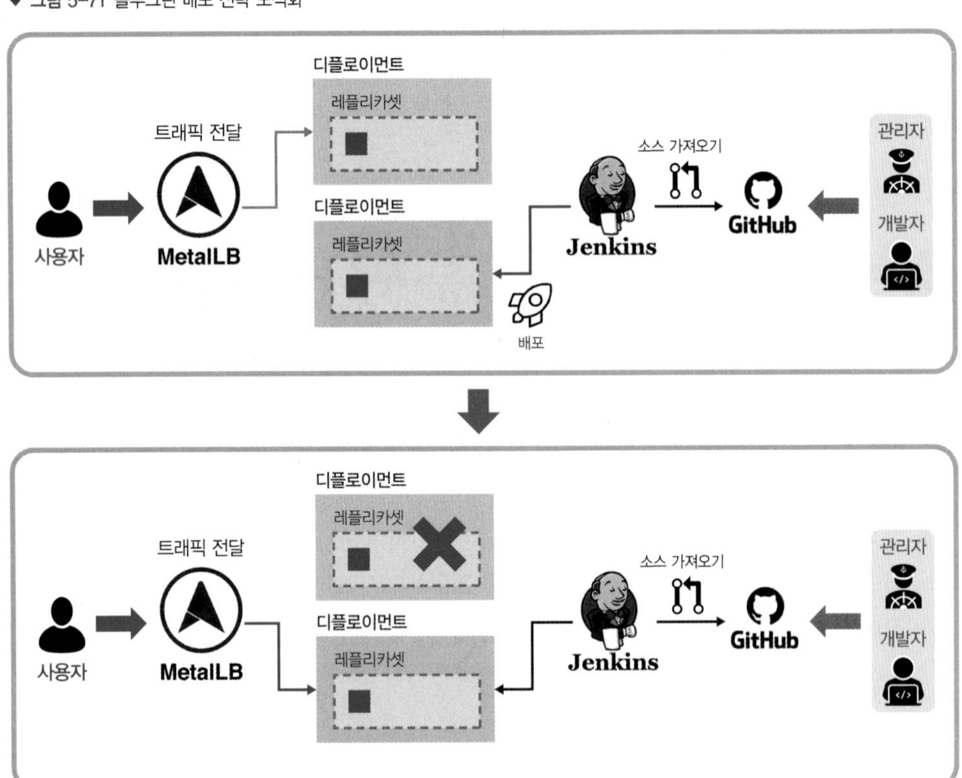

블루그린 배포 전략은 간단히 말해서 '모든 파드가 업데이트된 이후에 트래픽을 전달하자'입니다. 2개의 디플로이먼트를 생성하고 기존에 배포된 디플로이먼트(블루)로 계속 트래픽을 전달하고 있다가 새로 배포되는 디플로이먼트(그린)에 모든 파드가 업데이트돼 트래픽을 처리하는 데 문제가 없을 때 서비스를 모두 새로 배포된 디플로이먼트(그린)으로 넘깁니다. 그리고 기존에 디플로이먼트(블루)를 삭제합니다. 이와 같이 디플로이먼트에서 제공하는 서비스를 넘긴다면 서비스의 **중단 없이 연속적으로 배포**가 가능합니다. 그리고 문제가 발생한 경우 기존에 서비스하던 디플로이먼트(블루)로 원복하는 것도 수월해 장애 복구도 쉽습니다.

하지만 배포를 위한 디플로이먼트를 만들어야 하기 때문에 기존 디플로이먼트 배포 대비 최소 **2배 이상의 리소스**를 더 필요로 한다는 제약 사항이 있습니다. 하지만 장애 복구가 수월하다는 점과 무중단 배포가 가능하다는 장점이 더 크기 때문에 리소스의 사용은 크게 부각되는 단점이 아닙니다.

쿠버네티스 환경에서 블루그린 배포는 기본 기능이 아니기 때문에 구성할 수 없지만 젠킨스를 이용한다면 구현이 가능합니다. 이제 젠킨스를 이용해 쿠버네티스 환경에 맞는 블루그린 배포 전략을 어떻게 구현할 수 있는지 살펴보겠습니다. 블루그린 배포를 테스트하기 위해서 미리 구성한 대시보드 애플리케이션을 사용해 중단 없는 배포를 확인하겠습니다.

1. 블루그린 배포를 구성하기 위해 홈 화면에서 **새로운** Item을 눌러 새로운 아이템을 만드는 메뉴로 진입하겠습니다.

✔ 그림 5-72 젠킨스 홈 화면에서 새로운 Item을 클릭

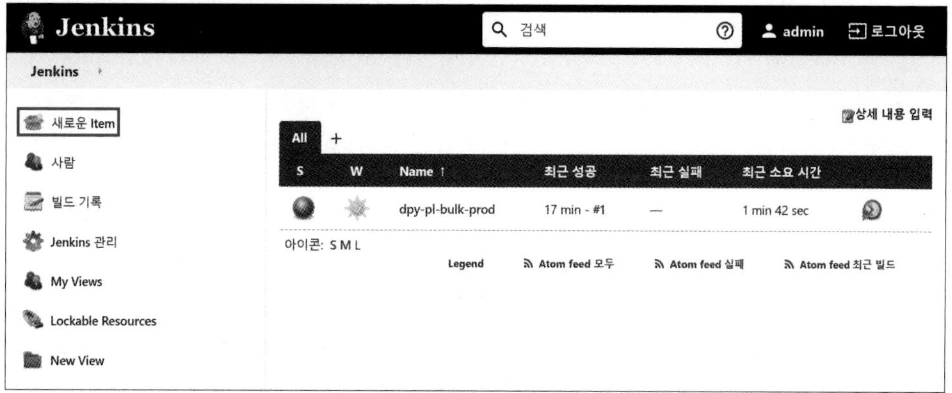

2. 이번에 선택할 아이템은 Pipeline이며 생성할 프로젝트의 이름은 dpy-pl-blue-green입니다. 모든 선택을 마쳤다면 **OK** 버튼을 눌러서 세부 설정을 하는 메뉴로 이동합니다.

▼ 그림 5-73 블루그린 배포 전략 프로젝트 생성

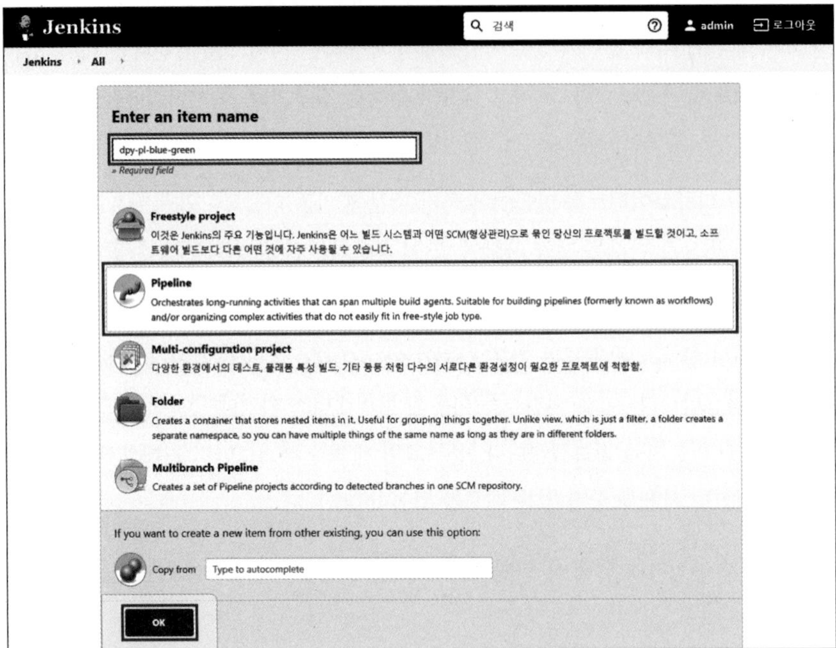

3. 스크롤을 내려 Definition에서 외부 소스 코드 저장소에서 정의된 파일을 불러와서 사용하도록 Pipeline script from SCM을 선택합니다. 이후 SCM을 Git으로 하고 Repository URL을 https://github.com/iac-source/blue-green으로 설정한 다음 Branch Specifier를 */main으로 설정합니다. 그리고 모든 설정을 완료했다면 해당 내용을 **저장** 버튼을 눌러서 저장합니다.

▼ 그림 5-74 블루그린 배포 전략 프로젝트를 위한 SCM 설정 및 저장

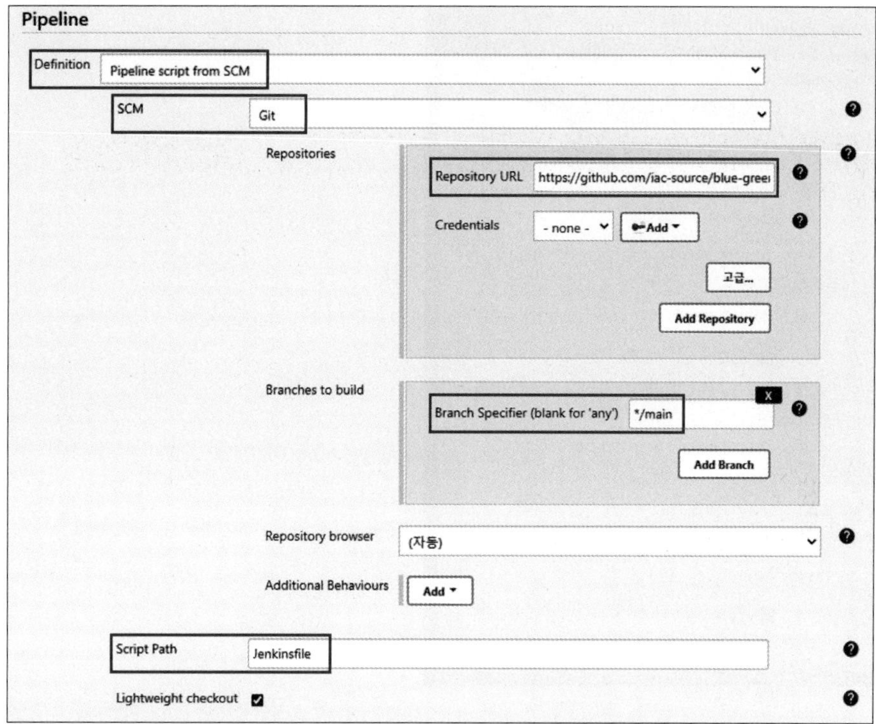

프로젝트를 빌드하기 전에 블루그린 배포를 위해서 작성한 Jenkinsfile과 달라진 부분이 있습니다. agent 부분을 any가 아닌 kubernetes로 변경해 블루그린 배포를 위한 에이전트를 별도로 설정하고, 이를 yaml 파일로 작성해 적용합니다. 이렇게 작성하는 이유는 블루그린 배포에 동적으로 변동되는 오브젝트 값을 설정하려면 kustomize와 같은 도구를 사용해야 하기 때문입니다. 그래서 kustomize를 사용하기 위해 전용 파드를 배포했습니다. 이를 그림으로 표현하면 다음과 같습니다.

❤ 그림 5-75 블루그린 배포 전략을 선언적인 문법으로 작성

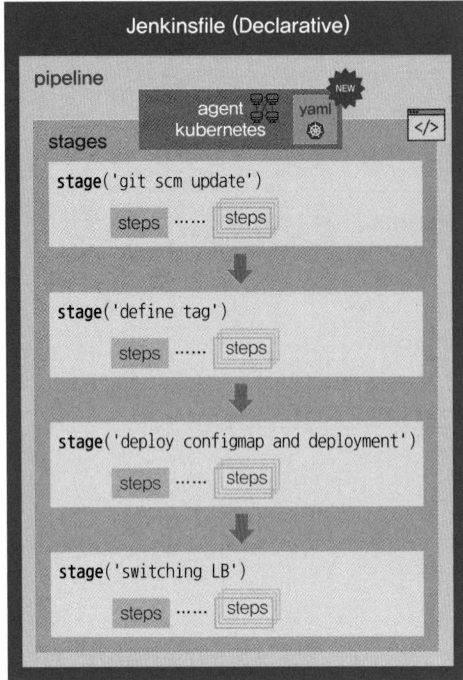

실제 코드를 살펴보겠습니다.

Jenkinsfile

```
pipeline {
 agent {
   kubernetes {
     yaml '''
     apiVersion: v1
     kind: Pod
     metadata:
       labels:
         app: blue-green-deploy
       name: blue-green-deploy
     spec:
       containers:
       - name: kustomize
         image: sysnet4admin/kustomize:3.6.1
         tty: true
         volumeMounts:
         - mountPath: /bin/kubectl
```

```
          name: kubectl
        command:
        - cat
      serviceAccount: jenkins
      volumes:
      - name: kubectl
        hostPath:
          path: /bin/kubectl
    '''
  }
}
stages {
  stage('git scm update'){
    steps {
      git url: 'https://github.com/IaC-Source/blue-green.git', branch: 'main'
    }
  }
  stage('define tag'){
    steps {
      script {
        if(env.BUILD_NUMBER.toInteger() % 2 == 1){
          env.tag = "blue"
        } else {
          env.tag = "green"
        }
      }
    }
  }
  stage('deploy configmap and deployment'){
    steps {
      container('kustomize'){
        dir('deployment'){
          sh '''
          kubectl apply -f configmap.yaml
          kustomize create --resources ./deployment.yaml
          echo "deploy new deployment"
          kustomize edit add label deploy:$tag -f
          kustomize edit set namesuffix -- -$tag
          kustomize edit set image sysnet4admin/dashboard:$tag
          kustomize build . | kubectl apply -f -
          echo "retrieve new deployment"
          kubectl get deployments -o wide
          '''
```

```
          }
        }
      }
    }
    stage('switching LB'){
      steps {
        container('kustomize'){
          dir('service'){
            sh '''
            kustomize create --resources ./lb.yaml
            while true;
            do
              export replicas=$(kubectl get deployments \
              --selector=app=dashboard,deploy=$tag \
              -o jsonpath --template="{.items[0].status.replicas}")
              export ready=$(kubectl get deployments \
              --selector=app=dashboard,deploy=$tag \
              -o jsonpath --template="{.items[0].status.readyReplicas}")
              echo "total replicas: $replicas, ready replicas: $ready"
              if [ "$ready" -eq "$replicas" ]; then
                echo "tag change and build deployment file by kustomize"
                kustomize edit add label deploy:$tag -f
                kustomize build . | kubectl apply -f -
                echo "delete $tag deployment"
                kubectl delete deployment --selector=app=dashboard,deploy!=$tag
                kubectl get deployments -o wide
                break
              else
                sleep 1
              fi
            done
            '''
          }
        }
      }
    }
  }
}
```

- **3번째 줄**: 쿠버네티스의 파드를 젠킨스 작업이 수행되는 에이전트로 사용합니다. kubernetes { } 내부에서는 에이전트로 사용할 파드에 대한 명세를 야믈의 형태로 정의할 수 있습니다.
- **4~26번째 줄**: 젠킨스의 에이전트로 만들어지는 파드의 명세입니다. kubectl 명령어로 파드를 생성하기 위해서 사용하는 매니페스트와 동일한 형식의 야믈을 사용할 수 있습니다. 이 야믈은 블루그린 배포를 위해 필요한 kustomize가 호스트에 설치돼 있지 않아도 사용할 수 있도록 kustomize가 **설치된 컨테이너**(sysnet4admin/kustomize:3.6.1)를 에이전트 파드에 포함하고 있으며 호스트에 설치된 kubectl 명령어를 사용하기 위해 호스트와 연결된 볼륨, 에이전트 파드가 쿠버네티스 클러스터에 오브젝트를 배포하기 위해 사용할 서비스 어카운트인 jenkins가 미리 설정돼 있습니다.
- **29~34번째 줄**: 깃허브로부터 대시보드 소스 코드를 내려받는 단계입니다. 이때 소스 코드를 내려받기 위해 git 작업을 사용합니다. git 작업에서 인자로 요구하는 git url의 주소는 https://github.com/IaC-Source/blue-green.git로 설정했고, branch는 main으로 설정합니다.
- **35~45번째 줄**: 실습에서는 젠킨스의 빌드 횟수마다 부여되는 번호에 따라 블루와 그린이 전환되는 것을 구현하기 위해서 젠킨스 스크립트(script)를 사용합니다. 젠킨스 빌드 번호(BUILD_NUMBER)가 홀수일 때 tag 환경변숫값을 blue로 설정하고, 짝수일 때는 tag 환경변숫값을 green으로 설정합니다. 이 단계에서 설정한 환경변수는 이후 작업에서 사용할 수 있습니다.
- **46~64번째 줄**: 대시보드를 배포하기 위해 필요한 ConfigMap을 배포한 다음 디플로이먼트를 배포하는 단계입니다. 이 단계에서는 배포 작업에 필요한 야믈 파일이 깃허브 저장소 하위 디플로이먼트 디렉터리에 위치해 있기 때문에 dir('deployment') 작업으로 디플로이먼트 디렉터리로 이동해서 작업을 수행하도록 지정합니다. 또한 디플로이먼트의 이미지, 이름, 레이블에 설정한 tag 환경변수를 덧붙이는 것을 일일이 수정하지 않기 위해 kustomize 명령을 사용합니다. 이 kustomize 명령을 사용하기 위해서 container('kustomize') 작업으로 컨테이너 내부에서 sh 작업을 수행하도록 작성합니다.
- **65~95번째 줄**: 블루그린 배포 전략을 위한 디플로이먼트 배포가 끝난 후 쿠버네티스 클러스터 외부에서 들어온 요청을 로드밸런서에서 보내줄 대상을 다시 설정하는 단계입니다. 이 단계에서는 로드밸런서 설정에 필요한 야믈 파일이 깃허브 저장소 하위 service 디렉터리에 위치해 있기 때문에 dir('service') 작업으로 service 디렉터리로 이동해서 작업을 수행하도록 지정합니다. 또한, service의 셀렉터(selector) 값들을 앞서 설정한 tag 환경변수를 덧붙이는 작업도 편집기 프로그램이 아닌 명령으로 처리하기 위해 kustomize 명령을 사용합니다. 이 kustomize 명령을 사용하기 위해서 container('kustomize') 작업으로 컨테이

너 내부에서 sh 작업을 통해 다음과 같이 설정합니다. 전 단계에서 배포한 디플로이먼트의 replicas값과 readyReplicas의 값을 비교해 값이 같은 경우 배포가 완료됐다고 판단합니다. 그리고 로드밸런서가 트래픽을 전송하는 대상을 배포 완료된 디플로이먼트로 설정한 다음 배포 이전에 존재하는 디플로이먼트를 삭제해 배포 완료된 디플로이먼트로 트래픽을 보내 줍니다.

블루그린 배포 전략을 위한 깃허브 저장소의 디렉터리 구조는 다음과 같습니다.

▼ 그림 5-76 블루그린 깃허브 저장소

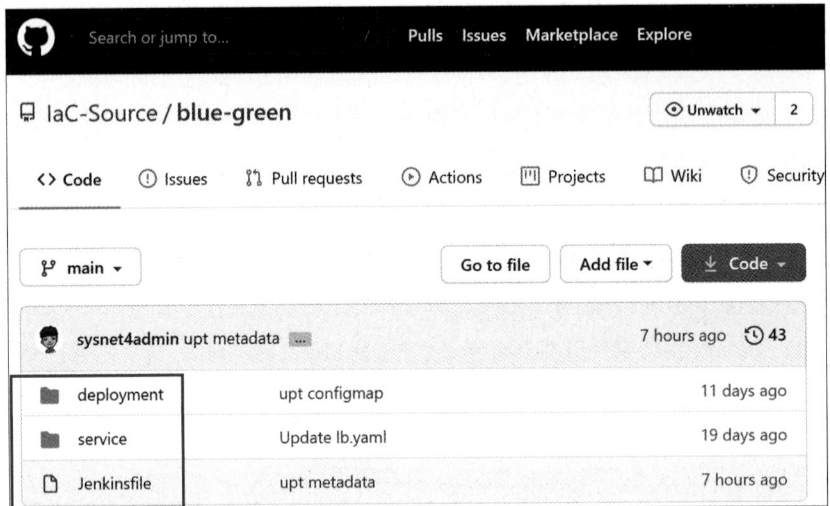

만약 선언적인 문법이 아닌 스크립트 문법으로 작성하면 다음 그림과 같이 복잡한 구성으로 작성해야 합니다.

▼ 그림 5-77 블루그린 배포 전략을 스크립트 문법으로 작성한 경우

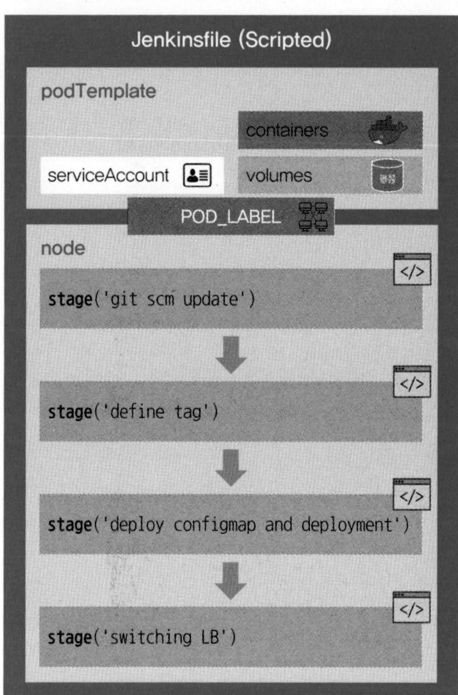

4. 이제 실제로 블루그린 배포 전략을 확인하기 위해 Pipeline 프로젝트 상세 화면에서 Build Now 버튼을 눌러 1차로 블루그린 대시보드를 배포하고 배포가 완료된 것을 확인합니다. 참고로 1차로 배포되는 대시보드는 파란색입니다.

▼ 그림 5-78 블루그린 대시보드 1차 배포 완료

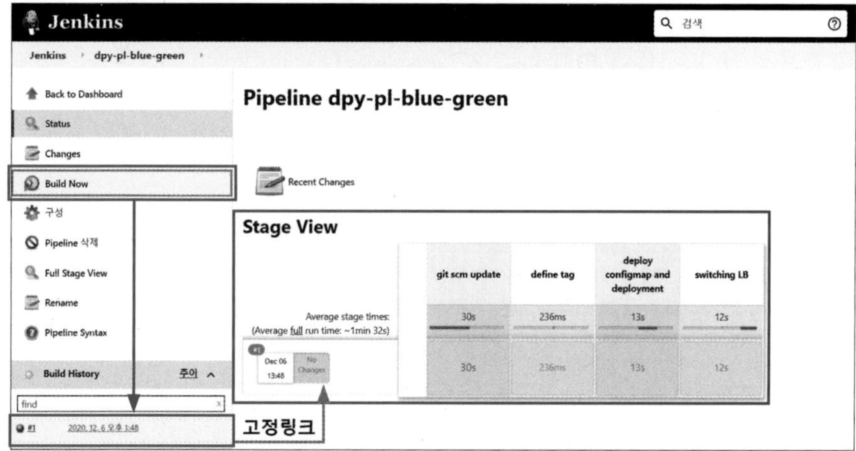

5. 이제 슈퍼푸티 창으로 돌아가 대시보드 디플로이먼트와 서비스가 정상적으로 배포 및 할당됐는지 확인합니다. 이때 여러 조건에 만족하는 오브젝트를 검색하기 위해 --selector 옵션을 사용하겠습니다.

```
[root@m-k8s ~]# kubectl get deployments,service --selector=app=dashboard
NAME                    READY   UP-TO-DATE   AVAILABLE   AGE
deployment.apps/pl-blue 3/3     3            3           22s

NAME                        TYPE           CLUSTER-IP     EXTERNAL-IP    PORT(S)        AGE
service/pl-blue-green-svc   LoadBalancer   0.109.227.51   192.168.1.12   80:32172/TCP   12s
```

Tip 레이블은 무엇이고 셀렉터는 어떻게 사용하나요?

레이블은 쿠버네티스 오브젝트를 검색할 때 사용하는 메타데이터 중 하나입니다. 우리는 사실 이런 레이블을 모르는 사이에 써 오고 있었습니다. 이미 눈치 채신 분들이 계실 수 있겠지만 서비스가 트래픽을 넘길 때 selector 아래 키와 값 형태로 대상을 지정하는 등의 형식으로 사용되고 있었습니다. 이러한 레이블은 kubectl get <오브젝트> --show-labels 명령으로 오브젝트의 레이블을 확인할 수 있습니다.

```
[root@m-k8s ~]# kubectl get deployment --selector=deploy=blue --show-labels
NAME      READY   UP-TO-DATE   AVAILABLE   AGE   LABELS
pl-blue   3/3     3            3           59s   app=dashboard,deploy=blue
```

이렇게 레이블 찾아내고, 찾아낸 레이블을 이용해 검색한다면 원하는 오브젝트만 손쉽게 확인 및 조치 가능합니다.

6. 호스트 노트북(또는 PC)의 브라우저에 192.168.1.12을 입력해 배포된 파란색 대시보드를 확인합니다.

▼ 그림 5-79 파란색 대시보드

7. 블루그린 배포는 모든 배포가 완료되는 순간 새롭게 배포한 대시보드로 전환됩니다. 이를 확인하기 위해서 슈퍼푸티 창에서 `kubectl get deployments --selector= app=dashboard -w`를 우선 실행해 놓고, 젠킨스 화면으로 이동해 Build Now 버튼을 눌러 두 번째 배포를 진행합니다.

```
[root@m-k8s ~]# kubectl get deployments --selector=app=dashboard -w
NAME       READY   UP-TO-DATE   AVAILABLE   AGE
pl-blue    3/3     3            3           93s # 현재 배포된 pl-blue
[ 출력 대기 중 ]
```

✔ 그림 5-80 블루그린 대시보드 2차 배포

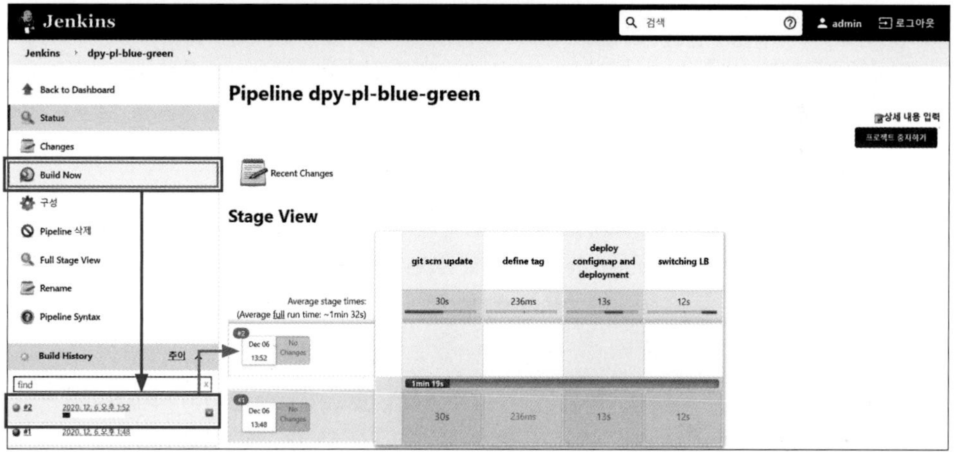

8. 배포 이후 완료되기 전까지 웹 브라우저에서 **새로고침**을 해도 여전히 파란색 대시보드가 화면에 나타나는 것을 확인할 수 있습니다. 다음으로 다시 슈퍼푸티 명령 창을 확인해 배포가 모두 완료된 시점에 기존에 pl-blue 디플로이먼트가 삭제되는 것을 확인합니다.

```
[root@m-k8s ~]# kubectl get deployments --selector=app=dashboard -w
NAME       READY   UP-TO-DATE   AVAILABLE   AGE
pl-blue    3/3     3            3           93s # 현재 배포된 pl-blue
[ Build Now 실행 이후 ]
pl-green    0/3     0             0           0s # ContainerCreating
pl-green    0/3     0             0           0s # ContainerCreating
pl-green    0/3     0             0           0s # ContainerCreating
pl-green    0/3     3             0           0s # Pending
pl-green    1/3     3             1           6s # Running 1/3
pl-green    2/3     3             2           7s # Running 2/3
pl-green    3/3     3             3           9s # Running 2/3
pl-blue     3/3     3             3           3m13s # pl-green 배포 후에 pl-blue를 삭제
```

▼ 그림 5-81 블루그린 대시보드 2차 배포 완료

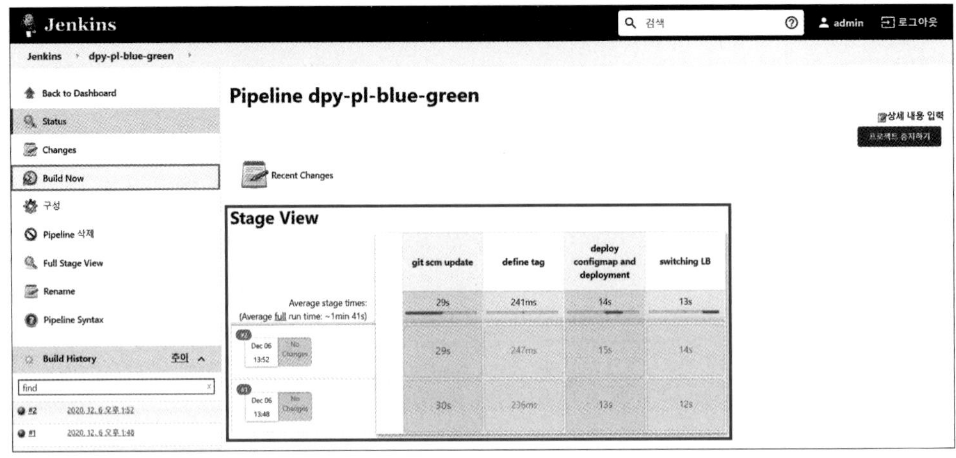

9. 위 화면과 같이 배포가 완료됐다면 다시 슈퍼푸티 창으로 돌아가 대시보드 디플로이먼트와 서비스가 정상적으로 배포 및 할당됐는지 확인합니다.

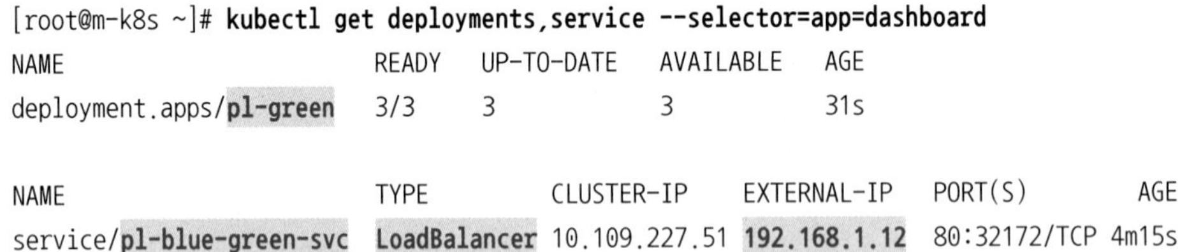

```
[root@m-k8s ~]# kubectl get deployments,service --selector=app=dashboard
NAME                        READY   UP-TO-DATE   AVAILABLE   AGE
deployment.apps/pl-green    3/3     3            3           31s

NAME                        TYPE           CLUSTER-IP      EXTERNAL-IP    PORT(S)         AGE
service/pl-blue-green-svc   LoadBalancer   10.109.227.51   192.168.1.12   80:32172/TCP    4m15s
```

10. 녹색 대시보드를 위한 2차 배포가 완료되고 기존에 디플로이먼트인 pl-blue가 삭제된 것이 확인됐다면, 파란색 대시보드가 보이는 웹 브라우저를 **새로고침**해 변경된 녹색 대시보드를 확인합니다.

▼ 그림 5-82 변경된 녹색 대시보드

11. 다음 실습에서 혼동을 방지하기 위해 젠킨스 홈 화면으로 이동한 후에 Pipeline으로 생성한 모든 프로젝트를 삭제하겠습니다.

▼ 그림 5-83 dpy-pl-bulk-prod와 dpy-pl-blue-green 프로젝트 삭제

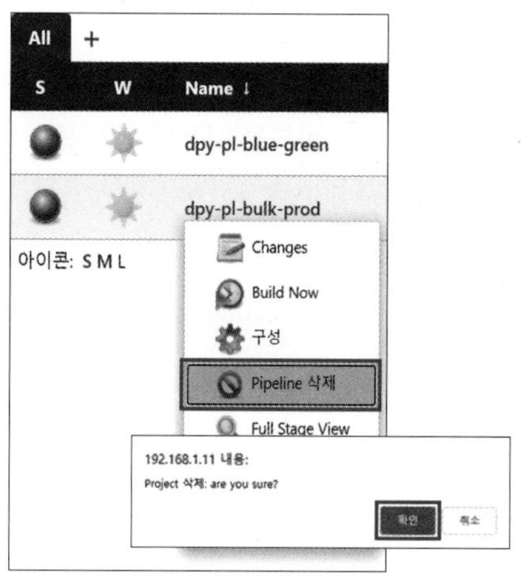

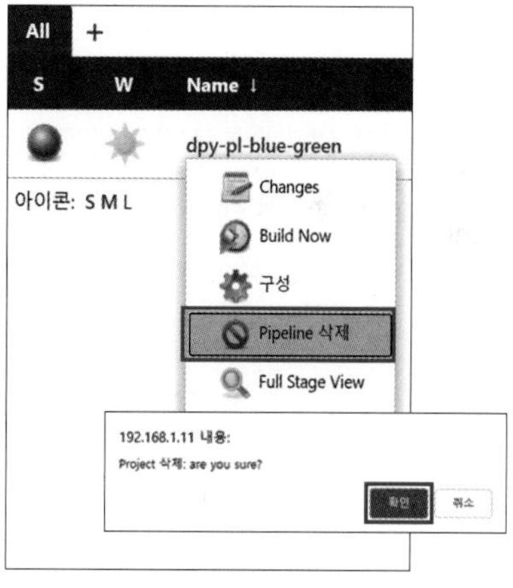

12. 현재까지 생성된 것들로 인해 다음 실습이 영향을 받을 수 있습니다. 그리고 호스트 자원도 충분히 확보해야 하므로 실습에 사용했던 모든 오브젝트를 삭제하겠습니다.

```
[root@m-k8s ~]# kubectl delete deployments,service,configmap --selector=app=dashboard
deployment.apps "pl-green" deleted
service "pl-blue-green-svc" deleted
configmap "dashboard-configmap" deleted
```

이번 절에서는 젠킨스의 아이템을 이용해 여러 종류의 프로젝트를 구성해 실제로 쿠버네티스 상에서 CI/CD가 동작하는 방식을 알아봤습니다. 젠킨스를 통한 CI/CD 아이템은 대표적으로 Freestyle과 Pipeline으로 나눌 수 있으며, 상황에 맞게 이를 선택해 사용할 수 있습니다. 그리고 CI/CD의 개념을 사용해서 서비스의 무중단 배포가 가능한 블루그린 배포 전략 또한 손쉽게 구현할 수 있습니다. 기초적인 내용은 알아봤으니 젠킨스에서 제공하는 다양한 기능들을 조합해 단일 기능으로는 구현하기 힘든 GitOps를 다음 절에서 구현해 보겠습니다.

5.5 젠킨스 플러그인을 통해 구현되는 GitOps

지금까지의 우리는 젠킨스를 이용해 CI/CD를 구성하는 방법을 알아봤습니다. 이러한 거의 모든 기능은 사실 젠킨스의 플러그인(Plugin)을 통해 이루어진 것입니다. 예를 들면 가장 많이 쓰였던 **쿠버네티스 플러그인**은 CI/CD를 실제로 수행하는 젠킨스 에이전트 파드를 사용자가 신경쓰지 않아도 자동으로 배포 관리하게 해줍니다. 현업에서는 젠킨스의 단일 플러그인으로 CI/CD를 구성하는 것이 아니라 여러 플러그인을 조합해 현재 업무에 맞는 형태로 만들어서 사용합니다. 우리에게 익숙한 레고 조립과도 같은 방식으로 말입니다. 젠킨스 플러그인은 사용자에게 필요한 기능을 주로 젠킨스 플러그인 홈페이지에서 검색해 내용을 살펴보고 이를 조합하는 방식을 취합니다.

✔ 그림 5-84 플러그인을 확인할 수 있는 젠킨스 플러그인 홈페이지

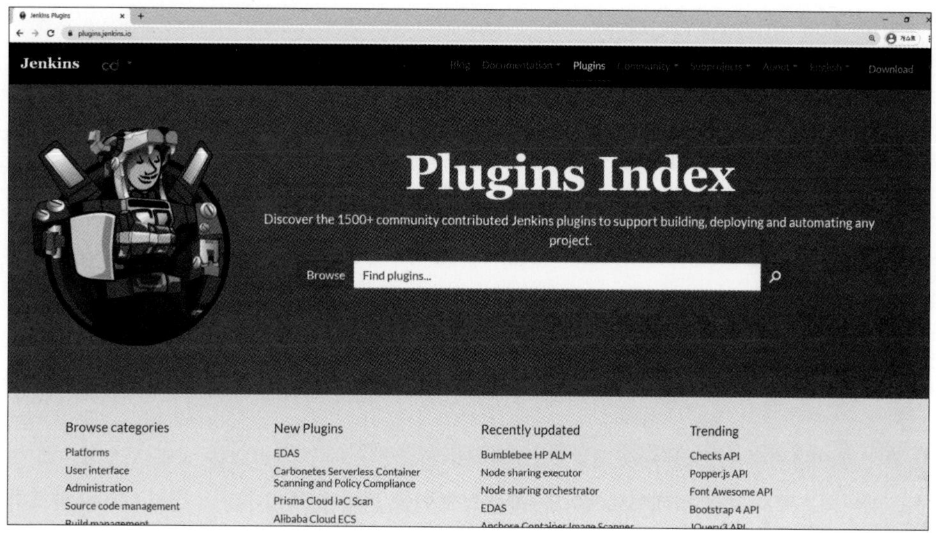

제공되는 플러그인은 다음 그림과 같이 구분됩니다.

✔ 그림 5-85 젠킨스가 제공하는 플러그인 종류

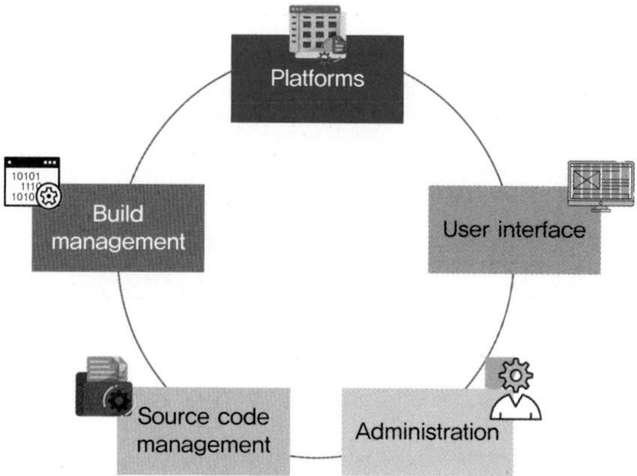

- **Platforms**: 웹 애플리케이션이 아닌 다른 플랫폼에서 작동하는 애플리케이션 빌드를 위한 플러그인 종류입니다.
- **User interface**: 젠킨스의 기본 UI 이외의 확장 UI를 적용하기 위한 플러그인 카테고리입니다.
- **Administration**: LDAP, 젠킨스 클러스터 관리 등 젠킨스 자체 관리에 필요한 플러그인 종류입니다.

- Source code management: 깃허브 및 깃랩과 같은 소스 코드 저장소의 연결이나 관리를 위한 플러그인 카테고리입니다.
- Build management: CI/CD 단계에서 추가적으로 사용할 수 있는 플러그인 종류입니다.

이와 같은 플러그인들을 조합하면 단일 플러그인으로 만들지 못하는 기능을 생성할 수 있습니다. 따라서 이번에는 **쿠버네티스용 지속적 배포**(Kubernetes Continuous Deploy), **슬랙 알림**(Slack Notification), **변경 내용 비교**(Last Changes) 총 3개의 플러그인을 조합해 젠킨스에서 GitOps를 구현해 보겠습니다. 그런데 GitOps는 무엇일까요? GitOps는 Git과 Ops(Operations, 운영)의 합성어로 깃(git)을 통해 모든 것을 선언적으로 깃허브 저장소와 같은 SCM에 업데이트하면 오퍼레이터(젠킨스와 같은 도구)가 변경분을 감지해 대상 시스템에 배포합니다.

이를 현재 쿠버네티스 환경에 맞춰 설명하면 배포돼야 할 매니페스트 파일을 깃허브 저장소에 저장하고 매니페스트가 새로 업데이트됐다면 젠킨스가 이를 파악해 쿠버네티스 클러스터에 배포하는 모든 단계를 GitOps라고 합니다. 이는 3장에서 설명한 쿠버네티스의 선언적 구조와 비슷한 형태를 지니고 있습니다. 즉 변경 내용을 깃허브 저장소에 선언해두면 이를 젠킨스가 읽어서 운영 시스템에 적용하는 것입니다. 이를 그림으로 표현하면 다음과 같습니다.

▼ 그림 5-86 젠킨스로 구현할 수 있는 GitOps 구조

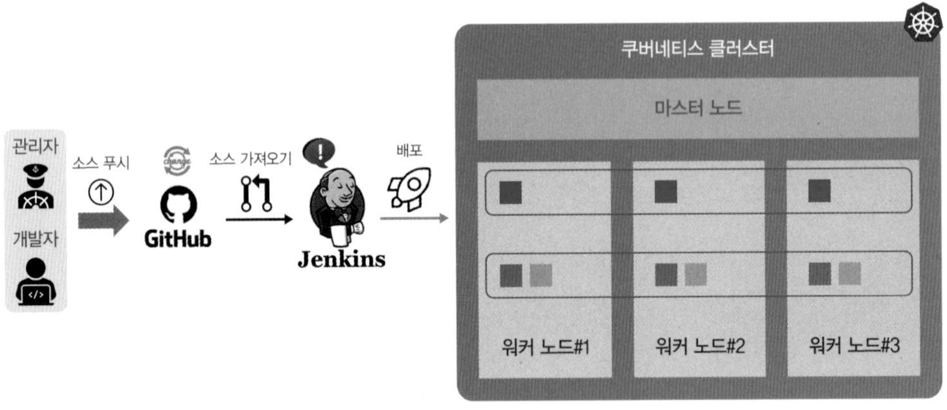

GitOps를 이용하면 다음과 같은 이점을 누릴 수 있습니다.

- 깃허브 저장소의 내용과 실제 상용 및 운영 환경의 내용을 동일하게 가져갈 수 있습니다. 이를 통해서 깃허브 저장소로 모든 내용을 단일화해 관리하고 히스토리도 관리할 수 있으며 문제가 생기면 빠르게 복원할 수 있습니다.
- 배포를 표준화해 자동으로 배포되도록 할 수 있습니다. 배포 과정을 미리 정의해 깃허브 저장소에 변경된 내용을 선언만 하면 모든 배포가 자동으로 진행됩니다.

- 사람의 실수를 줄일 수 있습니다. 모든 배포 과정은 자동화되므로 사람마다 다르게 행동해 발생하는 실수를 방지하고 더욱 견고한 시스템을 만들 수 있습니다.

그러면 이제부터 젠킨스 플러그인을 통해 현재 쿠버네티스 클러스터를 단순 CI/CD가 동작하는 환경이 아닌 GitOps를 지원할 수 있는 환경으로 개선하는 실습을 진행해 보겠습니다.

5.5.1 쿠버네티스 환경에 적합한 선언적인 배포 환경

지금까지 젠킨스를 통한 쿠버네티스 배포에서는 cluster-admin 역할을 가지고 있는 jenkins 서비스 어카운트를 사용해서 쿠버네티스 오브젝트를 배포했습니다. 이렇게 설정된 jenkins 서비스 어카운트를 통해서 현재 쿠버네티스 클러스트에 모든 오브젝트를 배포하는 것은 가능하나, 외부에 있는 쿠버네티스 클러스터에는 가지고 있는 권한이 없기 때문에 배포가 진행되지 않습니다. 이 상황을 그림으로 나타내면 다음과 같습니다.

▼ 그림 5-87 외부의 쿠버네티스 클러스터에 배포 실패

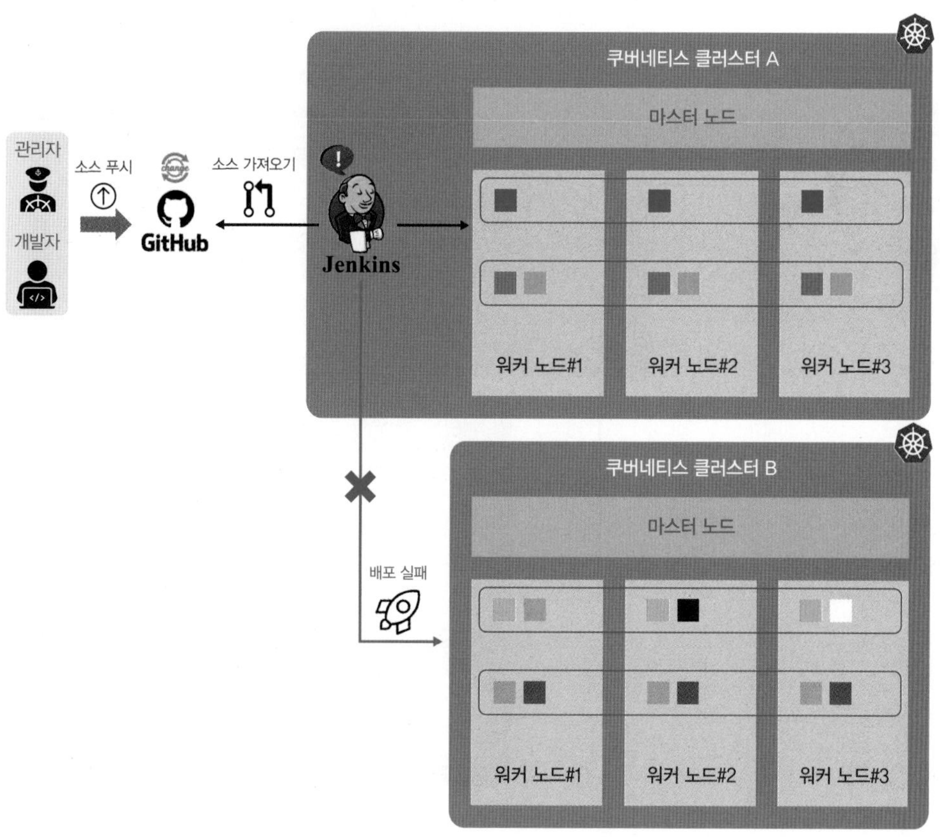

따라서 외부 클러스터에 접근하려면 **쿠버설정**(kubeconfig) 파일을 이용해 외부 클러스터의 API 서버로 접근한 다음 오브젝트를 배포해야 하는데, 젠킨스 에이전트 파드에서 쿠버설정 파일을 내려받아 바로 사용하는 것은 보안적으로 문제가 있습니다. 따라서 쿠버 설정 파일을 젠킨스 컨트롤러에서 관리하고 상황에 따라 필요한 권한만을 제공하는 기능이 필요한데 **쿠버네티스용 지속적 배포**(Kubernetes Continuous Deploy) 플러그인을 사용해서 이를 구현할 수 있습니다.

GitOps를 사용한다는 것은 단일 클러스터에서도 유용하지만 기본적으로 여러 개의 목적을 가지는 다수의 클러스터 환경을 사용하는 경우가 많으므로, 효과적인 GitOps 구현을 위한 첫 번째 단계로 쿠버네티스용 지속적 배포 플러그인을 설치해 어떻게 클러스터의 오브젝트 관리 권한을 가지고 오는지 확인해 보겠습니다. 그리고 GitOps의 중요한 기능 중에 하나인 '변화 감지'는 젠킨스의 기본 플러그인인 Poll SCM을 통해서 구현하겠습니다. Poll SCM은 변화를 감지하고 변화 시에 변경된 부분을 쿠버네티스에 적용합니다. 이렇게 추가된 플러그인을 이용하면 다음과 같이 외부 클러스터에도 배포 자동화를 구성할 수 있습니다.

▼ 그림 5-88 외부의 쿠버네티스 클러스터에 배포 성공

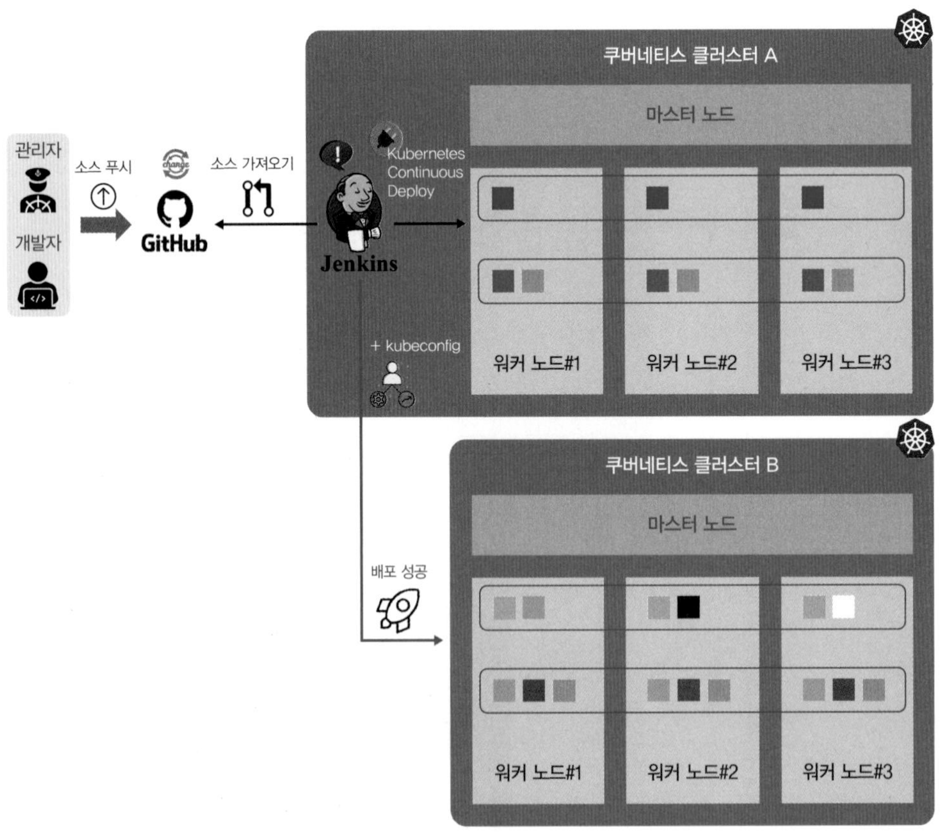

실습을 진행하기 전에 현재의 테스트 환경은 다수의 클러스터 환경이 아니기 때문에 단일 클러스터 환경에서 **쿠버설정 파일**을 읽어 들이는 실습으로 진행하겠습니다.

Tip **쿠버설정 파일이 담고 있는 내용에 대해서**

쿠버설정 파일은 쿠버네티스 클러스터에 대한 접근 정보가 담겨 있는 파일입니다. kubectl 명령어를 사용해서 쿠버네티스의 정보를 조회할 때 사용자 홈 디렉터리 하위의 .kube 디렉터리에 있는 config 파일을 기본적으로 이용합니다. 이 파일을 가지고 있으면 파일에 정의된 권한을 가지고 쿠버네티스 클러스터에 접근할 수 있습니다. 쿠버설정 파일은 쿠버 API 서버 접속 정보 이외에 연결에 필요한 모든 인증 정보를 가지고 있습니다. 쿠버설정 파일을 살펴볼 수 있는 명령인 kubectl config view를 통해서 어떤 내용을 담고 있는지 알아보겠습니다.

```
[root@m-k8s ~]# kubectl config view
apiVersion: v1
clusters:
- cluster:
    certificate-authority-data: DATA+OMITTED
    server: https://192.168.1.10:6443
  name: kubernetes
contexts:
- context:
    cluster: kubernetes
    user: kubernetes-admin
  name: kubernetes-admin@kubernetes
current-context: kubernetes-admin@kubernetes
kind: Config
preferences: {}
users:
- name: kubernetes-admin
  user:
    client-certificate-data: REDACTED
    client-key-data: REDACTED
```

위의 정보 중에서 보안을 위해 민감한 정보는 생략(DATA+OMITTED, REDACTED)돼 있으며, 필요시 충분한 권한을 가진 사용자는 --raw 옵션을 추가해 생략된 정보를 확인할 수 있습니다. 출력된 쿠버네티스 클러스터에 접근하기 위한 접속 정보에 대한 설명은 다음과 같습니다.

- **clusters**: 어떤 쿠버네티스 클러스터에 접속할지에 대한 정보가 담겨 있는 부분입니다. clusters는 접속 대상이 되는 클러스터의 정보를 여러 개 포함할 수 있습니다. 각 클러스터 접속 정보는 API 서버의 주소와 인증 기관 정보(certificate-authority-data)로 이루어져 있습니다.
- **contexts**: 위에서 설명한 클러스터의 정보와 곧이어 설명할 사용자 정보의 조합이 담겨 있는 부분입니다. kubectl 명령어를 통해 클러스터에 접속할 때는 현재 context에 설정된 user의 자격을 가지고 설정된 cluster에 접속하게 됩니다.

계속

- **current-context**: 현재 사용 중인 context가 무엇인지 나타내는 부분입니다.
- **users**: 클러스터에 접속하는 사용자가 누구인지 사용자 정보가 담겨 있는 부분입니다. 현재 kubernetes-admin이라는 이름을 가진 사용자 정보가 등록돼 있으며 사용자의 정보는 **클라이언트의 인증서 정보**(client-certificate-data) 및 **클라이언트의 키 정보**(client-key-data)를 속성으로 가지고 있습니다. 쿠버네티스 클러스터는 위에서 설명한 cluster 속성에 담겨 있는 인증 기관 정보를 통해 검증할 수 있는 클라이언트의 인증서와 키를 이용해서 접속하는 사용자를 허용하게 됩니다.

이렇게 쿠버설정 파일은 쿠버네티스 클러스터에 접근할 수 있는 매우 민감한 정보를 포함하고 있기 때문에 취급에 유의해야 합니다.

1. 주기적으로 변화를 감지해야 하는 깃허브 저장소는 모두 같은 저장소를 공유할 수 없기 때문에 실습 사용자마다 필요합니다. 따라서 깃허브에서 다음 그림과 같이 Create repository 버튼을 눌러 깃허브 저장소를 생성합니다. 깃허브 가입은 이 책에서 따로 다루지 않으며, 만약 다른 종류의 저장소가 있다면 해당 저장소를 사용해도 문제없습니다.

▼ 그림 5-89 GitOps라는 이름으로 개인 깃허브 저장소 생성

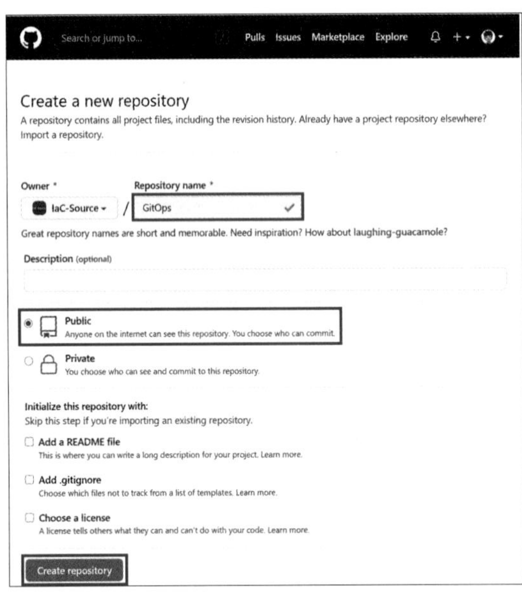

2. 저장소 생성 이후에 나타난 화면에서 복사 아이콘을 눌러 깃허브 저장소 주소를 복사하겠습니다. 깃허브 저장소 주소는 이후 생성한 매니페스트를 푸시하기 위해 사용되는 주소입니다.

▼ 그림 5-90 깃허브 저장소 초기 화면

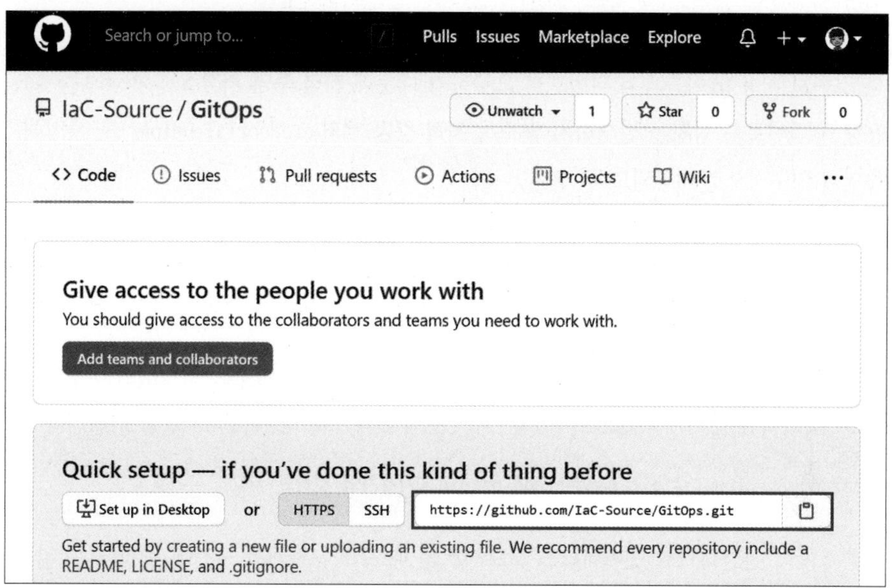

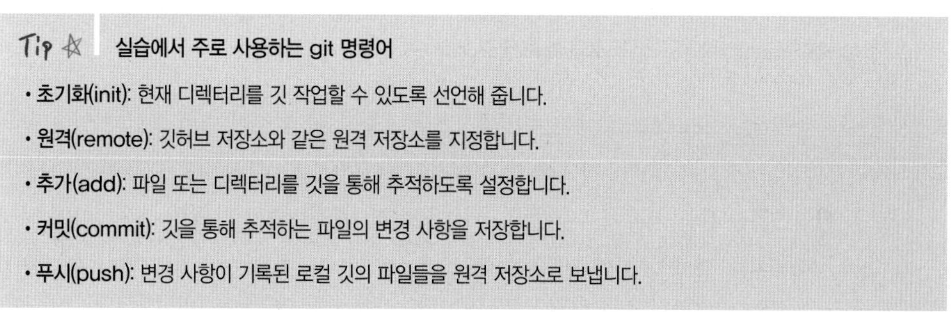

Tip 실습에서 주로 사용하는 git 명령어

- **초기화(init)**: 현재 디렉터리를 깃 작업할 수 있도록 선언해 줍니다.
- **원격(remote)**: 깃허브 저장소와 같은 원격 저장소를 지정합니다.
- **추가(add)**: 파일 또는 디렉터리를 깃을 통해 추적하도록 설정합니다.
- **커밋(commit)**: 깃을 통해 추적하는 파일의 변경 사항을 저장합니다.
- **푸시(push)**: 변경 사항이 기록된 로컬 깃의 파일들을 원격 저장소로 보냅니다.

3. 다음으로 GitOps의 내용을 저장할 디렉터리(gitops)를 m-k8s 홈 디렉터리(~)에 생성합니다. 그리고 생성한 gitops 디렉터리로 이동합니다.

```
[root@m-k8s ~]# mkdir ~/gitops
[root@m-k8s ~]# cd ~/gitops
```

4. gitops 디렉터리에서 git init 명령을 사용해 깃 관련 작업을 할 수 있도록 준비합니다. 명령을 실행한 이후 깃 작업 내용을 저장하는 .git 디렉터리가 생성되는 것을 확인할 수 있습니다.

```
[root@m-k8s gitops]# git init
Initialized empty Git repository in /root/gitops/.git/
```

5. 깃을 통해 원격 저장소에 파일들을 저장할 때는 작업자 이름, 작업자 이메일 주소 등을 설정하는 게 좋습니다. 또한 현재 환경에서 깃허브 저장소로 여러 번 푸시를 하게 되면 푸시할 때마다 깃허브 사용자 이름과 비밀번호를 요구하기 때문에 **자격 증명 저장소**(Credential Store)를 이용해서 번거로운 상황을 발생하지 않도록 **자격 증명 헬퍼**(credential.helper)를 설정해 자격 증명이 영구적으로 저장되도록 하겠습니다.

```
[root@m-k8s gitops]# git config --global user.name "<사용자 이름>"
[root@m-k8s gitops]# git config --global user.email "<사용자 이메일>"
[root@m-k8s gitops]# git config --global credential.helper "store --file ~/.git-cred"
```

6. 원격 저장소에 작업한 파일들을 깃허브 저장소에 업로드할 수 있도록 저장소의 주소를 추가합니다. 여기서 origin은 사용자의 깃허브 저장소 주소에 대한 또 다른 이름(별칭)입니다.

```
[root@m-k8s gitops]# git remote add origin <사용자의 깃허브 저장소 주소>
```

7. 젠킨스에서 선언적으로 쿠버네티스 오브젝트를 배포하기 위해서 사전에 구성해 둔 파일들을 홈 디렉터리 밑에 gitops 디렉터리로 복사합니다.

```
[root@m-k8s gitops]# cp ~/_Book_k8sInfra/ch5/5.5.1/* ~/gitops/
```

8. 사전에 구성해 놓은 Jenkinsfile에는 쿠버네티스 배포를 위한 설정이 이미 구현돼 있습니다. 하지만 깃허브 저장소는 개별 사용자에 맞는 설정이 필요하므로 sed 명령을 이용해 깃허브 저장소를 변경하겠습니다. 기존에 사용했던 sed는 **s/변경 대상/변경할 값/g**를 사용했지만 변경할 값에 /(슬래시)가 포함돼 있어 깃허브 저장소 주소로 변환되지 않습니다. 그래서 /(슬래시)를 ,(쉼표)로 대체해 깃허브 저장소 주소가 정상적으로 변환되도록 했습니다.

```
[root@m-k8s gitops]# sed -i 's,Git-URL,<사용자의 깃허브 저장소 주소>,g' Jenkinsfile
```

9. 이제 git이 파일들을 추적할 수 있도록 git add . 명령으로 파일을 등록하겠습니다. .은 현재 디렉터리의 모든 내용을 의미합니다.

```
[root@m-k8s gitops]# git add .
```

10. 추가한 내용을 커밋하기 전에 앞서 우리가 설정한 값들이 제대로 설정됐는지 git config --list 명령으로 확인하겠습니다.

```
[root@m-k8s gitops]# git config --list
user.email=pagaia@hotmail.com # 사용자 이메일 계정
user.name=Hoon Jo # 사용자 이름
```

```
credential.helper=store --file ~/.git-cred # 이 정보는 매우 중요한 정보로 절대로 노출되면 안 됩니다.
core.repositoryformatversion=0
core.filemode=true
core.bare=false
core.logallrefupdates=true
remote.origin.url=https://github.com/IaC-Source/GitOps.git # 원격 저장소 설정
remote.origin.fetch=+refs/heads/*:refs/remotes/origin/*
```

11. 추가한 파일들을 푸시하기 위해서 git commit 명령으로 변경 사항을 저장하겠습니다. 커밋 작업에서 사용하는 -m 옵션은 푸시하는 내용 또는 의미를 깃허브 저장소에 남겨 추후에 내용을 파악하기 위한 목적으로 사용됩니다. init commit은 최초 커밋을 의미합니다.

```
[root@m-k8s gitops]# git commit -m "init commit"
[master (root-commit) 8f0eb5d] init commit
 3 files changed, 37 insertions(+)
 create mode 100644 Jenkinsfile
 create mode 100644 README.md
 create mode 100644 deployment.yaml
```

12. 깃허브 저장소로 푸시하기 위해서 업로드되는 브랜치를 git branch 명령으로 설정해야 합니다. 브랜치란 코드를 보관할 수 있는 단위로 상황에 따라 여러 브랜치를 구성해 작업 내용을 분리해 저장할 수 있습니다. 옵션으로 사용하는 -M(Move)은 브랜치 이름을 바꾸는 옵션이고 main은 깃허브의 기본 브랜치인 이름입니다.

```
[root@m-k8s gitops]# git branch -M main
```

13. 브랜치를 설정했다면 이제 gitops 디렉터리에 있는 파일들을 git push 명령으로 깃허브 저장소에 푸시하겠습니다. 이때 사용하는 origin은 깃허브 저장소의 주소를 의미하며 이에 대한 옵션인 -u(--set-upstream)은 로컬 브랜치에서 원격 저장소로 업로드하는 것을 의미합니다. 그리고 업로드된 브랜치를 이후 git pull 작업에서도 원격 저장소로 사용합니다.

    명령 수행 후에 깃허브 저장소에 접근하기 위한 사용자 이름과 비밀번호(또는 토큰)를 입력하면 푸시 작업이 진행됩니다. 이후 실습에서는 자격 증명 헬퍼를 통해서 로그인 정보가 저장(~/.git-cred)돼 있기 때문에 계정 정보를 입력할 필요가 없습니다. 참고로 2021년 8월 13일부터 단순 비밀번호로는 깃허브에 코드를 푸시할 수 없으므로 토큰이나 SSH 접근 방식을 이용해야 합니다.

```
[root@m-k8s gitops]# git push -u origin main
Username for 'https://github.com': <깃허브 사용자 이름>
Password for 'https://sysnet4admin@github.com': <깃허브 비밀번호 또는 토큰>
Counting objects: 5, done.
Delta compression using up to 2 threads.
Compressing objects: 100% (4/4), done.
Writing objects: 100% (5/5), 648 bytes | 0 bytes/s, done.
Total 5 (delta 0), reused 0 (delta 0)
To https://github.com/IaC-Source/GitOps.git
 * [new branch]      main -> main
Branch main set up to track remote branch main from origin.
```

14. 깃허브 저장소로 첫 푸시가 완료된 후에, 깃허브 저장소에 파일들이 정상적으로 생성됐는지 확인합니다.

▼ 그림 5-91 첫 푸시 이후 깃허브 저장소 화면

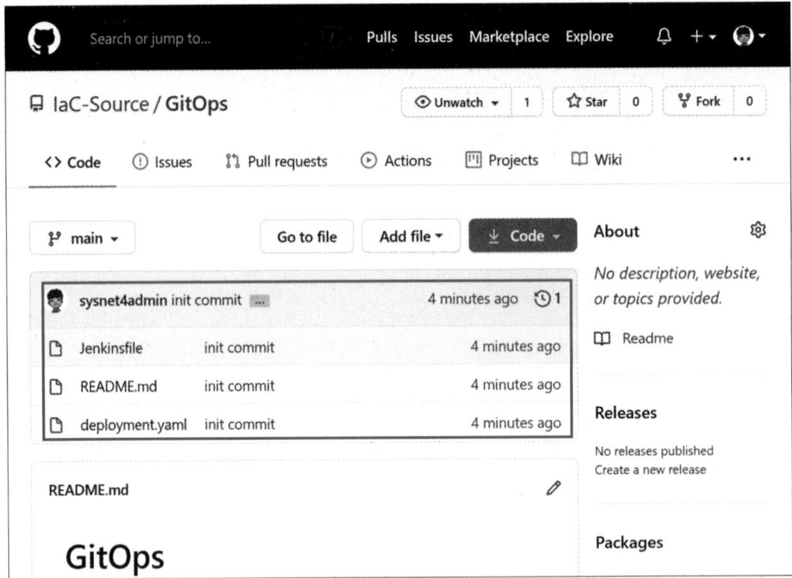

15. 쿠버설정 파일을 안전하게 관리하기 위해서 쿠버네티스용 지속적 배포(Kubernetes Continuous Deploy) 플러그인을 설치하겠습니다. 이를 위해 **젠킨스 홈 화면 > 젠킨스 관리 > 플러그인 관리 > 설치 가능** 탭으로 이동합니다. kubernetes를 검색 필드에 입력하면 나타나는 Kubernetes Continuous Deploy가 검색됩니다. 검색된 **Kubernetes Continuous Deploy** 플러그인을 체크하고 **지금 다운로드하고 재시작 후 설치하기**를 누릅니다.

▼ 그림 5-92 쿠버네티스용 지속적 배포 플러그인 검색 및 설치

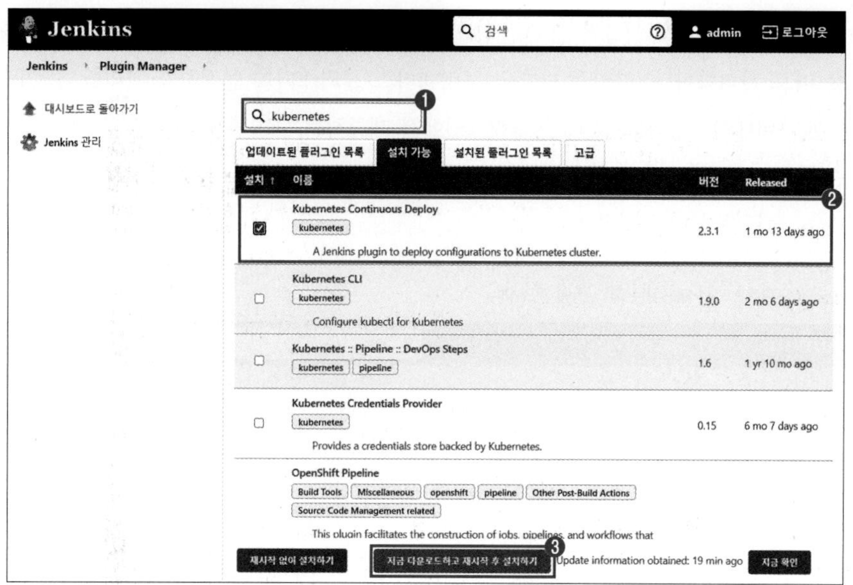

16. 쿠버네티스용 지속적 배포 플러그인이 설치되는 것을 확인하고 **설치가 끝나고 실행 중인 작업이 없으면 Jenkins 재시작** 체크박스를 체크해 작업이 끝나면 젠킨스를 다시 시작합니다. 이전에 설명한 것처럼 플러그인을 설치한 후에 젠킨스가 자동으로 시작되지 않는 경우가 있는데 이런 경우에는 브라우저를 새로고침하기 바랍니다. 이후에는 이 과정을 따로 설명하지 않겠습니다.

▼ 그림 5-93 쿠버네티스용 지속적 배포 플러그인 다운로드

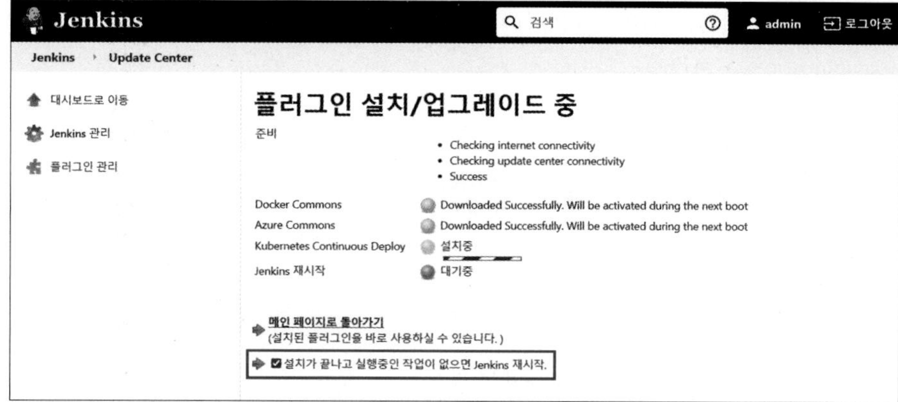

17. 다시 젠킨스에 로그인해서 설치된 쿠버네티스용 지속적 배포 플러그인에 대한 설정을 진행하겠습니다. 쿠버네티스용 지속적 배포 플러그인은 쿠버설정 파일을 관리할 수 있게 자격 증명 정보를 따로 관리합니다. 따라서 다수의 쿠버네티스 클러스터를 안전하게 관리할 수 있습니다. 이제 쿠버네티스용 지속적 배포 플러그인에서 제공하는 쿠버설정 파일 설정 메뉴로 이동하겠습니다. 설정을 위해서 **젠킨스 홈 화면** > **젠킨스 관리** > Manage Credentials 메뉴로 이동합니다.

▼ 그림 5-94 젠킨스에서 제공하는 자격 증명 관리 메뉴

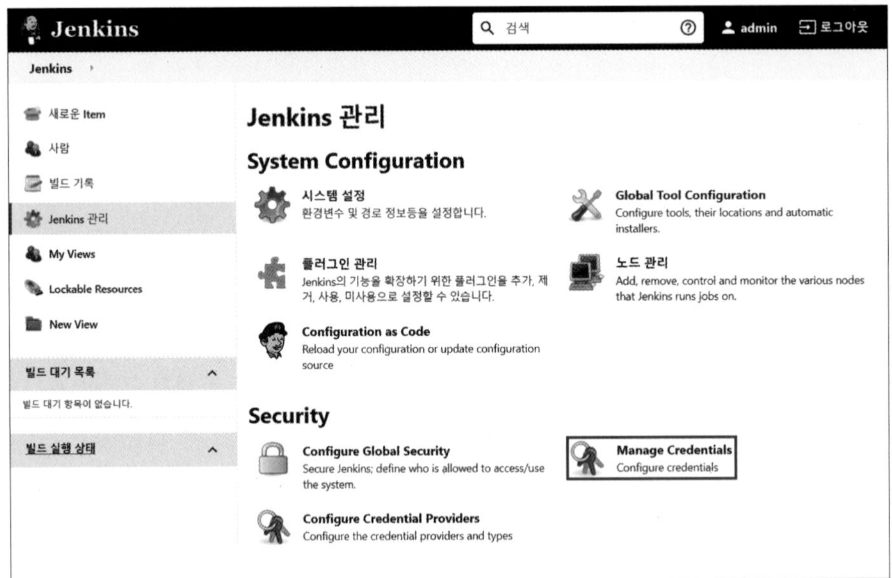

18. 쿠버네티스용 지속적 배포 플러그인이 사용할 새로운 자격 증명 정보를 추가하기 위해 (global) 버튼을 누릅니다.

▼ 그림 5-95 자격 증명 관리 메인 화면

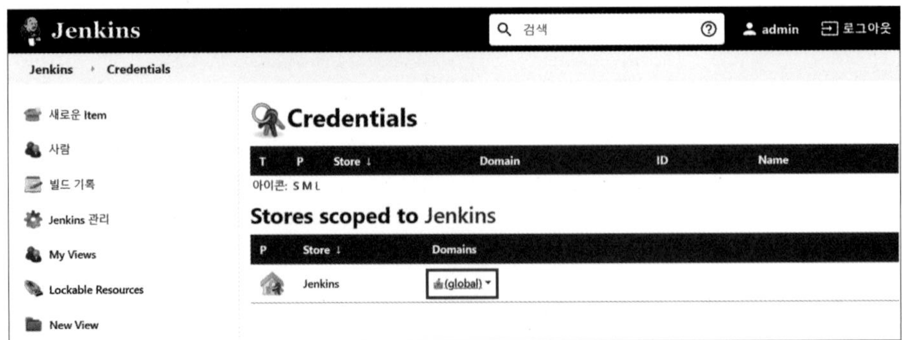

19. 쿠버설정 파일에 대한 자격 증명을 가져오려면 현재 쿠버설정 파일이 있는 마스터 노드(m-k8s, 192.168.1.10)에 접속 권한이 있어야 합니다. Add Credentials을 눌러 마스터 노드에 대한 자격 증명을 설정합니다.

▼ 그림 5-96 자격 증명 추가 화면

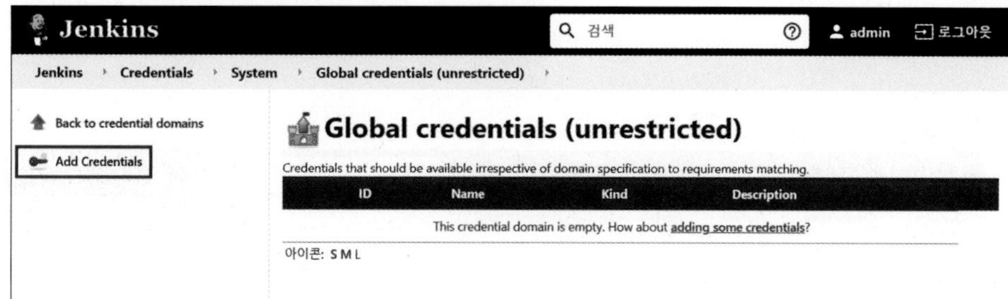

20. 다음과 같이 설정하고 OK 버튼을 눌러서 설정한 자격 증명을 저장합니다.

▼ 그림 5-97 마스터 노드의 접속 자격 증명 설정

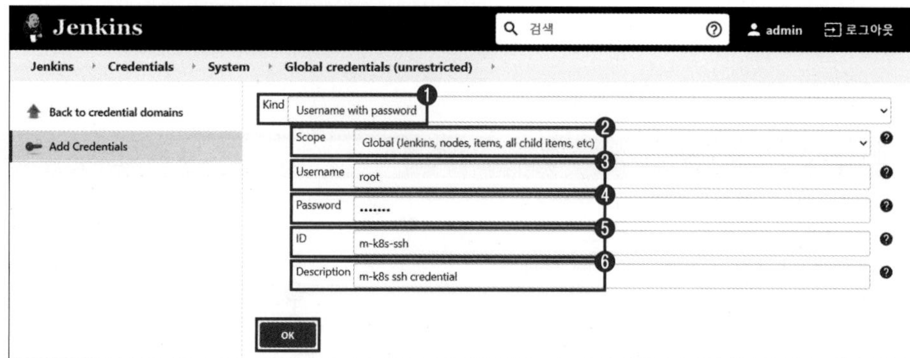

❶ Kind: 자격 증명 종류를 선택하는 메뉴입니다. 마스터 노드 접속 시 사용자 이름과 비밀번호를 입력받는 형식으로 진행하기 위해 Username with Password를 선택합니다.

❷ Scope: 자격 증명이 적용되는 범위를 정합니다. 젠킨스 전역에서 자격 증명을 사용할 수 있게 Global(Jenkins, nodes, items, all child items, etc)로 선택합니다.

❸ Username: 시스템에 접속하기 위한 사용자 이름을 입력합니다. 마스터 노드에 접속하는 기본 계정인 root를 입력합니다.

❹ Password: 시스템에 접속하기 위한 비밀번호를 입력합니다. 베이그런트로 만들어진 가상 머신들의 초기 비밀번호는 vagrant입니다. 따라서 비밀번호에 vagrant를 입력합니다.

❺ ID: 자격 증명을 사용할 때 식별하기 위한 값입니다. m-k8s-ssh로 입력합니다.

❻ Description: 자격 증명에 대한 간단한 설명을 작성할 수 있습니다. 마스터 노드 접속을 위한 자격 증명임을 나타내기 위해 m-k8s ssh credential을 입력합니다.

21. 마스터 노드 자격 증명이 m-k8s-ssh라는 이름으로 등록된 것을 확인하고, Add Credentials을 눌러 쿠버설정 파일에 대한 자격 증명을 추가합니다.

▼ 그림 5-98 마스터 노드 자격 증명 등록 완료 화면

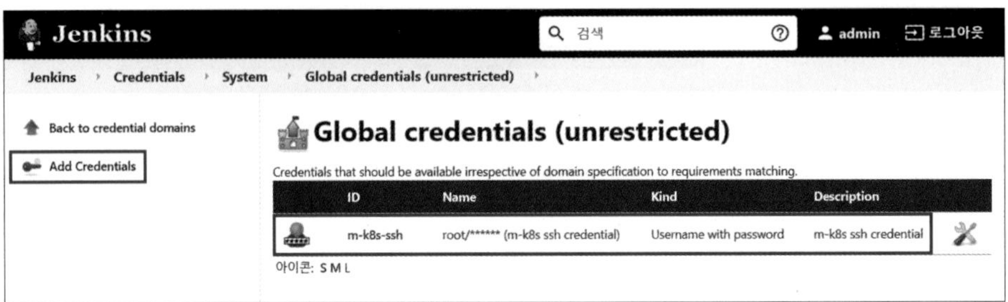

22. 쿠버네티스 접속 자격 증명 설정을 다음과 같이 입력하고 OK 버튼을 눌러서 저장합니다.

▼ 그림 5-99 쿠버네티스 접속 자격 증명 설정 화면

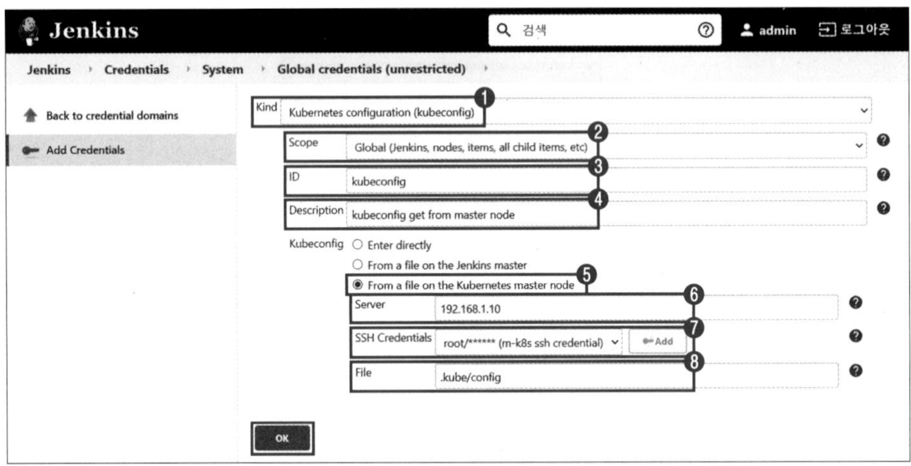

❶ Kind: 자격 증명 종류를 선택하는 메뉴입니다. 쿠버네티스용 지속적 배포 플러그인이 사용할 쿠버설정 파일을 등록하기 위해 kubernetes configuration (kubeconfig)을 선택합니다.

❷ Scope: 자격 증명이 적용되는 범위를 정합니다. 젠킨스 전역에서 자격 증명을 사용할 수 있게 하기 위해서 Global(Jenkins, nodes, items, all child items, etc)로 설정합니다.

❸ ID: 자격 증명을 사용할 때 식별하기 위한 값입니다. kubeconfig로 작성합니다.

❹ Description: 자격 증명에 대한 간단한 설명을 작성할 수 있습니다. 마스터 노드로부터 가지고 온 쿠버설정 파일(kubeconfig)임을 나타내기 위해서 kubeconfig get from master node를 입력합니다.

❺ Kubeconfig: 쿠버설정 파일을 가져오는 방법을 설정할 수 있습니다. 마스터 노드에 존재하는 kubeconfig를 가져오기 위해 From a file on the Kubernetes master node를 선택합니다.

❻ Server: 쿠버설정 파일이 존재하는 서버의 IP를 입력하는 곳입니다. 마스터 노드 IP인 192.168.1.10을 입력합니다.

❼ SSH Credentials: 마스터 노드에 접근하기 위한 자격 증명을 선택할 수 있습니다. 여기서에서는 앞서 설정한 root/**** m-k8s ssh credential 자격 증명을 선택합니다.

❽ File: 마스터 노드에 위치한 kubeconfig 위치를 설정하는 것입니다. 경로는 .kube/config로 이미 입력돼 있습니다. 지금 설정한 .kube/config는 접속한 마스터 노드의 상대 경로입니다. 이를 절대 경로로 해석하면 /root/.kube/config로 kubectl을 사용할 때 참조하는 kubeconfig 경로와 같습니다.

23. 쿠버네티스 접속 자격 증명이 kubeconfig라는 이름으로 등록된 것을 확인합니다.

▼ 그림 5-100 쿠버네티스 접속 자격증 등록 완료 화면

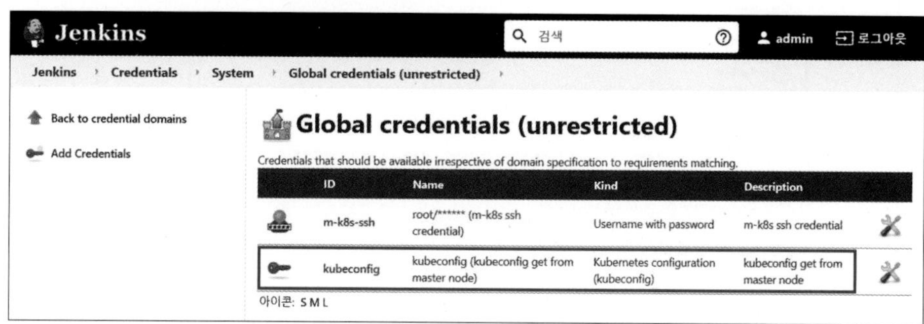

24. 선언적인 배포 환경을 위한 젠킨스 세부 구성이 완료됐으므로 **젠킨스 홈 화면**으로 이동한 후에 **새로운 Item**을 눌러 본격적으로 선언적인 배포 환경을 위한 프로젝트를 설정하겠습니다.

▼ 그림 5-101 젠킨스 홈 화면에서 새로운 Item을 선택하는 화면

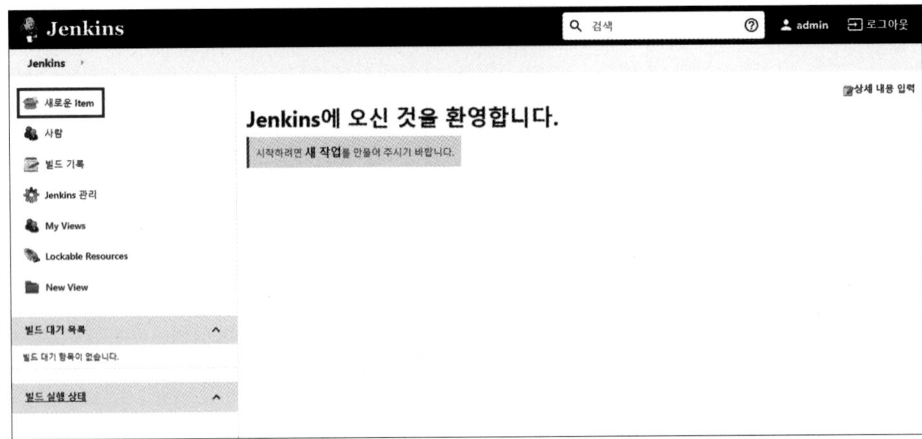

25. 선언적인 배포 환경을 위한 프로젝트 설정을 위해 Pipeline 아이템을 선택하고 dpy-pl-gitops를 이름으로 입력한 후에 OK 버튼을 눌러 다음 설정 단계로 넘어가겠습니다.

▼ 그림 5-102 dpy-pl-gitops 프로젝트 구성

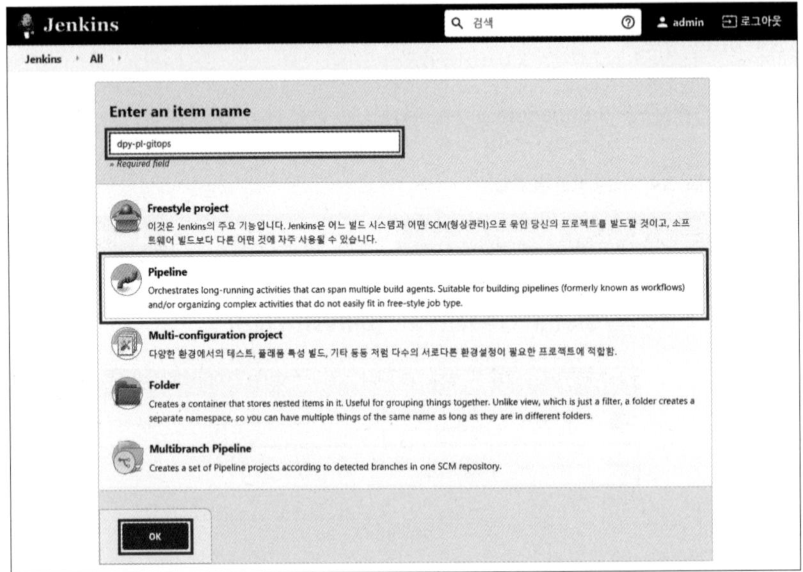

26. 깃허브 저장소에 변경 내용을 감시하기 위해 Pipeline 프로젝트에서 지원하는 기능인 **Poll SCM**을 사용해 주기적으로 깃허브 저장소의 변경을 인식하게 합니다. 젠킨스에서 주기적으로 변경을 감시하기 위해 스케줄을 `*/10 * * * *`로 입력합니다. 이때 입력한 `*/10 * * * *`은 **크론 표현식**(cron expression)이라고 하며 현재 입력한 내용은 10분마다 변화가 있는지 체크하도록 설정돼 있습니다. 즉 4시 1분에 시작했다면 4시 10분에 변화를 체크하고, 4시 17분에 시작했다면 4시 20분에 변화를 체크하게 됩니다. 사용자의 환경에 따라 변화 감지 주기를 너무 짧게 입력하는 경우 배포 도중에 변화를 다시 감지해 계속 배포가 진행되니, 변화 감지 주기를 변경한다면 적정한 주기로 변경하기 바랍니다.

▼ 그림 5-103 Poll SCM 스케줄 구성

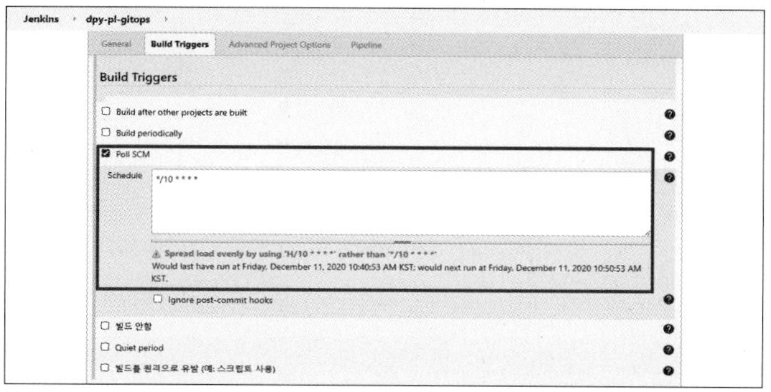

Tip 젠킨스 크론 표현식에서 사용하는 H는 어떤 의미를 갖나요?

젠킨스에서 `* * * * *`와 같은 크론 표현식을 작성하면 젠킨스는 `H/* * * * *` 와 같은 크론 표현식을 사용하는 것이 좋다는 메시지가 나타납니다. 젠킨스가 권장하는 H를 사용해 크론 표현식 작성하면 기본적으로는 1분에 한 번씩 실행되지만, 부하가 없는 시점에 실행돼 정확한 시점을 보장할 수 없습니다. 따라서 현재 실습에서는 정확한 시점에 빌드되는 것을 확인하기 위해 일반적인 크론 표현식으로 작성했습니다.

27. Pipeline 프로젝트에서 사용할 소스 저장소를 구성합니다. Definition은 **Pipeline script from SCM**으로 설정하고 SCM은 **Git**으로 설정합니다. 이후 나타나는 Repository URL에는 사용자 깃허브 저장소 주소를 입력합니다. Branch Specifier는 `*/main`으로 설정해 main 브랜치의 변경만 확인합니다.

그림 5-104 GitOps 구현을 위한 젠킨스 프로젝트 구성

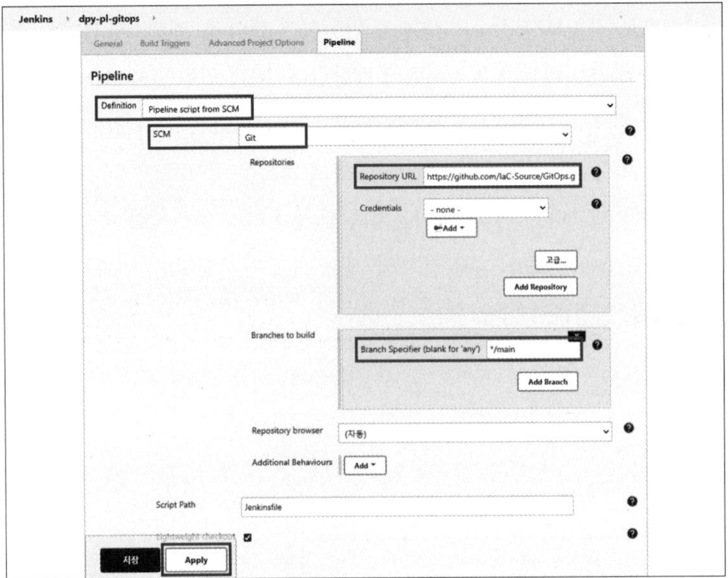

이때 사용하는 Jenkinsfile은 다음과 같습니다.

Jenkinsfile

```
pipeline {
  agent any
  stages {
    stage('git pull') {
      steps {
        // Git-URL will replace by sed command before RUN
        git url: 'Git-URL', branch: 'main'
      }
    }
    stage('k8s deploy'){
      steps {
        kubernetesDeploy(kubeconfigId: 'kubeconfig',
                         configs: '*.yaml')
      }
    }
  }
}
```

- **4~9번째 줄**: 깃허브 저장소로부터 야믈 파일을 내려받습니다.
- **10~15번째 줄**: 미리 설정한 kubeconfig 자격 증명을 이용해 현재 내려받은 경로에 존재하는 야믈 파일들의 내용을 쿠버네티스 클러스터에 배포합니다.

28. dpy-pl-gitops 프로젝트를 **저장**하고 나서 약 10분을 기다리면 Build History 항목에서 첫 번째(#1) 배포가 진행되는 것을 확인할 수 있습니다.

▼ 그림 5-105 dpy-pl-gitops 프로젝트 #1 작업 진행 중

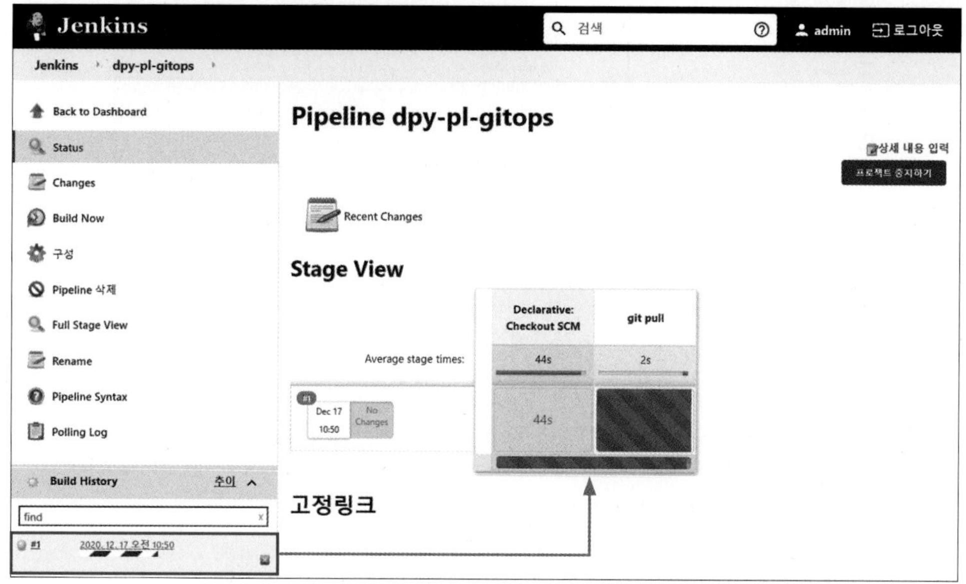

29. 배포가 진행 중인 화면에서 기다리면 다음 그림과 같이 #1 배포 작업이 완료된 것을 확인할 수 있습니다.

❤ 그림 5-106 dpy-pl-gitops 프로젝트 #1 작업 완료

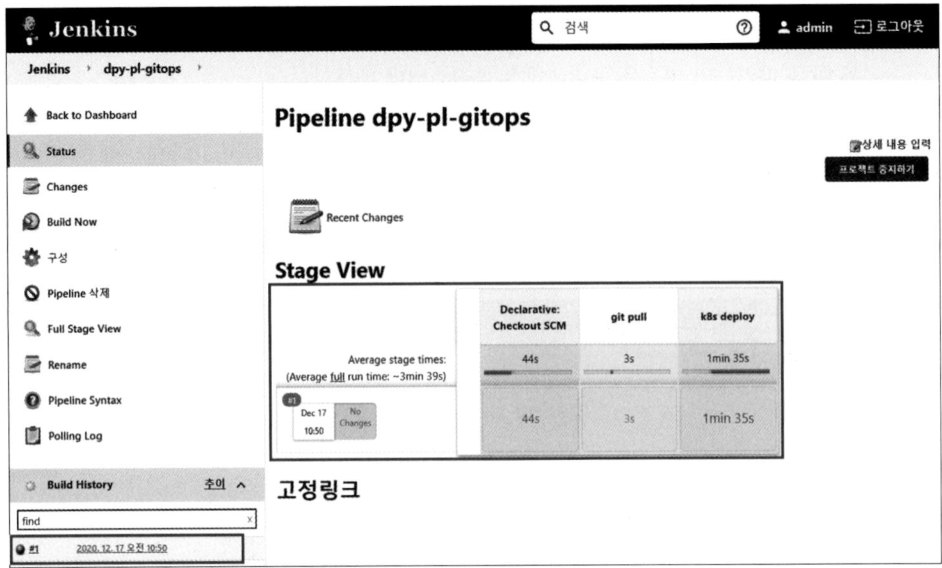

30. 배포 작업이 끝났다면 깃허브 저장소에 푸시한 야믈 파일이 쿠버네티스 클러스터에 적용이 돼 있는지 확인해 보겠습니다. 푸시한 야믈 파일에는 gitops-nginx 디플로이먼트가 배포되고 파드가 2개 준비돼 있는 것을 확인합니다.

```
[root@m-k8s gitops]# kubectl get deployments
NAME           READY   UP-TO-DATE   AVAILABLE   AGE
gitops-nginx   2/2     2            2           81s
jenkins        1/1     1            1           13h
```

31. 선언적인 배포 환경을 테스트하기 위해 야믈 파일을 변경하고 깃허브 저장소에 푸시하면 쿠버네티스 클러스터에 이미 배포돼 있는 디플로이먼트도 변경되는지 확인하겠습니다. 이를 위해서 deployment.yaml을 sed 명령으로 편집해 replicas 개수를 2개에서 5개로 변경하겠습니다.

```
[root@m-k8s gitops]# sed -i 's/replicas: 2/replicas: 5/' deployment.yaml
```

32. 변경한 deployment.yaml을 git에 추가하고 커밋한 후에 변경한 내용을 깃허브 저장소로 푸시하겠습니다. 이 작업들을 연결해 한 번에 실행하기 위해 ;(세미콜론)을 사용합니다.

```
[root@m-k8s gitops]# git add . ; git commit -m "change replicas count" ; git push -u
origin main
[main ecb9fa3] change replicas count
 1 file changed, 1 insertion(+), 1 deletion(-)
Counting objects: 5, done.
Delta compression using up to 2 threads.
Compressing objects: 100% (3/3), done.
Writing objects: 100% (3/3), 286 bytes | 0 bytes/s, done.
Total 3 (delta 2), reused 0 (delta 0)
remote: Resolving deltas: 100% (2/2), completed with 2 local objects.
To https://github.com/IaC-Source/GitOps.git
   48504f2..ecb9fa3  main -> main
Branch main set up to track remote branch main from origsin.
```

33. 파일 변경 이후 푸시가 정상적으로 수행됐는지 깃허브 저장소를 통해 확인해 보겠습니다. 다음 그림과 같이 변경된 내용이 깃허브 저장소에 나타나는 것을 확인할 수 있습니다.

▼ 그림 5-107 푸시 이후의 깃허브 저장소

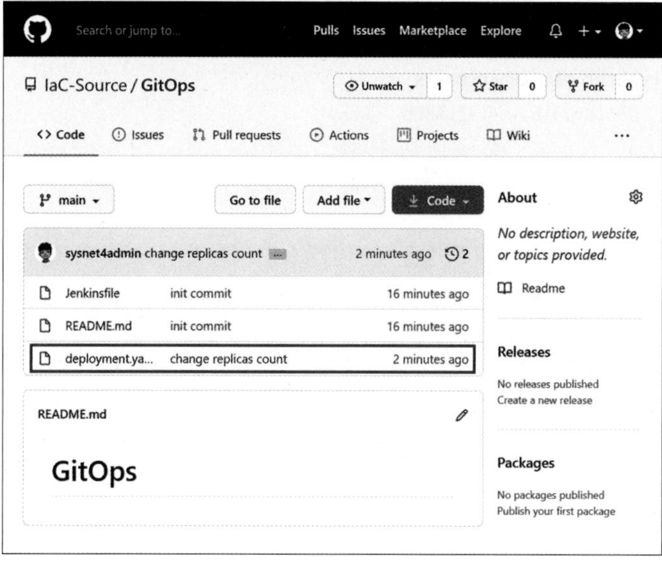

34. 푸시 이후 약 10분이 지나면 젠킨스가 깃허브 저장소의 변경 사항을 인지해 배포하고 다음 그림과 같이 배포가 완료된 것을 확인할 수 있습니다.

✔ 그림 5-108 dpy-pl-gitops 프로젝트 #2 작업 완료

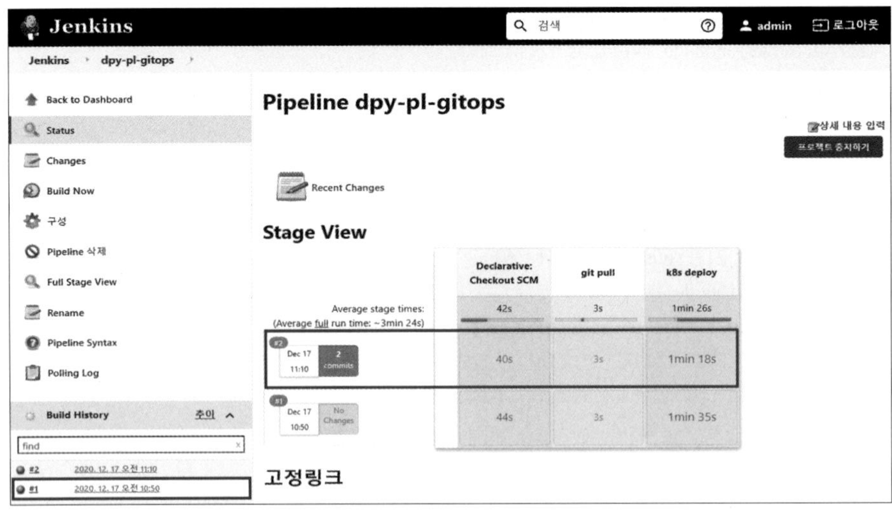

35. #2 배포가 완료됐다면, 현재 쿠버네티스 클러스터에 깃허브 저장소에 푸시한 replicas 개수로 변경됐는지 확인합니다. 변경한 replicas 개수는 5개입니다.

```
[root@m-k8s gitops]# kubectl get deployments
NAME           READY   UP-TO-DATE   AVAILABLE   AGE
gitops-nginx   5/5     5            5           11m
jenkins        1/1     1            1           13h
```

GitOps에 가장 중요한 개념인 선언적인 배포 환경을 쿠버네티스용 지속적 배포 플러그인과 젠킨스 Poll SCM 플러그인을 사용해 구현했습니다. GitOps는 선언적인 배포 이외에 관리하고 있는 환경에서 이루어지는 다양한 변화에 대한 알림이 필요합니다. 따라서 젠킨스 플러그인으로 가장 안정적으로 동작하는 협업 플랫폼인 슬랙(Slack)을 이용해서 젠킨스 환경에서 일어나는 변화를 감지하고 알려주는 기능을 구현해 보겠습니다.

5.5.2 슬랙을 통해 변경 사항 알리기

선언적인 배포 시스템을 구축해 기초적인 GitOps 환경을 만들었으나, 보다 안정적인 GitOps 환경을 위해서는 구축한 시스템에 대한 알림 메시지 등을 받아서 즉각적인 조치를 취할 필요가 있습니다. 이러한 환경을 구현하기 위해서 젠킨스는 협업 플랫폼과 기능을 연결할 수 있습니다. 많은 종류의 협업 플랫폼을 연결할 수 있으나, 이번에는 젠킨스와 가장 많이 연결하는 제품 가운데 하

나인 슬랙을 사용해 알림 메시지를 받아보겠습니다. 이번 실습에는 슬랙을 사용하지만, 이미 슬랙에 대한 어느 정도 이해가 있다고 가정하고 진행하겠습니다.

진행하기에 앞서 간단하게 젠킨스와 슬랙을 연동하는 단계를 정리하겠습니다.

1. 젠킨스가 슬랙으로 메시지를 보낼 수 있는 대상인 슬랙 채널을 생성합니다.
2. 슬랙 채널에 젠킨스가 보내는 메시지를 전달할 수 있는 Jenkins CI 앱을 추가해 젠킨스에서 슬랙 채널 연동을 위한 토큰과 워크스페이스 도메인 주소 값을 확인합니다.
3. 슬랙에서 발급한 토큰은 공개되면 매우 민감한 정보이므로 젠킨스 자격 증명에 토큰을 등록합니다.
4. 젠킨스에서 슬랙으로 메시지를 보내기 위해서 슬랙 알림 플러그인을 설치하고 시스템 설정 메뉴에 토큰과 워크스페이스 도메인 주소를 입력해 연동 작업을 마칩니다.

그러면 이제 젠킨스에서 슬랙으로 배포의 시작과 종료를 메시지로 보내는 기능을 설정해 보겠습니다.

1. 시작하기 전에 요약한 것처럼 젠킨스에서 슬랙으로 메시지를 보내기 위해서는 여러 가지 설정이 필요합니다. 우선 다음 화면과 같이 본인의 슬랙 워크스페이스로 이동해 동작에 큰 문제가 없는지 확인합니다.

▼ 그림 5-109 데모를 위한 슬랙 bookk8sinfrademo 워크스페이스

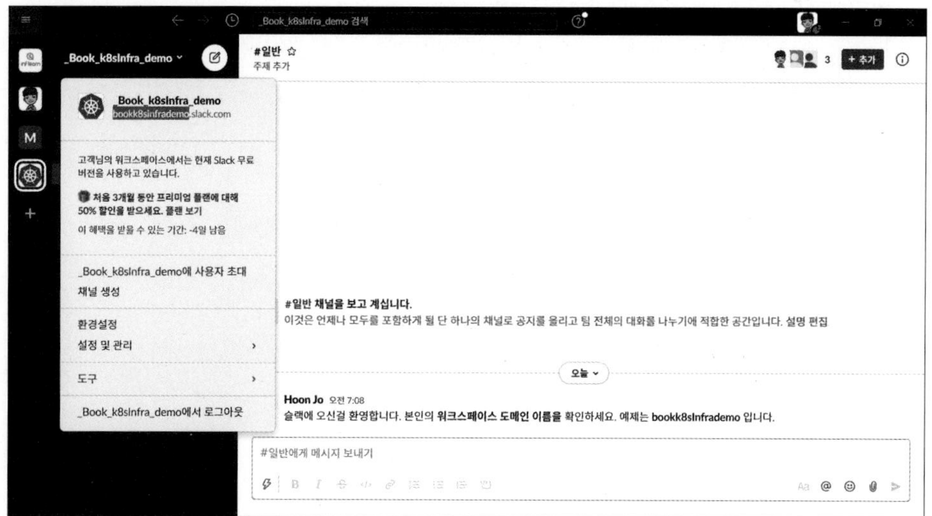

2. 좌측 상단에 위치한 **채널 추가** 버튼을 누르면 채널 관리할 수 있는 메뉴가 나타납니다. 나타난 메뉴에서 **새 채널 생성**을 누릅니다.

▼ 그림 5-110 채널 생성 안내

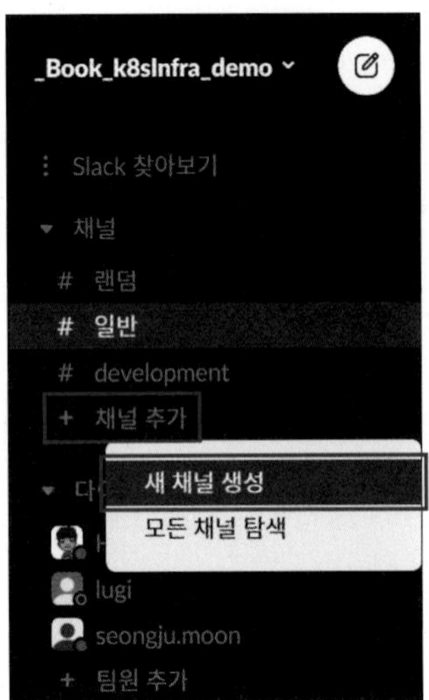

3. **새 채널 생성** 버튼을 누르면 채널 생성에 필요한 정보를 입력하는 대화 상자가 나타납니다. 채널 생성을 위해 나타난 대화 상자에 다음과 같이 값을 입력하고 **생성** 버튼을 눌러 채널을 생성합니다.

▼ 그림 5-111 젠킨스가 메시지를 보낼 슬랙 채널 생성

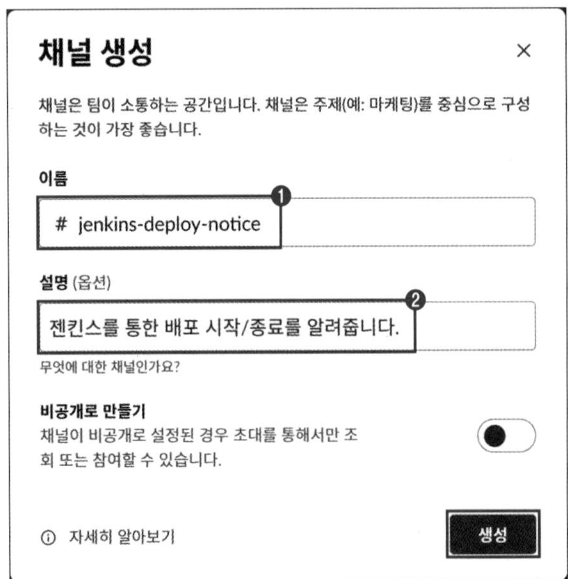

❶ **이름**: 채널 이름을 입력하는 곳입니다. jenkins-deploy-notice로 입력합니다.

❷ **설명**: 채널 목적을 작성하는 곳입니다. **젠킨스를 통한 배포 시작/종료를 알려줍니다.**로 입력합니다.

4. **생성** 버튼을 누르면 다음과 같이 사용자를 추가할 것인지 물어보는 대화 상자가 나타납니다. 필요한 사용자를 추가하고 **완료됨** 버튼을 누릅니다.

▼ 그림 5-112 사용자 추가를 위한 대화 상자

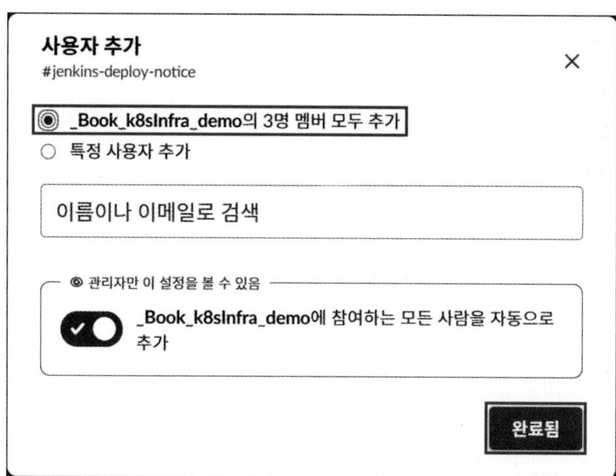

5. 알림을 수신 받는 채널을 구성했다면 상단의 워크스페이스 메뉴를 눌러 슬랙과 젠킨스를 연동할 앱을 설치하기 위해 설정 및 관리의 하위 메뉴인 **앱 관리**를 선택합니다.

▼ 그림 5-113 설정 및 관리 메뉴 하위의 앱 관리

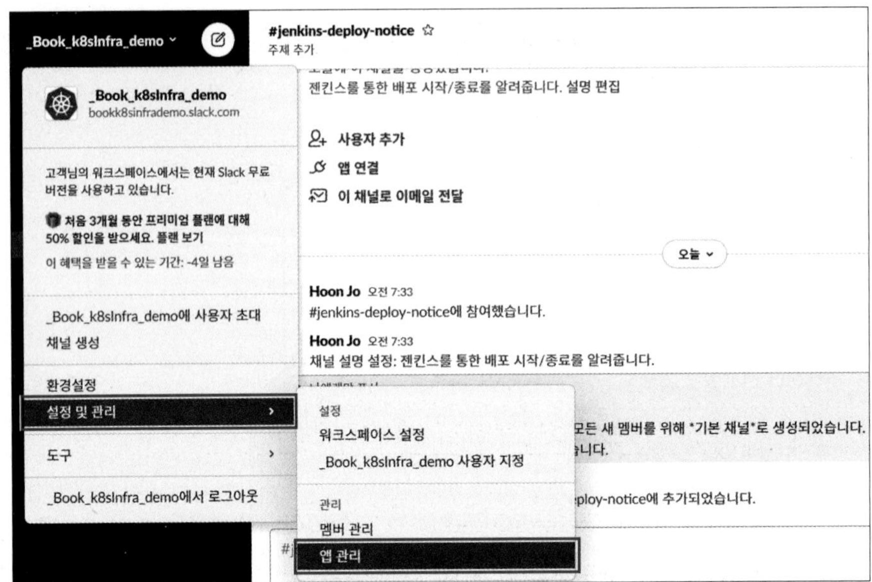

6. 슬랙 앱 관리 화면으로 이동했습니다. 이 화면에서는 필요한 앱을 검색해 슬랙에 추가 기능을 부여할 수 있고 삭제할 수도 있습니다.

▼ 그림 5-114 슬랙 앱 관리 화면

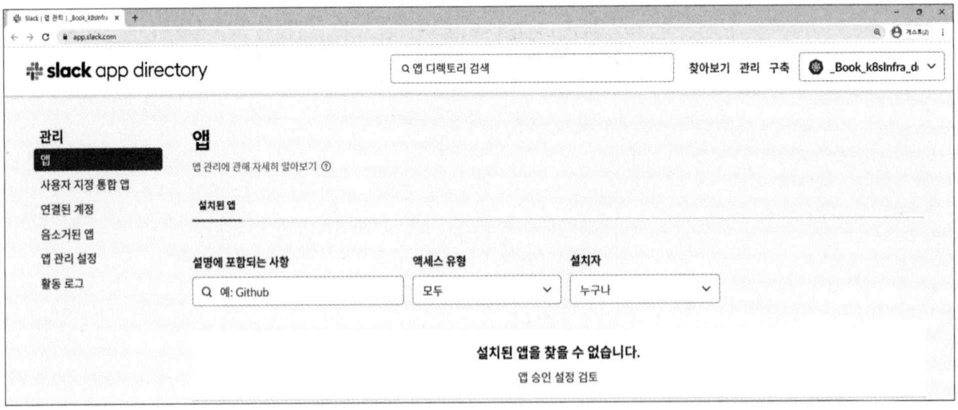

7. 앱 관리 화면에서 젠킨스와 슬랙 연동을 위해 `Jenkins CI` 이름으로 검색하고 검색된 **Jenkins CI**를 선택합니다.

▼ 그림 5-115 Jenkins CI 검색 및 선택

8. Jenkins CI를 슬랙에 추가하기 위해서 **Slack에 추가** 버튼을 누르겠습니다.

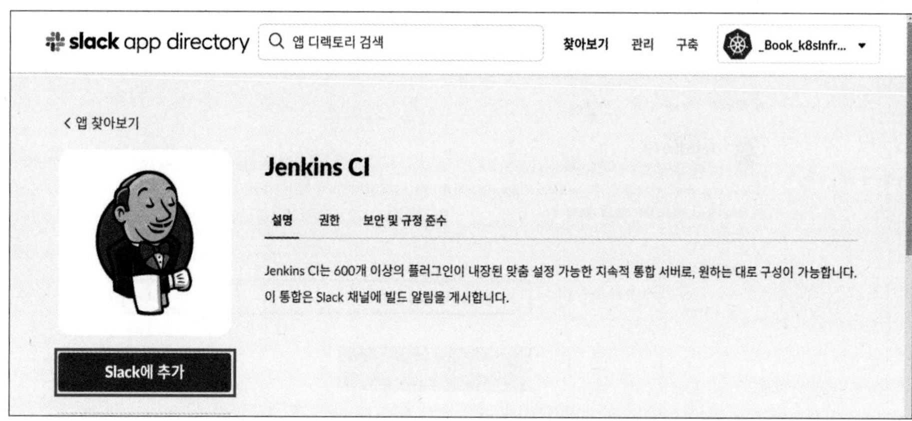

▼ 그림 5-116 Jenkins CI 앱을 슬랙에 추가

9. Jenkins CI 앱에서 알림을 받을 채널을 **#jenkins-deploy-notice**로 선택합니다.

▼ 그림 5-117 젠킨스 메시지를 전달받을 슬랙 채널 설정

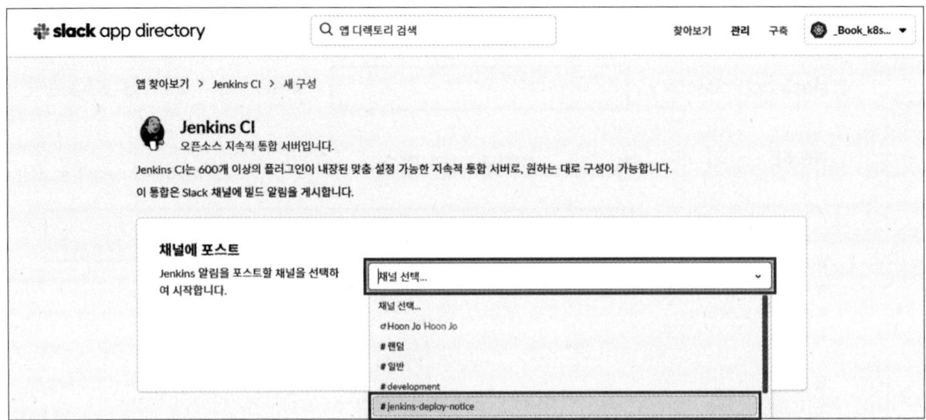

10. **#jenkins-deploy-notice**를 선택한 이후에 아래에 나타나는 **Jenkins CI 통합 앱 추가** 버튼을 눌러 슬랙에 Jenkins CI 앱을 추가합니다.

▼ 그림 5-118 Jenkins CI 통합 앱 추가

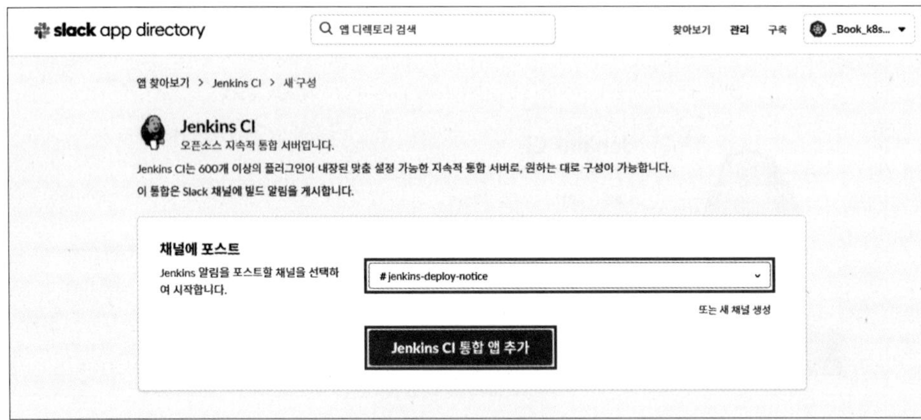

11. 새 통합 앱(Jenkins CI)이 추가됐다는 메시지를 확인하고 Jenkins CI와 슬랙을 통합하기 위한 연동 설정 지침이 표시된 것을 확인합니다.

✔ 그림 5-119 Jenkins CI 앱 추가 확인 및 설정 지침 확인

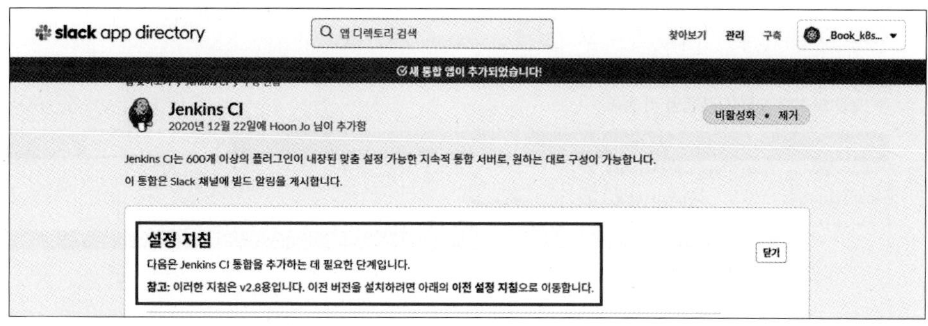

12. 연동 설정 지침 중에 필요한 정보가 있는 3단계 내용을 확인하기 위해 마우스 스크롤을 아래로 내립니다. 3단계 내용은 젠킨스와 슬랙을 연동하기 위한 자격 증명 정보를 확인합니다. 다음 그림에서 나타난 토큰을 비인가자가 알게되면 슬랙 채널로 메시지를 보낼 수 있습니다. 이런 문제를 방지하고자 다음 그림에서 확인할 수 있는 통합 토큰 자격 증명 ID를 직접 프로젝트에 입력해서 구성하지 않고 젠킨스 자격 증명 관리를 통해 토큰을 이용하겠습니다.

✔ 그림 5-120 젠킨스와 슬랙 연동을 위한 자격 증명

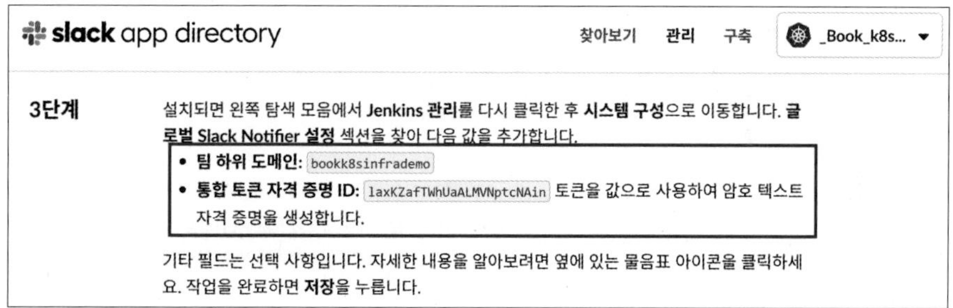

13. 통합 토큰 자격 증명 ID를 젠킨스 자격 증명 키로 등록하기 위해 **젠킨스 홈 화면** > **젠킨스 관리** > Managed Credentials > (global)을 눌러 자격 증명 등록 화면으로 이동하겠습니다.

✔ 그림 5-121 자격 증명 등록 메뉴

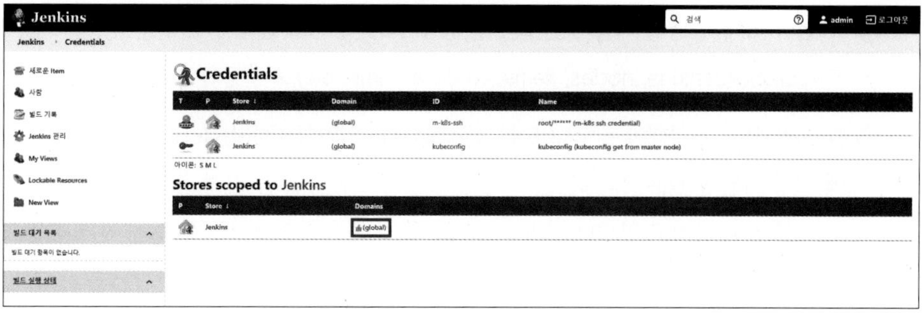

14. 슬랙으로 메시지를 보내기 위한 자격 증명 키를 등록합니다. 키를 등록하기 위해 왼쪽에 있는 Add Credentials 버튼을 누르겠습니다.

▼ 그림 5-122 슬랙 자격 증명 키 등록

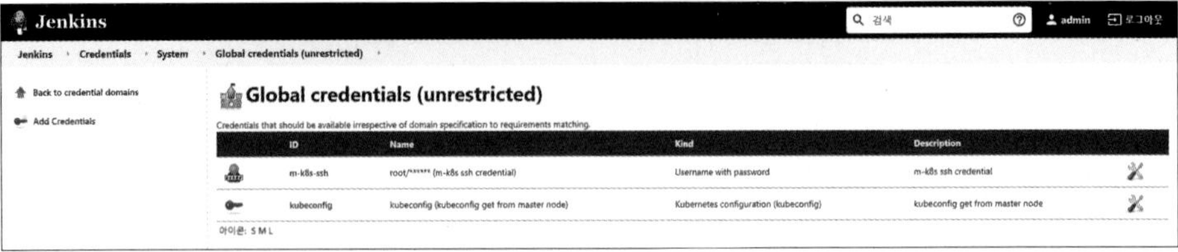

15. 슬랙 자격 증명 키 등록을 위해 다음 그림과 같이 입력하고 OK 버튼을 누릅니다.

▼ 그림 5-123 슬랙 자격 증명 등록

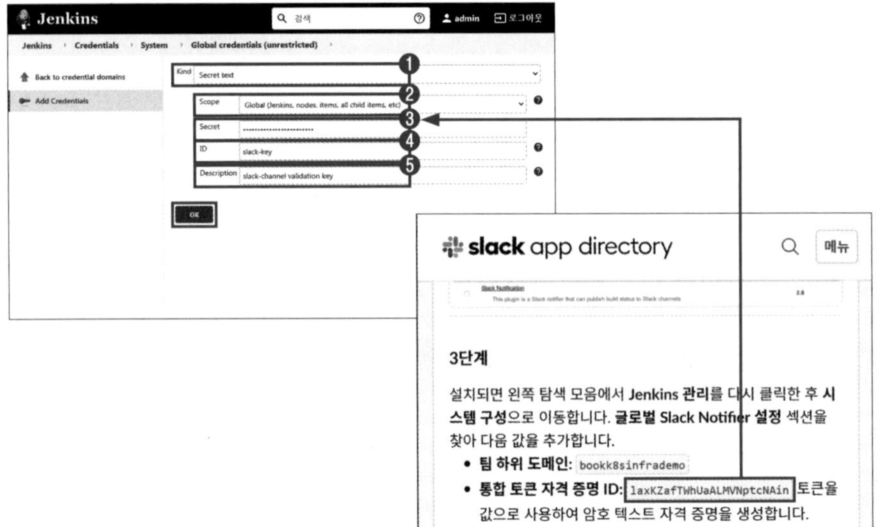

❶ Kind: 자격 증명 종류를 선택합니다. 슬랙의 **통합 토큰 자격 증명** ID를 암호(Secret) 형태로 변환하기 위해 Secret text를 선택합니다.

❷ Scope: 자격 증명이 적용되는 범위를 정합니다. 젠킨스 전역에서 자격 증명을 사용하기 위해 Global(Jenkins, nodes, items, all child items, etc)로 설정합니다.

❸ Secret: 암호 처리돼야 할 텍스트를 입력합니다. 입력할 내용은 Jenkins CI를 설치한 후에 설정 지침 3단계에서 확인할 수 있었던 슬랙의 통합 토큰 자격 증명 ID입니다. 개인마다 다른 값을 가지고 있으니 위의 그림 오른쪽 내용을 확인해서 통합 토큰 자격 증명 ID를 Secret 값으로 입력합니다.

❹ ID: 자격 증명을 사용할 때 식별하기 위한 값입니다. **slack-key**로 입력합니다.

❺ Description: 자격 증명에 대한 간단한 설명을 작성할 수 있습니다. 슬랙 메시지를 보내는 자격 증명임을 나타내기 위해 **slack-channel validation key**로 입력합니다.

16. 슬랙 자격 증명을 위한 암호키(slack-key)가 등록된 것을 확인합니다.

▼ 그림 5-124 슬랙 자격 증명 등록 확인

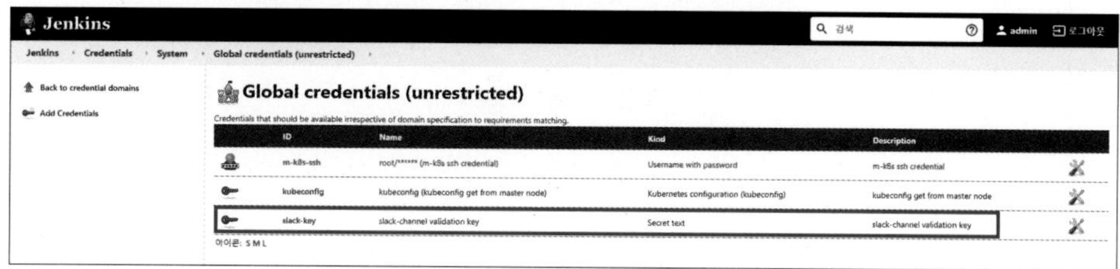

17. 등록한 슬랙 자격 증명 암호키를 사용해서 젠킨스로부터 슬랙에 메시지를 보내려면 이를 도와주는 플러그인을 설치해야 합니다. 따라서 **젠킨스 홈 화면 > 젠킨스 관리 > 플러그인 관리 > 설치 가능 탭**으로 이동한 다음 검색 영역에서 slack을 입력해 슬랙 관련 플러그인을 검색합니다. 검색된 플러그인 중에 Slack Notification을 선택한 다음에 **지금 다운로드하고 재시작 후 설치하기** 버튼을 누르겠습니다.

▼ 그림 5-125 슬랙 플러그인 검색

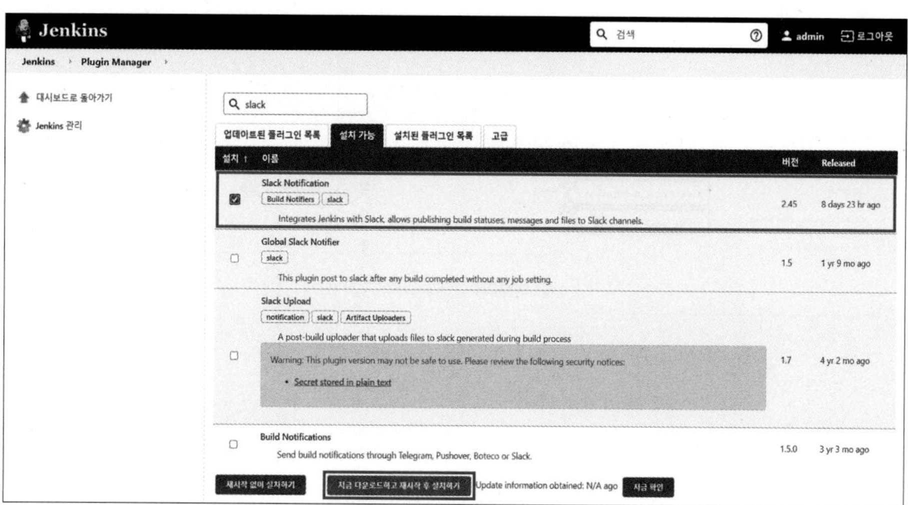

18. 슬랙 알림 플러그인이 설치될 때 **설치가 끝나고 실행 중인 작업이 없으면 Jenkins 재시작** 체크박스를 체크해 작업 종료 후에 젠킨스를 다시 시작합니다.

▼ 그림 5-126 슬랙 알림 플러그인 설치

19. 슬랙 알림 플러그인을 설치하게 되면, 젠킨스와 슬랙 연동 정보를 입력할 수 있습니다. 연동 정보를 입력하기 위해서 **젠킨스 홈 화면 > 젠킨스 관리 > 시스템 설정**으로 이동한 다음 스크롤을 가장 하단으로 내려 Slack 영역이 새로 생성된 것을 확인하고 다음과 같이 입력한 뒤 **저장**합니다.

▼ 그림 5-127 젠킨스와 슬랙 연동 정보 입력

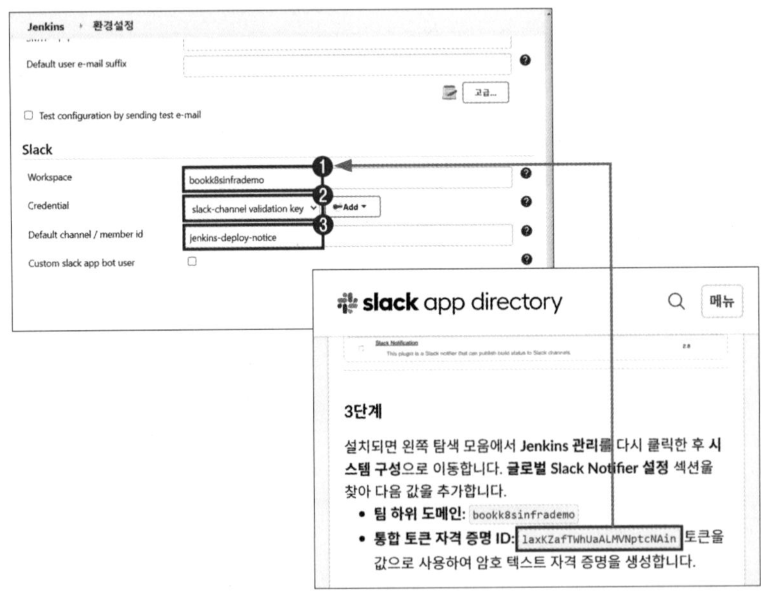

❶ Workspace: 슬랙 워크스페이스 도메인 이름을 입력하는 곳입니다. 입력할 내용은 Jenkins CI를 설치한 후에 설정 지침 3단계에서 확인할 수 있었던 슬랙의 **팀 하위 도메인**입니다. 개인마다 다른 값을 가지고 있으니 앞의 그림 오른쪽 내용을 참고해 입력합니다.

❷ Credential: 앞서 설정한 slack-channel validation key를 선택합니다.

❸ Default channel/member id: 젠킨스로부터 온 메시지를 받을 슬랙 채널을 입력합니다. 여기서 앞서 추가한 jenkins-deploy-notice를 입력합니다.

20. 설정한 내용들을 통해 젠킨스로부터 슬랙으로 메시지가 정상적으로 발송되는지 확인하겠습니다. 이를 위해 사전에 구성한 Jenkinsfile을 복사해 기존의 Jenkinsfile을 덮어쓰겠습니다.

```
[root@m-k8s gitops]# cp ~/_Book_k8sInfra/ch5/5.5.2/Jenkinsfile ~/gitops/
cp: overwrite '/root/gitops/Jenkinsfile'? yes
```

슬랙 알림 플러그인을 추가하면서 변경된 Jenkinsfile 코드는 다음과 같습니다.

Jenkinsfile

```
pipeline {
  agent any
  stages {
    stage('deploy start') {
      steps { //+추가됨: 배포 작업 이전에 배포 시작 알림 메시지를 슬랙 채널로 보냄
        slackSend(message: "Deploy ${env.BUILD_NUMBER} Started"
        , color: 'good', tokenCredentialId: 'slack-key')
      }
    }
    stage('git pull') {
      steps {
        // Git-URL will replace by sed command before RUN
        git url: 'Git-URL', branch: 'main'
      }
    }
    stage('k8s deploy'){
      steps {
        kubernetesDeploy(kubeconfigId: 'kubeconfig',
                         configs: '*.yaml')
      }
    }
    stage('deploy end') {
      steps { //+추가됨: 배포 작업 이후에 배포 완료 알림 메시지를 슬랙 채널로 보냄
        slackSend(message: """${env.JOB_NAME} #${env.BUILD_NUMBER} End
```

```
25            """, color: 'good', tokenCredentialId: 'slack-key')
26          }
27        }
28      }
29    }
```

- **4~9번째 줄**: 작업 시작 이전에 슬랙 채널을 통해 몇 번째 빌드 작업의 시작인지 안내 메시지를 전달합니다. 이때 시스템 설정을 통해 설정한 채널로 메시지를 전달하기 위해 앞서 구성한 slack-key 자격 증명을 사용합니다.
- **22~27번째 줄**: 작업이 끝날 때 슬랙으로 작업의 이름과 몇 번째 빌드 작업이 완료됐는지 메시지를 전달합니다. 이때 시스템 설정을 통해 설정한 채널로 메시지를 전달하기 위해 앞서 구성한 slack-key 자격 증명을 사용합니다.

21. Jenkinsfile에 사용자의 깃허브 저장소를 입력하기 위해, 현재 변수(Git-URL)로 처리돼 있는 부분을 sed 명령을 통해 사용자의 깃허브 저장소 주소로 변경합니다.

```
[root@m-k8s gitops]# sed -i 's,Git-URL,<사용자의 깃허브 저장소 주소>,g' Jenkinsfile
```

22. 필요한 내용을 변경한 Jenkinsfile을 git에 추가하고 커밋한 후에 깃허브 저장소로 푸시합니다.

```
[root@m-k8s gitops]# git add . ; git commit -m "add slack notification" ; git push -u
origin main
[main ee6fca1] add slack notification
 1 file changed, 16 insertions(+), 3 deletions(-)
Counting objects: 5, done.
Delta compression using up to 2 threads.
Compressing objects: 100% (3/3), done.
Writing objects: 100% (3/3), 548 bytes | 0 bytes/s, done.
Total 3 (delta 1), reused 0 (delta 0)
remote: Resolving deltas: 100% (1/1), completed with 1 local object.
To https://github.com/IaC-Source/GitOps.git
   ecb9fa3..ee6fca1  main -> main
Branch main set up to track remote branch main from origin.
```

23. 푸시가 정상적으로 수행됐는지 깃허브 저장소를 확인해 보겠습니다.

▼ 그림 5-128 Jenkinsfile 변경 이후 깃허브 저장소 상태

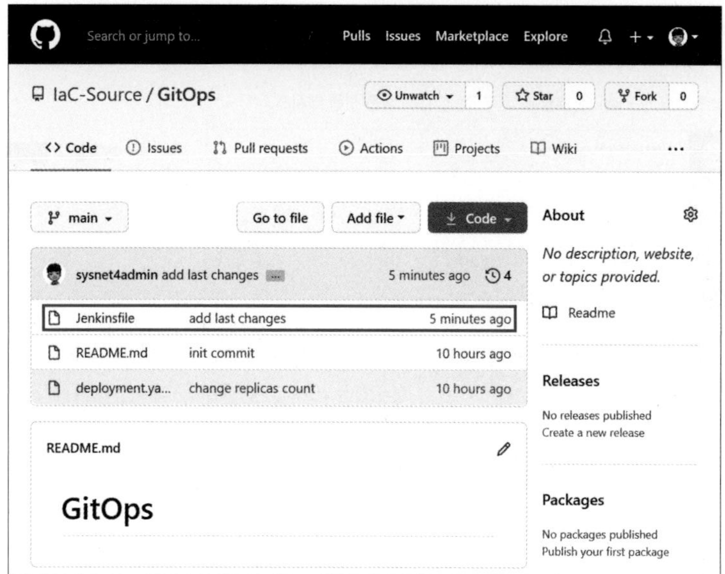

24. 푸시한 후에 약 10분이 지나면 젠킨스가 깃허브 저장소의 변경 사항을 인지해 배포 작업을 시작하고 완료한 것을 확인합니다.

▼ 그림 5-129 dpy-pl-gitops 프로젝트 #3 작업 완료

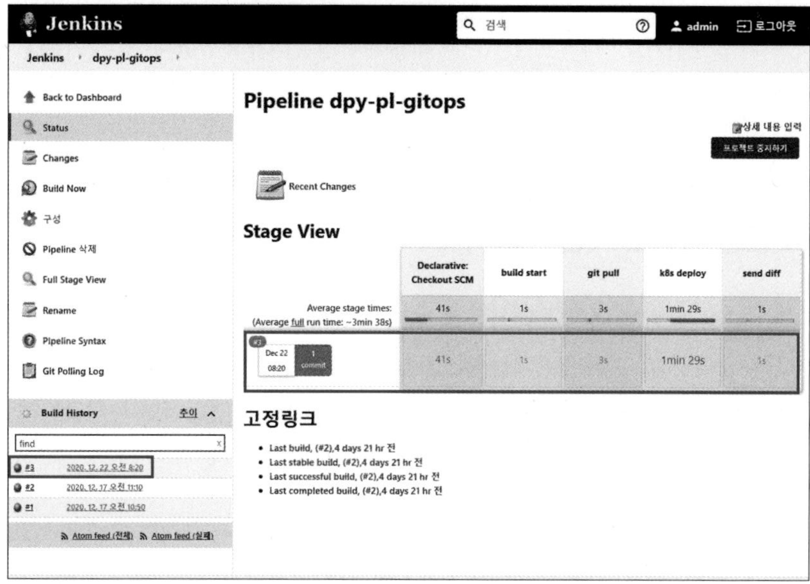

25. 프로젝트 #3 작업이 완료된 후에, 슬랙으로 이동해서 jenkins-deploy-notice 채널에 배포 시작과 종료에 관련한 메시지가 왔는지 확인합니다.

▼ 그림 5-130 jenkins-deploy-notice 채널에 나타나는 젠킨스 배포 관련 메시지

젠킨스에서 발생하는 배포들에 대해서 슬랙을 연동해 메시지로 받으면 보다 빠르게 상태를 확인할 수 있고, 이에 따라 필요한 조치도 신속하게 취할 수 있습니다. 보다 나은 GitOps를 위한 한걸음을 더 나아간 것입니다. 그런데 배포가 이루어지는 것을 확인은 했지만 어떤 내용이 변경돼 배포했는지 궁금하지 않으신가요? 다음으로는 어떤 내용이 변경됐는지 확인할 수 있는 기능을 추가해 더욱 더 안정적인 GitOps 환경을 구축해 보겠습니다.

5.5.3 배포 변경 사항을 자동 비교하기

슬랙을 통해서 단순히 배포에 관련한 메시지만 받는 것이 아니라 코드의 변경도 함께 확인할 수 있다면 더욱 더 효율적일 것입니다. 물론 변경된 부분을 직접 깃허브 저장소에서 확인할 수도 있지만, '수레바퀴는 다시 만들지 않는다'는 교훈에 따라 이미 잘 만들어진 플러그인인 Last Changes를 사용해 변경된 내용을 슬랙을 통해서 빠르게 확인하겠습니다.

1. 슬랙에서 코드 변경을 확인하기 위해서 플러그인을 추가하겠습니다. **젠킨스 홈 화면** > **젠킨스 관리** > **플러그인 관리** > **설치 가능** 탭으로 이동한 다음 검색 영역에서 last change를 입력해 코드 변경을 확인할 수 있는 플러그인을 검색합니다. 검색된 플러그인 중에 Last Changes(변경 내용 비교)를 선택한 다음 **지금 다운로드하고 재시작 후 설치하기** 버튼을 누르겠습니다.

❤ 그림 5-131 Last Changes 플러그인 검색 및 설치

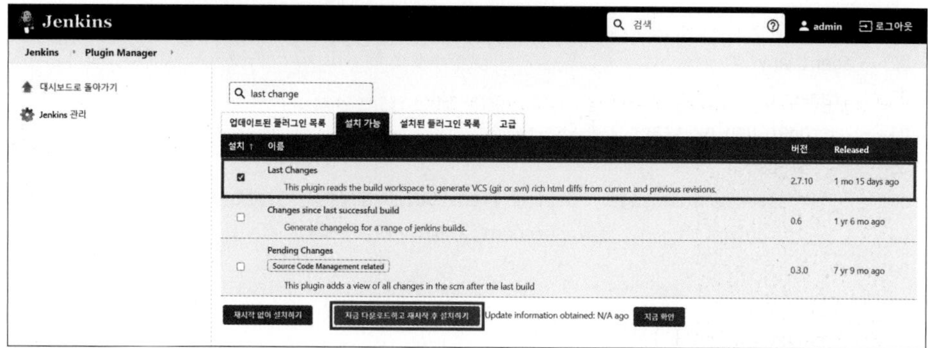

2. Last Changes 플러그인이 설치될 때 **설치가 끝나고 실행 중인 작업이 없으면 Jenkins 재시작** 체크박스를 체크해 작업 종료 후에 젠킨스를 다시 실행할 수 있게 합니다.

❤ 그림 5-132 Last Changes 플러그인 설치

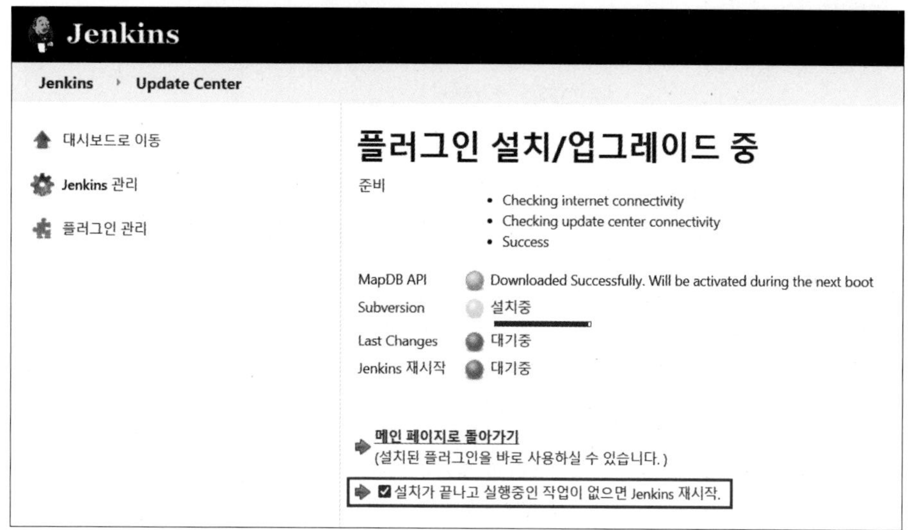

3. 플러그인 설치 완료 후에 변경 내용 비교를 위한 구문이 추가된 Jenkinsfile을 가져와 현재 Jenkinsfile에 덮어쓰겠습니다.

```
[root@m-k8s gitops]# cp ~/_Book_k8sInfra/ch5/5.5.3/Jenkinsfile ~/gitops/
cp: overwrite '/root/gitops/Jenkinsfile'? yes
```

Last Changes 플러그인을 사용하기 위한 Jenkinsfile 코드는 다음과 같습니다.

Jenkinsfile

```
pipeline {
  agent any
  stages {
    stage('Deploy start') {
      steps {
        slackSend(message: "Deploy ${env.BUILD_NUMBER} Started"
        , color: 'good', tokenCredentialId: 'slack-key')
      }
    }
    stage('git pull') {
      steps {
        // Git-URL will replace by sed command before RUN
        git url: 'Git-URL', branch: 'main'
      }
    }
    stage('k8s deploy'){
      steps {
        kubernetesDeploy(kubeconfigId: 'kubeconfig',
                         configs: '*.yaml')
      }
    }
    stage('send diff') {
      steps {
        script { //+추가됨: 이전 배포와 현재 배포의 코드 변동 사항을 html로 만듦
          def publisher = LastChanges.getLastChangesPublisher "PREVIOUS_REVISION", "SIDE", "LINE", true, true, "", "", "", "", ""
          publisher.publishLastChanges()
          def htmlDiff = publisher.getHtmlDiff()
          writeFile file: "deploy-diff-${env.BUILD_NUMBER}.html", text: htmlDiff
        } // +추가됨: 변경 사항을 한눈에 확인할 수 있는 주소를 메시지로 전달
        slackSend(message: """${env.JOB_NAME} #${env.BUILD_NUMBER} End
        (<${env.BUILD_URL}/last-changes|Check Last changed>)"""
        , color: 'good', tokenCredentialId: 'slack-key')
      }
    }
  }
}
```

- **24~29번째 줄**: Last Changes 플러그인에서는 Pipeline 프로젝트에서 사용하는 선언적인 문법이 적용되지 않기 때문에 또 다른 문법인 그루비(Groovy) 스크립트를 사용해 script 이전 배포와 현재 배포의 차이를 찾아서 html 파일로 작성하도록 구성합니다. 이렇게 작성된 html은 슬랙 메시지로 전달되는 링크를 통해서 확인하거나 프로젝트 상세 화면의 좌측 메뉴를 통해 확인할 수 있습니다.
- **30~32번째 줄**: 배포가 완료된 후 변경 사항을 확인할 수 있는 주소를 슬랙 메시지로 전달합니다. 이때 시스템 설정을 통해 설정한 채널로 메시지를 전달하기 위해 앞서 구성한 slack-key 자격 증명을 사용합니다.

4. Jenkinsfile에 사용자의 깃허브 저장소를 입력하기 위해, 현재 변수(Git-URL)로 처리돼 있는 부분을 sed 명령을 통해 사용자의 깃허브 저장소 주소로 변경합니다.

```
[root@m-k8s gitops]# sed -i 's,Git-URL,<사용자의 깃허브 저장소 주소>,g' Jenkinsfile
```

5. 필요한 내용을 변경한 Jenkinsfile을 git에 추가하고 커밋한 후에 깃허브 저장소로 푸시합니다.

```
[root@m-k8s gitops]# git add . ; git commit -m "add last changes" ; git push -u origin
main
[main e4f3ab1] add last changes
 1 file changed, 7 insertions(+)
Counting objects: 5, done.
Delta compression using up to 2 threads.
Compressing objects: 100% (3/3), done.
Writing objects: 100% (3/3), 575 bytes | 0 bytes/s, done.
Total 3 (delta 1), reused 0 (delta 0)
remote: Resolving deltas: 100% (1/1), completed with 1 local object.
To https://github.com/IaC-Source/GitOps.git
   ee6fca1..e4f3ab1  main -> main
Branch main set up to track remote branch main from origin.
```

6. 푸시가 정상적으로 수행됐는지 깃허브 저장소를 확인합니다.

▼ 그림 5-133 변경 이후 깃허브 저장소 상태

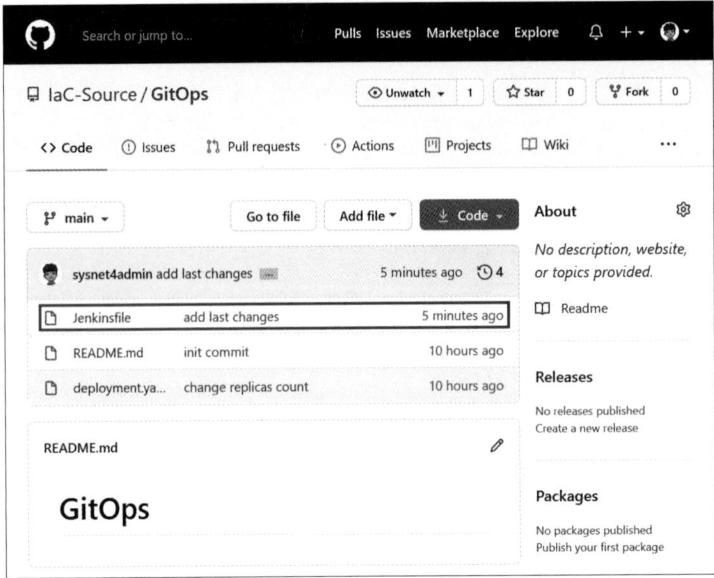

7. 푸시한 후에 약 10분이 지나면 젠킨스가 깃허브 저장소의 변경 사항을 인지해 배포 작업을 시작하고 완료한 것을 확인합니다.

▼ 그림 5-134 dpy-pl-gitops 프로젝트 #4 작업 완료

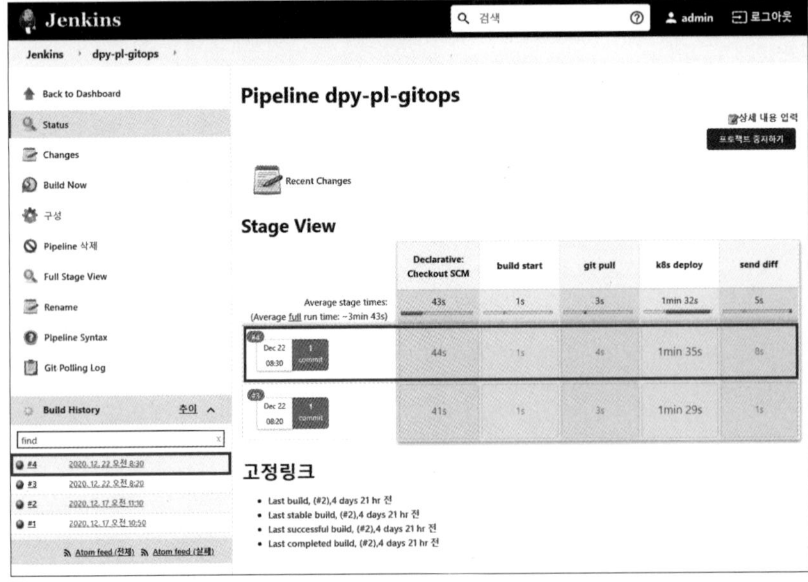

8. 배포 작업이 완료된 후에 jenkins-deploy-notice 슬랙 채널에 배포의 시작과 종료에 관련한 메시지가 도착한 것을 확인합니다. 그리고 코드 변경 내용을 확인하기 위해 마지막 배포 메시지에 생성된 **Check Last changed** 버튼을 누릅니다.

▼ **그림 5-135** Last Changes 적용 이후 슬랙 메시지 확인

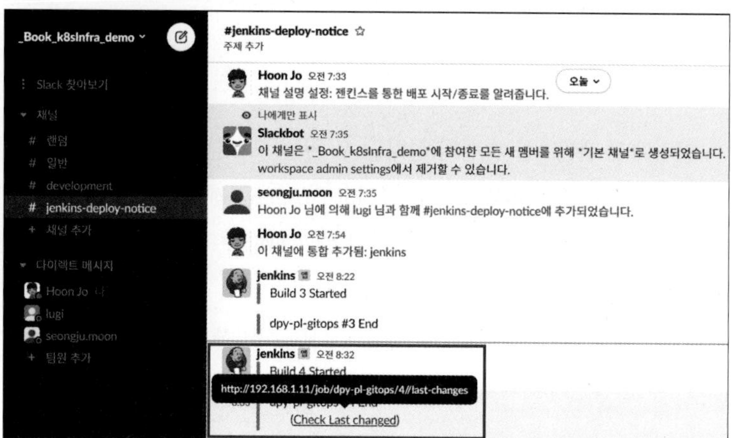

9. **Check Last changed** 버튼은 다음과 같이 코드에 대한 변경 내용을 확인할 수 있는 페이지로 이동시켜 줍니다. 이 페이지에서는 변경 전 코드와 변경 후 코드를 한눈에 알아볼 수 있는 화면을 제공해 줍니다.

▼ **그림 5-136** 코드 변경 사항을 확인할 수 있는 페이지

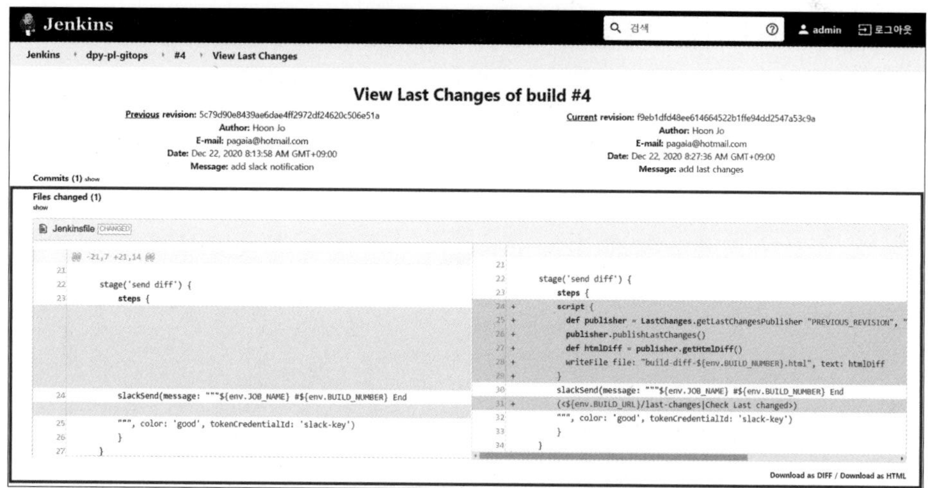

10. 6장 실습을 위해 5장에서 사용했던 오브젝트 중 디플로이먼트만 삭제하겠습니다. CI/CD를 다루는 젠킨스는 쿠버네티스 인프라를 이루는 주요한 요소이므로 삭제하지 않고 진행하겠습니다. 디플로이먼트를 삭제한 후에 홈 디렉터리로 이동합니다.

```
[root@m-k8s gitops]# kubectl delete deployment gitops-nginx
deployment.apps "gitops-nginx" deleted
[root@m-k8s gitops]# cd ~
[root@m-k8s ~]#
```

5장에서는 쿠버네티스 환경에서 젠킨스를 손쉽게 설치할 수 있는 도구인 커스터마이즈와 헬름에 대해 알아봤으며, 이를 통해 젠킨스를 설치했습니다. 그리고 CI/CD를 젠킨스의 대표적인 아이템인 Freestyle과 Pipeline을 통해서 구현해 봤으며, 단순히 CI/CD만을 구현한 것이 아니라 젠킨스의 다양한 플러그인을 사용해 GitOps의 기능 또한 구현해 봤습니다. 지금까지 우리는 쿠버네티스 환경을 구축하는 것에 중점을 두었습니다. 구축이 끝났다면 이러한 환경을 상용으로 넘기게 되는데, 이때 가장 중요한 부분 가운데 하나가 시스템을 관측하는 모니터링입니다.

6장에서는 지금까지 구축하고 사용한 쿠버네티스 환경을 어떻게 하면 효과적으로 모니터링할 수 있을지 알아보겠습니다.

6장

안정적인 운영을 완성하는 모니터링, 프로메테우스와 그라파나

5장에서는 젠킨스로 쿠버네티스의 애플리케이션 빌드와 배포를 자동화해 컨테이너 환경에서 애플리케이션을 효율적으로 관리하는 방법을 알아봤습니다. 이렇게 배포된 애플리케이션은 충분히 검증을 거친 상태지만, 상용 환경에서는 여러 가지 예외 상황이 발생할 수 있습니다. 예를 들어 노드에서 하드웨어(HW)적으로 문제가 생기거나 컨테이너 관점에서 가용하는 리소스보다 많은 요청이 발생해 문제가 생기는 경우 등이 있습니다. 따라서 구축한 환경 자체를 모니터링하고, 문제가 생길 경우 적절한 조치를 빠르게 취해야 합니다.

그래서 마지막으로 6장에서는 지금까지 우리가 구축한 컨테이너 인프라 환경을 안정적으로 관리하고 운영하기 위한 마지막 단계로 **모니터링**을 살펴봅니다.

▼ 그림 6-1 컨테이너 인프라 환경 중 6장에서 다룰 모니터링 부분

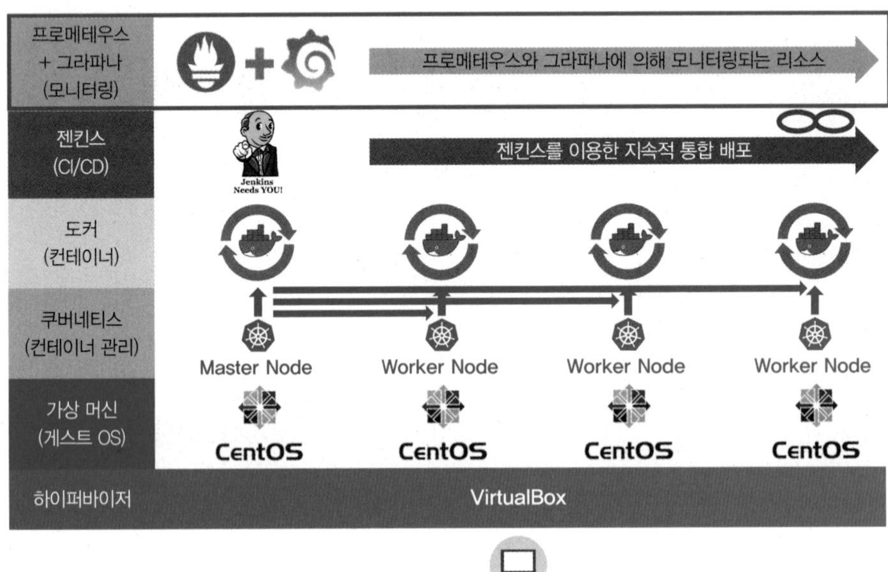

컨테이너 인프라 환경에서 가장 권장하는 모니터링 도구는 프로메테우스와 그라파나입니다. 6장에서는 컨테이너 인프라 환경에 주요 요소를 수집하고, 수집된 내용을 한눈에 파악할 수 있도록 대시보드를 작성해 효과적인 모니터링 시스템을 구축해 보겠습니다. 그리고 이상을 감지하면 알려주는 서비스를 추가해 컨테이너 인프라 환경을 완성하겠습니다.

6.1 컨테이너 인프라 환경 모니터링하기

모니터링을 본격적으로 진행하기 전에 모니터링이 어떤 것인지 간단히 살펴보겠습니다. m-k8s 노드에서 bpytop 명령을 실행하면 다음 그림과 같이 시스템 상태 정보가 보입니다. 화면에서 리소스의 상태 및 문제가 될 가능성이 있는 정보를 한눈에 파악할 수 있습니다.

▼ 그림 6-2 bpytop 명령으로 확인하는 시스템 상태 정보

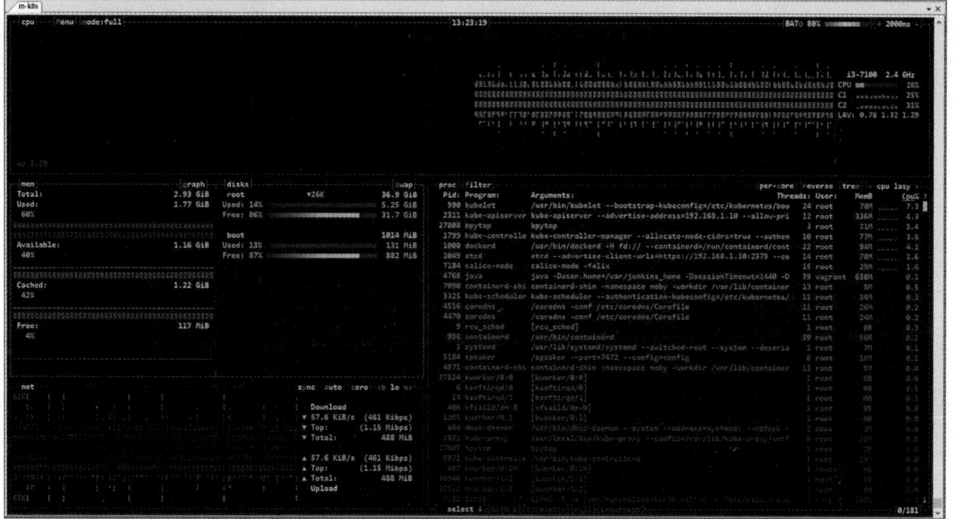

그러나 bpytop은 현재 노드에 대한 정보를 보여줄 뿐, 다수의 노드로 구성된 클러스터 정보를 모두 표현하기는 어렵습니다. 그래서 이러한 정보를 수집하고 분류해서 따로 저장해야 합니다. 거의 모든 모니터링 도구는 다음과 같이 **수집 → 통합 → 시각화** 구조로 돼 있습니다.

❯ 그림 6-3 모니터링을 위한 3단계 구조

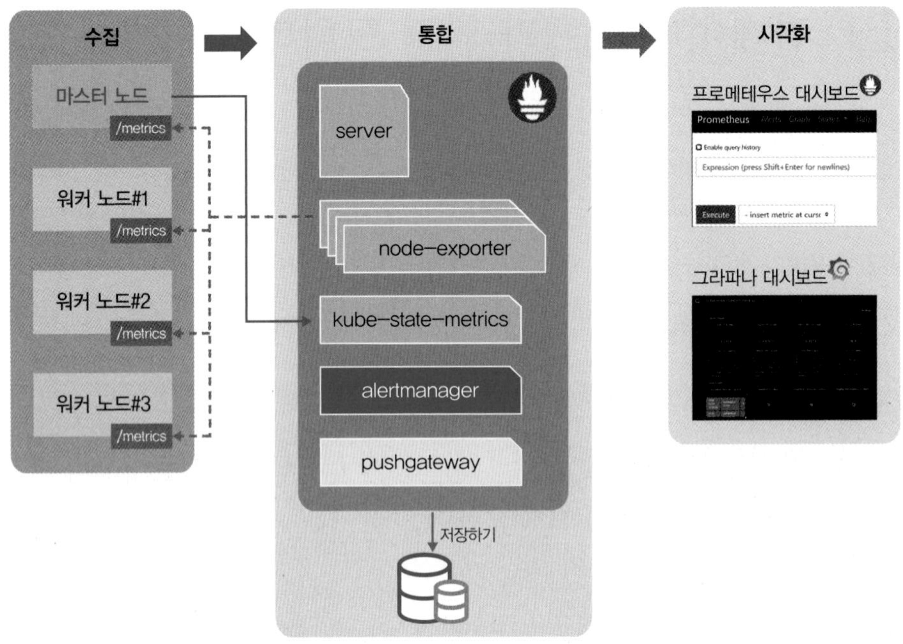

우리가 구축한 컨테이너 인프라 환경에서는 모니터링 데이터를 프로메테우스로 **수집**하고 수집한 정보를 한곳에 모아(**통합**), 그라파나로 **시각화**합니다.

6.1.1 모니터링 도구 선택하기

여기서 사용하는 프로메테우스와 그라파나는 오픈 소스 도구입니다. 오픈 소스는 가능한 한 단일 도구에서 단일 기능만을 구현하는 것을 선호합니다. 데이터 수집과 통합, 시각화는 서로 다른 영역이므로 이를 함께 구현하지 않으려는 경향이 있습니다. 물론 서비스형 모니터링 도구는 사용자 편의를 위해 이러한 기능을 모아서 한꺼번에 제공합니다. 그런데 왜 하나의 도구로 처리하지 않고 이런 혼합 구조를 사용할까요? 프로메테우스와 그라파나의 혼합 구조를 사용하는 이유는 크게 2가지입니다.

첫 번째, **비용**입니다. 모니터링 대상마다 라이선스(License) 관련 비용이 발생하고, 클라우드 같은 과금제 서비스를 이용하면 네트워크와 저장 공간에 따른 추가 비용이 발생합니다. 그래서 비용에 민감한 조직에는 도입하기 어렵습니다.

두 번째, **보안**입니다. 서비스형 모니터링 도구들은 대부분 외부에 데이터를 저장해 모니터링합니다. 보안에 민감해서 내부에서 모든 데이터를 처리하려는 경우에는 사용하기 어렵습니다.

따라서 이 책에서는 프로메테우스와 그라파나 혼합 구조로 진행합니다. 프로메테우스와 그라파나 외에도 데이터 수집과 통합, 시각화에 사용하는 도구가 여럿 있는데, 간단히 살펴보겠습니다.

데이터 수집과 통합 도구

여러 모니터링 도구를 비교하며 프로메테우스를 선택한 이유를 알아보겠습니다.

▼ 그림 6-4 모니터링을 위한 데이터 수집과 통합 도구

- **프로메테우스**(Prometheus): 사운드클라우드(SoundCloud)에서 자사 서비스의 모니터링을 위해 개발한 도구입니다. 현재는 오픈 소스로 전환돼 CNCF에서 관리하며, 2018년 8월에 졸업(Graduated) 프로젝트가 됐습니다. 시계열 데이터베이스를 내장하고 있고, 자체적인 질의 페이지 외에 시각화 기능은 없으나 그라파나와 연계하면 현업에서 사용할 수 있는 시각화 기능을 제공할 수 있습니다. 중앙 서버에서 에이전트의 데이터를 수집하는 풀(Pull) 방식을 사용하므로 쿠버네티스 환경에서 설치된 에이전트를 통해 노드와 컨테이너 상태를 모두 수집해 모니터링할 수 있습니다. 그리고 에이전트를 통해 내부 메트릭을 외부로 노출하기 때문에 사용자가 수집 대상에 접속할 수만 있다면 개인 컴퓨터에서도 메트릭을 가져올 수 있습니다. 따라서 모니터링과 관련된 개발을 하기에 편합니다. 또한 일회성으로 모니터링 대상에 대한 세부적인 메트릭도 간단하게 웹 브라우저로 확인할 수 있습니다. 프로메테우스는 완전한 오픈 소스 모델을 선택해 사용자 층이 넓고 관련 자료가 많으며 각종 대시보드 도구나 메신저 등이 프로메테우스와의 연계를 지원하므로 직접 모니터링 시스템을 구축할 때 좋습니다.
- **데이터독**(Datadog): 모니터링 데이터를 업체에서 관리하는 경우를 서비스형이라고 하고, 데이터를 사용자가 직접 관리하는 경우를 설치형이라고 하는데, 데이터독은 서비스형 소프트웨어(SaaS) 형태로 제공합니다. 그래서 웹사이트에서 모니터링 대상을 관리할 수 있고 쿠버네티스를 비롯해 여러 클라우드 서비스나 애플리케이션과 연결이 쉬우므로 관리 부담이 적다는 장점이 있습니다. 그러나 모니터링 대상마다 요금을 부과하기 때문에 모니터링 대상이 늘면 비용이 커지는 단점이 있습니다.

- **뉴 렐릭**(New Relic): 데이터독과 같은 서비스형 소프트웨어입니다. 다만 데이터독과 비교했을 때 애플리케이션 성능 모니터링(APM, Application Performance Monitoring)에 더 특화돼 있습니다. 데이터독과 마찬가지로 모니터링 대상이 많을수록 비용이 커집니다.
- **인플럭스DB**(InfluxDB): 2013년 인플럭스데이터(Influxdata)에서 개발한 시계열(Time series) 데이터베이스입니다. 오픈 소스로 공개된 무료 버전과 클라우드에서 바로 사용할 수 있는 서비스형 소프트웨어, 라이선스를 구매해 설치할 수 있는 엔터프라이즈 버전, 총 3가지 유형이 있습니다. 무료 버전은 프로메테우스와 유사하지만 인플럭스DB가 쓰기 성능이 더 뛰어나 대량의 이벤트를 모니터링하는 데는 좀 더 적합합니다. 엔터프라이즈 버전은 프로메테우스에서 부족한 부분인 고가용성을 위한 분산 저장을 좀 더 쉽게 구성할 수 있는 기능을 제공합니다. 인플럭스DB는 프로메테우스와 더불어 오픈 소스로 모니터링 플랫폼을 구축하기 위한 최선의 도구이고, 유료 서비스라는 선택지까지 있어 선택의 폭이 조금 더 넓습니다. 하지만 간단한 구성으로 데이터를 받아오는 프로메테우스보다 상대적으로 구성이 어렵다는 단점이 있습니다.

Tip **메트릭이란?**

메트릭(Metric)은 간단히 말해 현재 시스템의 상태를 알 수 있는 **측정값**입니다. 컨테이너 인프라 환경에서는 크게 2가지 상태로 메트릭을 구분합니다. 파드 같은 오브젝트에서 측정되는 CPU와 메모리 사용량을 나타내는 **시스템 메트릭**(System Metric), HTTP 상태 코드 같은 서비스 상태를 나타내는 지표인 **서비스 메트릭**(Service Metric)입니다.

Tip **시계열 데이터베이스란?**

시계열 데이터베이스는 시간을 축(키)으로 시간의 흐름에 따라 발생하는 데이터를 저장하는 데 최적화된 데이터베이스입니다. 예를 들어 네트워크 흐름을 알 수 있는 패킷과 각종 기기로부터 전달받는 IoT 센서 값, 이벤트 로그 등이 있습니다. 이 책에서는 프로메테우스의 시계열 데이터베이스에 쿠버네티스와 노드에서 공개하는 메트릭을 저장하고, 이를 효과적으로 조합해 사용자가 원하는 모니터링을 구성합니다.

데이터 수집과 통합 도구의 기능을 간단히 정리하면 다음과 같습니다.

▼ 표 6-1 데이터 수집과 통합 도구 비교

구분	프로메테우스	데이터독	뉴 렐릭	인플럭스DB
가격	무료	유료	유료	유/무료
형태	설치형	서비스형	서비스형	서비스형/설치형
참고 자료	매우 많음	많음	많음	많음
기능 확장성	매우 좋음	좋음	좋음	좋음

데이터 시각화 도구

프로메테우스와 인플럭스DB가 제공하는 대시보드는 서비스형으로 사용하는 데이터독과 뉴 렐릭보다 시각화 부분이 다소 약합니다. 그래서 부족한 시각화 기능을 보강하는 다음과 같은 도구를 함께 사용합니다.

▼ 그림 6-5 데이터 시각화 도구

- **그라파나**(Grafana): 그라파나 랩스(Grafana Labs)에서 개발했으며, 특정 소프트웨어에 종속되지 않은 독립적인 시각화 도구입니다. 30가지 이상의 다양한 수집 도구 및 데이터베이스들과 연계를 지원합니다. 주로 시계열 데이터의 시각화에 많이 쓰지만, 관계형 데이터베이스 데이터를 표 형태로 시각화해 사용할 수도 있습니다. 그라파나는 기능을 확장하는 플러그인과 개별 사용자들이 만들어 둔 대시보드의 공유가 매우 활발해 필요에 따라 적절히 선택해 사용하면 됩니다. 그라파나는 오픈 소스라서 사용자의 요구 사항에 맞게 수정이 가능하고, 필요에 따라 설치형과 서비스형을 모두 선택할 수 있습니다.
- **키바나**(Kibana): 엘라스틱서치(ElasticSearch)를 개발한 엘라스틱에서 만든 시각화 도구입니다. 엘라스틱서치에 적재된 데이터를 시각화하거나 검색하는 데 사용하고, 이러한 데이터를 분석할 때도 사용합니다. 엘라스틱서치의 데이터만을 시각화할 수 있기 때문에 프로메테우스의 시계열 데이터를 메트릭비트(Metricbeat)라는 도구로 엘라스틱서치에 전달해야 하는 불편함이 있습니다. 하지만 시각화 기능이 매우 강력해서 시각화를 중점적으로 다루는 경우에 사용하면 좋습니다.
- **크로노그래프**(Chronograf): 인플럭스DB를 개발한 인플럭스데이터에서 만든 시각화 도구로, 오픈 소스로 제공돼 사용자의 편의에 맞게 수정할 수 있습니다. 설치형과 서비스형을 모두 제공해 용도에 따라 선택하면 됩니다. 키바나와 마찬가지로 자사 제품인 인플럭스DB만 시각화할 수 있으므로 다양한 대상을 시각화할 수 없습니다.

시각화 도구의 기능을 정리하면 다음과 같습니다.

❤ 표 6-2 시각화 도구 비교

구분	그라파나	키바나	크로노그래프
가격	유/무료	유/무료	유/무료
형태	서비스형/설치형	서비스형/설치형	서비스형/설치형
시각화 대상	다양한 대상 시각화 가능	엘라스틱서치	인플럭스DB
정보량	많음	많음	적음
기능 확장성	좋음	좋음	적음

엘라스틱 제품들을 설치형으로 구성하면 무료로 사용할 수 있지만, 엘라스틱서치로 저장해야 해서 필요한 도구가 늘어납니다. 이 책은 자유도가 높은 오픈 소스를 활용해 컨테이너 인프라 환경을 구현하고 실습하는 것이 목적이므로 기능이 부족하지 않고, 확장성도 뛰어난 프로메테우스와 그라파나 조합으로 모니터링 시스템을 구축합니다. 그럼 쿠버네티스 환경에서 모니터링이 어떻게 이루어지는지 알아보겠습니다.

6.1.2 쿠버네티스 환경에 적합한 모니터링 데이터 수집 방법

쿠버네티스 인프라에 대한 모니터링은 3장에서 HPA를 동작시키려고 메트릭 서버를 구성하면서 이미 진행한 적이 있습니다. 3장에서 구성한 모니터링 구조에서 컨테이너 메트릭을 수집하고 이를 메트릭 서버에 저장해 활용하는 부분을 여기서 다시 한 번 살펴보겠습니다.

쿠버네티스 노드는 kubelet을 통해 파드를 관리하며, 파드의 CPU나 메모리 같은 메트릭 정보를 수집하기 위해 kubelet에 내장된 cAdvisor를 사용합니다. cAdvisor는 구글이 만든 컨테이너 메트릭 수집 도구로, 쿠버네티스 클러스터 위에 배포된 여러 컨테이너가 사용하는 메트릭 정보를 수집한 후 이를 가공해서 kubelet에 전달하는 역할을 합니다.

하지만 cAdvisor로 수집되고 kubelet으로 공개되는 데이터가 있어도 외부에서 이를 모아서 표현해 주는 도구가 없다면 의미가 없습니다. 그래서 메트릭 데이터를 수집하는 목적으로 메트릭 서버를 설치해 HPA와 같은 기능을 구현하고 쿠버네티스 대시보드를 설치해 현재 상태를 확인할 수도 있습니다. 쿠버네티스 대시보드에 관한 내용은 **부록**을 참고해 주세요. 이렇게 메트릭 서버에서 수집한 데이터로 여러 기능을 수행하도록 구성한 것을 **리소스 메트릭 파이프라인**(Resource Metric Pipeline)이라고 합니다.

▼ 그림 6-6 리소스 메트릭 파이프라인 형태인 메트릭 서버의 모니터링 구조

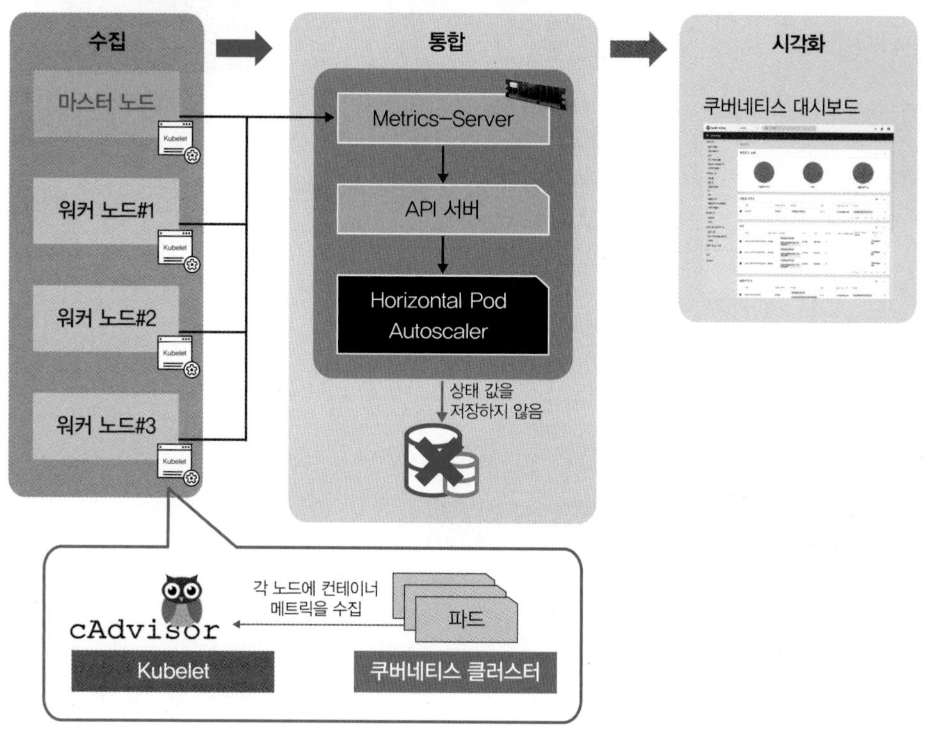

하지만 메트릭 서버는 집계한 데이터를 메모리에만 저장하므로 데이터를 영구적으로 보존하기 어렵고 현재 시점의 데이터만 출력됩니다. 그래서 메트릭 데이터를 저장 공간에 따로 저장하는 **완전한 모니터링 파이프라인**(Full Monitoring Pipeline)으로 구축하기를 권장합니다. 이 설계 방식을 반영한 도구가 프로메테우스입니다. 앞의 구성을 완전한 모니터링 파이프라인으로 변경하면 다음과 같습니다.

▼ 그림 6-7 완전한 모니터링 파이프라인 형태인 프로메테우스의 모니터링 구조

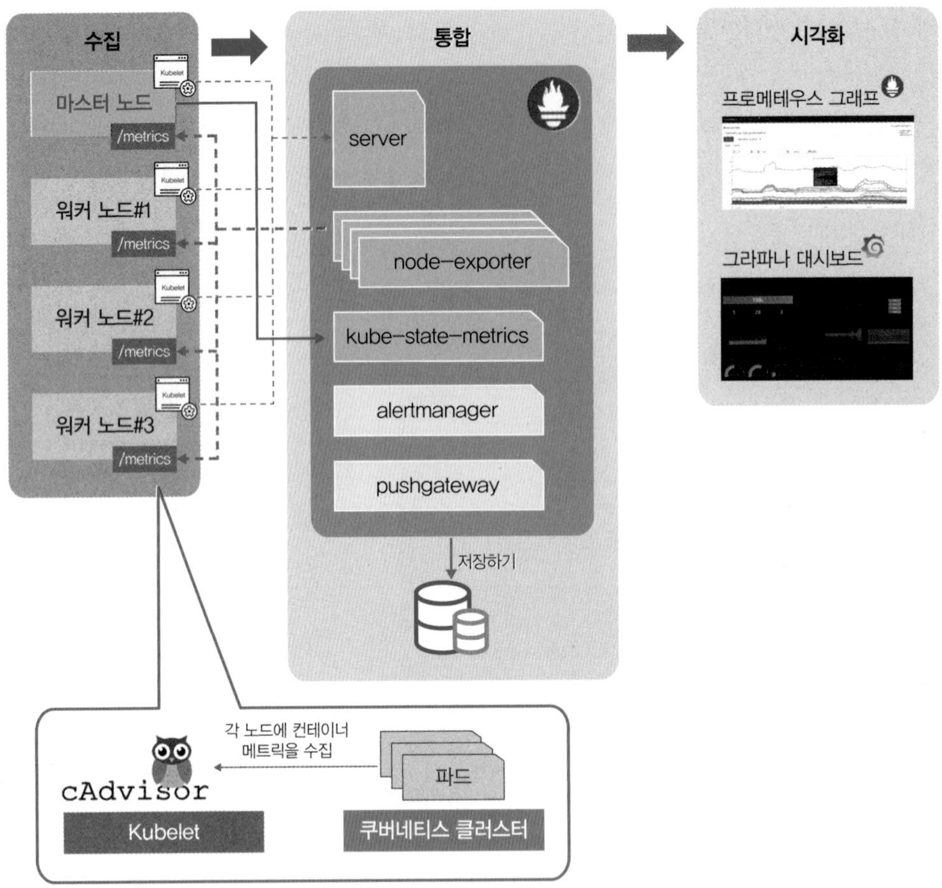

완전한 모니터링 파이프라인으로 구성한 프로메테우스는 여러 수집 대상이 공개하는 메트릭 데이터를 모아 시계열 데이터베이스에 저장합니다. 저장된 데이터는 시간이 지나도 확인할 수 있는 영속적인 데이터입니다. 누적된 메트릭 데이터로는 쿠버네티스 인프라의 상태 변화를 파악할 수 있고, 적절한 위험 감지 및 조치를 취할 수 있습니다. 그러면 프로메테우스로 모니터링 시스템을 구축해 보겠습니다.

6.2 프로메테우스로 모니터링 데이터 수집과 통합하기

프로메테우스는 많은 종류의 오브젝트를 설치합니다. 다음과 같은 오브젝트를 설치하며, 오브젝트를 통해 설치된 요소로 모니터링에 필요한 데이터를 수집하고 저장합니다.

프로메테우스 서버(prometheus-server)

프로메테우스의 주요 기능을 수행하는 요소로, 3가지 역할을 맡습니다. 노드 익스포터 외 여러 대상에서 공개된 메트릭을 수집해 오는 수집기, 수집한 시계열 메트릭 데이터를 저장하는 시계열 데이터베이스, 저장된 데이터를 질의하거나 수집 대상의 상태를 확인할 수 있는 웹 UI입니다. 프로메테우스를 사용하려면 웹 UI를 가장 먼저 알아야 하는데, 이는 '6.2.2 프로메테우스의 웹 UI 다루기'에서 살펴보겠습니다. 프로메테우스의 수집기는 매우 독특한 방법으로 수집 대상을 찾습니다. **서비스 디스커버리**(Service Discovery)라는 방법인데, '6.2.3 서비스 디스커버리로 수집 대상 가져오기'에서 자세히 알아보겠습니다.

노드 익스포터(node-exporter)

노드의 시스템 메트릭 정보를 HTTP로 공개하는 역할을 합니다. 설치된 노드에서 특정 파일들을 읽고, 이를 프로메테우스 서버가 수집할 수 있는 메트릭 데이터로 변환한 후에 노드 익스포터에서 HTTP 서버로 공개합니다. 공개된 내용을 프로메테우스 서버에서 수집해 가게 됩니다. 노드 익스포터는 '6.2.4 노드 익스포터로 쿠버네티스 노드 메트릭 수집하기'에서 좀 더 알아보겠습니다.

쿠버 스테이트 메트릭(kube-state-metrics)

API 서버로 쿠버네티스 클러스터의 여러 메트릭 데이터를 수집한 후, 이를 프로메테우스 서버가 수집할 수 있는 메트릭 데이터로 변환해 공개하는 역할을 합니다. 프로메테우스가 쿠버네티스 클러스터의 여러 정보를 손쉽게 획득할 수 있는 것은 모두 쿠버 스테이트 메트릭 덕분입니다. 쿠버 스테이트 메트릭은 '6.2.5 쿠버 스테이트 메트릭으로 쿠버네티스 클러스터 메트릭 수집하기'에서 알아보겠습니다.

얼럿매니저(alertmanager)

얼럿매니저는 프로메테우스에 경보(alert) 규칙을 설정하고, 경보 이벤트가 발생하면 설정된 경보 메시지를 대상에게 전달하는 기능을 제공합니다. 프로메테우스에 설치하면 프로메테우스 서버에서 주기적으로 경보를 보낼 대상을 감시해 시스템을 안정적으로 운영할 수 있게 합니다. 얼럿매니저는 '6.5.1 얼럿매니저로 이상 신호 감지하고 알려주기'에서 다루겠습니다.

푸시게이트웨이(pushgateway)

배치와 스케줄 작업 시 수행되는 일회성 작업들의 상태를 저장하고 모아서 프로메테우스가 주기적으로 가져갈 수 있도록 공개합니다. 일반적으로 짧은 시간 동안 실행되고 종료되는 배치성 프로그램의 메트릭을 저장하거나 외부망에서 접근할 수 없는 내부 시스템의 메트릭을 프록시 형태로 제공하는 용도로 사용합니다. 푸시게이트웨이는 필요에 따라 구성하기 때문에 여기서는 다루지 않겠습니다.

이 책에서 구성하는 오브젝트들을 데이터 흐름대로 그리면 다음과 같습니다. 구분하기 쉽게 프로메테우스 오브젝트는 왼쪽 상단에 **프로메테우스 로고**를 추가했습니다.

▼ 그림 6-8 프로메테우스의 모니터링 데이터 흐름

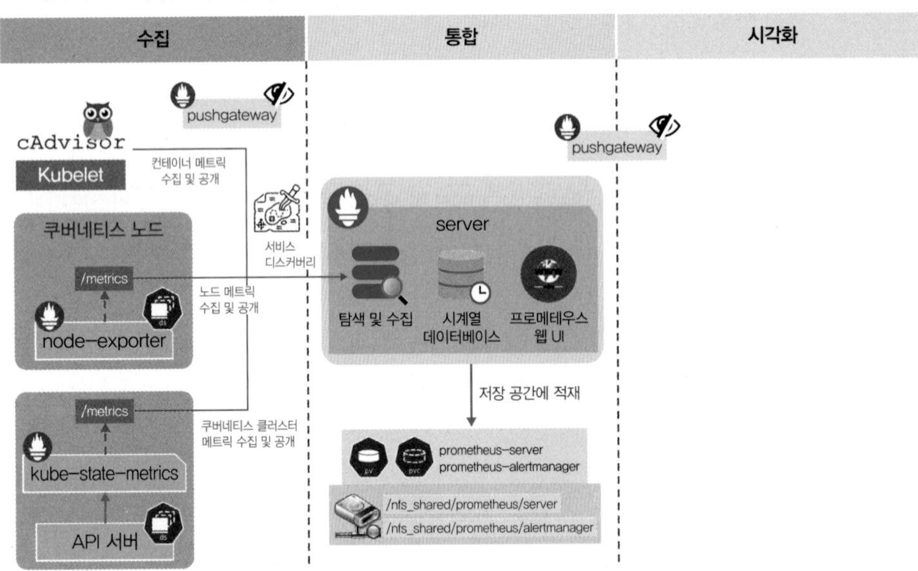

프로메테우스의 구성 요소를 설치해 보면서 각각의 의미와 기능을 알아보겠습니다.

6.2.1 헬름으로 프로메테우스 설치하기

프로메테우스는 젠킨스처럼 헬름으로 쉽게 설치할 수 있습니다. 다만 젠킨스 설치 때와 마찬가지로 NFS 디렉터리(/nfs_shared/prometheus)를 만들고, 만든 NFS 디렉터리를 쿠버네티스 환경에서 사용할 수 있도록 PV와 PVC로 구성해야 합니다. 접근 ID(사용자 ID, 그룹 ID)는 1000번으로 설정합니다. 이 과정은 '5.3.1 헬름으로 젠킨스 설치하기'와 동일하므로 사전에 구성된 스크립트를 실행해 프로메테우스를 설치하겠습니다.

▼ 그림 6-9 실습 저장소인 edu에 있는 프로메테우스 차트

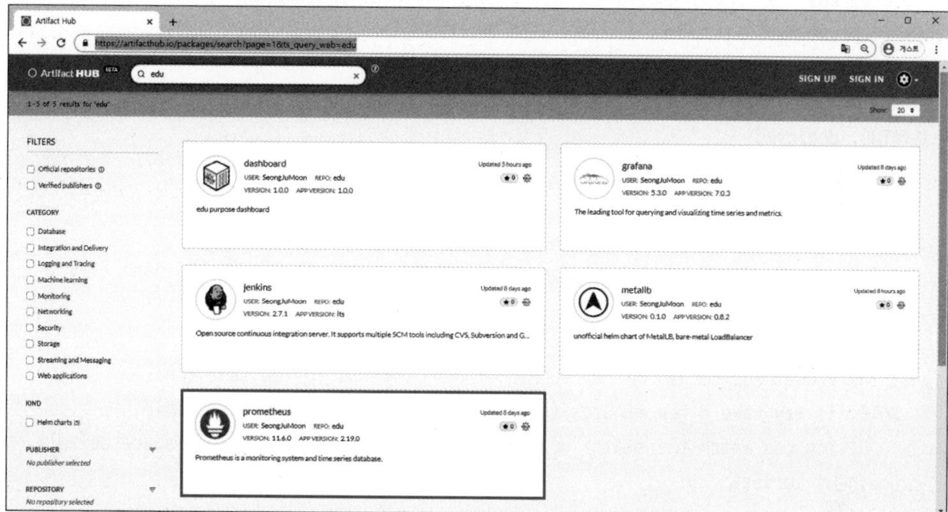

실습: 헬름으로 프로메테우스 설치하기

1. 먼저 쿠버네티스에 프로메테우스를 설치하는 데 필요한 사전 구성을 진행합니다. 준비된 스크립트를 다음과 같이 실행합니다. 만약 헬름과 MetalLB가 구성돼 있지 않다면 '5.2.2 커스터마이즈로 배포 간편화하기'와 '5.2.3 헬름으로 배포 간편화하기'를 보고 구성한 후 진행하기 바랍니다.

```
[root@m-k8s ~]# ~/_Book_k8sInfra/ch6/6.2.1/prometheus-server-preconfig.sh
[Step 1/4] Task [Check helm status]
[Step 1/4] ok
[Step 2/4] Task [Check MetalLB status]
[Step 2/4] ok
[Step 3/4] Task [Create NFS directory for prometheus-server]
/nfs_shared/prometheus/server created
```

```
[Step 3/4] Successfully completed
[Step 4/4] Task [Create PV,PVC for prometheus-server]
persistentvolume/prometheus-server created
persistentvolumeclaim/prometheus-server created
[Step 4/4] Successfully completed
```

2. 프로메테우스 차트를 설치하려고 준비해 둔 prometheus-install.sh를 실행해 모니터링에 필요한 3가지 프로메테우스 오브젝트(프로메테우스 서버, 노드 익스포터, 쿠버 스테이트 메트릭)를 설치합니다.

```
[root@m-k8s ~]# ~/_Book_k8sInfra/ch6/6.2.1/prometheus-install.sh
NAME: prometheus
LAST DEPLOYED: Tue Jan  5 18:40:09 2021
NAMESPACE: default
STATUS: deployed
REVISION: 1
TEST SUITE: None
NOTES:
The Prometheus server can be accessed via port 80 on the following DNS name from
within your cluster:
prometheus-server.default.svc.cluster.local
Get the Prometheus server URL by running these commands in the same shell:
  NOTE: It may take a few minutes for the LoadBalancer IP to be available.
        You can watch the status of by running 'kubectl get svc --namespace default -w
prometheus-server'

  export SERVICE_IP=$(kubectl get svc --namespace default prometheus-server -o
jsonpath='{.status.loadBalancer.ingress[0].ip}')
  echo http://$SERVICE_IP:80

#################################################################################
######   WARNING: Pod Security Policy has been moved to a global property.  #####
######            use .Values.podSecurityPolicy.enabled with pod-based      #####
######            annotations                                               #####
######            (e.g. .Values.nodeExporter.podSecurityPolicy.annotations) #####
#################################################################################

For more information on running Prometheus, visit:
https://prometheus.io/
```

실행하면 다음과 같은 프로메테우스 릴리스 정보가 나타납니다.

- **NAME: prometheus** 설치된 프로메테우스 요소들의 릴리스 이름입니다. 프로메테우스 서버, 노드 익스포터, 쿠버 스테이트 메트릭과 관련된 조회, 삭제, 변경 등을 수행할 때 이 이름을 사용합니다.
- **NAMESPACE: default** 프로메테우스가 배포된 네임스페이스가 `default`임을 나타냅니다.
- **NOTES:** 설치와 관련된 안내 사항을 표시합니다. 프로메테우스 차트가 설치된 후에 출력되는 값으로, `prometheus-server.default.svc.cluster.local`과 같은 도메인 이름이 표시됩니다. 쿠버네티스 클러스터에서 서비스를 생성하면 클러스터 내부에서 서비스에 접속할 수 있는 도메인 이름을 발급하는데, 도메인 이름은 파드에서 다른 서비스를 **검색**(discovery)할 때와 그라파나에서 프로메테우스 서버의 주소를 등록할 때 사용합니다.
- **WARNING: Pod Security Policy** 헬름으로 설치한 파드마다 보안 정책을 다르게 할 수 있다는 정보성 메시지입니다. 프로메테우스의 요소별로 접근할 수 있는 디렉터리를 정하거나 컨테이너 자체의 프로세스 권한을 개별적으로 제어할 수 있습니다.

프로메테우스 차트를 설치하는 스크립트의 내용은 다음과 같습니다.

prometheus-install.sh

```
01 #!/usr/bin/env bash
02 helm install prometheus edu/prometheus \
03 --set pushgateway.enabled=false \
04 --set alertmanager.enabled=false \
05 --set nodeExporter.tolerations[0].key=node-role.kubernetes.io/master \
06 --set nodeExporter.tolerations[0].effect=NoSchedule \
07 --set nodeExporter.tolerations[0].operator=Exists \
08 --set server.persistentVolume.existingClaim="prometheus-server" \
09 --set server.securityContext.runAsGroup=1000 \
10 --set server.securityContext.runAsUser=1000 \
11 --set server.service.type="LoadBalancer" \
12 --set server.extraFlags[0]="storage.tsdb.no-lockfile"
```

- **2번째 줄:** `edu` 차트 저장소의 `prometheus` 차트를 사용해 `prometheus` 릴리스를 설치합니다.
- **3번째 줄:** 푸시게이트웨이를 사용하지 않도록 설정합니다. 푸시게이트웨이는 짧은 작업의 메트릭을 적재하거나 보안상 내부 접근을 제어하는 폐쇄망 등에서 프로메테우스로 데이터를 내보내는 데 사용합니다.
- **4번째 줄:** 얼럿매니저를 사용하지 않도록 설정합니다. 얼럿매니저는 '5.5.2 슬랙을 통해 변경 사항 알리기'에서 다룬 슬랙을 통해 알림을 받는 것과 유사한 기능을 제공합니다.

- **5~7번째 줄**: 테인트가 설정된 노드의 설정을 무시하는 톨러레이션을 설정합니다. 톨러레이션을 설정하면 마스터 노드에도 노드 익스포터를 배포할 수 있고, 프로메테우스가 마스터 노드의 메트릭 데이터를 수집할 수 있습니다.
- **8번째 줄**: PVC 동적 프로비저닝을 사용할 수 없는 가상 머신 환경이기 때문에 이미 만들어 놓은 `prometheus-server`라는 이름의 PVC를 사용하게 설정합니다.
- **9~10번째 줄**: 프로메테우스 서버를 구성할 때 컨테이너에 할당할 사용자 ID와 그룹 ID를 `1000`번으로 설정합니다.
- **11번째 줄**: MetalLB로부터 외부 IP를 할당받기 위해서 타입을 `LoadBalancer`로 설정합니다.
- **12번째 줄**: 프로메테우스의 설정을 변경할 때 lockfile(잠긴 파일)이 있으면 변경 작업을 실패할 수 있습니다. 특히 얼럿매니저를 나중에 설치할 때 lockfile 관련 문제가 발생할 수 있으므로 lockfile이 생성되지 않게 설정합니다.

3. 프로메테우스 차트를 설치하고 나면 구성 요소인 프로메테우스 서버, 노드 익스포터, 쿠버 스테이트 메트릭이 설치됐는지 확인합니다. 이때 노드 익스포터가 여러 개인 이유는 노드마다 메트릭을 수집하기 위해 데몬셋으로 설치했기 때문입니다.

```
[root@m-k8s ~]# kubectl get pods --selector=app=prometheus
NAME                                             READY   STATUS    RESTARTS   AGE
prometheus-kube-state-metrics-7bc49db5c5-g598h   1/1     Running   0          12m
prometheus-node-exporter-6qqmf                   1/1     Running   0          12m
prometheus-node-exporter-g59b7                   1/1     Running   0          12m
prometheus-node-exporter-lpqtp                   1/1     Running   0          12m
prometheus-node-exporter-n4cpd                   1/1     Running   0          12m
prometheus-server-6d77896bb4-5nqhl               2/2     Running   0          12m
```

4. 프로메테우스 서버에서 제공하는 웹 UI로 접속하기 위한 프로메테우스 서비스의 IP 주소가 192.168.1.12인지 확인합니다.

```
[root@m-k8s ~]# kubectl get service prometheus-server
NAME                TYPE           CLUSTER-IP     EXTERNAL-IP    PORT(S)        AGE
prometheus-server   LoadBalancer   10.107.17.49   192.168.1.12   80:31288/TCP   13m
```

5. 호스트 노트북(혹은 PC)의 웹 브라우저에 192.168.1.12을 입력해 프로메테우스의 웹 UI가 정상적으로 동작하는지 확인합니다.

▼ 그림 6-10 프로메테우스 웹 UI 초기 화면

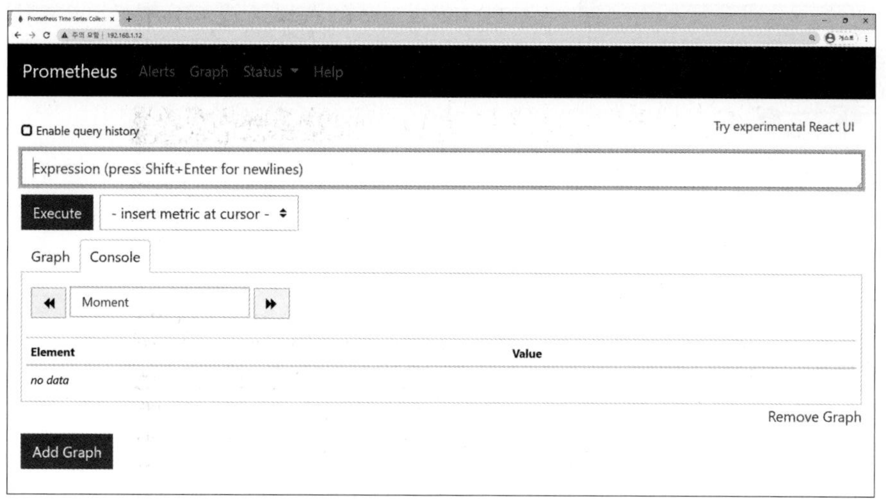

웹 UI 설치가 끝났으니 설치된 웹 UI의 기능을 하나씩 살펴보겠습니다.

6.2.2 프로메테우스의 웹 UI 다루기

프로메테우스는 서버의 API에서도 필요한 메트릭을 확인할 수 있지만, 일반적으로 웹 UI에서 확인합니다. 따라서 웹 UI를 이해하면 프로메테우스의 동작 원리를 파악할 수 있습니다.

Graph

프로메테우스에 접속하면 가장 먼저 Graph(그래프) 메뉴를 만나게 됩니다. Graph는 프로메테우스의 웹 UI에서 제공하는 가장 중요한 내용을 처리하는 페이지입니다.

❤ 그림 6-11 Graph 메뉴 화면

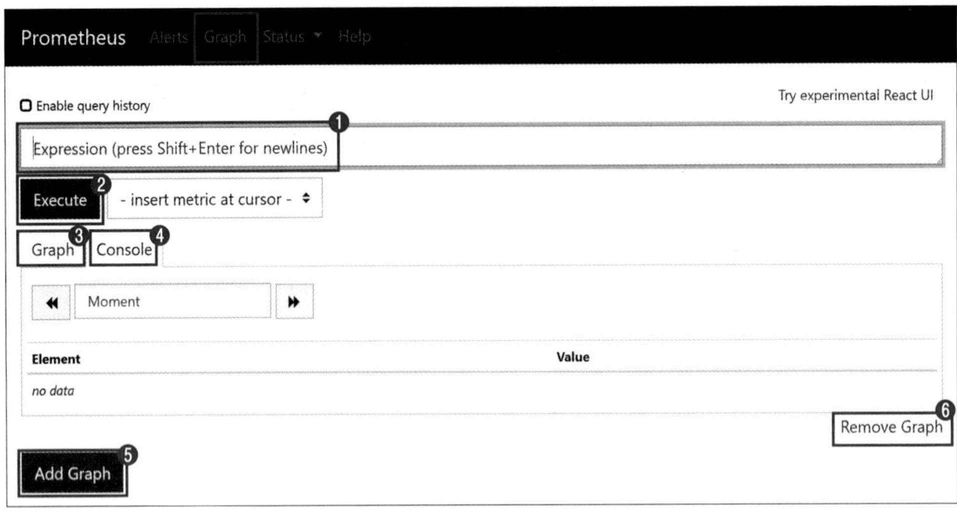

Graph 메뉴에서는 다음과 같은 내용을 처리합니다.

❶ **쿼리 입력기**: 프로메테우스가 적재한 메트릭 데이터를 조회할 수 있는 표현식(Expression)을 입력하는 곳입니다. 이때 사용하는 표현식은 PromQL(Prometheus Query Language)이라는 프로메테우스에서 제공하는 쿼리 언어입니다. 프로메테우스는 시계열 데이터베이스를 사용하므로 다른 RDBMS처럼 쿼리문을 작성해 효과적으로 필요한 메트릭을 추출합니다. PromQL 문법에 맞는 표현식을 쿼리 입력기에 입력한 후에 Enter를 누르거나 Execute 버튼을 눌러 필요한 메트릭 값을 가지고 옵니다. PromQL은 프로메테우스가 수집한 메트릭을 표현하는 가장 중요한 문법이라서 6.3절에서 자세히 알아보겠습니다.

❷ Execute: 쿼리 입력기에 입력한 PromQL을 실행하는 버튼입니다. 이 버튼을 누르면 PromQL 표현식에 맞는 메트릭 데이터를 화면에 보여줍니다.

❸ Graph: PromQL로 프로메테우스가 적재한 메트릭 데이터를 확인할 때 시각적으로 표현해 주는 옵션입니다. Graph 탭을 누르면 데이터를 시각화한 영역형 또는 막대형 차트를 보여줍니다.

❹ Console: PromQL로 추출된 메트릭 데이터를 보여주는 기본 옵션입니다. 추출된 데이터는 표 형식으로 나오기 때문에 개별 데이터를 파악하기에 용이합니다.

❺ Add Graph: 그래프 추가처럼 보이나 실제로는 쿼리 입력기를 하나 더 추가해 또 다른 메트릭을 확인하는 버튼입니다.

❻ Remove Graph: 현재 쿼리 입력기를 제거하는 버튼입니다.

Alert

Alert(경보)은 상단 왼쪽에 있습니다. 경보 화면에서는 현재 프로메테우스 서버에 등록된 경보 규칙과 경보 발생 여부를 확인할 수 있습니다. '6.5.1 얼럿매니저로 이상 신호 감지하고 알려주기'에서 얼럿매니저를 다루면서 경보 메뉴에 대한 UI를 확인하겠습니다.

▼ 그림 6-12 Alert 메뉴 화면

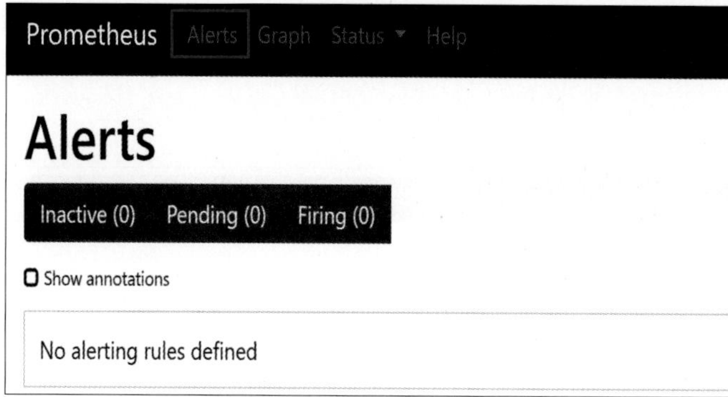

Status

세 번째 메뉴인 Status(상태)를 클릭하면 하위 메뉴가 보입니다.

▼ 그림 6-13 상태 메뉴 화면

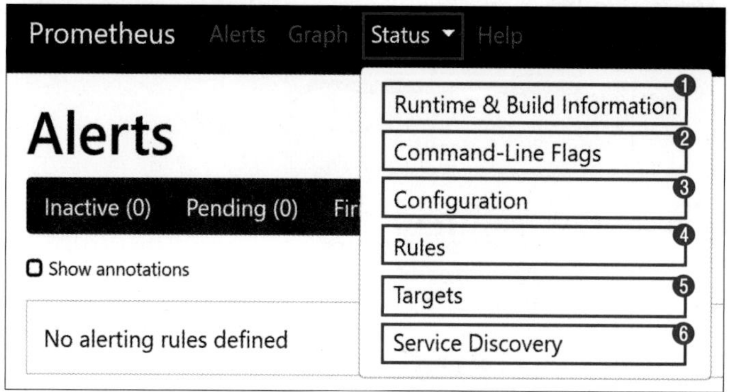

각 하위 메뉴는 다음과 같은 내용을 제공합니다.

❶ **Runtime & Build Information**: 프로메테우스 서버의 업타임 같은 런타임 관련 정보, 버전을 나타내는 빌드 정보 등 여러 정보를 확인할 수 있습니다.

❷ **Command-Line Flags**: 프로메테우스 서버가 실행될 때 인자로 입력 받았던 값을 보여 줍니다.

❸ Configuration: 프로메테우스 서버가 구동될 때 설정된 값을 표시합니다.

❹ Rules: 프로메테우스 서버에 등록된 다양한 규칙을 확인할 수 있습니다.

❺ Targets: 프로메테우스 서버가 수집해오는 대상의 상태를 확인할 수 있습니다.

❻ Service Discovery: 프로메테우스 서버가 서비스 디스커버리 방식으로 수집한 대상들에 대한 정보를 요약해 보여 줍니다.

수집 대상의 상태를 한 번 확인해 봅시다. Status > Targets 메뉴를 선택합니다.

▼ 그림 6-14 수집 대상의 상태 화면

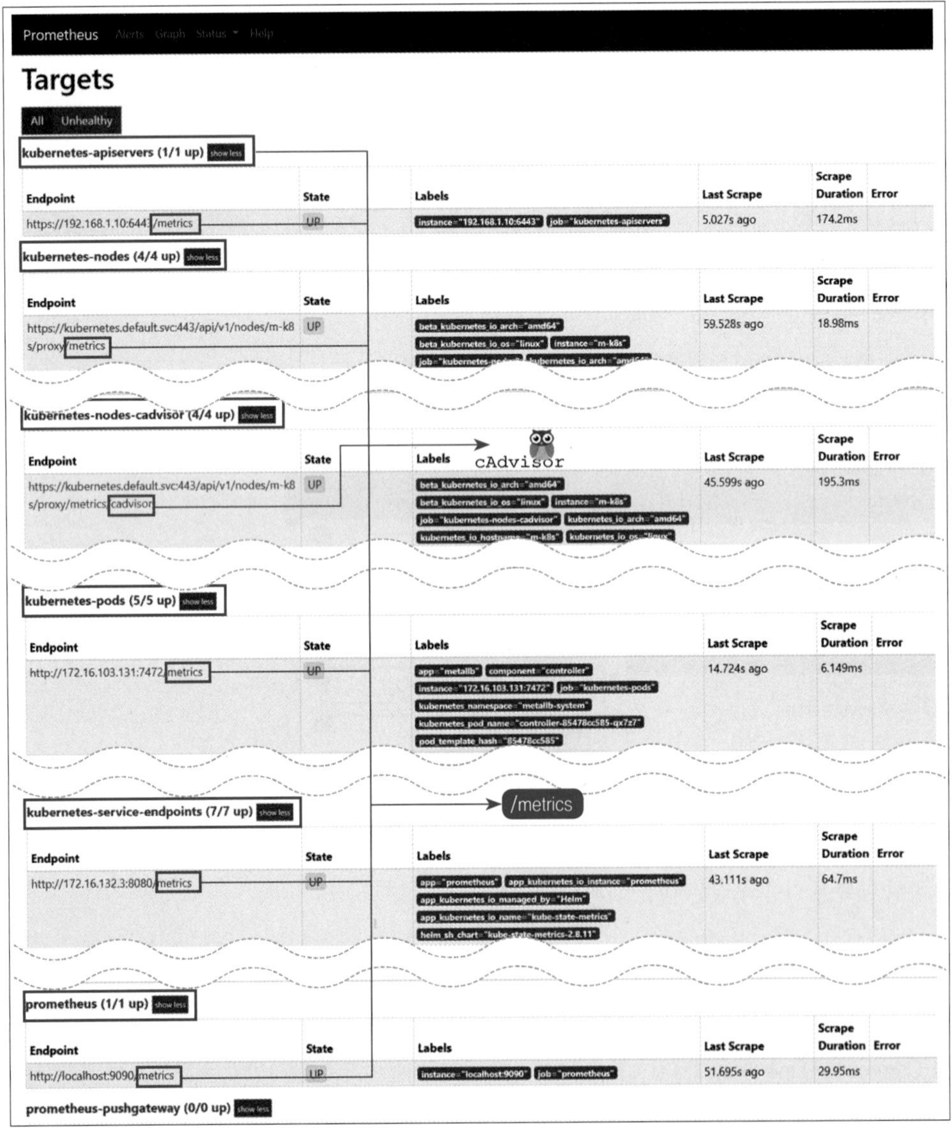

프로메테우스가 메트릭 데이터를 수집하는 대상과 메트릭 데이터를 공개하는 대상의 상태가 표시됩니다. 그림을 보면 프로메테우스 서버가 쿠버네티스 API 서버, 노드, cAdvisor, 파드, 자기 자신이 공개하는 메트릭 데이터를 /metrics로 수집하고 있습니다. 이때 cAdvisor의 메트릭은 공개하는 경로가 /metrics/cadvisor로 조금 다른데, 이는 메트릭을 공개하는 대상에 따라 메트릭을 공개하는 경로를 다르게 설정할 수 있기 때문입니다.

그런데 수집 대상은 어떻게 가지고 온 걸까요? 혹시 친절한 필자가 미리 입력해 둔 걸까요? 그렇다면 프로메테우스의 수집 대상을 모든 환경에 맞게 입력해야 할까요? 그렇지 않습니다. 프로메테우스에는 수집 대상을 확인하는 특별한 방법이 있습니다.

6.2.3 서비스 디스커버리로 수집 대상 가져오기

프로메테우스는 수집 대상을 자동으로 인식하고 필요한 정보를 수집합니다. 정보를 수집하려면 일반적으로 에이전트를 설정해야 하지만, 쿠버네티스는 사용자가 에이전트에 추가로 입력할 필요 없이 자동으로 메트릭을 수집할 수 있습니다. 이는 프로메테우스 서버가 수집 대상을 가져오는 방법인 **서비스 디스커버리** 덕분입니다.

서비스 디스커버리는 다음 순서로 동작합니다.

1. 프로메테우스 서버는 컨피그맵에 기록된 내용을 바탕으로 대상을 읽어옵니다.
2. 읽어온 대상에 대한 메트릭을 가져오기 위해 API 서버에 정보를 요청합니다.
3. 요청을 통해 알아온 경로로 메트릭 데이터를 수집합니다.

이와 같은 순서로 프로메테우스 서버와 API 서버가 주기적으로 데이터를 주고받아 수집 대상을 업데이트하고, 수집 대상에서 공개되는 메트릭을 자동으로 수집합니다.

▼ 그림 6-15 프로메테우스의 서비스 디스커버리 순서

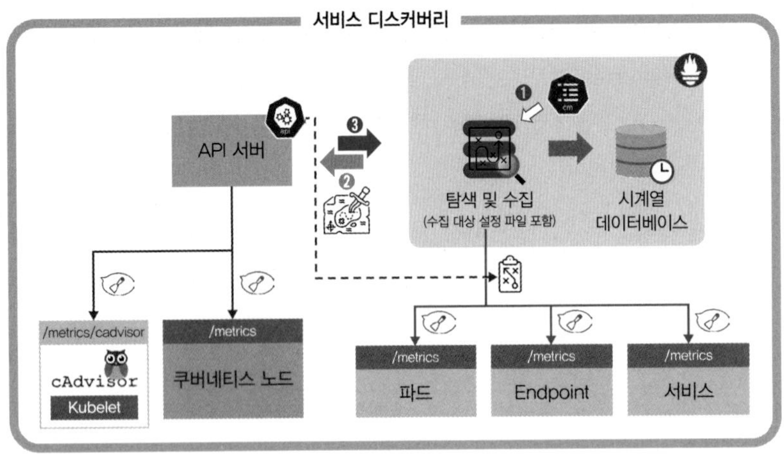

서비스 디스커버리 방법은 대상에 따라 크게 2가지 경로로 나뉩니다. 쿠버네티스 API 서버에 직접 연결돼 메트릭을 수집하는 cAdvisor과 API 서버가 경로를 알려 주어 메트릭을 수집할 수 있는 **에이전트**입니다. 프로메테우스에서 에이전트는 보통 익스포터라 하므로 이후에는 **익스포터**로 부르겠습니다. 그러면 2가지 경로에 대해서 예제와 함께 살펴봅시다.

cAdvisor

cAdvisor의 메트릭이 API 서버를 통해 노출되면 프로메테우스 서버가 쉽게 수집하도록 변환하는 과정을 거칩니다. 직접 새로운 오브젝트를 배포하고 프로메테우스에 수집되는 메트릭을 관찰해서 cAdvisor의 작동 원리와 수집 과정을 알아보겠습니다.

실습: cAdvisor로 메트릭 수집하고 확인하기

1. 프로메테우스 웹 UI로 갑니다. cAdvisor로 수집된 메트릭은 container라는 이름으로 시작하므로 Graph 메뉴의 쿼리 입력기에 container_memory_usage_bytes를 입력하고 Execute 버튼을 누릅니다. 쿼리 입력기에 일부만 입력해도 나머지는 자동 완성되니 container_m 정도를 입력하고 선택 상자에 나타나는 이름 중에 container_memory_usage_bytes를 선택해도 됩니다.

✔ 그림 6-16 'container_memory_usage_bytes' 입력 결과

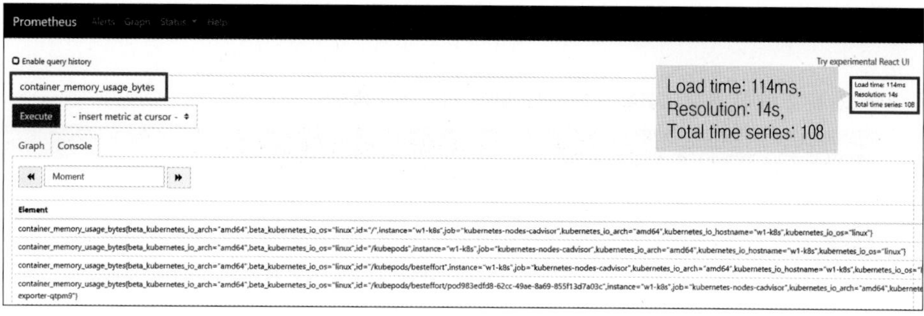

출력된 결과 중에 오른쪽 상단에 나온 3개의 내용은 다음과 같습니다.

- **Load time**: PromQL이 동작하는 데 걸린 시간입니다. 단위는 마이크로초입니다.
- **Resolution**: 수집된 데이터로 지정된 초 단위의 그래프를 그립니다.
- **Total time series**: PromQL로 수집된 결과의 개수입니다.

2. 새로 디플로이먼트를 추가하면 자동으로 메트릭을 수집하는지 확인해 봅시다. PromQL문에 추가할 파드의 이름으로 검색하도록 `{container="nginx"}`를 추가하고 다시 Execute 버튼을 클릭합니다. 이런 구문을 **레이블**이라고 하는데, PromQL에서 필요한 내용을 추출할 때 사용합니다. 자세한 내용은 6.3절에서 다룹니다. 현재 nginx 디플로이먼트가 설치돼 있지 않은 상태이기 때문에 추가 구문을 입력하면 아무것도(no data) 검색되지 않습니다.

✔ 그림 6-17 'container_memory_usage_bytes{container="nginx"}' 입력 결과

3. 슈퍼푸티에서 nginx 디플로이먼트를 배포하고 1~2분 정도를 기다립니다.

```
[root@m-k8s ~]# kubectl create deployment nginx --image=nginx
deployment.apps/nginx created
```

4. 웹 UI에서 Execute 버튼을 다시 눌러 배포한 nginx 디플로이먼트에 대한 메트릭이 자동으로 수집되는지 확인합니다.

▼ 그림 6-18 배포된 nginx 디플로이먼트에 대한 메트릭 자동 수집 결과 확인

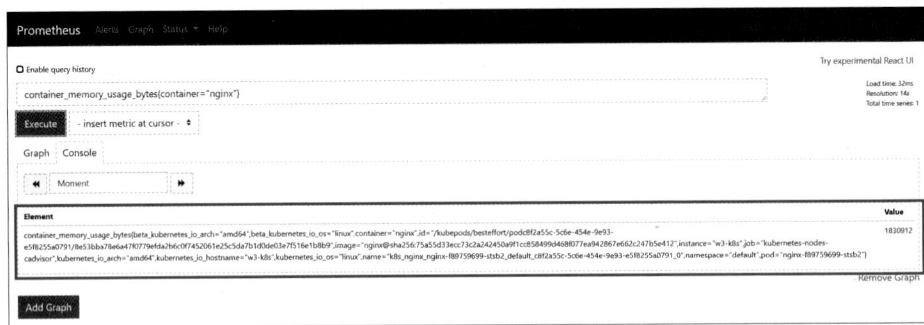

메트릭이 자동으로 수집되는 것은 컨피그맵에 수집 대상이 지정됐기 때문입니다. 앞에서 수집된 내용은 다음 명령을 실행해 나온 내용 중에 56~68번째 줄에 정의돼 있습니다.

```
[root@m-k8s ~]# kubectl get configmap prometheus-server -o yaml | nl
[중략]
    56        job_name: kubernetes-nodes-cadvisor
    57        kubernetes_sd_configs: # 쿠버네티스 서비스 디스커버리 구성 구문 시작
    58        - role: node
    59        relabel_configs: # 프로메테우스의 레이블 다시 정의
    60        - action: labelmap # 레이블 변환하는 방식을 지정
    61          regex: __meta_kubernetes_node_label_(.+) # 레이블 변환 부분을 탐색하는
              조건식
    62        - replacement: kubernetes.default.svc:443 # 설정된 레이블에 교체할 값
    63          target_label: __address__ # 값을 교체할 레이블에 설정
    64        - regex: (.+) # 원본 레이블에서 추출할 값을 지정하는 조건식
    65          replacement: /api/v1/nodes/$1/proxy/metrics/cadvisor
              # 원본 레이블에서 추출한 값을 변수에 넣어 대상 레이블에 들어갈 값을 설정
    66          source_labels: # 교체 대상이 되는 값이 있는 원본 레이블 지정
    67          - __meta_kubernetes_node_name # 지정된 레이블을 교체 대상으로 설정
    68          target_label: __metrics_path__ # 값을 교체할 레이블에 설정
[생략]
```

5. 이번에는 디플로이먼트를 삭제하면 더 이상 메트릭이 수집되지 않음을 확인합니다. 배포된 nginx 디플로이먼트를 삭제하고 약 5~10분 정도를 기다립니다.

```
[root@m-k8s ~]# kubectl delete deployment nginx
deployment.apps "nginx" deleted
```

현재 PromQL 설정으로 검색하면 5분 전 메트릭까지 검색해 결과로 보여줍니다. 따라서 더 이상 메트릭이 검색되지 않는 것을 확인하려면 생성할 때보다 오래 기다려야 합니다. 이때 메트릭 자체가 지워진 것이 아니라 웹 UI에서 쿼리로 검색되지 않을 뿐입니다.

6. 웹 UI에서 Execute 버튼을 다시 눌러 삭제한 nginx 디플로이먼트가 더 이상 검색되지 않는지(no data) 확인합니다.

▼ 그림 6-19 삭제한 nginx 디플로이먼트에 대한 메트릭 수집 결과 확인

이처럼 cAdvisor는 각 노드에 컨테이너 시스템 정보를 담고 있는 특정 파일들을 읽어 들여 메트릭을 수집합니다. 그리고 프로메테우스가 수집할 수 있도록 컨테이너 메트릭을 프로메테우스의 메트릭으로 변환해 공개합니다.

익스포터

서비스 디스커버리에서 수집은 자동으로 이뤄지지만, 사실 익스포터는 사전 준비 작업 2가지를 해야 합니다. 첫 번째로 API 서버에서 등록돼 경로를 알 수 있게 해야 하고, 두 번째로 익스포터가 데이터를 프로메테우스 타입으로 노출해야 합니다. 익스포터에 필요한 사전 준비 작업을 진행하고, 노출된 메트릭을 확인해 보겠습니다.

실습: 익스포터로 메트릭 수집하고 확인하기

1. API 서버에 등록될 구성이 포함된 nginx-status-annot.yaml을 배포합니다.

```
[root@m-k8s ~]# kubectl apply -f ~/_Book_k8sInfra/ch6/6.2.3/nginx-status-annot.yaml
deployment.apps/nginx created
```

2. 프로메테우스 서버가 배포된 애플리케이션을 API 서버에서 찾아 메트릭을 수집하려면 애너테이션(annotation) 설정이 가장 중요한데, 이는 매니페스트에 적용돼 있습니다.

```
[root@m-k8s ~]# cat ~/_Book_k8sInfra/ch6/6.2.3/nginx-status-annot.yaml ¦ nl
[중략]
    13          annotations:
    14            prometheus.io/port: "80"
    15            prometheus.io/scrape: "true"
[생략]
```

> **Tip** **애너테이션으로 매트릭 수집하기**
>
> 애너테이션은 일반적으로 소스 코드에 주석으로 추가되는 메타데이터입니다. 따라서 여러 애플리케이션이나 다른 도구에 정보를 전달하는 역할을 합니다. 프로메테우스는 애너테이션을 이용해 수집 대상을 판별하고 경로를 재조합합니다. 애너테이션으로 경로를 노출하고 메트릭을 수집하려면 다음과 같이 합니다.
>
> 1. 프로메테우스에 메트릭을 공개하려는 애플리케이션은 애너테이션이 매니페스트에 추가돼 있어야 합니다. 이때 애너테이션에 추가되는 구문은 prometheus.io/로 시작합니다.
> 2. 작성된 매니페스트를 쿠버네티스 클러스터에 배포해 애너테이션을 포함한 정보를 API 서버에 등록합니다.
> 3. 프로메테우스 서버가 prometheus.io/로 시작하는 애너테이션 정보를 기준으로 대상의 주소를 만듭니다.
> 4. 프로메테우스 서버가 애너테이션을 기준으로 만든 대상의 주소로 요청을 보내 메트릭 데이터를 수집합니다.

3. API 서버를 통해 배포된 nginx 디플로이먼트의 정보가 프로메테우스 서버에 등록됐는지 확인합니다. 웹 UI에서 **Status** > **Targets**을 선택합니다. 배포된 nginx 디플로이먼트의 메트릭이 수집되는지 확인합니다.

▼ 그림 6-20 추가한 nginx 디플로이먼트의 메트릭 수집 결과

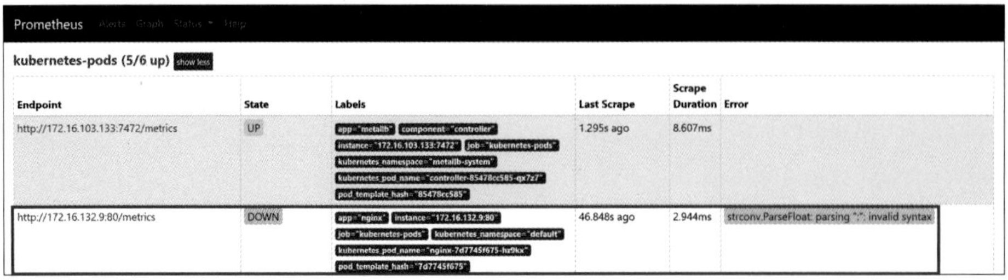

nginx 디플로이먼트는 등록됐지만, 메트릭이 수집되지 않습니다. 이 상태를 표현하면 다음과 같습니다.

▼ 그림 6-21 nginx 디플로이먼트에서 메트릭이 수집되지 않는 상태

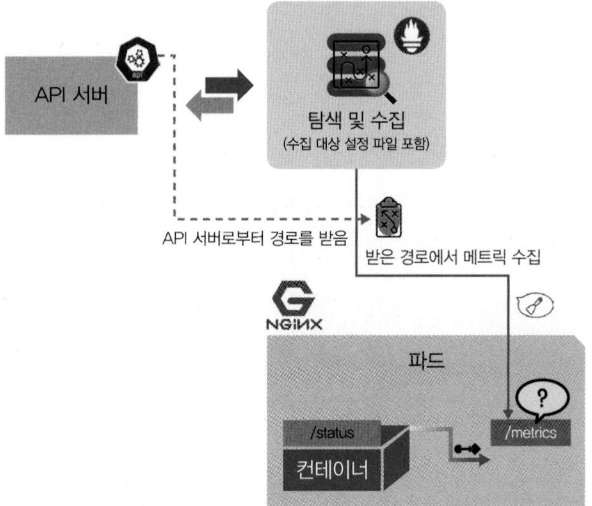

메트릭이 수집되지 않는 것은 메트릭이 공개되지 않았기 때문입니다. 프로메테우스에서는 크게 두 가지 방법으로 메트릭을 공개할 수 있습니다. 첫 번째는 Go, Rust, C#, Python, Java과 같은 프로그래밍 언어의 프로메테우스 SDK를 사용해 직접 메트릭을 공개하도록 작성하는 방법입니다. 두 번째는 이미 만들어 둔 익스포터를 사용해 메트릭을 공개하는 방법입니다. 이 책에서는 이미 만들어진 익스포터로 메트릭을 공개하겠습니다.

4. 실습에서는 NGINX를 기준으로 설치했기 때문에 NGINX에서 제공하는 nginx-prometheus-exporter를 추가로 구성한 nginx-status-metrics.yaml을 배포합니다.

```
[root@m-k8s ~]# kubectl apply -f ~/_Book_k8sInfra/ch6/6.2.3/nginx-status-metrics.yaml
deployment.apps/nginx configured
```

nginx-prometheus-exporter는 멀티 컨테이너 패턴 중에 하나인 사이드카(Sidecar) 패턴으로 작성돼 있습니다. 사이드카 외에 여러 가지의 패턴으로 파드의 멀티 컨테이너를 구성할 수 있는데, 이는 뒤에 나오는 **멀티 컨테이너 패턴**을 참고해 주세요. 사이드카 컨테이너를 구성하면 다음과 같이 구조가 변경됩니다.

▼ 그림 6-22 사이드카를 추가해 메트릭이 수집되는 상태

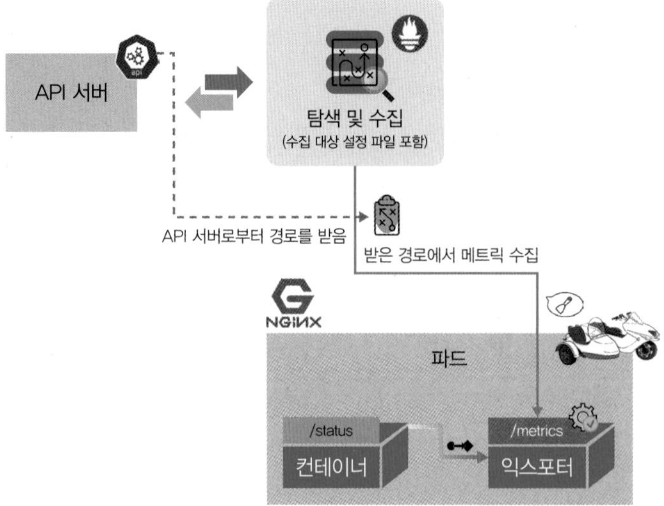

Tip 멀티 컨테이너 패턴

파드 내부에 컨테이너 여러 개를 구성하는 방법은 몇 가지 있습니다.

- **사이드카**(Sidecar): 메인 컨테이너의 기능을 확장하거나 기능을 향상하고자 할 때 추가하는 패턴입니다.
- **앰배서더**(Ambassador): 사용자가 외부에서 접근할 때 앰배서더 컨테이너를 통해 통신이 이루어지는 형태로, 세부적인 외부 접근 대상이나 방법은 앰배서더 컨테이너에 위임합니다. 주로 프록시 컨테이너를 구성해 외부의 접근을 제어하고 내부 자원을 보호하는 구성이 앰배서더 패턴에 속합니다.
- **어댑터**(Adapter): 메인 컨테이너의 정보를 외부에서 사용할 수 있는 형식으로 변환하는 컨테이너가 추가된 형태입니다. 데이터 형태를 변환하므로 앞에서 다룬 NGINX의 익스포터는 어댑터 패턴이라고도 할 수 있습니다.

이렇듯 멀티 컨테이너 패턴은 한 가지 형태로 고정된 것이 아니라 형태를 해석하는 방식에 따라 한 가지 이상으로 부를 수 있습니다.

사이드카 외에 나머지 두 방법은 다음과 같은 구조입니다.

▼ 그림 6-23 앰배서더 패턴과 어댑터 패턴

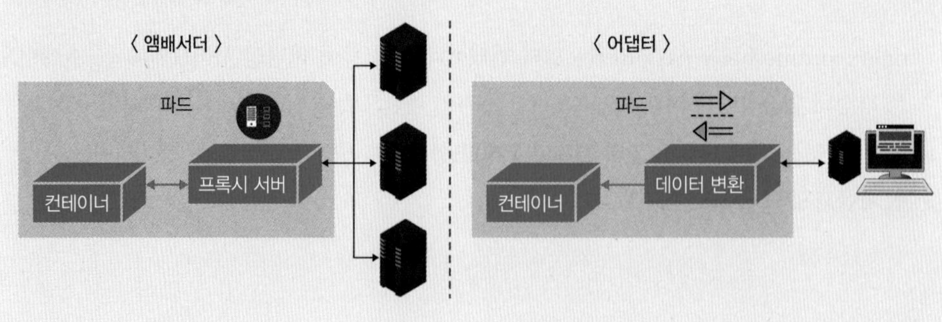

5. 다시 프로메테우스 웹 UI로 가서 nginx 디플로이먼트에 대한 메트릭이 수집되고 있는지 확인합니다. 수집되고 있지 않다면 새로고침하거나 좀 더 기다렸다가 확인합니다.

▼ 그림 6-24 nginx 디플로이먼트에서 메트릭 수집 확인

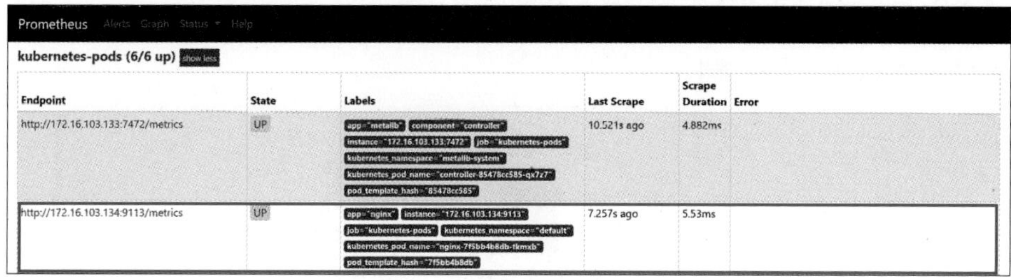

6. 다음 실습 진행을 위해 디플로이먼트를 삭제합니다.

```
[root@m-k8s ~]# kubectl delete -f ~/_Book_k8sInfra/ch6/6.2.3/nginx-status-metrics.yaml
deployment.apps "nginx" deleted
```

Tip **다양한 종류의 프로메테우스 익스포터**

프로메테우스는 대상을 모니터링하기 위해 다양한 형태의 익스포터를 사용합니다. 프로메테우스 공식 홈페이지에서 소개하는 익스포터의 종류는 100가지 이상이며 사용자가 직접 익스포터를 제작할 수도 있어서 앞으로도 계속 늘어날 것입니다. 사용하려는 도구들을 모니터링해야 한다면 프로메테우스 생태계와 각 업체에서 제공하는 익스포터를 사용해 메트릭 데이터를 수집하면 됩니다. 프로메테우스 익스포터를 종류별로 정리하면 다음과 같습니다.

표 6-3 프로메테우스 익스포터의 종류

분야	데이터베이스	메시징 시스템	스토리지	외부 모니터링 시스템
주요 관심사	안정성 지표 내부 구조	처리량 전달 성공율	사용량	외부 시스템 통합
대표적 수집 대상	ElasticSearch MongoDB MySQL Oracle PostgreSQL	Kafka NATS MQTT RabbitMQ	Ceph Gluster GPFS NetApp E-Series	AWS CloudWatch Google Stackdriver (Operation Suite) Azure Monitor JMX

여러 익스포터 중 쿠버네티스에서 가장 많이 쓰이는 노드 익스포터와 쿠버 스테이트 메트릭을 살펴보겠습니다.

6.2.4 노드 익스포터로 쿠버네티스 노드 메트릭 수집하기

노드 익스포터는 익스포터 중에서도 쿠버네티스 노드의 상태 값을 메트릭으로 추출하는 데 특화돼 있습니다. 이해하기 쉽게 그림과 함께 설명하겠습니다.

▼ 그림 6-25 노드 익스포터 동작 원리

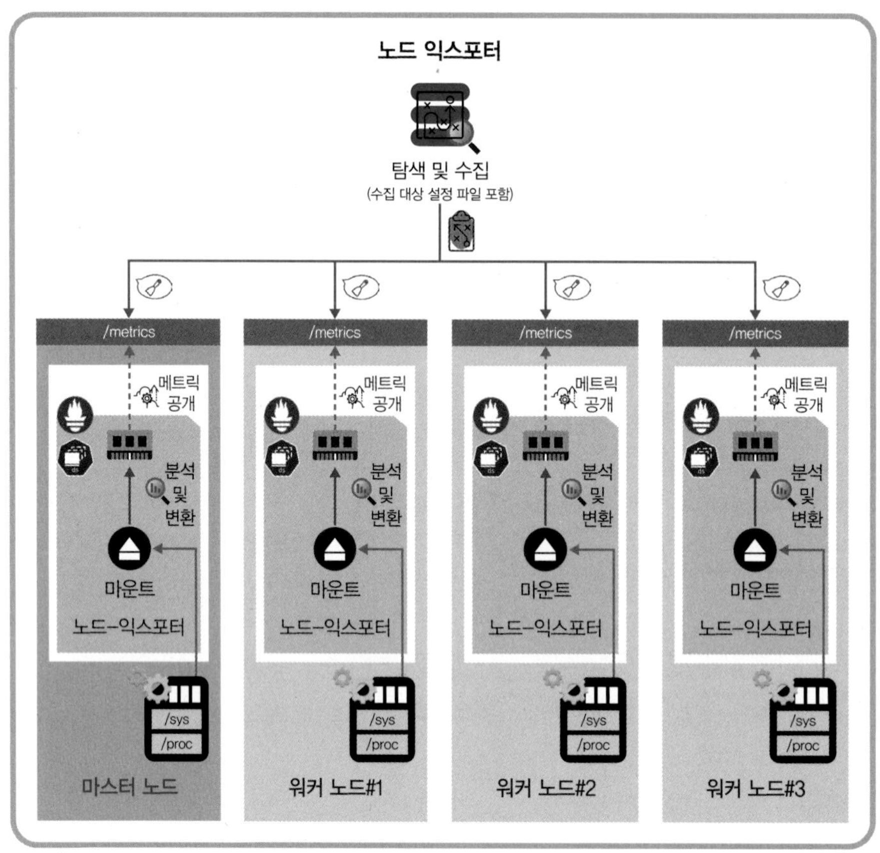

그림에서 볼 수 있듯이 노드 익스포터는 노드의 /proc과 /sys에 있는 값을 메트릭으로 노출하도록 구현돼 있습니다. 그리고 노드 익스포터를 실행하기 위해서 쿠버네티스 노드마다 1개씩 배포할 수 있는 데몬셋으로 구현돼 배포됩니다. 노드 익스포터가 배포하는 핵심 메트릭인 /proc과 /sys에는 다음 정보들이 저장돼 있습니다.

- /proc: 리눅스 운영 체제에서 구동 중인 프로세스들의 정보를 파일 시스템 형태로 연결한 디렉터리입니다. 디렉터리 안에는 현재 구동 중인 프로세스들의 프로세스 ID가 디렉터리 형태로 나타나며, 각 디렉터리 내부에 해당 프로세스에 대한 상태나 실행 환경에 대한 정보

가 들어 있습니다. 모니터링 도구는 이 디렉터리를 통해 시스템에서 구동 중인 프로세스의 정보나 상태, 자원 사용량 등을 알 수 있습니다.

- **/sys**: 저장 장치, 네트워크 장치, 입출력 장치 같은 각종 장치를 운영 체제에서 사용할 수 있도록 파일 시스템 형태로 연결한 디렉터리입니다. 기존에 /proc에 연결돼 있던 커널 장치 드라이버 등이 /proc에서 /sys로 분리됐습니다. 이 디렉터리 내부에 있는 파일들을 분석하면 전체 장치의 상태를 알 수 있기 때문에 모니터링 도구는 이 디렉터리를 시스템 장치의 상태 정보를 수집하는 데 사용합니다

노드 익스포터는 각 쿠버네티스 노드의 /proc, /sys에 있는 파일들을 읽어서 프로메테우스가 받아들일 수 있는 메트릭 형태로 변환합니다. 그리고 변환한 메트릭을 HTTP 서버를 통해 /metrics 주소로 공개합니다.

그럼 실제로 노드 익스포터를 통해 수집된 메트릭 값을 확인해 보겠습니다. 참고로, cAdvisor의 메트릭이 container로 시작하는 것처럼 노드 익스포터의 메트릭은 **node**로 시작합니다.

실습: 노드 익스포터로 수집된 메트릭 확인하기

1. 프로메테우스 웹 UI에서 Graph 메뉴로 이동합니다. 쿼리 입력기에 **node_cpu_seconds_total**을 입력하고 Enter나 **Execute** 버튼을 누르면 다음과 같은 내용이 검색됩니다. node_cpu_seconds_total은 노드의 CPU 상태별로 사용된 시간을 합해서 보여줍니다.

그림 6-26 node_cpu_seconds_total 질의 결과

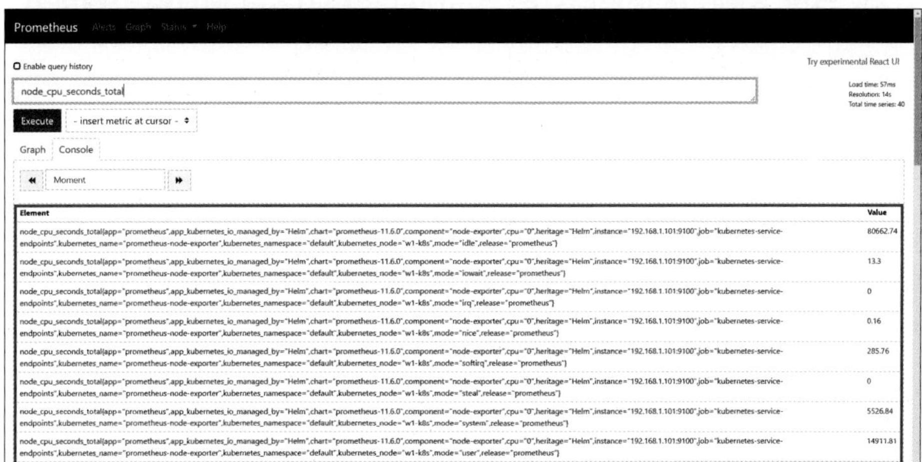

2. 누적된 CPU 상태 값을 봤으니 현재 상태에서 수집된 메트릭을 확인해 보겠습니다. node_memory_MemAvailable_bytes를 입력하고 Enter를 누르면 다음과 같은 내용이 검색됩니다. node_memory_MemAvailable_bytes는 노드별로 현재 사용 가능한 메모리의 용량을 표시하는데, 이때 단위는 바이트(Bytes)입니다.

▼ 그림 6-27 node_memory_MemFree_bytes 질의 결과

노드 익스포터를 통해 메트릭이 정상적으로 수집되는 것을 확인했습니다. 다음으로 쿠버네티스의 자체 메트릭을 수집하는 쿠버 스테이트 메트릭을 살펴보겠습니다.

6.2.5 쿠버 스테이트 메트릭으로 쿠버네티스 클러스터 메트릭 수집하기

쿠버 스테이트 메트릭은 이름에서 알 수 있듯이 쿠버네티스 상태를 보여주는 메트릭입니다. 쿠버네티스 상태에 관한 정보를 가지고 와서 프로메테우스가 받아들일 수 있는 메트릭 형태로 변환하고 변환한 메트릭을 HTTP 서버를 통해 /metrics 주소로 공개하는 부분은 노드 익스포터와 동일합니다. 그러나 각 노드의 특정 디렉터리를 마운트해서 사용하지 않고 이미 API 서버에 모인 값들을 수집한다는 점이 다릅니다. 쿠버 스테이트 메트릭의 작동 방식은 다음과 같습니다.

▼ 그림 6-28 쿠버 스테이트 메트릭 작동 방식

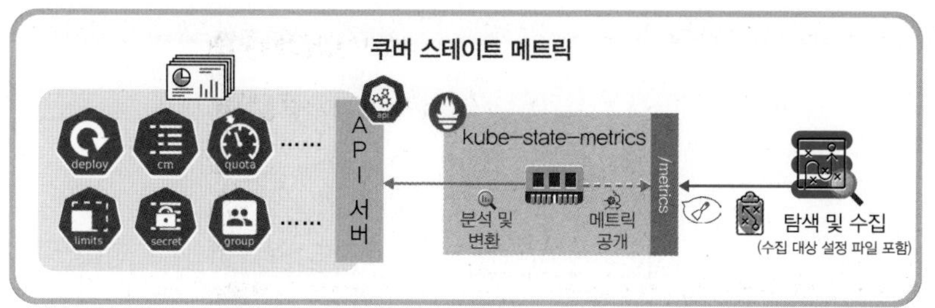

쿠버 스테이트 메트릭을 통해 수집된 메트릭 값을 직접 확인해 보겠습니다. 쿠버 스테이트 메트릭도 kube라는 고유의 문자열로 시작합니다.

실습: 쿠버 스테이트 메트릭으로 수집된 메트릭 수집하기

1. 프로메테우스 쿼리 입력기에 **kube_pod_container_status_restarts_total**을 입력하고 Enter를 누르면 다음과 같은 내용이 검색됩니다. kube_pod_container_status_restarts_total은 쿠버네티스에 배포된 파드가 다시 시작하는 경우 이를 누적해 기록한 메트릭 데이터입니다.

▼ 그림 6-29 kube_pod_container_status_restarts_total 질의 결과

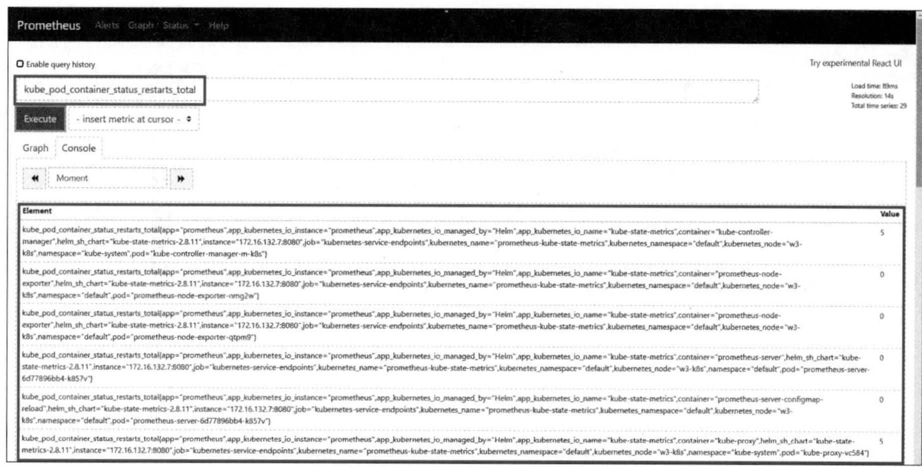

2. 이번에는 쿠버네티스 현재 상태를 알아보는 메트릭을 검색해 보겠습니다. 쿼리 입력기에 **kube_service_created**를 입력하고 Enter를 누르면 다음과 같이 쿠버네티스에 존재하는 서비스들이 생성된 시간을 보여줍니다. 이때 출력되는 시간은 유닉스 시간(Unix Time)으로, 1970년 1월 1일 00:00:00 협정 세계시(UTC)부터의 경과 시간을 초로 환산해 정수로 나타낸 것입니다.

▼ 그림 6-30 kube_service_created 질의 결과

프로메테우스가 익스포터를 통해 다양한 메트릭 데이터를 자동으로 수집하는 것을 확인했습니다. 쿼리 입력기에 지금까지 소개한 PromQL만 입력하고 결과를 확인해도 충분히 훌륭한 결괏값을 얻을 수 있지만, 사용자가 원하는 형태가 아닐 수도 있습니다. 예를 들어 5분 또는 10분 간의 평균 CPU 사용량과 같은 메트릭을 알고 싶은 경우입니다. 기존 쿼리에 약간의 구문을 추가하면 원하는 결괏값을 얻어낼 수 있습니다. 그러면 원하는 값들을 검색할 수 있는 방법을 배워보겠습니다.

6.3 PromQL로 메트릭 데이터 추출하기

CONTAINER INFRASTRUCTURE

현업에서는 수집된 메트릭 데이터를 그대로 사용하기보다는 필요한 메트릭 데이터를 다시 한 번 가공해서 추출하는 경우가 더 많습니다. 필요한 메트릭 데이터를 정확하게 추출하려면 PromQL을 알아야 합니다. 이 절에서는 PromQL의 표현식과 이를 활용해 필요한 데이터를 추출하는 방법을 알아보겠습니다.

6.3.1 메트릭 데이터의 구조

메트릭 데이터를 추출하려면 메트릭 데이터의 구조를 알아야 합니다. 간단한 예제로 메트릭 데이터의 구조를 살펴봅시다. 웹 UI에서 쿼리 입력기에 up{job="prometheus"}를 입력합니다. 이때 up은 수집 대상이 작동하고 있는지 알려줍니다.

❤ 그림 6-31 메트릭 데이터 구조로 표현된 up{job="prometheus"} 질의 결과

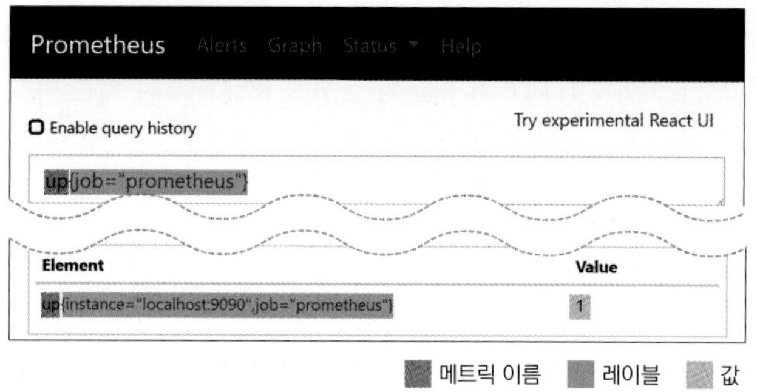

결과로 나온 메트릭 데이터를 보면 up이라는 메트릭 이름을 가지는 대상을 검색하고 그중에 `job="prometheus"`라는 레이블 이름을 검색 조건에 추가합니다. 이를 일반적으로 **필터링**이라고 하고, 검색 조건에 맞는 메트릭 데이터가 존재하고 추출에 성공하면 1이라는 값으로 표현합니다. 추출된 내용을 보면서 전체적인 메트릭 데이터를 이해해 보겠습니다.

메트릭 값의 종류

익스포터에서 이미 두 가지 타입의 메트릭 값을 경험했습니다. node_cpu_seconds_total과 kube_pod_container_status_restarts_total은 누적되는 메트릭 데이터 값으로, **카운터**(Counter) 타입이라고 합니다. node_memory_MemAvailable_bytes와 kube_service_created는 특정 시점의 메트릭 데이터 값으로, **게이지**(Gauge) 타입이라고 합니다. 바로 앞에서 실행한 up{job="prometheus"}는 지금이라는 시점에 해당하는 메트릭 데이터를 보여주므로 게이지 타입입니다. 이 두 가지 타입 외에도 히스토그램과 서머리 타입이 있습니다.

- **카운터**(Counter): 누적된 값을 표현하는 데 사용하는 메트릭 타입입니다. 카운터에 누적된 값으로 구간별로 변화율을 파악해 해당 값이 어느 정도로 추세로 증가하는지 알 수 있습니다. 그래서 이벤트나 오류 등이 급증하는 구간을 파악하는 데 적합합니다. 값이 누적되기 때문에 특정 순간의 데이터를 표현하는 데는 적합하지 않습니다. 카운터는 값을 중점적으로 보기보다 값이 얼마만큼 변했는지 변화율을 주로 확인합니다.
- **게이지**(Gauge): 특정 시점의 값을 표현하는 데 사용하는 메트릭 타입입니다. 카운터가 누적된 값을 표현해 증가만을 고려하는 것과 달리 게이지는 시점별로 증가나 감소를 모두 표현할 수 있습니다. CPU 온도나 메모리 사용량 등은 누적된 값이 필요하지 않고 조회하는 순간의 값이 중요하므로 게이지 타입을 사용합니다.

- **히스토그램**(Histogram): 사전에 미리 정의한 구간 안에 있는 메트릭 값의 빈도를 측정합니다. 이때 익스포터를 구현하는 단계에서 정의한 구간을 **버킷**(bucket)이라고 합니다. 예를 들어 히스토그램을 사용해 클라이언트가 서버로 HTTP 요청을 한 경우에 응답 시간과 맞는 버킷에 값을 추가하고 이벤트 횟수를 저장해 표시할 수 있습니다. 히스토그램은 '6.3.5 서머리와 히스토그램'에서 예제와 함께 좀 더 자세히 알아보겠습니다.
- **서머리**(Summary): 히스토그램과 비슷하게 구간 내에 있는 메트릭 값의 빈도를 측정합니다. 예를 들어 클라이언트 요청에 따른 응답 시간을 관측하고 저장할 때 사용할 수 있습니다. 하지만 히스토그램과 달리 구간이 지정되는 것이 아니라 프로메테우스 자체으로 0~1 사이로 구간을 미리 정해 놓습니다. 서머리도 '6.3.5 서머리와 히스토그램'에서 살펴보겠습니다.

일반적으로 메트릭 이름이 어떤 단어로 끝나느냐에 따라 메트릭 값의 타입을 추정할 수 있습니다. total로 끝나면 누적한 값이므로 카운터 타입이고, bytes 또는 created라는 단어로 끝나면 해당 시점의 용량 또는 생성됨을 의미하므로 게이지 타입입니다. 좀 더 정확한 메트릭 값의 타입은 각 익스포터에서 공개되는 메트릭 정보를 curl로 조회해 다음과 같이 메트릭 위에 주석으로 확인할 수 있습니다.

```
[root@m-k8s ~]# curl -s 192.168.1.10:9100/metrics | nl | grep node_memory_MemAvailable_
bytes
363  # HELP node_memory_MemAvailable_bytes Memory information field MemAvailable_bytes.
364  # TYPE node_memory_MemAvailable_bytes gauge
365  node_memory_MemAvailable_bytes 1.287032832e+09
```

메트릭 레이블

모든 메트릭 데이터는 하나 이상의 레이블을 가집니다. 프로메테우스의 레이블은 일반적인 주석이 아니라 메트릭 데이터의 다양한 내용을 표현하는 유일한 방법입니다. 따라서 단순히 1~2개의 레이블이 아니라 제공하고 싶은 다수의 내용을 key-value 형태로 넣습니다. 이렇게 제공되는 다수의 레이블로 관리자는 원하는 레이블을 검색하고 선택적으로 추출할 수 있습니다. 6.3.1을 시작할 때 검색한 `up{job="prometheus"}`의 메트릭 데이터에는 `instance="localhost:9090"`과 `job="prometheus"`라는 2개의 레이블만 있지만, `up{job="kubernetes-nodes"}`로 검색하면 7개의 레이블을 확인할 수 있습니다.

▼ 그림 6-32 up{job="kubernetes-nodes"} 질의 결과

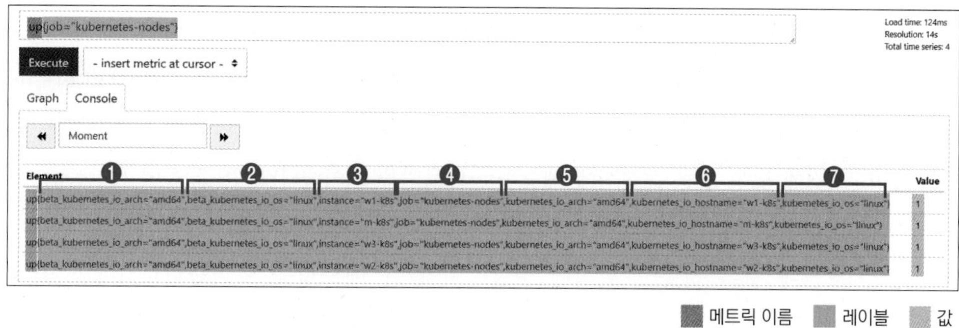

메트릭 이름 레이블 값

그럼 검색할 수 있는 레이블에는 제한이 있을까요? 아닙니다. 검색된 어떤 메트릭 레이블도 쿼리에 포함할 수 있습니다. 검색 대상을 job에서 instance로 바꿔 `up{instance="m-k8s"}`를 확인해 봅시다.

▼ 그림 6-33 instance 레이블 질의 결과

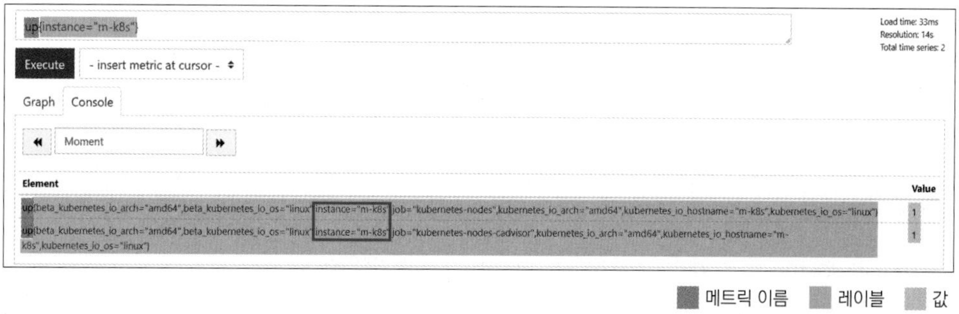

up{instance="m-k8s"}
Load time: 33ms
Resolution: 14s
Total time series: 2
Execute
- insert metric at cursor -
Graph
Console
Moment
Element
Value
up{beta_kubernetes_io_arch="amd64",beta_kubernetes_io_os="linux",instance="m-k8s",job="kubernetes-nodes",kubernetes_io_arch="amd64",kubernetes_io_hostname="m-k8s",kubernetes_io_os="linux"} 1
up{beta_kubernetes_io_arch="amd64",beta_kubernetes_io_os="linux",instance="m-k8s",job="kubernetes-nodes-cadvisor",kubernetes_io_arch="amd64",kubernetes_io_hostname="m-k8s",kubernetes_io_os="linux"} 1

메트릭 이름 레이블 값

이처럼 메트릭 데이터에 포함되는 레이블로 원하는 값을 쉽게 검색할 수 있습니다. 그런데 instance에서 m-k8s를 제외한 나머지를 확인하거나 특정 문자열만 가진 대상만 검색하고 싶다면 어떻게 할까요? 이번에는 다양한 조건을 줘서 검색하는 방법을 알아보겠습니다.

메트릭 레이블 매처

메트릭 레이블에 조건을 줘서 검색하는 방법을 레이블 매처(Label Matchers)라고 합니다. 레이블 매처는 레이블이 존재하면 그에 해당하는 메트릭 데이터를 추출합니다. 레이블 매처에는 앞에서 사용한 `'='`를 포함해 총 4가지 조건 기호가 있습니다.

- =: 조건에 넣은 값과 레이블 값이 같은 메트릭을 보여줍니다. 예를 들어 {instance="m-k8s"}는 instance 레이블 값이 m-k8s인 메트릭을 찾아 출력합니다.
- !=: 조건에 넣은 값과 레이블 값이 다른 메트릭을 보여줍니다. 예를 들어 {instance!="m-k8s"}는 instance 레이블 값이 m-k8s가 아닌 메트릭을 찾아 출력합니다.
- =~: 조건에 넣은 정규 표현식에 해당하는 메트릭을 보여줍니다. 예를 들어 {instance=~"w.+"}는 instance 레이블 값이 w로 시작하는 메트릭을 찾아 출력합니다.
- !~: 조건에 넣은 정규 표현식에 해당하지 않는 메트릭을 보여줍니다. 예를 들어 {instance!~ "w.+"}는 instance 레이블 값이 w로 시작하지 않는 모든 메트릭을 찾아 출력합니다.

레이블 매처를 사용해 다른 조건이 어떻게 검색되는지 확인해 보겠습니다.

실습: 레이블 매처로 조건 지정해 필터링하기

1. 쿠버네티스는 마스터 노드와 워커 노드로 구성되는데, 일반적으로 마스터 노드에는 중요한 파드들이 이미 스케줄링돼 있습니다. 따라서 쿠버네티스 클러스터를 안정적으로 운영하려면 일반 애플리케이션 파드는 워커 노드에만 스케줄링합니다. 그런데 워커 노드의 리소스를 관리하지 않으면 가용할 리소스가 없어서 파드가 배포되지 않을 수 있으므로 워커 노드에 대한 가용 메모리를 모니터링해야 합니다. '!='를 사용한 node_memory_MemAvailable_bytes{kubernetes_node!="m-k8s"}는 마스터 노드를 제외한 나머지 워커 노드의 가용 메모리를 검색합니다.

▼ 그림 6-34 마스터 노드를 제외한 나머지 워커 노드의 가용 메모리 검색

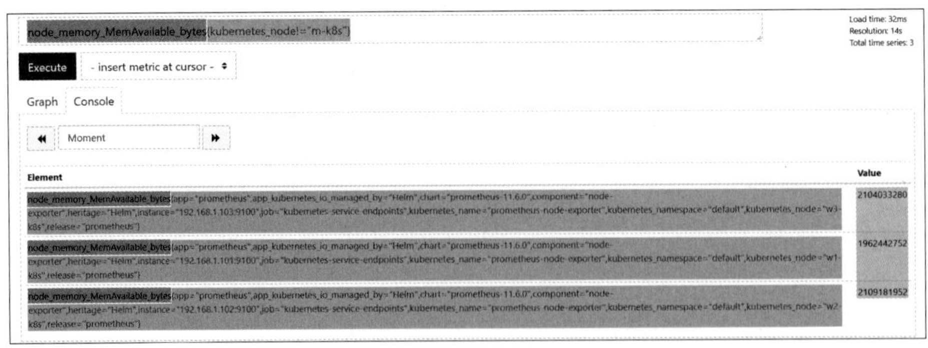

메트릭 이름 레이블 값

2. 단순히 레이블만 이용해서는 충분한 검색 조건을 만들기가 어렵습니다. 예를 들어 Deployment에 속한 파드 이름은 해시 문자가 추가되기 때문에 정확한 전체 이름은 예측할 수 없습니다. 이런 경우에는 정규 표현식을 이용해 변하지 않는 이름은 지정해 놓고 변화하는 해시 문자는 *(별표, 애스터리스크)로 표시하면 모든 경우의 수를 포함해 검색할 수 있습니다. '~='를 사용한 **kube_pod_container_status_restarts_total{pod=~"coredns.*"}**는 coredns로 시작하는 디플로이먼트에서만 다시 시작한 횟수를 검색합니다.

▼ 그림 6-35 coredns 디플로이먼트의 다시 시작한 횟수 검색

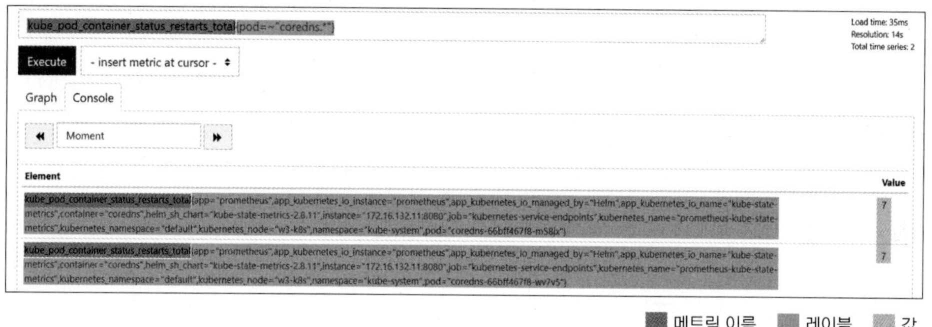

3. 검색 결과에 따라 필요 없는 정보가 너무 많은 경우가 있습니다. instance 레이블에 호스트 이름이 아닌 IP 주소가 적힌 것은 필요하지 않다고 가정하고 해당 내용을 제거해 봅시다. IP 주소 검색을 위한 정규 표현식을 PromQL로 작성하면 **up{instance!~"^(?:[0-9]{1,3}\\.){3}[0-9]{1,3}:.+$"}**입니다. '!~'는 정규 표현식에 해당하지 않는 레이블을 검색하므로 이를 실행하면 다음과 같이 instance 레이블에 호스트 이름만 있는 메트릭 데이터가 검색됩니다.

▼ 그림 6-36 instance 레이블이 IP 주소로 돼 있는 것을 제외하고 검색

Tip **PromQL 정규 표현식**

특정한 문자열의 집합을 표현하는 패턴을 **정규 표현식**이라고 하며, 복잡한 규칙성이 있는 문자열을 검사하는 데 사용합니다. 정규 표현식의 문법은 매우 복잡하기 때문에 짧게 설명하기는 어렵습니다. 앞에 작성한 예시로 정규 표현식의 구조만 간단히 살펴보겠습니다. IP 주소가 주어졌을 때 IP 주소의 형태가 맞는지 아닌지를 판단하기 어렵습니다. 그러므로 앞에서처럼 `up{instance!~"^(?:[0-9]{1,3}\\.){3}[0-9]{1,3}:.+$"}` 같은 정규 표현식을 작성해 0~255 사이의 숫자가 점(.)으로 4개 연결되는 조건과 같은 패턴이 있는지 판단하고 이를 검색할 수 있습니다. 정규 표현식은 IP 주소 외에도 규칙성이 있는 전화번호, 이메일 주소, 비밀번호 검사 등에 사용됩니다.

프로메테우스의 레이블 매처로 검색된 메트릭 데이터를 그대로 사용하기도 하지만, 좀 더 알아보기 쉽게 만들어야 할 때가 있습니다. PromQL에서는 미리 정의해 둔 **연산자**라는 표현식이 있는데, 이를 활용해 지금까지 봤던 메트릭 값을 효과적으로 나타내거나 레이블이 아닌 메트릭 값을 이용한 검색도 할 수 있습니다. 그러면 PromQL 연산자로 메트릭 값을 활용해 보겠습니다.

6.3.2 PromQL 연산자

PromQL 연산자(Operator)는 메트릭의 값을 이용한 여러 가지 활용 방법을 제공합니다. 활용법에 따라 크게 4가지로 구분됩니다.

- **비교 연산자**: 레이블 매처와 유사한 형태이나 비교 대상이 숫자이므로 크기를 구분하는 조건들이 있습니다. 사용되는 연산자는 ==, !=, 〉, 〈, 〉=, 〈=입니다.
- **논리 연산자**: 수집된 메트릭에서 보고 싶은 범위를 지정하는 and(교집합), or(합집합), unless(차집합) 연산자가 있습니다.
- **산술 연산자**: 사칙연산(+, -, *, /), 나머지(%), 지수(^) 같은 연산자로 메트릭의 값을 사용자가 원하는 값으로 변환합니다.
- **집계 연산자**: 평균(avg), 합계(sum), 계수(count)와 같이 수집된 메트릭을 종합하고 분석하는 연산자로 메트릭의 값을 좀 더 의미 있는 데이터로 정리합니다.

비교 연산자

비교 연산자는 메트릭 값을 비교해 조건에 해당하는 값을 가진 대상을 검색합니다. 따라서 주로 수집 대상의 상태를 파악하는 데 사용합니다. 예를 들어, kube_pod_container_status_restarts_total 다음에 〉 0을 추가하면 다시 시작한 적이 있는 파드만 검색할 수 있습니다.

▼ 그림 6-37 비교 연산자 '>'로 다시 시작한 적이 있는 파드만 검색하기

논리 연산자

논리 연산자는 연산자 앞뒤로 입력되는 PromQL 표현식 레이블의 키와 값을 기준으로 조건 연산을 수행해 값을 반환합니다. and 연산자는 양쪽 표현식의 레이블 값이 서로 일치하는 경우 왼쪽 값을 반환하고, OR 연산자는 왼쪽 표현식으로 출력되는 값이 없는 경우 오른쪽 값을 반환합니다. unless 연산자는 조금 독특한데, 양쪽 표현식을 비교해서 오른쪽 표현식의 출력 값에서 왼쪽 표현식에 나온 값들을 모두 제외하고 반환합니다.

sum(up{job="kubernetes-nodes"}) == 4 and avg(up{job="kubernetes-nodes"}) == 1은 `sum(up{job="kubernetes-nodes"}) == 4`의 실행 결과가 참이고, `avg(up{job="kubernetes-nodes"}) == 1`의 실행 결과 또한 참인 경우를 논리 연산자 and로 비교해 오른쪽 값인 4를 반환합니다. 양쪽 모두 쿠버네티스 노드가 정상적으로 살아 있는지 파악하려는 목적이므로 표현식을 중복해서 사용합니다. 실제로 논리 연산자는 검색 대상이 잘못됐을 때 이를 수정하거나 검출할 때 사용하지만, 예제가 매우 복잡해서 이해하기 쉬운 예제로 대체했습니다.

▼ 그림 6-38 논리 연산자 'and'로 쿠버네티스 노드가 정상 상태인지 검색하기

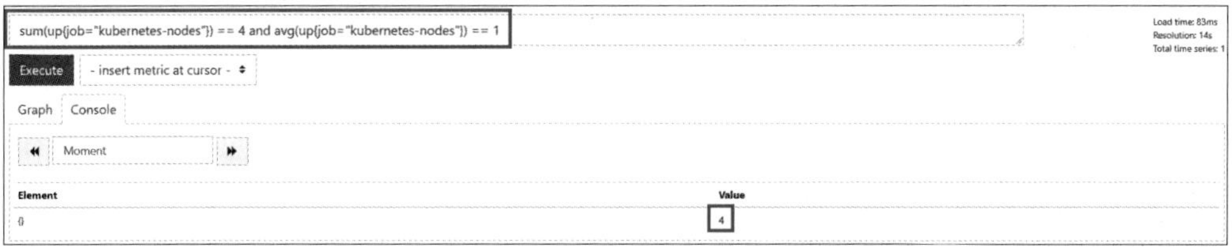

산술 연산자

산술 연산자는 검색된 메트릭의 값을 사용자가 원하는 형태로 바꿔 줍니다. 주로 수치 단위를 변경하는 데 사용합니다. 그림에서는 node_memory_MemAvailable_bytes를 실행해 노드에서 사용

가능한 메모리 크기를 반환받고 검색된 결과에서 1024(2^{10})을 3차례 사용해(/1024/1024/1024) Byte 단위를 Kib, Mib, Gib(GibiBytes)의 순으로 변경합니다.

▼ 그림 6-39 산술 연산자 '/'로 단위 변경하기

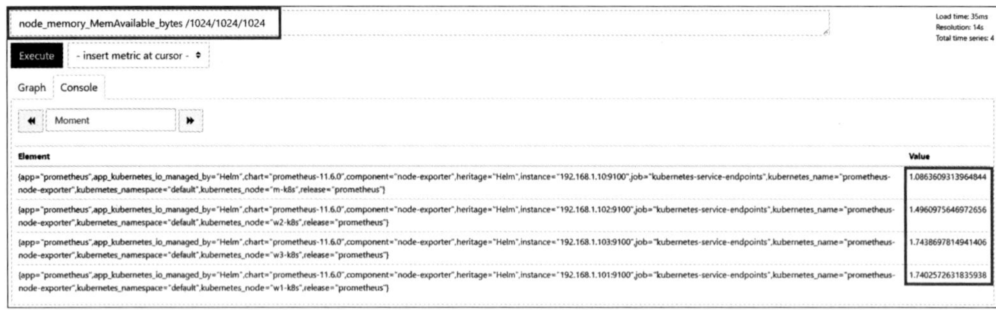

집계 연산자

집계 연산자는 검색된 메트릭 값을 종합해 유용한 형태로 변환합니다. 따라서 수집된 값에서 총합, 평균, 계측된 수 등을 바로 파악할 때 사용합니다. 또한, 다른 연산자에 존재하지 않는 분류와 관련된 by(그룹화), without(제외) 등의 추가 옵션을 제공합니다. avg(node_cpu_seconds_total{mode="idle"}) by (kubernetes_node)를 실행하면 노드별로 CPU를 사용하지 않는 시간의 평균을 구합니다. 특히 마스터 노드는 CPU가 2개이므로 평균값을 보는 것이 더 정확합니다.

▼ 그림 6-40 집계 연산자 'avg'로 CPU를 사용하지 않는 시간의 평균 구하기

프로메테우스의 메트릭 데이터는 매우 간결하며 명확하게 구조화돼 있을 뿐만 아니라 레이블과 메트릭 값을 이용해 다양한 방법으로 검색하고 가공할 수 있습니다.

6.3.3 PromQL 데이터 타입

메트릭 데이터에서 아직 다루지 않은 부분이 있습니다. 처음에 프로메테우스 데이터베이스를 시계열 데이터베이스라고 소개했습니다. 그렇다면 메트릭 데이터에도 시간 정보가 있을 텐데 왜 메트릭 데이터에는 보이지 않을까요? 이번에는 시계열 정보가 담겨 있는 메트릭 데이터에 관해 알아보겠습니다.

쿼리 입력기에 **node_cpu_seconds_total**처럼 PromQL 표현에 맞는 쿼리를 입력해도 시간 정보는 나타나지 않습니다. 메트릭 이름, 레이블, 메트릭 값만 표시될 뿐입니다. 사실 메트릭 데이터는 현재 시간을 내포하기 때문에 시간에 대한 정보가 결과에 표현되지 않을 뿐입니다.

▼ 그림 6-41 시간 정보가 표시되지 않는 PromQL 검색 결과

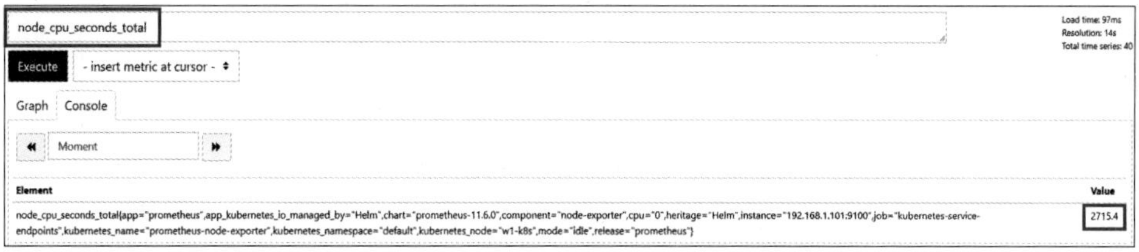

node_cpu_seconds_total
Load time: 97ms
Resolution: 14s
Total time series: 40
Execute
- insert metric at cursor -
Graph
Console
Moment
Element
Value
node_cpu_seconds_total{app="prometheus",app_kubernetes_io_managed_by="Helm",chart="prometheus-11.6.0",component="node-exporter",cpu="0",heritage="Helm",instance="192.168.1.101:9100",job="kubernetes-service-endpoints",kubernetes_name="prometheus-node-exporter",kubernetes_namespace="default",kubernetes_node="w1-k8s",mode="idle",release="prometheus"}
2715.4

시간을 포함한 메트릭 데이터를 확인하려면 쿼리를 입력할 때 **[구간 값]**을 입력해야 합니다. 메트릭 데이터를 받아오는 구간을 프로메테우스에서는 **레인지 셀렉터**(Range Selector)라고 합니다. 레인지 셀렉터를 설정하면 메트릭 값과 함께 시간 정보가 나타나 각 메트릭 값을 구분할 수 있습니다. 앞에서 작성한 쿼리에 추가한 [5m]은 5분 동안 발생된 메트릭 값을 요청합니다. 레인지 셀렉터의 단위로는 ms(밀리초), s(초), m(분), h(시간), d(일), w(주), y(년)를 사용할 수 있습니다.

▼ 그림 6-42 구간 값을 추가해 시간 정보 표시하기

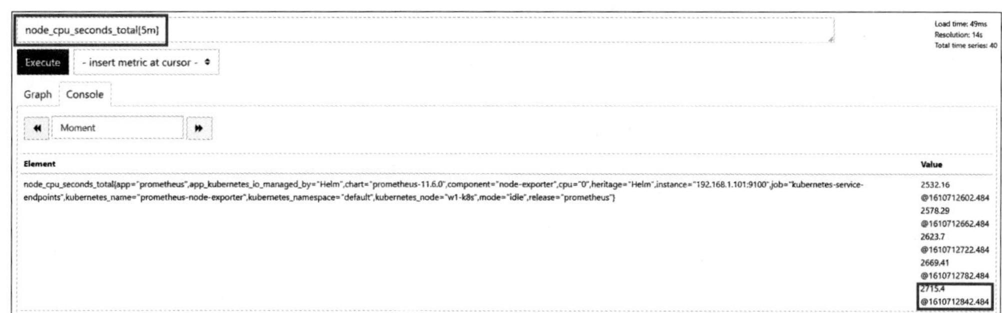

이렇게 구간이 있는 PromQL 데이터 타입을 **레인지 벡터**(Range vector)라고 하고, 특정(일반적으로 현재 시점을 의미함) 시점에 대한 메트릭 값만을 가지는 PromQL 데이터 타입을 **인스턴트 벡터**(Instant vector)라고 합니다. 두 가지 타입 외에도 실수 값을 표현하는 **스칼라 타입**(Scalar type)과 문자열을 표현하는 **스트링 타입**(String type)이 있습니다. 스칼라 타입은 주로 인스턴트 벡터 값을 변경하는 용도로 사용되고 단독으로 사용하지는 않습니다. 스트링 타입은 프로메테우스 2.0부터는 사용하지 않습니다.

레인지 벡터와 인스턴트 벡터 비교하기

레인지 벡터와 인스턴트 벡터의 차이를 개념 설명만으로는 이해하기 쉽지 않습니다. 두 벡터를 비교하는 실습을 해봅시다.

1. 웹 브라우저에 프로메테우스 웹 UI를 2개 띄워 둡니다. 왼쪽에는 node_cpu_seconds_total{mode="idle",kubernetes_node="w3-k8s"}를, 오른쪽에는 node_cpu_seconds_total{mode="idle",kubernetes_node="w3-k8s"}[5m]을 입력합니다. mode와 kubernetes_node 레이블을 선택한 이유는 node_cpu_seconds_total이 보내는 다양한 메트릭 값 중에서 1개만 보기 위해서입니다.

▼ 그림 6-43 두 개의 웹 UI에 각각 PromQL 표현식 입력하기

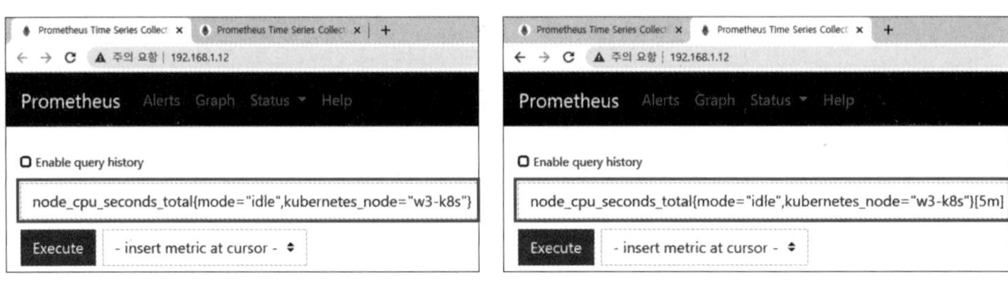

2. 메트릭 데이터가 수집되지 않도록 버추얼박스에서 w3-k8s의 전원을 끄고, 10분 정도 기다립니다. 기다리는 동안 커피 한잔의 여유는 어떨까요?

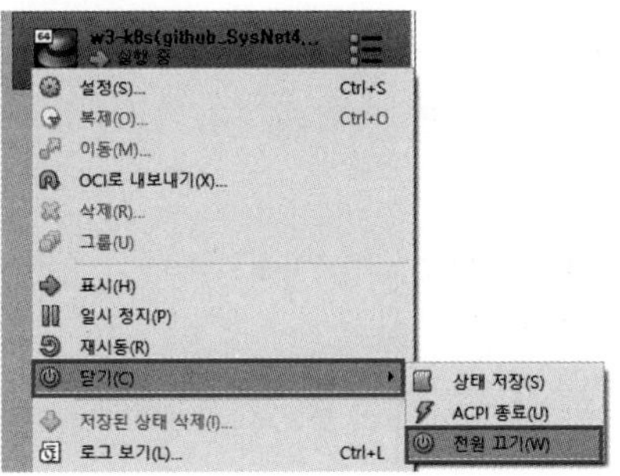

▼ 그림 6-44 w3-k8s 전원 끄기

3. 10분 후에 2개의 웹 UI를 새로고침해서 아무것도 검색되지 않는지(no data) 확인합니다.

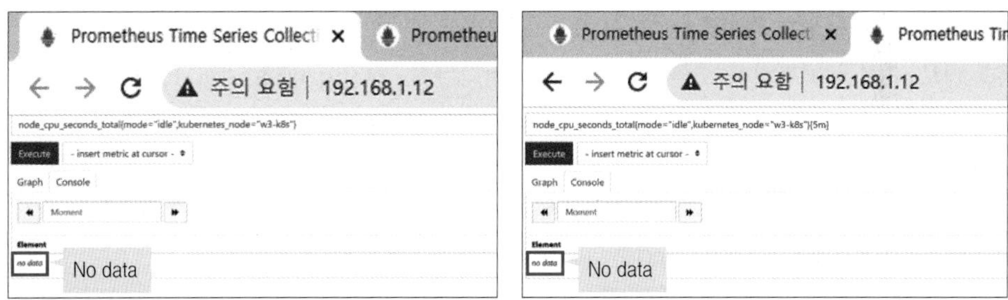

▼ 그림 6-45 10분 후 새로고침하기

4. 버추얼박스에서 w3-k8s를 다시 시작합니다. 이때 **시작 > 헤드리스 시작**을 선택합니다. 헤드리스 시작을 선택하면 접속 창이 뜨지 않고 실행됩니다.

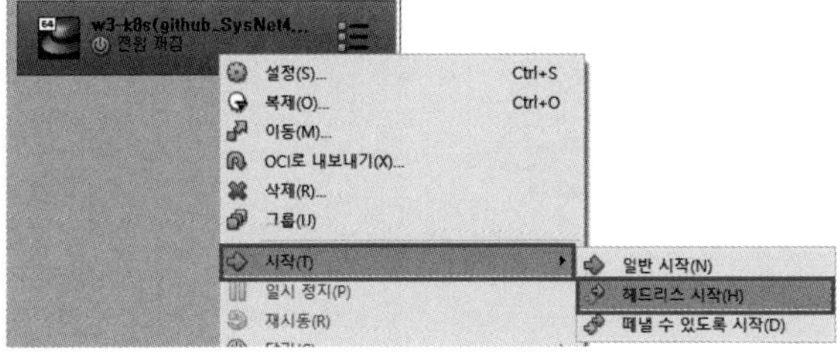

▼ 그림 6-46 w3-k8s 다시 시작하기

5. 웹 UI를 30초 정도 후에 다시 새로고침해 메트릭 데이터를 받아오는지 확인합니다. 첫 번째 메트릭 데이터가 수집되면 다음과 같이 표시됩니다. 이때 @뒤에 표시되는 숫자는 **유닉스 시간**입니다.

✔ 그림 6-47 첫 번째 수집된 메트릭 데이터

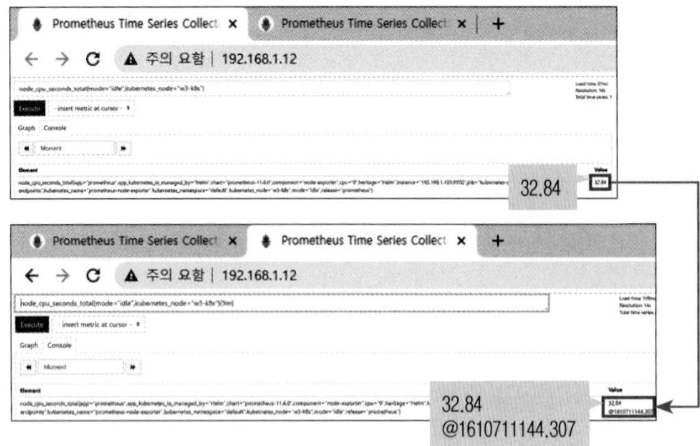

6. 30초 후에 다시 웹 UI를 새로고침해 두 번째 메트릭 데이터가 수집되는지 확인합니다. 두 번째로 수집된 메트릭이 오른쪽 웹 UI에 누적되는지, 시간이 **60초** 차이(1610711204.307 - 1610711144.307 = 60)가 나는지 확인합니다. 60초 차이가 나는 것은 프로메테우스의 기본 수집 주기가 60초이기 때문입니다.

✔ 그림 6-48 두 번째 수집된 메트릭 데이터

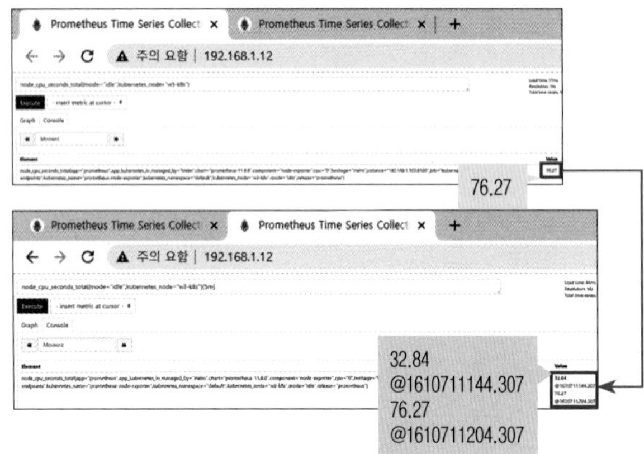

7. 주기적으로 메트릭이 수집되고 시간 데이터가 누적되는 것을 확인합니다.

▼ 그림 6-49 세 번째부터 다섯 번째까지 수집된 메트릭 데이터

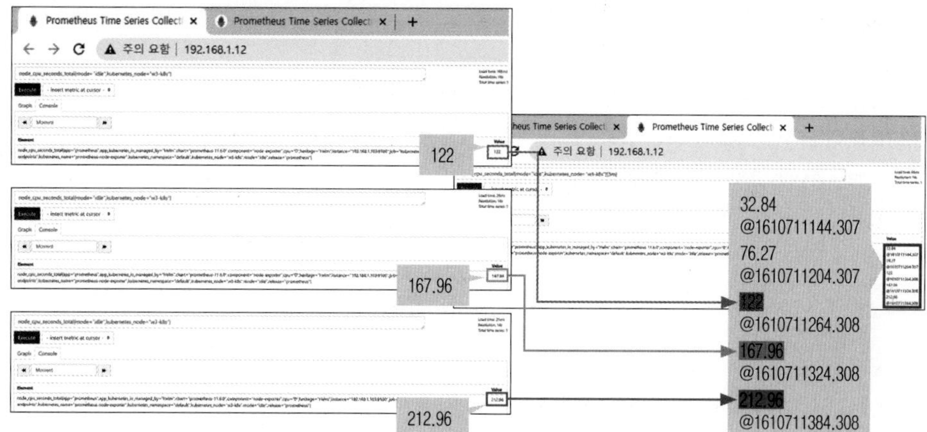

8. 여섯 번째 메트릭이 수집되면 첫 번째로 수집된 메트릭이 보이지 않고, 두 번째부터 여섯 번째 메트릭까지 확인됩니다. 이는 레인지 셀렉터를 5m으로 지정해 지금부터 4분 전(총 5분)까지의 메트릭만을 검색해 보여주기 때문입니다. 레인지 셀렉터를 더 길게 잡으면 첫 번째 수집된 메트릭도 확인할 수 있습니다.

▼ 그림 6-50 여섯 번째 수집된 메트릭 데이터와 검색 결과에 보이지 않는 첫 번째 메트릭 데이터

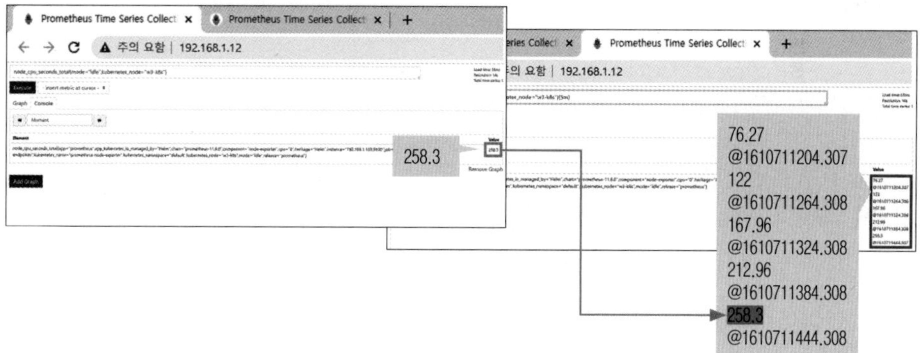

이제 레인지 벡터와 인스턴트 벡터가 어떻게 다른지 이해했을 테니, 왜 2가지 타입으로 나뉘어 존재하는지 확인해 봅시다.

시계열 메트릭 데이터로 그래프 그리기

레인지 벡터와 인스턴트 벡터의 사용법을 알려면 메트릭 타입을 이해해야 합니다. 게이지 타입으로 수집된 가용 메모리의 메트릭 데이터를 그래프로 그리면 다음과 같이 한눈에 상태 변화를 확인할 수 있습니다.

▼ 그림 6-51 게이지 타입을 그래프로 그리기

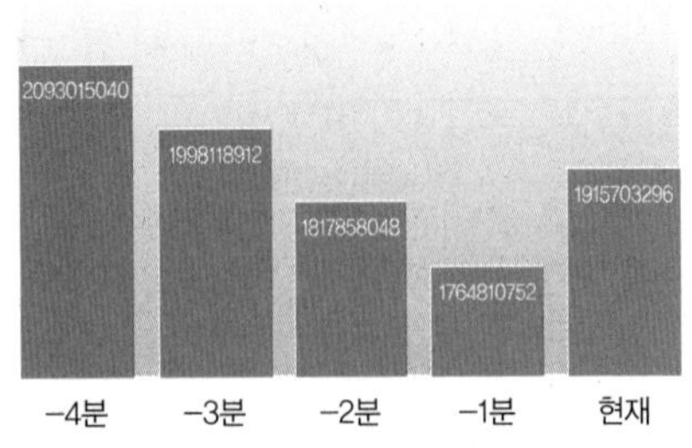

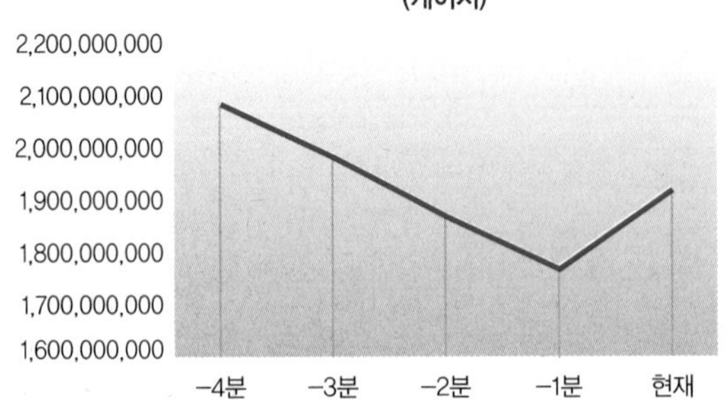

하지만 카운터 타입은 항상 증가하는 값이기 때문에 그래프로 그리면 다음과 같이 계속 증가하는 형태로만 보입니다. 따라서 어떠한 의미도 알아낼 수 없습니다.

▼ 그림 6-52 카운터 타입을 그래프로 그리기

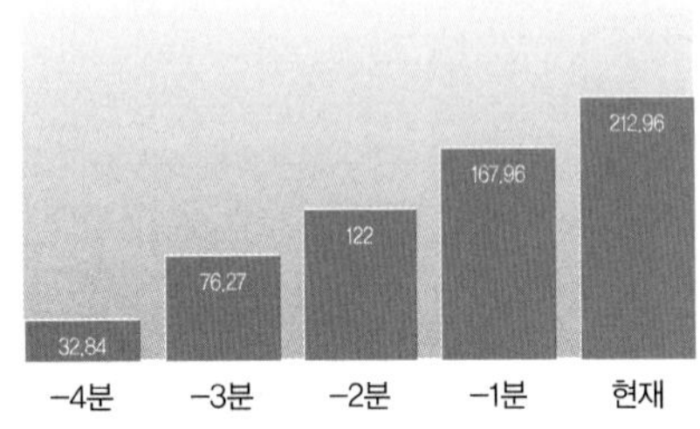

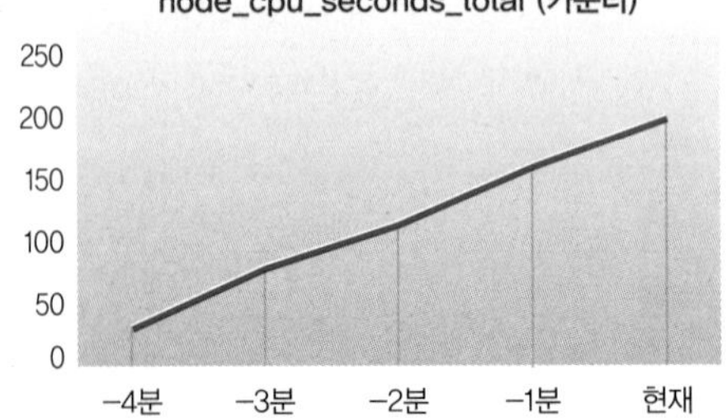

의미 있는 메트릭 데이터의 흐름을 보려면 게이지 타입의 메트릭을 사용해야 하는데, 메트릭 값에 따라 카운터 타입만을 제공하는 경우가 있습니다. 대표적인 예가 노드의 총 CPU 사용 시간을 파악할 수 있는 node_cpu_seconds_total입니다. 그래서 이런 경우에는 카운터 타입으로 구성된 레인지 벡터를 이용해 유의미한 결과를 만들어야 합니다. 즉, 레인지 벡터로 구성된 값들의 변화를 계산해 변화율을 그래프 형태로 그리는 것입니다. 이를 그래프로 그리면 다음과 같습니다.

✔ 그림 6-53 카운터 타입의 변화율을 계산해 그래프로 그리기

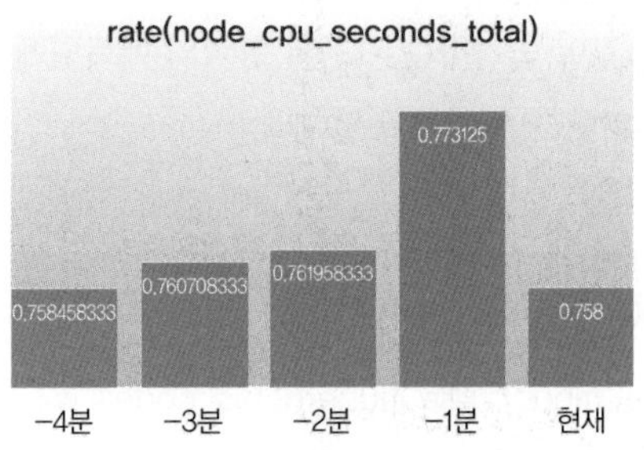

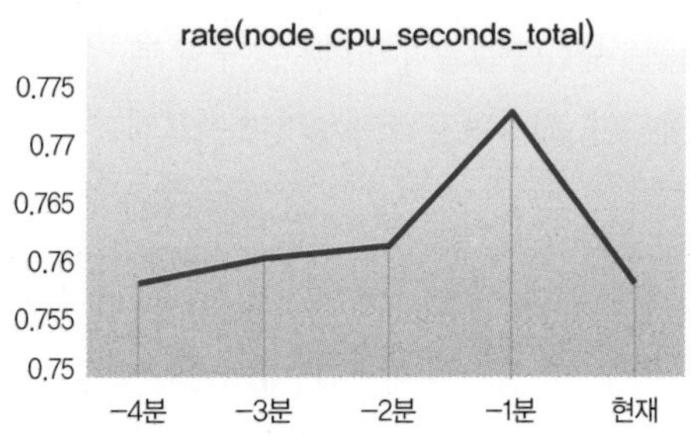

이렇게 레인지 벡터의 변화율을 계산하려면 또 다른 연산 방법이 필요합니다. 레인지 벡터를 위해 제공되는 프로메테우스의 내장 함수로 주어진 메트릭 데이터를 분석하고, 의미 있는 데이터로 변환하는 방법을 알아봅시다.

6.3.4 PromQL 함수

프로메테우스는 PromQL에서 인스턴트 벡터로 추출한 메트릭을 그대로 사용하는 경우도 많지만, 앞에서 살펴본 것처럼 구간의 의미를 알려면 함수(Function)의 도움을 받아야 합니다. 프로메테우스에서 주로 사용하는 함수는 다음과 같습니다.

표 6-4 프로메테우스의 대표적인 함수

종류	용도	함수
연산 함수	수학 연산에 사용	abs(절댓값), ceil(올림), floor(내림), round(반올림), predict_linear(예측값) 등
변환 함수	데이터 타입 간 변환에 사용	scalar(스칼라로 변환), vector(벡터로 변환), rate(변화율), irate(순간 변화율) 등
집계 함수	수집된 레인지 벡터의 데이터 집계를 위해 사용	avg_over_time(평균), sum_over_time(합계), count_over_time(계수) 등

여러 함수 중에서 가장 많이 쓰이는 함수 3가지를 사용해 수집된 메트릭 데이터를 가공해 의미 있는 메트릭 값을 산출하는 방법을 알아봅시다.

변화율을 나타내는 rate

rate는 수집한 값들의 변화율을 구할 때 사용합니다. 주로 값이 증가하는 카운터 형식의 메트릭에 사용되며, 지정된 구간이 얼마나 빠르게 변화했는지 알기 위한 지표로 사용됩니다.

실습: rate 함수로 변화율 확인하기

1. 웹 UI의 쿼리 입력기에 rate(node_cpu_seconds_total{mode="idle",kubernetes_node="w2-k8s"}[5m])을 입력하고 다음과 같이 1보다 작은 값이 나오는지 확인합니다.

▼ 그림 6-54 rate 함수를 사용한 질의 결과

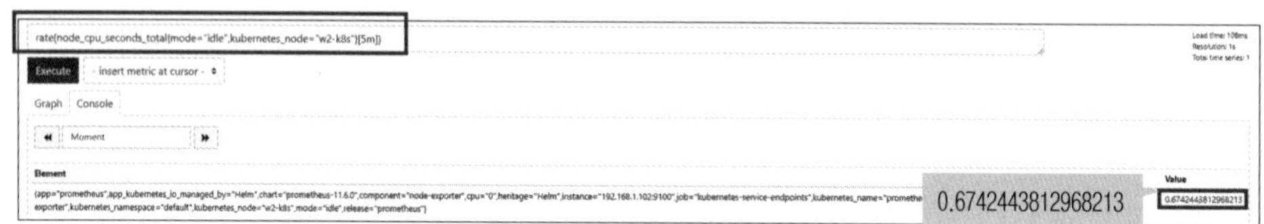

2. 쿼리 결과를 그래프로 확인합시다. Graph 탭으로 가서 기본값을 1시간(1h)에서 5m으로 변경합니다. 다음과 같이 추이를 확인할 수 있는 그래프가 그려집니다.

▼ 그림 6-55 Graph 탭에 표시되는 그래프 형태

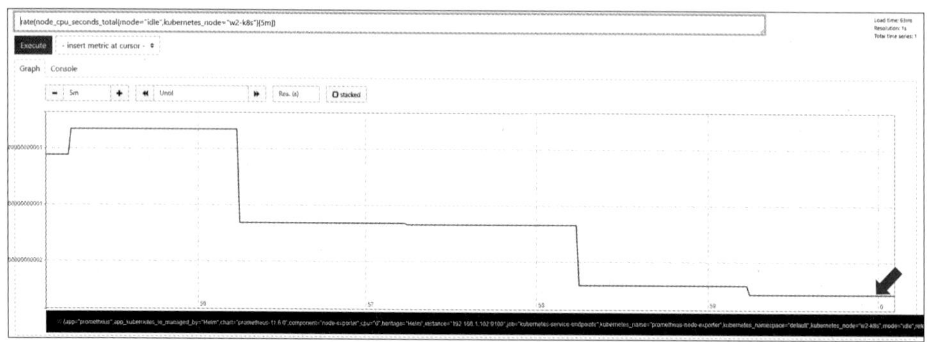

rate 함수로 그리는 변화율 그래프는 다음 공식에 따라 생성됩니다.

▼ 그림 6-56 rate 함수 공식에 의해 변화율 그래프를 그리는 방법

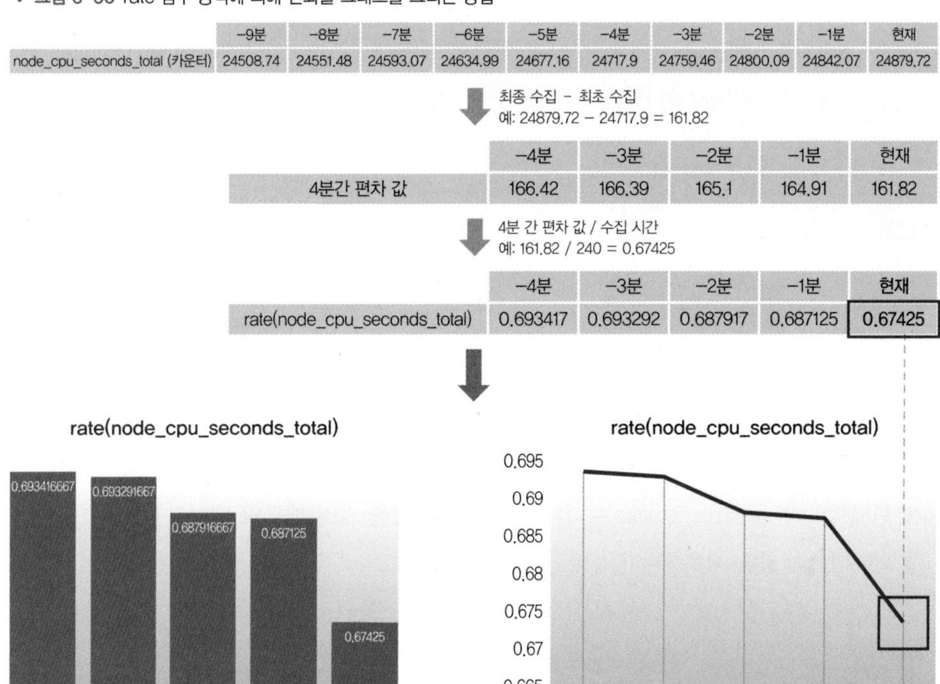

앞에서 보듯이 프로메테우스에서 제공하는 그래프는 몇 가지 단점이 있습니다.

- 변화율 값을 정확하게 표시하지 못합니다.
- 제한이 많은 꺾은선 그래프로 표시돼 추이 변화를 파악하기 어렵습니다.
- 하나의 패널로 구성돼 여러 가지의 PromQL 쿼리를 비교할 수 없습니다.

따라서 프로메테우스에서 제공하는 그래프는 변화율을 보기에 적합하지 않습니다. 6.4절에서 **그라파나**(Grafana)를 사용해 메트릭 데이터를 그래프 형태로 표현하는 방법을 자세히 알아보겠습니다.

순간변화율을 나타내는 irate

두 번째 함수 irate는 rate와 변화율을 구하는 부분은 같습니다. 그러나 rate는 구간 시작 값과 구간 종료 값의 차이에 대한 변화율을 다루고, irate는 구간 종료 바로 전 값과 구간 종료 값의 차이에 대한 변화율을 나타내는 점이 다릅니다. 따라서 구간이 매우 길면 irate의 변화율은 큰 의미가 없기 때문에 rate 함수를 사용하는 것이 낫습니다.

프로메테우스 웹 UI의 쿼리 입력기에 irate(node_cpu_seconds_total{mode="idle",kubernetes_node="w2-k8s"}[5m])을 입력해 irate의 결과가 rate와 비슷하게 나오는지 확인합니다. 다음과 같이 1보다 작은 값이 나옵니다.

▼ 그림 6-57 irate 함수를 사용한 질의 결과

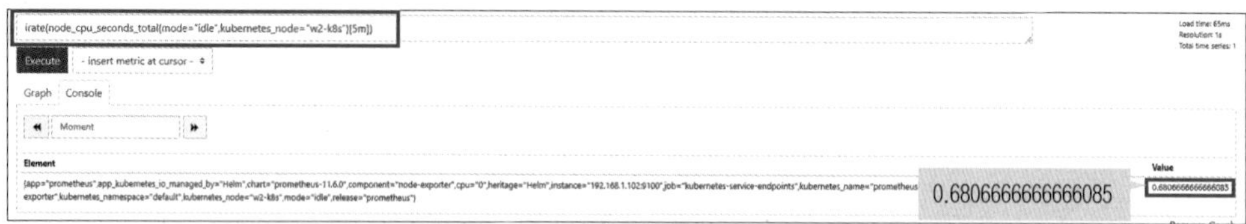

추세를 보여주는 predict_linear

세 번째 함수인 `predict_linear`는 레인지 벡터로 수집된 과거 메트릭 데이터를 기반으로 앞으로 생성될 메트릭 값을 예측합니다.

실습: predict_linear 함수로 메트릭 값 예측하기

1. 웹 UI의 쿼리 입력기에 node_memory_MemAvailable_bytes{kubernetes_node="w1-k8s"}를 입력해 현재 사용 가능한 메모리 용량을 확인합니다.

▼ 그림 6-58 사용 가능한 메모리 용량 확인

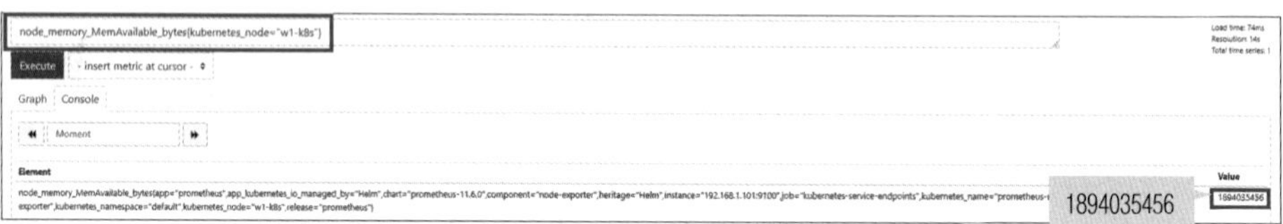

2. 1시간 후에 사용 가능한 메모리 용량을 예측해 봅시다. 쿼리 입력기에 predict_linear(node_memory_MemAvailable_bytes{kubernetes_node="w1-k8s"}[5m],60*60*1)를 입력합니다. [5m]은 예측에 기초가 되는 자료의 범위를 의미하고, 60*60*1은 1시간(3,600초) 후의 값을 예측한다는 의미입니다. 앞의 질의 결과와 차이가 크지 않다면 5분 간 사용한 메모리 용량의 변화가 크지 않다는 의미이므로 메모리 사용량을 늘리거나 5분보다 큰 주기를 설정해서 테스트하기 바랍니다.

▼ 그림 6-59 predict_linear 함수로 1시간 후의 미래 값 예측하기

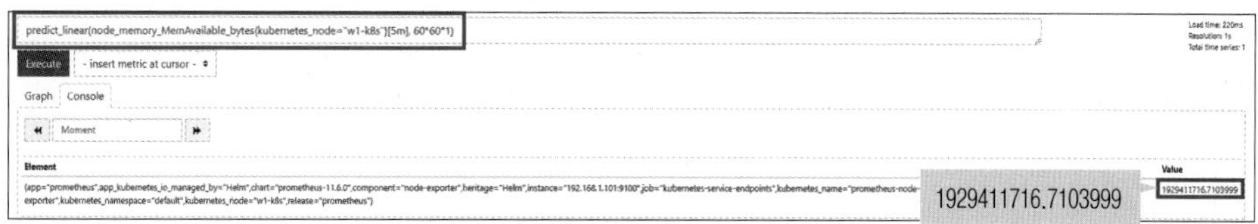

3. 이번에는 5시간 후에 사용 가능한 메모리 용량이 얼마인지 예측해 봅시다. 쿼리 입력기에 predict_linear(node_memory_MemAvailable_bytes{kubernetes_node="w1-k8s"}[5m],60*60*5)를 입력합니다. 60*60*1를 60*60*5로 변경해 5시간 후의 값이 예측되는지 확인합니다.

▼ 그림 6-60 predict_linear 함수로 5시간 후의 미래 값 예측하기

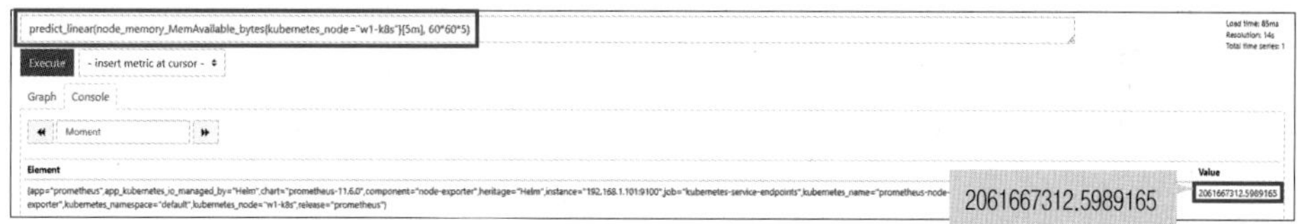

6.3.5 서머리와 히스토그램

앞에서 메트릭 값의 종류 중에서 간단히 다루고 넘어갔던 서머리와 히스토그램을 살펴보겠습니다. 서머리와 히스토그램을 뒤로 미룬 이유는 둘을 이해하려면 레이블과 함수를 모두 알아야 하기 때문입니다. 두 매트릭 값은 구간 내에 특정 메트릭 값이 나타나는 빈도를 알려줍니다. 하지만 약간의 차이가 있습니다. 구조적으로 서머리는 익스포터에서 이미 만들어진 값을 보여주고, 히스토그램은 요청을 받으면 이를 계산해서 보여 줍니다.

서머리

서머리는 이미 공개된 메트릭 값을 조회하면 바로 확인할 수 있습니다. 쿼리 입력기에 prometheus_target_interval_length_seconds를 입력합니다. 결과에서 quantile(분위수)의 값에 매핑되는 메트릭 값을 확인합니다. 프로메테우스 서버가 수집 대상으로부터 60.021674221초로 응답받았다면 이는 전체 100개 중에서 99번째(`quantile="0.99"`) 응답 시간을 의미합니다. 이와 같은 100개 중 99번째 수를 99백분위수라고 합니다.

▼ 그림 6-61 서머리 타입으로 검색된 백분위 범위와 메트릭 값

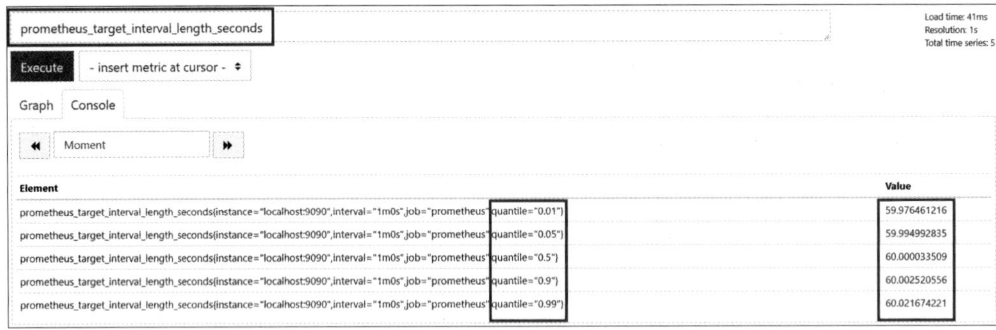

히스토그램

히스토그램은 쿼리 입력기에서 쿼리를 보내면 그때서야 내부 계산식을 통해 히스토그램 메트릭을 생성합니다. 쿼리 입력기에 **histogram_quantile(0.99, rate(apiserver_request_duration_seconds_bucket[5m]))**을 입력합니다. apiserver_request_duration_seconds_bucket은 API 서버의 응답 시간이고, 메트릭 값의 타입은 카운터입니다. 여기서 rate 함수를 사용한 이유는 메트릭 값을 변화율로 바꾸려는 것이 아니라 히스토그램에서 관측하는 범위를 지정하기 위해서입니다. 그리고 0.99는 API 서버의 응답 시간이 99백분위수인 값을 찾습니다. 참고로 검색된 값 중에 NaN(Not a Number)은 버킷(개발자가 지정해 둔 측정 범위)으로 검출된 값이 없을 때 표시되는 값입니다.

▼ 그림 6-62 히스토그램 타입으로 검색된 99백분위수의 메트릭 값

histogram_quantile(0.99, rate(apiserver_request_duration_seconds_bucket[5m]))

Load time: 472ms
Resolution: 14s
Total time series: 193

Execute | - insert metric at cursor -

Graph | Console

Moment

Element	Value
{component="apiserver",group="crd.projectcalico.org",instance="192.168.1.10:6443",job="kubernetes-apiservers",resource="clusterinformations",scope="cluster",verb="WATCH",version="v1"}	NaN
{component="apiserver",group="discovery.k8s.io",instance="192.168.1.10:6443",job="kubernetes-apiservers",resource="endpointslices",scope="cluster",verb="WATCH",version="v1beta1"}	60
{component="apiserver",instance="192.168.1.10:6443",job="kubernetes-apiservers",resource="pods",scope="namespace",subresource="binding",verb="POST",version="v1"}	NaN
{component="apiserver",instance="192.168.1.10:6443",job="kubernetes-apiservers",resource="namespaces",scope="cluster",verb="LIST",version="v1"}	NaN
{component="apiserver",instance="192.168.1.10:6443",job="kubernetes-apiservers",resource="nodes",scope="cluster",verb="GET",version="v1"}	0.04950000000000001

히스토그램에 연산자 추가하기

히스토그램에 연산자를 추가하면 함수를 추가할 때보다 더 유용한 정보를 검출할 수도 있습니다. sum 연산자를 추가해서 API 서버로부터 가장 느리게 응답받은 시간을 출력해 보겠습니다. 쿼리 입력기에 histogram_quantile(0.99, sum(rate(apiserver_request_duration_seconds_bucket[5m])) by (le))를 입력합니다. API 서버로부터 가장 느리게 응답받은 시간이 60초라고 나옵니다.

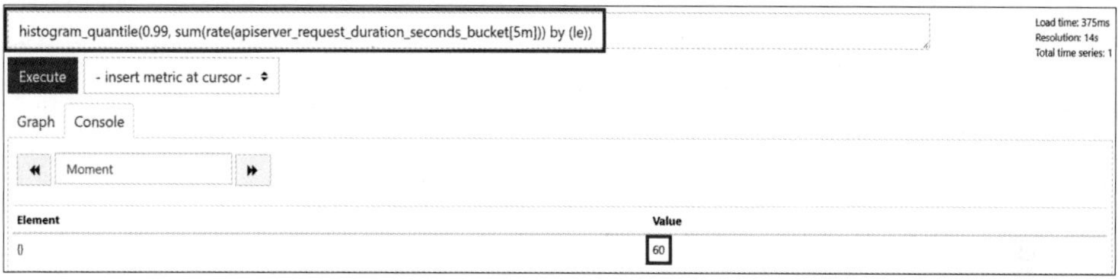

▼ 그림 6-63 히스토그램에 sum 연산자를 추가해 질의하기

histogram_quantile(0.99, sum(rate(apiserver_request_duration_seconds_bucket[5m])) by (le))

Load time: 375ms
Resolution: 14s
Total time series: 1

Execute - insert metric at cursor -

Graph Console

Moment

Element	Value
{}	60

sum 연산자 외에 by (le)를 사용했는데, le(Less Than Or Equal To) 레이블로 구분하지 않으면 sum 연산자 때문에 검색되는 모든 값이 합쳐져 histogram_quantile 함수에서 백분위수로 값을 산정할 수 없습니다. 여기서 le는 개발자가 미리 정해 둔 버킷의 기준값입니다.

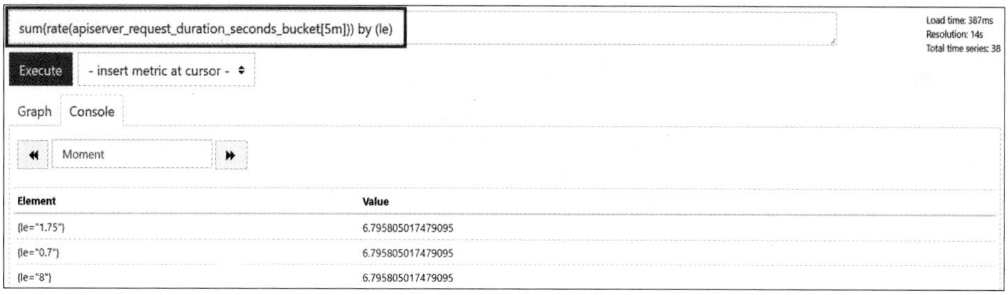

▼ 그림 6-64 히스토그램을 제외하고 le 레이블로 구분한 결과

sum(rate(apiserver_request_duration_seconds_bucket[5m])) by (le)

Load time: 387ms
Resolution: 14s
Total time series: 38

Execute - insert metric at cursor -

Graph Console

Moment

Element	Value
{le="1.75"}	6.795805017479095
{le="0.7"}	6.795805017479095
{le="8"}	6.795805017479095

지금까지 프로메테우스의 웹 UI로 메트릭 데이터를 확인했습니다. 메트릭 데이터를 수집하는 가장 중요한 목적은 모니터링인데, 1개의 지표만을 보고 단순히 파악하는 것은 의미가 없습니다. 따라서 다수의 지표가 1개의 대시보드에서 모두 표현되는 형태가 필요합니다. 이미 알아본 것처럼 프로메테우스는 그래프 기능이 매우 제한적이므로 이를 가장 효과적으로 보완할 수 있는 그라파나에 관해 알아보겠습니다.

6.4 그라파나로 모니터링 데이터 시각화하기

메트릭 데이터를 시각화할 때 가장 많이 언급되는 도구가 **그라파나**(Grafana)입니다. 그라파나는 프로메테우스뿐만 아니라 엘라스틱서치, 인플럭스DB 등 여러 종류의 데이터 소스를 시각화할 수 있고, 높은 범용성을 가진 오픈 소스 도구입니다.

이 절에서는 그라파나를 설치한 후 프로메테우스의 메트릭을 가져오도록 구성하고, 메트릭 시각화를 실제로 구현해 봅니다. 프로메테우스와 다르게 그라파나는 매우 복잡한 구성이나 설정이 없으니 편하게 시작하세요.

6.4.1 헬름으로 그라파나 설치하기

그라파나 역시 헬름으로 설치할 수 있습니다. 젠킨스와 프로메테우스에서 진행했던 설정과 모두 동일하므로 스크립트로 처리해 진행하겠습니다.

▼ 그림 6-65 실습 저장소인 edu에 존재하는 그라파나 차트

> 💡 **실습: 그라파나 설치하기**

1. 미리 준비된 스크립트를 실행해 쿠버네티스에 그라파나 설치를 위한 사전 구성을 진행합니다. 헬름과 MetalLB가 구성돼 있지 않다면 '5.2.2 커스터마이즈로 배포 간편화하기'와 '5.2.3 헬름으로 배포 간편화하기'에서 먼저 구성한 후 진행해야 합니다. 또한 프로메테우스에서 수집된 메트릭이 필요하므로 '6.2.1 헬름으로 프로메테우스 설치하기'도 먼저 진행해야 합니다.

```
[root@m-k8s ~]# ~/_Book_k8sInfra/ch6/6.4.1/grafana-preconfig.sh
[Step 1/4] Task [Check helm status]
[Step 1/4] ok
[Step 2/4] Task [Check MetalLB status]
[Step 2/4] ok
[Step 3/4] Task [Create NFS directory for grafana]
/nfs_shared/grafana created
[Step 3/4] Successfully completed
[Step 4/4] Task [Create PV,PVC for grafana]
persistentvolume/grafana created
persistentvolumeclaim/grafana created
[Step 4/4] Successfully completed
```

2. 미리 구성된 스크립트로 그라파나 차트를 배포합니다.

```
[root@m-k8s ~]# ~/_Book_k8sInfra/ch6/6.4.1/grafana-install.sh
NAME: grafana
LAST DEPLOYED: Mon Jan 18 21:19:40 2021
NAMESPACE: default
STATUS: deployed
REVISION: 1
NOTES:
1. Get your 'admin' user password by running:

   kubectl get secret --namespace default grafana -o jsonpath="{.data.admin-password}"
| base64 --decode ; echo

2. The Grafana server can be accessed via port 80 on the following DNS name from
within your cluster:

   grafana.default.svc.cluster.local

   Get the Grafana URL to visit by running these commands in the same shell:
NOTE: It may take a few minutes for the LoadBalancer IP to be available.
        You can watch the status of by running 'kubectl get svc --namespace default -w
grafana'
     export SERVICE_IP=$(kubectl get svc --namespace default grafana -o jsonpath='{.
```

```
status.loadBalancer.ingress[0].ip}')
     http://$SERVICE_IP:80

3. Login with the password from step 1 and the username: admin
```

그라파나 차트를 설치한 스크립트에서 스크립트에서 각 코드의 역할은 다음과 같습니다.

grafana-install.sh

```
01 #!/usr/bin/env bash
02 helm install grafana edu/grafana \
03 --set persistence.enabled=true \
04 --set persistence.existingClaim=grafana \
05 --set service.type=LoadBalancer \
06 --set securityContext.runAsUser=1000 \
07 --set securityContext.runAsGroup=1000 \
08 --set adminPassword="admin"
```

- **2번째 줄**: edu 차트 저장소의 grafana 차트로 쿠버네티스 클러스터 위에 grafana 릴리스를 설치합니다.
- **3번째 줄**: 그라파나 디플로이먼트가 삭제되더라도 대시보드 데이터를 유지하기 위해 PVC를 통해 영구적으로 데이터를 저장할 수 있게 설정합니다.
- **4번째 줄**: 퍼블릭 클라우드의 PVC 동적 생성을 사용할 수 없는 가상 머신 환경이기 때문에 앞에서 이미 만들어 놓은 grafana라는 이름의 PVC를 사용하도록 설정합니다.
- **5번째 줄**: 차트 설치 시 생성될 서비스 타입을 LoadBalancer로 설정해 MetalLB로부터 외부 IP 주소를 할당받게 합니다.
- **6~7번째 줄**: 그라파나가 사용할 사용자 ID와 그룹 ID를 1000번으로 설정합니다.
- **8번째 줄**: 그라파나 초기 비밀번호를 admin으로 설정합니다.

3. 그라파나 차트가 정상적으로 쿠버네티스 클러스터에 설치됐는지 확인합니다.

```
[root@m-k8s ~]# kubectl get deployment grafana
NAME      READY   UP-TO-DATE   AVAILABLE   AGE
grafana   1/1     1            1           4m6s
```

4. 그라파나의 서비스 IP를 조회합니다.

```
[root@m-k8s ~]# kubectl get service grafana
NAME      TYPE           CLUSTER-IP      EXTERNAL-IP    PORT(S)        AGE
grafana   LoadBalancer   10.105.209.12   192.168.1.13   80:30743/TCP   6m16s
```

5. 웹 브라우저에서 192.168.1.13을 입력해 그라파나의 웹 UI에 접속합니다. 로그인 화면이 나오면 username과 password 모두 **admin**을 입력하고 **Log in** 버튼을 누릅니다.

▼ 그림 6-66 그라파나 로그인 화면

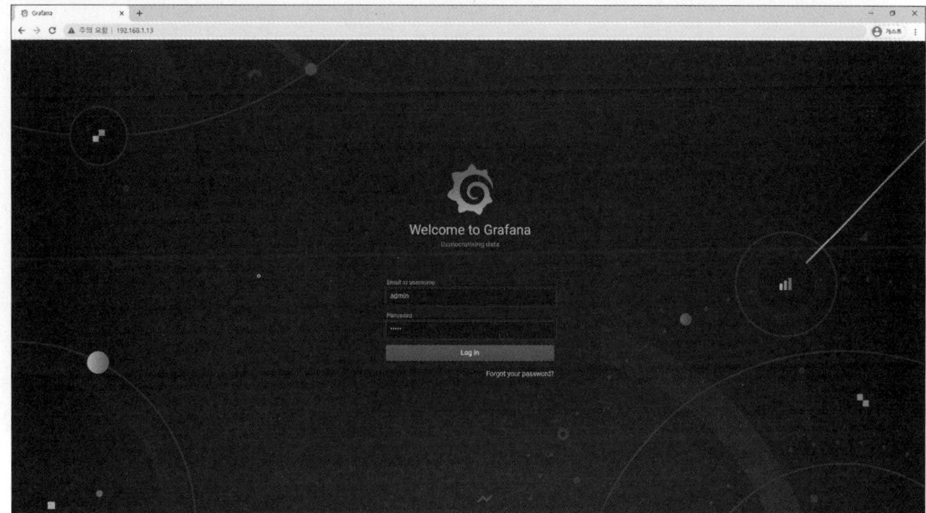

6. 처음 로그인하면 보안을 위해 새로운 비밀번호를 입력하는 페이지로 접속합니다. 반드시 변경해야 하는 것은 아니지만, 비밀번호를 변경하지 않으면 로그인할 때마다 변경하도록 요청하니 비밀번호를 변경합니다.

▼ 그림 6-67 비밀번호 변경하기

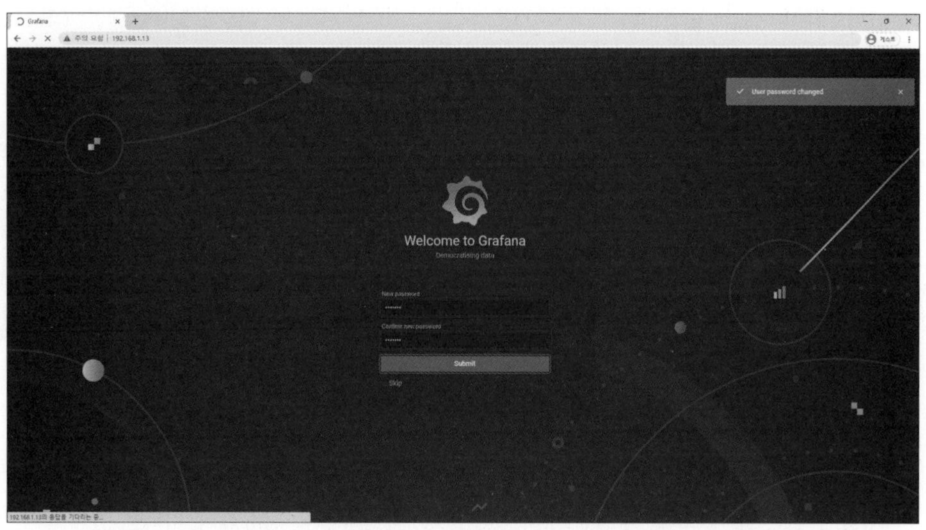

7. 로그인한 후에 다음처럼 그라파나 홈 화면이 출력됩니다.

▼ 그림 6-68 그라파나 홈 화면

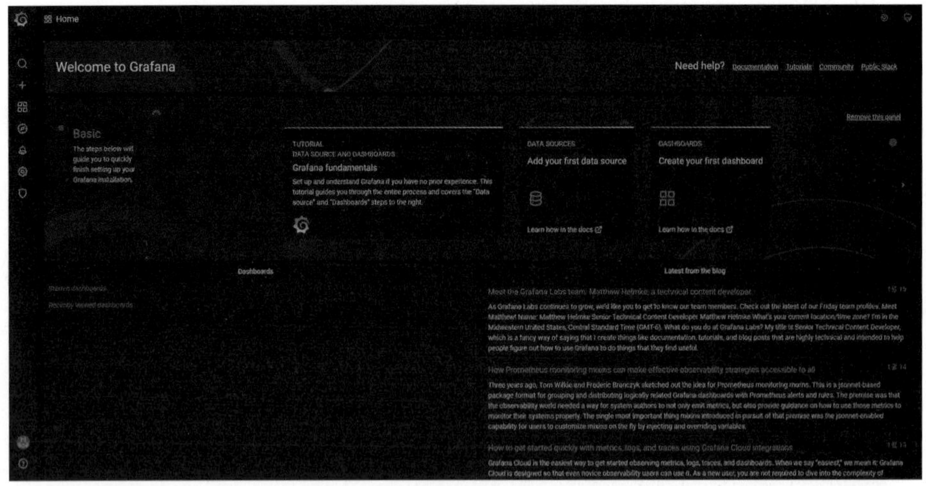

6.4.2 프로메테우스를 데이터 소스로 구성하기

그라파나는 프로메테우스 외에도 다양한 종류의 메트릭 데이터를 시각화할 수 있어서 시각화 기능 위주로 매우 간결하게 구현돼 있습니다. 그라파나의 메뉴를 살펴보겠습니다.

그라파나 홈 화면의 왼쪽에는 그라파나에서 제공하는 다양한 기능들을 바로 사용하거나 설정할 수 있는 7가지 메뉴가 있습니다

▼ 그림 6-69 그라파나에서 제공하는 다양한 기능과 설정 메뉴

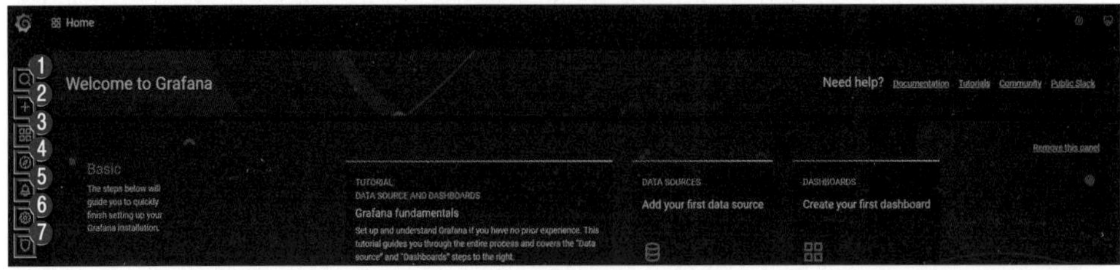

❶ **돋보기 메뉴**: 사용자가 만든 대시보드를 대시보드의 태그 또는 이름으로 검색할 수 있습니다.

❷ **플러스 메뉴**: 가장 중요하고 많이 사용하는 메뉴로, 새로운 대시보드를 구성할 수 있고 다른 사람이 만든 대시보드를 추가할 수도 있습니다. 대시보드를 분류해 관리하는 폴더도 여기서 설정합니다.

❸ **창문 메뉴**: 플러스 메뉴와 기본 기능은 같습니다. 추가로 이미 만들어진 여러 대시보드 연결해 한 화면에서 파워포인트의 슬라이드 쇼처럼 확인할 수 있는 플레이리스트와 특정 시간의 대시보드 화면을 캡처해서 공유할 수 있는 스냅샷이 있습니다.

❹ **나침반 메뉴**: 데이터 소스를 선택해 여러 표현식을 확인하는 탐색(Explore) UI를 사용할 수 있습니다. PromQL 표현식을 테스트할 수 있습니다.

❺ **종 메뉴**: 그라파나에서 경보를 보내기 위한 채널과 경보 규칙을 설정하는 메뉴입니다.

❻ **톱니바퀴 메뉴**: 대시보드 구성을 설정하는 하위 메뉴들이 들어 있습니다. 주로 사용하는 메뉴는 데이터 소스(Data Sources)이고, 대시보드의 기능을 강화하는 플러그인(Plugins)과 조직을 구성할 수 있는 팀(Teams)/사용자(Users) 등 그라파나 UI의 다양한 설정을 모두 여기서 할 수 있습니다.

❼ **방패 메뉴**: 그라파나에 새로운 사용자를 추가하거나 애플리케이션의 상태와 설정값을 확인하는 메뉴로, 주로 그라파나 관리자가 사용합니다.

그라파나 홈 화면의 오른쪽 상단에는 현재 화면에 보이는 대시보드에 대한 설정을 할 수 있는 2가지 메뉴가 더 있습니다. 여기서 설정하면 바로 현재 대시보드에 적용됩니다.

▼ 그림 6-70 그라파나의 현재 대시보드에 관한 설정 메뉴

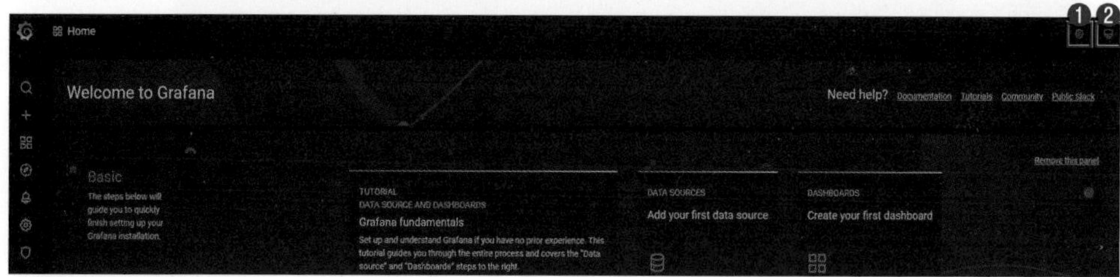

❶ **대시보드 설정 메뉴**: 그라파나의 처음 접속 페이지인 대시보드(Home)를 설정할 수 있는 메뉴입니다. 현재는 처음에는 홈 화면을 설정하지만 대시보드가 추가되면 추가된 대시보드를 설정할 수 있습니다.

❷ **보기 모드 변경 메뉴**: 대시보드에 표시된 내용만 집중해서 볼 수 있는 모드로 변경하는 메뉴입니다. 처음 한 번 누르면 왼쪽에 메뉴가 사라지는 TV 모드로 변환되고 한 번 더 누르면 위쪽 메뉴가 사라지는 가판대(kiosk) 모드로 바뀝니다. 변환된 모드에서 ESC를 누르면 다시 기본 모드인 일반 모드로 돌아옵니다.

메뉴를 확인했으니 프로메테우스로 수집된 메트릭 데이터를 그라파나에서 시각화할 수 있는 데이터 소스로 구성하겠습니다.

실습: 프로메테우스 메트릭 데이터를 그라파나의 소스 데이터로 구성하기

1. 왼쪽 메뉴에서 톱니바퀴 모양의 아이콘을 누른 후 Data Sources를 선택합니다.

▼ 그림 6-71 Data Sources 메뉴 선택

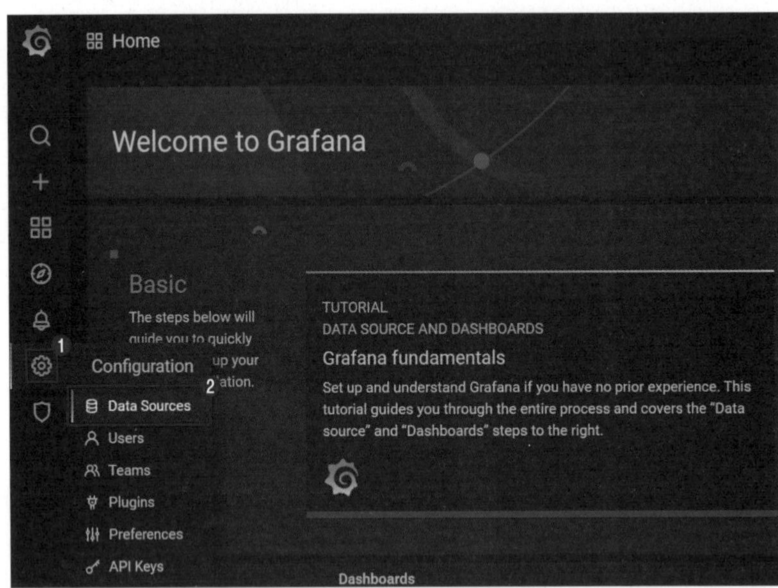

2. 다음 화면이 보이면 Add data source 버튼을 누릅니다.

▼ 그림 6-72 데이터 소스 추가

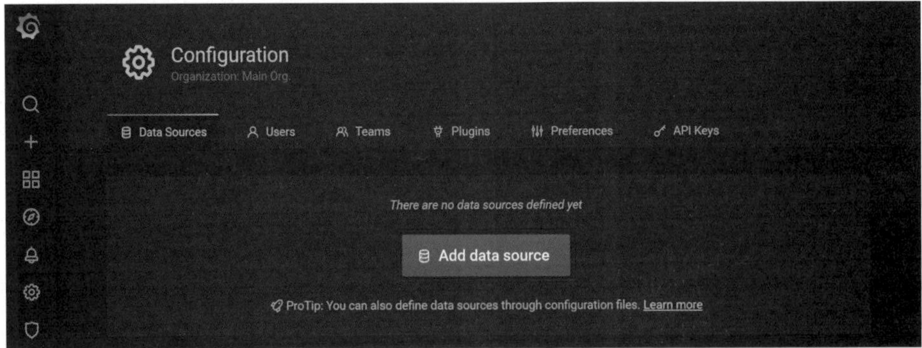

3. 화면에 표시되는 다양한 소스 중에서 프로메테우스 아이템 위에 마우스를 올리고 Select 버튼을 눌러 프로메테우스를 데이터 소스로 선택합니다.

▼ 그림 6-73 프로메테우스 선택

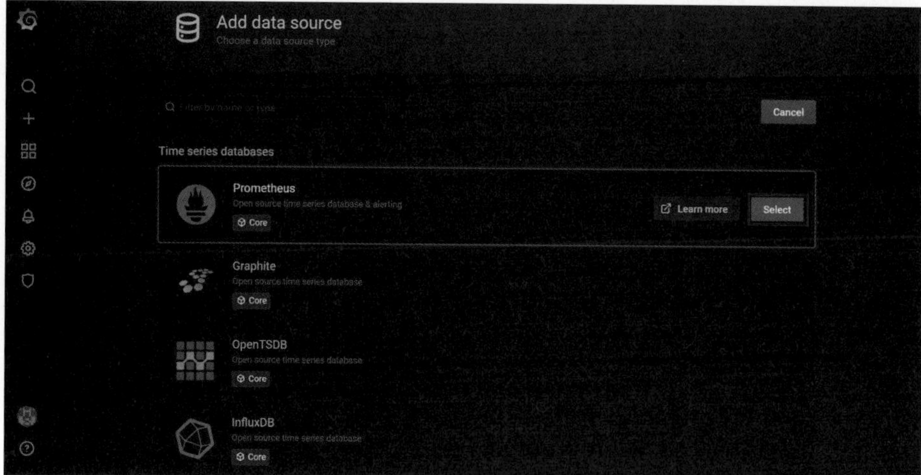

4. 값을 설정하는 부분이 나옵니다. 프로메테우스가 소스이기 때문에 이름(Name)은 기본값인 Prometheus를 그대로 사용합니다. 접속 주소(URL)는 프로메테우스의 서버 IP를 직접 입력해도 되지만, 일반적으로 내부의 연결 경로는 3장에서 살펴본 CoreDNS로 제공되므로 도메인 이름(prometheus-server.default.svc.cluster.local)으로 적습니다. 도메인 이름은 프로메테우스를 설치할 때 표시됩니다. 설치한 후에는 IP 정보를 기반으로 확인할 수 있습니다.

▼ 그림 6-74 데이터 소스 정보 입력

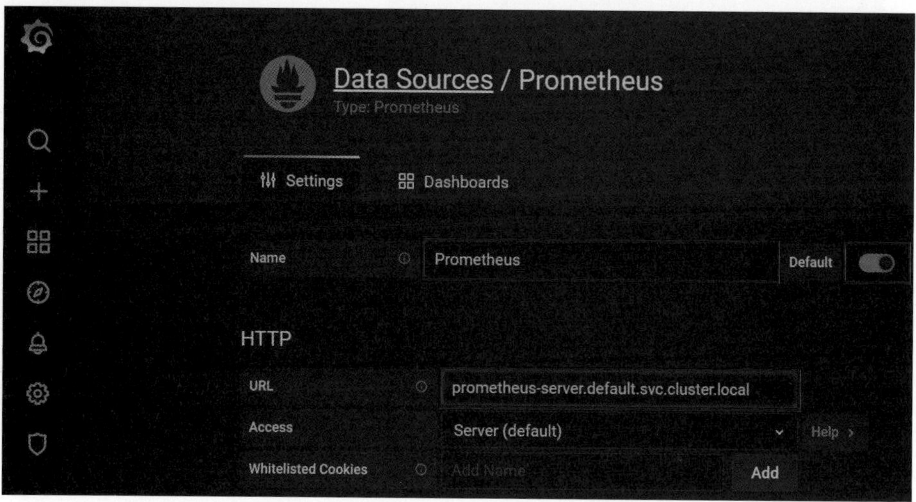

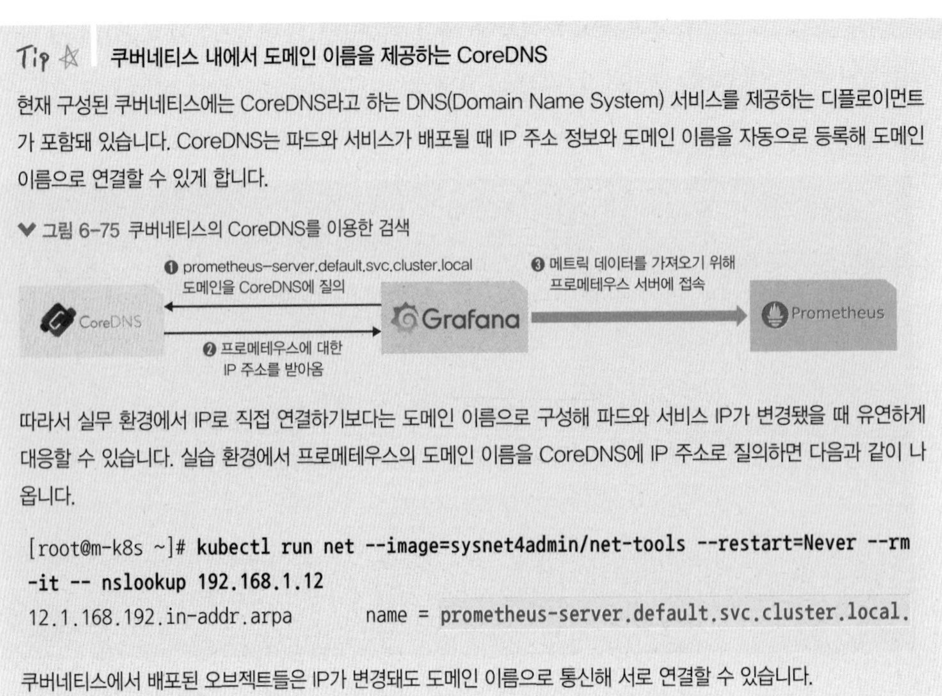

Tip 쿠버네티스 내에서 도메인 이름을 제공하는 CoreDNS

현재 구성된 쿠버네티스에는 CoreDNS라고 하는 DNS(Domain Name System) 서비스를 제공하는 디플로이먼트가 포함돼 있습니다. CoreDNS는 파드와 서비스가 배포될 때 IP 주소 정보와 도메인 이름을 자동으로 등록해 도메인 이름으로 연결할 수 있게 합니다.

▼ 그림 6-75 쿠버네티스의 CoreDNS를 이용한 검색

따라서 실무 환경에서 IP로 직접 연결하기보다는 도메인 이름으로 구성해 파드와 서비스 IP가 변경됐을 때 유연하게 대응할 수 있습니다. 실습 환경에서 프로메테우스의 도메인 이름을 CoreDNS에 IP 주소로 질의하면 다음과 같이 나옵니다.

```
[root@m-k8s ~]# kubectl run net --image=sysnet4admin/net-tools --restart=Never --rm
-it -- nslookup 192.168.1.12
12.1.168.192.in-addr.arpa       name = prometheus-server.default.svc.cluster.local.
```

쿠버네티스에서 배포된 오브젝트들은 IP가 변경돼도 도메인 이름으로 통신해 서로 연결할 수 있습니다.

5. 2가지를 입력하고 나면 화면을 아래로 스크롤해 Save & Test 버튼을 누르면 설정을 테스트하고 저장합니다. 모든 것이 정상적으로 처리됐는지 확인하고 왼쪽 상단의 그라파나 로고를 클릭해 그라파나 홈 화면으로 이동합니다.

▼ 그림 6-76 데이터 소스 저장 및 테스트 완료됨

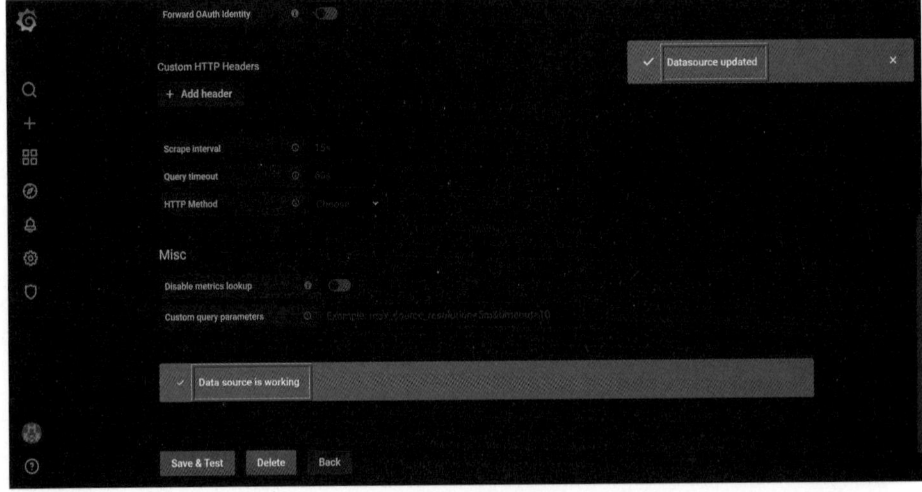

프로메테우스의 메트릭 데이터를 데이터 소스로 사용하기 위한 설정이 끝났습니다. 설정도 쉽지만 그라파나에서 데이터를 시각화하는 과정도 쉽고 재밌습니다. 우선 쿠버네티스의 밑바탕이 되는 노드에 대한 메트릭 데이터를 시각화해 보겠습니다.

6.4.3 노드 메트릭 데이터 시각화하기

메뉴를 설명할 때 첫 접속 페이지를 대시보드라고 했습니다. 그라파나는 이러한 대시보드를 만들고 그 안에 패널(Panel)이라는 구성 요소를 추가하는 방식으로 메트릭 데이터를 시각화합니다. 이 책에서 진행하는 과정이 끝나면 다음과 같이 완성된 화면을 보게 됩니다.

▼ 그림 6-77 완성된 노드 메트릭 데이터의 시각화

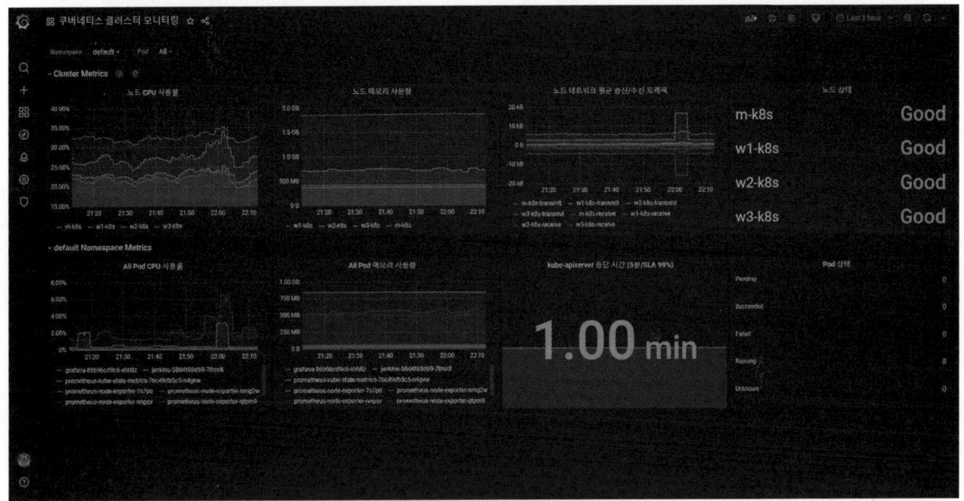

그라파나 대시보드의 PromQL 표현식은 조금 어렵지만, 그라파나의 기능을 사용하는 것은 매우 쉽습니다. 앞에서 PromQL을 충분히 학습했으므로 진행하는 데 어려움은 없을 겁니다. 그럼 시작해 봅시다.

실습: 노드 메트릭 데이터 시각화하기

1. 바탕이 되는 대시보드를 설정합니다. 왼쪽 메뉴에서 + > Dashboard를 선택합니다.

▼ 그림 6-78 쿠버네티스 모니터링을 위한 대시보드 생성

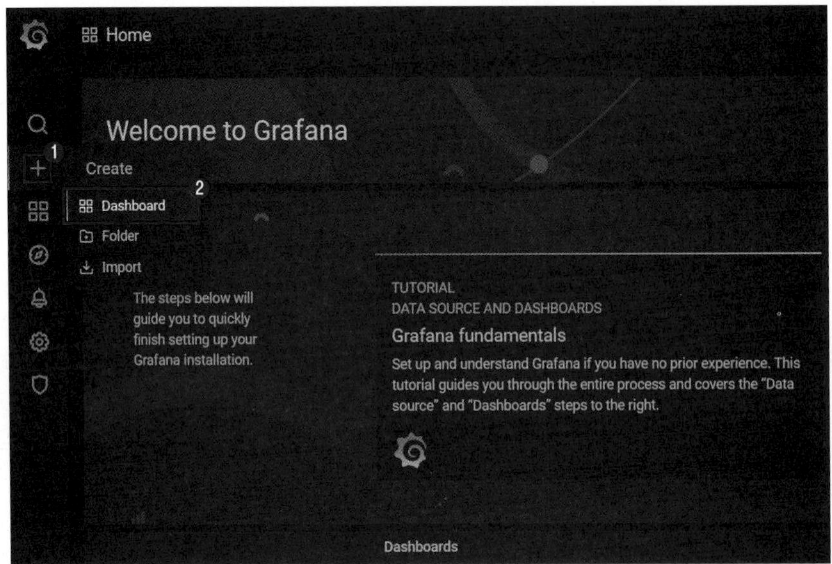

2. 대시보드를 생성하는 화면에서 + Add new panel 버튼을 눌러 패널을 추가합니다.

▼ 그림 6-79 패널 추가하기

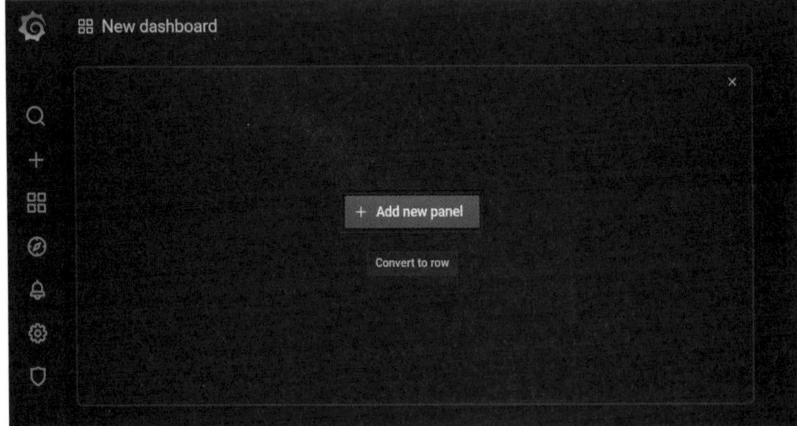

3. 패널이 추가되면 가운데 보이는 **메트릭**(Metrics) 부분에 1 – avg(rate(node_cpu_seconds_total{mode="idle"}[5m])) by (kubernetes_node)를 입력합니다. 이때 1에서 메트릭 값을 빼는 이유는 유휴(idle) 상태 외에는 모두 사용하는 상태이므로 이를 제외한 총 CPU 사용률을 구하기 위해서입니다. 마스터 노드는 CPU가 2개이므로 avg로 평균을 구해 좀 더 정확한 CPU 사용률을 나타냅니다. 입력 후에 Shift + Enter 또는 메트릭 표현식을 입력하는 부분 밖에서 마우스를 클릭해 프로메테우스(현재 기본값)로부터 입력 값을 읽어 들여 다음과 같이 표현되는지 확인합니다.

▼ 그림 6-80 프로메테우스로부터 메트릭 값을 읽어 들이기

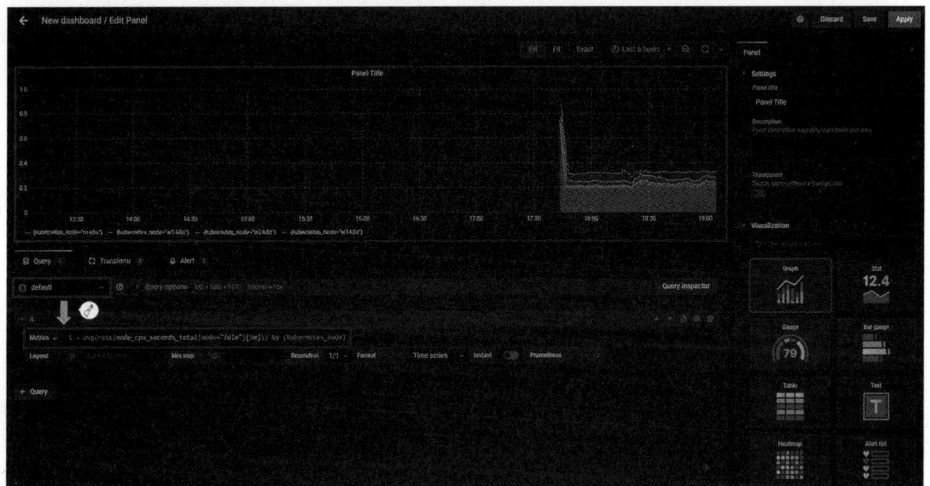

4. 오른쪽 패널 탭의 패널 제목(Panel title)은 **노드 CPU 사용률**로 변경하고, 메트릭 아래 있는 범례(Legend)에는 {{ kubernetes_node }}를 입력합니다. 범례는 메트릭 레이블의 값을 사용해 시각화 대상을 쉽게 인지할 수 있게 합니다. 오른쪽 상단에 메트릭 수집 구간 선택 상자에서 현재 설정인 Last 6 hours(6시간 동안)를 Last 1 hour(1시간 동안)로 변경합니다. 좀 더 짧은 구간의 변화 값을 확인할 수 있습니다.

▼ 그림 6-81 패널 제목, 범례, 수집 구간 설정하기

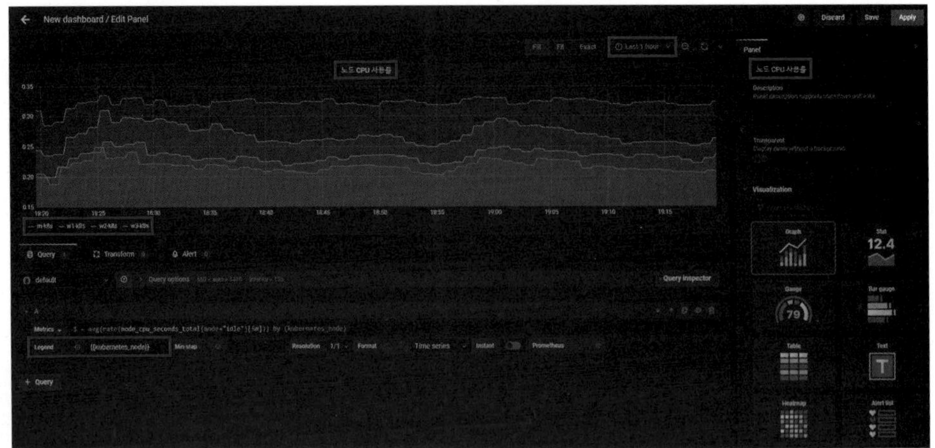

5. 오른쪽 패널(Panel) 탭을 아래로 스크롤하면 Axes(축) 항목이 보입니다. 여기서 Y축(Left Y)의 단위(Unit)를 Misc > percent(0.0-1.0)으로 선택합니다. 그러면 시각화 패널에서 Y축의 CPU 사용률이 백분율로 표시됩니다. 그림은 Y축 단위를 변경하는 중간 단계를 보여주며, 적용하고 나면 백분율로 표시됩니다. 설정이 적용하기 위해 오른쪽 상단의 Apply 버튼을 누릅니다.

▼ 그림 6-82 Y축 단위 변경

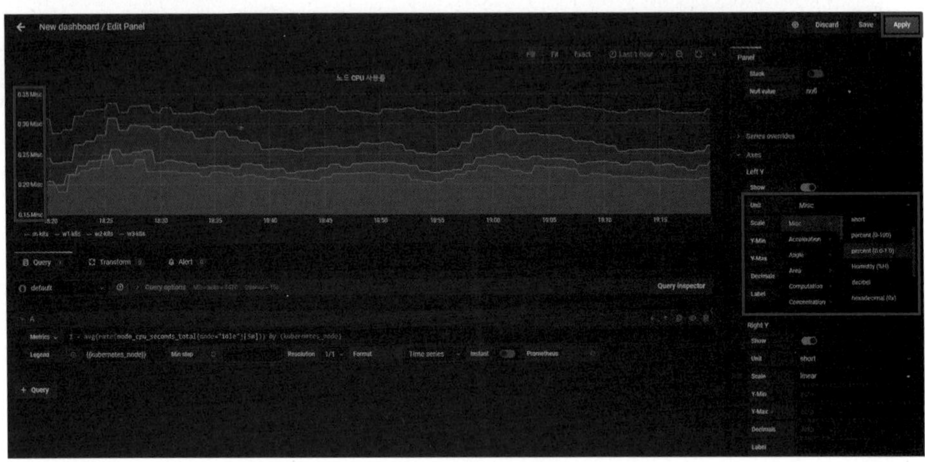

6. 대시보드에 **노드 CPU 사용률** 패널이 생성되고 나면 오른쪽 상단 메뉴에서 Add panel 버튼을 눌러 패널을 추가합니다.

▼ 그림 6-83 생성된 노드 CPU 사용률 패널을 확인하고 패널 추가하기

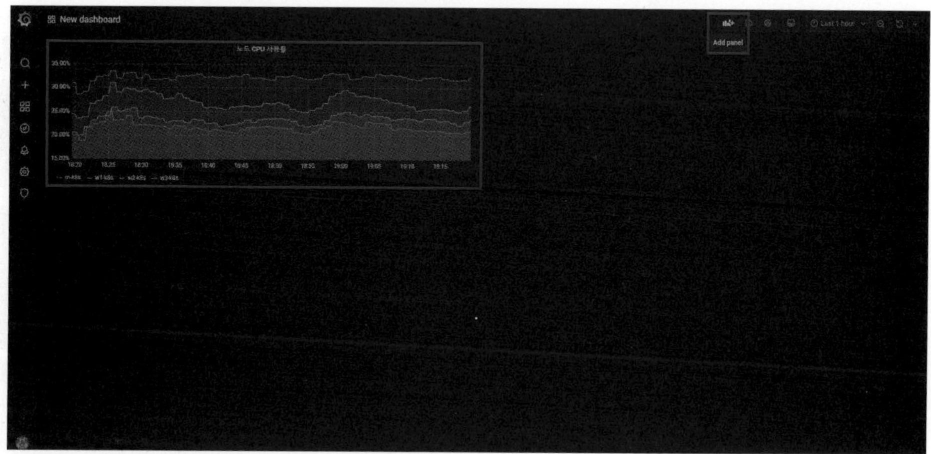

7. 화면에 보이는 + Add new panel 버튼을 누릅니다.

▼ 그림 6-84 새로운 패널 추가하기

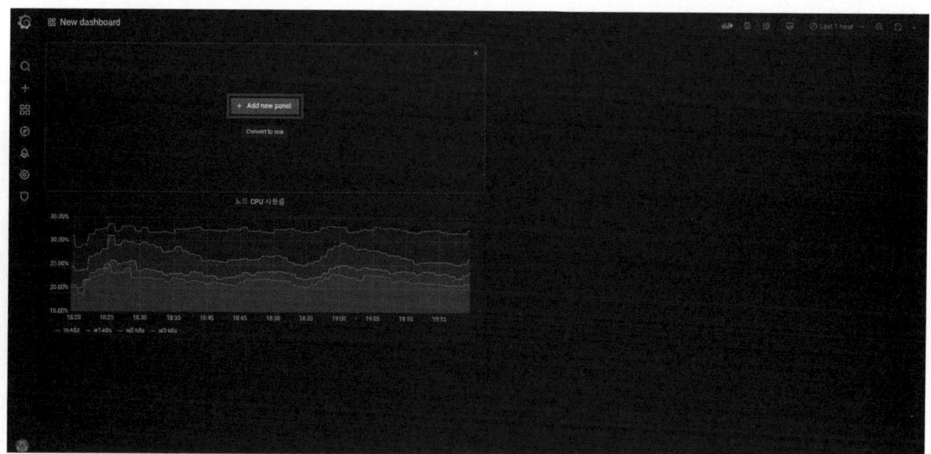

8. 새로 열린 패널에 다음 내용을 입력합니다.

- **패널 제목**: 노드 메모리 사용량
- **메트릭**: node_memory_Active_bytes
- **범례**: {{ kubernetes_node }}
- **Y축 단위**: Data (Metric) → bytes(Metric)

9. 입력을 마치면 Apply 버튼을 눌러 적용합니다.

▼ 그림 6-85 노드 메모리 사용량 패널 설정

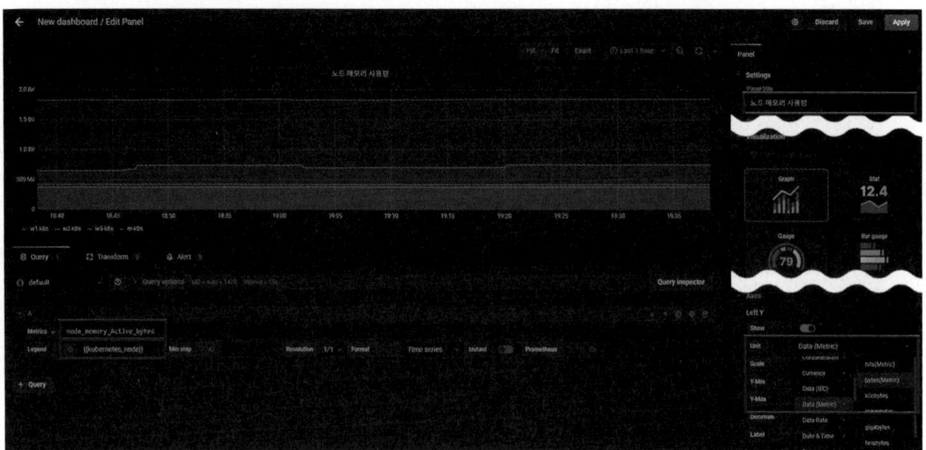

10. 대시보드에 새로 생성된 노드 메모리 사용량 패널을 확인합니다. 이번에도 Add panel 〉 + Add new panel 버튼을 눌러 패널을 추가합니다.

▼ 그림 6-86 노드 메모리 사용량 패널 생성 확인하고 패널 추가하기

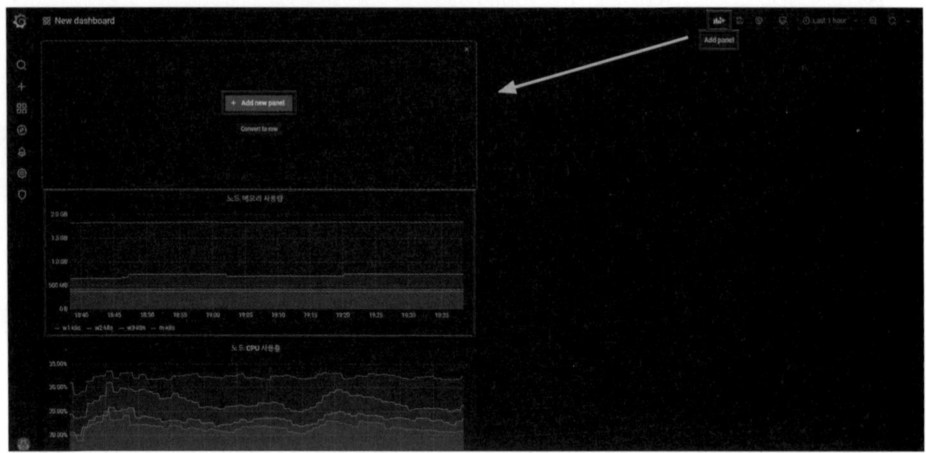

11. **노드 네트워크 평균 송신/수신 트래픽** 패널에서 송신 부분으로 다음 내용을 입력합니다.

- **패널 제목**: 노드 네트워크 평균 송신/수신 트래픽
- **메트릭**: avg(rate(node_network_transmit_bytes_total[5m])) by (kubernetes_node)
- **범례**: {{ kubernetes_node }}-transmit

12. 송신 부분을 설정하고 나면 왼쪽 하단에 **+ Query** 버튼을 누릅니다.

▼ 그림 6-87 노드 네트워크 평균 송신/수신 트래픽 패널의 송신 부분 설정

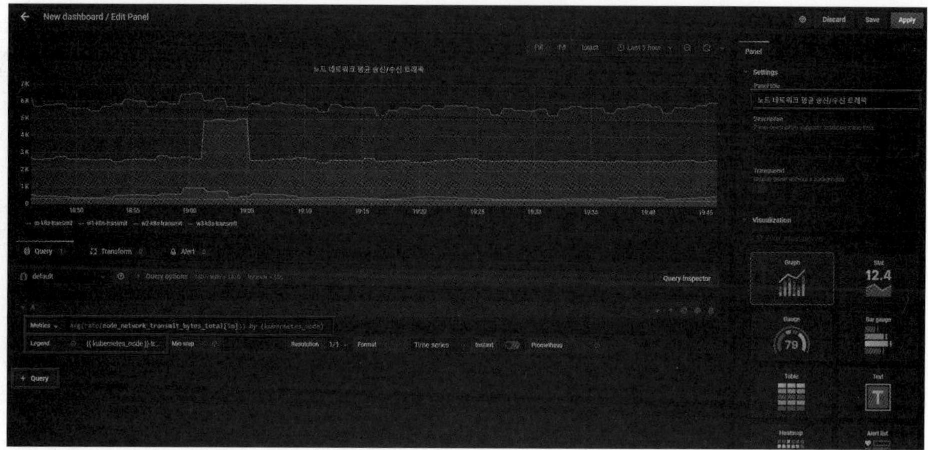

13. 노드 네트워크 평균 송신/수신 트래픽 패널의 수신 부분으로 다음 내용을 입력합니다. 이때 송신과 수신이 같은 단위로 표시되면 구분하기 어려우니 메트릭에 -1을 곱해 위상을 전환합니다.

- **메트릭**: avg(rate(node_network_receive_bytes_total[5m])) by (kubernetes_node) * -1
- **범례**: {{ kubernetes_node }}-receive
- **Y축 단위**: Data (Metric) → bytes(Metric)

14. 설정을 마치면 **Apply** 버튼을 눌러 적용합니다.

▼ 그림 6-88 노드 네트워크 평균 송신/수신 트래픽 패널의 수신 부분 설정

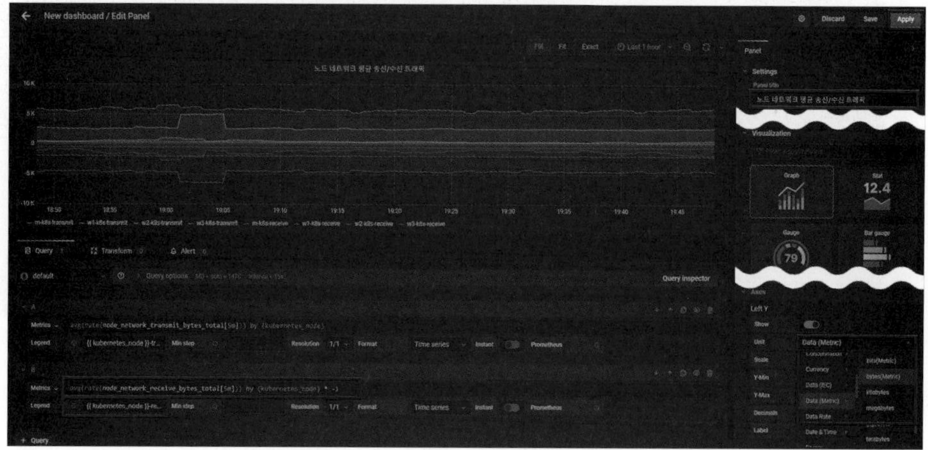

15. 대시보드에서 노드 네트워크 평균 송신/수신 트래픽 패널을 확인하고, 마지막 패널을 추가합니다.

▼ 그림 6-89 노드 네트워크 평균 송신/수신 트래픽 패널 생성 확인하고 패널 추가하기

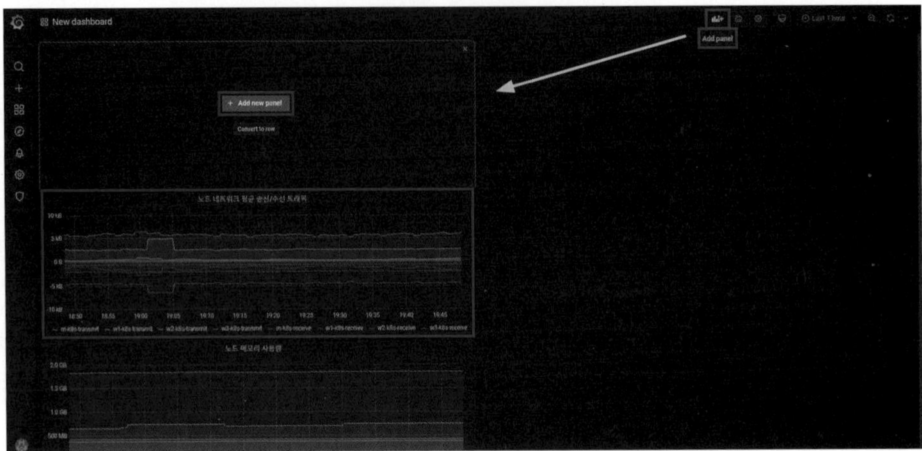

16. 새로운 패널에 다음 내용을 입력합니다.

- **패널 제목**: 노드 상태
- **메트릭**: up{job="kubernetes-nodes"}
- **범례**: {{ instance }}

▼ 그림 6-90 노드 상태 패널 설정

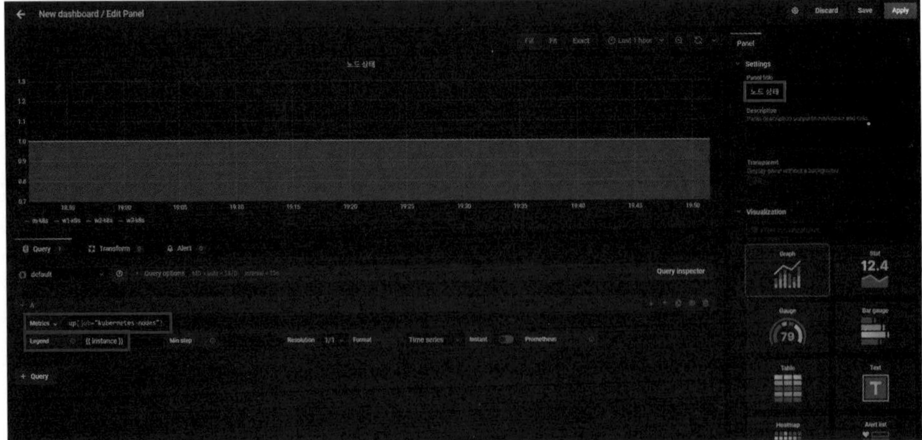

17. 모든 노드가 동작 중인 상태라는 1의 값을 가지기 때문에 구분할 수 없습니다. 오른쪽 패널(Panel) 탭의 시각화(Visualization) 항목의 옵션을 그래프(Graph)에서 상태 값(Stat)으로 변경합니다.

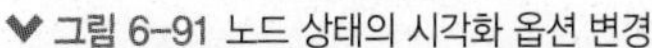
▼ 그림 6-91 노드 상태의 시각화 옵션 변경

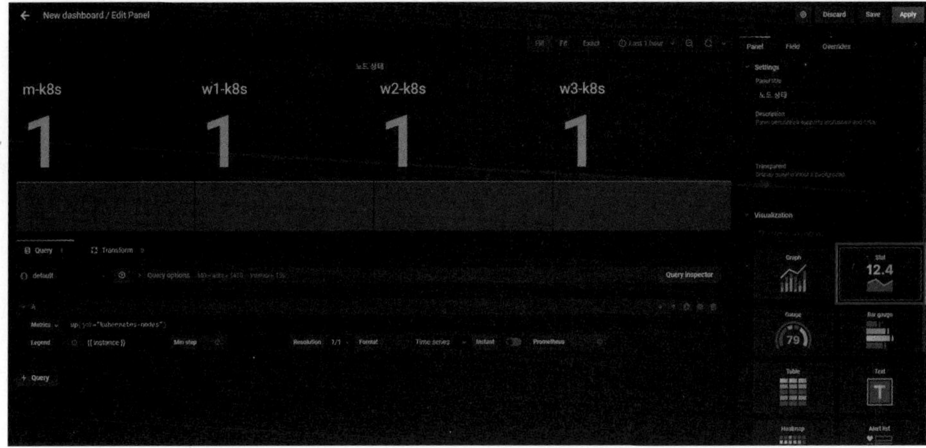

시각화에서 선택할 수 있는 옵션은 다음과 같습니다.

- **그래프**(Graph): 그라파나에서 가장 많이 사용되는 기본 옵션으로, 점의 경로, 선 또는 막대로 데이터를 시각화할 수 있습니다. 대부분의 시계열 데이터를 사용자가 원하는 형태로 표시합니다.
- **상태 값**(Stat): 특정 값과 함께 추이를 꺾은선 그래프로 나타내는 도구입니다. 텍스트 모드를 적용해 그래프 없이 값만 볼 수도 있습니다. 주로 여러 대상이나 단일 대상의 상태를 나타내는 데 사용합니다.
- **게이지**(Gauge): 차량의 계기판과 같이 값의 범위가 있는 데이터를 표현할 때 유용합니다. 주로 백분율처럼 사용량의 시작과 끝이 있을 때 사용합니다.
- **바 게이지**(Bar gauge): 게이지처럼 값의 범위가 있는 데이터를 표현할 때 유용한데, 게이지와 다르게 모양이 원형이 아닌 막대형으로 표현됩니다. 게이지보다는 범위가 더 넓어 한계를 모르는 경우에 사용합니다.
- **테이블**(Table): 수집된 메트릭 데이터를 그대로 표현할 수 있어서 주로 실제 값을 대시보드에서 확인하는 목적으로 사용합니다.
- **텍스트**(Text): 제작자가 알리고 싶은 정보를 대시보드에 표현할 때 사용됩니다. 주로 대시보드의 목적과 사용법 등의 정보를 전달하는 데 사용합니다.

- **히트맵**(Heatmap): 패널을 다수 구역으로 나누어 해당 구역에 속하는 값이 많을수록 구역 색상을 점점 연하게 표현해 한눈에 값의 분포를 알아볼 수 있습니다. 주로 히스토그램과 함께 빈도를 나타내는 용도로 사용합니다.
- **경보 목록**(Alert list): 수집 대상의 문제를 빠르게 확인하기 위한 정보를 표시합니다. 가장 최근에 발생한 경보부터 확인할 수 있습니다.
- **대시보드 목록**(Dashboard list): 최근에 확인한 대시보드와 사용자가 즐겨찾기한 대시보드 등을 만드는 데 사용합니다.
- **뉴스**(News): RSS 피드와 같은 정보를 나타냅니다. 기본적으로 그라파나 공식 블로그의 게시글 정보를 표시합니다.
- **로그**(Logs): 외부 로그 데이터를 나타냅니다. 주로 일래스틱서치, 로키(Loki), 인플럭스DB 같은 데이터 소스에서 받아온 로그 데이터를 시각화하는 데 사용합니다. 추가로 로그 수준(level)에 따라 패널에 색상 변화를 넣을 수 있습니다.
- **플러그인 목록**(Plugin list): 현재 설치된 플러그인을 확인합니다. 그라파나에서 기본으로 제공하는 패널만으로는 부족한 기능을 외부에서 제공하는 플러그인 방식의 패널로 추가하는데, 이렇게 추가된 패널들을 대시보드에서 확인할 수 있게 합니다. 패널 외에도 플러그인을 사용하면 기존에 그라파나에서 제공하지 않던 다양한 기능도 추가할 수 있습니다.

18. 시각화 목적에 맞게 상태 값 형태를 좀 더 바꾸겠습니다. 패널 탭을 아래로 내리면 **디스플레이**(Display) 항목이 보입니다. 이 부분을 다음과 같이 바꿔 노드별 상태 값을 숫자로만 표현합니다.

- **Value**: Last (not null)
- **Orientation**: Horizontal
- **Graph mode**: None

▼ 그림 6-92 상태 값 설정 변경하기

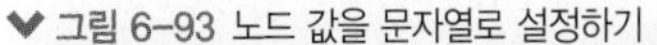

19. 숫자로 표현한 노드 값을 사람이 인식하기 쉬운 문자열로 변경해 봅시다. 패널 탭 옆의 **필드**(Field) 탭에서 Value mappings 항목을 찾습니다. 그리고 + Add value mapping 버튼을 눌러 1에 대응하는 Good이라는 문자열을 입력하고, 0에 대응하는 Bad라는 문자열을 입력합니다.

▼ 그림 6-93 노드 값을 문자열로 설정하기

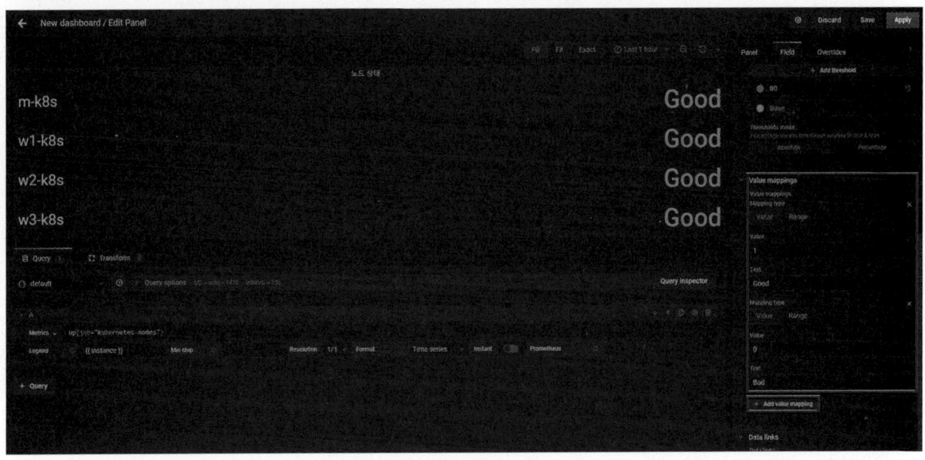

20. 1 외의 상태에서는 빨간색으로 표시해 문제가 발생했음을 확실하게 표시하겠습니다. Value mappings 위에 있는 Thresholds에서 다음 순서로 설정합니다. 위에 임곗값을 80에서 1로 바꾸고 옆의 원을 눌러 색상을 초록색으로 바꿉니다. 아래 임곗값은 그래도 Base(기본)로 두고 옆의 원을 빨간색으로 바꿉니다. 설정을 바꾸고 나면 Apply 버튼을 눌러 적용합니다.

▼ 그림 6-94 임곗값 설정 바꾸기

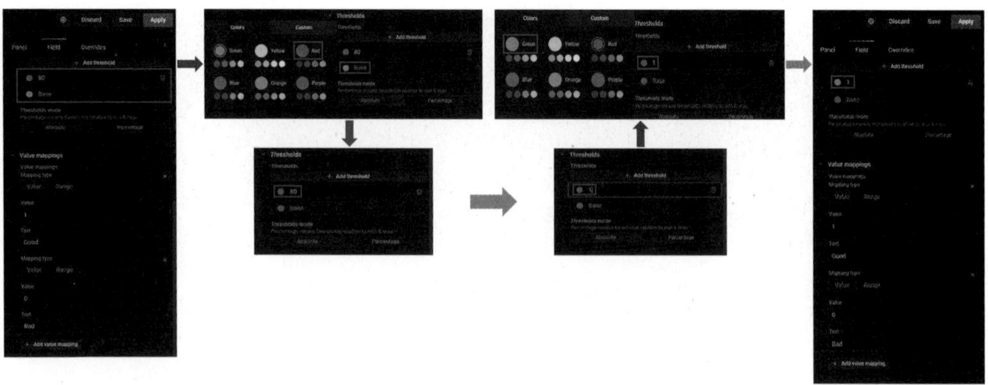

21. 대시보드에 노드 상태 패널이 생성됐는지 확인하고, 오른쪽 상단에 Add panel 버튼을 누릅니다. 이번에는 Convert to row 버튼을 누르는데, 이 버튼은 현재 생성된 패널들을 모아서 접고 펼 수 있는 **아코디언**(Accordion) 형태의 메뉴를 생성합니다. 아코디언 메뉴는 행(row)을 기준으로 정렬합니다.

▼ 그림 6-95 아코디언 메뉴 생성

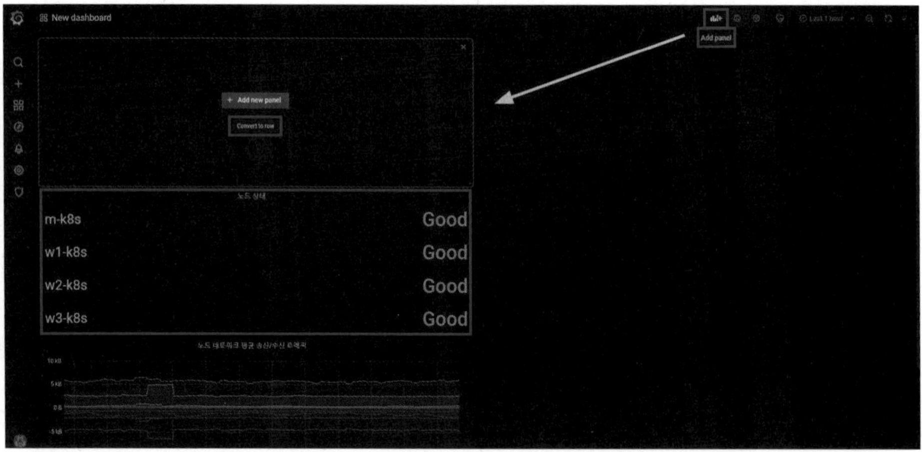

22. 생성된 아코디언 메뉴인 Row Title에 마우스를 올리면 제목을 바꿀 수 있는 톱니바퀴 메뉴가 나옵니다. 메뉴를 눌러서 제목을 Cluster Metrics로 변경하고 Update 버튼을 누릅니다.

▼ 그림 6-96 생성된 아코디언 메뉴 제목 변경

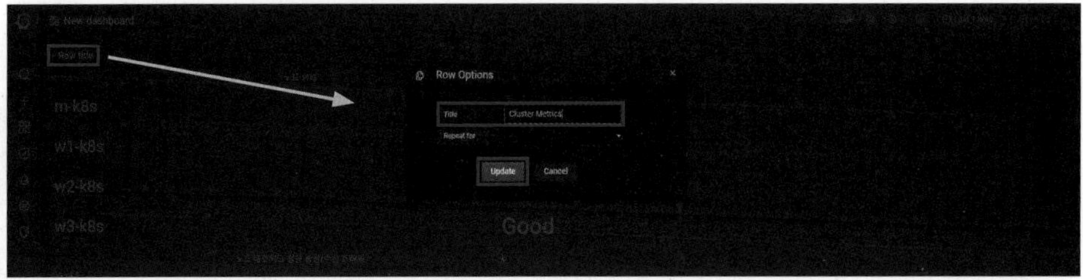

23. 아코디언 메뉴 제목이 변경됐는지 확인하고, 다음 방법으로 지금까지 생성한 4개의 패널을 Cluster Metrics 메뉴 아래로 옮깁니다.

- **패널 이동:** 패널의 제목 부분에 마우스를 올리면 마우스 커서의 형태가 ✥(Move)로 바뀝니다. 왼쪽 버튼을 누른 상태로 끌어서 Cluster Metrics 메뉴로 옮깁니다.
- **패널 확대/축소:** 생성된 패널의 오른쪽 하단부에 마우스를 올리고 마우스 커서의 형태가 ↘(Resize)로 바뀌면 왼쪽 버튼을 누른 상태로 끌어서 패널 크기를 조절합니다.

▼ 그림 6-97 패널 이동과 확대/축소

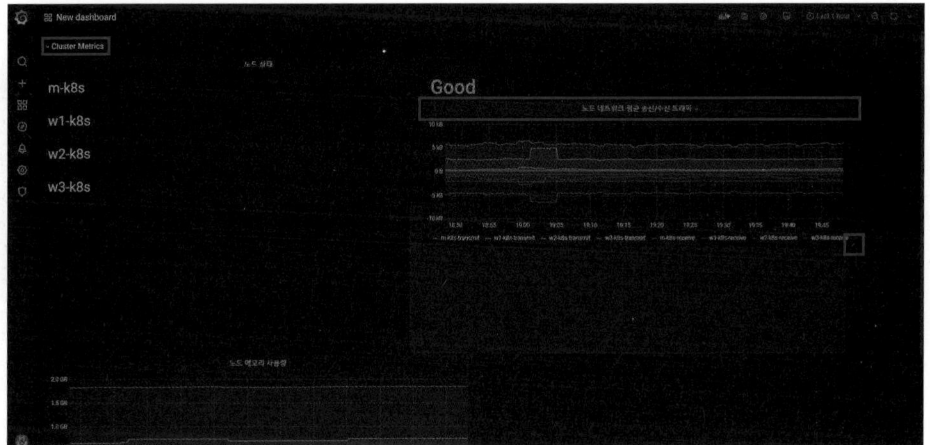

24. Cluster Metrics 메뉴 아래로 정렬한 4개의 패널이 다음 형태인지 확인합니다.

▼ 그림 6-98 Cluster Metrics 메뉴 아래에 정렬된 패널들

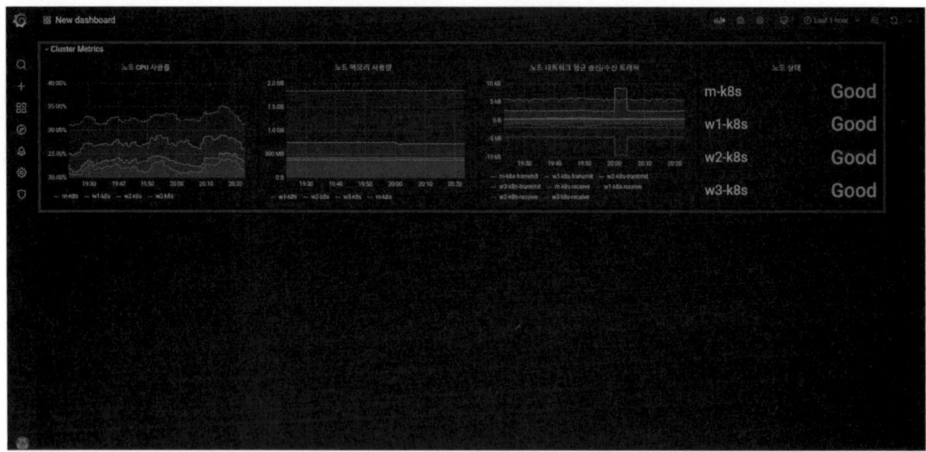

25. 설정한 아코디언 메뉴가 정상 동작하는지 확인합니다. Cluster Metrics 메뉴를 눌러 정렬한 4개의 패널을 화면에 보이지 않게 합니다.

▼ 그림 6-99 Cluster Metrics 메뉴를 눌러 패널 접기

26. Cluster Metrics 메뉴를 다시 한 번 눌러 정렬한 4개의 패널을 화면에 보이게 합니다.

▼ 그림 6-100 Cluster Metrics 메뉴를 눌러 패널 펼치기

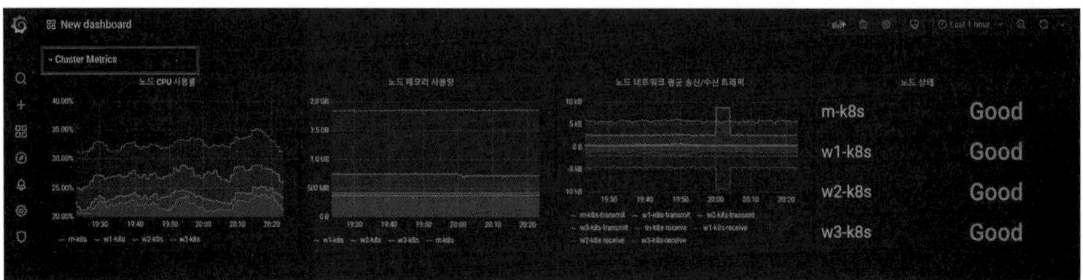

쿠버네티스 노드에 대한 메트릭을 시각화하는 방법을 살펴봤습니다. 다음으로 쿠버네티스 노드에서 동작하는 파드에 대한 시각화를 진행하겠습니다.

6.4.4 파드 메트릭 데이터 시각화하기

파드 메트릭의 시각화 방법은 노드 메트릭의 시각화와 동일합니다. 그런데 파드는 여러 개의 네임스페이스에 존재하므로 사용자가 원하는 네임스페이스에 속한 파드만 확인할 수 있다면 편리하겠죠? 그라파나에서는 변수를 선언하고, 선언한 변수로 사용자가 원하는 내용만을 선별해 대시보드에서 확인할 수 있습니다. 헬름 차트처럼 사용자의 목적에 맞게 사용할 수 있는 대시보드를 구성하겠습니다.

변수를 선언하고 원하는 네임스페이스에 속한 파드만을 확인하는 대시보드는 다음과 같습니다.

▼ 그림 6-101 완성된 파드 메트릭 데이터의 시각화

그럼 시각화를 진행해 봅시다.

실습: 조건별 파드 메트릭 데이터 시각화하기

1. 화면 오른쪽 상단에서 톱니바퀴 모양의 Dashboard settings(대시보드 설정) 메뉴를 누릅니다.

▼ 그림 6-102 대시보드 설정 메뉴 선택

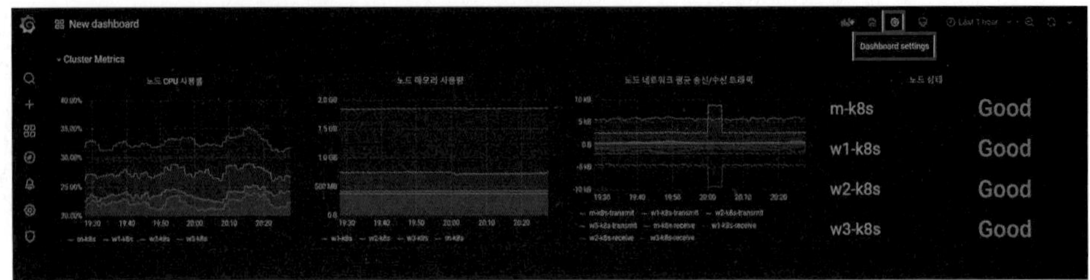

2. 대시보드 설정 화면이 나오면 Variables(변수) 메뉴를 누릅니다.

▼ 그림 6-103 변수 메뉴 선택

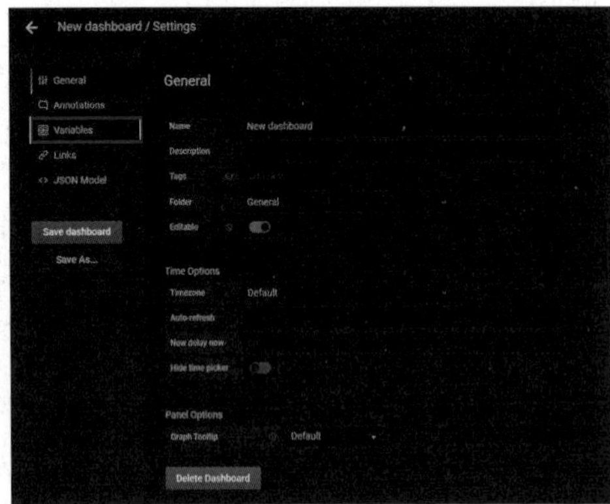

3. Add variable 버튼을 눌러 변수를 추가합니다.

▼ 그림 6-104 변수 추가하기

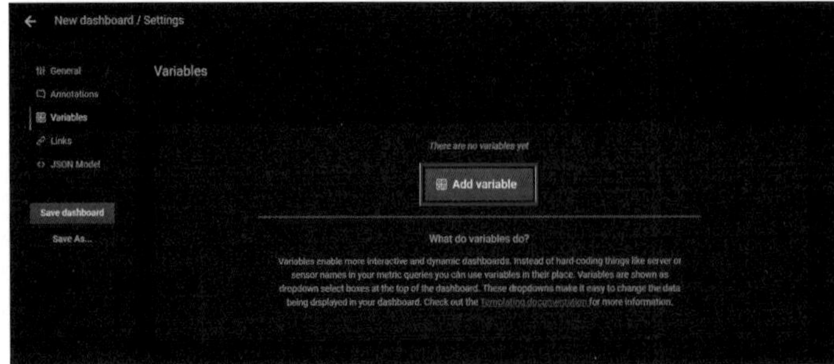

4. 변수에 필요한 세부 설정을 합니다.

▼ 그림 6-105 변수 설정하기

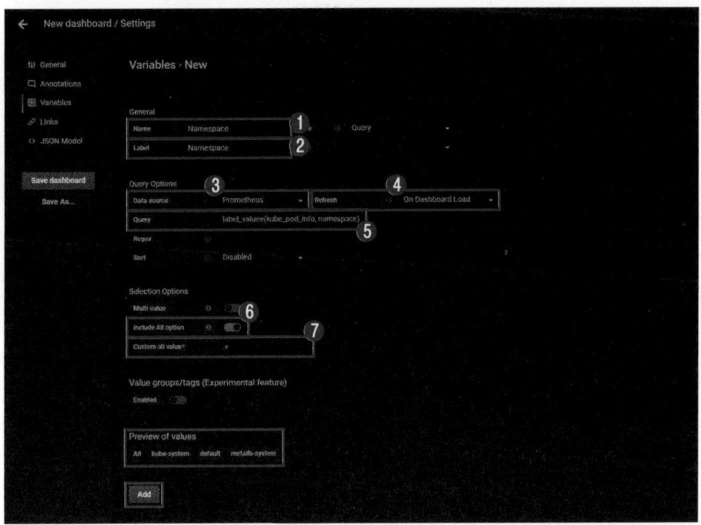

설정 항목은 다음과 같습니다.

❶ Name: 대시보드에서 사용하는 변수 이름으로 여기서는 Namespace를 입력합니다. 대시보드에서 `$Namespace`로 변수를 사용할 수 있습니다.

❷ Label: 대시보드에서 변수 선택 시 변수를 지칭하는 레이블입니다. 변수 이름과 같게 Namespace로 설정합니다.

❸ Data Source: ❺의 쿼리가 실행될 때 값을 받아오는 소스를 설정합니다. 노드 메트릭을 가지고 오는 곳과 동일하게 Prometheus를 선택합니다.

❹ Refresh: 변수를 읽어 들이는 방법을 설정합니다. 대시보드가 로드될 때마다 새로 읽어 들이도록 On Dashboard Load를 선택합니다.

❺ Query: 쿼리를 입력해 결과를 그라파나 변수로 사용하도록 추가합니다. 입력한 label_values(kube_pod_info, namespace에서 label_values는 프로메테우스 플러그인에서 제공하는 함수로, 메트릭에 있는 특정 레이블의 값을 반환받을 수 있습니다. 현재 쿼리는 kube_pod_info의 namespace 값을 그라파나의 `Namespace` 변수의 값으로 치환합니다.

❻ Include All option: 모든 네임스페이스를 선택할 수 있는 옵션을 적용할지 말지를 결정합니다. 스위치를 활성화하면 네임스페이스를 모두 선택할 수 있는 All 선택 옵션이 추가됩니다.

❼ Custom all value: ❻에서 스위치를 활성화했을 때 추가되는 옵션으로, All 선택 옵션의 범위를 사용자가 지정할 수 있습니다. .+를 설정하면 하나 이상의 값을 가진 것들을 선택할 수 있습니다.

설정 항목을 모두 작성하면 변수로 사용할 수 있는 값이 Preview of values 항목 밑에 모두 표시됩니다. 이를 확인하고 Add 버튼을 눌러 변수 설정을 완료합니다.

5. Namespace 변수가 추가됐으면 오른쪽 위에 있는 New 버튼을 눌러 네임스페이스 하위에 속한 파드를 변수로 추가합니다.

▼ 그림 6-106 Namespace 변수 추가 확인

6. 파드 변수를 추가하는 데 필요한 설정은 다음과 같고, 설정 항목은 Namespace 변수와 동일합니다.

▼ 그림 6-107 파드 변수에 필요한 설정

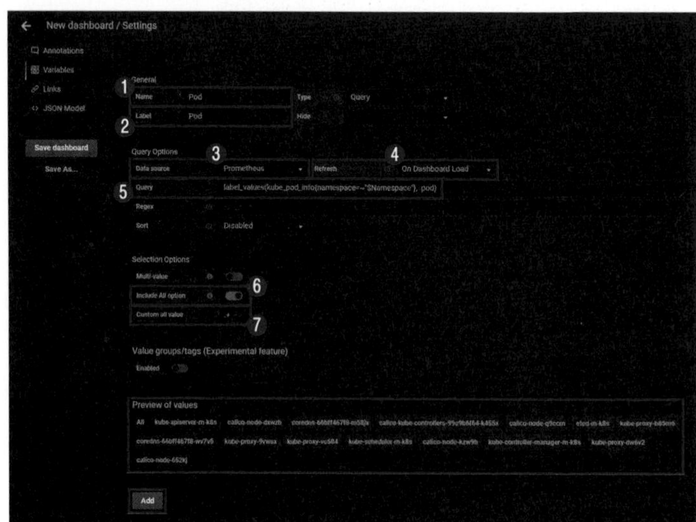

❶ Name: 변수 이름을 Pod로 입력해 대시보드 내에서 $Pod로 변수를 사용합니다.

❷ Label: 변수 이름과 같게 Pod로 입력합니다.

❸ Data Source: 여기도 Prometheus를 선택합니다.

❹ Refresh: 파드 변수도 대시보드가 로드될 때마다 새로 읽어 들이도록 On Dashboard Load를 선택합니다.

❺ Query: 대시보드에 설정돼 있는 Namespace 변수를 쿼리문에 포함하도록 label_values(kube_pod_info{namespace=~"$Namespace"}, pod)로 작성합니다. 이렇게 하면 네임스페이스에 속한 파드만 검색할 수 있습니다.

❻ Include All option: 파드 변수도 **스위치를 활성화**합니다.

❼ Custom all value: 하나 이상의 값을 가진 것들을 선택할 수 있게 .+로 설정합니다.

작성이 끝나면 변수의 값으로 사용되는 것들이 Preview of Values 항목 밑에 표시됩니다. 이를 확인하고 Add 버튼을 눌러 변수 설정을 완료합니다.

7. 파드 변수가 추가됐음을 확인한 후에 키보드의 ESC 키 또는 왼쪽 상단에 있는 Go back 버튼을 눌러 대시보드 화면으로 이동합니다.

▼ 그림 6-108 파드 변수 추가 확인

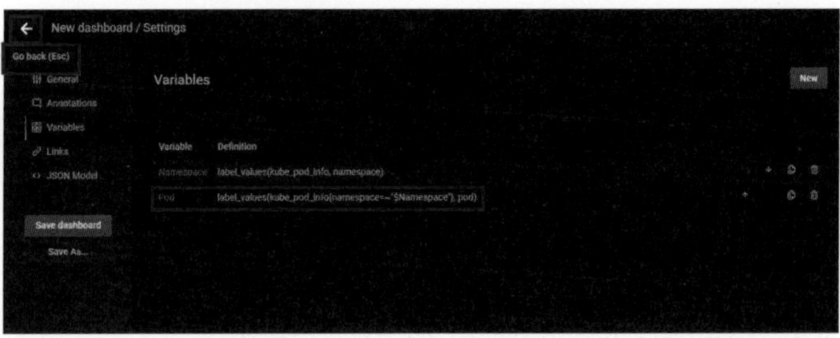

6 안정적인 운영을 완성하는 모니터링, 프로메테우스와 그라파나

8. 대시보드로 돌아가면 추가한 2개의 변수(Namespace, Pod)로 이루어진 선택 상자가 상단에 보입니다. 이제 사용자가 특정 네임스페이스와 파드를 선택할 수 있습니다.

▼ 그림 6-109 추가된 네임스페이스와 파드 선택 상자

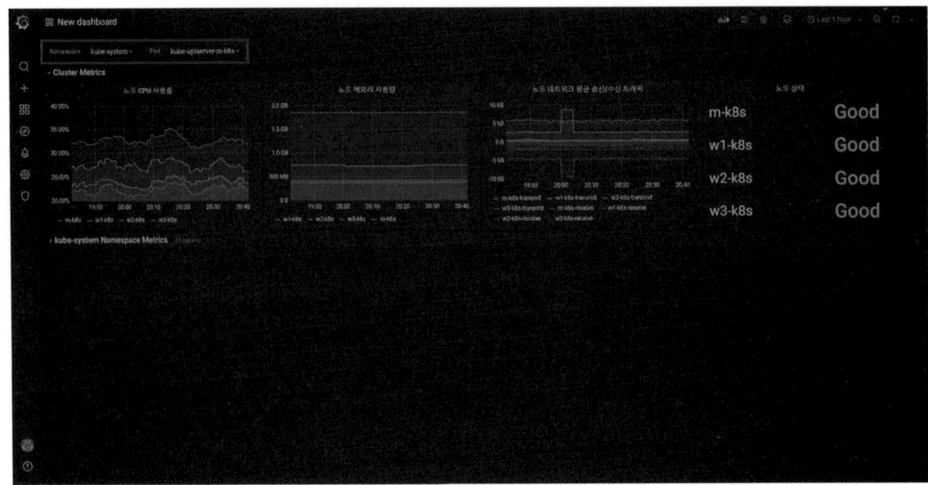

9. 이번에는 패널들을 행으로 정렬하는 아코디언 메뉴를 먼저 만들겠습니다. 아코디언 메뉴에 추가한 변수로 현재 확인하려는 내용을 선택하고 패널을 구현하겠습니다. Add panel > Convert to row 순서로 버튼을 누릅니다.

▼ 그림 6-110 새로운 아코디언 메뉴 추가

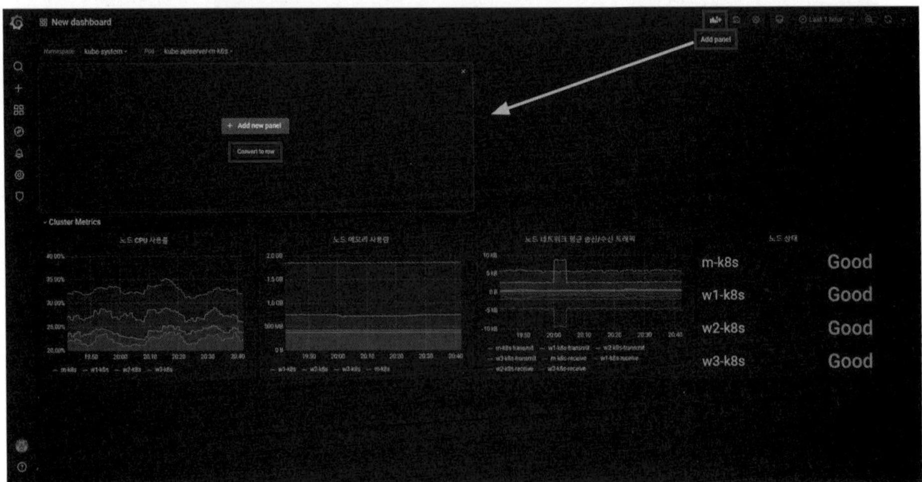

10. 생성한 아코디언 메뉴의 제목을 $Namespace Namespace Metrics로 입력해 사용자가 선택한 네임스페이스 이름을 표시합니다.

▼ 그림 6-111 아코디언 메뉴 제목 입력

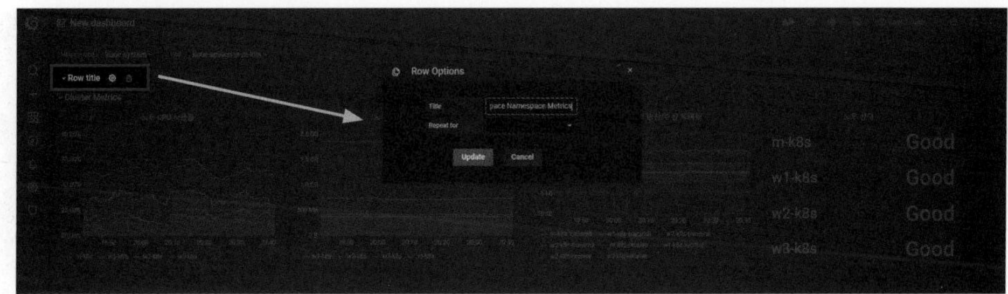

11. kube-system Namespace Metrics(kube-system은 선택된 네임스페이스 이름)로 변경된 아코디언 메뉴 제목을 확인하고, 아코디언 메뉴를 아래로 내립니다. 제목의 오른쪽 끝에 있는 ⁝⁝ (점자)를 마우스 왼쪽 버튼을 누른 상태로 끌어내리면 됩니다.

▼ 그림 6-112 아코디언 메뉴 옮기기

12. 파드 매트릭을 시각화하기 위한 패널을 추가하겠습니다. Add panel > + Add new panel 버튼을 순서대로 누릅니다.

▼ 그림 6-113 새로운 패널 추가

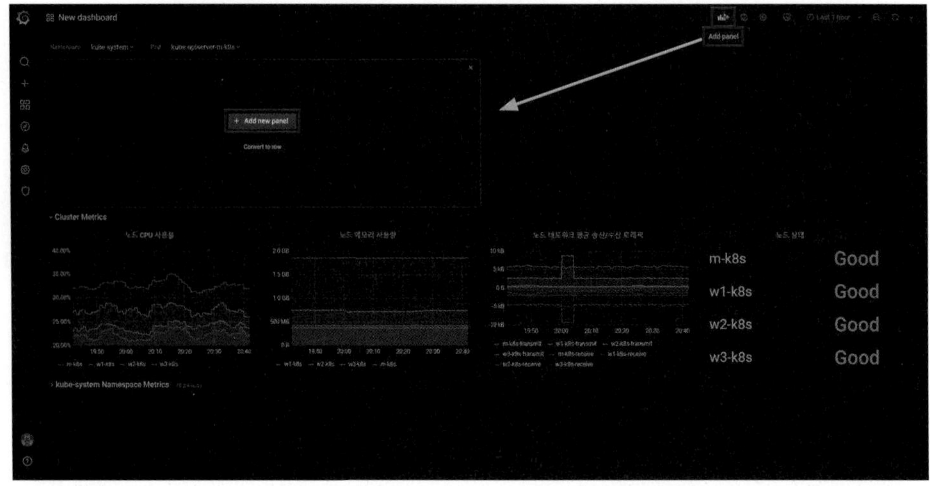

13. 추가한 패널에 대시보드에 선언한 `$Namespace`와 `$Pod` 변수를 포함해 다음과 같이 입력합니다.

▼ 그림 6-114 Pod CPU 사용률 패널 설정

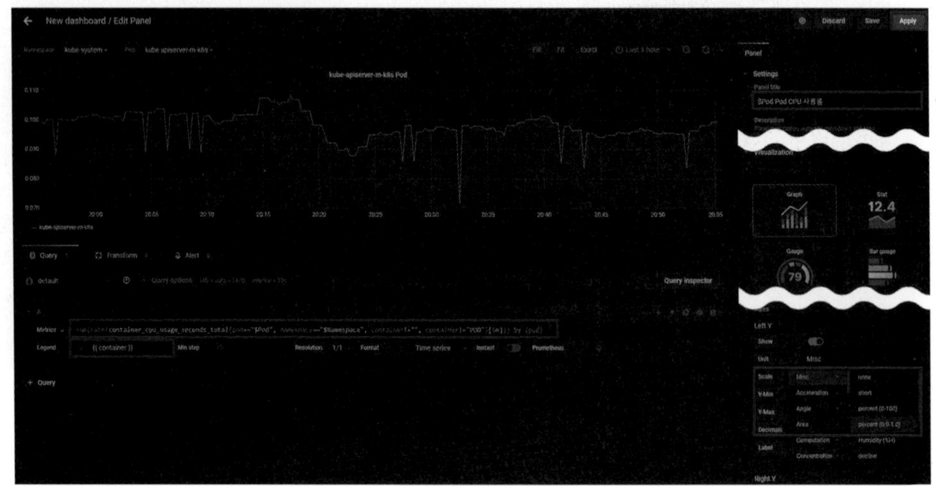

- **패널 제목:** $Pod Pod CPU 사용률
- **메트릭:** sum(rate(container_cpu_usage_seconds_total{namespace=~"$Namespace", pod=~"$Pod", container!=""}[5m])) by (pod)

- **범례**: {{ pod }}
- **Y축 단위**: Misc > percent(0.0-1.0)

파드 메트릭을 수집하기 위한 PromQL은 다소 복잡해 보이지만 실제로는 그리 어렵지 않습니다. 네임스페이스와 파드에 All이라는 변수가 선택되면 .+ 정규 표현식이 값으로 들어가므로 =~를 사용해 이를 인식하게 합니다. 그리고 container 레이블이 없는 메트릭은 파드 내에 있는 컨테이너의 총 CPU 사용 시간을 나타냅니다. 따라서 이를 포함하면 2배의 CPU 사용률이 계산되므로 != 를 사용해 제외합니다. 설정이 끝나면 오른쪽 상단에 있는 **Apply** 버튼을 눌러 적용합니다. 대시보드에 생성된 **Pod CPU 사용률** 패널을 확인합니다.

14. **Add panel** > **+ Add new panel** 버튼을 순서대로 누릅니다. **Pod 메모리 사용량** 패널을 설정하기 위해 다음의 내용을 입력합니다. 설정이 끝나면 **Apply** 버튼을 눌러 적용합니다.

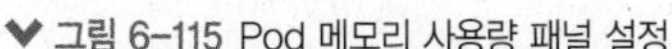
▼ 그림 6-115 Pod 메모리 사용량 패널 설정

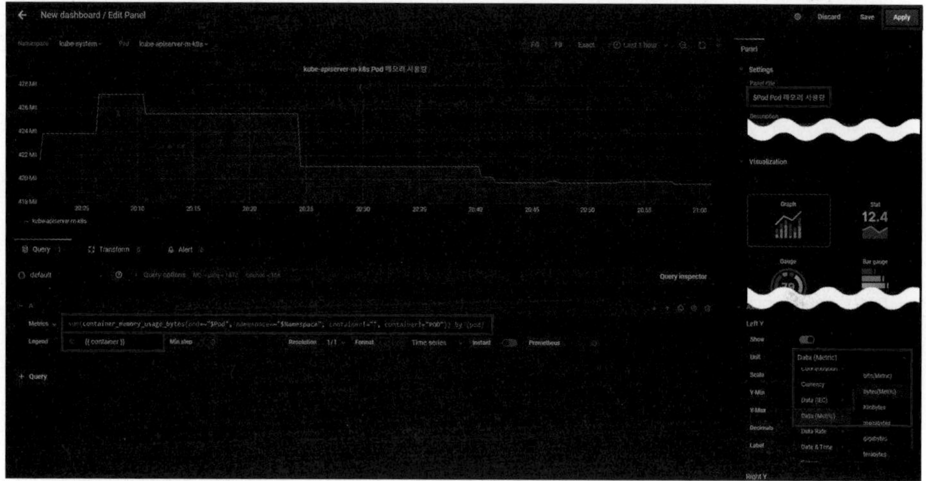

- **패널 제목**: $Pod Pod 메모리 사용량
- **메트릭**: sum(container_memory_usage_bytes{namespace=~"$Namespace", pod=~"$Pod", container!=""}) by (pod)
- **범례**: {{ pod }}
- **Y축 단위**: Data (Metric) → bytes(Metric)

생성된 **Pod 메모리 사용량** 패널을 확인합니다.

15. 다음으로 **API 서버 응답 시간**을 측정하기 위한 패널을 추가합니다. **Add panel** > **+ Add new panel** 버튼을 누릅니다. 패널에 다음 내용을 설정합니다.

▼ 그림 6-116 API 서버 응답 시간 패널 설정

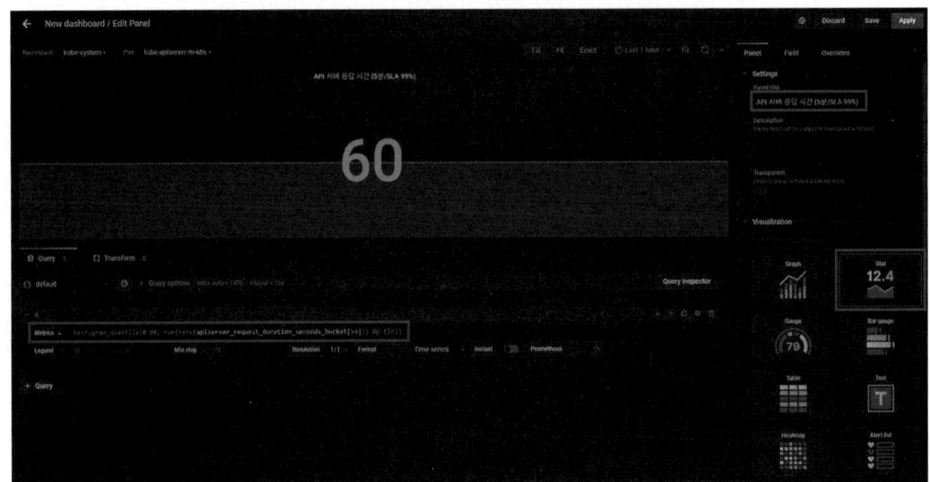

- **패널 제목**: API 서버 응답 시간(5분/SLA 99%)
- **메트릭**: histogram_quantile(0.99, sum(rate(apiserver_request_duration_seconds_bucket[5m])) by (le))
- **시각화**: Stat

설정이 끝나면 패널에 **60**이라는 숫자가 표시됩니다.

Tip SLI, SLO, SLA

사이트 신뢰성 엔지니어링(SRE, Site Reliability Engineering) 영역에서는 서비스 수준 지표(SLI, Service Level Indicator)를 기준으로 서비스 수준 목표(SLO, Service Level Objective)를 산정할 수 있습니다. 예를 들어 API 서버에 대한 요청부터 응답 시간(SLI)이 2분 이내여야 한다는 목표(SLO)가 있다면 응답 시간 5분 지연 시 월 서비스 사용료에서 2%를 할인한다는 서비스 수준 계약(SLA, Service Level Agreement)을 체결할 수 있습니다. SLA를 적용함으로써 서비스 제공자는 서비스의 범위를 정할 수 있고, 사용자는 SLA를 기준으로 서비스 품질을 정량적으로 측정할 수 있습니다.

16. 60이 초를 나타냄을 알 수 있게 단위를 넣습니다. 패널 탭 오른쪽의 필드 탭에서 Standard options 항목의 Unit을 **Time** > **seconds(s)**로 설정합니다. 해당 값이 **60초 이상**일 때 그라파나에서 자동으로 계산해 분(minutes)으로 변경합니다.

▼ 그림 6-117 측정 단위를 초로 설정하기

17. 측정 단위가 분으로 자동 변경되면 그라파나에서는 현재 표시되는 값을 1에 매핑돼 있는 Good 문자열로 변경합니다. 따라서 정확한 표현을 위해 그림처럼 매핑돼 있는 1과 0에 대한 설정을 모두 삭제합니다. 현재 매핑돼 있는 값인 1과 0은 기본으로 제공되는 값이 아니라 노드 상태에서의 설정한 상태 값을 기억하고 있어서 생기는 문제입니다. 2개의 값을 삭제하고 나면 Apply 버튼을 눌러서 현재의 설정을 적용합니다.

▼ 그림 6-118 상태 값 설정 삭제

18. 생성된 API **서버 응답 시간** 패널을 확인하고 마지막 패널인 **Pod 상태 확인** 패널을 추가합니다(Add panel > + Add new panel 버튼 누르기).

▼ 그림 6-119 생성된 API 서버 응답 시간 패널 확인하고 새로운 패널 추가하기

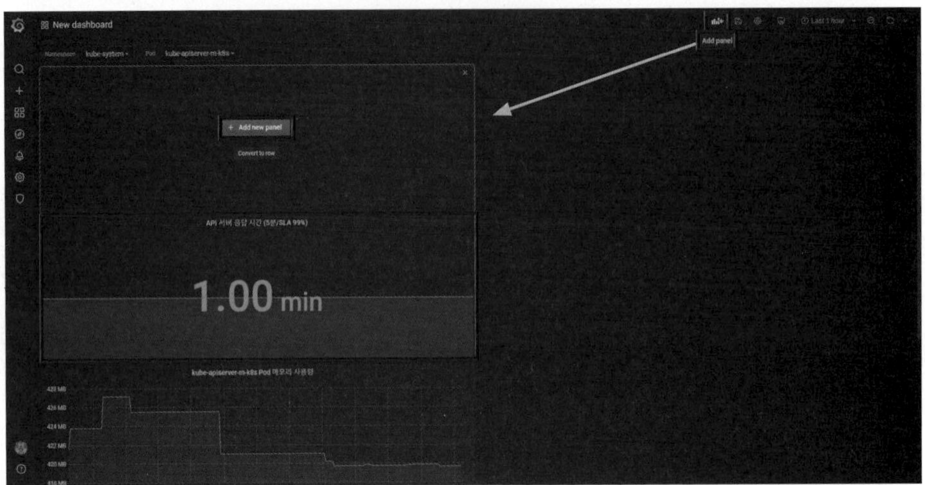

19. Pod **상태** 패널을 다음과 같이 설정합니다.

▼ 그림 6-120 Pod 상태 패널 설정

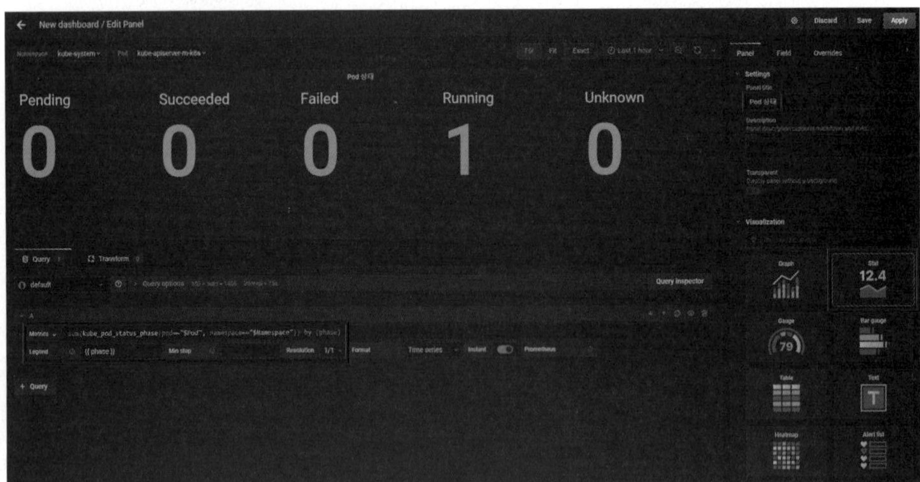

- **패널 제목**: Pod 상태
- **메트릭**: sum(kube_pod_status_phase{pod=~"$Pod", namespace=~"$Namespace"}) by (phase)

- **범례**: {{ phase }}
- **시각화**: Stat

20. 현재도 파드 상태를 확인할 수 있지만, 대시보드의 공간을 적게 소모하기 위해 표시되는 상태 값을 수평으로 나열하겠습니다. Panel 탭의 Display 항목에서 Orientation을 **Horizontal**로 선택하고, **Apply** 버튼을 눌러 설정을 적용합니다.

▼ 그림 6-121 상태 값 수평으로 나열하기

21. 대시보드에서 추가된 **Pod 상태** 패널을 확인합니다.

▼ 그림 6-122 Pod 상태 패널 확인

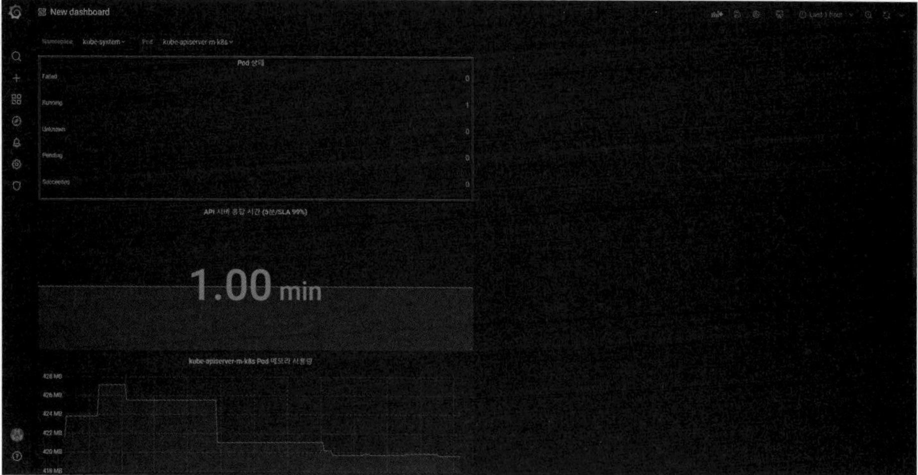

22. 지금까지 만든 4개 패널(Pod CPU 사용률, Pod 메모리 사용량, API 서버 응답 시간, Pod 상태)을 **패널 이동**과 **패널 확대/축소**를 사용해 다음과 같은 형태로 구성한 후 Namespace Metrics 아코디언 메뉴 아래로 옮깁니다.

▼ 그림 6-123 4개 패널 배치

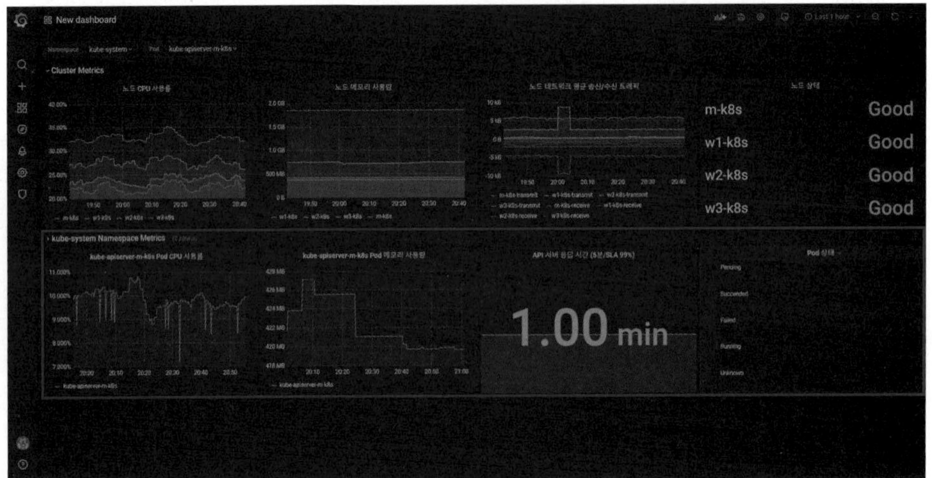

23. 아코디언 메뉴가 제대로 동작하는지 확인합니다. 아코디언 메뉴를 접은 후에 제목 옆에 4 panels라는 문구가 보이면 다시 아코디언 메뉴를 눌러 패널들을 볼 수 있게 펼칩니다.

▼ 그림 6-124 이동한 아코디언 메뉴 접기

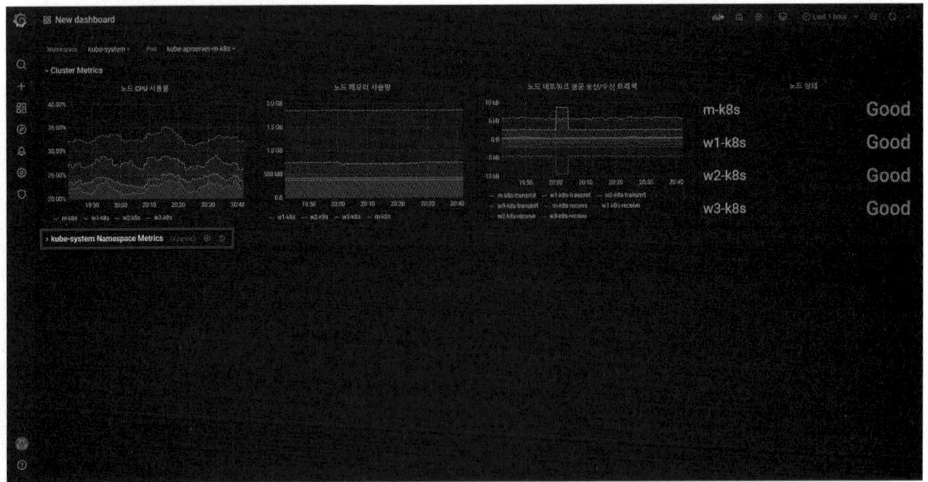

24. 변수가 정상적으로 선택되고 동작되는지도 확인합니다. 변수 선택 상자에서 Namespace는 default를, 파드는 All을 고르고, 이에 해당하는 파드들이 시각화되는지 확인합니다.

▼ 그림 6-125 변수 선택 후 시각화 확인하기

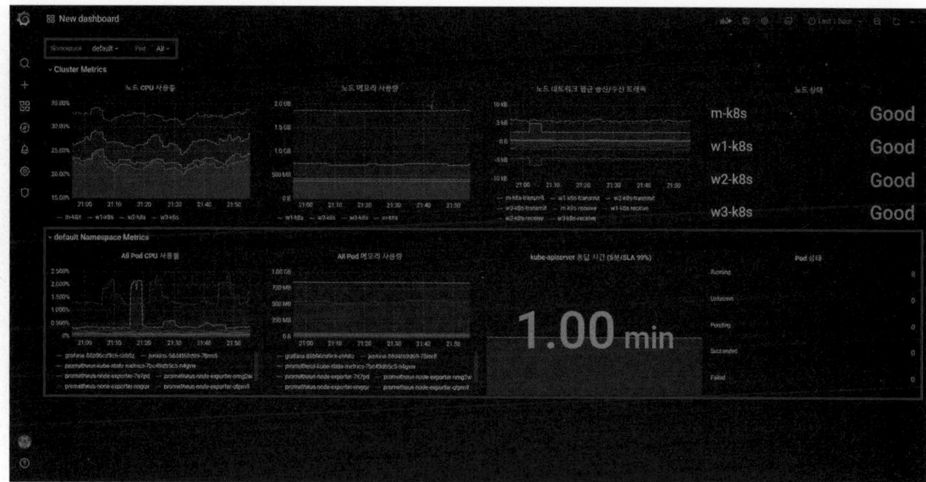

25. 오른쪽 상단에 있는 Save dashboard(대시보드 저장) 버튼을 누릅니다. 대시보드 이름을 **쿠버네티스 클러스터 모니터링**으로 입력하고 Save 버튼을 눌러 현재 대시보드 설정을 저장합니다.

▼ 그림 6-126 대시보드 이름 입력하고 저장하기

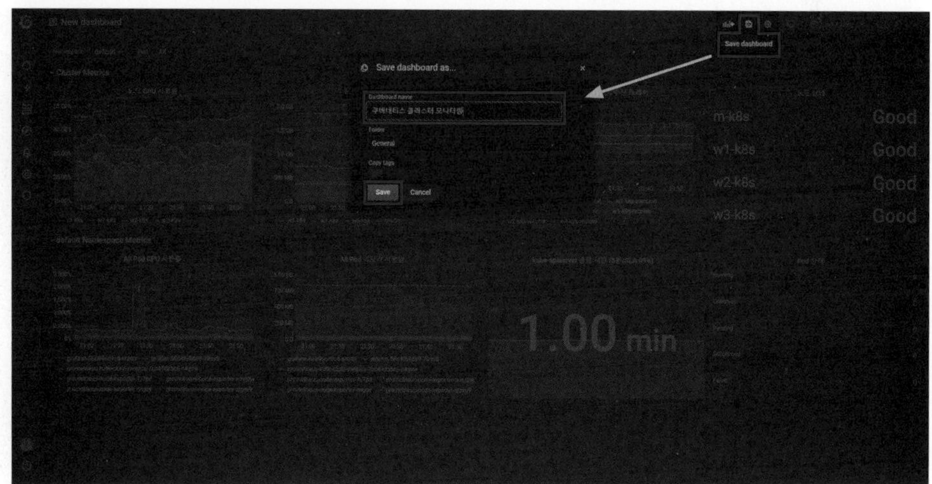

26. 대시보드가 저장됐다는 메시지를 확인하면 왼쪽 상단에 그라파나 로고를 클릭해 그라파나 홈 화면으로 돌아갑니다.

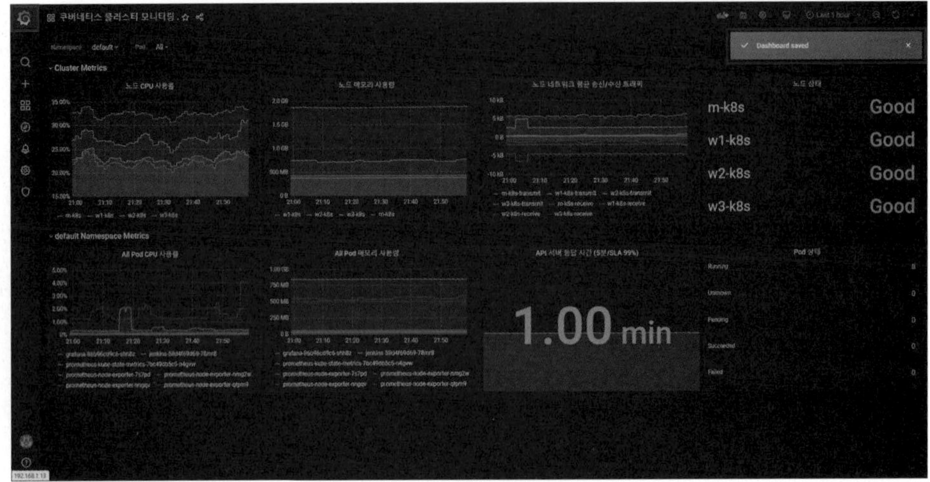

▼ 그림 6-127 대시보드 저장 확인

27. 그라파나 홈 화면에서 **쿠버네티스 클러스터 모니터링** 대시보드를 확인하고, 제목을 눌러 다시 대시보드에 진입합니다.

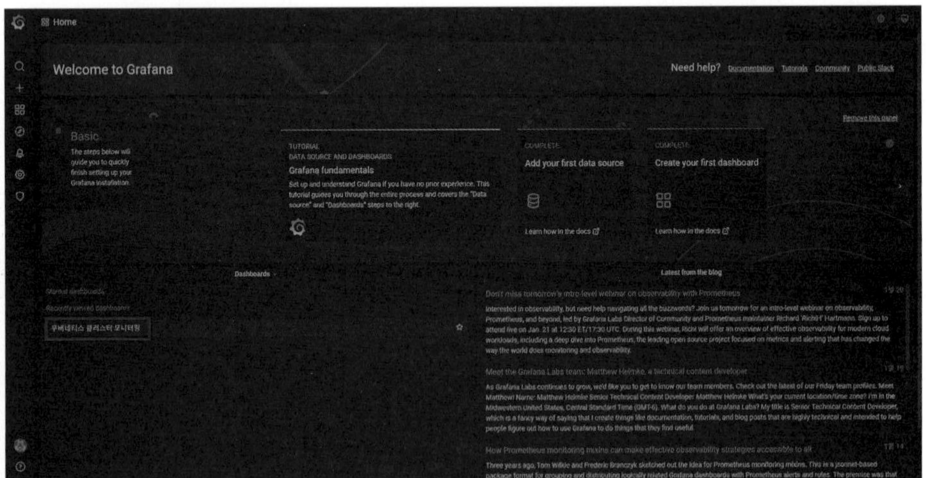

▼ 그림 6-128 홈 화면에 보이는 저장된 대시보드

28. 대시보드에 진입하면 해당 시점에 메트릭 데이터들을 시각화하는지 화면에 표시되는 수집 시간을 확인합니다.

▼ 그림 6-129 대시보드 진입 시점에 메트릭 데이터가 시각화되는지 확인

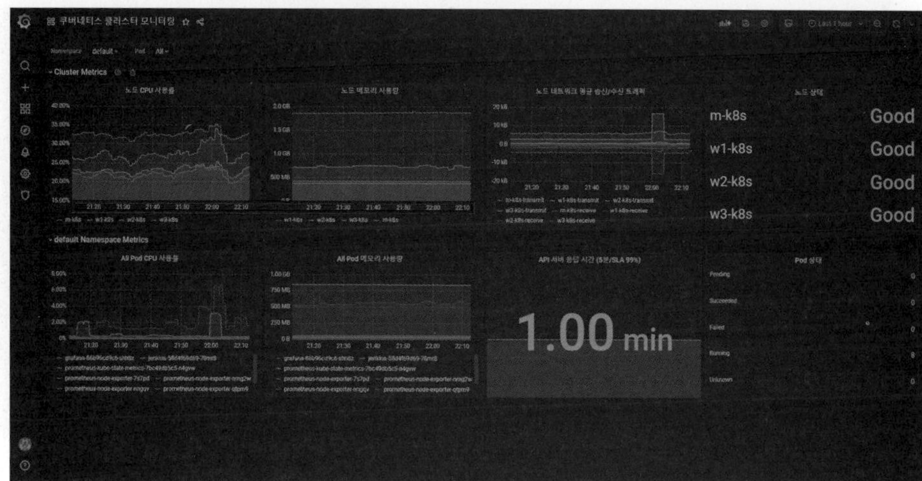

29. 현재의 대시보드는 메트릭 데이터를 주기적으로 수집하지 않습니다. 따라서 주기적으로 수집되는 메트릭 데이터를 보고 싶다면 오른쪽 상단에 있는 Refresh dashboard(대시보드 새로고침)버튼 옆의 드롭다운 메뉴를 눌러 원하는 **수집 주기**를 선택합니다. 한 번만 수집하고 싶다면 Refresh dashboard 버튼을 누르면 됩니다.

▼ 그림 6-130 메트릭 수집 주기 선택하기

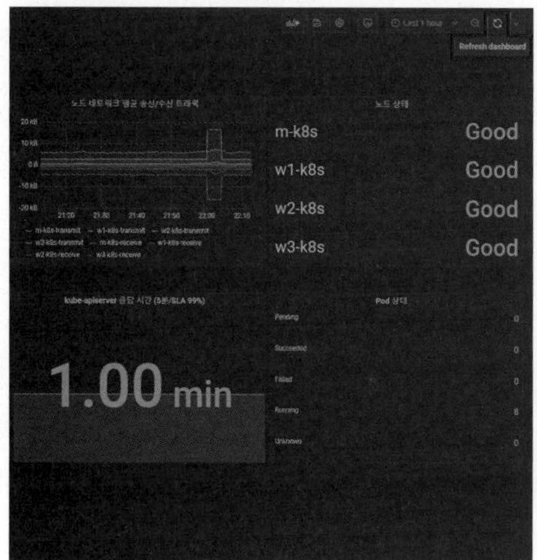

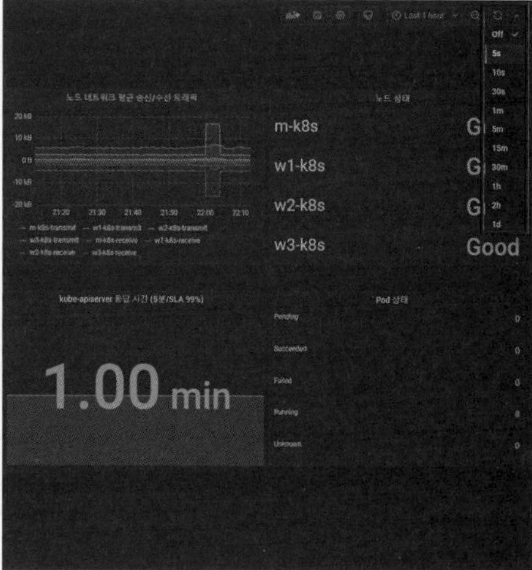

30. 수집 주기가 변경됐는지 확인하고 다음 진행을 위해 그라파나 홈 화면으로 돌아갑니다.

▼ 그림 6-131 수집 주기가 5초로 변경된 대시보드

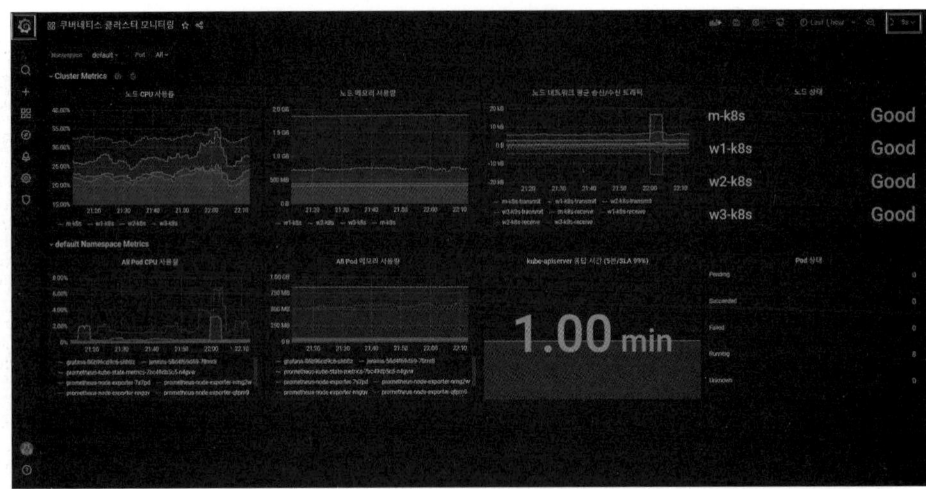

그라파나를 설치하고 그라파나 대시보드를 구성해 봤습니다. 대시보드는 일반적으로 큰 화면에 띄우고 모니터링하지만, 사람이 항상 지켜볼 순 없습니다. 경보 시스템이 있어서 이상 징후를 감지하고 알려줄 수 있다면 매우 유용하겠죠? 다음 절에서는 마지막으로 경보 시스템을 추가해 보겠습니다.

CONTAINER INFRASTRUCTURE

6.5 좀 더 견고한 모니터링 환경 만들기

프로메테우스와 그라파나로 쿠버네티스 시스템을 모니터링하는 방법은 간편하고 효과적입니다. 여기서 한걸음 더 나아가 보겠습니다. 그라파나 대시보드를 사람이 항상 관찰할 수 없으니 시스템에서 이상 신호를 감지하고 메시지를 받게 하겠습니다. 또한 대시보드를 다른 사용자에게 전달해 그라파나 대시보드와 패널을 작성하는 방법을 알지 못해도 바로 사용할 수 있게 합니다. 마지막으로 '수레바퀴는 다시 만들지 않는다'를 다시 한 번 새기며, 만들어진 대시보드를 추가해 바로 사용할 수 있는 방법을 알아보겠습니다.

▼ 그림 6-132 시각화 활용법 3가지

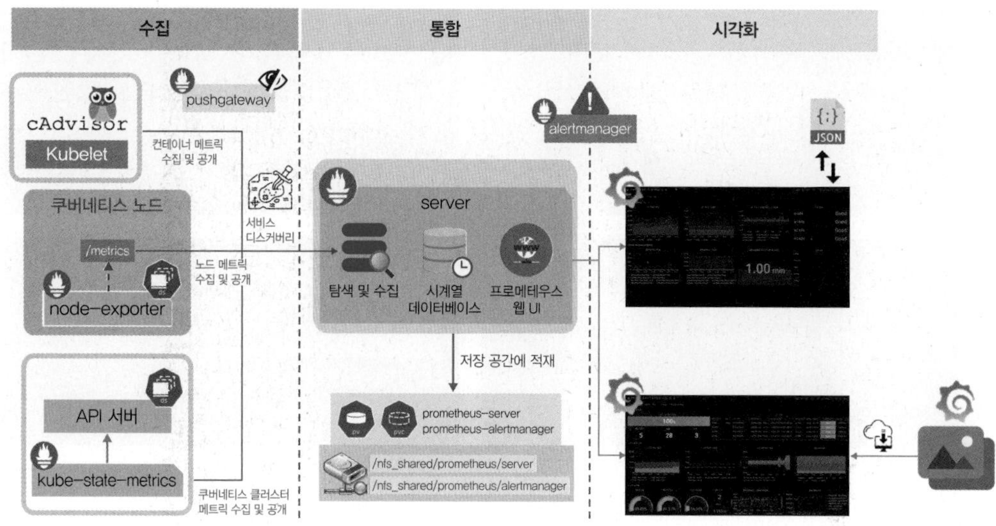

6.5.1 얼럿매니저로 이상 신호 감지하고 알려주기

대시보드는 설정된 모든 상태를 확인할 때에는 효율적인 도구이지만, 특정 내용을 감지해서 따로 알려주지 않기 때문에 직접 확인해야 하는 비효율적인 면이 있습니다. 현재 시스템에서 사용자가 이상 신호가 담긴 경보 메시지를 받으려면 **그라파나의 얼럿 메뉴** 또는 **프로메테우스의 얼럿매니저**로 수신해야 합니다. 그라파나 얼럿 메뉴는 **오직 시각화 그래프에만 존재**하기 때문에 제한적으로 사용해야 하고, 메시지를 다양한 형태로 보낼 수 없다는 단점이 있습니다. 따라서 이 책에서는 프로메테우스의 얼럿매니저로 경보 메시지를 받겠습니다.

▼ 그림 6-133 그라파나의 얼럿 메뉴

실습: 경보 메시지를 받을 슬랙 앱 설정하기

프로메테우스의 경보 메시지를 받으려면 메시지를 받아줄 **메신저 앱**이 필요합니다. 5장에서 구성한 **슬랙**으로 프로메테우스의 경보 메시지를 받게 구성하는데, 이번에는 슬랙 앱을 설정하면서 동시에 슬랙 채널도 만들겠습니다.

1. 프로메테우스 경보 메시지를 받기 위한 구성을 시작합니다. 슬랙을 열고 상단의 워크스페이스 설정 메뉴를 누릅니다. **설정 및 관리** > **앱 관리** 메뉴를 선택합니다.

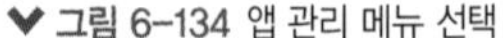

▼ 그림 6-134 앱 관리 메뉴 선택

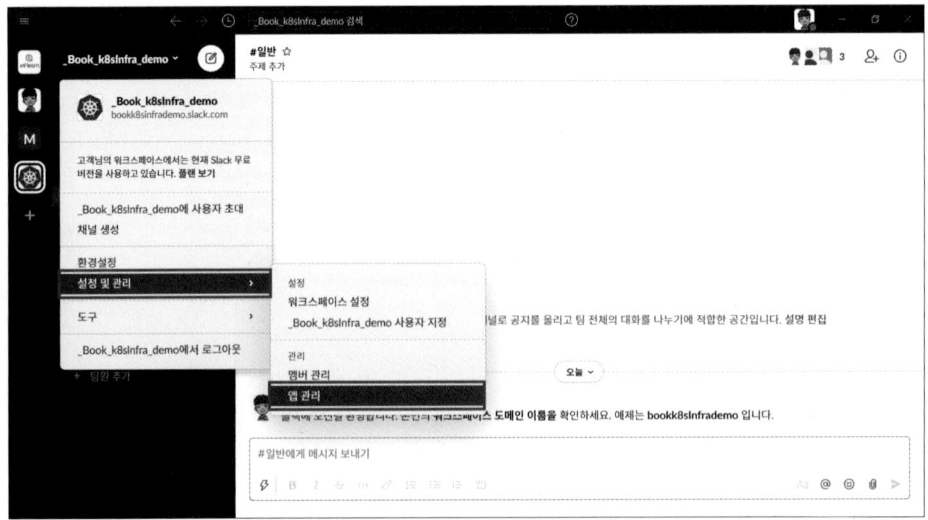

2. 슬랙 앱의 검색 창에 webhook을 입력합니다. **웹훅**(슬랙에서는 웹후크라고 통칭)은 경보 또는 CI 시작과 같은 특정 이벤트가 발생할 때 발생한 이벤트를 지정한 대상에 전달하는 앱입니다.

▼ 그림 6-135 슬랙 앱에서 webhook 검색

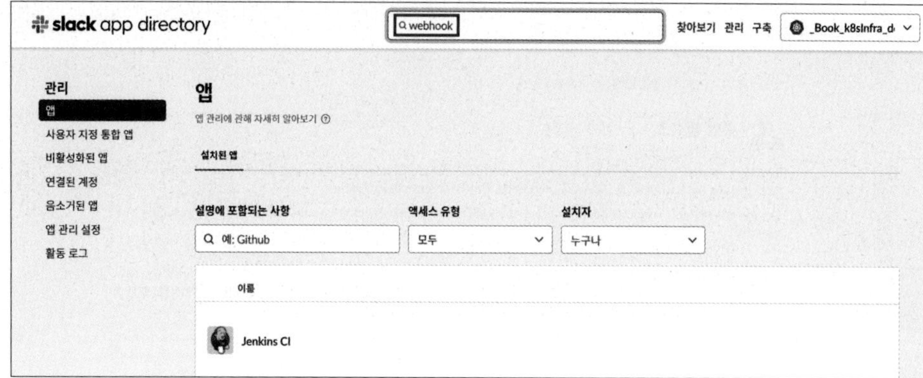

3. 검색된 슬랙 앱 중에서 **수신 웹후크**를 선택합니다.

▼ 그림 6-136 수신 웹후크 선택

4. Slack에 **추가** 버튼을 눌러 수신 웹후크를 슬랙에 추가합니다.

▼ 그림 6-137 슬랙에 수신 웹후크 앱 추가

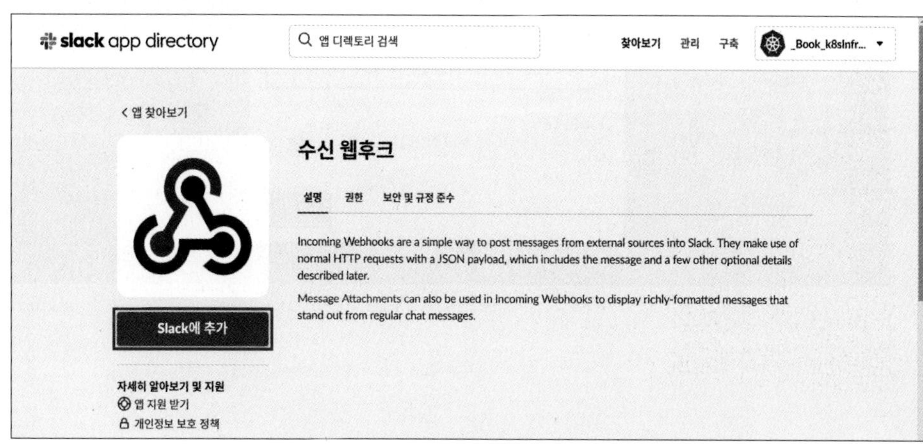

5. 화면 중간쯤에 작게 보이는 **새 채널 생성**을 눌러 수신 웹후크 앱이 보내주는 경보 메시지를 받을 채널을 생성합니다.

▼ 그림 6-138 새 채널 생성

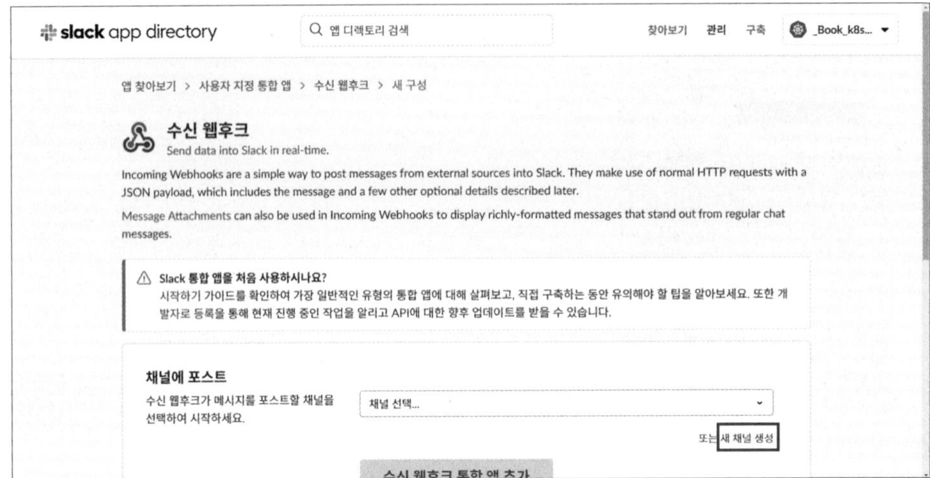

6. 채널 생성에 필요한 정보를 입력하는 대화 상자가 나타납니다. 이름에는 **k8s-node-notice**를, 설명에는 **쿠버네티스 노드의 이상 신호를 알려줍니다.**를 입력합니다. 입력이 끝나면 생성 버튼을 누릅니다.

▼ 그림 6-139 슬랙 채널 생성에 필요한 정보 입력

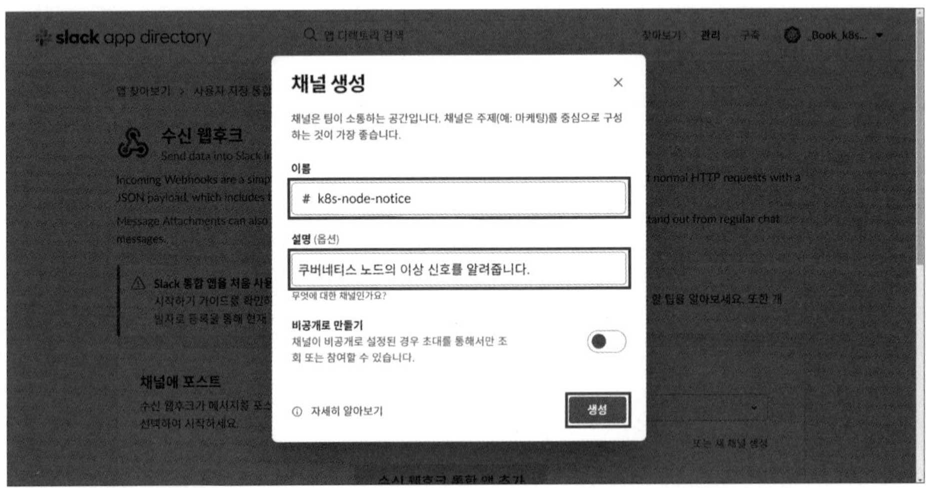

7. 사용자를 추가하고 **완료됨** 버튼을 누릅니다.

▼ 그림 6-140 슬랙 채널에 필요한 사용자 추가

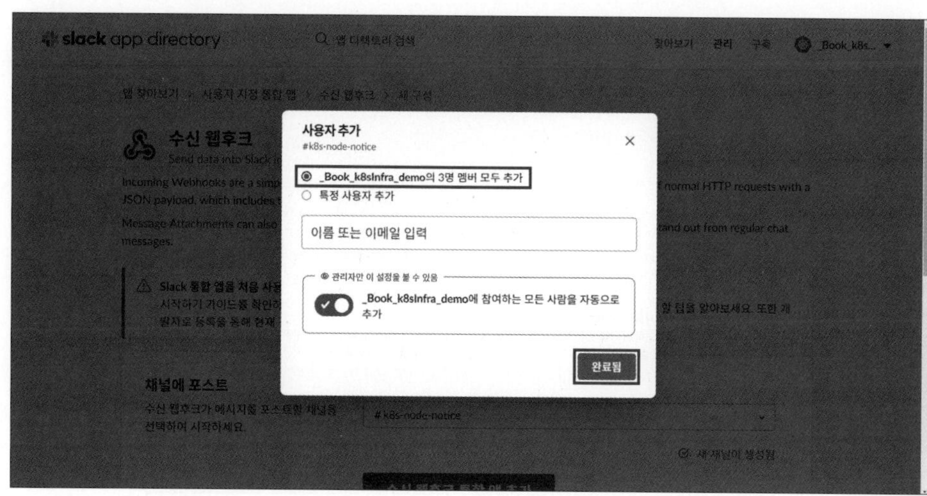

8. '새 채널이 생성됨' 메시지와 추가된 k8s-node-notice 슬랙 채널을 확인합니다. 수신 웹후크 통합 앱 추가 버튼을 눌러 슬랙 앱을 현재 설정한 슬랙 채널인 k8s-node-notice와 연결합니다.

▼ 그림 6-141 생성된 슬랙 채널에 수신 웹후크 통합 앱 추가

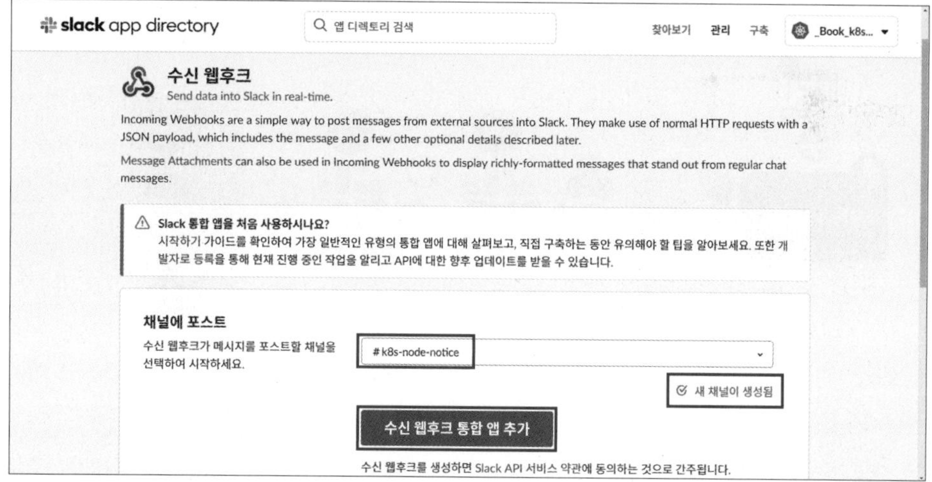

9. 수신 웹후크에 설정된 고유한 **웹후크 URL**을 확인합니다. 웹후크 URL은 사용자 채널마다 모두 다르게 생성됩니다. 얼럿매니저 설정에서 웹후크 URL을 사용하니 메모해 두세요.

▼ 그림 6-142 얼럿매니저 설정에서 사용할 웹후크 URL 확인

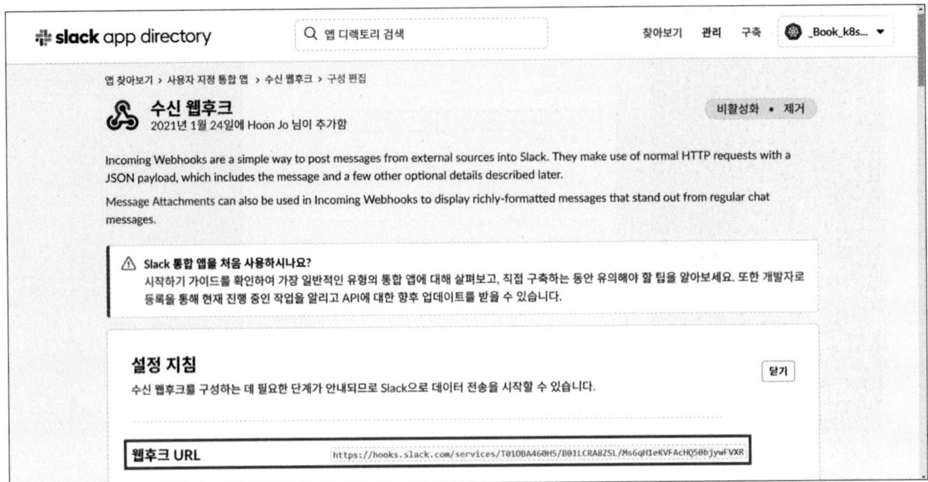

프로메테우스의 얼럿매니저에서 고유의 웹후크 URL로 경보 메시지를 보내면 수신 웹후크에서 해당 경보 메시지를 슬랙 채널로 보내는 구조입니다.

▼ 그림 6-143 얼럿매니저의 경고 메시지를 확인하는 과정

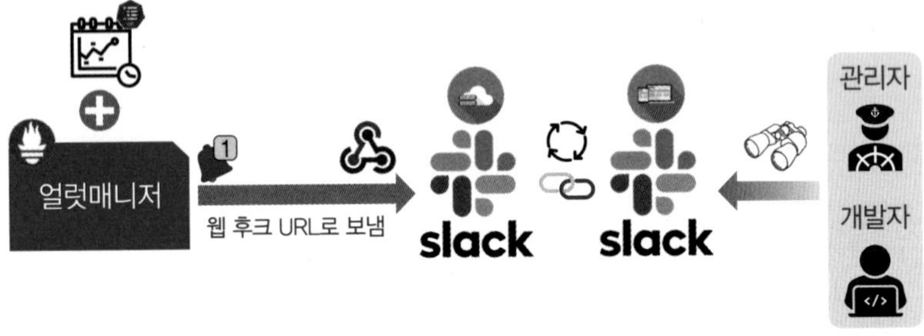

10. 슬랙 앱에서 실제로 경보를 받을 슬랙 채널인 k8s-node-notice가 생성됐는지, 수신 웹후크(incoming-webhook)가 설정됐는지 확인합니다.

▼ 그림 6-144 슬랙 설정 확인

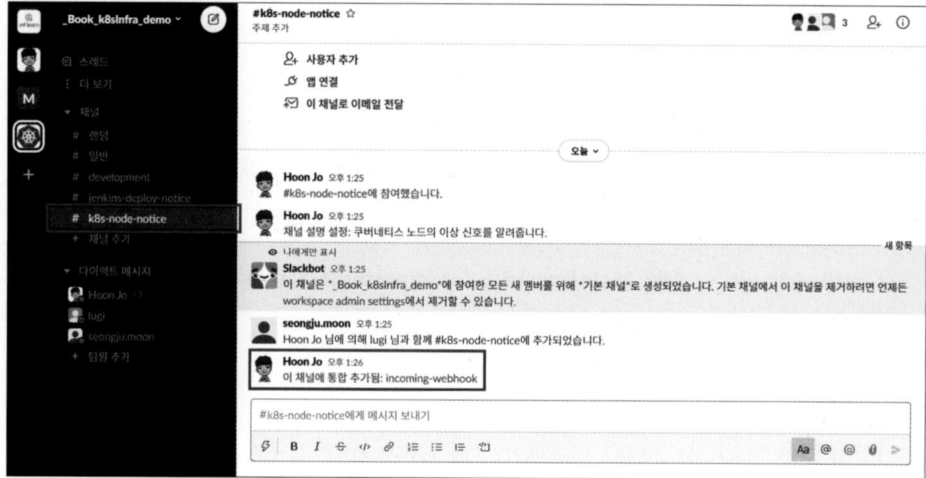

슬랙 설치와 설정을 완료했습니다.

실습: 얼럿매니저 구성하기

다음으로 프로메테우스의 얼럿매니저를 설치하고 구성합니다.

1. 얼럿매니저의 설정은 컨피그맵에서 가지고 오는데, alert-notifier.yaml이라는 이름으로 구성돼 있습니다. 일부 수정할 부분이 있으므로 홈디렉터리 밑에 webhook라는 디렉터리를 새로 만들고, 이곳에 alert-notifier.yaml을 복사합니다.

```
[root@m-k8s ~]# mkdir ~/webhook
[root@m-k8s ~]# cp ~/_Book_k8sInfra/ch6/6.5.1/alert-notifier.yaml ~/webhook/
```

2. 복사한 alert-notifier.yaml에 각자 고유 웹후크 주소를 넣어야 합니다. sed 명령으로 Slack-URL을 슬랙 웹후크 주소로 변경합니다(각자 앞에서 메모해 둔 주소를 입력합니다).

```
[root@m-k8s ~]# sed -i \
's,Slack-URL,https://hooks.slack.com/services/T01DBA460H5/B01LCRA8ZSL/
Ms6qH1eKVFAcHQ50bjywFVXR,g' \~/webhook/alert-notifier.yaml
```

3. 얼럿매니저 설정에 필요한 컨피그맵을 준비했습니다. 슬랙 웹후크 주소를 변경한 alert-notifier.yaml을 실행해 컨피그맵을 만들고 확인합니다.

```
[root@m-k8s ~]# kubectl apply -f ~/webhook/alert-notifier.yaml
configmap/prometheus-notifier-config created
[root@m-k8s ~]# kubectl get configmap prometheus-notifier-config
NAME                         DATA   AGE
prometheus-notifier-config   1      59s
```

4. 얼럿매니저는 프로메테우스와 그라파나처럼 독립적인 설치 공간이 필요합니다. 설정값을 작성해둔 prometheus-alertmanager-preconfig.sh를 실행합니다.

```
[root@m-k8s ~]# ~/_Book_k8sInfra/ch6/6.5.1/prometheus-alertmanager-preconfig.sh
[Step 1/4] Task [Check helm status]
[Step 1/4] ok
[Step 2/4] Task [Check MetalLB status]
[Step 2/4] ok
[Step 3/4] Task [Create NFS directory for alertmanager]
[Step 3/4] Successfully completed
[Step 4/4] Task [Create PV,PVC for alertmanager]
persistentvolume/prometheus-alertmanager created
persistentvolumeclaim/prometheus-alertmanager created
[Step 4/4] Successfully completed
```

▼ 그림 6-145 독립적인 설치 공간이 필요한 얼럿매니저

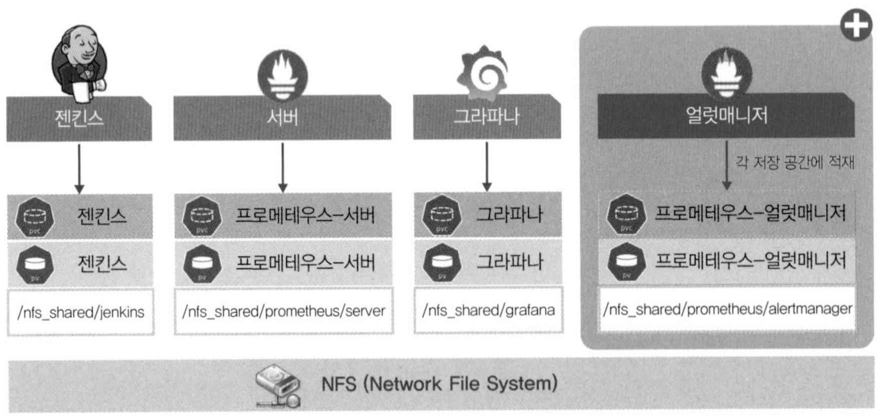

5. 얼럿매니저를 설치하는 데 필요한 구성이 끝나면 헬름 차트로 얼럿매니저를 설치합니다. 설치할 때 upgraded라고 뜨는 부분은 프로메테우스 헬름 차트에서 보면 프로메테우스가 얼럿매니저에 경보 메시지를 보내기 위한 규칙을 설정(업그레이드)하는 과정이고, 프로메테우스에 독립적인 도구인 얼럿매니저에서 보면 실제로는 설치되는 것입니다.

```
[root@m-k8s ~]# ~/_Book_k8sInfra/ch6/6.5.1/prometheus-alertmanager-install.sh
Release "prometheus" has been upgraded. Happy Helming!
NAME: prometheus
LAST DEPLOYED: Sun Jan 24 14:04:11 2021
NAMESPACE: default
STATUS: deployed
REVISION: 2
TEST SUITE: None
[ 생략 ]
```

6. 프로메테우스 서버에 설정된 경보 메시지 전송 규칙을 확인해 보겠습니다. 호스트 노트북(또는 PC)의 브라우저에 192.168.1.12를 입력합니다. Alerts 탭으로 이동해 화면에 보이는 NodeDown 글자를 눌러 그림처럼 경보 메시지 전송 규칙이 입력돼 있는지 확인합니다.

▼ 그림 6-146 프로메테우스 서버에 설정된 경보 메시지 전송 규칙

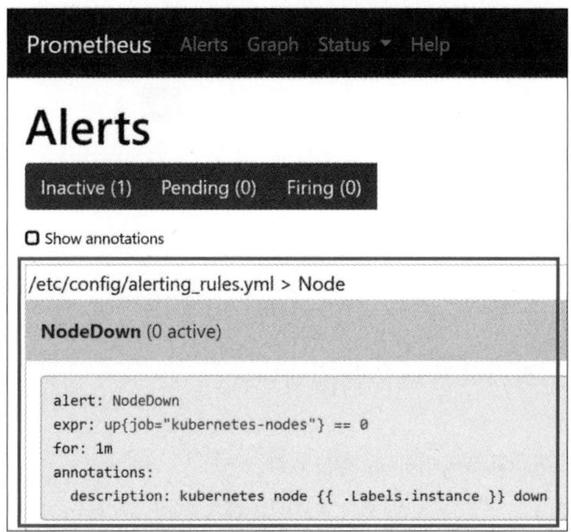

경보 규칙의 각 항목은 다음과 같습니다.

- alert: 경보 메시지를 대표하는 이름
- expr: PromQL 표현식으로 경보 규칙을 설정해 참인 경우 경보 발생
- for: 문제 지속 시간
- annotations: 하위 항목에 필요한 전달 메시지를 주석으로 기록
- description: 사용자 임의 지정 변수로 필요한 경보 내용을 작성할 수 있음

7. 얼럿매니저가 정상적으로 설치됐는지 확인합니다. 먼저 얼럿매니저의 서비스 IP를 확인합니다.

```
[root@m-k8s ~]# kubectl get service prometheus-alertmanager
NAME                    TYPE           CLUSTER-IP      EXTERNAL-IP    PORT(S)        AGE
prometheus-alertmanager LoadBalancer 10.103.143.159 192.168.1.14   80:32340/TCP   23m
```

8. 호스트 노트북(또는 PC)의 웹 브라우저에 확인된 서비스 IP(192.168.1.14)를 입력합니다. 얼럿매니저의 웹 UI가 보이면 경보 메시지를 받지 않은 상태(No alert groups found)인지 확인합니다.

▼ 그림 6-147 얼럿매니저 웹 UI

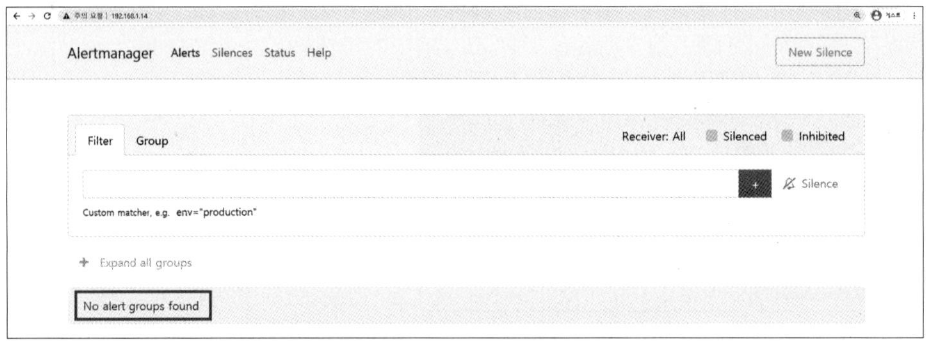

지금까지 설정한 경보 메시지를 받는 과정을 정리하면 다음과 같습니다.

▼ 그림 6-148 쿠버네티스 클러스터에 대한 이상 신호를 감지하고 슬랙 메시지로 받는 과정

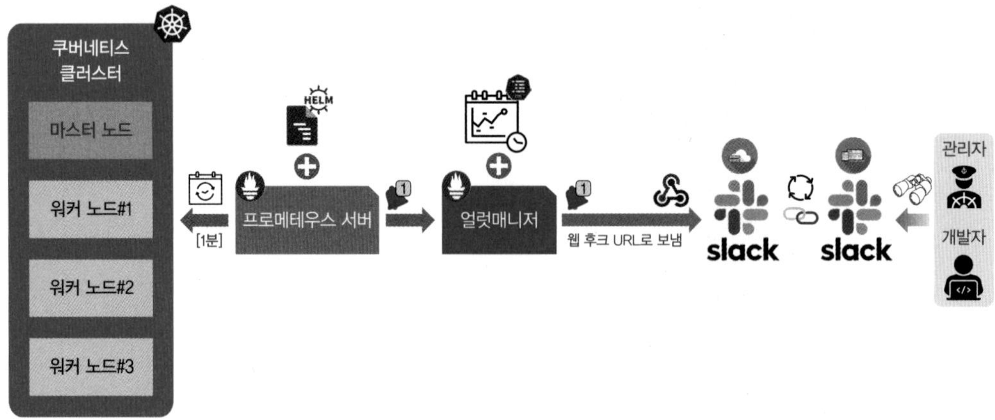

9. 경보 메시지를 받도록 쿠버네티스 노드 중에 하나인 **w3-k8s**의 전원을 끕니다.

▼ 그림 6-149 w3-k8s 전원 끄기

10. 프로메테우스 서버가 쿠버네티스 노드가 종료된 것을 감지해 경보 메시지를 얼럿매니저에 보냅니다. 얼럿매니저는 경보 메시지를 슬랙 웹후크 URL로 보내면 사용자는 슬랙 서버를 통해 슬랙 앱에서 해당 경보 메시지를 확인합니다. 따라서 경보 메시지가 실제로 출력될 슬랙 앱의 k8s-node-notice 채널로 이동해 경보 메시지가 오기를 기다립니다.

▼ 그림 6-150 경보 메시지가 표시될 k8s-node-notice 채널

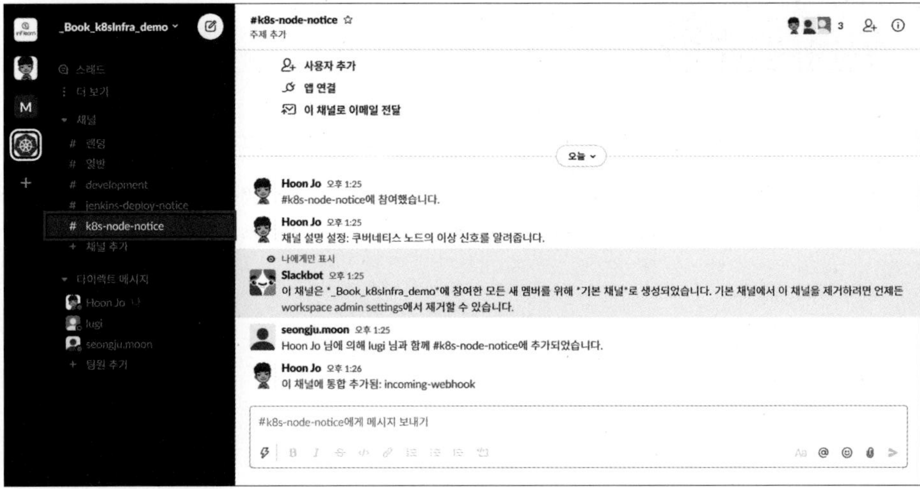

Note 경보 메시지의 출력은 왜 느린가요?

노드가 갑자기 종료되면 쿠버네티스는 노드가 정상적으로 돌아올 때까지 5분 정도 기다리고, 노드가 복구되지 않으면 노드에 존재하던 파드를 종료(Terminating)하고 다시 사용 가능한 노드에 배포합니다. 쿠버네티스 노드를 강제 종료하면 노드 위에 있는 파드들이 정상적으로 동작할 수 없습니다. 종료된 노드에 얼럿매니저나 프로메테우스 서버가 존재한다면 경보 메시지를 받거나 전달하기는 불가능합니다. 따라서 프로메테우스 서버나 얼럿매니저가 종료된 노드에 있다면 파드가 다시 배포될 때가지 기다려야 합니다. 거의 10분 이상 소요되므로 오래 걸린다고 느낄 수밖에 없습니다.

11. 일정 시간이 지난 후에 **쿠버네티스 노드가 중단**(Kubernetes node w3-k8s down)됐다는 경보 메시지가 나오는지 확인하고, 메시지에 있는 [FIRING] NodeDown을 눌러 경보 메시지를 보낸 대상을 확인합니다.

▼ 그림 6-151 쿠버네티스 노드 중단을 알려주는 경보 메시지

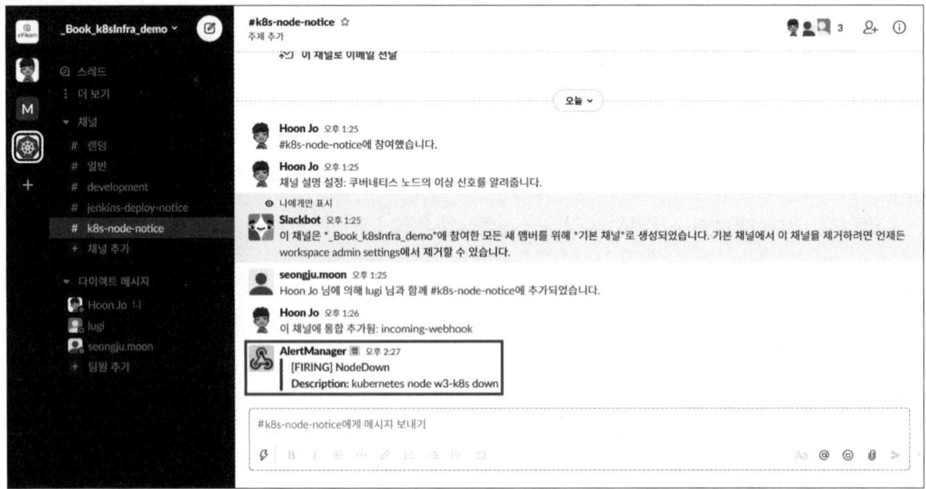

12. [FIRING] NodeDown 메시지를 누르면 얼럿매니저에 접속됩니다. 이는 해당 메시지를 보낸 주체가 얼럿매니저임을 의미합니다. 얼럿매니저의 메뉴 중에서 info 버튼을 누르면 슬랙에 전송된 메시지와 동일한 내용을 확인할 수 있습니다.

그림 6-152 얼럿매니저에 올라온 경보 메시지

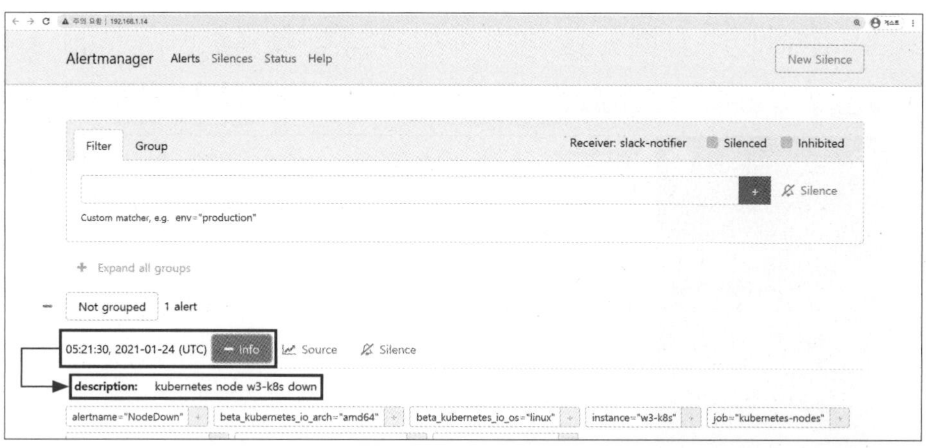

13. 프로메테우스 서버(192.168.1.12)에 접속해 얼럿매니저에 경보 메시지를 보낸 프로메테우스 서버의 상태를 확인합니다. 그리고 Alerts 탭을 누르면 빨간 색의 **NodeDown 경보 메시지**가 보입니다. **Nodedown** 글자를 누르고, **Show annotations**를 체크하면 다음과 같이 발생한 경보 메시지에 대한 세부 정보를 확인할 수 있습니다.

그림 6-153 프로메테우스 서버에 올라온 경보 메시지

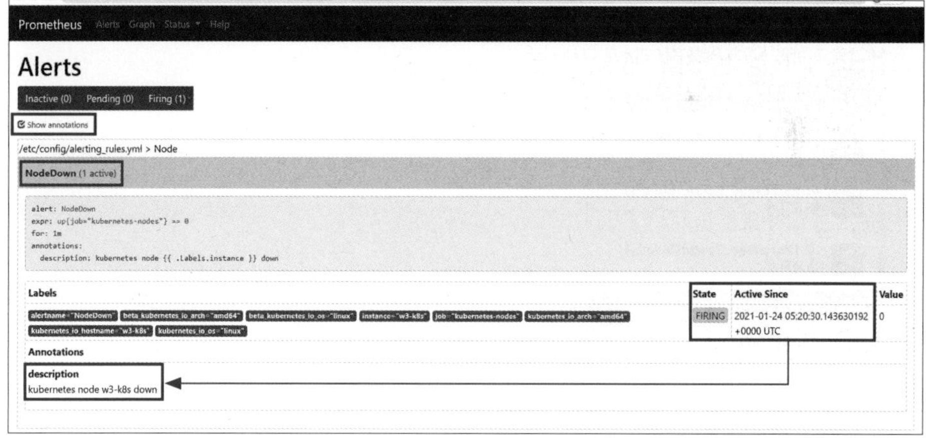

14. 슬랙에 경보 메시지가 주기적으로 오는지 확인합니다. 쿠버네티스 노드가 계속 중단된 상태이므로 프로메테우스 서버에서 이를 인식하고 경보 메시지를 계속 보냅니다.

▼ 그림 6-154 주기적으로 오는 경보 메시지

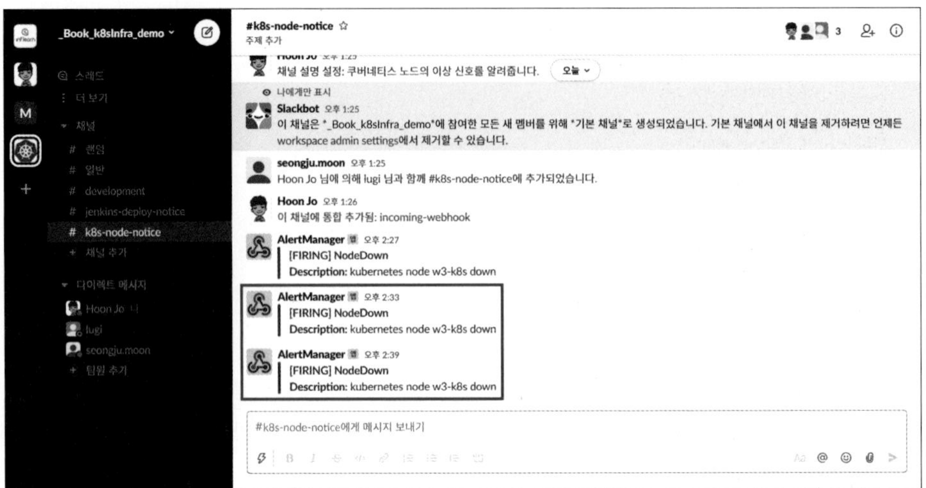

15. 경보 메시지를 더 이상 받지 않으려면 종료했던 w3-k8s를 그림처럼 헤드리스로 다시 시작합니다.

▼ 그림 6-155 w3-k8s를 헤드리스로 다시 시작

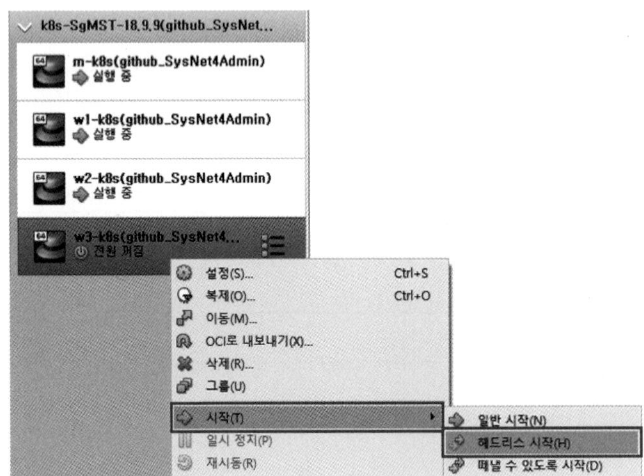

16. w3-k8s 노드를 다시 시작한 후에 슬랙에 **노드 중단 해결([RESOLVED] NodeDown)** 메시지가 출력되는지 확인합니다. 추가로 얼럿매니저의 상태를 확인하기 위해 출력된 메시지를 클릭합니다.

▼ 그림 6-156 쿠버네티스 노드 중단 해결을 알려주는 메시지

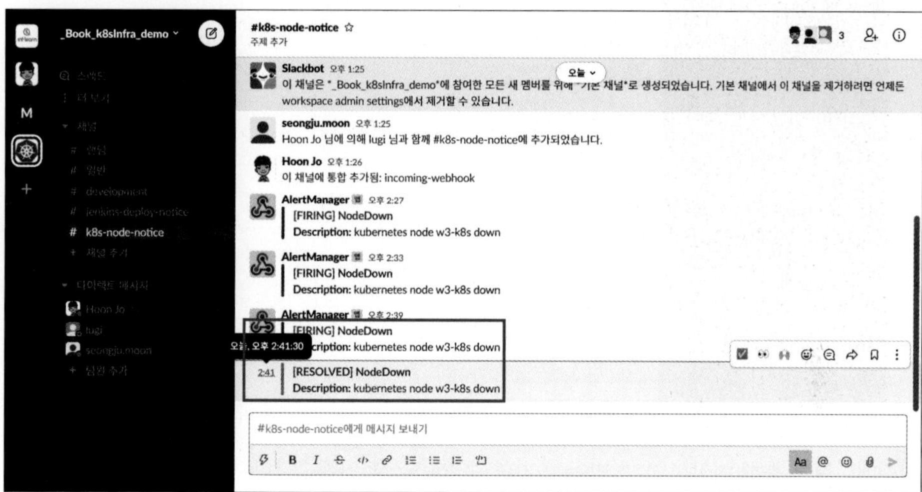

17. 슬랙 메시지로 얼럿매니저의 상태를 확인하면 아무런 경보 메시지도 없습니다. 즉, 문제가 해결됐습니다.

▼ 그림 6-157 얼럿매니저에 경보 메시지가 없음

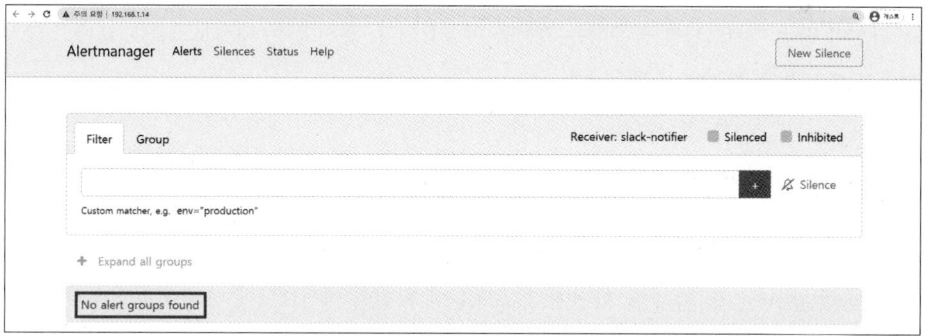

18. 경보 메시지가 더이상 들어오지 않는지 일정 시간 동안 슬랙 채널을 모니터링합니다.

▼ 그림 6-158 문제가 해결된 후 경보 메시지가 들어오지 않는지 확인

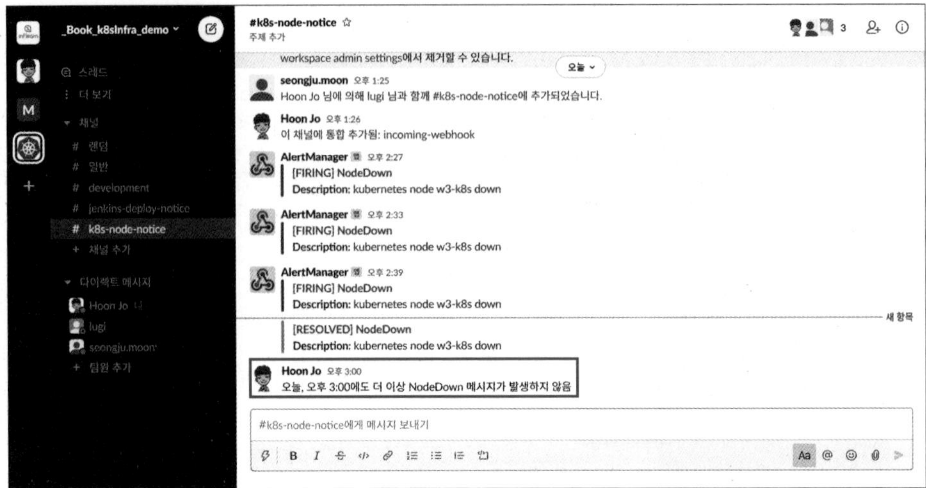

얼럿매니저를 통해 이상 신호를 받아 조치할 수 있음을 확인했습니다.

6.5.2 내가 만든 대시보드 공유하기

이번에는 지금까지 만든 대시보드를 다른 사용자에게 전달하는 방법을 알아보겠습니다. 그라파나는 자신이 만든 대시보드를 공유하는 기능을 제공합니다. 앞서 만든 대시보드를 내보내고 다시 가져와서 이 기능을 확인해 보겠습니다.

실습: 다른 사용자에게 대시보드 공유하기

1. 대시보드를 내보내는 대상으로 6.4절에서 만든 **쿠버네티스 클러스터 모니터링** 대시보드를 사용하겠습니다. 그라파나 홈 화면에 가서 최근에 확인한 대시보드에 나타난 쿠버네티스 클러스터 모니터링 대시보드를 누릅니다.

▼ 그림 6-159 최근에 확인한 대시보드로 이동하기

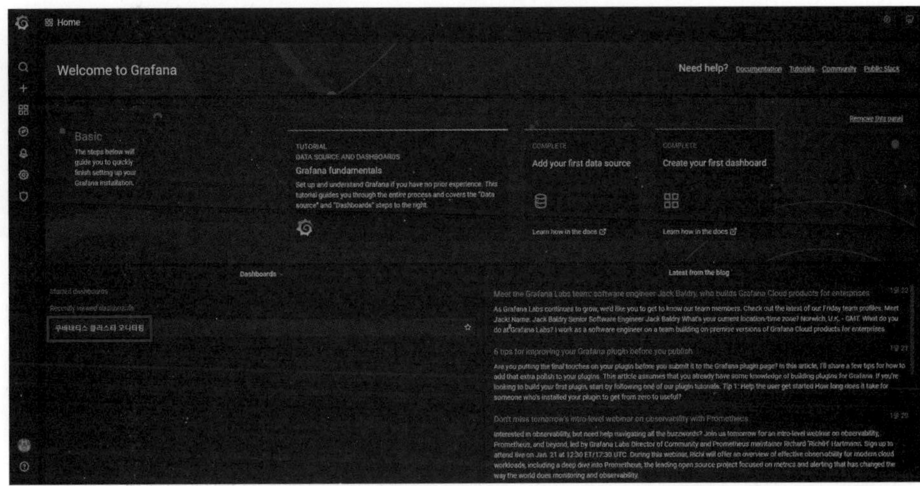

2. 대시보드로 이동해서 화면 왼쪽 상단에 있는 **Share dashboard**(대시보드 공유하기) 메뉴를 누릅니다.

▼ 그림 6-160 Share dashboard 메뉴 선택

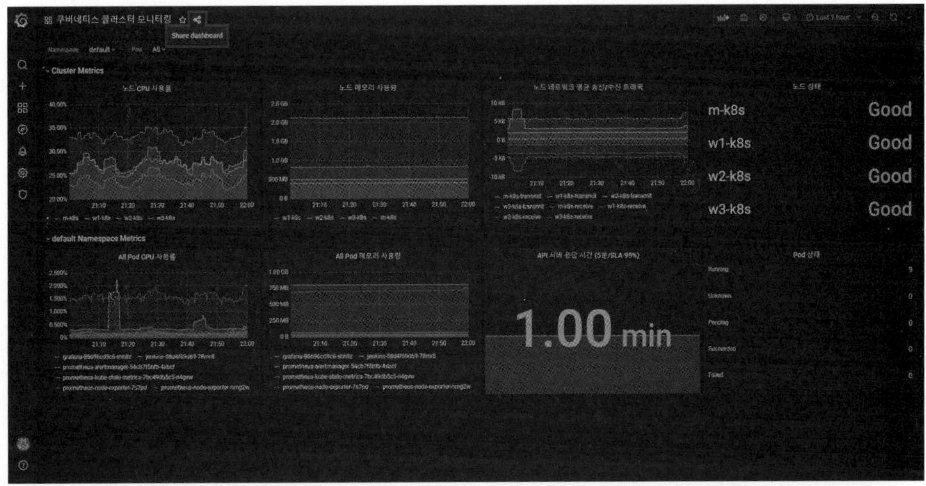

3. Export 탭에서 **Save to file** 버튼을 눌러 대시보드의 JSON 파일을 내려받습니다.

▼ 그림 6-161 대시보드의 JSON 파일 내려받기

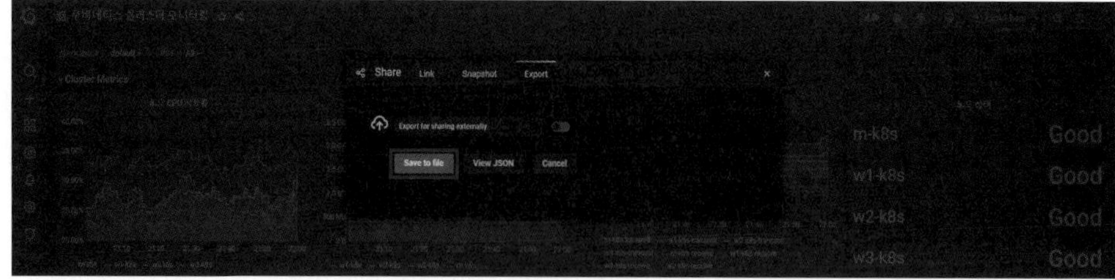

Share dashboard 메뉴에는 3가지 탭이 있는데, 각 탭은 다음 역할을 담당합니다.

- **Link**: 다른 사용자가 대시보드에 접속할 수 있는 링크 주소와 옵션이 있습니다.
- **Snapshot**: 대시보드의 현재 상태를 저장해 대시보드에 접근할 수 없는 곳에서 확인할 수 있습니다.
- **Export**: 대시보드를 JSON 파일로 내보냅니다. 내보낸 JSON 파일은 그라파나 대시보드 저장소에 올리거나 다른 사용자에게 JSON 파일 형태로 전달할 수 있습니다. 이때 **Export for sharing externally** 스위치를 활성화하면 다른 사람이 만든 대시보드를 가져올 때 데이터 소스를 선택할 수 있습니다. 현재 데이터 소스는 프로메테우스로 고정돼 있기 때문에 활성화하지 않았습니다.

4. 내려받은 JSON 파일을 확인하고 다른 사용자에게 전달합니다. 현재 다른 사용자가 존재하지 않으므로 현재의 대시보드를 지우고 다시 불러와 다른 사용자의 대시보드 설정을 그대로 가져올 수 있는지 확인해 보겠습니다. 화면 오른쪽 상단에 톱니바퀴 모양의 **Dashboard settings**(대시보드 설정) 메뉴를 누릅니다.

▼ 그림 6-162 대시보드 설정 메뉴 이동

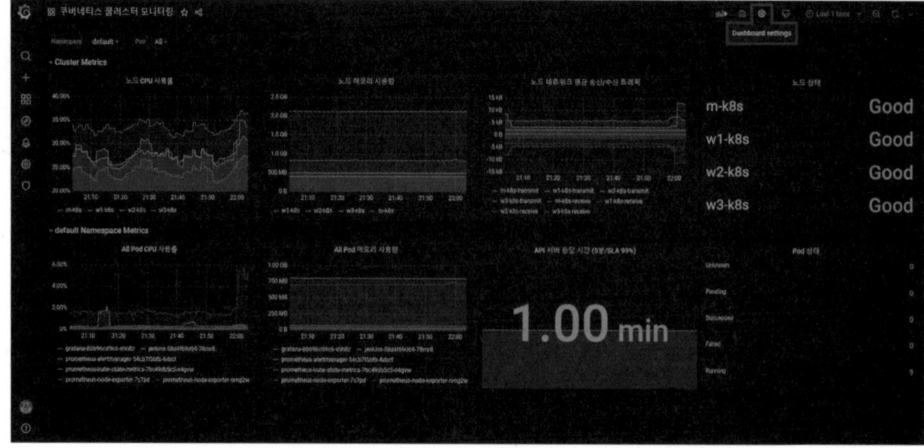

5. 대시보드 설정 창에서 Delete Dashboard > Delete 버튼을 순서대로 눌러 대시보드를 삭제합니다.

현재 대시보드를 복구할 수 없으니 JSON 파일을 내려받았는지 꼭 확인하고 진행하기 바랍니다.

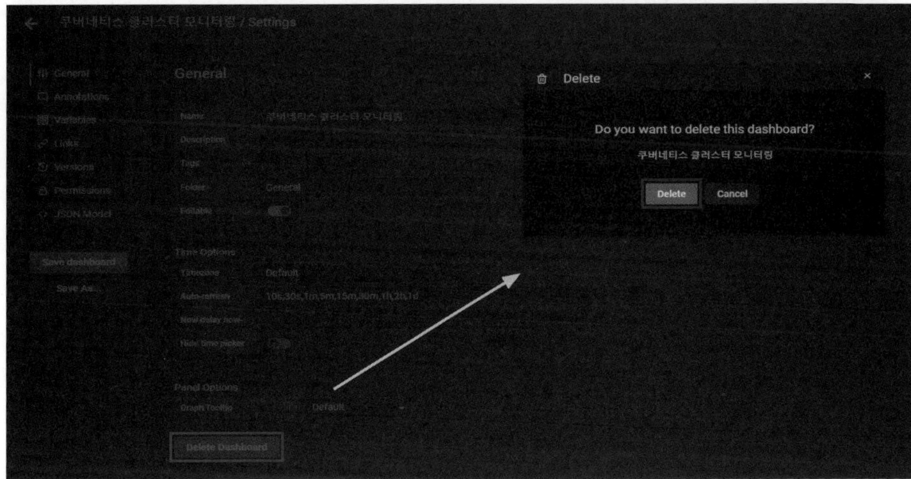

▼ 그림 6-163 대시보드 삭제

6. 대시보드가 삭제되면 오른쪽 상단에 삭제 완료 안내 메시지가 출력되고 그라파나 홈 화면으로 이동됩니다. 홈 화면 왼쪽에 있는 메뉴 중에서 + > Import를 선택합니다.

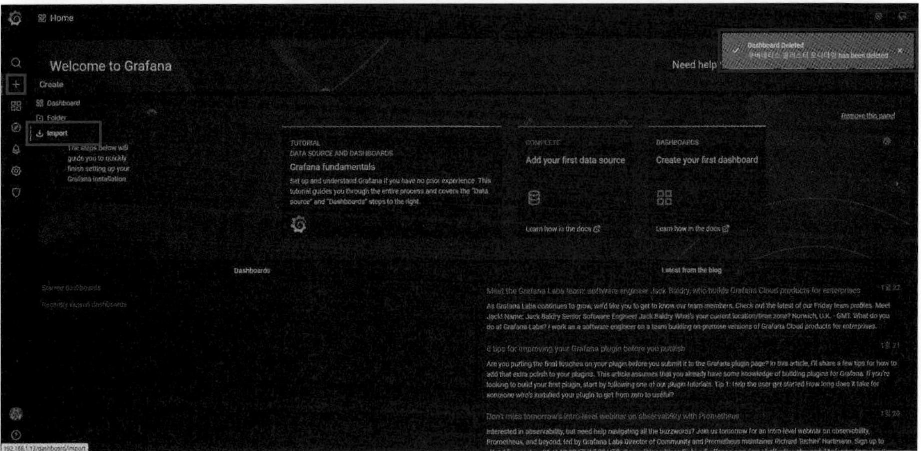

▼ 그림 6-164 대시보드 삭제 완료 후 Import 메뉴 선택

7. Import 메뉴에서 **Upload .json file** 버튼을 누릅니다. 내려받은 JSON 파일을 선택하고 **열기** 버튼을 누릅니다.

▼ 그림 6-165 내려받은 JSON 파일 불러오기

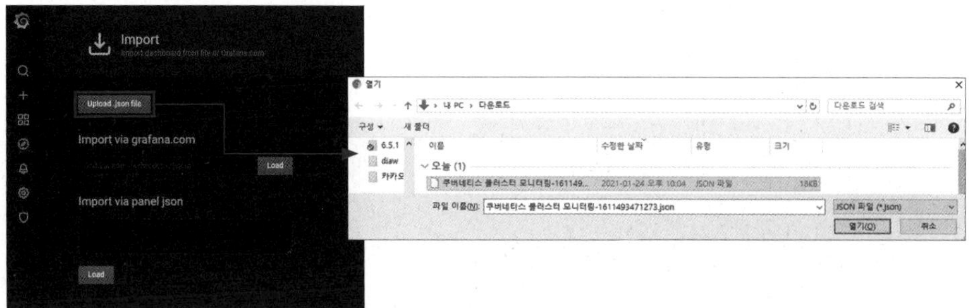

8. JSON 파일로 입력된 대시보드의 이름이 내려받은 대시보드의 이름(쿠버네티스 클러스터 모니터링)과 같은지 확인하고 **Import** 버튼을 눌러 대시보드를 불러옵니다.

▼ 그림 6-166 대시보드 확인하고 가져오기

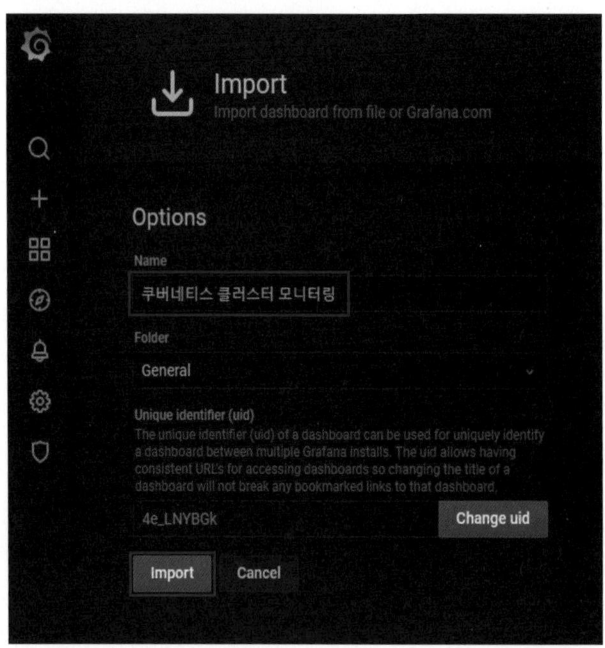

9. JSON 파일로 생성된 대시보드 패널들이 정상 동작하는지, 현재 시각으로 메트릭을 수집해 오는지 확인합니다.

▼ 그림 6-167 내려받은 JSON 파일로부터 불러온 대시보드

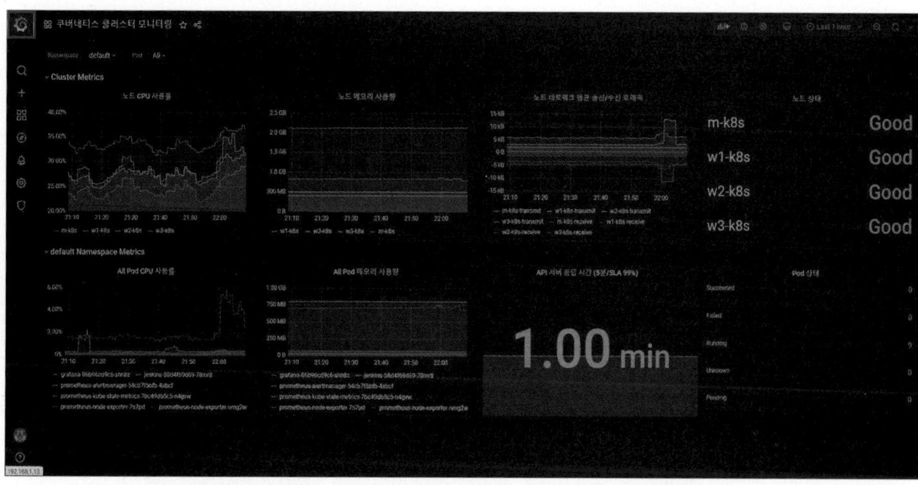

직접 만든 대시보드를 공유하는 것도 좋지만, 다른 사람이 이미 만들어 놓은 대시보드가 있다면 이를 활용하는 것이 더 좋은 방법일 수도 있습니다. 이어서 확인해 보겠습니다.

6.5.3 다른 사람이 만든 대시보드 가져오기

그라파나를 만든 그라파나 랩스에는 사용자가 만든 대시보드를 공유하는 기능이 있어서 다른 사용자가 만든 대시보드를 자신의 그라파나에 추가할 수 있습니다. 이 기능을 사용해 보겠습니다.

실습: 공유된 대시보드 사용하기

1. 호스트 노트북(혹은 PC)의 웹 브라우저에서 그라파나 랩스 홈페이지(https://grafana.com)에 접속합니다. Grafana 탭에 있는 **Dashboards** 메뉴를 누릅니다.

▼ 그림 6-168 그라파나 공식 홈페이지

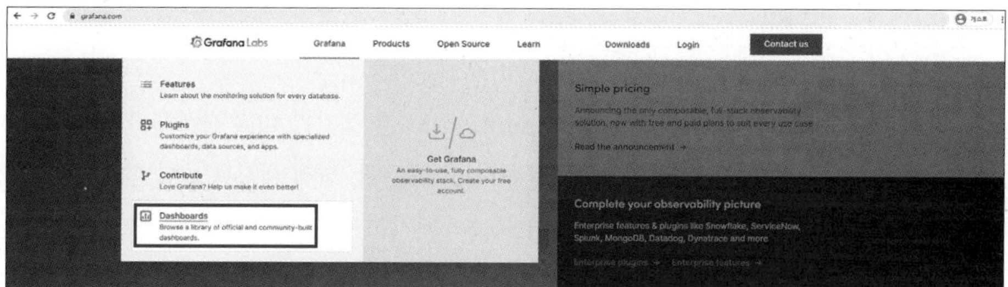

2. 그라파나의 공식 대시보드와 커뮤니티(사용자 포함) 대시보드가 공유되는 페이지로 이동합니다.

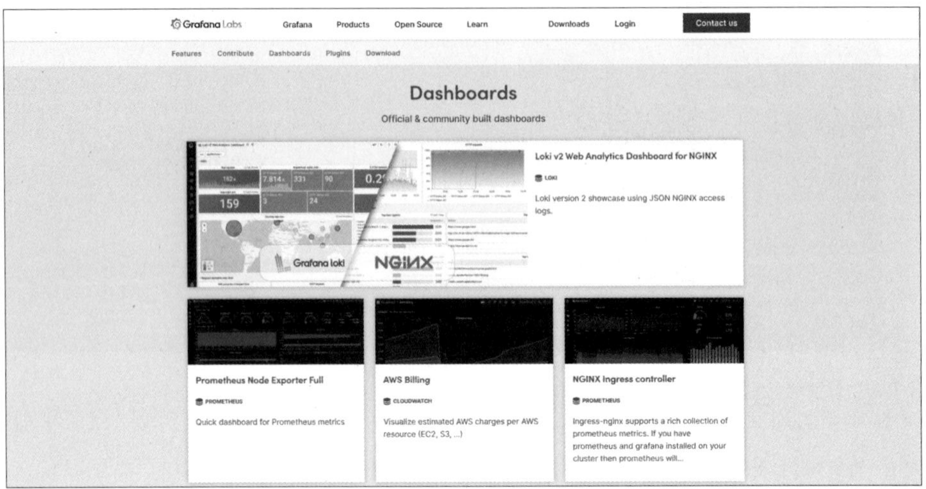

▼ 그림 6-169 그라파나 대시보드 공유 페이지

3. 대시보드 공유 페이지에서 화면을 내리면 다음과 같이 사용자가 원하는 대시보드를 필터링(검색)할 수 있는 메뉴가 보입니다. Name / Description에 all-in을 입력하고 검색된 결과 중에 1 Kubernetes All-in-one Cluster Monitoring KR을 선택합니다.

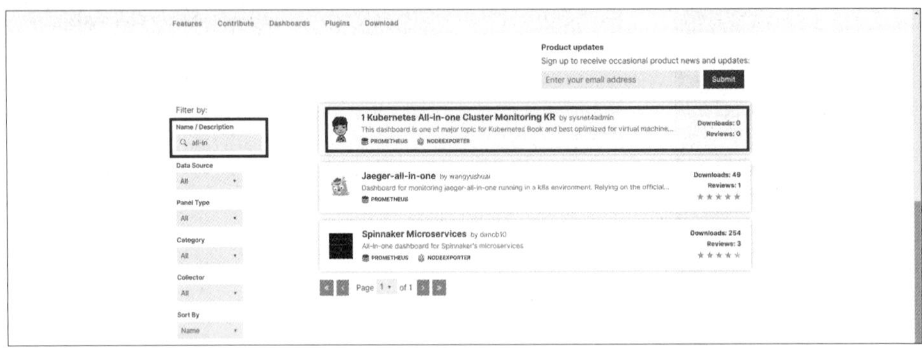

▼ 그림 6-170 all-in이라는 이름으로 필터링된 대시보드 목록

4. 1 Kubernetes All-in-one Cluster Monitoring KR은 필자가 미리 작성해서 공유한 대시보드입니다. 각 대시보드는 고유의 식별자를 가지고 있는데, 현재 대시보드 식별자는 13770입니다. 이 번호를 Copy ID to Clipboard 버튼을 눌러 복사하거나 기억합니다

▼ 그림 6-171 대시보드 식별자 복사

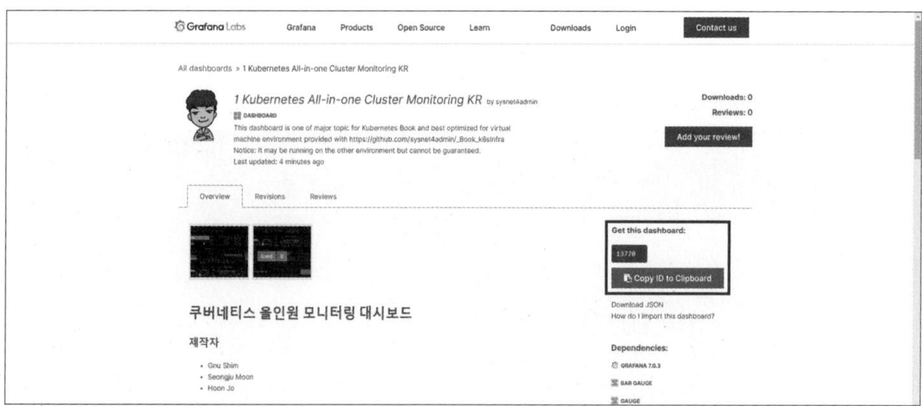

5. 그라파나에서 필자가 작성한 대시보드를 가져오기 위한 과정은 6.5.2와 거의 같습니다. 그라파나 홈 화면 왼쪽에 있는 메뉴 중에서 **플러스** > Import를 선택합니다. ID 입력칸 부분에 고유 식별자 번호인 13770을 입력하고 Load 버튼을 누릅니다. 불러올 대시보드의 이름이 1 Kubernetes All-in-one Cluster Monitoring KR인지 확인합니다. 데이터 소스는 Prometheus로 변경하고 Import 버튼을 누릅니다.

▼ 그림 6-172 대시보드를 추가하는 단계별 과정

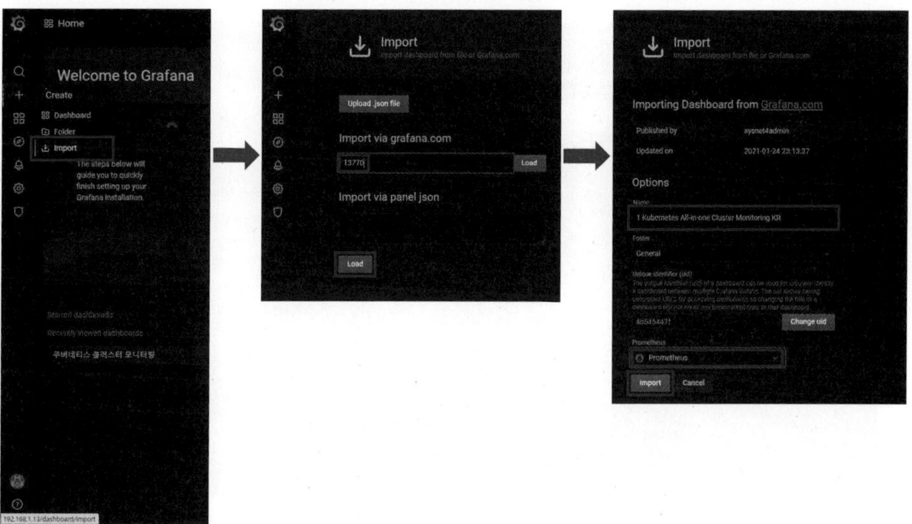

6. 저자가 만든 대시보드를 추가하면 다음과 같이 쿠버네티스 노드에 대한 다양한 메트릭을 수집해 올 수 있습니다.

❖ 그림 6-173 13770 대시보드의 쿠버네티스 노드 모니터링 부분

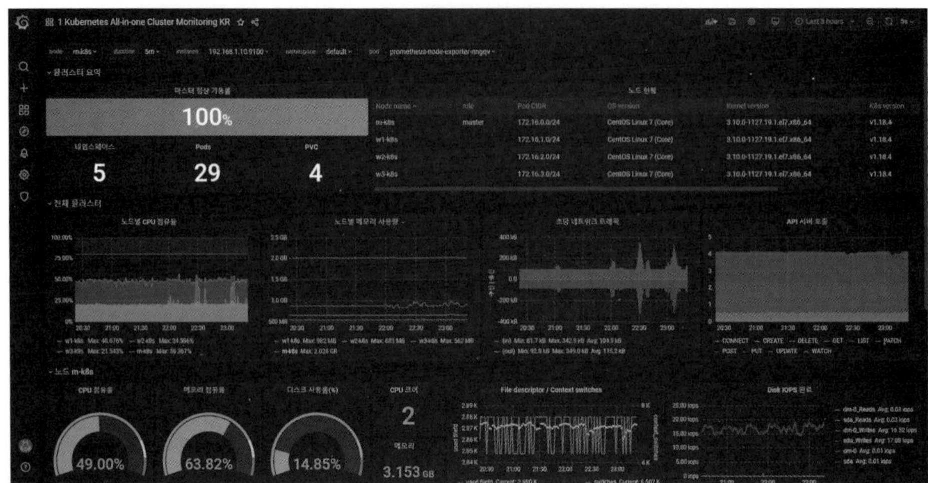

7. 화면을 내려 파드에 대한 다양한 메트릭도 시각화되는지 확인합니다.

❖ 그림 6-174 13770 대시보드의 쿠버네티스 파드 모니터링 부분

6장에서는 구축된 컨테이너 인프라 환경을 안정적으로 유지하고 관리할 수 있도록 프로메테우스와 그라파나로 모니터링하는 방법을 알아봤습니다. 프로메테우스는 쿠버네티스에 포함된 요소들의 정보가 담긴 메트릭을 매우 손쉽게 추출하고, 그라파나는 이를 효과적으로 시각화할 수 있습니다.

지금까지 배운 쿠버네티스에 관한 많은 내용과 지식이 한 번에 모두 습득되지 않을 수 있습니다. 여러 번 실습해 보면 많은 내용이 녹아 있고, 전반적인 쿠버네티스 환경과 그 안에서 실행되는 애플리케이션들을 이해할 수 있을 겁니다. 이해되지 않는 부분이 있다면 반복적으로 실습해 좀 더 확실하게 본인의 것으로 만들기를 권합니다.

쿠버네티스의 세계에 오신 것을 환영합니다. 지금까지 배운 내용을 바탕으로 쿠버네티스의 자유로운 생태계에 대한 이해를 더 확장할 수 있기를 바랍니다. 감사합니다.

부록 A

kubectl을 더 쉽게 사용하기

쿠버네티스를 다루기 위해 가장 많이 사용하는 명령어는 kubectl입니다. 하지만 kubectl을 있는 그대로 사용하기에는 7번이나 키를 입력해야 하는 불편함이 있습니다. 또한 리눅스에서 자주 사용하는 배시 셸처럼 Tab을 통해 입력 가능한 명령이 확인되지 않아 모든 명령들을 암기하고 있어야 합니다. 이러한 점들을 해결하고, 더 나아가 자주 쓰는 명령을 편하게 구현하는 법을 알아보겠습니다.

CONTAINER INFRASTRUCTURE

A.1 kubectl 명령 자동 완성하기

쿠버네티스는 배시 셸의 명령을 자동으로 완성하기 위해 bash-completion이라는 패키지를 제공합니다. bash-completion은 배시의 내장(Built-in) 명령 중 하나인 complete을 이용해 특정 명령에 대한 자동 완성 목록을 표시합니다. kubectl은 kubectl completion bash 명령을 제공하고 이를 실행하면 complete에 맞게 자동 완성에 필요한 목록을 생성합니다.

```
[root@m-k8s ~]# kubectl completion bash
[중략]
__start_kubectl()
{
    local cur prev words cword
    declare -A flaghash 2>/dev/null || :
    declare -A aliashash 2>/dev/null || :
    if declare -F _init_completion >/dev/null 2>&1; then
        _init_completion -s || return
    else
        __kubectl_init_completion -n "=" || return
    fi
[생략]
```

따라서 kubectl 명령에 대한 자동 완성 목록을 구현하면 kubectl 이후에 입력해야 하는 명령들은 tab을 이용해 사용할 수 있습니다.

```
[root@m-k8s ~]# kubectl <tab>
alpha     apply       certificate  convert     delete     edit       get
options   proxy       scale        uncordon    annotate   attach     cluster-info
cordon    describe    exec         kustomize   patch      replace    set
```

```
version  api-resources  auth      completion  cp    diff          explain
label    plugin         rollout   taint       wait  api-versions  autoscale
config   create         drain     expose      logs  port-forward  run
top
```

kubectl을 자동 완성형으로 쓰기 위해서는 kubectl completion bash로 나온 결과를 설정(/etc/bash_completion.d/kubectl)에 저장하고 이것을 접속 시에 배시 셸 설정(~/.bashrc)에서 불러오도록 하면 됩니다. 이와 같은 목적으로 작성된 코드는 다음과 같습니다.

bash-completion.sh

```
01 #!/usr/bin/env bash
02 #Usage:
03 #1. bash <(curl -s https://raw.githubusercontent.com/sysnet4admin/IaC/master/
   manifests/bash-completion.sh)
04
05 # install bash-completion for kubectl
06 yum install bash-completion -y
07
08 # kubectl completion on bash-completion dir
09 kubectl completion bash >/etc/bash_completion.d/kubectl
10
11 # alias kubectl to k
12 echo 'alias k=kubectl' >> ~/.bashrc
13 echo 'complete -F __start_kubectl k' >> ~/.bashrc
14
15 #Reload rc
16 su -
```

kubectl 명령 자동 완성은 이미 4.3.4에서 멀티스테이지를 위한 새로운 쿠버네티스를 배포할 때 설정이 포함돼 들어갔습니다. 따라서 4.3.4을 진행했다면 추가로 실행할 필요는 없으나, 바로 부록을 보신다면 2~3번째 줄에 나온 사용법(usage) 또는 다음과 같은 명령을 실행하면 손쉽게 설정됩니다.

```
[root@m-k8s ~]# ~/_Book_k8sInfra/app/A.kubectl-more/bash-completion.sh
Loaded plugins: fastestmirror
Loading mirror speeds from cached hostfile
 * base: data.aonenetworks.kr
 * epel: fedora.cs.nctu.edu.tw
 * extras: data.aonenetworks.kr
 * updates: data.aonenetworks.kr
```

```
Resolving Dependencies
--> Running transaction check
---> Package bash-completion.noarch 1:2.1-6.el7 will be installed
--> Finished Dependency Resolution

Dependencies Resolved
==========================================================================================
 Package                Arch              Version                   Repository      Size
==========================================================================================
Installing:
 bash-completion        noarch            1:2.1-6.el7               base            85k

Transaction Summary
==========================================================================================
Install  1 Package
[생략]
```

설정하고 나면 다음과 같이 kubectl <특정 명령어> 이후로 tab을 누르면 명령어 이후에 사용할 수 있는 명령어가 어떤 것이 있는지를 확인할 때 유용합니다.

```
[root@m-k8s ~]# kubectl expose <tab>
deployment  pod  replicaset  replicationcontroller  service
```

특히 자동 완성은 describe 또는 exec와 같이 파드 이름이 필요한 경우에 편리하게 사용할 수 있습니다.

```
[root@m-k8s ~]# kubectl describe pods cfgmap-797fd5d76f-<tab>
cfgmap-797fd5d76f-2b4nt  cfgmap-797fd5d76f-gvxzw  cfgmap-797fd5d76f-q8txn  cfgmap-
797fd5d76f-x7twg
[root@m-k8s ~]# kubectl describe pods cfgmap-797fd5d76f-2<tab>
[root@m-k8s ~]# kubectl describe pods cfgmap-797fd5d76f-2b4nt
```

이제 kubectl을 사용할 때 쿠버네티스에서 제공하는 모든 오브젝트를 외울 필요가 없어졌습니다. 하지만 반복적으로 파드의 상태를 확인하거나 파드에 접속하다 보면 kubectl을 입력한 다음에 Tab을 여러 번 눌러야 합니다. 여전히 남아 있는 불편함을 해결할 방법은 없을까요?

A.2 kubectl 별칭 사용하기

첫 번째로 해결할 것은 kubectl의 명령어를 k로 별칭(alias)을 만들어 사용하는 것입니다.

bash-completion.sh의 일부

```
# alias kubectl to k
echo 'alias k=kubectl' >> ~/.bashrc
echo 'complete -F __start_kubectl k' >> ~/.bashrc
```

이렇게 설정되고 나면 다음과 같이 k 또는 k <특정 명령어> 이후로 tab을 누르면, 명령어 이후에 사용할 수 있는 명령어가 어떤 것이 있는지 kubectl을 사용하는 것과 동일하게 사용됩니다.

```
[root@m-k8s ~]# k
alpha     apply          certificate  convert     delete    edit          get
options   proxy          scale        uncordon    annotate  attach        cluster-info
cordon    describe       exec         kustomize   patch     replace       set
version   api-resources  auth         completion  cp        diff          explain
label     plugin         rollout      taint       wait      api-versions  autoscale
config    create         drain        expose      logs      port-forward  run
top
[root@m-k8s ~]# k expose <tab>
deployment  pod  replicaset  replicationcontroller  service
```

두 번째로 해결할 것은 반복적으로 입력해야 하는 긴 명령 구문입니다. 배시 스크립트를 작성해 명령 구문을 미리 별칭으로 만들고, 필요에 따라 입력 값을 받아오면 원하는 작업을 할 수 있습니다. 배시 스크립트로 어떤 작업을 할 수 있는지 가볍게 테스트해 보겠습니다.

1. kubectl의 alias 집합이 있는 k8s_rc.sh를 실행합니다.

   ```
   [root@m-k8s ~]# ~/_Book_k8sInfra/app/A.kubectl-more/k8s_rc.sh
   ```

2. kgp를 실행해 파드의 상태를 확인합니다(배포된 파드가 없다면 먼저 파드를 배포하기 바랍니다). 여기서 kgp는 kubectl get pods의 alias입니다.

```
[root@m-k8s ~]# kgp
NAME                     READY   STATUS    RESTARTS   AGE
nginx-86c57db685-7l6jw   1/1     Running   0          2m34s
nginx-86c57db685-8wmdk   1/1     Running   0          2m34s
nginx-86c57db685-pw58s   1/1     Running   0          2m34s
nginx-86c57db685-rkj9d   1/1     Running   0          2m34s
nginx-86c57db685-vhktb   1/1     Running   0          2m40s
nginx-86c57db685-zrx8q   1/1     Running   0          2m34s
```

3. 명령 결과로 확인된 파드에 접속하기 위해서 기존에는 kubectl exec를 입력하고 접속할 파드를 추가 입력해야 했지만, 이러한 불편함을 해결한 keq를 실행해서 파드에 접속해 보겠습니다. 명령을 실행하고 나면 접속 가능한 파드가 표시됩니다. 이중에서 접속하려는 파드 번호를 선택하고, 본 셸(/bin/sh)에서 접속된 것을 확인합니다. 일부 컨테이너의 경우 배시 셸을 지원하지 않으므로 호환성을 위해서 기본 셸을 배시 셸이 아닌 본 셸로 접속합니다.

```
[root@m-k8s ~]# keq
1 nginx-86c57db685-7l6jw
2 nginx-86c57db685-8wmdk
3 nginx-86c57db685-pw58s
4 nginx-86c57db685-rkj9d
5 nginx-86c57db685-vhktb
6 nginx-86c57db685-zrx8q

Please select pod in default: 1
# bash
root@nginx-86c57db685-7l6jw:/#
```

4. cat /run/nginx.pid를 실행해 동작하는지 확인합니다. 동작하면 pid가 1로 표시됩니다.

```
root@nginx-86c57db685-7l6jw:/# cat /run/nginx.pid
1
```

A.3 kubectl 약어 사용하기

kubectl을 alias하면 많은 부분을 편하게 사용할 수 있지만, 모든 부분을 alias할 순 없습니다. 때로는 명령어를 직접 쳐서 확인할 수밖에 없습니다. 그래서 kubectl은 자주 사용하는 구문의 약어(short name)를 지원하고 있습니다. 앞에서 이미 일부 배포 이름에 약어를 사용했습니다. deploy, hpa, sts처럼요.

몇 가지 약어를 간단히 테스트하겠습니다.

1. `k get no`(nodes)로 노드의 상태를 확인합니다.

```
[root@m-k8s ~]# k get no
NAME      STATUS   ROLES    AGE     VERSION
m-k8s     Ready    master   7h12m   v1.18.4
w1-k8s    Ready    <none>   7h6m    v1.18.4
w2-k8s    Ready    <none>   7h      v1.18.4
w3-k8s    Ready    <none>   6h19m   v1.18.4
```

2. `k get po`(pods)로 파드의 상태를 확인합니다.

```
[root@m-k8s ~]# k get po
NAME                     READY   STATUS    RESTARTS   AGE
nginx-86c57db685-7l6jw   1/1     Running   0          38m
nginx-86c57db685-8wmdk   1/1     Running   0          38m
nginx-86c57db685-pw58s   1/1     Running   0          38m
nginx-86c57db685-rkj9d   1/1     Running   0          38m
nginx-86c57db685-vhktb   1/1     Running   0          38m
nginx-86c57db685-zrx8q   1/1     Running   0          38m
```

3. `k delete deploy nginx`로 deployment를 삭제합니다.

```
[root@m-k8s ~]# k delete deploy nginx
deployment.apps "nginx" deleted
```

주로 사용하는 약어는 다음과 같습니다.

▼ 표 A-1 kubectl의 약어 정리

구분	이름	약어	오브젝트 이름(Kind)
자주 사용하는 명령어	nodes	no	Node
	namespaces	ns	Namespace
	deployments	deploy	Deployment
	pods	po	Pod
	services	svc	Service
책에서 다룬 명령어	replicasets	rs	ReplicaSet
	ingresses	ing	Ingress
	configmaps	cm	ConfigMap
	horizontalpodautoscalers	hpa	HorizontalPodAutoscaler
	daemonsets	ds	DaemonSet
	persistentvolumeclaims	pvc	PersistentVolumeClaim
	persistentvolumes	pv	PersistentVolume
	statefulsets	sts	StatefulSet
참고 명령어	replicationcontrollers	rc	ReplicationController
	resourcequotas	quota	ResourceQuota
	serviceaccounts	sa	ServiceAccount
	cronjobs	cj	CronJob
	events	ev	Event
	storageclasses	sc	StorageClass
	endpoints	ep	Endpoints
	limitranges	limits	LimitRange

약어는 쿠버네티스 버전이 업데이트됨에 따라 변경될 수 있습니다. 현재 쿠버네티스 버전의 약어는 `kubectl api-resources` 명령어로 확인할 수 있습니다.

```
[root@m-k8s ~]# kubectl api-resources
NAME                    SHORTNAMES   APIGROUP                NAMESPACED   KIND
bindings                                                     true         Binding
[이하 생략]
```

부록 B

쿠버 대시보드 구성하기

6장에서 프로메테우스로 지표를 수집하고 그라파나로 시각화해 쿠버네티스 클러스터 상태를 확인했습니다. 이렇게 구성하면 좋지만 간단한 프로젝트나 소규모 환경에서는 이렇게까지 모니터링하고 관리할 필요는 없습니다. 그래서 이번에는 쿠버네티스에서 추가적으로 제공하는 기능인 **쿠버 대시보드**(kube-dashboard)로 간단한 웹 UI를 구성해 쿠버네티스 클러스터의 상태를 확인하고, 나아가 배포한 쿠버 대시보드를 통해 쿠버네티스 클러스터에 오브젝트를 배포하는 방법도 알아보겠습니다.

CONTAINER INFRASTRUCTURE

B.1 쿠버 대시보드 배포하기

쿠버 대시보드(이후 대시보드로 칭합니다)를 기본 설정으로 배포할 경우 웹 브라우저에서 HTTPS(예외: localhost로 접속하는 경우)로 대시보드에 접속해야 합니다. 부록에서는 편의를 위해 HTTP로 접근할 수 있게 설정하고 대시보드의 로그인 인증을 생략하는 옵션을 추가하겠습니다. 또한 대시보드에서 쿠버네티스 클러스터의 오브젝트를 관리하기 위해 클러스터의 모든 오브젝트에 접근하고 변경할 수 있는 역할을 추가하겠습니다.

실습에서 다루는 대시보드는 접속할 때 로그인할 필요가 없어서 누가 접속했는지 알 수 없습니다. 이러한 상태의 대시보드를 실제 환경에서 공개적으로 배포하면 인증되지 않은 사용자가 대시보드를 통해 쿠버네티스 클러스터의 오브젝트를 조회, 수정, 삭제하거나 생성할 수 있습니다. 그러므로 상용 환경에서 대시보드를 공개적으로 배포하는 것은 권장하지 않습니다.

여기서는 사전에 구성한 대시보드의 매니페스트 파일을 쿠버네티스 클러스터에 배포하겠습니다.

```
[root@m-k8s ~]# kubectl apply -f ~/_Book_k8sInfra/app/B.kube-dashboard/dashboard.yaml
namespace/kubernetes-dashboard created
serviceaccount/kubernetes-dashboard created
service/kubernetes-dashboard created
secret/kubernetes-dashboard-certs created
secret/kubernetes-dashboard-csrf created
secret/kubernetes-dashboard-key-holder created
configmap/kubernetes-dashboard-settings created
clusterrolebinding.rbac.authorization.k8s.io/kubernetes-dashboard created
deployment.apps/kubernetes-dashboard created
service/dashboard-metrics-scraper created
deployment.apps/dashboard-metrics-scraper created
```

대시보드를 설치하기 위해 사전에 구성한 야믈 파일에서 눈여겨볼 만한 사항은 다음과 같습니다.

dashboard.yaml

```
[생략]
kind: Service
apiVersion: v1
metadata:
  labels:
    k8s-app: kubernetes-dashboard
  name: kubernetes-dashboard
  namespace: kubernetes-dashboard
spec:
  ports:
    - port: 80
      targetPort: 9090
      nodePort: 31000
  selector:
    k8s-app: kubernetes-dashboard
  type: NodePort
[중략]
kind: Deployment
apiVersion: apps/v1
[중략]
spec:
      containers:
        - name: kubernetes-dashboard
          image: kubernetesui/dashboard:v2.0.3
          imagePullPolicy: Always
          ports:
            - containerPort: 9090
              protocol: TCP
          args:
            - --enable-skip-login
            - --disable-settings-authorizer=true
            - --enable-insecure-login
            - --insecure-bind-address=0.0.0.0
            - --namespace=kubernetes-dashboard
serviceAccountName: kubernetes-dashboard
[중략]
      nodeSelector:
        "kubernetes.io/hostname": m-k8s
      tolerations:
```

```
173          - key: node-role.kubernetes.io/master
174            effect: NoSchedule
  [생략]
```

- **43번째 줄**: 외부로 접근하기 위해 31000번 포트를 노드 포트로 노출합니다.
- **136~137번째 줄**: 대시보드 접근 시 인증을 생략할 수 있게 합니다.
- **138~139번째 줄**: 모든 IP에서 HTTP로 접속할 수 있게 설정합니다.
- **170~174번째 줄**: 대시보드를 마스터 노드(m-k8s)에 배포하도록 설정합니다.

이제 마스터 노드에 배포된 대시보드로 접근해 보겠습니다. 웹 브라우저에 `192.168.1.10:31000`을 입력합니다.

▼ 그림 B-1 대시보드의 초기 접속 화면

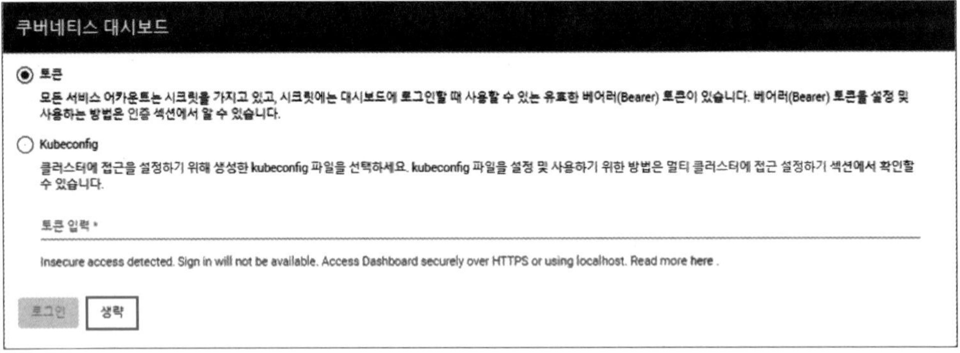

초기 접속 화면에서는 대시보드를 접속할 때 허용된 사용자가 접근하는 데 필요한 인증 방법을 선택할 수 있습니다. 사용자에게 서비스 어카운트를 제공한 후 토큰을 생성해 사용하게 하거나 적절한 쿠버네티스 구성 파일(kubeconfig)을 가진 사용자만 접근하게 하는 것이 일반적입니다.

하지만 실습에서는 간단하게 하기 위해 대시보드의 인증 과정을 생략하겠습니다. **그림 B-1 대시보드 초기 접속 화면** 하단에 사각형으로 표시된 영역에 있는 **생략** 버튼을 눌러서 인증과 관련된 설정을 생략합니다.

그러고 나면 그림 B-2와 같은 개요(Overview) 페이지 화면을 확인할 수 있습니다(만약 이와 다른 화면이 출력된다면 이미 배포된 파드 또는 서비스가 존재하기 때문입니다).

▼ 그림 B-2 대시보드의 개요 페이지

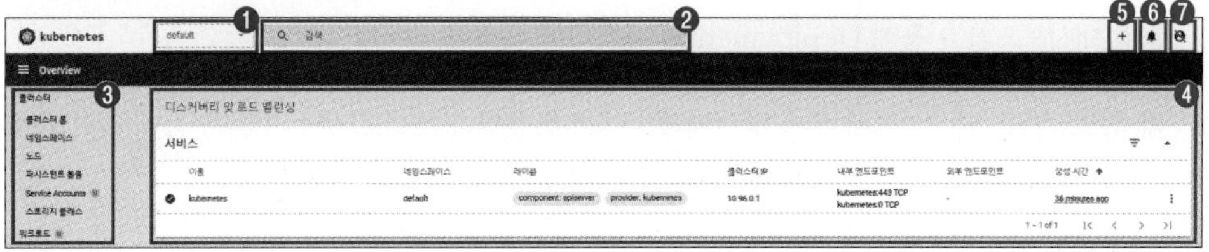

개요 페이지에 나타난 각 요소들은 다음과 같은 기능을 제공합니다.

❶ **네임스페이스**: 대시보드에서 작업을 수행할 네임스페이스를 선택합니다.

❷ **검색창**: 입력한 검색어에 해당하는 오브젝트를 검색할 수 있습니다.

❸ **오브젝트 목록**: 대시보드에서 조회할 수 있는 오브젝트의 목록을 표시합니다.

❹ **시각화 패널**: ❸에서 선택한 오브젝트의 목록과 설정 등을 표시하는 영역입니다.

❺ **오브젝트 생성**: 웹 UI를 통해 오브젝트를 만들 수 있는 화면으로 이동합니다. 오브젝트 생성 메뉴로 이동 시 오브젝트를 만들 수 있는 생성, 삭제 및 조회 등 적절한 **역할 바인딩**(rolebinding)이 해당 접속 계정에 필요합니다.

❻ **알림**: 쿠버네티스 클러스터에서 발생한 알림을 확인할 수 있습니다.

❼ **사용자 정보**: 현재 접속한 사용자 정보를 확인할 수 있습니다.

대시보드의 설치 및 구동을 완료했습니다. 편의를 위해 몇 가지 사항을 생략했지만, 정상적인 설치 단계를 거치더라도 다른 대시보드 도구보다 쉽게 설치하고 구동할 수 있습니다. 이제 설치한 대시보드로 좀 더 직관적이고 편리하게 쿠버네티스의 오브젝트를 생성해 보겠습니다.

B.2 쿠버 대시보드에서 오브젝트 생성하기

CONTAINER INFRASTRUCTURE

그동안 kubectl 명령으로 쿠버네티스 클러스터에 디플로이먼트나 서비스 등을 구성했습니다. kubectl 명령을 사용하려면 서버에 접속하고 오브젝트를 생성하는 데 필요한 옵션을 어느 정도 숙지해야 합니다. 그러나 대시보드는 서버에 접속하거나 명령어를 입력할 필요 없이 사용자가 화면을 보면서 필요한 정보를 입력하며 디플로이먼트와 서비스를 생성할 수 있는 기능을 제공합니다. 그럼 대시보드를 이용해 Deployment와 서비스를 배포해 봅시다.

1. 대시보드 개요 페이지에서 우측 상단에 있는 (+) 모양의 오브젝트 생성 버튼을 눌러 새로운 오브젝트를 생성하는 메뉴로 이동합니다.

▼ 그림 B-3 대시보드 개요 페이지

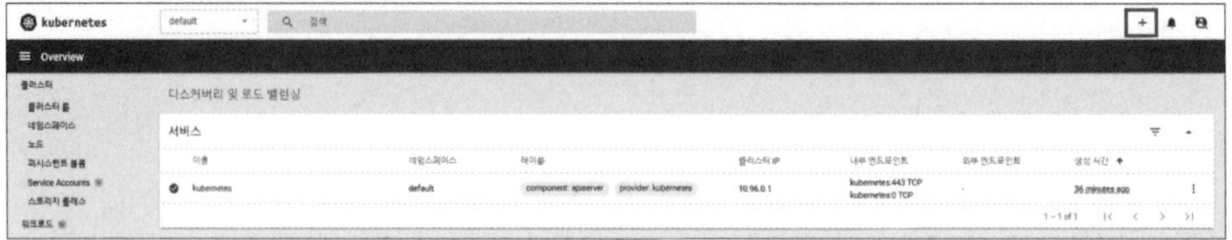

2. 오브젝트를 생성하는 화면이 나오면 서식을 통해 생성을 선택합니다.

▼ 그림 B-4 새로운 오브젝트를 생성하는 화면

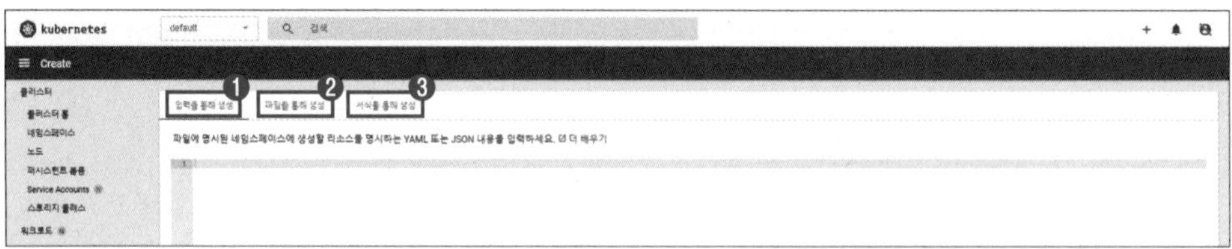

대시보드에서 새로운 오브젝트를 만들 수 있는 방법은 다음과 같습니다.

❶ **입력을 통해 생성**: 브라우저에서 제공하는 편집기에 야믈(YAML)이나 제이슨(JSON) 등의 형식으로 직접 매니페스트 내용을 작성해 생성하는 방식입니다.

❷ **파일을 통해 생성**: 별도의 파일로 작성된 야믈 또는 제이슨 파일을 업로드해 오브젝트를 생성하는 방식입니다.

❸ **서식을 통해 생성**: 디플로이먼트와 서비스를 생성하는 서식이 화면에 표시되면 필요한 값을 입력해 오브젝트를 생성하는 방식입니다.

3. **서식을 통해 생성** 탭을 클릭하면 디플로이먼트와 서비스를 생성하기 위해 입력해야 하는 정보들이 화면에 표시됩니다. 사용자는 사전 지식이 없더라도 화면 안내에 따라 필요한 항목이 무엇인지 알 수 있습니다. 여기서는 배포할 이미지로 sysnet4admin/echo-ip를 선택해 파드를 생성하겠습니다. 필요한 정보를 화면에 입력하면 입력한 파드로 구성된 디플로이먼트와 서비스가 생성됩니다.

▼ 그림 B-5 Deployment와 서비스 생성을 위한 정보 입력

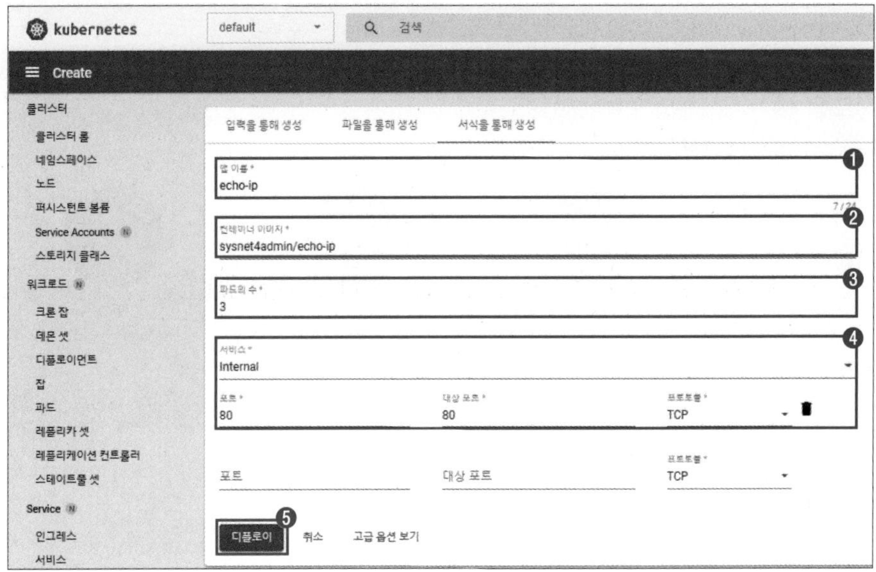

서식을 통해 입력하는 내용을 정리하면 다음과 같습니다.

❶ **앱 이름**: 배포되는 디플로이먼트의 이름입니다. 실습에서는 echo-ip로 설정합니다.

❷ **컨테이너의 이미지**: 디플로이먼트를 생성할 때 파드가 사용할 컨테이너의 이미지를 설정합니다. 여기서는 sysnet4admin/echo-ip로 설정합니다.

❸ **파드의 수**: 디플로이먼트가 유지할 파드의 수를 설정합니다. 3을 입력해 echo-ip 디플로이먼트가 sysnet4admin/echo-ip 이미지로 만들어진 파드 3개를 유지하게 합니다.

❹ **서비스**: 디플로이먼트 내부의 파드로 트래픽을 전달하기 위해 사용하는 서비스를 선택합니다. Internal 옵션을 선택한 후, 서비스가 사용할 포트를 80으로, 파드가 실제로 트래픽을 받아들일 포트인 대상 포트도 80, 프로토콜은 TCP로 설정합니다.

❺ **디플로이**: 모든 정보 입력이 끝나고 디플로이 버튼을 클릭하면 배포됩니다.

4. 오브젝트가 생성되면 화면이 다음과 같은 개요 페이지로 전환됩니다. 대시보드 접속 초기에 보았던 개요 페이지와 다르게 현재 배포된 디플로이먼트와 파드, 레플리카셋의 상태를 한눈에 보여주는 원그래프가 나타나고, 그 아래에 배포된 오브젝트들의 목록을 한 번에 보여줍니다. 화면 상단의 원그래프는 배포된 오브젝트에 문제가 없을 경우 전체가 초록색이고, 오브젝트에 문제가 있으면 문제가 있는 오브젝트의 수의 비율만큼 그래프 색깔이 변합니다. 이것으로 오브젝트의 상태에 문제가 있는지 간편하게 알아볼 수 있습니다.

▼ 그림 B-6 디플로이먼트와 서비스 생성 후 대시보드 개요 페이지

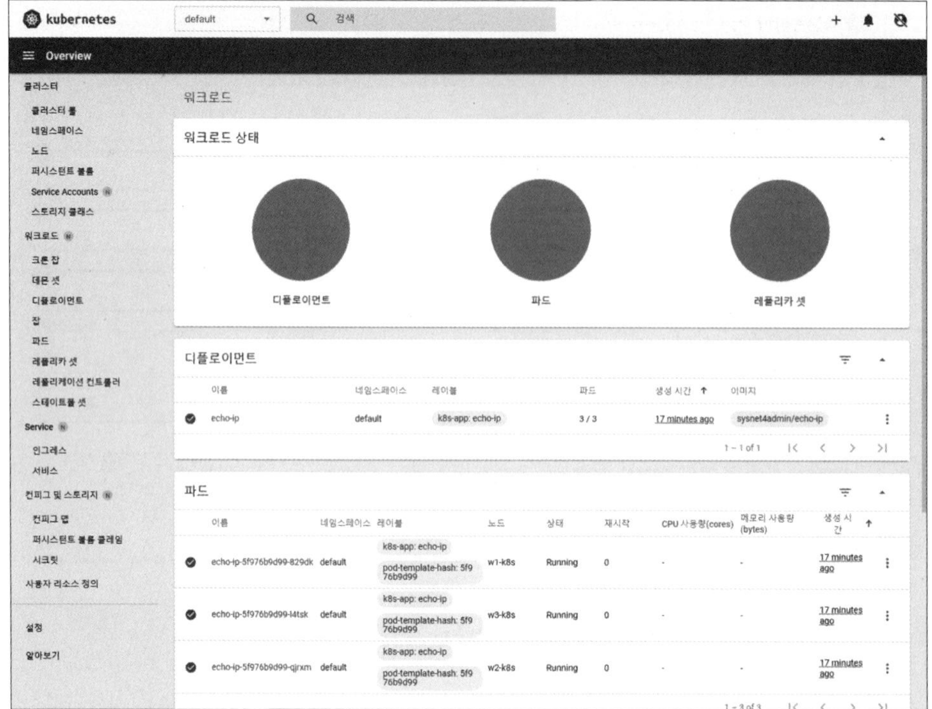

5. 왼쪽 메뉴에서 디플로이먼트(❶)를 선택하면 시각화 패널에서 디플로이먼트의 목록과 상태를 확인할 수 있습니다. 오른쪽 창에 ❷로 표시된 항목을 보면 echo-ip 디플로이먼트가 배포된 것을 확인할 수 있습니다.

▼ 그림 B-7 배포한 디플로이먼트의 상태 확인

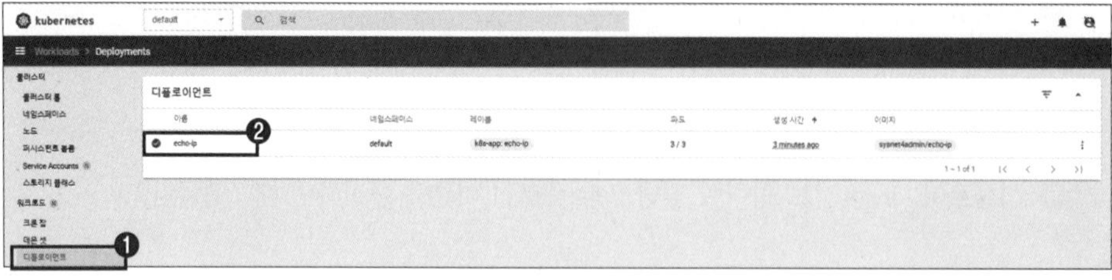

6. 대시보드로 배포한 디플로이먼트가 실제로 쿠버네티스 클러스터에 배포됐는지 확인해 보겠습니다. kubectl get deployment echo-ip 명령을 실행합니다. 3개의 파드로 이루어진 echo-ip 디플로이먼트를 확인할 수 있습니다.

```
[root@m-k8s ~]# kubectl get deployment echo-ip
NAME      READY   UP-TO-DATE   AVAILABLE   AGE
echo-ip   3/3     3            3           5m
```

7. kubectl get svc echo-ip 명령으로 ClusterIP 타입의 서비스가 생성됐는지 확인합니다. 서식을 통해 오브젝트를 생성할 때 서비스의 종류를 internal로 설정했기 때문에 클러스터 내부에서 접근하는 ClusterIP 타입의 서비스가 생성됐습니다. 서비스의 종류가 external이었다면 외부에서 접근할 수 있는 IP를 노출하는 LoadBalancer 타입의 서비스가 생성됩니다. 또한 NodePort 타입의 서비스가 필요할 경우에는 야믈을 직접 작성해서 배포해야 합니다.

```
[root@m-k8s ~]# kubectl get svc echo-ip
NAME      TYPE        CLUSTER-IP     EXTERNAL-IP   PORT(S)   AGE
echo-ip   ClusterIP   10.98.13.106   <none>        80/TCP    6m
```

쿠버네티스에서 제공하는 대시보드로 웹 UI에서 오브젝트를 생성하고 배포 상태를 확인해 보았습니다. 대시보드는 SSH 접속이나 별도의 도구 설치 없이도 웹에서 오브젝트 상태를 확인하고 관리할 수 있습니다. 다만 대시보드는 쿠버네티스 클러스터 내부에 설치되기 때문에 여러 쿠버네티스 클러스터를 한 번에 관리하거나 좀 더 세부적인 배포 설정을 하기는 어렵습니다.

따라서 다양한 기능을 제공하는 대시보드를 원한다면 렌즈(Lens), 옥탄트(Octant), 폴라리스(Polaris)와 같은 전문적인 대시보드 도구를 설치해야 합니다. 또는 6장에서 다룬 프로메테우스와 그라파나 등의 특화된 도구를 사용하는 것도 좋은 방법입니다. 사용자 환경에 따라 도구를 선택해 구성할 수 있다는 것이 쿠버네티스의 가장 큰 장점 중 하나입니다.

부록 C

kubespray로 쿠버네티스 자동 구성하기

쿠버네티스 클러스터를 구성하는 대표적인 도구가 4가지(kubeadm, kops, KRIB, kubespray)가 있습니다. 그리고 이 책에서는 kubeadm으로 쿠버네티스 클러스터를 구성했습니다. 하지만 kubeadm은 따로 설정해야 하는 사항이 많습니다. 그래서 실무에서는 좀 더 편리한 방법을 사용하는데, 그중 하나가 지금 소개할 kubespray입니다.

kubespray는 자동화 도구 중에 가장 많이 사용하는 앤서블을 이용해 쿠버네티스 클러스터를 자동으로 구성하게 합니다. kubespray는 다음과 같이 설치하는 데 필요한 요구 사항이 있습니다.

- 쿠버네티스 1.16 버전 이상 권고(일반적으로 최신 버전보다 두 단계 아래 버전)
- 앤서블 2.9 버전 이상 권고(일반적으로 최신 버전)
- python-netaddr과 jinja(2.11 버전 이상)이 설치돼 있어야 함
- 인터넷이 연결돼 있거나 내부 레지스트리를 통하는 방법 등으로 도커 이미지를 가지고 올 수 있어야 함
- IPv4 forwarding 설정이 돼 있어야 함
- SSH key가 이미 교환돼 암호 없이 서로 연결될 수 있어야 함
- 방화벽(firewall)이 비활성화(disable)돼 있어야 함
- root 권한 상태에서 실행되거나 앤서블에 become을 사용해 실행해야 함
- 마스터(1500MB)와 워커 노드(1024MB)에 최소 메모리 용량 이상을 지정해야 함

CONTAINER INFRASTRUCTURE

C.1 kubespray를 위한 가상 머신 설치하기

kubespray로 쿠버네티스 클러스터를 구성하려면 서버가 필요합니다. 우선 가상 머신을 구성해 보겠습니다.

1. C:\HashiCorp_Book_k8sInfra-main\app\C.kubespray에서 `vagrant up`을 실행해 kubespray를 실행할 가상 머신을 설치합니다.

```
c:\HashiCorp\_Book_k8sInfra-main\app\C.kubespray>vagrant up
Bringing machine 'm11-k8s' up with 'virtualbox' provider...
Bringing machine 'm12-k8s' up with 'virtualbox' provider...
```

```
Bringing machine 'm13-k8s' up with 'virtualbox' provider...
Bringing machine 'w101-k8s' up with 'virtualbox' provider...
Bringing machine 'w102-k8s' up with 'virtualbox' provider...
Bringing machine 'w103-k8s' up with 'virtualbox' provider...
Bringing machine 'w104-k8s' up with 'virtualbox' provider...
Bringing machine 'w105-k8s' up with 'virtualbox' provider...
Bringing machine 'w106-k8s' up with 'virtualbox' provider...
[생략]
```

2. 가상 머신이 모두 설치되면 다음 그림과 같이 슈퍼푸티로 모든 가상 머신에 접속합니다.

▼ 그림 C-1 슈퍼푸티로 가상 머신 접속하기

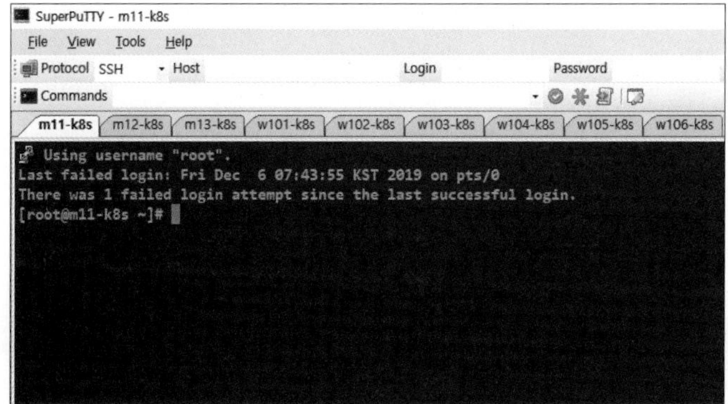

3. 명령 창(Commands)에서 `./auto_pass.sh`를 실행해 가상 머신 간의 교차 인증(known_hosts, authorized_keys)을 진행합니다.

▼ 그림 C-2 슈퍼푸티로 가상 머신 접속하기

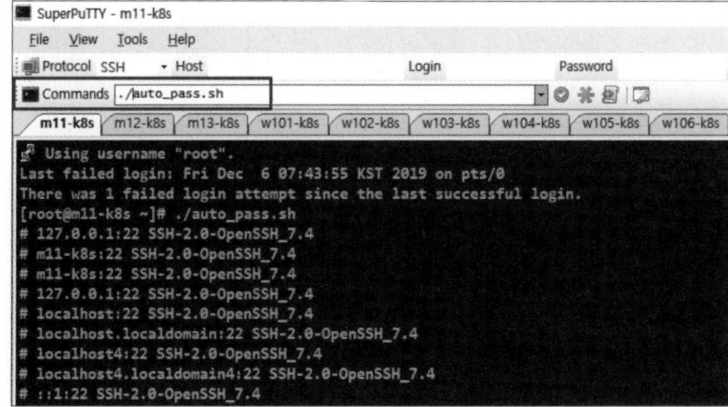

kubespray로 쿠버네티스 클러스터를 설치하기 위한 사전 준비 작업이 완료됐습니다.

C.2 kubespray 설정 및 실행하기

kubespray는 사용자가 원하는 형태의 쿠버네티스 클러스터를 구성하도록 다음 4가지 사항을 선택할 수 있습니다.

- 마스터 노드의 설치 위치
- etcd의 설치 위치
- 워커 노드의 설치 위치
- 네트워크 플러그인의 선택 및 사용

kubespray는 여러 개의 마스터와 etcd를 구성할 수 있어서 이에 대한 수량을 지정할 수 있습니다. 여기서는 다음과 같이 미리 작성된 파일을 실행해 마스터 노드 3개, etcd와 워커 노드 6개, calico 네트워크 플러그인을 설치하겠습니다.

ansible_hosts.ini

```
[all]
m11-k8s ansible_host=192.168.1.11 ip=192.168.1.11
m12-k8s ansible_host=192.168.1.12 ip=192.168.1.12
m13-k8s ansible_host=192.168.1.13 ip=192.168.1.13
w101-k8s ansible_host=192.168.1.101 ip=192.168.1.101
w102-k8s ansible_host=192.168.1.102 ip=192.168.1.102
w103-k8s ansible_host=192.168.1.103 ip=192.168.1.103
w104-k8s ansible_host=192.168.1.104 ip=192.168.1.104
w105-k8s ansible_host=192.168.1.105 ip=192.168.1.105
w106-k8s ansible_host=192.168.1.106 ip=192.168.1.106


[etcd]
m11-k8s
m12-k8s
m13-k8s

[kube-master]
m11-k8s
m12-k8s
```

```
m13-k8s

[kube-node]
w101-k8s
w102-k8s
w103-k8s
w104-k8s
w105-k8s
w106-k8s

[calico-rr]

[k8s-cluster:children]
kube-master
kube-node
calico-rr
```

1. m11-k8s에서 ansible-playbook으로 kubespray/cluster.yml을 실행해 쿠버네티스 클러스터를 설치합니다. 이때 -i 옵션과 목적에 맞는 노드들을 정리한 ansible_hosts.ini 파일을 지정해 설치를 진행합니다. 설치하는 데 매우 오랜 시간(시스템에 따라서 30분~2시간)이 걸리니 여유를 가지고 기다립니다.

```
[root@m11-k8s ~]# ansible-playbook kubespray/cluster.yml -i ansible_hosts.ini
```

2. 설치가 완료되면 kubectl get nodes로 쿠버네티스 클러스터 구성을 확인합니다.

```
[root@m11-k8s ~]# kubectl get nodes
NAME       STATUS   ROLES                  AGE     VERSION
m11-k8s    Ready    control-plane,master   3m17s   v1.20.6
m12-k8s    Ready    control-plane,master   2m53s   v1.20.6
m13-k8s    Ready    control-plane,master   2m42s   v1.20.6
w101-k8s   Ready    <none>                 115s    v1.20.6
w102-k8s   Ready    <none>                 115s    v1.20.6
w103-k8s   Ready    <none>                 115s    v1.20.6
w104-k8s   Ready    <none>                 115s    v1.20.6
w105-k8s   Ready    <none>                 115s    v1.20.6
w106-k8s   Ready    <none>                 109s    v1.20.6
```

이렇게 쿠버네티스 클러스터가 kubespray로 자동 구성됐습니다.

부록 D

컨테이너 깊게 들여다보기

쿠버네티스를 운영하면서 컨테이너와 관련해 논의할 사항이 생겼을 때, 컨테이너에 대한 이해가 없다면 깊이 있게 논의하기가 어렵습니다. 또한 PaaS(Platform as a Service)와 같이 컨테이너를 기반으로 플랫폼을 제공하는 서비스를 만들 때는 컨테이너 런타임을 직접 관리해야 하기 때문에 동작 원리도 알아 둬야 합니다. 그러므로 쿠버네티스가 컨테이너를 다루는 과정과 컨테이너의 PID가 무엇인지 살펴보고 도커가 아닌 다른 방법으로 컨테이너를 생성해 보며 컨테이너를 좀 더 깊게 알아보겠습니다.

CONTAINER INFRASTRUCTURE

D.1 쿠버네티스가 컨테이너를 다루는 과정

'3.1.5 파드의 생명 주기로 쿠버네티스 구성 요소 살펴보기'에서 쿠버네티스의 구성 요소를 중심으로 파드가 생성되는 과정을 살펴봤습니다. 이번에는 파드 생성 과정을 컨테이너 중심으로 살펴보겠습니다. 도커의 버전마다 약간씩 다르므로 멀티 스테이지 빌드가 되는 docker-ce 18.09.9을 기준으로 알아봅니다.

▼ 그림 D-1 쿠버네티스가 컨테이너를 생성하는 과정

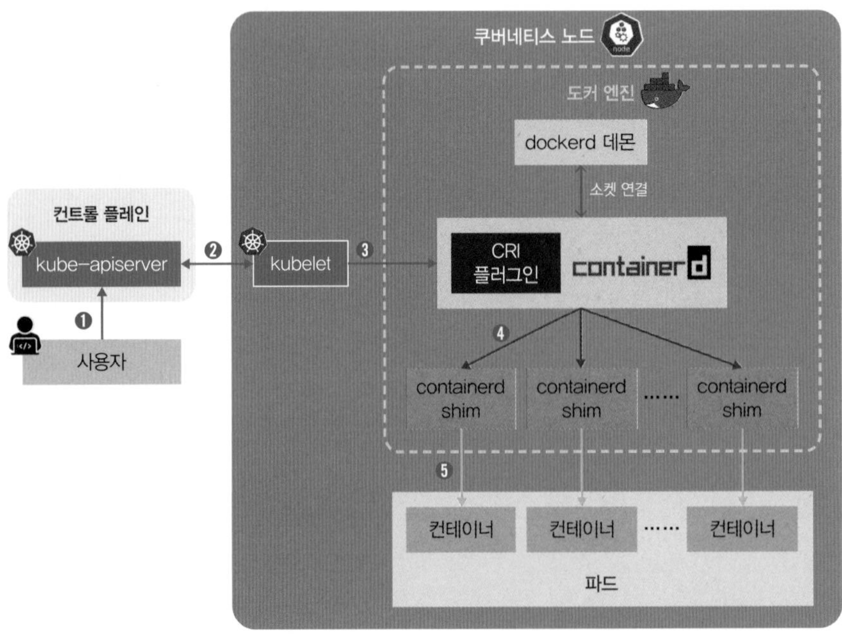

단계별로 일어나는 동작을 좀 더 자세히 살펴보겠습니다.

❶ 사용자는 kube-apiserver의 URL로 요청을 전달하거나 kubectl을 통해 명령어를 입력해 kube-apiserver에 파드를 생성하는 명령을 내립니다.

❷ 파드를 생성하는 명령은 네트워크를 통해 kubelet으로 전달됩니다. kube-apiserver는 노드에 있는 kubelet과 안전하게 통신하기 위해 인증서와 키로 통신 내용을 암호화해 전달합니다. 이때 키는 마스터 노드의 /etc/kubernetes/pki/ 디렉터리에 보관돼 있고, 인증서 파일인 api-server-kubelet-client.crt와 키 파일인 apiserver-kubelet-client.key를 사용합니다.

```
[root@m-k8s /]# ls /etc/kubernetes/pki/apiserver-kubelet-client.*
/etc/kubernetes/pki/apiserver-kubelet-client.crt  /etc/kubernetes/pki/apiserver-
kubelet-client.key
```

kubelet으로 생성 요청이 전달되면 kubelet은 요청이 적절한 사용자로부터 전달된 것인지를 검증합니다. 전달된 요청을 검증하기 위해서 kubelet 설정이 담겨 있는 /var/lib/kubelet/config.yaml 파일의 clientCAFile 속성에 설정된 파일을 사용합니다.

```
[root@m-k8s /]# cat /var/lib/kubelet/config.yaml | grep clientCAFile
   clientCAFile: /etc/kubernetes/pki/ca.crt
```

❸ kubelet에서 요청을 검증하고 나면 컨테이너디에 컨테이너를 생성하는 명령을 내립니다. 이때 명령 형식은 **컨테이너 런타임 인터페이스**(CRI, Container Runtime Interface)라는 규약을 따릅니다. CRI는 컨테이너와 관련된 명령을 내리는 **런타임 서비스**(RuntimeService)와 이미지와 관련된 명령을 내리는 **이미지 서비스**(ImageService)로 이루어져 있습니다. 런타임 서비스는 파드의 생성, 삭제, 정지, 목록 조회와 컨테이너 생성, 시작, 정지, 삭제, 목록 조회, 상태 조회 등의 다양한 명령을 내립니다. kubelet이 내린 명령은 컨테이너디에 통합된 **CRI 플러그인**(plugin)이라는 구성 요소에 전달됩니다. CRI 플러그인은 컨테이너디에 통합돼 있으므로 컨테이너디가 컨테이너를 생성하는 명령을 직접 호출합니다.

❹ 컨테이너디는 containerd-shim이라는 자식(Child) 프로세스를 생성해 컨테이너를 관리합니다. 다음 출력 예시를 보면 PID가 3183인 containerd 프로세스는 PID 4010, 4020인 자식 프로세스 containerd-shim을 가지고 있습니다. 이때 PID 3184번 dockerd는 사용자가 입력한 도커 명령을 컨테이너디에 전달하기 위해 도커 엔진 내부에 생성된 프로세스입니다.

```
[root@m-k8s ~]# ps -ef | head -n 1 && ps -ef | grep -v auto | grep containerd
UID   PID   PPID  C STIME TTY       TIME     CMD
root  3183     1  0 00:35 ?         00:00:01 /usr/bin/containerd
```

```
root   3184      1  4 00:35 ?        00:00:23 /usr/bin/dockerd -H fd:// --containerd=/
run/containerd/containerd.sock
root   4010   3183  0 00:36 ?        00:00:00 containerd-shim -namespace moby [중략]
root   4020   3183  0 00:36 ?        00:00:00 containerd-shim -namespace moby [중략]
[생략]
```

containerd와 containerd-shim의 관계는 다음과 같습니다.

▼ 그림 D-2 containerd와 containerd-shim의 관계

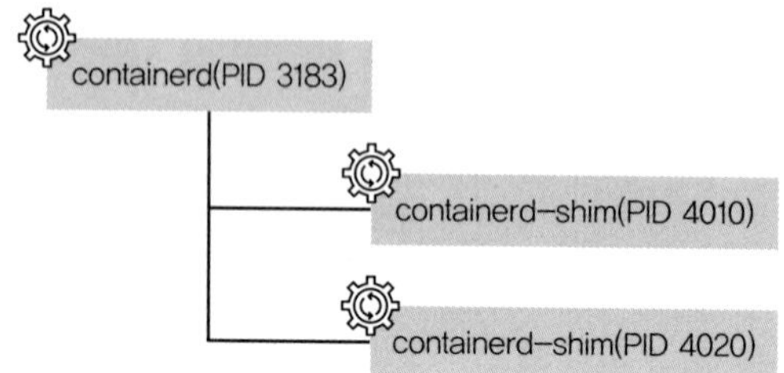

❺ containerd가 생성한 containerd-shim 프로세스는 컨테이너를 조작합니다. 실제로 containerd-shim이 runC 바이너리 실행 파일을 호출해 컨테이너를 생성합니다.

사용자가 파드를 생성하려고 보낸 명령이 어떤 과정을 거치면서 전달되는지 살펴보았습니다. (기억이 나는 분이 있으리라고 믿는데) 3장과 4장에서 컨테이너의 PID는 항상 1을 가진다고 했습니다. 하지만 containerd와 containerd-shim 어디에도 1은 보이지 않습니다. 어떻게 된 걸까요? 컨테이너를 이해하려면 이 관계를 좀 더 살펴봐야 합니다.

D.2 컨테이너 PID 1의 의미

리눅스 운영 체제의 PID를 공부해 보면 알겠지만 PID 1은 커널이 할당하는 첫 번째 PID라는 의미의 특수한 PID입니다. 일반적으로 init 또는 systemd에 PID 1이 할당되며 시스템 구동에 필요한 프로세스들을 띄우는 매우 중요한 역할을 합니다. PID 1번 이외에도 PID 0번 swapper, PID 2번 kthreadd 등이 미리 예약된 PID를 가집니다.

▼ 그림 D-3 마스터 노드에서 실행되는 프로세스들

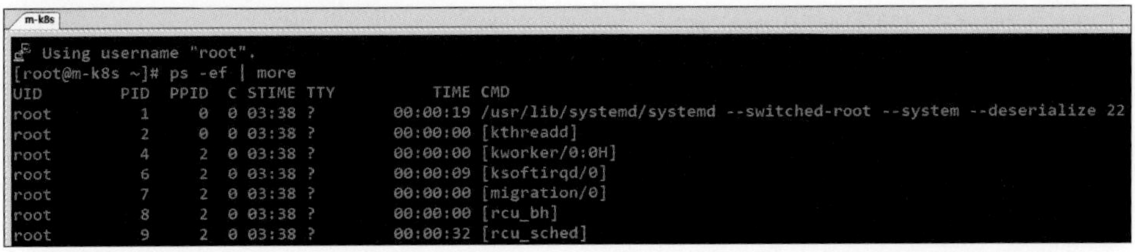

```
m-k8s
Using username "root".
[root@m-k8s ~]# ps -ef | more
UID        PID  PPID  C STIME TTY          TIME CMD
root         1     0  0 03:38 ?        00:00:19 /usr/lib/systemd/systemd --switched-root --system --deserialize 22
root         2     0  0 03:38 ?        00:00:00 [kthreadd]
root         4     2  0 03:38 ?        00:00:00 [kworker/0:0H]
root         6     2  0 03:38 ?        00:00:09 [ksoftirqd/0]
root         7     2  0 03:38 ?        00:00:00 [migration/0]
root         8     2  0 03:38 ?        00:00:00 [rcu_bh]
root         9     2  0 03:38 ?        00:00:32 [rcu_sched]
```

그런데 컨테이너의 PID 1번은 컨테이너에서 실행된 애플리케이션인 nginx 프로세스가 가집니다. 왜일까요?

다시 한 번 예약된 PID의 역할을 읽어 봅시다. 시스템을 구동시키는 역할입니다. 그런데 컨테이너는 이미 구동된 시스템, 즉 커널 위에서 동작한다고 배웠습니다. 뭔가 앞뒤가 맞는 느낌이 들기 시작합니다. 그렇습니다. 컨테이너는 운영 체제 시스템을 구동시킬 필요가 없이 바로 동작하기 때문에 시스템에 예약된 PID 1번이 할당되지 않은 상태라서 최초 실행자 nginx에게 할당할 수 있습니다. 그래서 특수한 PID 1번은 컨테이너 세계에서 컨테이너가 실행하는 처음 애플리케이션에게 할당해 사용합니다.

도커로 생성한 컨테이너 PID와 컨테이너 내부의 PID 1번이 연결돼 있는지 실습으로 확인해 보겠습니다.

1. 이번 실습에서 생성할 nginx의 동작을 정확하게 확인하기 위해 `ps -ef | grep -v auto | grep nginx` 명령을 실행해 nginx와 관련된 프로세스가 호스트에 있는지 확인합니다. 실행한 결과에 표시되는 것이 있다면 `docker ps`로 구동 중인 nginx 컨테이너를 확인한 다음, `docker stop`으로 종료합니다.

```
[root@m-k8s ~]# ps -ef | grep -v auto | grep nginx
[root@m-k8s ~]#
```

2. 구동 중인 nginx 프로세스가 없는 것을 확인하면 nginx 컨테이너를 구동하고 nginx와 관련된 프로세스를 다시 확인합니다. 이때 별도로 이미지를 내려받지 않더라도 `docker run -d nginx` 명령을 수행하는 과정에서 이미지가 필요하다면 자동으로 내려받게 됩니다. `ps -ef | grep -v auto | grep nginx` 명령을 실행한 결과 PID가 **8823**인 nginx 프로세스가 나타납니다. 여기서 자식 프로세스인 **8879**번은 nginx의 실제 역할을 담당하게 되며 **8823**번이 생성될 때 함께 생성됩니다. 따라서 nginx 기능을 하는 프로세스는 8823번 1개라고 볼 수 있습니다. 현재 생성된 프로세스는 도커가 생성한 것이기 때문에 컨테이너 내부에 격리돼 있습니다. 그런데 호스트에서 `ps -ef` 명령어를 실행해 nginx 프로세스를 확인할 수 있습니다. 이는 호스

트에서 보이는 프로세스와 컨테이너 프로세스가 연결돼 있음을 추측할 수 있습니다. 연결이 어떻게 돼 있는지 확인해 봅시다.

```
[root@m-k8s ~]# docker run -d nginx
2df89b3cd5429e01a7e14df7580819afe1aa007ca54a3782d7b7f666df92c363
[root@m-k8s ~]# ps -ef | grep -v auto | grep nginx
root      8823  8806  0 04:39 ?     00:00:00 nginx: master process nginx -g daemon off;
101       8879  8823  0 04:39 ?     00:00:00 nginx: worker process
```

3. 호스트에서 구동 중인 nginx 프로세스를 확인했으니 컨테이너 내부의 nginx 프로세스를 확인해 봅시다. 리눅스는 프로세스와 관련된 정보를 /proc/〈PID〉/ 디렉터리에 보관하며 **/proc/〈PID〉/exe**는 해당 〈PID〉를 가지는 프로세스를 생성하기 위해 실제로 실행된 명령어를 보여줍니다. 컨테이너 내부의 PID가 1인 프로세스의 명령어 정보를 조회한 결과인 **/proc/1/exe -> /usr/sbin/nginx**는 컨테이너 내부에서 PID 1을 가지고 구동 중인 프로세스가 nginx임을 의미합니다.

```
[root@m-k8s ~]# docker exec 2df8 ls -l /proc/1/exe
lrwxrwxrwx. 1 root root 0 Oct  4 20:20 /proc/1/exe -> /usr/sbin/nginx
```

4. 호스트와 컨테이너 내부에서 nginx가 구동되는 것을 확인했습니다. 그렇다면 이 두 개가 동일한 프로세스라는 것을 확인하면 됩니다. 확인하는 한 가지 방법은 이 프로세스에 할당된 자원과 관련된 정책을 살펴보는 것입니다. 4장에서 컨테이너는 격리된 공간에서 CPU나 메모리와 같은 자원을 할당받아서 동작한다고 했습니다. 2단계와 3단계의 프로세스가 같은 프로세스라면 CPU와 메모리와 같은 자원의 할당에 관한 설정이 동일할 것입니다.

리눅스는 자원을 그룹별로 나누어서 할당하고 제한을 설정하기 위해 **씨그룹**(cgroup)이라는 기술을 사용합니다. 씨그룹 설정이 동일하다면 두 프로세스는 동일한 환경에서 동작하는 프로세스로 생각할 수 있습니다. 씨그룹과 관련된 설정은 /proc/〈PID〉/cgroup의 내용을 cat으로 조회하면 알 수 있습니다.

호스트의 PID가 8823인 프로세스와 컨테이너 내부의 PID가 1인 프로세스의 씨그룹 설정을 확인해 보겠습니다. 실행 결과에 여러 내용이 표시되지만, 씨그룹을 자세하게 다루는지는 않으므로 적용된 씨그룹의 **이름**(name)만 살펴봅니다. 두 프로세스의 자원 할당을 관리하는 씨그룹 정책의 이름이 동일한 것을 확인할 수 있습니다. 그리고 이름에 나타나는 **2df8**로 시작하는 내용들이 2단계에서 생성한 컨테이너의 ID와 동일한 것으로 보아 호스트의 nginx 프로세스 또한 컨테이너와 관련이 있다는 것을 추측할 수 있습니다.

```
[root@m-k8s ~]# cat /proc/8823/cgroup
[중략]
1:name=systemd:/docker/2df89b3cd5429e01a7e14df7580819afe1aa007ca54a3782d7b7f666df9
2c363
[root@m-k8s ~]# docker exec 2df8 cat /proc/1/cgroup
[중략]
1:name=systemd:/docker/2df89b3cd5429e01a7e14df7580819afe1aa007ca54a3782d7b7f666df9
2c363
```

5. 호스트의 PID 8823번과 컨테이너의 PID 1번이 같은 씨그룹 정책에서 동작하는 프로세스라는 것은 확인했습니다. 이 프로세스가 정말 동일한지 PID 8823번을 강제 종료하고 컨테이너의 PID 1번 상태를 확인해 보겠습니다. 강제 종료한 결과 호스트의 PID 8823번의 씨그룹은 더 이상 확인되지 않으며, 2df8 컨테이너의 PID 1번 또한 확인되지 않습니다. 따라서 두 개의 프로세스는 같은 것을 확인할 수 있습니다.

```
[root@m-k8s ~]# kill -9 8823
[root@m-k8s ~]# cat /proc/8823/cgroup
cat: /proc/8823/cgroup: No such file or directory
[root@m-k8s ~]# docker exec 2df8 cat /proc/1/cgroup
Error response from daemon: Container 2df89b3cd5429e01a7e14df7580819afe1aa007ca54a378
2d7b7f666df92c363 is not running
```

동일한 프로세스가 호스트와 컨테이너 내부에서 서로 다른 PID를 가지면서 컨테이너 내부에서는 독립된 것처럼 PID 1번 프로세스로 동작할 수 있는 이유는 컨테이너가 리눅스의 **네임스페이스**(namespace) 기술을 활용하기 때문입니다. 네임스페이스는 호스트명, 네트워크, 파일 시스템 마운트, 프로세스 간 통신, 사용자 ID, PID 등의 자원을 격리할 수 있는 기술입니다. 네임 스페이스로 격리된 내부에서는 외부가 보이지 않기 때문에 컨테이너 내부는 독립된 공간처럼 느껴집니다. 이때 네임스페이스로 격리된 프로세스에 메모리, CPU, 네트워크, 장치 입출력 등의 사용량을 할당하고 제한하는 데 앞에서 설명한 씨그룹 기술을 사용합니다. 그리고 이러한 격리 기술을 쉽게 사용할 수 있게 하는 것이 도커입니다. 그런데 만약에 도커를 사용하지 않는다면 얼마나 번거롭게 컨테이너를 만들어야 할까요? 직접 만들면서 확인해 보겠습니다.

D.3 도커 아닌 runC로 컨테이너 생성하기

앞에서 컨테이너를 만들 때 실제로는 runC라는 실행 바이너리를 통해 만든다고 했는데, runC는 무엇일까요? runC는 오픈 컨테이너 이니셔티브(Open Container Initiative, OCI, 컨테이너 형식과 런타임에 대해 개방된 업계 표준을 만들기 위한 단체)에서 만든 컨테이너 생성 및 관리를 위한 표준 규격입니다. 컨테이너디, 크라이오 등의 다양한 컨테이너 런타임들이 내부적으로 runC를 활용해 표준 규격을 따르는 컨테이너를 생성하고 있습니다.

▼ 그림 D-4 컨테이너디가 내린 명령을 통해 컨테이너가 생성되는 과정

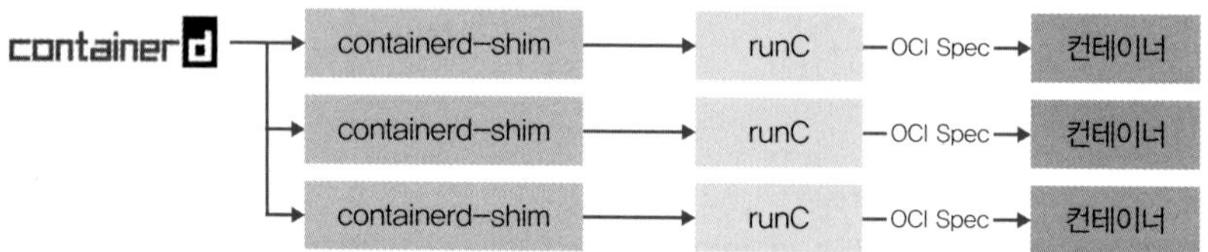

이 때문에 컨테이너 런타임을 분류할 때 쿠버네티스나 도커 명령을 받아들이는 컨테이너디나 크라이오와 같은 구성 요소를 **고수준**(High-level) 컨테이너 런타임, 실제로 컨테이너를 조작하기 위해 리눅스에 명령을 내리는 runC를 **저수준**(Low-level) 컨테이너 런타임으로 분류합니다.

그러면 지금까지 사용했던 도커와 같은 고수준의 컨테이너 런타임이 아닌 저수준의 컨테이너 런타임을 통해 컨테이너를 생성해 보며 고수준의 컨테이너 런타임이 얼마나 효과적으로 컨테이너를 생성 및 관리하게 도와줬는지 체감해 봅시다.

실습에서는 가능한 복잡하지 않게 씨그룹을 이용한 자원 할당 및 제한에 관해서는 다루지 않고 네임스페이스를 이용해 프로세스와 네트워크를 분리하는 수준에서만 진행하겠습니다.

1. nginx 컨테이너를 생성하고 생성한 컨테이너에서 파일을 추출해 보겠습니다. `docker export d39f > nginx.tar` 명령을 실행하면 구동 중인 nginx 컨테이너의 파일 시스템을 추출해 nginx.tar 파일로 저장합니다. 그리고 파일이 생성됐는지 확인합니다.

```
[root@m-k8s ~]# docker run -d nginx
d39fefdcfbfddbb1554686d8bd11bdc1e168d0e998ad4145e635583a2c4956ea
[root@m-k8s ~]# docker export d39f > nginx.tar
[root@m-k8s ~]# ls nginx.tar
nginx.tar
```

2. mkdir nginx-container 명령으로 nginx-container 디렉터리를 생성하고, tar -C nginx-container -xvf nginx.tar 명령으로 nginx.tar 파일을 nginx-container 디렉터리에 해제합니다. 그리고 nginx-container 디렉터리의 내용을 확인합니다. nginx-container 디렉터리의 내용은 nginx 컨테이너가 구동됐을 때 컨테이너 내부의 디렉터리 구조와 동일합니다.

```
[root@m-k8s ~]# mkdir nginx-container
[root@m-k8s ~]# tar -C nginx-container -xvf nginx.tar
[생략]
[root@m-k8s ~]# ls nginx-container
bin  boot  dev  docker-entrypoint.d  docker-entrypoint.sh  etc  home  lib  lib64
media  mnt  opt  proc  root  run  sbin  srv  sys  tmp  usr  var
```

3. nginx-container 디렉터리를 컨테이너로 구동하기 전에 컨테이너에서 사용할 네트워크 인터페이스를 먼저 구성합니다. 네트워크 구성과 관련된 설정을 스크립트로 설치하겠습니다.

```
[root@m-k8s ~]# ~/_Book_k8sInfra/app/D.DeepDiveContainer/ns-create.sh
```

설정 스크립트는 네트워크를 구성하는 데 필요한 도구를 설치하고 네임스페이스로 격리된 네트워크가 호스트와 통신하도록 설정하는 내용을 포함하고 있습니다.

ns-create.sh

```
01 #!/bin/sh
02 yum install -y bridge-utils
03 brctl addbr nginx
04 ip link set nginx up
05 ip addr add 192.168.200.1/24 dev nginx
06 ip link add name vhost type veth peer name container
07 ip link set vhost up
08 brctl addif nginx vhost
09 ip netns add ns-nginx
10 ip link set container netns ns-nginx
11 ip netns exec ns-nginx ip link set container name eth1
12 ip netns exec ns-nginx ip addr add 192.168.200.2/24 dev eth1
13 ip netns exec ns-nginx ip link set eth1 up
14 ip netns exec ns-nginx ip route add default via 192.168.200.1
```

줄별로 상세히 살펴보면 다음과 같습니다.

- **2번째 줄**: 브리지 네트워크 인터페이스 구성을 위해 bridge-utils를 설치합니다
- **3번째 줄**: nginx라는 이름의 브리지 네트워크 인터페이스를 추가합니다.

- **4번째 줄**: 브리지 네트워크 인터페이스 nginx를 실행합니다
- **5번째 줄**: 브리지 네트워크 인터페이스 nginx에 IP 주소 192.168.200.1를 부여합니다.
- **6번째 줄**: 격리된 네트워크 네임스페이스는 가상 인터페이스(veth)를 통해 호스트와 연결됩니다. vhost - container 쌍으로 이루어지는 가상 인터페이스를 추가합니다.
- **7번째 줄**: 가상 네트워크 인터페이스 vhost를 실행합니다.
- **8번째 줄**: 브리지 네트워크 인터페이스인 nginx에 가상 인터페이스인 vhost를 추가합니다.
- **9번째 줄**: 이름이 ns-nginx인 격리된 네트워크 네임스페이스를 추가합니다.
- **10번째 줄**: ns-nginx 네임스페이스에 가상 인터페이스 container를 연결합니다.
- **11번째 줄**: `ip netns exec <네임스페이스 이름> <명령어>`는 네임스페이스에 대해 명령어를 실행합니다. ns-nginx 네임스페이스의 가상 인터페이스 container의 이름을 eth1로 설정합니다.
- **12번째 줄**: 네트워크 인터페이스 eth1에 IP 주소 192.168.200.2를 부여합니다.
- **13번째 줄**: 네트워크 인터페이스 eth1을 실행합니다.
- **14번째 줄**: ns-nginx 네임스페이스의 게이트웨이를 192.168.200.1로 설정합니다.

앞의 설정을 통해 호스트에 생성된 네트워크 인터페이스와 네임스페이스로 격리된 네트워크는 다음 그림과 같습니다.

▼ 그림 D-5 네임스페이스를 통한 격리된 네트워크 구성

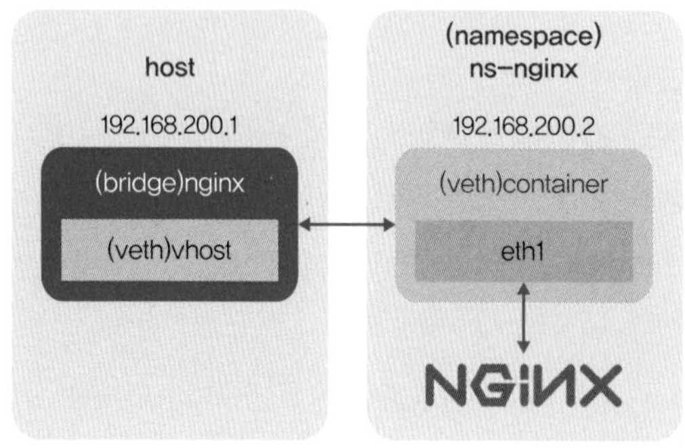

4. 호스트에 네트워크 인터페이스가 정상적으로 구성됐는지 확인합니다. `ip addr` 명령에 `list <인터페이스 이름>` 옵션을 추가하면 특정 네트워크 인터페이스를 조회할 수 있습니다. nginx 네트워크 인터페이스를 `ip addr list nginx` 명령으로 조회합니다.

```
[root@m-k8s ~]# ip addr list nginx
15: nginx: <BROADCAST,MULTICAST,UP,LOWER_UP> mtu 1500 qdisc noqueue state UP group
```

```
default qlen 1000
    link/ether d2:6b:49:71:5f:8a brd ff:ff:ff:ff:ff:ff
    inet 192.168.200.1/24 scope global nginx
       valid_lft forever preferred_lft forever
```

5. runC로 컨테이너를 생성하려면 오픈 컨테이너 이니셔티브의 규격을 준수하는 **컨테이너 설정 파일**이 필요합니다. 이 파일에는 컨테이너 호스트명, 호스트가 사용할 네트워크 네임스페이스 및 파일 시스템 등에 관한 정보가 들어 있습니다. 따라서 이런 정보들이 수정된 config.json을 curl 명령으로 내려받습니다. 필요하다면 기본 값으로 이루어진 설정 파일은 runc spec 명령으로 생성할 수 있으며 설정 파일을 수정하는 데 필요한 자세한 정보는 오픈 컨테이너 이니셔티브 깃허브의 런타임 스펙 문서(https://github.com/opencontainers/runtime-spec/blob/master/config.md)를 참조하기 바랍니다.

```
[root@m-k8s ~]# cp ~/_Book_k8sInfra/app/D.DeepDiveContainer/config.json .
```

6. runc run nginx-container 명령으로 nginx-container라는 이름의 컨테이너를 생성(run)하고 접속(exec)합니다. 이때 컨테이너 설정 파일(config.json)의 위치는 nginx-container와 같은 곳이어야 합니다. 터미널이 [root@m-k8s]에서 #으로 바뀌면 격리된 컨테이너 내부로 접속한 것입니다. ls 명령으로 2단계에서 추출한 파일을 확인할 수 있습니다.

```
[root@m-k8s ~]# runc run nginx-container
# ls
bin  boot  dev  docker-entrypoint.d  docker-entrypoint.sh  etc  home  lib  lib64
media  mnt  opt  proc  root  run  sbin  srv  sys  tmp  usr  var
```

7. 도커를 통해 nginx 컨테이너를 실행할 때는 nginx의 Dockerfile에서 ENTRYPOINT로 설정한 docker-entrypoint.sh 파일이 실행되면서 컨테이너가 동작합니다. 여기서는 runC로 생성된 컨테이너에서 직접 ./docker-entrypoint.sh nginx 명령을 실행해 컨테이너 내부에서 nginx를 구동합니다.

```
# ./docker-entrypoint.sh nginx
./docker-entrypoint.sh: /docker-entrypoint.d/ is not empty, will attempt to perform
configuration
./docker-entrypoint.sh: Looking for shell scripts in /docker-entrypoint.d/
./docker-entrypoint.sh: Launching /docker-entrypoint.d/10-listen-on-ipv6-by-default.sh
10-listen-on-ipv6-by-default.sh: error: IPv6 listen already enabled
./docker-entrypoint.sh: Launching /docker-entrypoint.d/20-envsubst-on-templates.sh
./docker-entrypoint.sh: Configuration complete; ready for start up
```

8. runC로 생성한 nginx 컨테이너는 ns-create.sh를 통해서 192.168.200.2라는 IP 주소를 부여받았습니다. 이를 확인하기 위해 슈퍼푸티에서 새로운 세션을 열고 curl 192.168.200.2 명령으로 runC로 생성된 nginx에 요청을 보냅니다. 이때 runc 명령으로 진입한 세션에서 나오지 말고 새로운 세션에서 작업해야 합니다.

```
[root@m-k8s ~]# curl 192.168.200.2
<!DOCTYPE html>
<html>
<head>
<title>Welcome to nginx!</title>
[생략]
```

9. 슈퍼푸티로 생성한 새로운 세션에서 ps -ef ¦ grep -v auto ¦ grep nginx 명령을 실행해 runC로 구동한 nginx를 확인해 보겠습니다. 기존에 확인 PID 6651 외에 추가로 26887번의 nginx가 생성된 것을 확인할 수 있습니다.

```
[root@m-k8s ~]# ps -ef ¦ grep -v auto ¦ grep nginx
root     6551  6532  0 00:59 ?       00:00:00 nginx: master process nginx -g daemon off;
101      6613  6551  0 00:59 ?       00:00:00 nginx: worker process
root    26480 15889  0 01:44 pts/0   00:00:00 runc run nginx-container
root    26887 26489  0 01:45 ?       00:00:00 nginx: master process nginx
101     26888 26887  0 01:45 ?       00:00:00 nginx: worker process
```

10. 구성한 네트워크 설정을 제거하기를 원한다면 kill -9 26480 명령으로 runC 프로세스를 종료한 후 ns-remover.sh 스크립트를 실행해 네트워크 설정을 제거합니다.

```
[root@m-k8s ~]# kill -9 26480
[root@m-k8s ~]# ~/_Book_k8sInfra/app/D.DeepDiveContainer/ns-remover.sh
```

11. 이제 필요 없어진 컨테이너를 삭제하고 지워졌는지 확인합니다.

```
[root@m-k8s ~]# runc list
ID                 PID        STATUS     BUNDLE      CREATED                           OWNER
nginx-container    0          stopped    /root       2020-10-04T08:04:26.15325264Z     root
[root@m-k8s ~]# runc delete nginx-container
[root@m-k8s ~]# runc list
ID          PID          STATUS      BUNDLE      CREATED     OWNER
[root@m-k8s ~]#
```

앞에서 살펴봤듯이 runC로 컨테이너를 구동하려면 네트워크 인터페이스를 격리하고 오픈 컨테이너 이니셔티브의 규격을 준수하는 설정 파일을 직접 작성해야 합니다. 이 과정을 모두 사용자가 직접 수행하려면 네트워크, 파일 시스템 그리고 리눅스 커널 등에 대한 지식이 필요합니다. 그러나 도커라는 꽤 쓸 만한 도구를 사용하면 이러한 자세한 내용을 모르더라도 도커 명령어로 컨테이너를 쉽게 만들고 사용할 수 있습니다. 이제 우리는 도커가 정말 소중한 친구임을 알게 됐습니다.

I

J

K

L

M

N

O

P

Q

R

ㅁ

ㅂ

ㅅ

ㅇ

ㅈ

ㅊ

ㅋ

ㅌ

ㅍ

ㅎ

기호

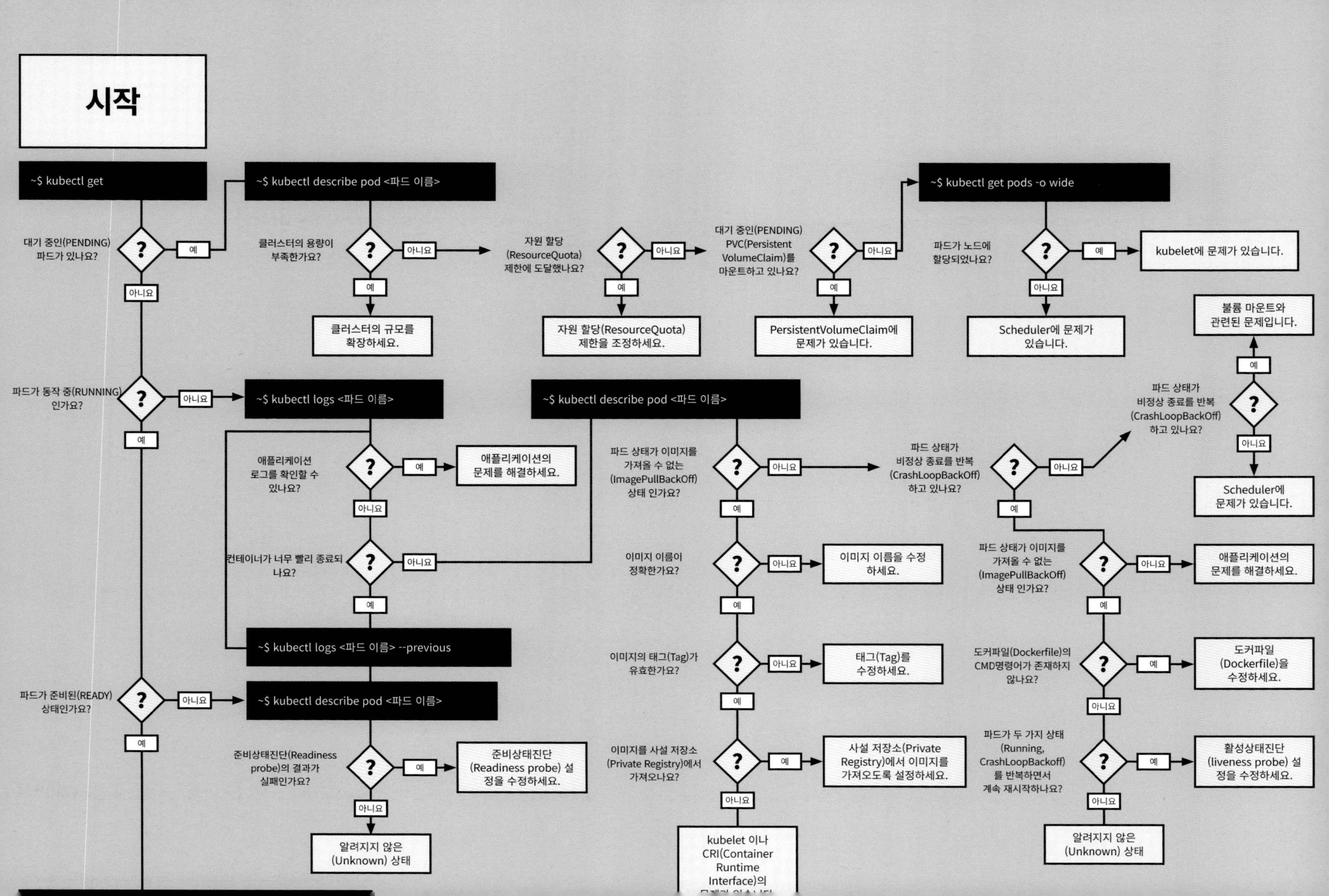

시작
~$ kubectl get
대기 중인(PENDING) 파드가 있나요?
예
아니요
~$ kubectl describe pod <파드 이름>
클러스터의 용량이 부족한가요?
클러스터의 규모를 확장하세요.
자원 할당 (ResourceQuota) 제한에 도달했나요?
자원 할당(ResourceQuota) 제한을 조정하세요.
대기 중인(PENDING) PVC(Persistent VolumeClaim)를 마운트하고 있나요?
PersistentVolumeClaim에 문제가 있습니다.
~$ kubectl get pods -o wide
파드가 노드에 할당되었나요?
kubelet에 문제가 있습니다.
Scheduler에 문제가 있습니다.
파드가 동작 중(RUNNING) 인가요?
~$ kubectl logs <파드 이름>
애플리케이션 로그를 확인할 수 있나요?
애플리케이션의 문제를 해결하세요.
컨테이너가 너무 빨리 종료되나요?
~$ kubectl logs <파드 이름> --previous
~$ kubectl describe pod <파드 이름>
파드 상태가 이미지를 가져올 수 없는 (ImagePullBackOff) 상태 인가요?
이미지 이름이 정확한가요?
이미지 이름을 수정하세요.
이미지의 태그(Tag)가 유효한가요?
태그(Tag)를 수정하세요.
이미지를 사설 저장소 (Private Registry)에서 가져오나요?
사설 저장소(Private Registry)에서 이미지를 가져오도록 설정하세요.
kubelet 이나 CRI(Container Runtime Interface)의
파드 상태가 비정상 종료를 반복 (CrashLoopBackOff) 하고 있나요?
파드 상태가 비정상 종료를 반복 (CrashLoopBackOff) 하고 있나요?
볼륨 마운트와 관련된 문제입니다.
Scheduler에 문제가 있습니다.
파드 상태가 이미지를 가져올 수 없는 (ImagePullBackOff) 상태 인가요?
애플리케이션의 문제를 해결하세요.
도커파일(Dockerfile)의 CMD명령어가 존재하지 않나요?
도커파일 (Dockerfile)을 수정하세요.
파드가 두 가지 상태 (Running, CrashLoopBackoff) 를 반복하면서 계속 재시작하나요?
활성상태진단 (liveness probe) 설정을 수정하세요.
알려지지 않은 (Unknown) 상태
파드가 준비된(READY) 상태인가요?
~$ kubectl describe pod <파드 이름>
준비상태진단(Readiness probe)의 결과가 실패인가요?
준비상태진단 (Readiness probe) 설정을 수정하세요.
알려지지 않은 (Unknown) 상태

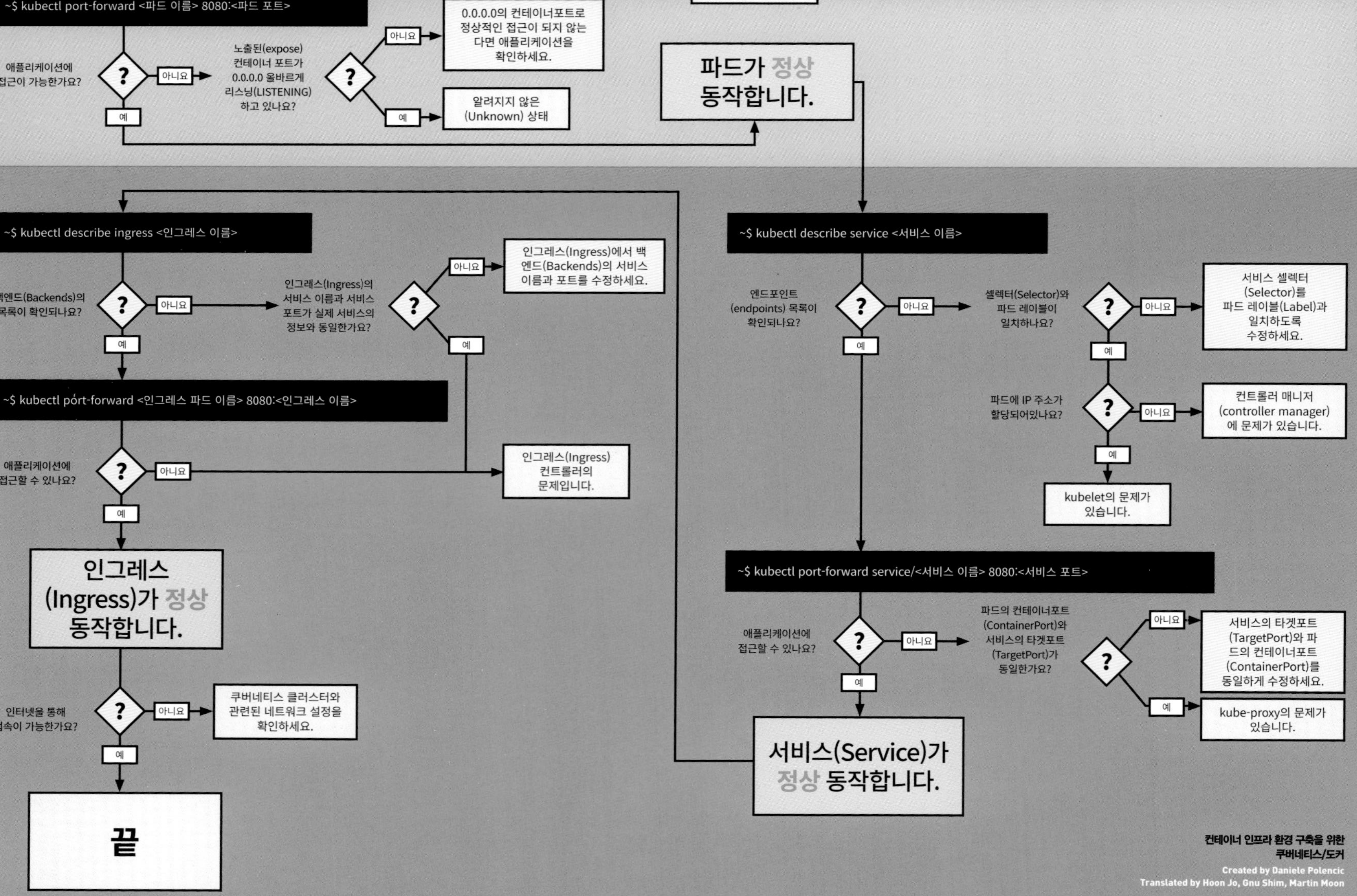
~$ kubectl port-forward <파드 이름> 8080:<파드 포트>
애플리케이션에 접근이 가능한가요?
아니요
예
노출된(expose) 컨테이너 포트가 0.0.0.0 올바르게 리스닝(LISTENING) 하고 있나요?
0.0.0.0의 컨테이너포트로 정상적인 접근이 되지 않는다면 애플리케이션을 확인하세요.
알려지지 않은 (Unknown) 상태
파드가 정상 동작합니다.
~$ kubectl describe service <서비스 이름>
엔드포인트 (endpoints) 목록이 확인되나요?
셀렉터(Selector)와 파드 레이블이 일치하나요?
서비스 셀렉터 (Selector)를 파드 레이블(Label)과 일치하도록 수정하세요.
파드에 IP 주소가 할당되어있나요?
컨트롤러 매니저 (controller manager)에 문제가 있습니다.
kubelet의 문제가 있습니다.
~$ kubectl port-forward service/<서비스 이름> 8080:<서비스 포트>
애플리케이션에 접근할 수 있나요?
파드의 컨테이너포트 (ContainerPort)와 서비스의 타겟포트 (TargetPort)가 동일한가요?
서비스의 타겟포트 (TargetPort)와 파드의 컨테이너포트 (ContainerPort)를 동일하게 수정하세요.
kube-proxy의 문제가 있습니다.
서비스(Service)가 정상 동작합니다.
~$ kubectl describe ingress <인그레스 이름>
백엔드(Backends)의 목록이 확인되나요?
인그레스(Ingress)의 서비스 이름과 서비스 포트가 실제 서비스의 정보와 동일한가요?
인그레스(Ingress)에서 백엔드(Backends)의 서비스 이름과 포트를 수정하세요.
~$ kubectl port-forward <인그레스 파드 이름> 8080:<인그레스 이름>
애플리케이션에 접근할 수 있나요?
인그레스(Ingress) 컨트롤러의 문제입니다.
인그레스 (Ingress)가 정상 동작합니다.
인터넷을 통해 접속이 가능한가요?
쿠버네티스 클러스터와 관련된 네트워크 설정을 확인하세요.
끝
컨테이너 인프라 환경 구축을 위한 쿠버네티스/도커
Created by Daniele Polencic
Translated by Hoon Jo, Gnu Shim, Martin Moon